健康人格视角下校外兴趣培养工作的创新发展

——第三届全国未成年人校外教育兴趣小组活动
"新理念 新模式"研讨会成果选编（上）

中国儿童中心 编著

学苑出版社

图书在版编目（CIP）数据

健康人格视角下校外兴趣培养工作的创新发展：第三届全国未成年人校外教育兴趣小组活动"新理念 新模式"研讨会成果选编／中国儿童中心编著．— 北京：学苑出版社，2015.9

（健康人格视角下校外兴趣培养工作的创新发展）

ISBN 978-7-5077-4845-1

Ⅰ.①健… Ⅱ.①中… Ⅲ.①青少年教育–校外教育–中国–文集 Ⅳ.①G775-53

中国版本图书馆 CIP 数据核字（2015）第 202924 号

责任编辑	任彦霞
出版发行	学苑出版社
社　　址	北京市丰台区南方庄2号院1号楼
邮政编码	100079
网　　址	www.book001.com
电子信箱	xueyuanpress@163.com
销售电话	010-67601101（销售部）、67603091（总编室）
印 刷 厂	保定市彩虹艺雅印刷有限公司
开本尺寸	710×1000　1/16
印　　张	40
字　　数	607千字
版　　次	2015年9月第1版
印　　次	2015年9月第1次印刷
定　　价	105.00元（全2册）

编委会

顾　问　石宝泉　王　平
成　员　王　芳　高　云　葛宜科　李忠明
　　　　　潘振凯　龙念南　王　哲　夏宁宁
　　　　　毕明磊　黄小佳　姚　添　谢　鹏
　　　　　赵　静　刘思琪　汪文汶　徐文浩
　　　　　尚修芹　蔡　洁　毕思捷

健康人格

——校外教育永远的价值追求

中国儿童中心党委书记　丛中笑

尊敬的各位领导、嘉宾、校外教育界的朋友们：

大家好！非常感谢大家参与第三届校外教育兴趣小组"双新会"。"新理念　新模式"是相对的，在任何时候我们都会提新理念、新模式，但是在当今教育改革的大潮滚滚而来之时，在应试教育向素质教育转变的过程中，特别是在第三十个教师节习近平总书记对教师提出四项要求的大背景下，我们来研讨校外教育兴趣小组未来发展的理念和模式，具有非常重要的意义。如果我们不去讨论用何种理念来指导兴趣小组、来培养孩子，如果我们不去思考如何运用校外教育生动活泼的作用方式，那么我们就不可能做好对未成年人的教育，也不可能彰显校外教育的独特优势。

这次研讨会就是为了集思广益，交流全国各地的优秀经验。没有大家的群策群力，没有各界广泛的支持，我们中心不可能成功举办这样的会议，所以非常诚挚地感谢大家！通过这次会议，我们也感受到了校外教育如此欣欣向荣，具有旺盛的生命力。在此，请允许我向大家介绍我们中心的一些初步想法与实践探索，算是抛砖引玉。

一、学校教育、社会教育和家庭教育应各显其能、密切衔接

学校教育、社会教育和家庭教育的教育对象都是儿童，因此这三类教育应紧密衔接、形成合力，共同给予儿童统一、和谐、完整的教育。那么，紧密衔接、统一作用的前提就是三类教育应该各显其能，各自彰显其独特作用。因为虽然学校教育、社会教育和家庭教育不可分割，但是如果三者是同质的，功能和作用都一样，就无所谓衔接了。实践证明，校外教育在儿童成长中具有不可替代的作用，其独特性不容忽视。在我国整体教育形势发生重大变革的当今，校外教育兴趣小组也必须积极地优化升级，不能再围绕应试、取证、拿名次做升学的帮手，这种单一的，甚至有些异化的功能应该被摒弃，只有发挥实践育人、活动育人的特性，才能凸显校外教育的优势和价值。

二、校外教育要激发孩子内在的生命力

我们现在不提校外培训，而提兴趣小组。这不仅仅是一个名词的变换，它更透露了我们的一种理念。我们希望从儿童的需要出发，调动儿童内在的生命力、活力，激发他们的激情，点亮他们生命燃烧的火焰。如果在校外教育中，儿童是被迫来学习，没有兴趣地一遍一遍练习动作或者模仿教师，这样的教育就失去了生命力。校外兴趣小组一定要把儿童最原始的、最反映生命本真的动力调动起来、激发出来。在教育教学中，教师可以零距离地接触儿童，通过各种各样的活动形式，对儿童进行个性化的指导，让儿童在与教师、同伴、客体之间的交往中表现出他的所思、所感、所为，让儿童的生命在教育中舒展、绽放，而不是教师按照自己的观念和要求，千篇一律地给儿童统一化的、机械性的训练，否则校外教育兴趣小组就失去了意义。那么，我们怎样调动儿童的积极性？怎样真正地让儿童对一个事物感兴趣？怎样

把儿童原有的潜能，可能他自己和家长都没发现的潜能激发出来？

心理学领域有个非常著名的实验——皮格马利翁效应，这个实验是通过暗示教师，让教师对学生充满期待，学生因此变得优秀了。可见教师给予儿童的关心、关爱，决定了儿童的潜能是否能被调动起来。如果在教师心目中都有这样一种信念，也就是教师认为每个儿童都是优秀的，每个儿童都有他自己独特的天赋，都可以成为一个有用的人，都可以成为国家的栋梁，那么这样的暗示普及和辐射到每个儿童身上，儿童的成长将会充满了能量和自信。校外领域可以更加彻底地实施这样的教育，因为校外教育更加灵活，没有固定的种种框架，我们可以通过自主、自由的活动和行动进行教育教学，这是一个巨大的空间。一方面，我们不能给自己戴上枷锁，自己把自己束缚。另一方面，我们更不能完全地照搬学校教育，我们一定要考虑儿童在校外教育中是否幸福、快乐？儿童原有的能力是否得到发展？儿童的个性是否得到了彰显？儿童是否更加独立？他是否是一个可以质疑、可以提出自己观点、可以面对各种困难进行挑战的有独立个性的人？这正是校外教育兴趣小组要给予儿童的。

习近平总书记谈到对教师的四项要求，其中关于品行、道德、仁爱的内容很多。教师本身就是一部教材，就是儿童模仿的对象。儿童一个最大的特点就是模仿。如果教师要求儿童做到，自己反而做不到，这样肯定不能起到良好的教育效果。例如教师要求儿童之间要相互尊重，但是教师却居高临下地批评儿童，用教训的口吻与儿童交流，那么儿童是学不会尊重的。要求儿童做到，教师首先要做到，教师本身就是榜样，因此教师一定要关注自身的言行，不断提高个人的修养。

三、校外教育要重视培养儿童的健康人格

儿童要认识的世界是多方面的,大致可以分成两类:客体和主体。儿童认识客观世界,就是要形成对事物的基本概念、基本知识、基本逻辑关系,也正是通过对外界事物的认识来提高自己。但仅仅认识客观世界是不够的,儿童还必须认识主观世界,包括了解自己是什么样的人,自我意识是怎样发展的,自己的情绪如何管理等等。我们的教育更多强调的是对客观世界的认识,例如学校教育通过数学、物理、化学等,校外教育通过音乐、美术、科技等,帮助孩子认识客观世界。然而,引导儿童认识主观世界的教育非常有限,这导致儿童在自我认同、人际交往、社会适应等方面出现了诸多问题。因此,尽管我国教育取得了长足的进步,但是儿童在成长中似乎还是缺失了重要的"内核"。

那么我们不禁要问,我们的孩子到底缺失了什么?我们发现孩子缺失更多的是内心的健全与健康。作为一个完整的人,孩子的人格是不是健康的?他是不是真正地了解自己?他是否有一种快乐、积极、向上的风貌?这些是支撑孩子一生发展的重要"内核"。我们古人说人活的是精气神,我们一定要把孩子的精气神找回来。这个精气神在我们校外教育里就是要完善儿童健康、健全的人格,这恰恰就是儿童认识自我的过程,认识自我和社会交往的过程。当儿童遇到困难的时候,他知道怎样给自己鼓劲;当和别人交往遇到矛盾的时候,他知道用什么样的方式解决矛盾。

校外教育应该把非智力因素、儿童健康人格的培养作为重点。我们虽然也要教孩子一些知识,但这都是手段和载体,我们希望通过这样的载体,让孩子了解自己、热爱生活、尊重生命,养成优秀的品质。如果通过校外兴趣小组,不但没有达成上述目标,反而泯灭了儿童的生命之光,那么我们的教育是没有意义

的，完全可以取消，因为它起到了反作用。所以一定要把我们的教育很好地和儿童的成长相结合，而且有别于学校教育，即我们更多应该致力于构建儿童的健康人格。当然，哪一方面的教育都会构建健康人格，但是落脚点和出发点不一样。校外教育不应该通过知识技能的习得判断孩子的优劣，而要更多地关注通过知识技能等载体调动孩子生命的源动力、生命的潜能。

四、健康人格来自内在的自平衡与自和谐

校外教育要更多激发孩子对自我的认识、对自我能力的开发。自我能力最关键的就是要建立自平衡与自和谐。人生命力的成长和发展，最健康的是自平衡，也就是自己的内心世界是平衡与和谐的。当我们苦恼、彷徨的时候，就是处于不和谐状态。这种不和谐可能来自于外界，也可能来自于内心世界。当你幸福、快乐的时候，你的内心世界是和谐与平衡的，这是一种非常美好的状态。健康人格的核心就是，构建内心世界的自平衡、自和谐。

但是这种自平衡、自和谐不可能一步到位，首先需要养成内心世界优良的品德和素质，然后整合这些品德和素质，并在越来越高的层级上建立自平衡。自平衡是相对的，不能始终维持在一个层级，随着社会环境的变化，一个人要不断打破已建立的自平衡，建立更高层级的自平衡。真正的自平衡是不断地挑战自我、超越自我，这样才能逐步达到真正的健康与完善，这是内心世界的成长过程。一个人的强大不在于体魄而在于内心，内心的强大正是内在的一种健康和完善。

这种平衡建立的能力、水平、时间恰恰是健康人格能力高与低的重要表现。健康完善的自平衡、自和谐需要从小打基础，认识自己的主观世界需要系统地学习。然而，我们常常把这种学习扔给了孩子自己，扔给了一种自然而然的成长过程中。儿童心理的成长发展规律是什么？我们怎样在教育中去践行？虽然相关的理论研究很深入，但是这些理论和教育实践怎样结合？我们如何在儿童幼年时发展他的社会性？培养儿童的积极情绪需要什么样的手段？这些需要教师努力探索，教师要像指路明灯一样引导儿童认识自己的主观世界。在一个人对自身认识不断完善的过程中，需要一套完整的、科学的教育体系，而目前这个教育体系是缺失的、不完善的，那么这正是我们校外教育应该积极去探讨、去开发的领域。我们授之以渔而不予鱼，这正是教育者的神圣之外，是教育的艺术所在，也是校外教育兴趣小组应该积极推进的。

各地有非常好的经验，大家带来了一些特别的主题活动，一些极有建树的想法，在这样一个交流平台上，我相信我们能够互相学习、互相启发。希望经过努力我们能将健康人格的校外培养方式、体系、理念推向更高的水平。

再一次感谢与会代表，感谢各位领导，谢谢大家！

目录

● 会议致辞

在第三届全国未成年人校外教育兴趣小组活动
　"新理念　新模式"研讨会上的致辞 …………… 吴新平 / 1
在第三届全国未成年人校外教育兴趣小组活动
　"新理念　新模式"研讨会上的致辞 …………… 张东燕 / 3

● 专题报告

学生成长在活动中 ………………………………… 顾明远 / 5
中美艺术教育政策比较 …………………………… 吴爱丽 / 13

● 实践研究

中国儿童中心兴趣培养工作转型升级的问题分析与
　体系设计 ………………………………………… 高　云 / 25
城市公共教室
　——广州市少年宫开FUN课的思考与实践 …… 黄筱瀛 / 36
创客文化在青少年科技实践活动中的探索 ……… 陈红霞 / 43
"文学女孩"的写作心灵培养 …………………… 韦　伶 / 50
创新教育活动模式　提高儿童经济认知 ………… 于天翔 / 60
促进儿童想象力发展的综合活动课程探索 ……… 平　蕾 / 68

儿童参与视角下校外美术教学选课制的设计与实施
　　——以中国儿童中心书画部为例 ………………… 高　杨 / 74
用形式去创造：让儿童陶艺教学走出误区 …………… 黄华高 / 81
动漫在校外美术教育中的应用 ……………………………… 徐　静 / 89
关于撰写校外美术活动方案的思考 ……………………… 陈　红 / 100
3-6岁幼儿创意绘画能力的培养 ………… 曹志敏　王冬云 / 109
浅谈在儿童美术启蒙阶段培养"儿童美学意识"的
　　三步曲 …………………………………………………… 俞昕珺 / 117
儿童风景速写中"表现主义"式教学的实践研究 … 孙景楠 / 124
幼儿折纸艺术活动的开展与思考 ……………………… 王　丹 / 132
少年宫儿童美术教育活动中出现的主要问题和应
　　对策略 …………………………………………………… 杨　丹 / 139
浅析儿童美术教育中形象思维能力的培养 ………… 王　巍 / 146
如何守护孩子想象的翅膀和绘画的天分
　　——浅析评价在美术教育教学中的应用 ……… 王晓珺 / 153
少儿硬笔书法"四步练"教学模块的设计与实践
　　探索 ……………………………………………………… 戴春霞 / 158
浅谈儿童水墨画的教学
　　——接受式和探究式学习在儿童水墨画教学活动中的运用
　　 ………………………………………………………………… 毛修陆 / 165
美国少儿舞蹈教学中的德育渗透及启示
　　——基于"舞向未来"中美合作项目的教育实践
　　 ………………………………………………………………… 陈　杨 / 170
浅谈少儿舞蹈教学活动中的身韵训练 ……………… 茅园园 / 177
二胡校外教育入门阶段教材编写初探 ……………… 唐　玲 / 184
少儿手风琴教学初探 …………………………………………… 潘　婕 / 190
幼儿古筝启蒙教学中的兴趣培养 ……………………… 孙双云 / 196
儿童钢琴小组活动之我见 ………………………………… 赵秋红 / 201
浅谈校外学生乐团的现状、组织及训练 …………… 邹　乐 / 206
中小学艺术教育活动形式创新的实践研究 ………… 施维丽 / 212

民族彰显特色　文化滋养心灵
　　——谈广西少数民族地区开展校外兴趣小组活动的经验
　　　　　　　　　　　　　　　　　　　　　　傅桂群 / 219
国际青少年科技竞赛中的国际理解教育实践 ………… 王　涛 / 227
博物之行　人生之旅
　　——百科探秘亲子博览活动的实践探索 ………… 张李燕 / 235
信息技术教育中媒介素养的渗透 ……………………… 王元璐 / 242
基于机器人小组活动的创新能力培养 ………………… 张　琪 / 247
浅议如何在校外信息技术教学中对青少年进行环境价值
　　观教育 …………………………………………… 刘　溢 / 252
浅析中国儿童中心游泳项目的品牌建设 ……………… 王丽霞 / 256
想象乘着阅读飞翔　生命绽放文化力量
　　——浅谈墨墨绘本馆设计理念与构想 …………… 王　英 / 262
引歌入词　古韵新响
　　——将中国风歌词引入宋词教学的实践探索 …… 康绿野 / 270
浅议校外英语兴趣小组活动设计的问题及对策 ……… 冯雅楠 / 283
Rap说唱在儿童英语教学中的媒介作用初探 ………… 王赋华 / 288
校外英语兴趣小组活动的实践探索 …………………… 王桂荣 / 296
浅谈增加校外初中数学教学活动趣味性的若干策略 … 陈俊华 / 300
校外教育活动与学校教育相衔接的实效性研究 ……… 李　舟 / 307
让孩子们在游戏中快乐地成长
　　——结合"大兴区少年儿童游戏节"谈群众活动中的德育
　　　　　　　　　　　　　　　　　　　　　　薛　杰 / 312
基于生活世界理论大兴区校外德育模式
　　探索 …………………………… 程德玲　罗　娟 / 317
校外教育机构开展公益性社会实践活动的实践
　　与思考 …………………………………………… 王付生 / 323

会议致辞

在第三届全国未成年人校外教育兴趣小组活动"新理念 新模式"研讨会上的致辞

全国妇联儿童部巡视员 吴新平

各位来宾、各位朋友、同志们：

今天，在这金秋送爽的时节里，我们相聚在中国儿童中心参加第三届全国未成年人校外教育兴趣小组活动研讨会，在此我受全国妇联副主席、书记处书记赵东花同志的委托，代表全国妇联，对研讨会的顺利召开表示衷心的祝贺，向来自全国各地的校外教育工作者表示热烈的欢迎。

党的十八大提出了全面深化改革的总体目标，国家教育改革发展规划纲要提出了教育改革的任务要求，校外教育是我国教育众多改革的重要组成部分，是促进未成年人快乐生活、健康成长、全面发展的重要内容。此次研讨会的重要意义就在于适应新形势、新任务、新要求，针对面临的新情况、新机遇、新挑战，把培育和践行社会主义核心价值观融入到校外教育之中，深入研讨校外教育兴趣培养的理论与实践创新，深入研究校外教育在与学校教育、家庭教育、社会教育的有机结合及有效衔接和相互促进协调发展等问题，深入研讨校外教育的新思路、新方法、新手段、新载体、新优势和新作为。希望本次研讨会坚持儿童优先的理念和立德树人的根本，把握儿童健康人格培养的主题，围绕儿童兴趣培养新理念、新模式的主线，分享、交流校外教育兴趣小组活动的新经验、新成果，推进校外教育不断深化拓展、巩固提高，开创新局面，再创新业绩。

同志们，校外教育承担着培养未成年人健康人格的重要任务，校外教育工作者是教师队伍的一支重要力量，责任重大、使命光荣。长期以来，广大教师爱岗敬业，在校外教育领域辛勤耕耘、不懈追求、奋发进取，积累了宝贵经验，贡献着智慧和力量。希望同志们珍惜这次研讨和交流的机会，积极参与、建言献策、共同努力，确保研讨会取得圆满成功，达到预期目的。谢谢！

在第三届全国未成年人校外教育兴趣小组活动"新理念 新模式"研讨会上的致辞

教育部基础教育一司校外教育处处长 张东燕

各位领导、嘉宾、校外教育的朋友们：

大家上午好！缤纷秋日，好客京城，很高兴我们再一次相聚于全国未成年人校外教育兴趣小组活动研讨会，共议兴趣小组活动的新理念、新模式，共创校外教育的新发展、新趋势。在此，我谨代表教育部基础教育一司对本届研讨会的顺利召开表示热烈的祝贺！向主办单位表示诚挚的感谢！

党的十八届三中全会提出教育综合改革任务目标以来，教育部和各地出台了一系列教育改革方案和方法，这对校外教育的发展带来了新的巨大的影响。此次研讨会以培养儿童的健康人格为主题，把培育和践行社会主义核心价值观融入到校外教育当中，探讨校外教育儿童兴趣培养新的理论与实践，对进一步明确校外教育独特的育人功能、价值、方法和路径有着十分重要的意义。

兴趣小组活动是实施校外教育的基本方法之一。无论教育内容还是教育方法，兴趣小组和学校教育的课堂教学都有着明显的不同。然而长期以来，兴趣小组活动以特长培训代替了活动，课堂教学的痕迹明显，内容枯燥，方式单一，扼杀了青少年的兴趣，背离了设立兴趣小组的初衷，必须要改变。为此，很多校外教育机构和教师积极探索、锐意创新，组织社团活动，开展综合实践活动，极大地丰富了兴趣小组活动的内容和形式，形成了一批优秀案例，积累了许多新的经验。以"新理念 新模式"为主题的兴趣小组活动研讨会，对一线的校外教育教师和管理者搭建了一个很好的学习交流平台。

今天，来自妇联、教委、共青团系统的70多家校外教育机构，400多名教师和管理人员参加会议，有很多是我的老朋友，大家欢聚一堂，共谋发展。相信"双新"研讨会一定能够真正引领和创新校外教育工作，带动全国校外教育的新发展。

祝本届研讨会取得圆满成功！谢谢！

学生成长在活动中

中国教育学会名誉会长　顾明远

尊敬的各位老师，非常高兴今天能参加这个会议。校外教育是教育中的重要组成部分，学生每天在学校里学习六七个小时，剩下的时间都是在家庭里或社会上度过，其中校外活动是青少年很重要的一类活动。

一、活动教育的理论概述

美国教育家杜威提出："学校即社会、教育即生活，要摆脱传统教育的课堂中心、课本中心、教师中心，让学生在生活中学习。"我国学者陶行知把杜威的话倒过来："社会即学校、生活即教育。"提倡"生活教育"，也就是说学生不仅要向书本学习，而且要向社会学习、向生活学习，在活动中学习。我国儿童教育家陈鹤琴先生提出"活教育"，主张到大自然、大社会去获取知识。我最近提出来"活动教育"，主张儿童在活动中成长。这里的活动，指学校课堂当中的活动，例如在课堂里进行探究式学习、参与式学习等，也指学生在家庭里的活动，例如家务劳动，更指的是到社会上、到大自然中去活动。总之，"活动教育"中的活动主要指儿童参加一切脑力和体力的活动，活动首要是脑力活动，让学生脑子动起来，在活动中获取知识、培养习惯、体验人生。那么，课外活动就是其中很重要的一种儿童活动的形式。

（一）活动教育的哲学基础

活动教育的哲学基础就是实践论。毛主席写过一篇文章，提出人的认识是从哪里来的，是从天上掉下来的吗？不是。人的认识是在实践中产生的。马克思主义认识论认为，人的认识是在主客体二者相互作用的实践过程中，主体（就是人、儿童）对客体（外界事物）的认识。教育过程也是一种认识过程，当然它跟一般的认识活动有点不同，不同在哪里呢？就是有教师的指导，有辅导员指导。教育是在教师和辅导员指导之下进行的，但是学生必须主动地参与，学生只有参与才能获取知识、才能体悟人生。

（二）活动教育的心理学基础

活动教育的心理学基础就是儿童是在活动中从感觉开始，通过知觉、记忆、思维，从现象到概念，从表面到本质。比如说，从表面上我们看浮力，好像越大的东西越能沉到水里面去，但是很大的木头放在水里头能浮起来，反而一根铁丝一下子就沉下去，儿童不知道浮力的原理，所以要逐渐在活动当中，通过实验，让儿童从现象到本质获得知识和能力。儿童的发展需要多种感觉器官来活动，耳朵听、眼睛看、动手摸等等，运用的器官越多，感知事物的能力越强。

瑞士心理学家皮亚杰把儿童发展分为几个阶段：感知运动阶段（0-2岁），只能感知，只能表面地感知；前运算阶段（2-7岁），能运算了，一般幼儿园的孩子就会顺序数数了；具体运算阶段（7-12岁），可以具体运算了，但是还没有形式的、符号的概念。到12岁以后，形式运算阶段可以用符号来代替了，$A+B=C$，这是运用符号来运算。心理学家对儿童心理的发展分出了不同阶段。

（三）活动教育的教育学基础

活动教育的教育学基础就是学生主体论。教育过程三要素：教师、学生、教育影响（主要指教育内容）。当然现在还包括教育手段，一共四个要素，但一般前三个要素是主要的。三者在共同的统一活动中才能形成教育过程。如果没有教师，只是学生自由活动，这是自学，不能说是教学过程。如果没有学生，只有教师，那就更谈不上教育活动了，所以三者必须结合起来、统一起来，活动才是教育活动。三者关系的不同定位就出现教育的不同流派。杜威之前有个学者叫赫尔巴特，他的传统教育定位以教师为中心。杜威提倡现代教育，现代教育以儿童为中心。活动教育主张学生是教育的主体，学生不是客体，学生是教育里面主要的人物，学生通过自身的活动认识世界，获取知识，养成品德。

（四）活动教育的宗旨

活动教育的宗旨就是让儿童在活动中生动、活泼、主动地成长。活动教育的内涵是，以儿童为主体，让儿童自主地参加各种活动，在活动中获取知识和智慧、能力和技巧，体悟人生，形成正确的世界观、人生观、价值观，养成良好的品质和完善的人格。现在我们要实践社会主义核心价值观，社会主义核心价值观就要在活动中体会，只是说教是没用的，一定要在实践中、在活动中让儿童体会什么叫诚信，什么叫友善。

二、课外活动的意义

课外活动是指在学校课堂教学之外对学生实施的各种有意义的教育活动，包括校外的各种活动。课外活动包括了校外活动。课外活动是儿童学习活动的重要形式，是教育体系中的重要组成部分，在教育中起着重要的作用。这是因为课堂教学是有限度的，不能完全满足儿童活动的需要。而且课堂教学总是按照学生的中等水平来设计，有些比较聪明的学生在课堂教学上不能够被满足，那么成绩差一点的孩子可能又跟不上教学。教师备课不可能按照最聪明的孩子来备课，也不能按照学习差的学生来备课，而是按照中等生的水平来备课。很多活动要在课外进行补充，因为课堂教学是有限的。那么，课外活动有什么意义呢？它的作用在哪里呢？

（一）课外活动有利于促进儿童的全面发展，促进儿童才能的发展

课堂教学一般有统一的课程，虽然现代课程设立了选修课，到了高中一般都有选修课，有的初中就有选修课了，比如北京的十一学校，在初中就走班选课了。但选修课终究在课堂上，课时总是有限的，不可能满足每个学生的需求。在课外活动中，学生可以根据自己的特长和兴趣，参加自己喜爱的科学、文化、体育等活动，有利于发挥他们的特长，有利于他们的全面发展。

（二）课外活动有利于发展学生的智力

开展丰富多彩的活动，可以激发学生的求知欲。苏联的教育家苏霍姆林斯基称每个孩子都有他的"智力背景"，课外活动是他的"大后方"。过去很多人都讲过，没有爱就没有教育，我加了一句，没有兴趣就没有学习。苏霍姆林斯基也曾经说过，作为一个孩子，如果到了十二三岁的时候，还没有自己的兴趣爱好，我们做老师的都为他担忧，担心他什么呢？担心他长大以后对什么事情都漠不关心，成为一个平平庸庸的人。我们看到很多科学家、文学家、艺术家，都是从小对某一个项目有兴趣。所以课外活动可以激发儿童的兴趣。

有一种误解，许多教师认为功课好的学生才能参加课外活动。实际上功课差的孩子更需要课外活动，通过课外活动来激发他的学习兴趣。曾经有一个例子，苏霍姆林斯基有个学生不爱读书，学习成绩也比较差，他就找一本很有趣的童话陪孩子一起读，读到很有趣的地方，苏霍姆林斯基说我有事，不能陪你一起读下去了，你自己读吧，孩子很想知道结果，所以自己就读起来了。通过这个办法，这个孩子慢慢喜欢读书了。所以通过课外的活动可以激发学生的兴趣。

（三）课外活动能够充实学生的精神生活，有利于学生优良品质的形成

学生思想品质的形成，不是靠教师的说教，而是要靠学生的实践活动。在活动中遇到问题，遇到矛盾，经过自己的思想斗争，矛盾解决了，思想就提高一步。比如老年人跌倒了，要不要去扶？扶了以后有可能反而被诬陷成肇事者，所以现在有些青年不敢去扶了。这就是一个矛盾，会出现思想斗争，看见老人摔了跤，要不要去扶？不管怎么样应该扶，这是对他人的爱心，一旦能这样做，人的思想就提高一步。如果出现了被诬陷的情况，那是另外一回事。很多情况都会遇到矛盾，和同伴相处也会遇到矛盾。通过这些矛盾和思想斗争，解决这些矛盾，儿童的思想就会提高。在志愿者活动中可以培养青少年的爱心、责任心等等，这些都是课外活动。所以课外活动能够充实学生的经验生活。

（四）课外活动可以培养学生的交往能力、组织能力、自我管理能力、自我控制能力等

在校外活动中还会和其他学校的学生在一起，和其他班的学生一起活

动，而不是同班的同学一起活动，或者和不同年龄段的同学一起活动。在活动当中，学生就可以互相学习，互相促进，养成同伴的友谊，养成和同伴交往的能力。学生是主体了，我们让学生自己组织活动，还可以培养学生的组织能力、管理能力，遇到一些矛盾，加强自我控制能力。这些能力都要通过活动来培养，在竞赛活动中还可以培养学生的竞争意识、竞争能力。这些都是课外活动对学生有益的地方。

外国的学校很重视学生的课外活动、校外活动。美国中学里就有许多社团，他们特别重视体育运动和社会活动。大学录取时要考查学生在中学里参加过什么活动。曾经一个华裔学生谈到他报考大学，统一考试只是参考，不像我们按分数排队，除了参加统一考试，他要提交一个500字的报告，报告包括他在学校里面学了什么，喜欢什么，而且很重要的一条，在学校里什么时候参加过什么社会活动，参加过什么社团和运动。美国人非常重视运动，如果中学里面参加过橄榄球，那么大学录取中会优先考虑。再比如做义工，有的孩子去非洲做义工，去帮助非洲贫苦儿童，这些活动美国人都非常重视。

日本小学和初中在课表中都设有"特别活动"，"特别活动"每学年30－70学时，按照年级分配课时，低年级少一些，高年级多一些，目的是通过集体活动对学生进行德智体美和谐教育。在日本的神户小学，我问"特别活动"是什么？"特别活动"就是课外的集体活动，小学低年级要到附近的山上去远足，在那住一夜、做游戏等等。三年级、四年级到附近的一个县去活动，在那住一两天，学生自己搭帐篷、做饭，家长不能参加。到了高年级，就要到离神户很远的北海道，做三天的"特别活动"。"特别活动"就是集体生活，在集体生活中培养学生的生存能力。

三、课外活动的特点

课外活动非常受广大学生的喜欢和欢迎。为什么？因为它有吸引学生的许多特点。

（一）课外活动具有自愿性

课外活动是课堂以外，学生自愿选择参加的一种活动。这些活动充分照顾到学生的兴趣和爱好，学生参加活动的积极性较高。课外活动和校外活动，我指的不是奥数这类培训班，这些不是孩子自愿参加的，都是家长强迫的，这些不是我们课外活动要追求的。课外活动最重要的一点是自愿性，是学生自愿参加的一些活动，所以学生的积极性比较高。所以我们在组织活动当中，一定要重视学生的自愿性，不能强迫，否则就失去了它的意义。我们现在教育的很大弊端，就是学生被教育、被学习、被考试绑架，为了考试而学习。家长强迫孩子学习，教师也在强迫孩子学习，为了应付考试，这样的学习是没有什么效果的。只要有兴趣了以后，孩子就能刻苦学习。所以我主张愉快教育，有人说学习就是刻苦的，为什么要愉快？我说孩子自愿学了，有兴趣了，他就能够刻苦学习，有兴趣了，他就愉快了，然后更刻苦地学习。所以我们要注意学生的自愿性。当然一些集体活动必须参加，比如少先队活动，少先队活动是集体活动，不能不参加，但是入少先队是自愿的，所以进入了这个组织，就有义务、有责任参加集体活动，所以这不是强迫的。

（二）课外活动具有自主性

课外活动是以学生为主，自主活动。教师和辅导员处于指导和辅导的地位，切忌教师和辅导员包办代替。学生才是活动的主人。要放手让学生自己去策划、组织。这有利于培养学生的自学能力、实践能力、创造能力。如果包办代替，学生的诸多能力怎么能培养？所以自主性很重要。我们要放手让学生自己去活动，自己去生存。

上周，我去北京十一学校，十一学校近年来开展学生课外自主活动，组织各种社团，开办银行、广告公司、咖啡馆、书店、艺术团，自己导演戏剧、组织运动会等，活动丰富多彩，学生生机勃勃。学生在自主活动中不仅充分享受到学习的幸福，而且各种能力和品质都得到了锻炼。有的学生开了服装公司，校服都是通过学生的服装公司订购的，学生的服装公司跟很有名的服装品牌联系，从那里把校服批发过来，学生再来买，比在普通商店里买的要便宜一半。有的学生开了广告公司，这个广告公司不是给外面做广告，而是给学校里面的各种产品、社团、活动做广告。有的学生还开了银行，学校的服装公司、广告公司没有资金了，可以到银行贷款。他们的体育活动、运动会也都是学生自己组织的，教师只是指导，不像有些学校都是教师包办代替。

（三）课外活动具有灵活性

课外活动不受课堂教学的限制，没有固定的大纲，不用考试，学生没有心理压力。内容可宽可窄，可多可少，富有伸缩性。每个教育单位可以根据各自的条件开展各种各样的活动。过去我们叫兴趣小组，科学的兴趣小组、体育的兴趣小组等等。课外活动虽然没有考试，但也有成绩的检验，方式就是汇报演出、展示会、读书会、演讲会、运动会和各种竞技比赛。这都是检验学生活动的成绩，不是通过考试，而是通过上述方式来检验学生在活动中的成绩，培养学生的责任心和荣誉感。高考将来改革以后，不是要对学生进行综合素质评价吗？综合素质评价就是要根据学生在课外活动中的表现来评价。

课外活动的组织形式可以多种多样。可以是个性化的活动或者小组活动。个性化的活动，比如个人读书或者个人做一个试验。前年我到潍坊，一个小学提倡小小试验室、家庭试验室，很多孩子在家里阳台上都有一个试验室，做各种试验，个人的试验。有的孩子做昆虫的试验。有个孩子的妈妈老吃中药，他便做试验研究能不能把药渣做成肥料，非常有意义，培养了学生的创造能力。小组活动，包括兴趣小组、社团活动以及群体性的大型活动，比如少先队活动、文汇演出、运动会等。可以在校内活动，也可以在校外活动。

社会实践基地，也是课外活动的极好形式。张家港市校外实践基地，占地100多亩，开设了各种各样的课程。当地规定每个初中生，一周住4天，活动5天。孩子们特别喜欢，因为他们可以自愿参加其中各种各样的活动，又不考试。我今年到西昌，西昌有个邛海湖，湖里有很多鸟，西昌一个实验小学就在邛海湖边建了一个观鸟站，里面有很多鸟的标本和照片。这个学生活动的地方非常好。

四、组织课外活动应遵循的一些原则和要求

（一）要有明确的目的

课外活动虽然是学生自愿参加的自主活动，但也不能放任自流，要加强领导和指导，组织有利于学生健康发展的活动。注意思想性、教育性，要把社会主义核心价值观教育贯穿其中，使学生在德智体美诸方面都能得

到发展。我们组织活动一定要有目的，也就是要思考培养学生什么能力。而且要注意思想性，十八大、十八届三中全会都提出立德树人是我们教育的根本任务，所以我们的一切活动都是围绕立德树人，我们首先要培养学生做人。过去陶行知先生讲，千教万教，教人求真；千学万学，学做真人。

（二）内容和形式要符合儿童的年龄特征，避免成人化

低年级和高年级的活动要有所区别。要注意学生能力所及，不能有害于学生的健康。比如有些化工的东西、有毒的气味，我们就不能组织学生参加这种活动。低年级孩子的能力很有限，和高年级要有所区别。要注意学生的年龄特征。

（三）要注意活动的安全，要在活动前制订周密的计划

如果到社会、大自然活动，教师要事前亲自考查、了解情况，注意让学生远离危险，比如水火问题、交通问题。但不要因噎废食，现在很多学校不敢组织学生活动，怕出事，怕有安全事故，我觉得这也没有必要。不组织活动，学生得不到锻炼，他们一辈子可能会遇到很多问题，但是不知道怎么避免危险。只要我们做好周密的计划、周密的调查研究，就不太可能出现安全问题。所以不能因噎废食，要大胆地组织一些活动，当然要注意安全。

（四）不要把课外活动当作课堂教学的延伸

我们要切忌成人化，切忌课堂化。既然是课外活动，就不能把它变成课堂教学的延伸。现在的奥数班、外语班，这不是课外活动，而是课堂教学的延伸，并不有利于学生的成长。这些培训班失去了课外活动的特点和优势，课外活动的优势是有利于学生全面发展，有利于能力发展。强迫学生去学习，就失去了它的优势。我觉得不值得提倡。

（五）注意和社会、家庭的配合，得到他们的支持，充分调动他们的积极性，利用他们的教育资源

课外活动不能闭门造车，而应该利用多方面的资源，包括社会的资源，例如政府拨款、艺术馆等等。另外还包括家长的资源，有很多有才能的家长，可以请他们来给学生讲一讲，讲他们的丰富经验，讲他们的成长经历等等。要利用多方面的资源来组织课外活动，使课外活动丰富多彩、生动活泼，也使我们的孩子能够活泼、愉快地成长。

这是我自己对课外活动的一些认识，请大家批评指导。谢谢大家！

中美艺术教育政策比较

上海戏剧学院发展规划办公室主任　吴爱丽

首先，我要向在座的各位老师表示崇高的敬意，我当了30年的老师，但是我真的没有想过有这样一个机会能够与艺术教育特别是中小学艺术教育第一线的老师们有这样一个交流。在这个交流过程中，我提供给大家的可能是一些稍显枯燥的内容，但是我想在具体的创作之后，我们需要沉下心来从不同的视角对我们从事的工作做一个反思。接下来，我向大家介绍一下我就中美艺术教育政策所做的一些对比性的反思。

一、1994年美国《艺术教育国家标准》

中美艺术教育政策研究的切入点，第一个就是1994年美国公布的《艺术教育国家标准》，这个国家标准成为当代美国中小学艺术教育的指导性政策。这个指导性政策在当代美国教育史上发挥了巨大的作用。从这个国家艺术教育标准出台往前追溯，可以追溯到当年航天事业的研究和开发。大家都知道世界上最早实现航天梦的是俄罗斯（苏联）。当俄罗斯的宇航员飞上太空之后，美国就开始了自己的反思。当时的美国人就在问自己：为什么我们的航天研究会比苏联慢一步？为了研究这样一个课题，美国花费的代价是几个亿美金的研究计划。这个计划在当时的哈佛大学被称为"零点计划"。这对当时的美国来讲是一个秘密的计划，这个研究计划20多年后才被公开。"零点计划"讲的问题是什么呢？就是如何更着重地去培养美国人本身的创造能力，以及美国未来一代人在世界上是否能够拥有话语权、是否能够拥有健全的人格。这个研究对于《艺术教育国家标准》颁布有着重要的影响。

那么，我想跟美国的《艺术教育国家标准》作对比的是什么呢？是2011年我们国家颁布的《全日制义务教育艺术课程标准》。在对两个文件进行完整的阅读和分析后，我发现一个问题：中国的文件基本上是按照美国的文件拷贝的。很多基本的出发点和想法，甚至于中小学当中对艺术教育阶段性的划分，都是一样的。但是我们和人家不一样。不一样的地方在哪里？这是特别值得我们去追究、去思考的问题。我们看一看美国的《艺术教育国家标准》。开宗明义，这个《艺术教育国家标准》首先告诉我们一个前提，艺术教育的目的是为了什么。你会发现美国艺术教育政策出于一个非常功利的研究出发点，然而他们的艺术教育却是完全非功利的。

（一）艺术教育的目的是探索自我

艺术教育的目的是为了什么？一句话，总结起来就是探索自我。是让我们的孩子真正知道自己是谁。艺术是人类文明不可分割的一部分，艺术是体现人性渊源的最深长河之一，艺术深深根植于我们的日常生活。这是美国《艺术教育国家标准》首先告诉所有美国人、所有教育工作者、所有教师在中小学艺术教育当中需要坚持的一个立足点。我们的目的不是让孩子跳一个舞，学会唱一段京剧，会拉一个乐器，然后去完成考级，在考学的时候有艺术加分，这都不是艺术教育的目的。艺术教育的目的实际上是让人真正去认知自己。

（二）艺术教育带来的益处

艺术教育的益处在哪里？艺术教育和所有其他的课程性教育不一样，艺术教育可以理解人类的古今经验，可以学会接受和尊重他人；可以学会解决问题的方式；可以理解艺术的影响，这个影响是指艺术对社会、历史的影响；可以学会在没有标准答案的情境中做出决策；可以学会用非语言的手段进行情感的交流和表达。

这就是美国人对艺术教育目的及其益处所做的一个简单界定。这种界定让我们看到了美国在确立国家艺术教育标准时的出发点。从这个出发点中，你会发现最终的文件撰写者应该是一个诗人，他充满了浪漫情怀，他从没有给艺术教育定一个实际功利的目的。我们翻译了这个文件中一段反映美国人对艺术教育认知的文本："全世界各个民族都有一种追求意义的需求——追求空间与时间、经验与事件、身体与灵魂以及智慧与感情之间的联系，人们创造了艺术，来表达这些难以言说的联系。"艺术是用来干什么的？艺术是用来让我们思考这些问题的，是要让我们用童真、童趣、童心去叩问世道人心的。美国人告诉我们艺术是用来做这些事情的，然后他们还告诉我们在任何一种文明中艺术与教育是密不可分的。

长期的经验告诉我们，缺乏基本的艺术知识和技能的人绝不是一个真正受过教育的人。所以美国在这样一个告诫所有中小学艺术教师的《艺术教育国家标准》中进一步指出，在一个科技日趋先进、感官信息日趋复杂的环境中，感知、诠释、理解和评价的能力成为关键，艺术有助于全体学生发展、理解和辨别这种充满形象与符号的世界的多重潜力。对于这种日新月异、不断变化的外部环境，什么东西能够提供这种辨别能力？是传统的伦理道德吗？是老师教给你的那些数学、物理学、化学知识吗？都不是，而是艺术。

二、2011年我国《全日制义务教育艺术课程标准》

回过头来，看一看我们2011年颁布的《全日制义务教育的艺术课程标准》。这个课程标准一开篇模仿了美国的体例，在查找了很多材料后，我可以确认的一点是文件的起草者之前对美国的文件进行了深入研究，但是最后出台的文件，让我感觉到了中美艺术教育国家标准的巨大差异。

这个文件没有了理想主义的色彩。我刚才说过美国的文件很具有理想主义色彩，从事教育的人一定是一个具有理想主义的人。你看一看中国历史上那些著名的教育家，他一定不是从功利和现实的目的出发的，如果一个伟大的艺术家、一个伟大的教育家、一个伟大的做学问的人，是从功利的目的出发，他不会成为一个教育工作者。因为在任何一个时代，一个真正的教育工作者，他一定是贫寒的，他一定不是一个富翁也不可能成为一个富翁。我国的艺术教育标准，你看不到其中具有理想主义情怀，而是非常功利地给我们确立了课程性质、课程价值、课程目标。虽然文件也提出了课程的人文性、综合性、创造性、愉悦性、经典性，提出了课程的审美价值、情感价值、智能价值、文化价值、应用价值；要求达成的课程目标是艺术与生活的结合、艺术与情感的结合、艺术与文化的结合等等。但是在生活当中你越跟孩子讲道理和重大意义，他越听不进去。孩子最喜欢的是什么？他喜欢这件事情是否是你和他一起来做的，当遭遇困境时你是否可以带着他闯过人生的关卡，进入一个新的世界和天地，孩子会在这个过程当中获得真知。这就是著名的教育家杜威先生的一个教育观点，所谓的从"做"中学，而不是我们从理论、从道理论述的文本。

我国的《全日制义务教育艺术课程标准》依然存在非常浓重的本本痕迹。比如我举几个例子，"艺术课程是一种人文课程，它不再把艺术视为单纯的消遣娱乐或单纯的技艺，而是把它视为人类文化的积淀和人类想象力和创造力的结晶。"第二，"艺术课程是一门综合性课程，它不仅仅是一门艺术学科的知识、创作技能、文化背景、风格流派等内容的综合，还是音乐、美术、戏剧、舞蹈、影视等多种艺术学科的综合。"你在这些文字当中还能看到激情吗？我觉得美国的文件撰写者是一个诗人，是一个理想主义者，中国的文件撰写者是一个八股文的作者。没有激情的教育怎么可能成为教育？他在阐述通过让学生在艺术学习中创造美和鉴赏美的实践，通过音乐、美术、戏剧、舞蹈、影视等艺术学科的综合与联系，使学生的艺术经验不断地得到丰富和升华，获得感受美、创造美、鉴赏美的能力和健康的审美情趣，提供多角度、多渠道的情感体验。这些落在纸上的"说"和我们实际的"做"不是一回事。为什么这么讲？接下来有一个非常具体的比对可以说明这个问题。

三、1994年美国《艺术教育国家标准》的三个阶段

美国的《艺术教育国家标准》把从幼儿园到高中分成三个阶段：幼儿园到4年级、5-8年级、9-12年级，一共分为三个阶段，每一个阶段都有非常详细的标准。我举一个例子，以戏剧为例，从幼儿园到4年级，这个阶段的标准是非常具体的。首先，第一个学期，通过策划和记录个人经验、传承和想象，以文学和历史为基础的即兴创作进行的剧本写作。你有没有办法去想象让幼儿园大班的孩子去写剧本，可能吗？有可能的，怎么可能呢？美国的文件会非常详细地告诉你完成的标准是什么：学生在这个学期要做的是一起合作，就是大家要围坐在一起的一个戏剧游戏。在这个合作当中，大家要为课堂改编剧选出相关的人物角色、环境和情景，就在这个课堂当中幼儿园的老师和孩子们一起说我要演一个什么样的人物，大

家自己出主意，孩子们自己提。比如爸爸在家对我特别凶，我想把我爸爸的事情演一演，我特别不开心，让大家知道我爸爸是个什么样的人。那么好，你就演你的爸爸，你可以去为你的爸爸设计台词。孩子自己讲自己来想，让孩子自己去挑选他要表演的这个环境、情景、人物以及台词。

第二，在这样的一个环境当中，这些学生要即兴和老师一起讲故事，通过录音录下这些对话来规范即兴创作。到最后完成了所有对话的录音，这就是孩子在期末能够表演的一个作品。表演得稚嫩没有关系，在舞台上出错没有关系，被自己的服装绊倒也没有关系，所有的一切都没有关系。家长和学生可以在笑声中学会一些东西。你会发现，从小学一直到高中的全部12年，每一个学期都有一个非常明确的标准，脚踏实地的标准。

四、2011年《全日制义务教育艺术课程标准》的三个阶段

然后我们来看中国的《全日制义务教育艺术课程的标准》，这个标准没有把幼儿园包括在内，而是分成1-2年级、3-6年级、7-9年级三个阶段。每一个阶段有9项标准，看起来标准很多，但是你会发现没有一条标准是实实在在的。

我给大家读一段1-2年级戏剧舞蹈的标准：第一，"让孩子学到感知与欣赏，关注生活中表情达意的对话和姿态动作，喜欢看戏剧、舞蹈节目，观看儿童剧、戏剧、小品、动画片时能识别主要的人物，知道人物的语言动作及神情的特点及其直接的含义，并能简单讲述故事大意。"让孩子去看别人的戏剧，而不是表演他自己的戏剧，他不可能有切身之感。第二，"创造与表现，对事物的动态和舞蹈动作有模仿兴趣，乐于参与自娱性的儿童集体舞蹈活动或舞蹈表演，对生活中特别感兴趣的人物或动物有模仿欲望，乐于参与童话故事和戏剧小品等表演活动，在综合性的活动中萌发创造意识，展示自己的特长和想象力，领略合作的愉快，尝试编创和表演简单的故事情景。"第三，"反思与评价。初步了解舞蹈主要是用人体动作来表现情感，知道音乐和舞蹈是姐妹艺术，初步了解戏剧主要是以演员扮演人物表演故事，了解戏剧是将许多艺术综合在一起，以演员的动作和声音为主要表演手段，在舞蹈和戏剧游戏中学会人与人之间的合作，意识到在日常生活中也要注意仪态、语言和行为的美，通过综合性游戏性的

表演感受到艺术式的成员众多的艺术大家庭，知道艺术是人类的伟大创造，艺术是人的生活内容。"

各位可爱的老师，以上这些内容老师们应该烂熟于心，而不是直接告诉孩子。美国人在他们的标准中就是制定孩子到最后应该学会什么。二者是不一样的，我们思考的角度完全颠倒，这是一个非常有趣的对比。我用一个案例来进一步说明这种对比。在今年年初，我们为了这个课题专门联系了美国的两所中学去做考察，这两所中学一所是洛杉矶的公立中学，一所是波士顿的私立高中。在这两所中学当中，他们对艺术课程的设置让我们刮目相看，相对来讲公立高中没有私立高中做得好。

这所公立高中有6位艺术教育专职老师，包括音乐老师、舞蹈老师、戏剧老师和视觉艺术老师（就是美术和雕塑类的老师）。由于师资力量有限，每年在这个中学当中可以开设的艺术课程，难以面对全体学生，因此采用选修课的方式让感兴趣的学生可以选择艺术类课程来学习。每门选修课的人数限制在30人。这所高中的选修课不会像我们中国这样被语文、数学、物理、化学挤掉，而且选修课设置的时间在儿童精神和注意力最好的时间段，因为这个时候孩子的学习效率最高。也就是早晨，一般来讲是上午孩子到学校的第一堂课，这个时候通常利于孩子调整情绪。当艺术教育激发起孩子愉悦的情绪时，再让孩子去学习物理、数学，孩子状态就会很好。这是这所公立高中对艺术课程的设置方式。

与此相比，波士顿的私立高中条件很好，这样的一个贵族学校在国外的收费非常高，所以它的艺术课程师资有20多个，虽然艺术课程也是选修课，但是能保证覆盖全校所有的学生。这所高中每年能够开出的艺术类选修课程有30门。在这30门选修课程当中，包括音乐、舞蹈、戏剧、美术各个方面。在考察这所私立高中时，我们发现了美国艺术教育和中国艺术教育一个巨大差异。这个差异就是中国的艺术教育很少能够有效地利用博物馆，而我们的博物馆也缺少艺术教育社会责任的概念。我国的博物馆在布展当中不会去感受孩子的体验，但是在美国我们发现他们的孩子在上视觉类艺术课程的时候几乎每个月都要去博物馆。他们在博物馆的学习是一个自动自发的学习过程。

我在一个博物馆就看到一个非常非常有趣的东西。大家都知道著名画家毕加索，但是很多中国人可能搞不清楚毕加索这样立体派的画家一生当中有几个发展阶段，这几个发展阶段分别表现出什么特征。在美国这个博物馆中，我就发现他们的教育方式太棒了。因为什么呢？这个博物馆收藏的毕加索绘画作品特别全，于是博物馆做了一个设计，在毕加索作品的下面放置了一个题板，孩子们可以自己翻，翻到哪里是哪里。一般来讲，艺术家的创作往往和他的情感经历是联系在一起的，毕加索一生绘画风格的改变和他的生活经历有着密切的关系。恰巧这个博物馆收藏齐了毕加索4位妻子和情人所对应的4个绘画风格阶段的全部作品，于是在题板上了做了一个互动的装置。第一个阶段是毕加索相对来讲比较传统的绘画阶段，这个时候他娶的是第一任妻子，相应的题板上有他第一任妻子的照片。第二个阶段，毕加索的画风开始改变，出现了他情人的照片。以此类推，出现了毕加索第三任、第四任情人的照片。4张照片放在那里，然后让孩子去找哪一幅作品可以和他的妻子及情人对应起来。孩子们找完后就可以翻开下面的题板，可以看到里面对应的是毕加索的作品。我跟所有学生一起翻完了题板，然后忽然哑然失笑，我们过去在课堂上讲的艺术哲学远没有这个来得形象。你会发现毕加索每一个时期对于每一个情人的画作，其变形的角度及特质与他的立体派画风的建立过程是对应的，你对这个过程当中某些神韵会一目了然。通过展览中的巧妙设计，你看懂了其中的内涵，这就是一种教育。中国没有这种在博物馆里的教育，这是很难的，也做不成。波士顿这所高中的艺术课程设置非常完整，甚至于它可以细腻到专门有跟学生讲莎士比亚的一门课，有讲美国著名戏剧家奥尼尔的一门课，学生们可以一起来排作品，学生自己参与扮演和排练，这样的教育过程是我们中国学校的艺术教育无法企及的。

不过话又说回来，正因为我国学校体制内的艺术教育无法企及，所以在座的各位老师就有了一块非常广阔的天空和活动的舞台。美国没有少年宫这样的机构，只有中国才有，这种方式可以让大家发挥自己的创造力，让孩子通过更多的途径去学习，但是也会有问题发生。因为校外教育不是常规教学，所以我们没有办法像美国那样完成从幼儿园到高中系统化的教学过程，这一点我们无法做到。我们对孩子从小的艺术教育可能给孩子带来的是一种伤害，而且到目前为止，中国还没有意识到这一点。比如，上海戏剧学院有舞蹈学院和戏曲学院，学戏曲和舞蹈的孩子都要从小练起。我们在2004年的时候，从上海体育学院引进了科学人体实验室，我们希望用这个方式对上戏学习舞蹈和戏剧的学生进行体格和身体的研究，发现他们的问题，然后更好地建立一种类似于科学的训练方法。但是我们戏曲专业的老师和舞蹈专业的老师都非常排斥，完全不接受，这个实验室到现在为止依然举步维艰。

所以专业的艺术教育和普通的艺术教育造成的两大问题，我们都不能解决。对于普通的艺术教育，不能解决的问题是，没有普通的艺术教育就没有整个社会艺术欣赏和艺术评论的土壤。所以到今天没有人看戏、没有人看舞蹈、没有人听音乐会，我们都出现了关注荒，因为我们的孩子从小就没有学会用艺术来陶冶自己的生活，从而使自己的生活变得更美好、更完善，甚至他们都没有这样的希望。而对于专业的艺术教育而言，不能解决的问题是，学习艺术专业的孩子一直进行专业的训练，文化水平都很低，这是中国艺术教育的一大怪圈。艺术的最后创造拼的是文化和内涵。学舞蹈的、搞舞蹈的都知道，著名的现代舞大师林怀民先生，他在台湾创立的云门舞集被看成是中国现代舞在当代国际上一个最高水平的团体，请大家记住林怀民先生毕业于国立政治大学新闻系，之后在美国攻读新闻学硕士学位，他压根不是学跳舞的。这就是文化和情怀，可是我们的专业艺术教育缺少文化情怀，我们的普通艺术教育缺少艺术情怀。二者差异造成的一个结果是搞艺术的人没有文化情怀，所以他不可能创造出真正伟大的艺术作品；我们的普通大众没有真正的艺术情怀，所以不懂得如何去欣赏艺术作品。于是现在各种选秀、各种乱七八糟的节目会充斥整个艺术市场，这种现象就是这样造成的。所以从中美两国艺术教育标准的对比中，你可以读出很多背后的潜台词。

五、三点思考

（一）知识教育无法达成素质教育

我觉得目前在中国，我们的知识教育无法达成素质教育。我们让孩子从小进行的是知识化教育，这种知识化教育让孩子的数学、物理、化学一门不缺，全都学好了，但是在座各位作为过来人一定都有体会，你长大成人之后你学到的东西有用吗？没有用。素质教育是指什么？在中国古代就是道德教化，这种道德教化是着重于一个人融合才能、成为真正意义上"为人"的一种教育。所以这种道德教育，用过去中国传统的观点来讲，就是从孩子上学开始，从背《三字经》《弟子规》开始，就该知道的一个人为人要有的仁义礼智信，然后从学六艺开始就具有的从一般的理论素养到作为一个人应该有的强健体魄，再到一个人应该有的艺术素养。当所有这一切整合在一起的时候，在一个人身上体现出来的时候，才是完成了对一个人的素质的打造。当你长大之后，当你成熟之后，素质会在你身上的任何一个地方体现出来，你的衣着、你的打扮、你生活中的一种态度。

（二）应试教育无法实现启蒙教育

我们说应试教育无法实现启蒙教育。应试教育只教会你做题，启蒙教育有什么作用？启蒙教育是开启一个人的心智，开启一个人的心智不仅让他具有这样一种高尚的品行，更重要的是让他一生能够保证自己有着坚定的信仰、理念，能够为自己未来的目标、为一个民族未来的目标、为一个国家未来的目标去不懈努力，这是启蒙。要培养孩子独立思考，能够判断是非善恶，在一个国家面临严峻的、历史选择的关口能够站在正义的一面，这就是启蒙。但是应试教育只教你如何背下标准答案，如何答完那张考卷，而没有办法实现启蒙。

（三）课程教育无法完成人格教育

课堂教育是无法完成人格教育的。中国的艺术教育，无法摆脱传统的课堂教育模式，那么怎么办？我重新再做一个对照，台湾高中阶段艺术教育的课本和上海市高中阶段音乐、美术的课本来做对照（大陆高中阶段目前还没有戏剧和舞蹈）。我思考用什么来完善我们的课堂教育？是教学方法。在教学方法上，大陆和台湾有很大差别。课堂教育到底是讲授型的，还是学生和老师共同参与活动然后去解决问题型的？这是很关键的。

台湾强调的是互动型的，而且这种互动型的立足点是要让台湾的学生熟悉本土文化。这让我非常吃惊。中国这样一个泱泱大国，我们大陆的教材当中，很少看到我们中国的音乐家，很少看到我国现代音乐家创作的脍炙人口的作品。但是在台湾的教科书中，台湾现在这些著名的艺术家，如舞蹈界的林怀民、戏剧界的金士杰、影视界的著名导演和演员，全部都在介绍的范围当中。而且所有学生要跟老师一起去观摩他们的作品。在这种情况下,学生的自豪感、艺术的神圣感会油然而生,这对人格的构建是非常重要的。而我们呢,满堂灌地去介绍,做了很多课改实验,但并不符合实际运用。所以为什么说人格教育需要师生互动,这里讲的就是老师的以身作则,而课堂灌输这种教育方式是没有办法达成人格教育的。这里所要解决的问题就是孩子主动学习和被动学习的关系。我们要让孩子成为学习的主动者而不是被动者。当他成为主动者的时候,他才会给自己提出更高的要求,也可以在这样的过程中完成自我人格的塑造和完善。

从艺术教育的特征和特质而言,通过政策比较你会发现中美艺术教育之间的差异。此外,美国对从事中小学艺术教育的老师有一套严格的考试和标准的制度,是有准入机制的,以后有机会可以跟大家做这方面的交流。

实践研究

中国儿童中心兴趣培养工作转型升级的问题分析与体系设计

中国儿童中心　高　云

一、问题提出的背景

同我国的学校教育一样，校外教育经过了十几年的改革推动，在宏观管理和具体办学方面都取得了较大的提高，但是以国际的视野和历史的眼光来看，校外教育实施素质教育的独特价值和"实践育人　活动育人"的先天优势都没有得到更有效的发挥，与从根本上满足儿童身心健康发展的内在需求和适应未来社会的人才需求还有较大的差距。中国儿童中心作为我国的国家级综合性校外教育机构，儿童兴趣培养的教育理念、内容、途径和方法等仍然需要加大力度进行调整，同国际教育新理念接轨，突出校外教育优势，尽快从应试教育背景下的传统教育向素质教育诉求中的现代教育转型，从单一、封闭的兴趣培训班授课模式向综合、开放的兴趣培养活动模式优化升级。

（一）世界儿童教育发展的趋势要求

从国际比较教育的视角看，先进的教育理念和科学的教育方法正以前所未有的速度，在世界上不同国家之间传播、借鉴和本土化，影响和带动着一些国家的传统教育模式的变革和转型。

在教育理念上，教育发达国家长期以来受到自然生长、儿童中心论、实用主义、建构主义和多元智能理论等观点和教育理论的影响，尊重个体差异，鼓励个性化成长，遵循儿童身心发展规律，注重儿童天性的保护和潜能的开发，理解儿童内在需求，关注合作能力，重视儿童生活能力的培养，认识到体验、实践与探索对儿童理解力培养的意义，重视创新能力的培养。在教学模式上，世界教育的潮流呈现出教学的自主性、灵活性，多以发现学习、探究学习、体验学习、自主学习、合作学习、讨论学习和项目学习等方式进行的共同特点。

主动、开放地顺应世界儿童教育的新理念和新模式的呼唤，顺应教育发展趋势的新要求是任何一个国家、任何一个领域的教育都不应该回避的选择。

（二）我国应试教育向素质教育转型的要求

我们看到，我国在十几年的教育改革中，学校教育的教学方式在发生着很大的变化：第一，教育的理念在改变。新课程标准中教学的重心开始转移，开始关注学科知识背后的文化传承，关注儿童精神世界的丰富，关注生命潜能的激发，关注体验探究的价值，关注建构学习的效率，关注自主学习能力的培养，给予个体差异更多的理解和尊重。第二，学校的课程在改变。学校在课程的开发上超越了规定教材，开始打破学科的壁垒开设选修课、拓展课和综合实践课，整合社会资源，增加了原本只有校外教育才有的丰富多彩的兴趣课程。第三，学校的教育途径在改变，学习空间超越课堂，超越学校，课外活动、社团活动、游学活动等各种新的体验探究式学习方式不断拓展，受到了学生们的欢迎。

校外教育的内容和方式因此受到了前所未有的挑战，如何进行动态调整、生成新的优势成为摆在我们面前的新课题。在校外教育发展与创新的动态调整过程中，特别是在儿童兴趣培养活动中，我们只有主动面向未来，不断更新教育理念和教育途径，保护、开发儿童的天赋潜能，给予儿童个性成长的空间，促进儿童积极主动地生长，给予孩子们综合性的、可持续发展的能力，培养健康的、完整的下一代，我们才有存在的必要，才有事业发展的可能。

（三）中国儿童中心职能定位的要求

中国儿童中心是我国一个国家级的综合性儿童少年校外教育活动机构和研究机构，是儿童校外教育事业对内进行业务引领交流的平台、对外形象展示交流的窗口，是党中央、国务院于1982年赠送给全国儿童少年的一份厚礼。作为儿童素质教育的基地，它主要通过丰富多彩的主题教育活动、体验教育活动和艺术、体育、科技、语言等各类兴趣小组活动，帮助广大儿童少年学习知识、陶冶情操、增长技能、全面发展。根据规划，中国儿童中心还将重点围绕儿童社会能力、积极态度、意志品质、乐观情绪等方面的培养，推出适合不同年龄儿童的系列校外活动。

中国儿童中心作为国家级的校外教育单位，在儿童兴趣培养工作"新理念 新模式"的研究与探索上，应该发挥一定的引领示范作用，秉承"尊重个性，健康人格；保护天性，激发潜能；培养兴趣，学有特长；快乐体验，全面发展"的教育理念，探索创新让儿童"快乐学习 健康成长 全面发展"的校外教育新模式，努力成为未成年人思想道德建设的阵地、儿童素质教育的园地、校外教育理论和实践创新的基地，校外教育学术交流和师资培训的平台。

因此，整体推动、系统建构有效的工作体系，形成具有中国儿童中心特色的鲜明的校外儿童兴趣培养模式，促进兴趣培养工作的转型升级，从传统的兴趣培训授课模式转向现代的兴趣培养活动模式，是中国儿童中心急需启动的系统工程。

二、儿童校外教育在素质教育中的地位和独特作用

在新的历史时期，在教育从传统的应试教育向素质教育转型的历史时期，校外教育承担着不可替代的历史责任。再次认识和思考校外教育的本体价值和独特优势，是有效提升办学质量的前提。

（一）目前我国校外儿童教育的定位

在我国，未成年人校外教育的地位已经不再停留于新中国成立初期的被称为"学校教育的补充和延伸"，而是作为国民教育体系中的一部分，被称作"基础教育的重要组成部分""未成年人素质教育的重要阵地"，要求在青少年素质教育中发挥学校教育和家庭教育不可替代的独特作用。

校外教育属于社会教育的范畴，成建制的校外教育机构的出现是社会主义国家优越性的体现。我们知道，影响儿童成长的教育因素主要有三个：家庭教育、学校教育和社会教育。国家每年稳步投资、批次兴建新的

校外教育机构，目的是为了"弥补学校教育的不够，家庭教育的不足，社会教育的无序"，体现了政府对儿童成长的关怀。

（二）我国校外教育机构实施素质教育的优势

与学校教育相比，校外教育主要呈现以下几个方面的特点。

1. 自主性

校外教育属于非义务教育范畴，儿童具有选择的自主权；机构有确定教育内容、形式等方面的自主权。教育内容的设置和教学活动的组织可以因教师而异、因学生而异，是儿童个性化、个体优势成长的最好土壤。

2. 多元性

兴趣培养项目的开设具有多样性，教育活动的开展具有丰富性，儿童智能发展的引导具有多元性，家长的教育目的具有满足的多层次性。

3. 趣味性

教育目的以儿童兴趣培养为基础，教育内容和方法等的选择符合儿童的年龄特点。

4. 开放性

在教育内容、教育时空等方面可以超越教材、超越教室、超越教师的局限，走出去、请进来，可以利用社会资源开展各种教育、教学活动。

5. 实践性

校外教育的兴趣培养项目多是以艺术、体育、科技、语言等领域的知识技能的传授和文化的传播熏陶为基础，依靠儿童在实践活动中感受、体验、训练而获得认知、提升技能，符合有效学习的教育规律。

6. 活动性

在活动中育人，基于专业项目开展专业实践活动和社会实践活动、独立开展主题教育活动和群众性普及活动是校外教育的优良传统，好的活动会让孩子一生难忘、终生受益。

7. 层次性

校外教育的兴趣培养项目可以满足不同层次的教育需求，启蒙兴趣，并且能够提供条件进一步引导儿童从兴趣发展为志趣，从志趣走向志向，满足儿童对兴趣的发展，成就天赋特长，为培养爱好者和行业专门人才提供教育的成长阶梯。

8. 专业性

目前相对于学校的选修课程教师，校外教育的项目教师多来源于专业院校的毕业生和专业团体的专家、学校的名师，在兴趣培养和发展特长方面具有知识、技能方面的专业水平优势。

基于以上的特点，校外教育和学校教育的育人目的是一致的，但是在教育途径、内容、方法和资源的利用上有其独特的优势，成为实施素质教育不可忽视的重要阵地。

三、中国儿童中心的兴趣培养工作面临的主要问题

（一）中国儿童中心兴趣培养工作现状

据2013年统计，中国儿童中心兴趣小组活动项目已发展有文艺、科技、体育、书画、语言文学、学习潜能、情商教育等72项，活动组织形式为兴趣班、团队、俱乐部等并存，专兼职教师200多人，其中专职教师达到50人，兼职教师150人，多来自专业院校和中小学。活动途径除了专业知识、技能的教学培训，教师结合专业教学开展的不同层次的实践活动40多个，每年培训的学员已达3万人次。

为了更好地满足儿童成长的需求，中心正在研究校外教育的特点和规律，优化升级教育教学的内容和方法，完善和落实各项教学管理制度和教研管理制度，加大资源整合力度，提升教师队伍整体素质，加强品牌化建设，规划形成特色鲜明的校外教育儿童兴趣培养模式，努力在全国发挥引领示范作用。

（二）中国儿童中心兴趣培养工作目前存在的主要问题

敢于正视问题、善于梳理问题是发展的基础，是改变的前提。困扰中国儿童中心兴趣培养工作的问题，既有校外教育机构普遍存在的问题，也有特殊原因造成的个性化问题，主要可以归纳为以下几点。

1. 工作定位需要升级

中国儿童中心有明确的职能定位，即集"科学研究、教育活动、兴趣培养与公共服务"四位一体的国家级综合性儿童教育机构。新时期对儿童兴趣培养工作板块的再定位需要进一步梳理和明确。目前主要保持在以开设备专业项目的技能和知识培训班为主要形式和任务的层面上，一方面对

现代教育发展趋势的指向体现不够，另一方面对中心在全国校外教育领域发挥的作用不够。

2. 教育目标需要转型

目前中心的兴趣培养工作没有明确和概括性的教育目标，仍然约定俗成地传承着传统的办学任务，教师以专业项目知识、技能的传授为主，虽然开始关注能力的培养和情感态度与价值观的引导，但是整体育人目标是模糊的，没有系统梳理的，主要关注知识技能的教授和训练成果，没能够到位地体现儿童面向未来社会需求发展的标准、校外教育的特殊功能、目前国家教育发展规划中育人目标的指向要求等。

3. 教育结构需要优化

实践和体验是提高学习效率的重要途径。在现代心理学、教育学研究成果和教育实践家的不断推动下，无论是学校教育还是校外教育都在课程结构和教学方法中增加学生体验学习和实践活动的比重。

（1）在教育途径上，目前在教学计划中没有体现教学和实践活动的一体化设计要求，课堂教学的比重过大，实践活动的比重过少；专业实践活动的比重过大，社会实践活动的比重过少；偏重于单一项目的实践活动比重大，综合性实践活动的开展不够。

（2）在教育内容上，课程设置中传统项目、单一学科的课程所占比重过大，体现儿童全面成长需求的、反映时代新成果的、体现知识综合性趋势的课程开发和引进还显不够。

4. 教学方法需要更新

在项目和课程设置的新陈代谢过程中，儿童舞蹈、民乐、声乐、绘画等很多受欢迎的传统项目需要保留下来，但是面临着教学理念和教学方法的更新。从教学的整体看，中心目前缺少教法指导和改进的系统化计划，缺少专门的研究课题，缺少专项教师培训活动，教师普遍对现代教育新理念的系统学习不够，对教学方法的改进教研活动不够，形成的独特、有效的教学法不多。

5. 教育评价体系需要建构

评价标准对实践具有导向作用，完善的、系统化的教育评价标准会全方位地促进教师工作能力的整体提升，并增强管理工作的有效性和规律性。目前中心亟待建构包括教学活动评价、实践活动评价、教研活动评价、骨干教师和名师评选标准等维度的兴趣培养工作评价体系，向现代教育管理转型。

6. 品牌建设需要加强

品牌代表优秀的、稳定的品质，品牌的身后是影响力。目前中心的名教师、名项目、名教材、品牌课程和品牌活动数量都显得不够，需要分析情况，系统设计，加强品牌建设的意识，规划设计具体的路径，组建专门的团队，予以专项支持。

7. 教师队伍需要专业化提升

与传统教育背景下的教师相比，现代教育背景下的教师有更高的工作标准、更多的任务要求；与学校教师相比，校外教师的能力的构成也有很多不同。中心的教师面临着从自然成长的经验型教师向能力综合的现代校外教师转型的任务，面临着系统地完善能力结构的任务，实现校外教师的专业化成长，发挥国家级校外教育机构的业务引领作用。

8. 家长服务体系需要完善

家长服务是保证教育教学活动顺利开展的重要组成部分，向家长提供必要的、温馨的、精细的管理服务，传播先进的教育理念，是获得家长的信任、理解和支持的前提条件。中心在招生管理、教学管理、教师管理等方面为家长提供的服务内容、服务手段、沟通方式上还有很大的提升空间。

四、中国儿童中心兴趣培养工作转型升级的体系设计

（一）明确定位和理念

中国儿童中心在兴趣培养工作层面，应该发挥"五个中心"的作用，即成为促进儿童发展的"活动中心、探索中心、研究中心、示范中心、师培中心"，努力在素质教育的特殊阵地上，创建让儿童能够"快乐学习 健康成长 全面发展"的乐园，在业务上发挥国家级校外教育机构的引领、示范、指导、组织作用。

中国儿童中心兴趣培养工作的理念应该体现校外教育的独特价值，概括为："尊重个性，健全人格；保护天赋，激发潜能；培养兴趣，快乐学习；成就特长，全面发展"，不同项目的兴趣培养工作都可以此为行为的

指导。

（二）明晰教育目标

面向未来，发挥优势，培养具有"健康人格、社会责任、实践能力、创新精神、中华情怀和国际视野"的优秀公民和人才。

这是我国公民整体素质提升的需要，国家发展进步的需要；也是个体成长为一个适应社会、掌握生存技能、获得人生幸福的人的需要。每一位教师在自己的专业知识、技能的传授过程中，都要把健康人格、社会责任、实践能力、创新精神、中华情怀和国际视野的培养有意识地渗透、设计到教学和实践活动中去。

（三）调整教育结构

1. 优化项目结构

在项目设置中淘汰不符合校外教育特点的、陈旧的、单一的学科项目，开发和引进满足儿童全面成长需求的、反映时代发展新成果的、体现知识综合性趋势的新课程、新项目，使传统项目和新项目达到合理的比重。

2. 调整课程结构

在教育途径上发挥校外教育"实践育人　活动育人"的优势。

（1）明确教学和实践活动的一体化设计要求。在专业教学计划的设计中，专业实践活动和社会实践活动要占有合理的比重。

（2）要有专业实践和展示成果的出口。表演类项目要定期举办舞台实践和汇报活动，其他类项目要积极参加行业正规的展示交流比赛等活动，鼓励利用中心地位建设学员活动、交流的平台。

（3）提高综合性实践活动比重。设计和开发内容融合、手段多元和功能多样的综合性实践活动，包括独立的活动和活动课程，鼓励跨学科、跨部门合作，形成品牌活动和特色课程。

3. 改善组织结构

丰富活动组织形式。在传统的较单一的兴趣培训班之外，逐步加大儿童社团、院团、俱乐部等活动形式的建设，达到合理的比重，满足不同层次学员活动需要，提高兴趣，发展特长，传承文化。

（四）更新教学方法

制订教学方法指导和改进的系统规划。进行专项教师培训活动，开展专题教研活动，加强对现代教育新理念的系统学习，在教学活动中体现儿童的主体性、体验性、参与性、创造性，体现教师的启发性、创造性、艺术性。鼓励教师探索形成独特的、有效的教学方法，涌现教改成果，发挥引导、示范作用。

（五）建构评价体系

加强评价制度的导向作用，增强管理工作的有效性和规律性。有序建构兴趣培养教学活动评价、专业实践活动和社会实践活动评价、教研活动评价、骨干教师和名师评选标准、品牌项目等维度的兴趣培养工作评价体系，提高与单位定位相匹配的管理制度和教育品质。

（六）加强品牌建设

组建专门的团队，予以专项支持。具体分析教师队伍状况，制定名教师培养规划和培养路径，提高名师数量，明确责、权、利，发挥名师的业务指导、辐射作用；在改造传统项目和开发新项目的基础上，制订名课程、名项目建设路径和规划，扩大影响力，在理念和方法上发挥示范、引导作用；促进校外教育新理念、新模式的探索创新、交流分享。

（七）提升教师队伍专业化水平

根据校外教育工作特点和趋势要求，要建设更好的儿童成长乐园，发挥业务示范作用，关键在于加强教师能力建设，促进教师从传统的经验性教师向现代研究型教师过渡。

1. 横向建构教师能力建设体系

要研究校外教师的核心能力构成，循序开展新理念学习活动、教学研究课活动、典型实践活动评选、课题研究活动和家长宣教活动等，要求和引导教师在师德修养、教学水平、教育能力、活动能力、教研能力、课程和项目建设能力、和家长沟通能力等方面完善能力结构，推进校外教师的专业化成长。

2. 纵向建立教师梯级成长体系

研究教师队伍梯次培养规律，按照新上岗教师、青年教师、骨干教师、名师等梯级逐步建立教师梯次培养、支持体系，助推青年教师队伍成长，提出骨干教师与名师评选标准，促进老教师、名师在业务上发挥指导和引领作用。

（八）完善家长服务体系

总结和研究家长需求，在服务内容、服务手段、沟通方式上提高水平。在进一步为家长提供招生报名、教育咨询、硬件设施等方面更便捷的服务之外，重点在教育理念、教学内容和活动配合等方面建立与家长沟通的有效机制，如建立新生班家长会、公开课、教学汇报、亲子实践活动等制度，主动引导家长更新教育理念，及时交流育子方法，赢得家长的信任、理解和支持，实现教育的一致性，提高教育效率。

（九）建设业务交流分享平台

经验的交流分享是每位教师成长的必要条件，建立交流分享平台是中国儿童中心的职能优势。一方面，为中心内部教师建立内部展示分享的机制，形成工作规律；另一方面，利用独有的规格优势建立国家级同行交流分享的平台，形成品牌特色，引领理念，促进校外教育行业的整体提高。

五、实现兴趣培养工作转型升级需要遵循的工作规律

中国儿童中心的兴趣培养工作涵盖五个业务部门，它的转型升级关系到200名教师和30名管理人员的认识和能力问题，并且牵扯科研、家教、保障等部门的联动，是一个庞大的系统工程，它的实现需要遵循以下工作规律和工作智慧，因此在设计和实施过程中要尽可能做到以下八方面。

（一）明确定位，战略规划

在国家政策和先进理念指导下明确定位，体现前瞻性思考，把握战略方向，稳步、连续推进。

（二）顶层设计，统一认识

中心、教务处、部门三个层面都有宏观把握，整体设计，达成共识，凝聚思想。

（三）系统建构，部门联动

强化工作的关联性和协同性，步调一致，提高效率。

（四）课题引导，任务驱动

以行动研究课题和年度考核任务的方式推动，保障工作的完整性和系

统性，不断总结阶段性成果。

（五）重点突出，以点带面

在实施中把握核心，分年度重点进行推进。尊重教师个体差异性，分步提高，分类提高。根据教师的能力倾向、兴趣特长自主选择参与重点，示范引领，逐步推开。

（六）分层提升，建设品牌

具体问题具体分析，促进各领域工作在原有基础上得到最大的提高，有针对性地推动品牌建设。

（七）优化资源，示范引领

利用国家级教育机构的工作平台和首都的各种资源优势，分类建立专家指导委员会，提升与工作定位相匹配的教师队伍，以高端的教育品质发挥业务辐射作用。

（八）循序渐进，持续发展

保证规划实施的逻辑性和持续性，提供稳定的、有力的保障。

以研究把握方向，用实践开辟道路。促进中国儿童中心的兴趣培养工作从应试教育背景下的传统教育向素质教育诉求中的现代教育转型，从单一、封闭的兴趣培训班授课模式向综合、开放的兴趣培养活动模式优化升级，是一个综合性很强的系统工程。打造升级版儿童兴趣培养新模式，会面临校外教育理论体系建构和实践操作体系探索的双重挑战。同时，一个具有先进理念和可操作性的模式在一定的时期具有先进性，但随着历史的发展就会呈现出局限性，并且局限性不断扩大，最终会被新的更先进的模式所代替。但是正如真理是相对的一样，教育的改革和进步也是不断推进的过程，是动态的调整过程，"虽不能至，心向往之"。期待中国儿童中心在探索如何促进儿童"快乐学习　健康成长　全面发展"的道路上，取得更突出的成绩，发挥更大的作用！

城市公共教室

——广州市少年宫开 FUN 课的思考与实践

广州市少年宫　黄筱瀛

一、21 世纪校外教育的发展对少年宫的转型挑战

少年宫的内涵和职责一直随着时代的改变而改变。它曾经是青少年爱国教育的重要阵地，也曾经是培养艺术和科技精英的公益性教育机构，而在近二十年来，它成为开展青少年儿童课外兴趣培养和技能培训的重要场所。无论教育的重心如何改变，少年宫一直被视为校外教育的一面旗帜。然而，进入 21 世纪，校外教育以前所未有的繁荣姿态，呈现出多样化的生态，公共化、社会化及多元化正成为校外教育发展的总体趋势，少年宫面临着日益强劲的挑战。

（一）办学主体的社会化和多元化撼动少年宫的"正统"

除了少年宫和儿童活动中心等为代表的政府举办的校外教育机构以外，各种私营教育机构、NGO 组织、博物馆、美术馆、剧院和科技馆等公共文化机构，也利用自身独特的文化资源，纷纷加入到办学的队伍中。尤其是博物馆、美术馆和剧院等机构的加入，意义格外深远，因为它们触及到了办学者的边界问题。一方面，这些机构的加入，极大地丰富了校外教育的教育内容。除了知识教育、兴趣培养和特长培训，这些机构更广泛涉及智力和潜能开发、社会与公民教育、生活与发展教育、（学历外）补偿教育、通识和艺术教育、人格和亲职教育等各个领域。它们开展教育的目的不在于提供学历认证，而是根据自身特色举办创意性、公共性和文化性的学习平台，起到促进教育公平和资源流动，提供补偿教育，实现自我增

值、拓展国际视野和促进终身学习的作用。另一方面，它们极大地动摇了少年宫或儿童活动中心在校外教育体系中的"正统"地位。当孩子和他们的父母寻求多元化的学习和体验时，这些机构拥有的国际化和专业化资源甚至超过少年宫，形成了其独特的吸引力和好口碑。它们或是通过多元化的商业盈利模式获得发展的经济基础，或是凭借优质的教育项目获得政府采购，在方方面面都对体制内的校外教育机构形成了强大的冲击力。

（二）教育者身份的跨界挑战体制内教师的眼界和能力

由于许多校外教育机构举办目的并非在于提供学历教育，教育内容也超出了义务教育的教学大纲，更多地着眼于生活与社会、文化与发展，形态多为非正式的社会化教育，因此，教育者的身份也不限于获得教师资格证、受过师范教育的"专业老师"，而是更多体现出"跨界"特征，即一方面拥有一个其他行业的专业身份，如艺术家、设计师、工程师或编辑；另一方面，又在非正式的社会教育平台上扮演知识传播者和分享者的角色。

在社会教育的平台上，跨界的身份在合适的条件下是一个优势。跨界者在专业上的水平赋予了他们"专家"身份，他们虽然不是教育专家，却是行业专家。这意味着他们在传递和职业、艺术以及社会生活相关的知识与信息时，比老师更具有说服力和更高的专业素养。对于新世纪的学习者来说，专家能够带给他们的真实和一手的经验，很多时候比透过书本和理论传递给他们的"二手经验"要更有价值。

（三）教学工具和教学场所的多样化挑战少年宫的课堂教学模式

办学机构主体的多元化和教育者身份的跨界，以及现代新媒体技术的发展，相应也带来了教育的场所和工具的转变。教育场所从教室向其他空间延伸，手机、电脑和互联网成为学习的重要媒介。相较而言，局限于三尺讲台、数十张桌椅的教室空间、基于教师讲授的教育方式，已经不能满足学习者对学习形态多样化的追求。

总的说来，校外教育社会化、公共化和多元化的潮流，既为校外教育走出学校教育的影子，走上自己的个性化道路创造了必要的条件和环境，也向少年宫提出了转型要求。逆水行舟，不进则退，少年宫正面临变革的挑战。

二、校外教育与学校教育的"和而不同":少年宫的转型定位之思

在这场校外教育的变革当中,少年宫依然保持着一定的优势。这种优势不是教学上的优势,而是作为校外教育的一面旗帜,触发社会教育创新、引领校外教育方向的优势。校外教育不是学校教育的延伸或附庸,而是教育的另一片天空。少年宫应当从观念上、实践方法和组织结构上探索建立真正的校外教育体系,对其他开展校外教育的机构和同行形成示范和带头作用。

那么,校外教育和学校教育到底不同在哪里?我们不仅要找到这种不同,而且应当扎根于这种不同,发现校外教育真正的生命力所在。在这里,我将校外教育和学校教育的不同概况为四个"不等式"。

(一)第一个不等式:教育≠教学

长期以来,对于教育的一个最普遍的误会,可能就是把教育等同于教学。的确,教学是、尤其是学校里最常见也最基本的教育方式,也是最容易被复制、最容易被快速推广的教育方式。然而,最常见、最普遍,不等于是教育的全部。在我们的生活当中,大量的教育行为是隐性传递的,而这些隐性传递的教育,同教学一样,也是经过精心的设计。例如,流行于欧美国家的儿童博物馆,其间包含的教育哲学理念,涉及的儿童心理学和教育学知识,其复杂程度甚至超越一本教材的设计。事实上,儿童和成人大量地通过阅读、观赏、游戏和各种感官体验来进行学习。校外教育是基于真实生活体验的教育,它更强调基于生活和经验的教育设计,而不是通过教材、黑板和粉笔去建构自己的体系。

(二)第二个不等式:课程≠学科

把课程等同于学科,是另一个普遍的关于教育的误会。事实上,在现实的生活里,很少有能够被真正割裂到某一个领域的问题,把课程等同于学科,一方面有意无意切断了知识间的普遍联系;另一方面,将很多无法纳入学科的领域排除在学习的内容之外。在意大利著名的瑞吉欧小镇,幼儿园老师们最有名的教学实践就是"方案教学法",或称"主题教学法",用主题来统整学科知识,让学习变成鲜活的研究和设计过程。近年来,芬

兰也准备在中小学阶段推行"主题式"的教育，替代"学科式"的教育。课程学科界限的突破意味着课程、讲座或工作坊不再以学科为分类标准，而是采取统整教育的形态，以社会性、生活性和综合性的主题来统整学习内容，鼓励学生灵活运用科学、艺术以及其他工具发现问题、研究问题和解决问题。

（三）第三个不等式：课堂≠教室

教育的空间学是一门鲜有人涉足的学科，然而它对于教育的形态却起着至关重要的作用。不难想象，由黑板、讲台和学生坐席构成的教室是如何隐喻知识、教师和学生之间的权力关系的，也不难想到在一个视觉形态和权力关系如此固定的空间里，是产生不出创意性的教育形式的。课堂≠教室，实际上是对教育空间的突破。教育空间由传统的教室向多元化的教学互动空间发展，取消讲台与学生座位的界限；空间不仅可以拓展到户外，也可拓展到博物馆、美术馆和剧院，还可以拓展到工场。

（四）第四个不等式：教育者≠教师

正如前文曾经叙述过的，对教育者身份边界的突破，是校外教育领域正在发生的变化。这里说的"教师"，是受了师范教育，取得教师资格证的人群，它是体制对于职业身份的一种认定。不过，只要知识的分享和交流存在，教育者就不会限于被认定的那一群人。相反，有活力的教育需要更多有经历、有能力的人在不同的时空介入。

其实，校外教育和学校教育的不同还有许多，但这四点可以看做二者之间较为基本的差异。把握这些差异，我们会发现，比起学校教育，校外教育是一个具有更强流动性、开放性和公共性的体系，它无时无刻不处在变动中，无时不刻不在根据社会生活方方面面的改变，自动自发地更新自身的内容。少年宫作为政府向广大市民提供校外教育服务的机构，要开创的，正是建立在公益性基础上的校外教育创新机制及其标准，成为校外教育的创新中心，社会教育资源的整合枢纽，推动教育公平化的重要平台。

三、广州市少年宫"开FUN课"的实践

基于对校外教育的认识，以及对少年宫角色转型的定位，广州市少年宫建立了"广州市民的公共教室：开FUN课"。"开FUN课"不是一门

课,而是一个集成创新教育项目孵化、素养教育免费公开课和社会教育资源整合功能的平台项目。

(一)项目取向:"博物视野"、"身体智慧"和"生活艺术"的教育新理念,形成对学校术科教育的必要补充

这是完全不同于"头脑中心"的学校教育体系的教育方向。学校的教育建立在学术能力提升的根基上,培养的是孩子阅读、归纳、总结、推理、计算和写作等方方面面的学术能力。"开 FUN 课"提倡"博物视野",是从社会与自然生活方面入手,给孩子创造跨学科的生活经验;提倡"身体智慧",是考虑孩子的个性化发展需求,以调动孩子的感知觉和身体学习经验为桥梁,发展孩子融入社会生活、整合身心的能力;提介"生活艺术",是将舞蹈、音乐、美术和戏剧等在学校系统里弱势的教育内容,作为个体全面和和谐发展的重要工具补充进来,让孩子能够借助这些工具发展个性和智力,并将相应的经验融入生活,成为在知识和生活上都健全的个体。

(二)"开 FUN 课"的目标和任务

1. 做圈子——"粉丝"(受众群体)的培养。

2. 做传播——提升少年宫素养教育品牌的公众认知。

3. 做平台——提供硬件、软件给优质社会教育资源共享。

4. 做孵化——发现、引进和催化优秀的校外教育项目。

(三)"开 FUN 课"的项目开展形式

1. 建立"开 FUN 课"线上线下免费公开课教育平台,建设"广州市民的公共教室",孵化创新性、实验性的跨界项目。

"开 FUN 课"以终身学习和基于生活的学习为出发点,邀请各类大师和行业精英,跨界开设各类公共性的讲座、活动课程和工作坊,为广大市民提供多元化、普及化、生活化和趣味化的学习体验,倡导学习的探索性、公共性和开放性。在取得较好评估结果的项目中,选取部分进行合作性的深度开发,经过孵化期,形成较为成熟的课程体系。并通过微博、微信、网络和电视等现代传播手段,进一步扩大受众面,满足不同年龄和身份的市民在不同时段自主学习的需求。

2. 首个独创的全新的学习空间:"I DO"自助学习空间。

基于从教育者中心向学习者中心的模式转变,"开 FUN 课"提出了独

创的公共性的"自助学习空间"。该空间以"DO"（动手操作）为主旨，强调身体操作和感知觉在探索性学习中的重要性，以手工、制作、实验或设计等操作性课程为主要学习内容，以电视和IPAD多媒体设备为终端，提供菜单式的学习选择内容，在一个有教师和志愿者协助的自助学习空间里，学习者可以自主选择要学习的内容，自己安排学习的进度，并随时和其他学习者交流。在这个空间里，家长和孩子可以同时进行亲子学习，也可以各自独立学习。

这个空间独特之处在于它不需要教室，而是充分利用各种公共空间的区角，以及家长和孩子在少年宫的"闲游"时间，自主选择好玩的学习内容，进行自助学习，把学习变成一种休闲。

3. 引进社会力量共同打造"工作室学校"，为儿童青少年提供个性化与多元化相辅相成的学习形式。

"工作室学校"采取和NGO、企业以及教育研究机构合作的方式，围绕不同社会职业项目，建立各类工作室，如艺术家工作室、电影制作工作室、安全教育工作室等等，在实际的创作或操作（工作）过程中，帮助发现孩子在某个领域的潜能，让孩子获得充分的满足感和能力的提高，带动孩子自尊感和自信心的提升。

"工作室学校"除在周六、周日定期、不定期开设工作坊或活动课程外，在周一至周五主要是通过社工外展服务，为边缘儿童青少年、特殊儿童、流动儿童和其他教育资源匮乏的儿童青少年提供艺术或特长学习的空间。

自2014年"开FUN课"运行一年以来，已经和包括广汽丰田在内的若干不同的企业和机构形成了资源共建的活动课程和项目开发体系，尝试着一种跨界的教育项目开发形式。

4. 通过产品和项目研发工作，开发自己原创、独特、有突破性和国际视野的产品（包括读本、资源包和学具等）与教育项目。

这一任务一方面通过激励少年宫教师团队通过教科研工作，建立健全素养教育的各大纲体系，并开发相应的教材内容。另一方面，在产品开发等社会性较强的内容上，主要通过"开FUN课——生活艺术家I DO"和"开FUN课——订制项目系列"来实现。这一系列的项目和产品较难从少年宫现有的内容体系和内容中产出，现在主要是通过建立团队、跨界合作完成。

5. 通过少先队工作和社区少年宫，探索建立深入各学校、社区的推广模式，让创新的教育和青少年儿童的日常生活与学习更紧密地联系在一起。

"开 FUN 课"在少年宫转型的实践中，只是一个小小的突破口。它探索的核心是如何整合现代传播手段、社会教育资源，在一个理想化的教育出发点之下，去实践校外教育的创新。在这里，没有单打独斗的机构，依靠的是社会合力；没有绝对权威的专家，有的是知识和能力的分工合作；没有不可逾越的边界，有的是愿意尝试不同可能的努力。"开 FUN 课"还需要不断积累，在尝试错误中前行。我们盼望能够激起同行们的灵感，燃起校外教育创新的火花。

创客文化在青少年科技实践活动中的探索

中国福利会少年宫　陈红霞

21世纪是以知识的创新和应用为主要特征的知识经济时代，科技创新是推动社会进步的强大动力，培养青少年科技创新是进行素质教育的重要任务。作为校外教育工作者，如何结合科技创新，启迪青少年创新意识，提高青少年的科技创新水平？笔者认为创客文化是一个很好的实施载体。它的实施，将有利于培养青少年的创新能力和实践能力。

一、创客文化概述

（一）创客的定义

创客，在百度百科中的定义是不以赢利为目标，努力把各种创意转变为现实的人。《连线》杂志主编、畅销书作家克里斯·安德森在《创客：新工业革命》一书中这样描述创客："他们使用数字工具，在屏幕上设计，越来越多地用桌面制造机器、制造产品；他们是互联网的一代，本能地通过网络分享成果，通过互联网文化与合作引入制造过程；他们联手创造着DIY的未来，其规模之大前所未有。"以此，可以解读出创客的关键词是："创新""实践"和"分享"。

（二）创客文化的理念

创客学创始人麦肯尼的人人皆创客的观点。他认为每个人都具有创造性，但需要学习的是怎样去发掘自己潜在的创造性，怎样让自己具有创造性，创客就是去完成这个过程，以使人们接受并具备"开放，共享，分权和对技术的崇拜"创客文化。

创客文化的普及需要一个过程，创客的培养需要不断的训练和实践，特别是对于广大青少年来说。随着科学技术的发展、信息时代的来临，客观上为创客文化的普及奠定了物质基础和技术准备，青少年也熟知和掌握了互联网传播资讯的途径和方法，在他们中间普及创客文化已具备了必要的条件。我们一直强调，青少年是祖国的未来与希望，他们创新意识的激发和创新能力的培养，是中国经济未来转型发展的需要，实现中国梦的需要。因此，如何在青少年中普及和推广创客文化，就成为摆在教育工作者面前的一项新课题。

在"坚持实验性、示范性，加强科学研究"办宫宗旨的指示下，60年来，中国福利会少年宫以敢为天下先的勇气和精神，在青少年校外艺术和科技教育中屡获殊荣。基于此，笔者结合创客文化的内涵，从2012年开始就尝试进行了培养小创客的实践和探索，在聚集了一批8–13岁爱动手、有创意、有想法的少年儿童的基础上，通过创新、实践和分享开展创新实践活动，打造校外教育技术领域独特的小创客文化，并取得了一定的成效。

二、创客文化促进青少年科技创新活动的探索

（一）集中利用寒暑假时间，探索以集训方式推广普及创客文化

基于校外教育活动时间碎片化的特点，我们将创客文化的推广和普及活动放在寒暑假，通过开展短期集训，以小组为单位，在中小学生中进行了有益的实践探索。集训以主讲教师负责实施学习活动为主，辅助教师参与。

在活动实施过程中，在配备一个3D打印机及辅助设备（如电动缝纫机等）的基础上，每个小组配备笔记本电脑2台，手工工具若干（美工刀、剪刀、热融枪等），其他相关材料一批。每个学生再发放一套Ardublock入门套装器材。

（二）整合不同科技内容，进行创客科技实践活动的探索

1. 组织"乒乓球对抗赛"，开展热身运动

通过组织一场以学生体验为主的对抗活动，让学员们了解活动中主要利用的开源电子的软硬件知识，了解Arduino电路板以及编程环境，各种传感器的功能和作用，最后以小组为单位完成一个乒乓球对抗赛的开源电

子实验装置,并进行一场乒乓球对抗赛。

2. 以学员日常生活中的事件为抓手,寻找创意项目

青少年是创新的一代,如何将他们的创新潜能激发并释放出来,是创客集训活动要做的第一件事。为此,我们以小组(3-4名学生)为单位成立创客小队,教师结合实例,先介绍创新法理——越界思维(超越预设前提、超越问题属性、超越技术边界、超越规则边界),让学生初步掌握创新思维方式。

在掌握了基本的创新思维方式的前提下,教师鼓励学员结合身边的事(生活、学习、感兴趣的),利用上述的越界思维方法进行畅想,鼓励每一名学生积极思考发言,并记录下他们创新的点子。

- 生活中的发现——导盲器、自动感应式马桶、智能椅子,新型防盗门。
- 创意机器人——开大巴的机器人、走迷宫机器人、避难船。
- 可穿戴设备——防盗钱包、夜间照明衣服、放大镜眼镜、省电耳机。

3. 对创意项目进行可行性分析,聚焦可实现的创意项目

在收集、整理并集体讨论每一个创新点子的基础上,通过小组辅导教师的指点,集思广益,对于学生们提出的创意项目进行归类,就每个项目的实际意义、技术领域以及可达成性进行分析。为此,我们设计了如下问题。

- 创意项目所涉及的技术范畴是什么?
- 创意项目实现的最终目的是什么?会为哪些群体带来便捷?
- 要完成这个创意项目,需要哪方面的技术和技能?是否超出了已有的知识结构?
- 在完成创意项目的过程中,可能会产生哪些问题?解决方案是什么?
- 要完成这个创意项目需要哪些器材?从哪里能够获取这些器材?

就每一个创意项目,围绕上述问题组织学生深入讨论,并将讨论的结果用表格的方式记录下来,最终根据讨论的结果,来确定最有价值的创意项目,最可实现的创意项目。

4. 确定创意项目，制定小组行动纲领

在确定了创意活动项目之后，要求每个小组完成一份多媒体报告，以此展示创意项目的行动计划和活动过程，报告要从以下几个方面进行阐述。

- 要完成的创意项目及该项目的所属领域。
- 从小组所讨论的创意项目中选择1-2个作为完成项目，并对所要完成的项目进行适当的描述。
- 为所选的创意项目设计草图，制订完成创意项目的行动计划。
- 对完成创意项目过程中可能会产生的问题进行分析并寻找解决方法。
- 在制作过程中，如何收集相关的数据和成果？
- 展示小组创意项目的形式和内容。
- 小组成员的分工情况。

5. 在实践活动中体验，快乐完成创意项目

在学员已经筛选并详细分析可行性的基础上，指导教师再给予他们必要的指点，并鼓励他们将创新点子投入实践，在活动中把自己的创意变成现实。从活动中学员制作创意项目的实践过程来看，主要有下述三个方面的内容。

- 外形设计制作：我们采用的是3D打印部分零件，结合手工工艺制作。
- 开源电子：主要用Ardublock套件，加上必要的电子元器件。
- 控制程序：图示化的编程环境。

从活动过程来看，所有的学员在这个活动环节都是非常快乐的，课堂氛围甚为愉悦。当某一组完成了某项技术突破之后，几乎所有的学员都会聚集在这一小组同学的周围，共同分享快乐，并交流分享彼此的技术和心得。实践的过程对于教师来说是繁忙的，学生在实践过程中遇到任何问题都会寻求帮助。活动实施的过程也是有风险的，舞刀弄剪，安全教育和防范非常重要，每一步的规范要求老师都会务必重复交代到最极致。

创意项目完成后的作品展示是一个重要的环节，学员会力争在各种场合展示作品。此时就需要教师有意识地引导学生，如何在每次展览之后逐

步修缮自己的作品,并在下一个展示环节上向更多的人展示作品,并说服他们能够接受并购买自己的创意产品。

6. 开展交流及分享,激发出更多的创意火花

在集训的最后半天,活动还邀请了所有学员家长共同参与了项目展示。为了这次展示,学员们精心设计准备,还会根据创意项目的用途和特点设计情景(如制作红外传感器的盲人导航仪小组的同学,就用情景加广告词的方式,不但使展示形式新颖有趣,同时也让人一目了然地了解了其功效);还邀请嘉宾亲身体验作品的用途,让嘉宾感同身受。每个项目展示后,还设置了互动提问环节,嘉宾和学员还会就某个设计理念或技术运用进行讨论。

(三)在实践探索的基础上,逐步形成普及创客文化课程的思路

经过集训活动探索实践与总结,在充分考虑青少年的心理和认知特点的基础上,我们初步形成了普及创客文化课程的思路,课程由创新思维方法、3D与开源电子技能、探究实践活动三部分组成。

第一部分:创新思维方法篇将通过一系列的练习,让学生了解常见的创新思维的几种类型,再通过介绍奥斯本稽核问题表法,让学生了解创新的途径和方法。

第二部分:让学生学习3Dmax软件,在学会使用系统提供的指令和功能的基础上,设计出自己的创意作品。开源电子技能部分将设计一些基于电路开发板和各类传感器等相关元器件的体验活动项目,让学生对相关的软硬件知识有所了解和掌握。通过做中学、学后练、练后再拓展的活动模式,鼓励学生将已学的知识和技能及时应用,进行创新。

第三部分:探究实践活动将围绕青少年生活中的一个领域(如环境保护、生活便捷),提炼若干个主题,就每个主题的研究再提出几个问题,让学生以小组为单位,在已有知识和技能及所拥有资源的基础上,就自己感兴趣的主题展开实践探究活动。

三、对青少年小创客文化科技实践活动的思考

(一)开展小创客活动,无须"高大上",应贴近青少年实际生活

小创客活动以青少年为主体,选题的范围应无限贴近青少年的日常生

活。只有从青少年感兴趣的实际生活中选题，才能激发他们的参与热情与动手动脑的兴趣，进而把蕴含在他们身上的创新潜能激发出来。正是基于这样的活动理念，我们以实践探索为核心的集训活动才取得了不错的成效。通过活动，学生不仅对创客文化有了进一步的认识，而且对自己的创意能够得以实现表现出了极高的兴趣点。一个学生在集训分享报告中写道："在我们的生活学习中，处处皆创意，哪怕是一个很小的创意，但想到了就要动手去实现。可能刚开始想想觉得挺容易的，真的要去做了就会嫌麻烦，打退堂鼓。通过这次集训活动，我发现只有动手做了，才能真正将自己的创意变成现实，这个过程是多么地让人兴奋，我一定会坚持！"

创意机器人小组的学生在不断调试自己的设计后，写了这样的总结："走迷宫的机器人可以在不同的未知环境下帮助迷路的探险者走出险境，并装有红外线报警器。可是我们在实践过程中却发现机器人在转弯过程中，两个红外线探头方向不正确，就会导致机器人撞墙。小创客活动让我们能够在实践中发现问题，并逐步探索解决问题的方法，实施并加以改进。"

（二）开展小创客活动，目的不在于出现多少创意作品，而在于促进学生学习方式与态度的改变

积极的态度是有意义学习的关键。当前，部分青少年学习观上存有消极的一面，主要表现在遇到难题时，第一反应不是"自救"，找问题找方法，而是"求救"，依赖家长和老师的帮助，久而久之，依赖成为习惯，从而缺乏主见。青少年的创造性思维在消极、被动的学习环境里是无法激发的。针对这个问题，小创客实践活动把学习变成青少年发现和体验快乐的旅程。学习是为了解决问题，而这些问题又是他们认为需要解决的，因此从根本上变"要我学"到"我要学"，从而实现了积极意义上的学习。与此同时，小创客活动提倡开放、合作、互助式学习，学习过程始终贯穿着讨论和分享，从而让青少年从中体验到如何与人合作，取长补短。

（三）开展小创客活动，通过发现问题，培养解决问题和科学探究能力才是终极目的

小创客活动提倡集思广益，发动每个参与的孩子动手动脑，寻找创意项目。但纵观整个过程，发现问题不是活动的关键，活动最为关注的是学

生如何解决问题,如何通过一个科学探究的过程,掌握科学研究的能力。活动中,我们强调在教师的带领下,通过实践体验,提高青少年的探究学习能力,从而为他们创新能力的培养打下扎实的基础。

此外,在小创客活动中,创新思维方式的启发无时不在。我们从思维的本质和特性出发,引入越界思维的理念,并就如何突破传统思维的束缚,介绍了超越预设前提、超越问题属性、超越技术边界、超越规则边界等方法,为青少年的科技创新打开思维之门。

信息时代提供了一个开放的世界,信息共享、产品共享是科技活动创新的生命力。社会分工的细化终结了个人包揽天下的模式,技术的重要性在信息社会得到了进一步的验证,因此打造小创客文化,不仅是教育工作者的责任,也是时代进步、社会发展的需要。

"文学女孩"的写作心灵培养

广州市儿童活动中心　韦　伶

广州市儿童活动中心少女作家班成立于2005年，是目前国内最早，也许是唯一的一个专门针对文学少女学习创作而开设的、坚持了十年的校外文学培训基地。

十年来，有十届、超过百名的爱好文学创作的中小学女学生到这里接受创作训练，产生了大量的少女文学原创作品，先后在全国儿童文学主要刊物上以重点栏目发表，并多次获得全国奖。2011年，少女作家班学生的作品几乎包揽了冰心作文奖小学组小说、童话、散文的所有一等奖。目前，我们已受浙江少年儿童出版社之邀出版了获奖作品专集《月亮女孩的花园》，并由北方少年儿童出版社出版了六本一套的少女文学教学与原创作品集《绿人姐姐的少女作家班》，该丛书获全国桂冠——童书创意奖。

近年来，少女作家班多次受到《羊城晚报》《中小学生报》《少年文艺》等报刊的专题报道，广州电视台、中央电视台、浙江广播电台等媒体也为我们做了专题节目。

下面，简要梳理一下少女作家班在"文学女孩"的写作心灵培养方面所倡导和坚持的一些理念与做法，希望以此和大家一起共同探求中国女孩的文学创作之路。

一、少女作家班产生的时代背景及其教育方向

广州市儿童活动中心坐落在广州环市中路的交通十字路口，每一分钟都有川流不息的火车、汽车从它身边纵横交错的立交桥上飞驰而过。孩子们就是穿过这种"速度与喧嚣"的背景，来到我们课室学习的。

这些十岁出头的女孩,虽然还没有正式进入全国第一庞大的广东省高考大军行列,但她们在进入写作前,除了要摆脱嘈杂,还要暂时放下做不完的应试作业和学校的统一作文模式,用周日的整整一个下午,让自己安静下来,一起上课,一起寻找那些她们共同面临的题目:女孩是什么?女孩的文字在这个时代所代表的文化符号,以及应该具备和坚持的品格可以是怎样的?

这些问题是我们校外教育机构应该与孩子们一起找寻答案的课题。我们的校外教育机构,应该是收容和救护那些在应试教育中变作了机器的孩子的场所,应该是培养呵护孩子梦想和快乐的地方。这是我们快乐作文以及少女作家班对自己工作方向的定位。

二、我们的教学风格和文化提倡

快乐作文教学基地及少女作家班的课室叫"动感教室",在广州儿童活动中心童话城堡的最里面。它设有高大的演播厅,墙上和地面时常投下各种背景,女孩们穿行其间,演示她们构思中的故事情节、人物设计。

少女作家班学习的是文学创作,但不只是写字,我们还要表演、还要自己插图、还要游学和游戏,是一种从身体到笔头的贯通训练,涉及的不只是少女文学,还有少女文化。

我们的课堂在室内,也在室外,每学期都有外出的游学活动。在室内室外的行为培养与专题写作中,少女作家班学生创作的儿童文学作品,风格独特、灵气十足,有着鲜明的个性和艺术追求,被誉为"精灵女孩文学"。

在《绿人姐姐的少女作家班》丛书里,收入了六个专题、几十个课题的教学与创作内容,是少女作家班师生自写、自画、自演、自拍的集教学与创作为一体的培养文学少女与优雅女孩的作品集,梳理了我们在教学和创作中涉及的有关少女文学的天然属性、艺术特点等方面所做的思考、探索和尝试。

在少女作家班的教学和作品中,我们重点强调了塑造"月亮女孩"和"花的女孩"两个概念,提出了"以月亮的诗性和深情抵制低俗和浮躁;以花朵的精致与生动对抗粗糙与复制"的少女文学写作方向。

月亮和植物,正是我们写作的两个很重要的主题。月亮的优雅、宁静、深情和浪漫，植物的美丽、精致、生动和顽强，都那么吻合了女孩的天性和应当具备的文化品格。

在一个以记件来制造文化商品，以及"野蛮女友"、搞笑故事成堆的时代，我们写作"月亮女孩"和"花的女孩"的用意，是想用月亮的深情、诗意、浪漫对抗现实社会中的浮躁、粗陋、低俗；用植物的生动、精致、原始生命力和天然的对美的创造力，来对抗刻板、机械、急功近利地制造复印机的行为，提倡女孩生命中的自然天性和美德的回归。期待女孩们的作品有着月神的光芒和花神的芳香。

三、奠基文学少女的艺术素质与审美情感

在少女作家班的课堂上，孩子们并非整天都是在伏案疾书。虽然屋子里很安静，但那些低头创作的孩子，有的在专注写作，有的在精心插图，有的在音乐中构思，还有的会情不自禁站起身要在过道和讲台上即兴跳一段舞！

我们的女孩在写作课室里跳一段舞谁也不会感到惊讶。我们甚至故意把课室布置成月光下的林中舞台，让女孩们在光影中对着自己的影子舞蹈。

这个如花的年龄正是生长的时期和跳舞的时期，一个打开了的身体，心灵和文字更会渴望着歌唱。

跳舞、唱歌、画画、对着镜子打扮、瞧着身影发呆，都是女孩正在长大和正在寻找着自己的表现。在我们班，这都是受到鼓励和支持的行为。

我曾经拿出一面大镜子，让孩子们把它变成一面"魔镜"，讲一讲镜子中那个女孩的故事。镜子中的女孩看似镜子外的女孩，但仔细打量却有了不同——她有着不为人知的秘密，她是引领女孩的美梦或追随女孩的心魔——她是女孩在自审时看到的深藏在镜子里的另一个"我"。

这就是为孩子们书写自我意识而设计的一堂《镜子故事》课。它有表演、有游戏，但更多的是寻找和发现，是一次生长过程中对"我"的注视、反省、塑造和写作。

所以，在教室里即兴舞蹈、对影作画的行为，我们见惯不惊。孩子们在这里是自由而放松的。她们在用文字表达的同时，完全可以辅以身体的

舞蹈和画面上线条色彩的铺排。所以她们懂得怎样用文字来跳舞，用色彩来叙述。这可能就是她们可以写出那么美妙、那么精彩的有关女孩的画、女孩的舞等艺术散文的前提吧。

一个如同花儿一样正在生长开放的女孩，如果她不舞蹈、不歌唱、不弹奏、不作画、不写作的话，这个孩子的青春没有得到应该的喷发和表达，她很有可能会是呆滞和发育不全的，她以后所拥有的也许是一个没有盛开就枯萎了的人生。

所以，在少女时期能与音乐、舞蹈、绘画这些艺术活动相遇的女孩是幸福的女孩。她们有了一个很好的可以在阳光下撒欢的理由，并且将女孩的艺术感知与表达天分，在她们的花蕾期得到了最好的演练与释放，同时形成了她们自己的审美判断和特有的艺术表达符号。而这些艺术训练，都将为文学行为奠基，并与之贯通。

四、倡导"以文学的方式塑造中国美丽女孩"

当女孩们的心灵渴望像身体那样舞蹈和歌唱的时候，当年轻的思想像旺长的根须，向着四周伸展的时候，她们的写作行为，就是用文字来呈现心的舞蹈和歌唱，来表达精神对世界的探索和触摸。

我非常重视和喜爱我们孩子的作品中，那些个写作冰上和水中舞蹈的《像鱼和鸟那样的舞》，写作色彩带给人情感震撼的《在孤独的画中》，写作在练琴过程中发生精神突变和飞越的《黑与白》，还有写作大地万物对生命滋养的《世界的呼吸》等等美文，我把它们看成是生长的女孩记录生命秘密的日记。

一个在多梦时节相遇了文学与艺术的女孩，她真的是幸福和幸运的。在小学五、六年级到初中这个阶段，她们告别了童话，但还没有真正走向现实社会；她们有了心事和期待，但在模糊的未知面前却又困惑惶恐。这时候，一个人的悄悄书写，就成了少女为自己找到的自我拯救的秘密武器。她用一只笔来和自己对话，并向整个世界发问和探寻。

在我抽屉的最里面，除了孩子们的作业，还收藏着几本真正的秘密日记，女孩子托付我代为收藏的私密日记，密密麻麻写了满满几本。女孩在写它的时候，每晚把它藏在枕头下，写完后她没有把它交给父母或留给自己，而是把它托付给了我。

这是我们要最小心守护并永远珍藏的文字。它们的真诚、透明无以取代。

少女作家班每届都只有十几个孩子。她们从来都不是从考试中录取来的，也并非是学校的作文尖子生。这个班欢迎的，是能用自己的眼睛去看、用自己的方式去表达、充满真挚情感的孩子。虽然孩子们的天性都是真诚的，但最让人担心的，是班里来了个被应试范文和流行故事训练得像复印机一样的孩子，她的文章可以行云流水，但她自己也不会知道在说些什么。

所以，我常告诉女孩们：不要去假装宫廷里的公主，也不要去模仿流行小说里的小姐，不要去制造那种千人一面戴着面具的网络文学中的假人。你们就记下你现在的样子、记下你挣扎的样子，记下毛毛虫变蝴蝶的经过——这就是最生动最美丽的、独一无二的、你的真实的故事。它才是扎实的正宗的文学。

虽然孩子们在童年阶段是不可能成为我们公认的那种写实大师的。在她们叙述的现实里，不可能没有直觉、猜想、假设，以及诚实到你心跳的不可以被成人文化道破的真理。但请相信孩子们的灵性。她们有着一双最清澈、最不受污染的神一样创意无限的眼睛。这双眼睛在阅读书本以前，装满的是对世界的声光形色最新鲜直接、最有对美的敏感和选择的艺术家的直觉。他们能冲破常规，找到妙趣的通道，将故事抵达简单而深远的意义。

所以，我希望少女作家班女孩们留下来的文字，能记下她们妙龄阶段不可替代的最美的"这一刻"，记下如花的她们真实而珍贵的开放过程。

五、培养"月亮女孩"的当代少女文化特色

对少女作家班的设计，我们不止限于"文学"，还期待影响到"心灵"和"行为"。

少女作家班的课程里，有这样一堂课：

女孩们坐在录影棚一样的课室里，面对她们的是一面巨大的屏幕，上面投影着一幅幅月夜的图景。课室里是一片安静的银白和深蓝，孩子们的

脸和白裙浮在月光中,每一个孩子都穿着月亮女孩的白裙子。她们轮流上台,表演和解说她们的作品:《献给月夜的礼物》。

孩子们都分别准备了一件月夜的礼物:有月夜里起舞的白鸽,有发出风铃撞击声的小星星,还有一只能收听到月亮歌声的耳机……

不同的月夜礼物,不同的美妙故事。但它们都围绕一个相同的主题:月夜的故事和月神的行为。

为什么上这样一次课?因为我一直把我们少女作家班的女孩,叫作月亮的女孩。

希腊神话里,太阳神是男的,月亮神是女的。我们中国文化中,也历来把男性视为阳,女性视为阴。我认为造物主对这个世界的安排是完美而细致的,我们应该去领会他的暗示。

在一个旋转得混沌不清的时代,和正在变化重组的局面中,如何为我们的男孩女孩寻找合理的归位和美感,应该是我们努力要做的、让我们的文明得以延续的工作。

在一个个被作业、电视、网上游戏塞满,又被高楼、网吧、KTV围困的夜晚;在原野、乡村被城市和道路切碎的时代,孩子们其实是早已丢失了月夜,丢失了月夜独立沉思的时间和广阔深邃的空间的。孩子们能够想起月亮的时候,可能只剩下了中秋那个唯一的夜晚。

所以我们希望更多的月亮女孩,能引领着同伴寻回月夜的细致、优雅、浪漫、真挚、内审与深沉,寻回一个喧嚣浮躁的世界正在丢失的月夜的诗。

在我的记忆中,有两个和孩子们一起在巫峡度过的月夜,让我印象深刻。

一次是在神女谷原始深谷里,在翠屏峰的高山顶,我们的广州孩子与山民的孩子聚集在山顶小学唯一一位老师的泥屋前,在火把和星月的光芒下,城市孩子和山村孩子一起唱歌到深夜。当山村孩子们归去的小灯笼消失在远远的山路上后,我们的孩子坚持要在泥屋外的土坝子上睡觉,她们想要望着天上硕大无比的星星和月亮、听着山中麂子和鸟儿的梦话,在山风中紧贴着大地入睡。

另一次是在神女峰下的一个月夜。我们带着孩子们在长江岸边的农家,点着灯笼写作一封"给古人的信"。忽然,一个女孩的哭声响起,接着她竟对着长江和神女峰、对着灯光中的伙伴,将压抑在心中许久的委屈和烦恼喷涌般哭诉出来！这个女孩足足哭了半个小时。我们被震撼了——在这宁静美丽的月夜，在神女峰下，不只是一个女孩暴发出哭声，围绕她的女孩们全都在那一刻泪光闪闪。

我想，如果这时候她们照例坐在自己封闭的书房中，机械一样做着作业，她们会产生情绪的苏醒和喷发吗？在这个夜晚，是什么东西，将孩子们的心灵激活、唤醒了？

如果月夜是找回真实、内在的自己、找回情感、梦想和诗的时间，那么，我们希望月亮女孩就是月夜里传梦的使者。

同时，希望她们的行为能够触动一个麻木了的成人世界，触动并唤起曾经的女孩、现在的家长和母亲。

那么，这样的教育就不只是"淑女教育"，而是涉及影响到我们社会和周边的一种"少女文化"了。

六、"植物性思维"的女孩写作心灵进入方式

像植物那样思考和行动，让我们的女孩找回了一种天然的生长姿态。

如果男孩是鸟，那么女孩是树。

当男孩衔着种子到处寻找播种的土壤的时候，女孩则守候着种子生根开花。

树的花期、树的敏感、树的坚守、树的芳香与幽深，都造就了女孩神奇的故事——树精林妖与一片绿野的故事，也是生命之神坚守着她的花园的故事。

为了让女孩们走近这个故事，我曾经给少女作家班的孩子每人送了一棵植物，希望孩子们陪着它一起长大。

我们还带着孩子们与植物亲近接触，我们在红树林和植物园寻找果实，在林间表演树精灵和"两棵树的婚礼"，在巫峡走近阳光下的花海，在海边的高坡上用热带植物造"绿人的小屋"。

我们做过这样一个游戏：让孩子们寻找和自己相似的一种花，作为"我的花"，并以这株花的故事讲述自己的生长感觉，以及细节。

女孩们在美丽影片《植物私生活》以及各种花的图画中，看到了植物和自己那么相似的一些秘密：怎样在太阳下长出叶片、怎样在月光下酝酿

花朵、怎样在雨水中变得饱满、又怎样在晨露中悄然开放，还有夕阳下对果实的期待、风中摇动的关于爱与播种的梦……

妙不可言的故事一个一个出现在孩子们的作品里了：《我的开放》《寻找阳光》《飞起来的花》——有一个四年级男孩非常准确地评价了这些有着不同个性和姿态的"女孩花"，说它们分别是："爱美的花""母性的花"和"有梦的花"……

还能有什么手段，能够胜过用一朵花来比拟和传递女孩子生长过程中，微妙深遂的身体感觉和精神追求呢？

五年级小姑娘吕广淇这样细致地传递了"我的花"开放时的细微感觉：

水已经把我的花骨朵鼓得胀胀的，我感觉我要盛开了，激动得直咧嘴。

我看见一滴大一点的露珠轻轻滚落下来，吊在芭蕉叶尖上，我不由自主地闭上了眼睛，茎微微弯了一下。

一个重重的东西忽然落在了我的花骨朵上，我马上睁开了眼睛，一个露珠。它晶莹的肌肤在我眼前晃了一下，也渗进了花骨朵里面。

我的身体已经可以张开了，但是我却不急着张开，我要慢慢地，一层一层地张开。

女孩不但貌美如花，她还将完成孕育和守护生命的使命。对于这个美好的宿命，女孩的天性里早就有所准备。初一女孩李雯月，就描写了一朵花变为果实的近似神圣的过程：

随着果实成熟，我慢慢的枯萎。我的花蕊无力地垂下，花瓣又薄又脆，风一吹就会碎裂。我用尽最后的力气保护子房。在最后一片花瓣悄然飘落之时，一阵风吹过，我把叶片上的露珠滴给了一朵还未绽放的蝴蝶兰。

不管是身体还是精神，女孩和花、和植物都是那么暗合相通。所以少女作家班孩子们一个重要的创作单元，就是将自己与花结合，写出花的女孩在生长过程中那些细致入微、饱含深情的细节和感悟。

写出花和人贴切的互喻，写出花和女孩融合后升华出来的意象。

用精工细描的笔法写出花的句子和细节，传递的却是隐藏在花里的人极其精微的感觉。

像植物那样思考和表达，使我们的女孩不但领悟和传递了花与树的美丽，而且获取了植物的智慧与力量。

七、"文学女孩"的绿色心灵接通自然女神的绿色写作精神

在树与花这个意象的延伸中，我们还引导孩子们，创造了一个个绿人的故事。

绿人，是人与植物的合体，是树神与花精的化身。绿人的故事，就是守护绿色的故事。

多年以前，我曾经和斑马老师一起，为孩子们创办过《绿人》儿童杂志。"绿人"的故事，就从那时诞生。这是一个让孩子们可以亲自参与进去的故事。二十年来，无数的孩子和我们一起演绎着这个故事。

和孩子们在课室和野外演绎绿人的故事时，我常常扮演的是那个有着长长绿头发的绿人姐姐，而孩子们则争着要做全身碧绿的小绿人。在野外游学中，我们多次玩过"寻找绿人留下的暗号"的游戏；在课室里，孩子们的项目本上图文并茂地写下了神秘的大自然隐居者小绿人的系列作品。

英国学者弗雷泽在《金枝》一书中说，由于少女与自然通灵，所以在世界各地的民间，人们挑选出少女来扮演他们的"树神"，也就是生命与自然的保护神。

期待着女孩们的笔下走出更多的树神和绿人。在漫延的城市最后的原野里，女孩本应该与植物、大地一起，倔强地站成一片，成为真正守护生命之神。

为此，我们送给过每一位少女作家班孩子一支花形的笔，让她们写出"我的花"的花语和品格，盼望她们妙笔之下，万物花开。

后来有了《绿人姐姐与小绿人》这本书。在这本书里，我们呈现了女孩与植物的类比与生命感应、少女作为绿色生命守护神的角色暗喻、精致而感性的将女孩与花朵结合一体的生命生长描写、对"绿人世界"诗性的理想诠释。希望通过这本书，大家可以看到一个个姿态各异的"爱美的花""母性的花"和"有梦的花"在女孩们灵动的笔下，展示出生命生长

的旺盛与蓬勃、新鲜和顽强。

看着孩子们的作品，我想，这群少女，她们不会只是被动地重复一种从女孩到女人到老女人的生命循环过程。以她们的智慧和天资，她们是否能够被造物主选中，成为能够听到并传递神的声音和暗示的孩子，成为神的女儿？

我和班马老师决定，带孩子们去几个地方。

去巫山，站在神女峰下，听听神女对滚滚江水、对变化中的古峡的吟咏和叹息。

去长江，蹲在鲟鱼的身边，触摸一下它脊背上留下的伤痕和故事。

不管去到哪里，女孩们都一律穿上洁白的裙子。

在大山大水之间，孩子们捧着红烛、手拉手，进行了一场场虔诚的祈祷仪式。

那些飘在古峡间的巨大白绸上，密密地写满了女孩子对山河的祝福。那些消失在林中小湖的蜡烛纸船上，也认认真真藏着孩子们对小鱼、小虾、小绿人的叮咛和嘱咐。

我们的孩子在这些仪式中留下的秘密文字，有的早已消失在风中和水中，有的还将永久躺在海底的漂流瓶里。

我曾看到一个女孩写给鲟鱼的小纸条：

山不会阻隔你的路，因为它知道你是河的神。

我也看到了另一个女孩李雯玥在《天空与大地的守护》中让人欣喜和振奋的文字。

孩子的心有多么辽远，他的文字就有多么辽远。在他被密集的书本、标准答案以及娱乐图像所囚禁的时候，如果他的视线能够从惯性和近视中解放，登高远望，俯视江河大地，那么他的眼睛将会变得神圣而清明。就像圣·埃克絮佩里在夜航中注视大地那样，那眼光已带有天空的温暖宽广和星星的深邃悲怜了。那将是一颗绿色心灵写出的传递神喻的文字。

我们尝试以文学的方式培养中国美丽女孩，希望通过"文学女孩"的写作心灵培养，让我们的孩子有着灵动的笔、灵动的心、灵动的梦想和美好的未来。

创新教育活动模式　提高儿童经济认知

黑龙江省儿童中心　于天翔

经济学是一门与我们的生活息息相关的科学,一个人的经济素养不仅是其基本素质与生存能力的重要组成部分,也关乎整个社会的进步与发展。从党的十二大,到党的十八大,建设中国特色社会主义总体布局,经济始终排在首位。在我国市场经济蓬勃发展的今天,儿童也越来越多地接触经济现象,参与经济活动。那么,不同年龄的孩子是如何认识这些经济现象的?他们的金融观、消费观、理财观又是如何形成和发展的?怎样才能提高自己的财商,在商品经济的社会中占领先机,从而健康成长为推动社会发展的好公民?

一、提高儿童经济学认知能力的现实意义

目前,全社会都在关注"啃老族",不能理性消费的"月光族",以及"宁可在宝马车上哭,也不在自行车上笑"的"拜金主义"等等不良现象。北京大学市场与媒介研究中心等机构联合发布了《90后毕业生饭碗报告》,通过对35万份有效问卷的统计,最终报告显示,2014年应届毕业生三成以上仍"啃老",四成过着"月光"的生活。在家庭中,一个孩子的消费比父母的总体消费还要高,这不仅突出了孩子的特殊位置,而且颠覆了传统的伦理道德,从而引发一系列社会问题。透过种种现象,不难发现,我们的青少年普遍缺乏应有的经济学教育,在面对个人经济问题时,无法做出正确的判断与抉择。那么,他们逐渐成长后,在面对国家与社会的经济问题、经济现象时,是否能够做出正确的判断,这对我们的社会发展与稳定具有重要的现实意义。

二、国内外研究现状

（一）国外儿童经济学教育的发展状况

美国是儿童经济学教育体系最为完善的国家。美国经济学教育委员会（NCEE）成立于1949年，于1995年出版了《讲授基本经济学概念大纲：范围和顺序指导，幼儿园到12年级》，归纳了从幼儿园到12年级（相当于我国高三）所需要学习的经济学概念。NCEE的确立，使美国形成了一个全国性的少儿经济学教育的支持系统，教师可以根据这些大纲创造性地展开教学活动。2002年颁布《卓越经济教育法》，以立法的形式，形成儿童经济学教育发展的最高阶段[1]。

按照《普通公共教育机构1－11年级不间断经济教育大纲》的规定，俄罗斯的经济教育是在中小学开设经济学课程，再经过大学、研究生阶段的系统性学习。教育学家和经济学家为此制定了教学计划和大纲，并编写教科书，从小开始培养专业的经济管理人才。小学生们通过各种竞赛、参观、游戏、成立校园公司等多种形式使经济学教育课程与数学、语文、生态学和自然科学联系起来[2]。

英国1983年开展小学生经济学教育计划。2011年，储蓄和理财成为英国中小学生的必修课。英国具有完整的中小学生个人理财教育体系，包括专业性质领导机构（FSA个人理财教育组织），通过学校结合不同的课程进行传授（与数学课、社会健康教育等课程）。完备的社会支持体系，使英国儿童经济学教育得以迅速发展[3]。

经济越发达的国家，其政府与社会越高度重视经济学的早期教育。他们认为，儿童越早接触到"钱"，对儿童未来的生存与发展越有利，经济学教育可以使儿童终生受益。这些经过系统与科学培养的儿童，他们的经济素养与经济学认知能力远远高于其它地区的孩子，在未来的竞争中将占据更大优势，从而得以良性循环。

---

[1] 刘璐：《实施儿童经济教育的行动研究》，西南大学硕士学位论文，2011。
[2] 安方明：《俄罗斯的中小学经济教育》，中国民族教育，2002。
[3] 黄丽：《英国中小学经济素养教育初探》，现代教育科学，2008。

（二）我国儿童经济学教育的现状

目前，我国幼儿园及小学阶段必修课程中，还没有经济学教育的内容。2012年教育部颁布的《3-6岁儿童学习与发展指南》也仅仅规定了"利用生活机会和角色游戏，帮助幼儿了解与自己关系密切的社会服务机构及其工作"，以及"购少量物品时，有意识地鼓励幼儿参与计算和付款的过程等。"

我国的儿童教育专家、学者对儿童经济学教育越来越关注，大量的儿童经济学教育论著以及科研成果逐年递增，研究涵盖了儿童经济学教育的意义、现状、内容、方法等等，但与发达国家的经济学教育相比，缺乏的是整体的教育体系。我们目前开展儿童经济学教学课程与实践活动，仍处于各自为战的阶段，个体的力量又受到专业性学科限制，以致儿童经济学教学及实践活动困难重重。

因而，怎样结合有中国特色的社会主义核心价值理论，同时符合中国儿童现状，建立由上而下的教学体系，对其概念、内涵、目的以及实践案例开发进行深入研究，用以支持儿童经济学理论研究、实践教学、师资培训，从国家层面进行普及与推广，这些都是当前我们需要解决的一些问题。

三、策划儿童经济学教育活动的依据

（一）儿童经济认知能力的发展

我们对儿童进行经济学教育，首先要考虑的是儿童对经济基本概念与经济现象的认知状态。早期的研究人员在皮亚杰认知阶段理论框架下，把儿童经济学认知划分为不同阶段。以西格勒与汤普林为代表的"儿童朴素经济学"认为，经济学也是儿童认知的一个核心领域。基于以上两种理论的研究人员分别以大量调查问卷、实证研究等方式对儿童经济认知发展阶段进行了论证，结论证明儿童可以学会经济概念[1]。因而，作为校外教育工作者，我们在教育活动策划与实施的过程中，就要严格把握儿童生长发育特点，充分考虑儿童能够接受的方式方法，逐步提高儿童的经济认知

---

[1] 郭青青：《美国中小学经济教育研究》，华东师范大学硕士学位论文，2011。

能力。

(二) 策划标准

美国是儿童经济学教育最为完善的国家,我们借鉴 1995 年 NCEE 出版的《教授基本经济概念的架构:范围和顺序指导,幼儿园到 12 年级》中对幼儿园到 2 年级所需教授的主要经济概念,结合生活中儿童容易理解且经常接触到的现象,选择以下经济概念:稀缺性、选择、商品、服务、机会成本、资源、以物易物、相互依赖、货币、生产者、产品、消费者、专业化以及生产成本和利润等[①]。在策划儿童经济学教育活动时,设计与经济概念相关的事项,并引导儿童自主创作、积极参与。

四、创新以"儿童经济学"为主题的活动案例

(一) 案例一

1. 活动名称

"儿童职业体验"主题活动。

2. 参加人员

黑龙江省儿童中心学员,5-12 岁。

3. 活动规模

500 人。

4. 活动目的

以儿童职业体验的方式,全程参与经济活动。

5. 活动地点

泰姆凯迪儿童职业体验馆。

6. 活动流程

(1) 对货币(泰姆币)的了解。带队教师向孩子们展示"泰姆币"等物品。让儿童知道货币从哪里来;用货币可以买食品,可以参与社会活动。

(2) 选择体验职业的顺序。按照"职业体验路线图",选择赚钱的场馆与消费的场馆,设计自己的体验路线。教师引导儿童完成职业体验的过

---

① 《教授基本经济概念的架构:范围和顺序指导》,K-12,NCEE,1995。

程，实现每个环节的教学目的。引入生产、服务、消费的概念，让儿童了解如何获得工作、工资与工作的关系以及收入与支出等等。

（3）午餐由儿童自行解决。孩子们可以选择到生产食品的场馆打工，如汉堡店、寿司店、巧克力店等等，由此获取食物，体验劳动创造价值。

（4）剩余的货币要存入银行。儿童通过不同的职业体验，在赚钱的场馆打工，获得货币，在消费场馆进行消费，会减少货币。而剩余的钱要存入银行。让儿童在银行开立账户，得到属于自己的银行卡。当需要钱的时候，再从账户中进行支取。了解银行不但可以存钱取钱，也有借贷的功能。

（二）案例二

1. 活动名称

"企业厂区游"主题实践活动。

2. 参加人员

哈尔滨市继红小学一年级学员。

3. 活动规模

80人。

4. 活动目的

让儿童知道工厂是什么？通过多种形式，理解专业性很强的经济学概念，让工厂的感觉不那么陌生，使活动真正富有成效。

5. 活动方式

（1）讲故事的方法。活动以"玉米妈妈讲玉米故事"作为开始。从玉米的种植、采摘、到生产加工、再到销售。通过这些环节，让孩子们认识到生产过程，从而了解工厂的作用。老师采取问答的形式，对回答对的同学给予奖励，既充分调动了孩子的积极性，也让儿童树立起科学的消费观。

（2）亲身体验的方法。参与活动的每一名小学生都穿上工作服，经过消毒后，进入生产车间进行参观。"一个一个的生产车间干净整洁，高大的机器在进行生产，一颗颗玉米粒变成瓶中的玉米汁，由全封闭的机器自动化完成，只看到三四名工人。老师由此引入现代化生产的概念，工人减少，成本就会降低，利润就会提高了等等。当看到"爱心基金会"的标牌时，老师及时提出企业赚钱以后要回馈社会的理念。

（3）游戏的方法。在活动的最后环节，我们设计了总结性游戏，让每名儿童为"祝福树"填上树叶，用图画、诗歌、文字等形式，描绘出孩子们心中的现代化工厂。游戏活动能够更好地让儿童加深学过的经济内容，明白经济生活中的种种现象；帮助他们理解经济概念，并形成正确的经济观念。

（三）案例三

1. 活动名称

"爱心格子店铺"儿童实践活动。

2. 参加人员

哈尔滨乐奇儿童训练营学员（7－12岁）。

3. 活动规模

小店主40人，现场随机参与儿童约200人。

4. 活动目的

"格子店铺"是一种新兴的销售模式，儿童"爱心格子店铺"是在此基础上，依据儿童的特点设计策划的。儿童认领格子铺后，就把自己的物品摆放在这里出售，出售所得归自己所有。儿童获得收入后还需交纳一点管理费用，同时要对贫困儿童进行爱心捐助。

5. 活动准备

（1）举办"儿童经济学课堂"。教师要把相关交易的关键环节，涉及的经济学概念对儿童进行讲解。如货币的计量，对折旧商品价值的估价能力；了解成本、费用、收入、支出的概念；具备记账、算账的技能；遵守等价交换的原则；销售过程中面对不同消费者的应对技巧，等等。

（2）营销管理。签订合同、进行招商、店员招聘、物品销售管理办法制定等。

（3）前期准备。孩子们提供将要出售的商品，为商品进行包装，设计布置自己的"格子店铺"，自制宣传品。

6. 活动流程

（1）选择店铺。抽签决定店铺归属，其中2人或3人一个店铺的，要进行合作经营。

（2）现场布置。物品分类摆放，可以单个也可以成套销售。

（3）商品定价。旧物要进行折价，自制商品考虑材料和人工成本，购入商品的定价要包括购入成本和利润。

（4）正式开业。小店主们宣读誓词，承诺做到货真价实、诚信经营。

（5）展开营销。首先进行的是店主之间的交易，然后面向周围的群众，主动进行推销。孩子们基本能够说出商品的特点，判断出顾客的需求，把握价格底线。

（6）收入结算。每当推销成功后，及时到收款处结算、登记，了解到钱是通过辛苦的努力赚来的，计算出收入、成本和利润。

（7）爱心捐赠。小店主们要把收入的一部分进行捐赠，要懂得回馈社会，奉献爱心。

7. 活动延伸

成立"店主沙龙"，孩子们畅谈活动中的收获与不足，从货品选择、定价、布展、销售、收入支配等一系列环节进行总结，评比收入最多、出售数量最多的店主，让孩子们不但从中学到经济知识，培养财商，也成为他们实现自身价值的一次体验。

五、"儿童经济学"教育实践活动的几点思考

（一）健全体系，规范活动，高屋建瓴，厚积薄发

建立中国"儿童经济学教学体系"，是开展儿童经济学教育活动的基本保障。建立适应中国儿童现实情况的教学体系，在借鉴发达国家儿童经济学的大纲、教材、成熟的教学模式与教学理念之外，还要结合中国特色的社会主义经济特点。儿童经济学教学体系要明确教学目的，设置分阶段的教学内容，开发行之有效的教学方式，进行师资培训，制定合理的成果评估办法等。这样，我们在教学中就能有据可依，在理论上得到支撑，在实践上得到指导，可以为我们开展"儿童经济学"主题实践活动，提供重要依据，并逐步做到规范化、科学化。

（二）政府立项，社会扶持，星星之火可以燎原

寻求政府立项与社会扶持，是开展儿童经济学教育的有效途径。以"全国少年儿童生态道德教育计划项目"为例，中国儿童中心自2008年起

立项，在中央直属机关事务管理局及全国妇联、国家环保部、国家林业局等支持下，在全国范围内推动了未成年人思想道德教育。该项目争取到了国家财政支持，整合国际、国内相关学科专家学者，以研究为基础，通过基地建设和培训推动教育活动的创新，形成了一套完整的复合型工作模式，这个项目为我们提供了最好的借鉴。"儿童经济学"正需要这样的平台，以点带面，层层推进，从而为理论研究与实践活动开创新的局面。

（三）创意内容，创新形式，百花齐放，春色满园

创意内容和创新形式，是开展儿童经济学教育的重要载体。以儿童的认知发展阶段为前提，将课程讲解与实践活动相结合，用讲故事、实地体验、角色实践、游戏等方法，让儿童去了解经济知识，分析身边的经济现象，分层次、渐近地提高儿童的经济素养。

"儿童经济学"教育实践活动在我国还属起步阶段，作为校外教育机构，发挥校外教育优势，依托未成年人校外教育机构的科研平台，加强校外教育机构的交流与合作。创新活动理念、创意活动模式，校外教育实践活动的内容将更加丰富，形式更加多样，从而推动"儿童经济学"教育实践活动的快速发展，使校外教育实践活动百花齐放，春色满园！

促进儿童想象力发展的综合活动课程探索

江西省儿童少年活动中心 平 蕾

美术是视觉艺术，在完成视觉艺术的形式过程也就是美术创作活动中，想象力起着至关重要的作用。想象力是一种创意思维能力，没有创意和内涵的美术作品没有艺术感染力，也就失去了美学的意义。西方美术教育的"本质论"和"工具论"，为我们思考当今的美术教育提供了可供参考的理论基础和实例。儿童美术教学不同于高等美术学校的美术定向专业培训，当今儿童美术教学是儿童素质教育的良好媒介，在发展儿童美术能力的同时，承载着美术学科以外的责任。儿童美术教学的课程标准设置中，强调关注文化与生活，注重创新精神培养，美术文化体系的营造是基础，儿童审美趣味的培养是方向，美术技能技巧的训练是手段，**整体提高儿童美术素质是最终目标**。想象力是引领儿童进入艺术领域的翅膀。儿童的美术活动离不开想象力。美术教学中，重视想象力的训练，将有效地推动更多的美术学习者发展综合探索能力，成为艺术创作者。

一、美术学科是发展儿童想象力的良好媒介

想象是人类对头脑中已有记忆进行加工改造，创造出新形象的心理过程，是一种形象思维。这种极具创造力的思维能力就是想象力。想象力是促进人类社会发展的重要因素，也是儿童成长过程中不可缺少的动力。但是，在人类成长过程中，儿童期思维的不确定性、行为的不成熟性让想象力的作用受到一定限制。美术，这一形式多样、有着丰富载体的表现媒介，为儿童的想象力发展提供了极其广泛的空间。儿童通过眼睛观察、身心感受而获得许多形象记忆，通过学习获得不同知识体系，这些经验的融

合需要一个合适的表现形式,在自由快乐的美术活动中,儿童想象力的表达得到有力的支持。简单到一支普通的笔,丰富到各种专业的美术工具和多变的美术技法,加上儿童不断的尝试、探索,营造出来的视觉效果包含极其丰富的信息量,表现力极强,这个过程使儿童不断体验到想象的快乐。儿童的经验、记忆和知识结构在思考、表现的过程中被自主组合、提炼、夸张、强化和整理,并不断产生新的视觉形象。这些有趣的成果不仅能使儿童迅速获得成就感,同时也促进儿童进一步观察、学习、思考和探究,使儿童的形象记忆更加真实、生动,知识结构不断完善,具象或者抽象的美术语言也让儿童们跳跃性的思维得到有效表达和逐步整理,形成良性的学习习惯。因此,美术活动不仅能有效促进儿童想象力的发展,也使儿童的综合素质得到提高。

二、美术教学中发展想象力的教学思路

想象力受到愿望、观察习惯、记忆储备、知识积累、灵感突现等等多方面因素的影响,因此,根据儿童综合能力的发展规律,科学设置美术课程,有效利用美术媒介,提高儿童形象思维能力,从而促进创造力的发展,是现代美术教学的内容。

经多年的广泛研究和大量实践,现从美术基本造型元素联想、造型创意、情节表现、科学幻想、空间认知、思想创意、材料创意等方面着手,列举侧重想象力训练的美术教学思路,希望能让更多的学画儿童不仅仅学会用美术技法真实再现视觉形象,还能够通过美术活动,学会细致观察,深度思考,生动表现,创造性地描绘出美好的内心世界。

(一)美术的基本元素与想象力训练

点、线、面、体是美术造型的基本元素。选择适合儿童表现的载体,是儿童美术教学中想象力培养的重要目标。

线是绘画中最基本的造型元素,也是儿童在初始绘画中的常见形态。从线的认知和探索开始,对儿童进行联想的启迪训练,能使儿童的想象力与抽象的造型与元素吻合,获得造型语言,并逐步学会从视觉、感觉中提取造型元素,建立主动绘画的信心。不同的线条带来不同的形态联想,不同的线条排列带来不同的视觉感受;线条的方向变化,在视觉上产生不同

的效果，不同方向的线条组合具有动感，让表达出来的事物更有活力；线条经过组合排列，能形成各种装饰性的花纹图案，还可以结合黑白块与点的组合，丰富画面的表现效果。形状能高度概括生活中的物体，也能具体传达儿童对物体最基本的认识，在形状的认知中主要分几何形、自由形与物象形，儿童绘画中大多数事物都属于物像形，引导孩子搜索形象记忆，设置形的观察、联想、组合、重叠、扩张、添加、重复、排列、自由创造等一系列造型练习，并对物体本来的形状、特性和功能重新思考，使写生与联想结合、经验与创意结合，不断对形体进行组合与变化，进一步丰富美术语言。在艺术表现领域中，美术基本元素的表现力具有深厚的内涵和张力，如：传统再现性绘画中线条的情感暗示、现代表现性绘画中线条的演化及情感传达、抽象性绘画中线条的独立功能与情感表现以及介于文字和美术作品之间的图形视觉形式、从古至今无数艺术家用充满趣味变化多端的组合造型，展示了广博深厚的艺术世界。仅仅站在欣赏角度就能让儿童获得丰富的想象体验，设置艺术领域系列的探索和表现练习，学习艺术家的表现手法，使儿童想象力的成长获得具体的表达语言。

（二）美术作品的情节表现与想象力训练

艺术来源于生活，生活中的点点滴滴都是艺术创作的源泉。美术作品中的情节表现，增添了画面的可读性，有了情节的烘托，每一个造型会更加生动和丰富。引导儿童多方位观察，在情节联想、情节刻画、情节表现、情节变化、情节设计、主题情节、生活情节等等方面进行表现练习，为美术作品注入情节，让作品更有意义。能引起儿童强烈关注的主题大多与儿童生活体验有关，特定人物、生活经历、生活经验都能让儿童获取丰厚的积累，通过美术表现的过程，使这种无意观察变为主动积累，将为儿童的想象力发展提供坚实的基础。

故事画是启迪儿童想象力的一个重要途径。故事让儿童的思维、情感更活跃，故事激发出的情感让儿童产生强烈的表现欲望。故事种类很多，适合儿童了解的童话故事、童谣故事、寓言故事、成语故事、历史故事、传统故事、传说故事都能让儿童产生丰富的联想并获得完整的情感经历。优秀的文学作品，会让读者脑海中浮现鲜明的造型和动人的画面，栩栩如生的文字描述可以启发儿童描绘许多细节，启发儿童对故事情节进行发展、改编等，引导创意性的思考，更能激发儿童想象力的发展。经典的故事大都伴随着历代艺术家的精彩视觉诠释，大量优秀故事都有插图，插图形式多样，给儿童最好的视觉引领。故事不仅仅存在于书籍和口口相传中，中国传统文化中的剪纸、年画、版画、木雕、石雕等等也都包含着丰富的故事，这也给儿童带来一个博大的艺术欣赏空间和雄厚的艺术积累。在描绘一个完整的故事的过程中，儿童学会提炼和取舍，加入内心感悟，表达出自己独特的理解。故事画对儿童造型创造、情节想象、艺术能力发展、情感成长等诸多方面的能力成长有不可替代的作用。细腻的故事情节变化万千，选择连环画，能够从多个角度描绘和感受更为丰富的艺术表现形式。

（三）美术的创意设计与想象力训练

创意就是具有新颖性和创造性的想法，创意思维，成为完成这项目标必须经历的过程，创意思维方式与观察、联想、概念推演这三种思维方式有着直接的关联。美术创意设计有很多表现形式：平面设计、标志设计、环境艺术设计、工业造型设计、服装设计、广告设计、戏剧美术设计、建筑设计等等领域，都离不开由想象力发展而来的创意思维能力。观察、了解一个物体的造型细节和实际功能，并结合自己的生活经验和美好愿望进行改造设计，这个过程使儿童的美术经验和想象力并肩作战。我们的生活环境中有众多的图形传达视觉信息，它在很大的程度上比文字传达更直接、印象更深刻，成为一种超越语言文字障碍的世界性语言。当儿童的认知能力、生活经验、知识构建有了一定积累时，设置多种主题创意、抽象创意、空间创意、材料创意等等练习，将有助于儿童把想象的能力真正作用于生活和探索。

（四）通过主题创意练习发展儿童有意想象能力

根据想象活动的目的，想象分为无意想象和有意想象两种。无意想象是没有预定目的，在一定刺激的作用下，自然而然产生的想象。梦中常常会出现这种现象，所以，梦中的画面常常出人意料，非常奇妙。所有的想象都必须建立在现实的观察之上，没有一个人的想象力能离开他对现实世界的观察、感受、经验和联想。当我们面对一个主题时，想象力时刻在发挥作用。完成一个创意创作，首先必须搜索记忆积累，选择最能代表这个主题的情节，然后再结合经验，选择角度，发挥联想，创新思维，最后深入刻画，运用各种方式达到明确、新颖表达主题的目的。要想把无意想象变成有意想象，首先就必须培养观察能力，尽可能多多观察周围的事物，并对所有事物进行思考，有意想象才有现实的基础，才会更精确，更有创造性。引导儿童进入有意想象，主动思考问题，美术创作才有深度和意义。在生活中有许多事物随时以各种状态呈现，只要仔细观察和思考，就能敏锐捕捉到创作的题材和角度。同一个主题，在生活中也有多样的变化。

（五）通过音乐联想练习发展儿童抽象思维能力

音乐是抽象的，是声音的艺术、时间的艺术，但是，当我们听到美妙的音乐时，常常会产生色彩的联想、线条的联想、图像的联想。美术是视觉的艺术、空间的艺术，但是，当我们欣赏成功的画作时，也会有节奏的感觉、韵律的感觉，因为美好的感觉是相通的。音乐的旋律会让我们激动起来，浮想联翩。选择优秀音乐作品播放，当我们全身心沉浸在音乐当中时，跟着自己的听觉和感觉，任画笔在纸上游走，你会发现，听觉形象转变成视觉形象是如此容易和奇妙，抽象的音乐在想象力的帮助下，演化成具象的视觉艺术作品。

（六）通过关注空间变化发展儿童多层次表达能力

随着认知的发展，儿童观察能力不断提高。他们在用美术形式表现时，逐渐开始追求物体更加真实的存在状态。及时导入空间的概念、结构的意识，思考物体的空间存在位置、物体的结构组合，有利于创造性地寻找多种美术表达方式，使画面更具艺术魅力。任何一个物体，在世界上都有自己的空间和位置，它和周围的物体有什么关系？为什么会在这里？平时对物体的空间作一些思考，会发现很多事物相关联的地方，观察、思考问题的角度也会更丰富。引导儿童及早关注物体的空间位置，建立空间意识，拓展空间的概念，我们的画面会变得更真实或者更奇妙。

想象一个主题的时候，脑海里常常会出现很多相关情景，确定这些情景的主次，然后把它们在同一个画面里描绘出来，这种艺术表现方法被称为"蒙太奇"，即空间重叠。你会发现这样的美术作品有时更接近我们的思想。美术作品利用人们的视觉错误，可营造出非常奇妙的空间。荷兰艺术家摩里茨·埃舍尔在作品中致力寻找幻想的异次元空间，画家对空间的探索具有更深的视野，他利用人们的视觉错误，以非常精巧的细节写实手法，生动地表达出各种荒谬的结果，让他的作品在三维空间里游戏，令人玩味无穷。

（七）通过材料创意练习发展儿童多方位思考和探索能力

美术创作有着多变的表达方式，不同的材料会呈现不同的效果，同一种材料的不同使用方式也会有让人意外的感觉，材料的种类在不断的创新。在儿童美术活动中运用丰富的材料与巧妙手工制作，可以激发儿童的创造兴趣。儿童常见的纸、泥、木头、石头、塑料、废旧物品等等材料种类繁多，探索每种材料的特性，尽可能从多种角度使用我们可以找到的材料，让常见的材料也变得丰富起来。养成主动学习、思考、探索的习惯，就能获得更多的艺术表现方式。

美术学科领域像其他学科一样，有着博大精深的丰厚空间，仅仅造型练习就足以使儿童获得无穷的想象乐趣，还有颜色带给儿童的丰富感觉，是任何形态刺激都不可比拟的，儿童的色彩感觉与造型过程水乳交融。关于儿童色彩教学领域的探索和研究将在其他文章中再作探讨。

儿童参与视角下校外美术教学
选课制的设计与实施

——以中国儿童中心书画部为例

中国儿童中心 高 杨

一、课题提出及研究意义

（一）儿童参与理念的践行是促进儿童个体全面发展的重要手段与途径

儿童参与理念源于《联合国儿童权利公约》，是指儿童有权参与到一切与其自身相关的事务。它既可以是一种理念，更可以是应用于教育中的一种手段与途径。在教育中，儿童通过不同形式的参与，可以极大地发挥他们的主体性以及个性特征，从而有效促进其个体发展。在本研究中，儿童参与理念是贯彻始终的核心宗旨与指导原则。

（二）校外教育领域是践行儿童参与理念的沃土

在以兴趣小组为组织形式的各类活动中，相较于学校教育有固定的教学大纲、课程内容与升学目标，校外教育无论是在教育目标、内容、形式及评价上的自由度，还是在学生的自主学习空间上都具有更为明显的优势，为儿童参与理念的融入，提供了充分条件。

（三）选课制作为儿童参与理念的一种具体应用，是儿童参与理念的实践在制度上的保障

选课制的意义与价值主要在于：首先，选课制是践行儿童参与权的最佳载体，有利于促进学生自主发展，尊重儿童个体差异，追求教育平等；其次，选课制可以促进教师的专业成长，有利于形成办学特色；再次，选课制还有利于优化教育资源，提高教学管理效率。

二、理论依据

（一）关于儿童参与

儿童参与理念来源于《联合国儿童权利公约》，它对于儿童的成长和发展具有极其深远的意义。参与权是人权发展到一定阶段才被认识和受到重视的。社会实践表明让儿童享有参与社会活动的权利，积极主动地参与到关系自身利益的各种活动中去，儿童才能真正地成长和发展。培养参与型儿童，为将来他们成长为参与型公民做准备。

儿童参与是儿童积极地进入有关他们生活学习环境的决策过程。一是儿童可以对影响自己的事务发表意见。二是儿童有权得到与之相关的信息。参与的层面是我们最应该特别探讨的，因为这是基础的环节，参与应从被操纵式的、装饰门面式的、象征性的、分配责任式的、咨询告知式的参与初级阶段，过渡到成人引发的和孩子一起决定的参与的中级阶段，并向儿童引发的自己做决定的参与高级阶段发展。参与范围也要逐渐扩展开，不仅仅是参与家庭、学校的活动，更应给予儿童参与到社区、国家事务的机会，最低限度也应让儿童了解这一过程。

（二）关于选课制

选课制的理论根源是学术自由。在19世纪初，德国教育家洪堡倡导"学习自由"，主张学生自行选择学习的深度，自行安排学习进度，并在柏林大学推广。选课制于18世纪末传入美国并得到了进一步的发展和完善。

我国的普通高中在90年代初正式引入了选课制。21世纪初，选课制在北京、上海、广州、天津、山东等几个省市实施。到目前为止，全国大多数中学、部分小学开始实行选课制。

三、研究目标和内容

本研究的目标是如何在校外美术教育的专业领域内设计、实施并完善一套选课制度。基于儿童参与的理念，以中国儿童中心的书画部部分教学资源为基础，以已有选课制的相关理论研究与实践为参考，设计出一套适用于校外美术教学专业领域的选课制度，并在实践中不断发展与完善。主要的研究问题包括选课内容如何设计、选课制的实施流程、选课制在实施中存在哪些问题以及这些问题如何改进等。

四、研究方法和对象

（一）研究方法

1. 文献法

搜集、查阅有关儿童参与和选课制的文献材料和案例，通过文献分析，梳理国内外选课制的基本理论和实施现状，重点整理出选课制的原则、模式和实施方法。

2. 行动研究法

以行动创新制度设计、累积实践经验。在美术教学中设计建构校外美术教育中选课制的模式，进行选课制的实施，并评估它的运作效果。

3. 观察法

教师在美术教育教学活动开展的过程中进行全程的观察与记录。

（二）研究对象

310余位年龄段为 6 - 12 岁的书画部学员（22 个教学班次），7 位教师。

五、研究的主要步骤

（一）第一阶段：课题准备

1. 形成课题方案，制订实施计划。

2. 理论学习，检索、研读与课题相关文献资料，进行文献综述。

3. 确定参与班级、行动方案。

4. 设计、编制并发放美术选课说明手册。

（二）第二阶段：课题实施一

1. 提供选课的咨询和指导。

2. 编写行动研究中的研究工具：教师、家长、学生访谈表、调查表、调查问卷等。

（三）第三阶段：课题实施二

1. 实施选课制计划。

2. 进行访谈、调查。

（四）第四阶段：课题成果总结

1. 资料分析与整理。

2. 撰写研究报告。

六、研究过程和主要成果

（一）研究过程

研究中我们将2013年上学期18周课设定为14周必修课（包含4周专业实践写生活动课），4周选修课，选择了6－8岁、9－12岁两个选课年龄段，结合参与的师资情况、教学资源，共7位教师开设了9个选课科目。这些科目包括中国画、应考素描、趣味素描、绘本创作、定格动画、泥塑与立体构成、黑白画、纤维软雕塑、动漫造型。

在选课实施的流程上，首先提供了选课指导手册，包含选课程序说明、选课内容说明（课程名称、课程性质、课程内容、教学目标、课时、选课班级汇总等信息）以及选课报名表；之后由学员所在必修课班级的教师提供了咨询指导，结合学生个人兴趣、评估绘画能力与特质，给出适合他学习的意见和建议；接下来由学生自主选择课程；根据学生选课情况汇总、调整；确定并告知所选班别；上课；总结和反思。

实施过程中，共310位学员次进行了选课，53人次走班换课，占参加选课总人数的17%，所选课程内容由多至少依次为泥塑、动漫、中国画、趣味素描、绘本创作、定格动画、应考素描、黑白画、纤维艺术。因为上课时间、教学人数、教室等条件限制，最终实际换课人数为34人，占参加选课总人数的11%。

（二）主要成果

最终，小范围的实践表明，完成换班选课的学生人数比例总体偏低。尽管大多数家长事先表明会将孩子的兴趣放在选课的首要位置，但实际操作中上课时间的安排才是选择的第一要素。这一点校内和校外有所不同，可见有一定的平行时间、平行年龄段、相对多的生源是校外选课得以实行的先决条件。尽管如此，此次的选课实践还是凸显了选课制的价值和优势。

1. 在儿童参与的视角下赋予了学生选择的权力，促进了学生自主发展

在选课实施中所有的选择都由学生自主完成，更好地满足了学生对美术形式的广泛兴趣，拓宽了学习美术的领域，提升了美术的综合能力。更为重要的是在选课中他们学习选择，在选择中体验自主。中国式父母以及教师特点之一是过于控制，过分保护，事事包办，孩子从小没有被信任和去选择的机会，不懂得行使自己的权利，以至于不敢承担选择的责任和后果，不明白作为一个独立个体的意义和价值，很难相信在这样的教育下可以培养出民主社会的合格公民。所以我们希望"它是孩子发展的无限可能与我们亏欠他们的权利之间的调和关系，是使假想和希望成真的尝试，这是一项真实，但尚未完成的期待"。[1]

2. 有利于实施团队教学，带来教师专业成长，形成机构教学特色

选择从来不是单向的，学生有选择学什么的权利，教师也有选择教什么的机会。在参与课程开发、进行课程设计、实施与评价课程的集体活动中，教师最大限度地发挥着自己的潜能和专业自主性，发展自己的专业兴趣和教学优势，大家相互取长补短，展现着更加丰富和完整的自我。参与选课的每位老师在整个过程中都在尽力而为，取得了较之常态课程更好教学效果。

3. 促进了对校外美术课程体系建设的进一步思考和规划

此次研究中最为重要的成果还在于，通过选课的实践促使我们对校外美术教学的课程体系建设有了梳理和思考，对课程内容及设置进行了下一步的规划：我们应以既重视美术素养、基本知识技能又重视学生的个性健康、全面发展，逐渐改变以往以美术学科为中心的课程体系。建构将学科类和活动类两类课程分为必修课程（基础）、必选课程（综合与创新）及实践活动相统一的，基础统一性与层次多样性相结合的课程结构体系。逐步实施必修课、必选课和实践活动相互配合的课程模式。

七、研究存在的主要问题及今后的设想

（一）主要问题

1.4 周选课结束后，教师与学生都深感意犹未尽。4 周课时过短，课

---

[1] Loris Malaguzzi 等著，意大利瑞吉欧方案教学报告书《孩子的一百种语言》，第20页。

程展开不够充分、完成创作时间太少，教学效果未得到充分展现。

2. 完成换班选课的学生人数比例总体偏低，除时间因素外，所开设的选课课程从内容到形式与已有的课程内容本质差异不大，未能充分调动学生的参与热情（这其中的原因复杂，主观思考不足、聚焦课程开发不够，客观条件制约等）。选课制的核心，并非是为了选课而选课的形式，甚至并不是有多少课程，而是看是否每个学生都有机会在适合自己的课程面前进行抉择，选课制的核心任务是要研发出多类型、分层级、差异性的模块化课程。

（二）思考和建议

1. 时间安排上选课可考虑在寒、暑假中集中开展；同时增加选课班级和人数，形成有平行时间、平行程度的学生量。

2. 选课课时安排对不同年龄段的学生应有所不同。四周课时对低幼儿童来说比较适合，对 9 岁以上的学生则明显不够。随着儿童年龄的增长，自主行为能力不断加强，兴趣特长不断明确，决策自身事物的能力更需提升，应随着学生年龄段的逐步提高，不断递增和提高选课比例和课时量。

3. 对校外美术课程内容的建构和选择方式建议如下：

（1）必修课

强调美术本身的学科价值，以学习"本质的美术"为目的，注重课程的基础性、全面性、系统性和完整性，力求为孩子们的发展奠定美术素养、知识技能和情感态度的基础。美术传统学科和基础学科均可划分在内。

选择方式：分类和分层选。在学习内容的广度上选择分类，在学习内容的深度上选择分层。

分类：

①根据美术专业学科不同的表现形式分类。

②根据年龄阶段和不同绘画、审美感知能力以及个体独特的适合程度分类。比如所有的学生都应该学习造型的内容，但不必所有的学生都学同样的造型。有人适合学习线描的表现，有人适合学习创意素描，有人适合超写实表现等。

分层：按学生不同的绘画表现程度选择适合自己的层次上课。从弱到强可分1级、2级、3级。比如造型中的写实素描，可依据不同年龄段学生表现出的不同思维理解力、造型能力、表现能力，分出1级、2级、3级。

（2）选修课

侧重于"工具的美术"，是指"对于儿童的生长来说，一切科目知识都只处于从属地位，它们是工具，它们服务于生长的各种要素，不是知识和传闻的知识，而是儿童的自我实现"，将会从广度和深度两方面去拓展，满足不同孩子的需求，发展他们的特长，开阔他们的视野。相对于较专业学科化的必修课，选修课将以主题式跨学科的方式呈现：围绕一定的教学主题，进行美术自身的（美术史、美术评论、美学、美术创作）综合，美术与其他学科（自然、科技、其他艺术门类）的综合，我们需要通过美术这个载体建立起与真实的情感、真实的世界、真实的生活间有意义的联结。

选择方式：自由选择。

如果说第一部分的选择还是一种有限定、有条件的选择，在这一部分则完全听凭学生，是一种更加开放、更加自由的选择。

选课的形态可以灵活而多元，不必拘泥，既可以是单一课程，也可以是综合课程；既可以是长期课程，也可以是短期课程；既可以是学科课程，也可以是活动课程。

4. 打造选课师资团队。选修课的设置对教师知识的深度、广度以及专业度提出了挑战。部门应鼓励和要求现有老师积极研发、开设选课课程，为选课的有效实施进一步设计良好的制度、营造良好的氛围。同时，为提升选课质量，可将选课课程作为平台，引进、开发和利用各类优势资源，聘请各方专家、志愿者任教选课，组成特聘的选课教师队伍，共同打造真正的特色课、精品课以及能够彰显校外特色的美术综合实践活动。

用形式去创造：让儿童陶艺教学走出误区

杭州青少年活动中心　黄华高

一、儿童陶艺教学的误区

"陶艺"是陶瓷艺术的简称。"儿童陶艺教学"是对儿童进行的陶艺教育，是一种艺术表现形式的启蒙教育和艺术思维的启发式教育。由于它顺应儿童的天性，又能促进脑部发育，锻炼手与脑的协调能力，因此，近几年发展势头喜人，各校内外教育机构纷纷开辟与之相应的活动场所及活动课程。

但是发展迅速之余，难免鱼龙混杂，最常见的误区主要有两类：

1. "教学缺位"：老师发给小朋友们一团泥，整节课的要求就是"想做什么就做什么"。孩子们尽情地搓着泥，随意地捏玩。下课，一堆随性的泥巴作品诞生了，什么都有，但什么都不美。——其本质是儿童玩泥。

2. "教学越位"：老师出示成品泥塑《笔筒》，然后示范泥条法，并将"笔筒"的制作分解成一步一步的示范。结果，不管有用无用，下课时，学生们依样画葫芦做出了一堆大大小小形似的笔筒。——其本质是形式的复制和再现。

儿童玩泥巴并不等同于儿童陶艺。基础的造型能力是儿童陶艺创作的前提，技法技能的学习是为了更好的陶艺创作，两者相辅相成。如果本末倒置，儿童陶艺教学将如阿恩海姆所说："……把精力放在某种表现形式的模仿上，而不是放在用这种形式去创造，其结果是学生创造性思维及自由空间被限制以及主体性逐渐丧失"。在这里，"形式"是一切技术化的手段，而"创造"才是艺术的灵魂。

二、尝试"用形式去创造"

笔者希望在儿童陶艺教学中,能启发、引领着儿童"用形式去创造",即"不断创新"。在这个过程中,技能、技法等所有外在的形式都是服务于陶艺创作本身。具体教学实践可以从构思、创作、展示三个环节进行指导。

(一)构思环节:尊重原创

儿童陶艺的魅力就在于创作主体尚未意识到任何理性的束缚,他们只是根据自己内心的经验和对周围事物的直接感知,运用他们所利用的材料,进行最直率的表现。儿童拙朴的造型之所以让人心动,正是因为洋溢着他们天真活泼的感情,展示了他们积极的创作本能。但随着年龄的增加,逻辑思维的发展,这种创造性的想象力反而会衰弱褪色了。所以"用形式去创造"具体体现在构思环节,就是需要教师尊重原创,呵护儿童的想象力。

1. 激活想法

儿童玩泥和制陶充分表达了儿童本身特有的思维、认识和自我表现,是人类原始的个性情感的宣泄和流露。他们会做自己喜欢的东西。这些物品可能如小动物、小玩具、树木、房子,甚至人物等,也可能如海绵怪、外星人、怪兽博士。由于儿童生活经验不多,他们更擅长以想象来创作,在他们的世界里,更多体现的是"艺术来源于想象"。这一方面,他们的想象远远超于成人,因为成人的想象力太多受限于现实生活经验的束缚或逻辑思维的限制,而儿童没有这些,他们可以天马行空、随心所欲地想象。所以,在作品构思阶段,教师要尊重儿童想象的内容。

然而,儿童的这些想法又都是不稳定的、易变的、飘浮的。他们会这时想做一头牛,那时想做一棵树,晚一点还想做一个变形金刚。因此,尊重内容,并不是让教师盲从学生,让儿童想做什么就做什么,一味地跟着他们摇摆,而是要帮助他们在多样的选择中稳定下来,清晰起来。在此,最多运用的就是激励性语言,如"你能把想法变成行动,很有毅力哦""和我们平时看到的不一样,很有创意哦"。如果儿童的想象还不是那么清晰,那么教师可以再进行追问性引导,如"它会是什么样的呢?""它可以用来做什么?""你能不能把它的特点讲得更明白些?""我知道你要做的是……我理解的对吗?"

2. 保持创意

当然以上这些都是他们的想法,而想把这些想法用泥巴做成什么样子、什么形状,这些就是他们的创意。如成人世界中的桌子通常会被设计成四个脚的,笔筒都是柱状的,但是儿童不一样,他们会想象三个角两个面的桌子,喜欢捏随意放笔的作品。在儿童泥塑的领域里,很少有理性、逻辑的成分,更多的是他们的直觉表现:一会儿圆,一会儿方,挖一个洞,添一个角。我们越是关心人类经验的基本问题,就越发觉到儿童陶塑与远古人类陶器的亲近,以及它与原始艺术、民间艺术,甚至现代艺术的某种相似,这就是他们特有造型随意的稚拙美。

构思阶段,教师如果能特别尊重儿童的原创性,那么儿童陶艺的生命力也将更为蓬勃旺盛。这正如美国当代著名哲学家莫里斯说:"如果人的潜力和人的差别得到尊重,自我创造的方法就必然是多种多样的。"

(二)创作环节:完善表达

在陶艺活动中,每个儿童都会根据自己的不同思路、独特的审美观来做自己的作品。他们的陶艺创作往往是在理性与非理性,意识与潜意识交感融混的状态下进行的。然而孩子们的创意是不完善的、模糊的、概念化的,他们缺少表现自己创意的能力,所以"用形式去创造"具体体现在创作环节中,就需要教师多方面引导,尽可能地帮助他们完善表达,以提高作品的表现力。

1. 观察与发现

美国著名的美术教育家罗恩菲德指出:"教师的目标是激发更多的思想,扩大参照框架,以便使儿童的经验变得更精确复杂。要做到这一点只有向儿童提供更多的仔细观察的机会,并能用发展新观念和观察能力的方式启发他们。"

案例1:发现树皮的肌理

当多数学生对"树"这个主题感兴趣时,我把学生带出了课堂,让他们到外面去观察大树的树干,看看能发现些什么?他们首先会发现树干有粗壮的,有纤细的。在一次次提醒观察后,他们会通过视觉、触觉发现树干有的光滑，有的粗糙，而且树干的粗糙程度不同，树皮的花纹也有不同……充分观察后，学生开始了创作。为了创作出树干的粗糙质感，仅树干肌理的表现这一环节，他们有用梳子刮的，有利用泥片弯曲产生自然裂纹的，有挖出一个个小洞的……

细化观察的内容，增长思维的"量"，仅是培养儿童创新的一小步，要想实现思维由量变到质变的飞跃，教师还需要设计更多引发思维冲突的观察环节。比如，教师让学生假设在显微镜下生活，那么观察的世界会有什么变化呢？学生会观察到一个新奇的世界：一颗颗面包屑成了一座座透迤的大山，几根飘落的发丝成了新型速滑道，小小的瓢虫成了大力士，绽开的鲜花成了旋转的舞厅……儿童原本受经验、眼界的影响，对事物的理解有种思维定式。但经过教师启发，儿童的思维在视角转换下有了新的改变。换个角度来观察关注的对象，他们发现微观之美别有洞天，视角缩小可以如此，视角放大亦有可能。

当然，除了观察角度改变之外，教师更需要启发儿童观察生活，从生活中汲取创作的灵感，思考无限创意的可能。

案例2：光影媒介的引入

学习陶艺3-4年后，儿童已具备了一定的陶艺技巧，对于平面的造型、立体的泥塑都有所接触，但是也形成了一定的创作定式。怎样打破这个僵局呢？一次陶艺课，我拿着一坨泥巴从投影幕前走过，偶然发现随意成型的泥巴经过投影竟变成了一只具象的狗。受此启发后，我又查阅资料，得知英国就曾有艺术家尝试利用光影将生活垃圾创作成影像。这样的空间组合拓展可以让儿童陶艺教学开创出另一片天地。因此，我引入光影效果，设计了《泥巴的影像》系列课。

在以上两个案例的指导中，虽然教师采取的引导方式不尽相同，但都是通过启迪思维，让儿童作品呈现的可能性变得更为丰富。

2. 尝试与体验

开展儿童陶艺教学是提高儿童自我表现力的一种手段，而培养创新意识与创造精神才是它的内在需求，其核心依然是让儿童"用形式"。在儿童产生强烈的创作愿望，并有N个灵感想表达时，教师需要让儿童尝试对陶泥的搓揉拍打、捏盘贴筑，以便将内心独特的体验外显表现。

运用技法。为了帮助儿童表达出内心的想法，教师首先应该按照一定序列教给儿童陶艺制作的方法，比如手捏法、泥条法、泥片法等。与此同时，还要在技术教学时启发儿童进行灵活运用。

案例3：泥球的变化

第一环节：教师出示泥球1，通过添加泥巴的方法改变造型，陆续创作出萝卜、乌龟、葫芦、苹果、茶壶等常见物品。

第二环节：教师出示泥球2，通过镂空的方式，陆续创作出碗碟、房子、灯笼、鸟巢等常见物品。

第三环节：教师提供泥球3，问："你们能用不同的方法来创作出其他作品吗？"学生兴致勃勃，纷纷开始尝试完成不同的作品。

教师通过演示让儿童充分感受"添加"与"减少"技法在创作中的运用，逆向思维的点拨有助于打破儿童的固有思维，他们会积极地尝试多种技法的灵活组合，如抠、挖、压、团、搓等，不做单一技法的复制品。

（2）掌握规律。掌握一定的技法，只是实现了陶艺的技术性。作为一门艺术，它的创作过程中只有遵循一定的艺术规律，才能更具审美价值。以造型规律为例：

案例4：泥片的构成

第一环节：教师提供给每个学生同样大小的一块泥，并提出比赛要求：在10cm×10cm的泥片上，进行立体造型，比谁搭建得有创意？

第二环节：学生开始尝试，有的搭不牢，有的艺术感欠缺，还有的形式类似。

第三环节：教师播放艺术家的泥片构成作品，分析立体构成的要素：均衡、对比、疏密……

第四环节：学生再次创意搭建。

儿童在教师的指导下，认识、理解了立体造型的对称、均衡、变化、统一等规律，并且在这样的启发下，他们愿意尝试更多的遵循艺术规律的创作，从而实现内心诉求的艺术化表达。

（3）内化主题。当一块泥土经过具有一定艺术审美性的技术加工后，它也许可以成为一件陶艺作品，但真正能让它绽放活力的，则是作品中融入创作者对主题的个性理解，融入创作者对生命微妙的感悟，实现陶艺实践和主观情感表达之间的无缝链接。

以《美丽家乡》的创作为例,对于家乡,每个人都有不一样的情结。同样面对这样一个主题,不同的儿童会有不同的理解,因此创作选材会多样,创作手法会多样,创作形式也会多样。而它们的排列组合最终会让作品的呈现具有无数的可能。

从这一角度可以说儿童陶艺不仅仅是一种单纯的技能技巧的训练,也是反映学习者与外部环境、与个人生活、与社会之间联系的纽带。它需要在一种文化的情境中理解陶艺,并通过陶艺学习来解读、感受和尊重多元文化。所以,通过教师的指导,儿童可以更充分地表达出他们内心的理解,让陶艺作品成为个人的激情体验在造型上的瞬间定格,成为直觉与理性的矛盾对立统一过程,更好地反映儿童的天赋和创造性思维能力。

(三)展示环节:放大交流

美国著名心理学家威廉·詹姆斯认为:人类本质中最殷切的需求是渴望被肯定。所以,儿童陶艺作品初现雏形后,除了创作者的自我欣赏,还需要更多人对儿童陶艺作品的肯定与支持,需要教师从空间、时间维度放大作品,鼓励儿童的创造力,让儿童体验"用形式去创造"的成功和愉悦,感受艺术的魅力。

1. 作品群

单一的作品固然能够引起观者一定的内心体验,但若能将同主题作品组合成群,那么完成后的新作品群将赋予作品新的文化内涵,同时对学生、对家长、对其他观者,产生更多的启示和影响。

案例5:《猪的家园》

当学生完成一只只大小各异的独立的猪以后,教师建议学生把所有的作品组合在一起进行创编。个体的猪形象被赋予了新的生命:有的作品中大大小小的猪在猪圈中尽情撒欢,开心地享受着农场主人提供的美食。有的作品中猪圈虽小,但一圈猪亲亲热热生活在一起,调皮的小猪竟趴在妈妈的背上。

案例6:《桥文化》

学生完成了相似的作品"桥",但具体运用的方法不尽相同。有的用泥条法做成了古朴的石桥，有的用泥片法做成平整的水泥桥；有的是一个桥洞的，有的是多孔桥；有的是有围栏的，有的是斜拉杆的。然后把这些不同的桥连在一起，展示出了不同地域的桥文化。

在这些作品群中，儿童可以自由选择，运用自己最擅长的技法形式表达具有自己独特体验的作品。群组间的互补性以及组合的独创性，比较恰当地实现了"用形式去创造"的目标。

2. 作品墙

学生创作的零散作品除了以作品群的方式呈现外，还可以借鉴浮雕手段，以作品墙的方式展示。

案例 7：《我们的课余生活纪念墙》

创作最初，每位儿童根据自己快乐课余生活的不同记忆、不同感受完成作品。学生中有的刻，有的捏，有的压，有做饲养的小动物的，有做喜爱的玩具的，有做一起玩耍的情景的……根据这样作品的雏形，教师建议利用一面背景墙把所有零散的作品组合在了一起，完成了长卷作品。

除了这样创设的作品墙机会之外，教师还可以借助其他资源，让儿童陶艺作品焕发光彩。在创作《众乐之墙》时：笔者应中国美术学院的邀请，带领陶艺班的50名学生参加以"感恩之乐、和谐之美"为主题的创作活动。活动中，陶艺班的学生，以师生共同创作的方式，完成各自的泥塑作品，再汇集成为一堵"众乐之墙"。经翻转烧制后，此作品竖立于中国美术学院象山校区的大门口，成为独特的校园景观，在数倍于成人创作的观摩者参观中延续它的艺术生涯。

3. 作品展

当然，儿童陶艺作品的展示不仅可以在空间上进行突破，还可以在时间上进行延续，让儿童陆续完成的陶艺作品有一个比较成熟的展出。作为一门融实用性和观赏性为一体的课程，参加陶艺创作的人都会有这样一种感受，当自己完成一件作品时，总想给别人看，得到别人的认可，儿童尤其如此。

（1）举办现场陶艺作品展

展览的时间可以是一两天，也可以三四天，或者更长。优点是参观者可以看到、触摸到那些实实在在的作品，震撼力强。

（2）举行网络发布会

利用网站、微博等网络技术，将陶艺作品、陶艺活动进行发布。优点是交流作品、交流时间不受限制，交流人员大大增加。

以上展示的方式尽管不同，但都通过放大作品的展示效果，让儿童体验到巨大的成就感。这种成功的喜悦可以产生一股新的动力：让儿童在感受陶艺美的过程中，愉悦地继续着对陶艺的创新。

"孩子的智慧在他的手指尖上！"对儿童的陶艺教育，是培养或启迪儿童创造性思维的教育。因此，教师只有在教学时走出误区，清楚认识到儿童陶艺教学的目的是"创造"，而不是"制作"；是驰骋想象与质朴情感的表达，而不是单纯技术技法的训练，努力实践"用形式去创造"，才能让儿童陶艺教学在解放脑、手、心的过程中迎来生机勃勃的春天。

动漫在校外美术教育中的应用

北京市东城区少年宫　徐　静

许多美术教师常常遇到这样的问题：一些学生在美术课上总是坐不住，甚至表示不喜欢画画，但在其他学科的课堂上，往往是由于他们在课堂上偷偷地画小人而受到老师的批评。学生在美术课上的40分钟不能够集中注意力，但平时可以花好几个小时画卡通形象，而且他们对卡通书的收藏也非常感兴趣，在谈他们所拥有的漫画卡通书时各个都如数家珍。

据调查，青少年及儿童中有99%的人喜欢看动漫。其中，中学生中有90%的人喜欢看日本动漫作品[1]。在2003年举行的"上海少年儿童六一大点播"活动中，根据80%的点播率，我们可以确信动画片是孩子们的最爱[2]。可以说看动漫、画动漫、演动漫已经成为当今青少年儿童的一种文化娱乐主流，成为青少年儿童文化中不可缺少的符号，甚至是一种交往的媒介。

为什么青少年儿童会被卡通画吸引？漫画、卡通、连环画是否可以成为美术教育课程内容的一个部分？漫画、卡通、连环画对学生的有利和不利的影响是什么？学校美术教育如何利用青少年儿童对卡通画的兴趣？这些问题已经被人们关注和思考。

动漫强大的社会影响力已经使我们不得不开始思考将其引入校外美术教育的必要性和有效性。首先，学生耳濡目染，并且很多学生热衷于动漫

---

[1] 全海燕、余洁：《青少年喜欢动漫的原因》，华东师范大学，《全球教育展望》2003年第6期。
[2] 《解放日报》2003年6月16日。

的奇幻世界，不正确的引导只会使学生产生逆反心理；其次，学生受课业压力和校内美术课程课时的限制，大多数都不会创作漫画、动画。将动漫引入校外美术教学有利于教师开发课程资源，拓展教学内容与方式；有利于了解中国动漫及民族文化，掌握美术技法；有利于激发学生想象力，培养创新思维人才；有利于引导积极、健康的审美情趣。

一、动漫产业在中国的发展

提起动漫，倘若你的脑海里闪过的仍只有《蜡笔小新》《变形金刚》《大闹天宫》《宝莲灯》，那只能说明你落伍了。在很多艺术家看来，当今的动漫不再是上不得台面的小孩儿玩意儿。"它是一种动用大量财力、人力、物力、跨领域互动协作而成的'异类'新美学。"①

在十七大新闻中心举行的记者招待会上，文化部副部长于幼军说，这几年中国动漫产业发展得很快。几年前，在中国动漫市场中，85%以上都是外国的动画片，到现在，只是几年的时间，国产动画片已经占国内动漫市场的半壁江山。但是，这个产业还有很大的发展空间，是个朝阳产业。

以漫画、卡通、动画、游戏以及多媒体内容产品等为代表的动漫产业在全球经济中的地位迅速提高，逐步成为继软件产业之后的支柱产业。动漫产业具有消费群广、市场需求大、产品生命周期长、高附加值等特点，属于资金密集型、科技密集型、知识密集型和劳动密集型的文化产业，目前在许多发达国家已经成为重要的支柱性产业。在21世纪，动漫产业必将成为引导世界知识经济整体发展的主导产业。

漫画评论家夏目房之介②在他的著作中指出："随着漫画表现质量的提高，漫画广泛地渗透于各年龄、各阶层的读者中。如果没有出现这一现象的话，那么漫画的读者只限于孩子。"

当世界走进21世纪的时候，回头凝望着我们的美术（艺术）教育，

---

① （美籍华人）陆蓉之，上海外滩18号创意中心创意总监、著名艺术评论家、策展人。
② ［日］夏目房之介：《マソガはなぜ面白いのか~その表現と文法》，日本放送出版协会，1997年。

就会发现这样一个非常鲜明的特征：在人们长期固守的美术学科教育中，教学偏重表现与技能方面的培养而忽视对青少年兴趣的重视。简单的说教使动画片成了"幼儿公益广告""幼儿教育节目"；错误、肤浅的认识制约了漫画在美术教学中本应承担的重要作用；千篇一律的剧情和神话故事的抄袭禁锢了漫画受众的年龄构成层面；校内漫画教学成本的制约使我们还停留在水彩笔的阶段。

二、动漫对青少年儿童的影响

（一）青少年儿童对动漫的浓厚兴趣

在一项关于初中生群体对动漫的兴趣的调查中，统计结果显示，75%以上的学生都喜欢动漫，并且一天内花在动漫上的时间平均在2－3小时左右。对于课业负担繁重的中学生，这个数据足以说明动漫对他们的吸引力。其中，日本漫画的影响力远大于中国本土漫画，这也正是中国动漫现阶段所面临的困境和作为美术教师应尽早认识到的。校外美术教育不能仅作为校内教育的延续，还应本着"一切为了孩子"的原则，使学生的兴趣能在校外得到培养。

（二）青少年儿童对于中国动漫的认识及了解

大部分学生对于中国的动漫形式和内容知之甚少，只是简单地知道《大闹天宫》《小蝌蚪找妈妈》等水墨表现形式的作品。对于新的动漫作品、形式及概念含糊不清。其一是因为课内时间有限，无法拓展引导学生对动漫作品的认识；其二是校内美术课本的编写很难随时更新，而动漫产业的发展迅速，新的优秀作品层出不穷。

（三）青少年儿童主动参与创作

在调查中显示，学生很少自己创作漫画，大多停留在临摹阶段。首先，因为缺乏创作环境，如学业压力、学校没有相关社团和群体等；其次，即使想去创作但缺乏表现能力，没有动漫的基础知识和技法的支撑。校内美术课程由于课时要求无法用更多的时间对学生进行漫画创作上的辅导。

（四）动漫对青少年儿童学习、生活的影响

统计结果表明，75.4%的家长都注意到了孩子在动漫上的兴趣，认为动漫对学习有负面影响的只占8.5%。引导学生正确选择漫画,对于孩子审美情趣的培养有颇多益处。市场上确实有一些会对学生成长起负面影响的漫画,但是疏益于堵,正确的引导胜于强制性的制止。

调查中,78%的学生希望在美术课上看到漫画或动画片,希望教师在课上教动漫的达83.5%之多。校内美术教育很难满足学生对于动漫的需求,那么正需要校外美术教育来弥补这个空白。

三、动漫在校外美术教学中的应用

《义务教育美术课程标准》的"内容标准"中记载的相关建议有:第三学段"造型·表现"学习建议:"学习漫画和卡通表现方法,进行绘制实践";第四学段"造型·表现"学习建议:"创造漫画形象,表达思维和情感"[①]。在"希望美术课增加的内容"中,动漫高居榜首。

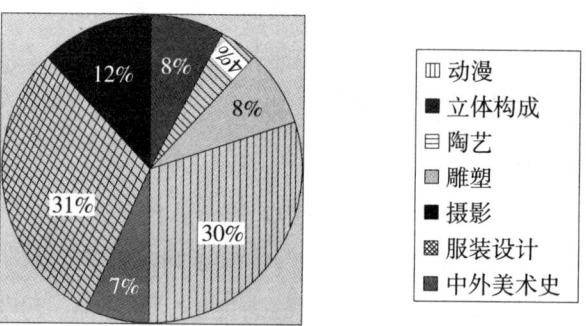

图1 希望美术课增加的内容

(一)选择人物进行临摹

通过一些实际研究已经发现,漫画与卡通能够促进学校美术教师的教学和学生的学习。漫画和卡通能够激发学生的学习兴趣,特别在小学中高年级和初中阶段,即学生的艺术发展低谷期,教学内容适当增加卡通画和漫画内容,对于调动学生学习积极性和创作热情都有很大的作用。把对漫画和卡通书的兴趣作为一种教育工具加以利用,可以使青少年进一步学习绘画技巧,并运用漫画、卡通画来进行交流和表达。

---

① 教育部:《全日制义务教育美术课程标准(实验稿)》,北京师范大学出版社2001年版。

教师可以通过漫画或卡通画来让学生获得美术绘画技巧的同时，也让他们学会艺术分析的方法。通过引导学生评价一本简单的漫画书，就可以使他们了解透视的原则，形象的绘制，对质量、风格和设计提出自己的意见。由于艺术家们使用不同风格和技巧创作漫画和卡通画，教师可以利用它们来介绍各种进行艺术创作的表现方法，这些方法既可以来自各种文化，也可以是当代的流行艺术，对学生艺术鉴赏力的提高都非常有益。

例如：

作为欧美漫画代表的《大力水手》（图2）、《蜘蛛侠》（图3）等。

图2

图3

作为日本漫画代表的《美少女战士》（图4）、《火影忍者》（图5）等。

图 4

图 5

作为中国现代漫画代表的《哈皮父子》（图6）、《我们去哪儿》（图7）等。

图 6

图 7

因本文篇幅有限，对于当代优秀漫画作品中的代表人物不做一一赘述，教师可根据实际教学需要进行选择。

（二）为自己设计一个卡通形象

Hollingsworth研究表明，人对某一题目的反应决定于他对该题材的认知、记忆及熟悉程度。在教学过程中我们选择青少年最熟悉的人物——自己，进行创作，并且引导学生正确认识自己、关注自己，能正确分析自己的外貌特征、性格、爱好等。创作时不局限于固定的表现方式，可以将自己绘制成古装、外星人或根据自己的理想，将形象设计成不同职业的人。

人物卡通形象范例如图8、图9。

图8

图9

(三) 以卡通版本的自己为主角,创作四格漫画故事

中小学生通过卡通画来表达自己的想法,发展解决问题的能力和学习视觉技巧。连续漫画常常通过好几个连续的单独画面的视觉艺术来表现故事的连接,对于儿童来说,在学习图片故事的上下连接,在发展视觉表现技巧与故事表达技巧方面是十分有益的。

漫画的技巧能够更好地促进学生视觉思维技巧的发展,如观察、语言表达和批评的思维技巧。通过表达日常的生活场景的绘画,学生会更加关注他们周围的世界和自然环境。

学生可以在卡通画中刻画他们的故事,通过它来反映愿望,与同龄人交流。通过卡通画发展学生的美术技能,提高阅读和表达能力,学会解决问题的技巧,通过创作与自己生活有关的漫画和卡通画来表达个人思想。

(四) 动漫角色 COSPLAY

Cosplay 是英文 Costume Play 的简略写法,其动词为 COS,而玩 Cosplay 的人则一般被称为 COSPLAYER。从一般意义上来说的 Cosplay 最早的中文译名是出自台湾,意思是指角色扮演。以现今的 Cosplay 而言,其形式及内容一般是指利用服装、小饰品、道具以及化装来扮演 ACG(anime comic game)中的角色或是一些日本视觉系乐队以及电影中的某些人物,从这里可以看出在定位上 Cosplay 包含了相当广阔的发挥空间,甚至可以说只要是有 COSPLAYER 在的地方,这一领域便绝对就是当今青少年流行文化的主流。

每个孩子都有自己的梦想,在现实生活中也许他们扮演不了这些角色,但是在 Cosplay 中,每个人都可以成为自己的偶像,每个人都可以发挥自己最大的潜力,成为团队中的一员。Cosplay 可以培养青少年的动手能力、表演能力以及团体协作精神。在表演的过程中,他们通过展示自己,赢得掌声、认同和鼓励。

（五）动漫教学设计与实施（初级中学）

	第一阶段 （2周）	第二阶段 （2周）	第三阶段 （3周）	第四阶段 （4周）
主题	我爱的动漫	Q版的我	四格里的故事	动漫真人秀，我来做主角
目标	1. 能认识、了解中外动漫作品及主要人物形象 2. 能比较中外动漫人物形象之间的差异 3. 能掌握基本漫画绘制技法	1. 能正确认识及分析自己的外貌特征、性格及爱好 2. 巩固漫画表达的基本技法	1. 可以有逻辑地编辑出一则四格漫画故事 2. 学会与同学合作创作 3. 能用语言清晰表达自己的创作思路和故事内容	1. 拥有团队意识，学会与同学间的合作 2. 动手能力得到锻炼 3. 敢于展示自己
教学过程	第一周 1. 交换欣赏同学带来的漫画书、卡通作品、动画片及各种海报、招贴等 2. 欣赏并分类评论所收集到的卡通、动漫资料（影视、书刊、杂志、广告、商标、装饰、游戏、网络等领域） 3. 找出中外卡通、动漫人物之间的差异，以书面作业形式记录下来 第二周 1. 对自己喜欢的卡通、动漫形象进行临摹 2. 探索、尝试用不同的表现技法表现同一个漫画人物	第一周 1. 与同学一起分析自己的外貌特点及性格 2. 选择一张自己最喜欢的照片作为参考资料 3. 用线画出自己的漫画形象 第二周 1. 展示并根据教师及同学意见修改自己的卡通形象 2. 为重新修改后满意的卡通形象着色、设计简单背景或装饰	第一周 1. 编写一个生活中的小故事，以文字形式呈现 2. 以小组的形式修改、挑选本组中一个故事作为展开 第二周 1. 学会用四格的形式将文字剧本提炼 2. 小组成员每人完成四格故事中的其中一个场景 第三周 1. 为四格漫画简单着色 2. 展示并为全体同学讲解自己的故事	第一周 1. 以小组为单位，各自担负起编剧、导演、道具、演员的工作 2. 设计探究舞台表现形式 第二周 1. 着手准备：编剧、导演组织演员进行彩排，服装、道具进行制作 第三周 1. 布置表演场地 2. 动漫真人秀，表演各组的故事

四、将动漫引入校外美术教学的必要性及有效性

动漫强大的社会影响力已经使我们不得不开始思考将其引入校外美术教育的必要性和有效性。首先，学生耳濡目染，并且很多学生热衷于动漫

的奇幻世界，不正确的引导只会使学生产生逆反心理。其次，学生受课业压力和校内美术课程课时的限制，大多数都不会创作漫画、动画。将动漫引入校外美术教学的有利点主要表现在以下几方面。

（一）有利于教师开发课程资源，拓展教学内容与方式

在校外小组美术教学中，多以技能培养为主，课程设置上除了对于学前及小学学生的美术启蒙课程外基本上以素描、色彩、工艺为主，多年来很难突破。动漫的教学增加了新的教学方向，拓展了教学内容。

（二）有利于了解中国动漫及民族文化，掌握美术技法

校外动漫教育有充足的课时可以使学生了解漫画、动画及卡通的概念和区别以及动漫在中国的现状和发展等。学生可以通过课程学习到漫画技法、创作过程等校内教育无法教授的东西。

（三）激发学生想象力，培养创新思维人才

哈特查多雷安提出："没有美好深沉的梦，就没有伟大的觉醒。"他说人是一种创造性的动物。假如人类自身没有这样一些想想的幻境或完美的事物的外观来占据自己的心灵，他就会像一个在黑暗中摸索的盲人，不知自己究竟走向哪里[①]。调查发现，对卡通、漫画感兴趣的学生其色彩表现力、环境刻画能力和创意表达能力优于其他学生。

（四）引导正确审美情趣

美育是一种美感教育，美育的目标是培养"完满之人"。美育对感性的开掘主要通过三种途径：培养感官的感受力与表达力，陶冶审美情感，开启审美直觉[②]。我们应正确利用动漫中青少年熟悉喜爱的形象，使其接受应有的品德教育和审美教育。并非所有的学生都能一下领会经典的艺术作品，此时，教师更应在动漫中找到突破口与结合点，由浅入深，使学生审美情趣得到培养。

有些人认为，漫画和卡通书内容浅薄，缺乏知识和文化。实际上，漫画和卡通书也有优秀和平庸之分。一些漫画和卡通书的确有不健康的内

---

① 滕守尧：《艺术社会描述》，南京出版社2006年版。
② 孙俊三：《当代教育理念关键词——教育过程的美学意蕴》，湖南师范大学出版社2006年版。

容，但不能否定优秀漫画或卡通书的价值和吸引力。在进行漫画教学中，教师可以培养学生对流行的漫画书的判断能力，引导学生建立高尚的审美情趣，这个过程不仅仅是告诉学生这本书好或者不好，而是通过具体的分析与比较，让学生自己能够学会判断。

五、结论

将动漫引入校外美术教学为学生提供了主动学习与探究的机会。在生活中动漫随处可见，青少年有兴趣去主动探究、发现卡通文化中的各种问题和现象，学会与同学一起交流、各抒己见。其创作过程不仅能使学生的造型能力和表现能力得到发展，还能使他们借助卡通形象表达、宣泄自己的情感。

由于动漫、卡通涉及范围较广，表现形式多样，这就要求校外美术教师充分考虑到各种表现形式之间的统筹。其次，可以设计多种形式的外出教学参观、邀请动漫艺术家进行专题报告或指导教学活动。再次，卡通动漫是激发学生的美术学习兴趣，提高学生表现能力的教学内容之一，绝不能取代其他美术门类的学习，特别是与我国传统美术学习之间的联系。

关于撰写校外美术活动方案的思考

北京市丰台区青少年活动中心　陈　红

在校外美术教学中，充分发挥学生想象力，提高学生的创造思维能力，展现学生的个性化创作，是每一位教师教学活动中所精心设计、细心营造的。从教学活动上激发兴趣，让学生树立信心、留给学生创作空间，张扬学生的个性、多样的选材及多元化的评价等方面来体验美术教学过程带给学生们创作的快乐。好的活动方案，更需要好的策划。

活动策划是活动中很重要的一个部分，良好的活动策划对活动的顺利展开将起到举足轻重的作用。如果是一份创意突出，而且具有良好的可执行性和可操作性的活动方案，那么就更将起到积极的促进作用。

一、撰写活动方案的方法

在撰写活动方案时，首先要策划好活动，需要将撰写的方案同社会有机结合，同时包含足够的信息，并且能够联想到每一个方面，对每一种会发生的情况都考虑到。只有在此前提下做出的方案才是具有整体性和延续性的，也只有这样，才能够使受众群体感受教育文化内涵。那么，活动方案的设计就需要几方面工作的支持。

（一）需要进行前期调查

在进行活动方案撰写的前期，环境分析和调查是十分必要的。只有通过对整个环境局势的分析，才能够更清晰地认识到环境或者我们面对的问题，找到了问题才能够有针对性地寻找解决之道，主观臆断的策划者是不可能做出成功的策划的。同样，也应该避免盲目乐观，因为方案没有付诸实施，任何结果都可能出现。

2008年我在参加校外基本功大赛时，撰写了美术社会实践活动方案《我们一起成长》。在撰写前期，我来到了卢沟桥乡政府和岳各庄村委会进行考察，领导给我介绍当地有关外来务工的子弟们及周边小学的情况。随着区域经济和社会事业的快速发展，城乡结合部的特殊位置使丰台区成为北京市外地来京务工人员主要的集聚地之一。众多外地来京务工家庭子弟成为新一代的"外来北京人"。因此，关注这一群体的教育状况，实施家庭、社会、学校"三位一体"的系统教育工程，使其相互紧密联结，缺一不可，又相互影响，各有侧重，是关系建设和谐社会，乃至关系国家发展的一件大事。从对班上个别学生的调查得知，因为家庭条件关系，外来务工子弟的课余生活比较贫乏。他们的课余生活基本上是做功课和干家务活，生活圈子很封闭，他们跟城市的小公民很难融合在一块儿，影响了他们的交往，影响了他们社会适应能力的培养以及认知能力的提高。这让我有了一个想法，把少年宫学员带到他们中间去，让他们熟悉我们、了解我们。让他们参与到我们这个活动中来，使他们真正享受到这种校外教育所提供的亲密接触的机会，给他们提供一种个性发展的教育平台。让他们和城市里的孩子一起享受到艺术的熏陶和学习带来的乐趣，加深沟通和了解。让外来务工人员及其子女感受社会的温暖，促进家庭和睦和社会的和谐。在同一片蓝天下，让他们一起成长。

（二）需要介绍活动的依据

活动方案撰写时，需要介绍活动的背景依据，为什么开展此活动。而这部分内容应根据方案的特点重点阐述：有基本情况介绍、近期状况、活动开展原因、主要执行对象、组织部门、社会影响以及相关目的动机。其次，应说明问题的环境特征，主要考虑环境的内在优势、弱点、机会及威胁等因素，对其做好全面的分析，将内容重点放在环境分析的各项因素上，对过去、现在的情况进行详细的描述，并通过对情况的预测制订计划。在美术社会实践活动方案《我们一起成长》中，我撰写的活动依据是：校外教育的实践性原则有利于青少年学生创造精神的培养，有利于青少年学生的身心健康。校外教育把实践性作为自己开展活动、实践教育的一条原则。

本次活动的学生是岳各庄村外来务工子弟7-10岁之间的14名有着较

少绘画基础的儿童和少年宫国画初级组1-2年学龄的14名同龄学生。国画班学生有着强烈的学习积极性和绘画创作兴趣，能够自由、大胆地表达他们的情感世界，注重个性发挥。这两部分学生的爱好和在学习习惯、基础知识、基本技能等方面存在很大差异。因此，为了使不同年龄层次的学生都能参与到活动中去，都能得到锻炼，在设计活动时本着以学生为主体的原则，选择5月11日母亲节这个特殊的日子，使他们相识、相知，结对子成为好朋友。每两个学生为一组，采取"1+1"学生互动形式，运用树叶、小草、树枝、羽毛、石头、抹布、废旧的绳子、废纸团、废旧牙刷等环保的特殊材料，同学们一起想象、创作活动内容"母亲颂"。要求少年宫学员不仅能熟练运用学过的技能进行操作，还要帮助外来务工子弟的儿童，共同享受教育，共同完成活动作品。用共同完成的作品作为节日礼物献给母亲。就这样，由陌生到熟悉，再到相互之间的团结协作，孩子们在学习的过程中加深了交流和理解。这不仅有助于学生自主、合作、创造性学习，为他们创造一种发展个性、和谐、健康快乐的氛围，使每个学生爱学、会学、个性得到发展，而且使他们从小增强环保意识，共同建设我们美好的家园。同时，让他们一起敬重母亲，热爱祖国妈妈，弘扬中华民族的美德。此外，使他们共同成长，从中使学生们受到教育。在平等、爱心、宽容和互助中，让人世间最美好的东西在每一颗幼小的心灵中流淌。

（三）需要有明确的目的、意义和目标

一切活动的开展都有其特定的目的，需求——创意构思的定位，所以，对活动的定位首先要明确，活动面向的对象是谁？通过活动能满足他们什么需求或者能让他们得到什么样的收获？从此出发，就保证了活动的意义和目的，才有可能激发思维去进一步思索如何筹备活动。在美术社会实践活动方案《我们一起成长》中，我是这样确定活动目标的：

一是通过活动让学生进一步熟练掌握各种特殊工具材料在生宣纸上拓印出肌理印痕，引发想象创作。从而培养学生的记忆、思维、表现、审美、想象和创作能力。在环境中教育学生，使他们从小懂得环保，关注周围环境，了解环境的重要性，热爱我们共同的家园，促进良好行为习惯的形成。

二是通过活动更好地培养学生健康的人格和良好的道德品质，使学生敬重母亲，热爱祖国，弘扬中华民族的美德。使他们团结互助，形成健康的心态，和谐快乐、共同成长。

三是通过活动使学生发现美、表现美、追求美，激发学生热爱生活，培养他们对艺术创造的兴趣和追求。

四是通过"我们一起成长"公益性社会实践活动，让外来务工子弟与少年宫学员共同享受教育，享受校外美术培训活动的乐趣，搭建学生自主、合作、创造性学习的平台。

（四）需要注意活动细节

在策划活动的过程中，需要制定活动准备，包括活动材料、赠送的作品、衣服、活动用车、活动费用预算等。在美术社会实践活动方案《我们一起成长》中，我是这样制定活动准备的：

一是明确活动主题，撰写活动设计思路。

二是提前考察、联系布置活动场地及制定安全措施。与领导沟通，确定活动内容、方案。

三是撰写活动流程方案及设计活动方案。

四是召开学员及家长动员会，交流活动内容，提出活动要求。教师和学员作好活动的准备和学员代表发言稿。

五是为国画班学员准备特殊工具材料和赠送的作品。

六是申请摄像、照相、活动用车。

（五）需要体现执行内容

对活动的各个工作项目，应按照时间的先后顺序排列，具体撰写一篇活动方案的步骤应是活动名称、组别、教师姓名、时间、地点、活动依据、活动目标、活动对象及规模、活动内容和方式设计、重点难点、活动准备、活动过程及思路、效果评测、活动自评、安全预案，同时人员的组织配置、相应权责及时间地点也应在这部分加以说明，执行的应变程序也应该在这部分加以考虑。

制订教师指导方案，有利于教师明确指导任务，落实具体的指导行为。活动方案撰写并非简单地将一些内容零星拼凑就能完成，而是需要将整个活动与需要的内容进行有机地结合，从而使整个活动变得完整，并达到活动最终的目的。

二、撰写活动方案的难点

在设计活动方案时最困难的是什么？我认为是策划活动方案的主题。主题要借势和造势。

（一）借势

借势就是借力，借外部的力量，外部的势头，为我所用。借势可以概括为"四日"。

一是节假日。主要是每年大的国家法定节假日。如"五一"、"十一"、元旦、春节等。这些节假日是策划活动的最佳时机。

二是周年日。如橱柜店面开业日（零岁周年）、店面周年庆（几周年）、厂家品牌周年日，都是策划主题的好的选材。

三是热点日。（这个"日"一般不仅限于一天，有可能是一段时间）主要是世界上、全国范围内大型活动、赛事和社会上流行的潮流、热点等。如奥运会、亚运会、世界杯、世博会等。这些也是策划活动可以选择的借势选材。

四是事件日。这个"日"特指一些突发事件。如战争、由于自然不可抗力导致的自然灾害事件（地震）等。

在美术社会实践活动方案《我们一起成长》中，借助于节假日母亲节设计方案。此项实践活动精心设计、体裁新颖，抓住了社会热点，得到一些新闻媒体的关注和肯定。《北京日报》《北京晚报》《法制晚报》《劳动午报》等相聚在岳各庄村，进行拍摄和采访。并且与会的各位母亲们也非常受感动、受教育，希望多开展一些这样的有意义的活动，让自己的孩子与北京的孩子一起受教育，一起成长，使我们来京打工的每个家庭都感到欣慰。

我们这次实践活动得到了各级领导的关注。出席的领导有丰台区妇联副主席王小燕、卢沟桥乡政府副书记管洪波、卢沟桥乡妇联主席任桂珍、副主席郭爱莲、宣传部部长谢东光、岳各庄村委会副书记戴鹏飞、主任石景芬、丰台区少年宫书记刁桂英、副主任程秀荣等，并做了重要讲话。

与会的各级领导充分肯定了这次实践活动是很好的创意，非常有教育意义。活动教育了同学们爱祖国、爱社会主义、爱美好的家园，是"迎讲树"的延续；学员们增强了环保意识；让外来务工子弟们同少年宫组员一起敬重母亲，弘扬了中华民族的美德。

我在2010年和2012年参加的校外基本功大赛中，分别撰写的美术社会实践活动方案《未来的火车站》和美术专业实践活动方案《未来的新丰台》中，都借助于热点日设计方案。

在设计美术社会实践活动方案《未来的火车站》中，我是这样想的：丰台区位于北京城西南的城乡结合部，在北京城市总体规划中被定位为城市功能拓展区，丰台正在成为首都发展的新空间。为有效缓解北京西站能力超饱和的巨大压力，相关部门计划启动丰台站的改造扩建工程，它是北京铁路运营全局考虑的大项目。这是优化北京交通枢纽、缓解城区交通压力、加快城南经济开发、方便人民群众出行的一件大好事。时任丰台区副区长李昌安，透露丰台火车站将进行最新规划，扩大规模，比现在的北京南站还要大三倍，将成为重要交通枢纽，丰台桥南地区改造将配合丰台火车站改扩建工程规划。丰台火车站改造后将带动周边城市建设，促进桥南的发展，对周边区域整体提升起到积极推动作用，促进周边经济发展，为丰台实施城南行动计划注入新的活力。

一是将社会关注的热点引入到校外美术社会实践活动之中，有利于青少年学生创造能力的培养。

二是带领学员参观、考察桥南总部基地、丰台火车站、西客站和北京南站，帮助他们看到和了解火车站的功能、建筑形式及特点；通过社会实践活动，使他们感受到家乡城市建设的步伐，共建美好家园。

三是在校外艺术实践中带领学员们走进社会、了解社会，培养服务社会的意识。使他们从小懂得热爱家乡、热爱生活，启发、引导学员将所学的美术技能、技法应用到设计、绘制未来火车站的美好蓝图之中。

四是在本次社会实践活动中，进一步拓展了学员自主学习的空间，搭建了学员创造性学习的平台。

在设计美术专业活动方案《未来的新丰台》中，我是这样做的：根据中共中央办公厅文件中办发［2006］4号文件精神，以加强思想道德教育为核心，以培养创新精神和实践能力为重点，使广大未成年人在丰富多彩的校外活动中增长知识，开阔眼界，陶冶情操，提高能力，愉悦身心，健康成长，为此确定了美术专业实践活动"未来的新丰台"美术创作。

丰台位于西山脚下，永定河畔，辖区面积305.87平方公里，人口210万人。丰台曾是辽金时期的皇城所在。900年的莲花池，800年的卢沟桥，300余年的宛平城，享誉世界的金中都，"燕京八景"之一的"卢沟晓月"，共同构成了丰台悠远的历史文脉，这为今日的丰台留下了灿烂的文化瑰宝。

当前和今后一个时期，丰台将处于大有作为的重要战略机遇期。北京城市总体规划将丰台定位为首都功能拓展区，是国际国内知名企业总部聚集地、金融产业和高端商务商贸拓展区、生态型战略性新兴产业园区和北京南部物流基地及重要的会展旅游和文化休闲地区。丰台正着力按照产业高端化、发展国际化、城乡一体化的方向，重点构建"一轴两带四区"发展格局，努力打造高端产业聚集区、金融创新实验区、城乡统筹模范区、生态宜居示范区，成为首都建设中国特色世界城市的新空间，实践"人文北京 科技北京 绿色北京"的新名片。

2011年12月，中国共产党北京市丰台区第十一届代表大会研究确定加快推动丰台崛起，建设经济繁荣、社会文明、人民幸福的新丰台的奋斗目标，它是全区人民群众的美好期待。今后五年，丰台将处于发展方式转型期、社会文明提升期和民生福祉增进期。区域发展将呈现新的气象：丽泽金融商务区拔地而起，丰台科技园区活力无限，永定河两岸生机盎然，园博会盛况空前，世界种子大会享誉海外，河东地区现代时尚，河西地区秀美如画，一个后来居上、强势崛起的丰台必将展现在人们面前，未来的丰台将成为新空间、新发展、新跨越。

一是将丰台未来发展的美好前景引入到校外美术专业实践活动之中，有利于青少年学生更加直观地感受到丰台发展变化，从而提升知丰台、爱丰台、建丰台能力的培养。

二是带领学员参观丰台城市规划展示馆，帮助他们从厚重的历史画卷中触摸丰台的发展脉络，从激荡的改革历程中回顾丰台的发展成就，从宏观的规划蓝图中展望丰台的未来。通过专业实践活动，使他们感受到家乡城市建设的步伐，从小懂得热爱家乡、宣扬城市文化、强化规划意识。

三是在本次专业实践活动中，通过启发、引导学员将所学的美术技能、技法应用到设计绘制未来新丰台美好蓝图之中，进一步拓展了学员自主学习的空间，为学员搭建了创造性学习的平台。

（二）造势

造势，不能像诸葛亮一样"借东风"，就只能自己"造东风"了。能借势是上策，在不能借势的情况下，再考虑自己造势。造势的方法很多。

造势的第一种方法是造事件。造能成为媒体和人们关注、能成为热点和亮点，能有行业影响力、社会影响力的大事件。造势的第二种方法是造概念（造卖点）。造卖点是造势最激烈、最白热化的地方。造概念、造卖点也是一种非常适合中国国情的促销方式。造势的第三种方法就是造节日。没有节日，就要造节日。如文化节、艺术节、鉴赏节等。总之，是文化搭台，品牌唱戏。造势的第四种方式就是造联盟。俗话说一个篱笆三个桩，一个好汉三个帮。五个指头攥紧了，才能形成合力，才能在终端产生爆发力和吸引力。

要做好设计活动，活动的主题策划是开始，也是最难点。良好的开始就是成功的一半，学会了借势和造势，这一难点在很大的程度上就可以迎刃而解了。

三、创意是活动方案最重要的

我认为一篇好的活动方案最重要的是创意。在这个个性的时代，如果你的创意没有创新、不具有个性化，那么就难以获得认可你的策划方案。

创意元素在生活中非常常见，在此要介绍的是如何策划创意活动方案。创造新意，也就是拥有好的创意，具有新颖性和创造性的想法构思，它表现为对传统的叛逆、对常规的破坏，具有"一招定乾坤"的震撼能量！另一层含义是"创造意图"，任何创意都有其目的性、都必须追本溯源。好的创意可以操作执行，可以转化为效益。为此，必须把握的一个基本指导思想就是把握需求、激发需求、满足需求。

如此情形下，我们可以着手开始我们的创意之旅了。首先，鲜明的主题，具体要做到两点："化无形为有形"，即赋予平凡活动以不平凡主题；"化有形于无形"，即让不平凡的主题融化在体验性、启发性极强的活动形式之中，实现"心中有剑、手中无剑"的最高境界。其次，活动方案的拟订要与实际关联，就是要了解大家的工作需求，紧紧围绕实际和参与者的现实难题来策划活动，不要做与大家不相干的事。另外，与生活交融。活动方案主要是为了更好的展示宣传主题，围绕主题拟订是非常关键的。

文中所提到的三次基本功的活动方案都达到了一定的目标，取得了相应的效果。美术社会实践活动方案《我们一起成长》得到了各级领导的帮助和肯定、新闻媒体的关注和报道，学员家长也很受感动，并且希望多开展一些这样的有意义的活动，进一步激发孩子们的浓厚兴趣。

美术社会实践活动方案《未来的火车站》和美术专业实践活动方案《未来的新丰台》从设计、组织方面体现了"三个注重"：一是注重社会热点问题；二是注重校外教育特点；三是注重专业特色，达到了教育活动的目的。通过这些活动，学员们开阔了眼界，更加热爱自己的家乡。活动结束后，学员们纷纷表示这是非常有意义的活动，通过活动获得了平时没有学到的知识，受益匪浅，并愿意为家乡建设贡献出自己的一分力量。家长们一致认为这是非常有教育意义的实践活动。家长们说："感谢少年宫老师给了我们这样的学习机会，通过活动让孩子对丰台进一步了解，知丰台、爱丰台、画丰台，让孩子从小有主人翁精神。"这些活动使学员们真正享受到校外教育的乐趣和所能提供给他们的个性发展教育机会，激发了孩子们的浓厚兴趣，丰富了课余生活，增强了建设美好家园的愿望，使学员们的记忆、思维、表现、审美、想象和创作能力也得到了锻炼和提高。

我们在设计活动时，不必强求每个活动都呈现或获得最高层次的结果。我们完全可以根据具体情况，"把马克思主义的普遍真理和中国革命的具体实践相结合"。可以首先只通过"走一走""看一看""做一做"让学员获得"经历"。在学员们充满参与兴趣的前提下，可以一鼓作气帮助他们总结经验，甚至获得感悟。而从表面的、较肤浅的感悟向较深入的、理性的经验转化则需要较长时间和一系列综合实践活动的支撑。这就像中国古代"觉悟"二字形态所包含的意义——掰开才能"觉"，有"心"才可"悟"。

3-6岁幼儿创意绘画能力的培养

德州市妇女儿童活动中心　曹志敏　王冬云

绘画作为艺术教育的重要组成部分，是培养幼儿审美能力和创造能力的途径之一，幼儿借助绘画可以表现内心的喜好和想法，表达对外部世界的认识和内心的感受。通过绘画使他们的主动性和创造潜力得到充分发挥，从中体验创造的乐趣和成功的愉悦。

创意绘画是发挥孩子创作潜能的载体之一，绘画艺术以创造为前提，其基本的特点就是无限创意，《幼儿园教育指导纲要（试行）》中指出自主性绘画是指引导幼儿依自己的意愿，运用自己选择的绘画方式主动表现自我，不断创新的绘画活动。

正如《幼儿园教育指导纲要（试行）》中的艺术教育理念："强调艺术对儿童发展的影响，给儿童一个发展创新能力的机会，引导儿童在创造中感悟创新，从而使艺术活动转变成儿童内在精神的创造性显现。"

一、校外教育中幼儿绘画教学的现状与存在的问题

（一）现状分析

很多校外教育机构开设了美术班和兴趣小组，研究和培养少年儿童绘画的兴趣和才艺，而对于幼儿阶段的创意美术教育活动和研究较少，特别是在美术活动中培养幼儿的创意能力更是缺乏。目前绘画教学以模仿老师的范例为主，一般以模仿范例的能力、画得像不像、色彩及图案是否符合成人的审美要求作为评价幼儿绘画能力的标准，很少注意幼儿在绘画中发挥独特、自主的想象思维和创造力。家长的认识更为滞后，对幼儿绘画作品不能给予正确的评价和鼓励：草地的颜色哪能是红的？汽车哪里会有翅

膀？看看某某小朋友画的多像啊！……这样的情况非常普遍。也就是说，孩子的自主表达和内心想法无法获得成人的肯定和激励，久而久之，孩子的创造性和独特的表现方法受到制约和扼杀，个性化创新的火花熄灭了。

通过对幼儿传统美术教育和绘画作品分析可以看出，同一主题的绘画活动在不同教师的引导下，幼儿的画面内容会有很大的差异。幼儿想象丰富，但绘画表达能力有限，缺乏表象经验，并且想象需要情景、氛围、图片语言的引导等多种支持才可以形成和实现，因而幼儿绘画表现力受到了制约，所以一般幼儿呈现出来的作品是比较单调空洞的或是简单的模仿，幼儿的创新思维受到很大的制约，他人往往无法从画面中得知他们真正的表达主题和内容，要猜、要问才可能知道。

（二）存在的问题

1. 幼儿绘画活动多数根据教师的范画或要求循规蹈矩地进行绘画，评价标准以作品的"技能"水平为基准。

2. 绘画教学活动过程中教师对幼儿绘画想象和创意引导较少，引导部分过于简单和狭窄，不能给幼儿想象、诉说、讨论和激励的时间和空间，幼儿想象无从起始或者想象难以传递，不能把绘画作为表达幼儿内心世界和想法的载体。

3. 幼儿绘画活动多数是运用油画棒和画纸，绘画形式、手段的多元化和绘画材料的生活化、多样化运用缺乏，需进一步的研究和改进。

三、创意绘画的定义和解决的问题

（一）创意绘画的定义

创意绘画是教师创设"有主题、有故事、有情节"的情境，以实物、图形、生活材料、故事、儿歌、游戏、音乐等为载体，运用多元化教学策略，提供视、听、看、说全方位支持，激发幼儿想象和联想，然后提供丰富多样的绘画操作材料，培养幼儿乐于动手玩、做、涂、画的美术活动，从而实现一种以孩子为主体、以创意为主线的全新的体验式绘画活动。

（二）创意性绘画活动解决的问题

1. 对幼儿而言，它是有趣而自主的活动，享受思想和操作的自由，能够发挥能动性和创造性。克服目前绘画教学中简单模仿、注重技能、枯燥单调的问题。

2. 就创意绘画活动本身来说，解决当前幼儿绘画教学中存在的教学指导策略和评价等问题，以幼儿绘画中创意性思维的激发为研究的切入点，教师充分激发幼儿绘画活动的兴趣和情趣，探究幼儿创意绘画的教学方法与策略，从而探索主体化、自主化、情景化的、多元化的绘画教学模式，重点是培养幼儿创意思维和表达能力。

3. 就幼儿的绘画作品表达而言，大胆放开幼儿的思维，让幼儿的画具有灵性和要表达的主题，把所见、所想、所知的事情用绘画的方式表达出来，培养幼儿创造的快乐情感，体验自我表现和创造的成就感。

四、创意绘画活动的目标、内容

（一）目标

1. 通过情境化、游戏化等多元多维的启发引导，引发幼儿对绘画活动的情趣，激活兴趣，激发幼儿大胆想象，培养幼儿创造性思维、想象和乐于动手玩、做、涂、画以及进行自由发挥和创造性表达的能力。

2. 为幼儿提供多种材料、物品以及视听资料等的全方位支持，为幼儿的联想、想象提供条件，体验绘画活动的多元化、趣味化和无限创造的乐趣。

3. 探究幼儿创意绘画的教学方法与策略，探索主体化、自主化、情境化、多元化的绘画教学活动模式。

（二）创意绘画活动研究内容

1. 运用生活用品（棉棒、刷子、废旧纸团、纸盘、报纸）、玩具、树枝等等生活中的所有物品，作为绘画用品和材料，借助各种材料的特质和形状特点进行想象，开展指纹画、刮画、拓印画、添画、手形画、物体画、几何图形画、泥工、水粉画、瓶画、鞋画、纸盘画、葫芦画、纸袋画……丰富多样的绘画活动。

2. 幼儿创意绘画教学的基本特点和规律。

3. 幼儿创意绘画教育活动的设计、组织与实施以及具体教学策略与指导方法。

4. 影响与制约幼儿创意绘画教学的因素分析。

五、创意绘画活动实施的途径与方法

我们从 2012 年开始把创意绘画作为专项活动课题进行研究,被学前教育研究会确立为山东省学前教育"十二五"重点课题,经过三年的创意绘画教育活动研究与实践,到 2014 年已经顺利结题,主要从以下几个方面培养幼儿的创意绘画能力。

(一)主题背景下的创意绘画活动,绘画内容主题化、生活化、活动化

原来的美术教育是"拿来教学",即教师计划什么就上什么,而创意绘画教育内容的来源主要有两个方面:一是兴趣小组活动的主题,二是当前幼儿的生活中有意义的人、事、物。

创意绘画主题化,我们的创意绘画以兴趣小组主题活动为依托,兴趣小组的活动主题每年有经典的内容,根据主题内容选择有创意、创新价值的内容运用或改编拟订绘画计划,这部分内容占总计划的二分之一,这是创意绘画内容的支撑;其他部分需要教师主动观察幼儿生活中的亮点和幼儿感兴趣的、熟悉的事物内容,活动中的故事、儿歌、散文诗等内容中持续感兴趣的美术活动,结合幼儿当下的生活以及季节,庆祝活动和我园特有的园林资源以及具有创意拓展的内容,最后提炼出核心点,和幼儿一起搜集相关的材料、图画、吊饰和作品等,布置环境,创设情境,引导幼儿自主的发现、观察、讨论和动手绘画,作为幼儿创意绘画的又一来源。

这样创意绘画的内容既有主题指导方向,又和幼儿的生活紧密连接,形成了具有园本特色的主题背景下的创意绘画模式,内容鲜活,做到了来源于幼儿生活,又通过案例活动激发了幼儿的创作,美化了生活,还能把绘画融入多项活动中,并且很多内容可以在家庭中后续延伸,具有实际生活的意义,从而实现了主题背景下的多元绘画模式。

(二)创意绘画内容形式、材料、方法的丰富多样,即内容和材料生活化、环保化,绘画用品和创作手法多元化

绘画的内容不再单调,不再以使用记号笔、油画棒和纸为主,创意绘画的内容形式和材料与传统相比,有很大差异,创意绘画的内容、材料和形式非常丰富,包括指纹画、刮画、拓印画、添画、手形画、物体画、几何图形画、泥工、水粉画、瓶画、鞋画、纸盘画、葫芦画、纸袋画等,生活用

品、废旧报纸、纸袋、光盘、盒子、鞋子、旧衣服、树枝、树叶……凡是幼儿生活中熟悉和常见物品皆可成为绘画的材料和用品，材料来源于幼儿生活，是幼儿熟知和喜爱的，最大限度地运用了废旧物品，实现了绘画材料的生活化和多样化，极大地丰富了绘画的内容和材料。

幼儿绘画用品多种多样，包括油画棒、水粉、丙烯、记号笔、排笔、毛笔、纸团、毛巾团、皱纹纸、色卡纸、铅画纸、素描纸、刮画纸、面泥、装饰材料的下脚料，胶棒、胶水、双面胶等等很多材料，各种绘画材料幼儿自主选择和运用，通过折剪画染、涂画拓刮，粘穿钉贴、团压搓拧等多种方法和手法都可以用来作画和运用。材料的多样化、创作手法的灵活化也为幼儿提供了创意运用机会，所以每次绘画活动是在同一主题下"结出"多种多样、色彩纷呈、千姿百态的"果"。例如，环保时装"T"台秀活动，我们平时积攒了各种纸袋、包装纸、亮片、小丝巾、纸盒、奶盒、礼盒、丝带、鞋盒、方便面盒、旧的衣服等等废旧物品，怎样最大限度地运用这些物品，让孩子们运用美术的手法开展创意美术活动呢？老师发现孩子们对再装饰各种盒子和衣服兴趣很高，很多孩子的想法奇特有新意，于是我们做了"环保时装秀"主题美术活动。孩子们上网搜集环保时装的知识、材料、装饰特点，然后根据我们的材料进行了系列装饰活动：帽子、围巾、衣服、挂饰等等。经过一周的活动，孩子们不停地做着、玩着、看着、讨论着，并继续添加新的材料，最后一件件带有幼儿稚嫩创想色彩的时装展现在大家面前，孩子们穿上时装跟着音乐走上了"T"台，展现着自己的独特创作。这一过程幼儿学会了发现、对比、观察，学会了动手动脑自主画剪制作，学会了不拘一格的创意，获得了全身心和谐全面的发展。

（三）教学方法与策略的创意化

教师运用说、讲、唱、跳、猜、变等多种方法和策略，带领幼儿回顾已有的知识经验，将原有经验提升和归纳，并把新的知识和相关认知点带入，引导幼儿了解，在理解的基础上激发幼儿想象，鼓励幼儿充分发挥想象、联想、幻想，通过多纬度的启发引导和多变的创意来启迪孩子想象的空间，激发孩子的创造力，放手让他们按自己的想象去涂画表现，并通过联想添加成为新的事物与主题构成有趣的情节，孩子的绘画兴趣自然而然地被激发出来了。幼儿的绘画具有主题和内涵,每一幅画都是一个故事,都是幼儿独特的内心世界的表现,用绘画表达自己的语言。

幼儿美术创意活动把重点落在"创意"二字上,活动中老师充分尊重幼儿的想法,适时地启发、置疑,由易至难不断地推动着幼儿的思维与想象。教师的指导策略是多元化、多样化,不拘一格的,借助实物、多媒体、图形、生活材料、故事儿歌、游戏、歌舞、音乐等拓展情境,多种教育手段和方法交互运用,在幼儿已有经验的基础上,为幼儿提供全方位的支持,将绘画的内容与幼儿生活中的内容进行链接,引导幼儿观察生活中的人、事、物,使幼儿在猜猜、想想、看看中得到想象的满足与喜悦,从中丰富感性经验和审美情感,实现了一种以孩子为主体、以创意为主线全新的体验式绘画模式。

(四)创意绘画过程的趣味化和多元化

传统美术教学教师根据教材内容引导、讲述、范画,然后幼儿去画,结果千人一面,幼儿的画中没有自己的思想,而创意绘画注重的是幼儿经验、体验、观察、内心的想法和表达,所以在确定主题后,教师会提前布置环境,准备材料,逐步让幼儿提前了解相关知识,所以在情境的浸润中,幼儿自主发现和观察到环境的改变,然后教师提供大量有关图片和相关资料,结合幼儿自己的生活经验,通过情景化、游戏化等多元多维的启发引导,引发幼儿对绘画活动的情趣、激活兴趣,提供机会让幼儿看、问、说、谈,帮助幼儿进一步地理解发现主题的内蕴和多样的表达方法。

其次,为幼儿提供多种材料、物品以及课件、音乐等视听资料的全方位支持,为幼儿的联想、借形想象、思维开拓和幻想提供条件,让幼儿有充分感知、体验、交流的机会,让幼儿的思维积极活跃于当前的活动。

最后,提供丰富多样的绘画操作材料(纸、布、袋子、瓶子、水粉、丙烯、油画棒、彩笔、刷子、纸团毛巾等),幼儿自主选择喜欢的、擅长的各种材料。每次活动的材料用品不低于三种形式,幼儿乐于动手玩、做、涂、画以及进行自由发挥和创造性表达自己心中的意愿和主题,体验绘画活动的多元化、趣味化和无限创造的乐趣。整个活动过程一直是在游戏中,在玩乐中,在创作中进行的,充满了乐趣和探究的积极欲望。

幼儿用自己独特的方式和方法来绘画和创作,因为幼儿的思想、思维、生活经验和体验感受是不同的，所以，在同一主题的绘画活动中幼儿的绘画创作，都具有个性化的思想和创意，游戏化、趣味化的绘画过程大大激发了幼儿大胆想象和创造的欲望，培养幼儿创造性思维、想象和创意创作的能力。有时幼儿的创意思维让我们惊叹，感到不可思议的神奇和感动。

（五）幼儿的创造性思维和创新表现能力明显提升

创意绘画活动是幼儿获得快乐和自我满足的主动建构的实践过程。

创意绘画是激发幼儿兴趣、激活思维、引发情感共鸣、学会自主观察和想象并进行自主创作的美术活动，是在幼儿喜爱的游戏、故事、儿歌、散文诗、音乐情境中开始的，整个过程充满兴趣和探究发现的积极性，在认知、发现、听说、做玩、涂画折剪的游戏中，幼儿积极主动地建构着自己的美术活动知识。随着多样化美术活动的进行，幼儿的兴趣和绘画表现能力发生着根本的变化，就像条条大路通罗马一样，同一主题内容，幼儿可以用多种方法和形式来表征和创作，对绘画色彩、造型、表现手法更是创意无限，把自己的认知、思想、感情、想象和创造表现出来，有没有技能技巧不会成为幼儿绘画活动的"绊脚石"，各种方法和手法的运用创作出"美丽灵动"的图画作品。每一幅作品都是他们童真、童趣和独特个性情感的表达和表现，都有一个真善美的故事和愿望存在。看着孩子稚嫩的手法，听着他们的讲述和解说，置身于纯净的世界中，让人感动和震撼。孩子的想法无奇不有，就像他们在用独特的语言、观看者述说和交流，也可以说创意绘画活动是幼儿表达自我的"百种语言"之一。

同时孩子们知道了绘画就在生活中，生活中的瓶瓶罐罐、纸盒废纸、衣服鞋子、扇子石头、勺子盘子、水果蔬菜、草棒枝叶……凡是生活中有的皆可用来画画，让幼儿的生活和绘画融为一体，这样的创意绘画已成为幼儿生活的一部分，在家庭中幼儿和家长一起用废旧物品绘画和做手工；自主的运用美术材料绘制和制作各种创意"作品"，兴趣很高，并且能够连续进行几周的时间，用自己的"作品"美化、布置生活环境，所以幼儿获得的不仅仅是美术创意的思维和能力，更有意义的是幼儿对美术活动有着浓厚的兴趣，并能用多种美术方法和手法"美化生活"，在有限的活动中迸发出无限的创意。

六、创意绘画研究成果和形式

（一）形成了创意绘画案例集锦

创意绘画案例集锦的内容包含：

1. 教学活动案例设计集锦（共 8 册，每学期 16 个内容，8 个学期，共 128 个内容）。

2. 幼儿图画范本资源包（共 8 册，每学期 16 个内容，内含幼儿可以使用的材料以及提示建议，8 个学期，共 128 个内容）。

3. 配套课件、音乐视频资料 128 个（每学期 16 个配套的课件，8 个学期，共 128 个）。

（二）创意绘画优秀论文集

（三）完成了创意绘画研究报告和工作报告

创意绘画活动的生命力在于不断地创新，力求让孩子在"玩"中激发绘画的兴趣，在"乐"中发现无限创造的空间，在"美"中体验创意成功的自信，把常规的、固化的、单一的绘画变成立体多元的、多样的、开放的、自主的绘画创作活动。多样化的绘画内容、形式、材料、手法和趣味化过程培养幼儿的创造力，突出创意，重点是培养了幼儿创意思维和表现能力。

浅谈在儿童美术启蒙阶段培养"儿童美学意识"的三步曲

杭州青少年活动中心　俞昕珺

一、儿童美术启蒙阶段的特性

著名心理学家皮亚杰曾说："必须承认有一个心理发展过程存在；一切理智的原料不是所有年龄阶段的儿童都能吸收的。"因此，每一个学习阶段都必须符合学习者自身的心理发展过程。

儿童美术的学习遵循着儿童绘画当中涂鸦期、象征期、图式期、写实期这个四个规律，被划分以下四个阶段：启蒙阶段（3.5-5周岁）、发展阶段（5-7周岁）、探索阶段（7-8周岁）、完善阶段（8-10周岁）。3.5-5周岁是儿童美术的启蒙阶段，属于涂鸦期。这一阶段儿童的感知能力受兴趣、情趣的影响，具有很大的波动性。他们的心理及行为容易被活跃、新颖的事物所吸引，无意注意占主导地位，有意注意在形成发展。在观察方面，他们以纯洁的童心看世界；在表现发面，没有任何矫饰的积习来束缚他们的手脚。当然，由于智力发展水平有限，这个阶段儿童对于事物的认知尚未很具体、形象，因此他们对空间比例、造形结构、表现技能等要素是无法掌握并理解的，其需要的是有别于成人绘画教学的一套教学模式及理念。

二、"儿童美学意识"的定义及重要性

所谓"儿童美学意识"，即儿童从自身的喜好出发，结合已知或感知的审美定律，以涂鸦、动手等手段作为引导媒介，培养且从小树立对于

美、崇高等审美范畴的鉴赏意识、美感经验等。"儿童美学意识"是针对过去美术教育中一味强调画面本身好坏，忽略儿童未来审美发展提出的具有革新性的绘画教学理念。

在儿童美术启蒙阶段，教师注重"儿童美学意识"的培养，其重要性体现在：一是为了尊重启蒙阶段儿童真实的情绪气质和个性。二是为了发展儿童的形象思维，培养学生的审美力、观察力、想象力、创造力。

三、具体"三步曲"的实践方法

在儿童美术启蒙阶段培养"儿童美学意识"可以分为三步。第一步，先学会"找美"。艺术来源于生活，"找美"是开启"儿童美学意识"大门的钥匙。第二步，学会"懂美"。学会懂得欣赏，"懂美"是培养"儿童美学意识"的必经之路。第三步，最终学会"创造美"。插上想象的翅膀创造，"创造美"是培养"儿童美学意识"的意义。

（一）艺术来源于生活，"找美"是开启"儿童美学意识"大门的钥匙

画家凡·高说："一幅好的作品一定是源于生活，出自心灵的。"换言之，任何一幅被人推崇或是感人至深的美术作品，题材都是从生活中来，画进人们心里去。在当今美术教育中，提倡的是培养学生观察生活的习惯和能力，让学生在观察生活中去体验和创造性地表现生活中的美，在儿童美术启蒙阶段，这也作为培养儿童美学意识的重要部分。

艺术来源于生活，在儿童美术启蒙阶段要打开"儿童美学意识"这扇大门，首先要求儿童注意观察所画物体本身。经过我们长期研究，启蒙阶段的儿童无论教师要求画任何事物，他们都只习惯画自己记住的形象，常常忽略摆在面前的实物，从而导致不认真观察，只画记住的概念形象。通过师生互动、游戏等手段引导儿童注意观察事物，帮助儿童克服造型的概念化。

案例一：

法国作家莫泊桑的母亲罗拉在莫泊桑小的时候就特别注重对于他观察力的培养。母亲罗拉见莫泊桑幼年时期特别调皮，对任何新鲜事物都充满了好奇，便经常兴致勃勃地带着莫泊桑和他的小朋友，去接触各种事物，观察自然，观察生活，开阔眼界，增长知识。罗拉结合自己的文化底蕴和

知识，引领孩子们观察、注意大自然的每一个细节，并且用最准确的语言描述自己所观察到的事物，引领孩子们看到细微的小事物，并且从很平淡的事物中找出特征。由此一来，孩子们不仅锻炼了观察力，拥有了一双善于"找美"的眼睛，而且让孩子们充满了爱。莫泊桑成为举世公认的小说家后，了解他的人都知道，是母亲罗拉从培养观察力入手，把他引上了艺术之路。这个成功的案例说明，儿童寻找美的意识需要从小养成，从观察力的培养着手，这样一步步走上提升儿童美学意识的道路。

为了摆脱启蒙阶段的儿童绘画概念化的问题，提升其观察力的有效性，可以通过一些小游戏来引起其注意，以下为具体的实践方法。

方法一：首先，教师出示一张图片，上面画有穿着同样衣裤的一群孩子在玩耍，只有一个孩子把裤子弄脏了，上面染有颜料。然后，教师让课上所有的孩子把画面中裤子脏了的孩子找出来，由此把孩子的注意力集中起来。通过这个小游戏让孩子逐渐了解任何事物都可能发生变化，不要概念地、理所当然地刻画事物，帮助启蒙阶段的儿童掌握观察的方法，抓住对象的特点，注意容易忽视的细节。

方法二：儿童美术的活动课程中通常前几次课都会安排画"太阳公公"，通常孩子们都会将太阳概念地画成红颜色、四周是放射状的线条。遇到此类问题时，教师可以把太阳光的线条比喻成太阳公公的头发，然后以"给太阳公公烫发"为命题，组织孩子们做个游戏。此时，孩子们就可以在这个小游戏中去回忆平日里见到过的大人们的发型，抛开概念性的画法。这样，儿童的审美表现能力就会大大提高。

其次，教会儿童观察事物、记忆形象的本领，引导儿童直接地观察对象，认识对象，例如观察物体的形状特征、与其他物体的区别、物体之间的关系、物体空间距离、色彩的感受与变化等。与此同时，还要引导儿童发现并且记忆生活当中的有趣图形、漂亮色彩等，从而启发他们进行思维、提高想象的能力。

案例二：

让孩子从一堆花盆中挑出两个颜色相近的花盆，然后种下两粒同样植物的种子，一粒种在肥水适宜的盆里，另一粒种在缺肥少水的地方，观察哪粒种子先发芽，比较哪一盆植物长得好。教师可以将这个过程持续几周时间，待数周后，让孩子把两盆植物的变化在小组活动中进行阐述，并且通过颜色、造型等区分将两盆植物的区别进行展现。通过这样一次长期的观察训练，使启蒙阶段的儿童从观察力上得到提升，在观察中找到自己所想要展现的"美"，儿童美学意识就此萌芽。

（二）学会懂得欣赏，"懂美"是培养"儿童美学意识"的必经之路

培养"儿童美学意识"是美术启蒙教育的重要内容，通过教师的引导，培养儿童正确的审美观和区别美与丑的能力，让儿童懂得欣赏美，这是培养儿童美学意识的重要一点，也是美术教育应该达到的主要目的之一。训练、提升儿童"懂美"的能力可以分为以下三个步骤进行。

1. 不受拘束，大胆感受美术作品

"懂美"从美术欣赏活动开始，就是为了把儿童鲜活的个人体验放在优先位置。例如：在班里出示蒙克的《呐喊》这幅画，教师刚出示这幅作品，儿童就情不自禁地发出一片"哇"的惊呼，显然他们被《呐喊》当中那个扭曲的人物所惊到，这便是他们对这幅作品的第一印象。这是未被教师修正过的最原始、最真实的直觉体验，它伴随一种创造性知觉活动和思维活动，是儿童产生审美的重要源泉。教师应支持、鼓励儿童最初的这种大胆感受后的自然反应，激发儿童的表现欲。

2. 不浮表面，深入理解作品内涵

"儿童美学意识"的培养，其中一个目的也是让儿童可以把感性感受转换为理性元素，因此，在大胆感受过后，更重要的是要逐渐养成能够透过画面所描绘的故事、情节和具体的内容，进一步感知和体验潜伏在具象中的抽象形式和意味的习惯与能力。这一步可以以老师"你看到了什么"的提问为线索，引导儿童发现作品的点、线、形、色等要素。经过多次实践发现，刚一开始儿童一般都能看到画面当中一些具体的物体，比如蒙克《呐喊》当中的桥、作为背景的夕阳、主人公背后的两个人等，这是儿童欣赏能力发展的良好开端，但这还主要是一种日常知觉而非审美知觉。为了将其转换为审美意识，教师还可以发问："请看画面当中的线条是直的还是弯曲的？看到最多的颜色是什么颜色？……"在孩子们回答这些问题时，他们就会多关注画面的色块、形状等一些形式语言，这是美术欣赏活动中教师要着意引导儿童把握的。

3. 不限一点，结合思考整体定义

美术欣赏活动的一般规律是"整体——部分——整体"，因此，启蒙阶段的儿童欣赏美术作品也遵循这个规律。在教师引导下，儿童已经对于画面的形式语言有了了解后，教师可以通过"给作品重新取名"的小游戏，让孩子们更深刻地理解作品，因为儿童对作品的命名往往能够反映他们对作品的总的感觉，而考虑取名字的理由则能帮助他们整理和清晰地了解自己的这些感受和思考过程。

启蒙阶段的儿童通过这三个步骤的依次进行，再经过多次训练以后，审美能力，即"懂美"的能力会逐步提升，儿童美学意识也随之升华。

（三）插上想象的翅膀创造，"创造美"是培养"儿童美学意识"的意义

爱因斯坦说过："想象比知识更重要。因为知识是有限的，而想象力则涵盖了世界上的一切，推动着时代的进步，并且是全部知识进化的源泉。"可见，创造力的培养是美术教育的重要核心，而"创造美"是启蒙阶段"儿童美学意识"培养的重要意义。作为美术教师，我们更应该先教儿童会想，再教儿童会画。积极鼓励孩子们大胆想象，培养儿童学习美术的兴趣，提高儿童形象思维能力和绘画水平。

调查显示，中国启蒙阶段的儿童认为自己有好奇心和想象力的只占4.7%，而希望培养自己的想象力和创造力的只占14.9%。事实上，儿童的世界是一个色彩斑斓、充满幻想的世界。启蒙阶段的儿童思维很活跃，创造力也是最为丰富的。在传统的审美教育中，教师、家长都认为只有画得像才是美的，用一个"必须画得像"的条约将孩子的思维框住。这是一种误解，扼杀了孩子的想象力。因此，当今美育中强调给予儿童充分的精神、想象和表现自由，让他们感受到自我创造、自我表现的极大乐趣，启发儿童大胆想象，自我创造。

教学活动案例：《花宝宝选美大赛——手指点画的学习》

活动目标：

1. 学习用手指点画的方法画出花朵，充分发挥自己的想象，创造出美丽的花园。

2. 以情境表演的形式，让儿童以各类小花的身份参与到游戏中去，体验美术活动的乐趣。

活动准备：

1. 知识准备：活动前让儿童认识各式各样花的形状、颜色等特点及生长环境。

2. 物质准备：花园背景图一幅、大小号水粉笔若干、蜡笔人手一份。

活动过程：

1. 以故事的形式引出主题，激发儿童学习的兴趣

（1）通过花园里要召开"花宝宝选美"的故事引出本次活动主题，即《花宝宝选美大赛——手指点画的学习》，激发儿童画花宝宝的兴趣。

（2）引导儿童回忆自己以前见过的花朵形状、颜色及特点。

2. 分角色进行游戏绘画——手指点画

（1）教师首先在黑板上示范手指点画的方法：即用食指蘸上自己喜欢的颜色，接着先画出花朵的花蕊，然后可以根据所需花瓣的大小用中指或者大拇指、无名指画出花瓣。

（2）待示范过后，教师提出游戏要求：每一位上台参加选美的花宝宝，都要在老师出示的这张花园背景图上以手指点画的方式画出一朵花宝宝，然后给花宝宝取个名字，并且告诉在座的小朋友们。

（3）游戏开始，教师根据所举手的小朋友数量挑选3-5位孩子上台，在事先准备好的花园背景上用手指点画的方式演示自己参加选美的花宝宝的形状及名字，教师边看边提醒"手指点画"的一些重点和难点。

（4）上台的几位孩子发挥自己的想象，充分利用自己手指的形状，创造了许多令人赞叹的美丽的花宝宝。

3. 学生评比，教师讲评

教师让孩子们自己评选出此次花宝宝选美大赛的冠军、亚军、季军。教师根据孩子们的评选结果总结：选美大赛中最美的花宝宝是发挥自己想象力画出来的，从而点出："美是可以自己创造的。"

活动反思：

弗兰兹·西泽克说："我祈求学校成为如同百花怒放的神国花园。教师要用心做一个飞翔于学生身上看不见的精灵与之交往，致力于经常勉励

儿童而绝不可控制或强制他们。"教育中应当尊重每个孩子的独一无二性，在美术教育中尤其需要肯定并且珍视这个事实，改变固有思路，注重学生在想象过程中表现出来的探索性和独创性，这才是"创造美"的本质。"儿童美学意识"的培养，其意义就是让孩子们更具有想象力、创造力。

四、实践意义

随着当今社会对"美育"重视程度的提升，美术教育早已不仅是教孩子怎样画画、怎样用色、怎样构图，更是一种为其今后从事各类职业培育修养、审美的敲门砖，因此，在启蒙阶段就注重对于美学意识的培养，是必然之势，其意义在于有利于激发儿童在美术启蒙阶段时的兴趣，陶冶其情操；有利于培养儿童初步感受美、表现美的能力；有利于促进启蒙阶段儿童身心的和谐发展，培养其艺术感觉和美学意识，造就全面发展的高素质的现代新人。

儿童风景速写中"表现主义"式教学的实践研究

杭州青少年活动中心　孙景楠

一、研究背景

（一）对"表现主义"的认识

表现主义（Expressionism），现代重要艺术流派之一，20世纪初流行于德国、法国、奥地利、北欧和俄罗斯的文学艺术流派。1901年，法国画家朱利安·奥古斯特·埃尔韦为表明自己绘画有别于印象派而首次使用此词。后德国画家也在章法、技巧、线条、色彩等诸多方面进行了大胆地"创新"，逐渐形成了派别。

表现主义艺术的表现手法和艺术观念强调了艺术家主观感情和自我感受。在现代艺术中，艺术的表现性带有着一种普遍的意义，绘画艺术也不例外。19世纪末的西方现代主义绘画区别于古典时期的"再现"艺术，建立在"表现"之上，以具有表现内容的作品形成了人与人之间沟通的精神性桥梁。直到今天，画家们仍然在不断地探索着"表现"的可能性，从主体到客体、从思想观念到画面的造型语言，在继承中不断创新。

（二）"表现主义"对速写教学的重要性

速写作为美术教育的一个门类，在教学过程中除了要求学生掌握一定的绘画知识和技能外，更重要的是需要培养学生具有个人特色的绘画风格。本文中所提到的速写教学活动中的表现主义，取其"表现"二字，意为表现欲、表达方式和表现力。

因此，在速写教学中提出"表现主义"式教学理念，将其作为一种教学方式来培养学生的艺术性。学生在这一学习过程中，运用"表现主义"的方式更充分地认识自我，表现自我。

二、风景速写中"表现主义"式教学的理论支撑

美国著名的美术教育学家罗恩菲德指出："教师的目标是激发更多的思想，扩大参照框架，以便使儿童自己的经验内容变得更精确复杂。要做到这点只有向儿童提供更多仔细观察的机会与用于标示和改善鉴别力的必要词汇，并能用发展新观念和观察能力的方式启发他们。而只用一种机械的方式指导他们绘画是达不到目的的。"这是罗恩菲德在美术教学中提出的一个革命性观念。

由于单一的美术教学形式无法满足学生的表现欲，所以罗恩菲德把发展新观念和观察能力作为教学目的。在这一理论的指导下，为了尝试更多不同的美术教学形式，笔者对三年级学生的风景速写教学活动作了新的尝试，引导学生通过体验、欣赏和写生活动，达到表现绘画对象的目的。

三、风景速写中"表现主义"式教学的实践研究方法

（一）多材料表现法

曾经班上的一位学生在某次教学活动之后跑来说："X老师，我以前学儿童美术的时候，每个学期用的画画材料都不一样，现在我学了速写，可是每次都是用铅笔在画画，画久了，我都有些厌了。"针对孩子的这一说法，笔者进行了教学反思，通过改变教学方法和教学形式，创新速写教学。

小学三年级的孩子，对新鲜事物非常感兴趣，但长期使用铅笔橡皮这类单一的绘画材料，久而久之，他们便失去了绘画兴趣。而有些学生因为长期使用铅笔橡皮，开始依赖于这类材料可以擦改的特性，在作画时犹豫不决，绘画速度很慢。速写中画面表现力是这门艺术形式的独特魅力，然而长期使用单一的速写绘画材料使得画面中线条表现力单一。鉴于这三点，笔者尝试运用多材料表现法让学生在风景速写中体验多种非常规性速

写绘画材料，用这样的方式，激发他们的绘画兴趣，丰富他们的绘画语言，打破了以往单一绘画材料的教学模式。

(二) 构成表现法

平面构成是视觉元素在二次元的平面上，按照美的视觉效果，力学的原理，进行编排和组合，它是以理性和逻辑推理来创造形象、研究形象与形象之间的排列的方法，是理性与感性相结合的产物。在这一概念的引导下，笔者尝试在风景速写教学活动中以黑、白、灰和点、线、面结合的方法来要求学生刻画写生对象，通过点、线、面的不同的排列组合，形成黑白、虚实、疏密的强烈对比，形成丰富的变化。构成表现法主要强调的是画面的构图，打破常规的构图方式，同时遵循形式美的法则，使画面构图具有趣味性。

(三) 特征表现法

传统的写生教学活动，要求学生观察写生对象的形状、比例后进行写生。但是在教学活动中笔者发现，部分学生在描绘不同植物特征的时候，表现出来的对象都较为相似，刻画对象不生动。

在教学中运用特征表现法，是要求学生在写生前先找到写生对象的最大特征，然后将对象特征放大化，进行特征具体化的描绘，甚至进行特征夸张化处理。这种突出事物主体特征的教学方法，把观察和表现方法相结合，抓住特征强化表现，有效且明显地区别了不同对象的特征。因此，特征表现法帮助学生在写生时针对写生对象本身给予具体关注，极大地调动了学生在观察时的主动性。

四、风景速写中"表现主义"式教学的实践研究

风景速写中"表现主义"式教学的实践研究，帮助学生在风景速写教学活动中直观地去表现自我感受，让学生在整个学习过程中能够真实自然地表达自我情感进行速写创作。多材料表现法、构成表现法和特征表现法三种研究方法的结合能够帮助学生更生动地表现客观事物的形态、特征、质感等；激发学生绘画潜能，为学生艺术性发展提供帮助；培养学生自信心，为学生提供自我展示的平台。速写的教学不能单单从技巧技能着手，而应该从学生的直觉感受与创造能力的培养为出发点，才有利于培养学生

的艺术思维能力与艺术素养。

（一）通过三梯度阶段教学实践，为"表现主义"式教学创造性思维发展提供帮助

风景速写中"表现主义"式教学的实践研究实施过程分为三梯度进行。教学活动设置分别是体验活动课程、欣赏活动课程和写生活动课程。三个阶段的教学活动中有效地结合特征表现法、构成表现法和多材料表现法这三种实践研究方法。此次实践研究对象为小学三年级风景速写中级班学生，有一定的速写绘画基础，但是绘画时胆子小，以至画面表现力不够丰富。

1. 体验活动课程

兴趣是指一个人力求认识某种事物或从事某种活动的心理倾向。首先要让学生产生好奇心从而引起兴趣。兴趣是最好的老师，在速写教学活动中，新的绘画材料的运用，能够激发学生的好奇心，利用新材料探索新的绘画方法和表现形式。绘画工具与材料的多样性，丰富了学生绘画创作的可能性。

学生分组体验多种非常规绘画材料，本班共20人，分为5组，每组4人。（图1）每组桌上摆放了多种不同的绘画工具。笔者为学生提供了丰富的绘画材料，包括水彩、炭精条、彩铅、毛笔、彩色卡纸、牛皮纸等材料。笔者引导学生从摸、画、抹、擦、看五个方面进行自由体验，体验后学生之间相互讨论交流使用不同绘画材料的感受。这些绘画材料具有难异程度的区别，可以满足学生个体差异，适应学生身心发展水平的需要。当学生看到笔者所准备的这些新材料时，表现出极高的热情。新颖的材料调动了学生的积极性，有利于学生主动性学习和探索性学习。

在体验的过程，中学生了解了不同绘画材料的表现手法。在此教学活动中，学生通过讨论和合作探究的方法，在体验中发现，体验后分析，初步感受绘画材料。激发学生绘画兴趣的同时，也探索了多种绘画材料的特点及艺术表现效果。

 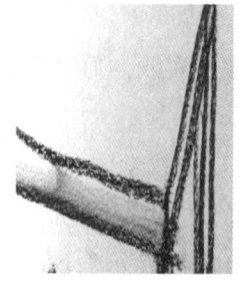 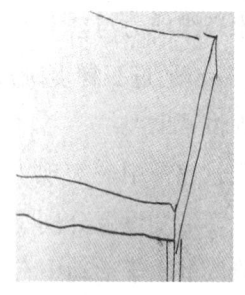

图1　第一阶段学生在教室进行多种绘画材料的体验

2. 欣赏活动课程

欣赏美术作品是速写教学活动中重要的组成部分，它是提高学生美感的有效途径。在一般的教学活动中，欣赏活动课一般会选择一张艺术家的作品进行分析。在这次的"表现主义"式教学实践研究中，以比较欣赏活动课程作为第二阶段。笔者选择了两位艺术家的艺术作品进行对比（图2、图3），两幅作品使用的绘画材料不同，表现手法有明显区别。通过对比不同的绘画表现形式，让学生从欣赏中感悟，较清晰直观地感受了绘画材料与构成式的表现方式。

图2　黑白灰块面构成式表现
艺术家门采尔的炭精条作品

图3　点线面线性构成式表现
艺术家希施金的钢笔作品

3. 写生活动课程

写生活动课程是整个"表现主义"式教学实践研究呈现效果的阶段。速写是一种快速的写生方法。既为写生，观察是很重要的一步。我们常说"艺术源于生活，艺术源于体验"，生活的中的点点滴滴的事物都会使我们有所触动，这些细微的发现，需要我们有一双敏锐的眼睛去观察。法国雕塑家罗丹曾经说过："生活中并不缺少美，缺少的是发现美的眼睛。"所以我们要用心去感受大自然的美好，将它赋予艺术作品之上。感知不同材料特性后，需要把所观察事物的特点结合材料进行创作。每个人观察到同一个事物也会有不同的心理感受。引导学生根据自己看到的事物，针对自己的创作意图，选择绘画材料进行创作。

学生的情感因素在写生过程中贯穿始末。在教学过程中，教师容易过多地从技巧方面去分析学生作品，容易忽略学生的情感表达。《心理学大辞典》中认为"情感是人对客观事物是否满足自己的需要而产生的态度体验"。同时，一般的普通心理学课程中还认为"情绪和情感都是人对客观事物所持的态度体验，只是情绪更倾向于个体基本需求欲望上的态度体验，而情感则更倾向于社会需求欲望上的态度体验"。从对情感的解释中看到，情感注重的是体验。情感中喜、怒、哀、乐的情感表达，通过不同绘画材料的传递，用艺术的手法进行转换。

当面对同一个写生对象时，首先是观察写生对象，利用不同的绘画材料可以有多种表现方式（图4）。笔者在速写教学活动中让每个学生选择一种能表达自我情感的绘画材料进行写生，而面对的绘画对象是同一个。将学生写生完成的速写作品放在一起进行对比（图5），发现他们的作品都充满个性色彩。通过材料的变化，展现属于他们自己的绘画语言。每一幅画都是一张崭新的面孔，是每一个学生的情感表达。

图4　第三阶段学生在教室进行风景速写植物写生

图5　不同的学生面对同一写生对象展现出不同的表现方式

（二）培养学生自信心，为学生提供展示自我的平台

1. 以科学的评价方式帮助学生了解"表现主义"

学生不仅在乎老师对自己的评价，也会在乎同学对自己的评价，科学的评价方式有助于学生发展。在学生作品完成后，笔者让学生将自己的作品贴在黑板上，进行相互评价，欣赏不同的表现形式。学生们显得非常兴奋，因为每个人都用了不同的表现方式去诠释画面，展示了自己绘画中的"表现主义"。通过学生与学生之间的交流，学生与教师之间的交流，让学生在交流中吸收更多"表现主义"的绘画方法。

2. 以展览的方式帮助学生充分展示自己的"表现主义"

学生通过三个阶梯式课程实验的递进与延伸，在教学活动中已经学会了如何去展示自己画面中的"表现主义"。丰富又充满趣味的学生作品以展览的形式呈现，目的是为了增强学生绘画时的自信心，有利于学生在以后的学习过程中能够创作出更有趣的速写作品。展览的过程既是展示自我的过程，又是学习的过程。

五、结语

风景速写中"表现主义"式教学引导学生从各个方面去感受绘画对

象，将自己的感受渗透到画面中，打破了以往单一的绘画表现方式。由于教学方法和绘画形式的多样性，因此在美术教学中不会以统一的标准来衡量学生，而是让学生充分地发挥自己的个性，鼓励学生创新。艺术是充满生命力的，而美术教学亦是如此。面对每一个喜欢绘画的学生，我们应该保持每一个学生特有的个性，挖掘他们的绘画潜能，让整个教学过程充满乐趣。

  学生的认识过程是在体验、欣赏与写生中获得的，学生不断地发现，不断地尝试，以寻找最合适自己的表现方式去表达。帮助学生从生活中获取灵感与创意，更好地去展现其自身对于艺术的理解。速写教学中，不能一味地追求"重技而轻艺"，我们需要做的是在传授传统绘画技法技能的同时，也能加入新颖的带有艺术创造性的设计理念。对学生个体的创造性思维的培养，可以从作品中展现学生的个性。绘画语言是丰富的，表现形式是多样的。这次的教学尝试，不是结束，而是个开始。

幼儿折纸艺术活动的开展与思考

北京市西城区少年宫　王　丹

科技发达的今天，人类手工创造的艺术品被电脑、iPad之类的机器产品所代替了，孩子们对手工制作技术可以说是知之甚少。即使对手工感兴趣，为了求洋求新，也只是不惜花高价买高档的手工材料，却忽视了最经济最实惠的纸。其实，一张小小的纸片，简单易行，变化多样，有着一种特殊的魅力和乐趣。

德国杰出的学前教育创始人福禄贝尔就认为折纸能够非常好地启迪智慧，他把折纸与自己的教育学说结合起来，在自己创办的世界第一所幼稚园里开展了幼儿折纸艺术活动，并在全世界广泛推广起来。幼儿折纸艺术活动是幼儿用手经过折、叠、压等技能，改变或组合纸张原来的形状，进行创造性的、表达表现的艺术活动。通过这种活动的开展可以培养幼儿认识边、角、线、中心、几何图形及空间方位，从而进一步提高幼儿的观察注意能力、动手操作能力、想象创造能力、语言表达能力，所以折纸这门艺术很值得去研究，去学习。

但折纸活动在学前教育的开展过程中，存在着许多不足，例如折纸教学只是作为艺术活动的形式之一，教学内容比较零散、随意，缺乏目标性、系统性，没有具体可操作的教学模式，没有形成系统的目标层次；在指导层面上，教师只注重技能的灌输，而轻视幼儿的主体意识、学习兴趣以及幼儿自主学习能力的提高和培养。因此，怎样让幼儿积极主动地参与折纸活动并使他们的能力得到有效的发展变得尤为重要，折纸活动采用什么样的教学模式与方法也是我们值得思考的问题。

一、开展幼儿折纸艺术活动的意义

(一) 折纸艺术活动的开展对幼儿的发展具有重要意义

苏联著名教育家苏霍姆林斯基说过:"儿童的智慧在他的手指尖上",就是说,在幼儿探索活动中,除了保持幼儿的好奇心外,培养幼儿动手能力和动手习惯是具有十分重要的意义。折纸是一种动手动脑,手脑协调配合的创作活动,也是开发幼儿智力的有益活动。一张纸,就可以活灵活现地表现千变万化的自然形态,随心所欲地表达内心世界的美感。在这项创造性的艺术活动中,让孩子自己去观察、欣赏、尝试、比较、讨论、讲述。他们不仅会提高感受美、表现美和评价美的能力,还会不拘于模式,自己动手做、动脑想,从而促进他们主动思索探究的意识,发展他们的空间思维能力,而同学间的合作更是会培养他们团结、协作的精神。

(二) 折纸艺术活动的开展是对我国文化遗产的继承和发展

折纸的发展历史可以说是源远流长。当纸在真正意义上被造出时,纸工艺就伴随着人类文明进步诞生了,由此我们推断中国人也是最早从事折纸活动的,折纸作品主要被用于一些祭礼活动中。目前也流传下来一些经典的折纸作品,比如元宝、宝塔、官帽、纸船等等。但是,折纸艺术传播到世界各地后,没有得到我们中国人的重视与发展,将它发扬光大的却是日本。日本人十分重视培养艺术素养和创造力,所以将折纸作为中小学学生的必修课。此外,他们还有最具影响的折纸组织,有专门发行的折纸会刊杂志,甚至还有折纸博物馆。可以说,日本人已经把折纸开始像漫画、电玩一样作为一种文化产业来发展了,目前全世界对折纸的专业称谓也都采用日语的发音"origami"了。我们的传统文化不能总拱手相让给别人,所以开展折纸艺术活动使幼儿从小了解、接触民间的文化艺术,受到潜移默化的熏陶和艺术审美教育的同时,培养他们对祖国传统文化的认同与感恩情怀就变得尤为重要。

二、开展幼儿折纸艺术活动的目标

(一) 折纸活动取材方便,蕴含丰富的知识与技巧,幼儿在折纸中既可体验成功的乐趣,又可获得必要的知识经验和技能。

（二）折纸活动可以激发幼儿感受美、表现美的情趣，丰富他们的审美经验，还可以让他们体验自由表达和创造的快乐。

（三）折纸活动符合幼儿的兴趣需要和学习特点，培养幼儿对折纸的兴趣，表现幼儿的真实情感，提高幼儿的想象力和创造力。

三、开展幼儿折纸艺术活动的重要性

（一）折纸可以锻炼幼儿的综合协调能力，包括手、眼和大脑

比如学习折纸需要用眼睛看折叠的过程，并在看的同时学会思考，记住过程。在折的时候要亲自动手，遇到问题，还要反复实践寻找解决方法。这样可以使幼儿开动脑筋、活跃思维，从而达到手、眼、脑三位一体的综合协调训练。

（二）折纸可以发挥幼儿的想象力，激发他们的创造力

在活动中，为了完成某种图形，幼儿要开动脑筋，积极思考，反复实践，使自己所折的形状符合实际物体的形象，逐步形成发散性的思维方式，促进其创造性的发展。

（三）折纸是一项极具耐心的活动，制作过程中可以锻炼幼儿的意志，培养持之以恒的精神

当幼儿自己成功地完成一个折纸造型时，他们会有很强的成就感，从而增加他们的自信心，并愿意同他人一起分享自己的劳动成果。

四、开展幼儿折纸艺术活动的有效指导策略

（一）寻"趣"

因为兴趣是最好的老师，也是幼儿乐于学习、积极投入的动力。有了兴趣，学习就不是一种负担，而是一种享受。

1. 巧用故事，引导幼儿步入折纸乐园

我希望为幼儿创设富有情趣的折纸氛围，所以通过讲故事的形式开展折纸活动，进一步激发幼儿兴趣及探索欲望的同时，渗透品德、个性、交往等方面的内容，让幼儿在学中玩，玩中学，以达到寓教于乐的效果。

2. 材料对幼儿的刺激和吸引

材料是幼儿操作的对象。给幼儿提供丰富的活动材料，从而激发幼

折纸的兴趣。活动中，我给孩子们准备好了不同纸质和色彩各异的正方形、长方形的纸，还有油画棒，便于孩子取放，鼓励幼儿自由折纸。除次之外，还为幼儿准备充足的辅助材料，如一些可作折叠的半成品材料：废旧挂历、报纸、包装纸等。在这样的环境中，不仅能激发幼儿对折纸的创造兴趣，而且还能感知在折纸过程中边、角、对折、分开、组合等所包含的数学概念的意义，如点、线、形状、等分、对称等。让他们根据自己的需要来选择材料，有利于他们在探索过程中获得知识和经验。

（二）变"学"

幼儿求知欲强，但学习的自主性较弱。在教学活动中，如教师一味地"灌"知识，就会强化幼儿学习的依赖性。所以把静态的"教"变为动态的"学"，可以让幼儿在获得知识技能的同时体验到自我成功的快乐。

1. 集中学习——掌握基本

幼儿处于抽象思维萌芽阶段，有强烈的探索欲望，但仍以具体形象思维为主。刚开始幼儿只会无目的地随意把一张纸进行操作，这时去要求他们创造出一个完整的作品，显然是不符合幼儿的年龄特点和实际水平的。于是我就先教幼儿一些最简单的基本技能，以训练他们手指的灵活性和准确性。在最初的折纸练习中，让幼儿掌握对齐、压平、找准中心线等基本技能，为以后复杂的纸活动奠定基础，逐渐地让幼儿由无目的、无意识地活动转入有目的、有意识地进行创作活动。而在引导幼儿开始有目的活动，并能创造出简单造型的同时也要把创造的余地留给孩子，因为孩子们在这些技能培养的同时，创造力也在慢慢地发展起来。

2. 分层指导——梯度提高

幼儿在发展水平，能力，经验等方面存在差异，折纸活动中的表现也各不相同。单单靠集体活动的学习让幼儿掌握所授折纸的技巧是很难实现的。这就要求教师做一个敏锐的观察者，及时关注幼儿在活动中的表现和反应，敏感地觉察他们的需要，给予适时的指导。此外，了解了幼儿现有的折纸水平和折纸经验，依据实际，制定折纸活动重点和难点，决定幼儿将使用的探究方法，这是教师进行个别辅导的重要依据。

（三）有"法"

幼儿好奇好动，教师选择教学方法要适合他们的年龄特点，了解每个孩子的实际发展水平，针对幼儿的"最近发展区"提供多层次的方法，满足幼儿的不同需要；教学内容要遵循由易到难、由简到繁的顺序，逐步深入，不断提高，从而使他们体验到成功的喜悦。

1. 运用"示范模仿"法，引导孩子学习折纸基本技能

在教幼儿折纸的过程中，我是按基本型的规律分块模仿性的学习。从简到繁，从易到难，由浅入深地选择内容。首先学习正方形的对边折，正方形的对边向中心线折，再学习对三角形、双三角、双正方形、双菱形等基本型。由基本型完成具体的物品时，我会选择内容步骤较少，技能较为简单的作品，如折猫头、兔子等。在幼儿对折纸有一定的兴趣，手指协调能力有一定的发展之后，再增加难度，学习拉、翻、打开袋子等技能。

2. 运用"图示步骤"法，引导孩子学会自己发现问题

教会幼儿看懂折纸步骤图，是引导幼儿进行自主学习、折纸创作的基础。我会根据孩子的现有折纸水平，灵活合理地调整折纸难易度，增减折纸步骤图示，让他们认识基本的折叠符号。我还会充分利用创设的问题情境，引导幼儿发现问题、提出问题，逐步培养他们好学好问、细致观察的科学探究品质。如让幼儿仔细观看折纸步骤图后，引导他们找出问题，首先要让幼儿自己思考，尝试自己找出答案。如果失败，可以尝试多种策略，请会折的小朋友教、自己试试看、再仔细看看步骤图是什么样的，用语言鼓励学会的幼儿，使他们有信心解决折纸问题。

3. 运用"温故知新"法，引导孩子学会主动探索

通过回忆学习过程，选择学习策略，获得认知经验的不断巩固与迁移，逐步发展和完善认知结构。在幼儿掌握一定的折纸技巧后，我会引导幼儿思考，进行折纸的创作，培养幼儿创作思维。比如小猫的耳朵向下折下来会变成什么小动物的耳朵呢？总之，在反复"强化"过程中，边说边操作，让幼儿能够巩固刚获得的知识。

4. 运用"幼幼互动"法，引导孩子学会互助互爱

同伴之间的影响往往是最大的，同伴间的分享，交流和帮助，有利于幼儿模仿、合作、激发灵感和丰富体验。如在欣赏展示折纸作品环节，我们不是武断地评谁的作品好，谁的作品坏，而是鼓励孩子们做出评价："你觉得今天谁的作品比较好？好在哪里？"通过幼儿间互动评价的平台，

让幼儿进一步来感受美，提升鉴赏美的能力。在遇到问题时，孩子们还可以做小老师，转换角色。这会让他们更加积极探索、互相启发、团结协作。

五、开展幼儿折纸艺术活动的成果

（一）通过研究，形成了幼儿艺术班开展幼儿折纸艺术活动的系列目标与内容，编写了幼儿班手工课教材——《讲故事 学折纸》

教材整体以故事和折纸方法为内容呈现，所选故事都是符合幼儿年龄和身心发展特点的经典寓言或童话故事，通过故事向幼儿渗透德育的相关内容，从而激发幼儿学习折纸的兴趣及探索欲望，以真正达到让幼儿在学中玩，玩中学的寓教于乐效果。

（二）通过研究，教师积累了丰富的教学经验，总结出了好的教学方法，对专业成长起到了推动作用。

（三）通过研究，促进了幼儿各方面能力的提升。

六、开展幼儿折纸艺术活动的反思

（一）活动指导灵活性不足

折纸的重要性还在于它需要幼儿概括和抽象地表现事物，这就为开发幼儿的想象力和创造力提供了很大空间。在折纸活动中，教学内容大多是预设的，因此如何有效地开展折纸教学，引导幼儿灵活地创造出自己想折、能折的多种东西，是我们必须思考的问题。

（二）活动评价有待加强

在活动中，教师多注重技能的训练，作为折纸活动中的最后一个评价欣赏环节总会因为时间不足而草草收场。活动中缺少评价和欣赏，就会缺乏有效的互动，从而剥夺幼儿探索尝试和创造表现的机会，影响幼儿学习的兴趣。

（三）活动氛围不够

幼儿是在和周围环境的交互作用中不断发展的，所以应该注重为幼儿创设富有情趣的折纸环境，如教室内或走廊里可以将幼儿的折纸作品予以展示，从而带给他们视觉的感受和刺激，引起他们无限的遐想。这样，能力强的幼儿有了发挥的舞台,能力弱的幼儿有了学习的榜样,折纸的"欲望"也将会徒然而生。

  带着以上几点问题,我会在今后开展的折纸活动中继续研究与思考,因为折纸是幼儿非常感兴趣的活动,让他们积极主动地参与折纸活动,并得到有效的发展将是一个持久的话题。我希望幼儿通过折纸活动不仅能获得折纸知识、技能,更重要的是让幼儿在自主活动学习中去探索,去尝试,培养他们认真探索以及耐心细致的学习习惯,最终增强他们的学习兴趣和学习能力。

少年宫儿童美术教育活动中出现的主要问题和应对策略

北京学生活动管理中心 杨 丹

美国著名教育家罗恩菲德说:"在艺术教育里,艺术只是一种达到目标的方法,而不是一个目标;艺术教育的目标是使人在创造的过程中变得更富于创造力,而不管这种创造力将运用于何处。假如孩子长大了,而由他的美感经验获得了较高的创造力,并将之应用于生活和职业,那么艺术教育的一项重要目标就已达成。"创造和想象是美术的生命本质内涵,少了创造,艺术就失去了其存在的价值。儿童时期是一个人生理和心理发育的关键期和基础阶段,这个时期的美术教育如果缺少了创造力和想象力的培养,那么也就失去了美术的本质内涵和学习美术的意义。

一、少年宫儿童美术教育活动中出现的主要问题

儿童美术教育活动涉及儿童、教师、家长、美术、教育等几个范畴的内容,是一个复合的动态过程。在这个过程中,教师是实施教育的主导者,也是活动的设计者,他必须把握好这几个方面的关系。教学活动中常常会因为教师没有适度把握好各方面的关系而出现这样那样的问题。

(一)教师的示范不当

有些美术教师在确定活动内容时也确定了表现内容的程序、形式和方法,先做什么,后做什么,怎样做,都完整地教给了学生。

虽然教师示范、讲解后也要求学生区别于讲解的内容,可以随自己的意愿添减、重组作品,但由于没有真正激发儿童的独创兴趣,多数学生创作时表现得缩手缩脚,不敢大胆动手,只敢抄袭、临摹教师出示的范例,

缺乏自主创作的信心，导致作品毫无特色与生气，出现千人一面，没有个性的现象。

出现这种情况的原因，一方面是教师没有清醒地、理性地认识美术教学对培养学生创造能力的重要功能。学生完成一幅作品不单是呈现一些形象和把握形象的关系，更是培养形象思维和造型能力。因为造型是创造形象而不是描摹形象，需要学生自主的观察、思维。当教师把绘画过程完整、清晰地呈现给孩子时，孩子们的想象空间即已被教师在不经意中占有了，这样孩子也就难于表达个性的造型意愿。

另一方面是传统的灌输式教学方式在人们心目中仍根深蒂固，加之学校、幼儿园机械的简笔画教学模式的影响，使孩子习惯于接受，缺乏自主意识，从而形成依赖和服从心理，使他们在期待"标准答案"的同时对教师的观点不敢提出任何质疑。

此外，部分家长也希望教师教孩子技法，期待孩子通过几次甚至一两次课就能会画某种形象、画出完整的作品。这种急于求成的心理导致了拔苗助长现象的发生。

培养创造意识和创造能力不是一蹴而就的，它需要时间的积淀，必须经历启发、引导、培养的过程，这才是人接受正常的教育、成长的途径。

（二）教师代替学生思维

有些美术教师按照自己的审美趣味和专业范畴搜集活动的参考资料或让学生以模仿自己的作品为活动内容，完全用固定的教材所规定的内容开展活动，以个人的艺术见解为导向而不允许学生有自己的思想掺入作品，扭曲甚至抹杀儿童的创造意愿和生活体验。活动中常用"那个小朋友今天按照老师的要求完成了内容"等语言引导学生并以此为依据树模范生。罗恩菲德曾经说："艺术教育的目标就是培养创造力。"如果教授课程的过程中没有创造力的迸发，不以培养孩子的想象力和动手能力为目的，那么这样的教学就不能养成儿童自主学习的能力，甚至会造成儿童的心理失衡、思维畸形，更不利于儿童脑力的发展。

（三）评价不当

1. 追求作品的完整性

有些教师在活动过程中着重作品完整性的辅导而忽略了儿童在绘画过

程中的情感体验。他们在辅导儿童时没有用心感悟作品反映的儿童生活独特的体验和感受，而是从如何完成作品的完整形式方面要求儿童，影响了儿童创造性思维的发展。

2. 为评价而评价

有些教师为了完成活动的评价环节，每次活动要按照计划选几幅完成的作品讲评，往往出现大多数学生正在专心创作，教师却强令学生停止活动听讲评的情况。其实，教师在对少部分收上来的"好"作品评价并给予表扬的同时，因为多数学生意犹未尽而使这些学生烦燥不安，也严重地打击了他们参加美术活动的积极性，甚至使其丧失学习的自信心。

（四）教育目的概念化

儿童美术教育目的概念化主要表现在教师过分强调自己民族艺术的优越感和崇高感。这一类型的教师在活动中一味地引导儿童要爱国、要热爱中国的艺术而刻意贬低或者排斥其他国家和民族的艺术，这样不利于儿童扩展知识面和形成客观的评价事物的意识。

（五）家长以自我为标准

家长在参与孩子的美术活动时往往强调形象的客观特征和艺术技巧，因为自己的期望不能实现时常显现出急躁的状态。他们忽视孩子自身的需要和兴趣，导致孩子产生畏惧和厌学的心理。家长经常因为孩子画的圆形不够圆、太阳涂成黑色而懊恼，有的家长甚至替代孩子动手从而令自己满意，最典型的是用"干净""像"为标准不合"理"的评价孩子的作品。

儿童的作品在成人看来有些是很可笑的，但却真实地反映了孩子对事物的认识和思想。如画"我的家"时，有的小朋友很富有想象力，将家安在了树上，说自己可以像小鸟一样长有翅膀，想飞到哪里就飞到哪里。其实儿童美术作品的特点就是充满童趣、构思新颖、富有想象力、富有个性。

二、解决少年宫儿童美术教育活动中主要问题的方法

社会人的差异主要体现为观念的不同，因为观念的不同产生处理问题的方法和能力的差异。儿童美术教育作为人社会化过程中的活动，它的实

施必须有科学的指导观念和正确的实施方法。儿童美术教育实际上就是为了促进孩子综合素质的发展，增强儿童发现美和感受美的能力，使他们的生活丰富多彩，充满乐趣。因此，儿童美术教师要树立鲜明的时代教育观，运用正确的策略帮助儿童健全和完善人格。

（一）树立正确的教育观念

1. 以学生为本

儿童在观察事物时就已融入了自己的思想与感情，有了自己的感受，再加上个性差异，即使画同一物体，他们也会找到经过自己头脑加工的形象。这个形象就是儿童真实感受的呈现，是他们心灵的物质再现，我们必须珍惜和尊重。不要用示范性的作品作为优劣的统一标准，不去刻意评说示范性作品中画家的主观方面，多从作品的情趣方面、艺术的规律方面引导学生，给孩子自由想象、表现的空间。多鼓励孩子在活动中发表自己的见解和对作品的理解，帮他们建立学习的信心，这才是"以学生为本"。

2. 接纳和尊重多元文化

立足本土艺术，接纳和尊重多元文化。让儿童接触不同的美术作品，既可以是中国的美术作品，也可以是外国的美术作品；既可以是生动形象的现实主义作品，也可以是非具体、无定型的抽象主义作品。

了解人类多元文化的相似性和独特性，开阔他们的视野，培养他们对美的认知感和知觉感，培养他们超越一国文化界限的能力和素养，养成多角度思考问题、解决问题的能力和习惯。

3. 培养、保护兴趣

著名美籍华人科学家杨振宁说："一个人要出成果，原因之一就是要顺乎自己的兴趣，然后再结合社会的需要发展自己的特长。有了兴趣，苦就不是苦而是乐，到了这个境地，工作就容易出成果了。"儿童就可以根据自己的意愿选择适合自己的画风，选择自己喜欢的画派，有了兴趣，孩子们就可以把几十分钟美术活动的结果转移到生活上来。业余时间、休息之余会萌发出创新的意愿，会自觉地进行创作。

家长应该走出儿童美术教育的误区，善于发现，重视培养孩子的综合素质，而不是望子成"家"、成"星"。切不可追求一时的教育效果，更不能采取简单粗暴的态度或有盲从的心理；要呵护好孩子心中的艺术之芽，进行科学的引导,有效地激发孩子的学习兴趣;培养他们初步感受美、表现美的能力;陶冶他们的情操,促进孩子身心和谐发展。

(二)应对主要问题的策略

1. 营造和谐的学习氛围

教师重视儿童创作中的情感体验与态度倾向才能通过活动促进其心理健康发展,达到活动的目的。教师的态度是营造和谐氛围的关键,教师应该用积极、亲切的言行引导学生活动,同时也可以运用其他的形式、方法辅助烘托氛围。教师可以通过自己的身体与学生亲密接触来交流情感;可以使用音乐等艺术形式为辅助……学生可以相对自由地谈论、欣赏、选择学习内容等等。这样健康、融洽的环境能使儿童乐于创作,乐于表达自己的思想与情感,提高他们的创作热情。

2. 提供广阔的创作环境

儿童美术活动不应该局限在课堂中,儿童在日常的活动区域都可能突发奇想、产生灵感,我们应该满足儿童的这种需要,利用墙壁、走廊等空间为他们提供各种材料,便于他们自由创作。在活动室、墙壁、走廊、展示柜里都布满儿童自己的作品,他们很喜欢这些属于自己的艺术天地,他们的创造力在这里得到了充分地发挥。

教师和家长还应该利用社会丰富的文化场馆多带儿童到这些场馆去参观、写生、交流、创作,为儿童提供活动的平台和提高审美情趣的机会。

3. 提供丰富的参考素材

有研究表明,美术教育活动中能恰当地使用艺术品范作,对儿童欣赏美、表现美、创造美是有帮助的。教师使用的范作可以是教师、儿童自己的作品,更可以是大师的名作。教师把这一类作品整体设计,精心布置,为他们的美术创作提供丰富的参考资料。他们受到艺术作品的熏陶,边参考边创作,表现手法和审美能力都会得到潜移默化的提高。

4. 感受多彩的生活

大自然是丰富多彩的物质、精神世界。那里有各种各样的植物、动物;四季不同的风光,不同地域的自然特征,不同民族的文化差异等,它们都是儿童美术创作的素材。有了感受生活的基础再让孩子运用不同的材料创作,他们对技法、色彩、造型规律、形式等也会有根源的理解,创造时也会找到自信,更能够体会创作过程的快乐。

如在装置活动中,把搜集来的玉米粒、豆子、花生等运用到装饰作品中,通过贴、画、剪等办法,将它们做成了漂亮的衣服、挂毯、小包和头饰等;用捡来的枯叶、草梗粘贴成鸟窝等等。如在绘画创作中他们把观察到的树木结构特征表现出来,改变了概念性的"苹果"树的造型;把看到的少数民族服饰画在画面上表现人物的身份……不知不觉地完成了艺术与生活的迁移。

5. 适当的示范

虽然现代教育观念中不提倡过分强调绘画技巧,但双基仍是完成作品的基础,掌握一定的美术技巧是极其必要的,适当的示范有助于儿童树立进行美术活动的自信心。

如在教《水粉描绘京剧脸谱》时,教师先在半张纸上画一半脸谱的局部,然后让学生讨论水粉颜料的用笔技法、如何把握水粉;画对称图案的最简单方法等问题,再让学生复制,这样学生在较短的时间内就能把握好重点。最后给学生展开想象的空间,让他们充分发挥主动性,制作不同于原作的脸谱,结果每人画的作品都色彩个性丰富,图案造型也不一样,童趣十足。

教师要想示范效果好,起到表率的作用,就要不断提高自己的美术专业水平。否则,教师在示范时总是修修改改,学生就会感到形象难塑造,从而产生畏难情绪。

6. 因人施教

美术是个性化的艺术,同一年龄段的儿童身心发展水平往往是不同的。"因材施教"是孔子的教学主张,在今天仍然是我们实施素质教育的最人性化的教育方法,这个方法在儿童教学中也运用得最普遍。儿童美术活动中教师要给予不同特点的学生不同程度的帮助,如在《远离毒品、健康生活》系列美术活动中,有些学生不能画出表现主题的形象;有些学生不知道良好生活习惯的意义;有些学生不知道怎样设计宣传卡片;有些同学不敢在主题班会上发言……于是,教师对不同情况的学生给予不同的指导,保证了学生活动的积极性和活动的质量。

7. 培养自信心

教师在美术教学活动中时常会碰到这样的情况：有的儿童画错了形象就想在纸上换一个位置或把纸翻过来重画，或吵着要求直至换一张纸为止；有的儿童对不满意的画面不知所措。这时教师要耐心地启发他们如何结合绘画内容，针对已有的图像大胆想象，并用改变图像特征等方法进行弥补。如果不能修改，则用再定义的方法使其变为其他图像，这样反而会产生出乎意料的效果。常安排修改形象的教学内容会增强儿童的学习兴趣和培养创造能力。

8. 科学的评价

美国儿童美术教育家凯劳格认为，儿童具有自己独特的绘画语言。因此，成人应耐心地从儿童的角度倾听和了解他们，欣赏作品的材料、形象、色彩所传达的思想和情感，赞赏他们点滴的创造并提供机会让他们共同分享、交流，使他们有更多沟通的平台。不能用成人的眼光和技能标准做衡量标准，要坚持儿童的作品与表现形式无"好与坏""对与错"之分的原则。用符合成人审美标准的评价体系评价儿童的作品是在用有形的"枷锁"铐住他们的思想，扼杀他们的天性。

儿童美术教育中教师教得多了损害学生的健康成长，教少了会出现空有过程的情况。因此，在教学中我们要树立正确的符合时代需求的教育观，完善并发现适合儿童特点的教学方法，重视各种活动策略的研究，全方位地调动儿童的活动的积极性，使儿童真正成为美术活动的主人，充分发挥美术活动应有的价值。

儿童美术活动中，美术教育的目的并不只在于教会孩子完成作品，而是使他们在创造的过程中变得更富有创造力，并将之应用于生活和将来的职业中，那么美术教育的重要目标就达成了。

浅析儿童美术教育中形象思维能力的培养

天津市红桥区少年宫　王　巍

近年来，校外美术教育的对象呈现低龄化趋势，有的儿童还不满4岁，家长就想让他接受美术教育。越来越多的人意识到美术教育对儿童的重要性，不少家长提到"画画能训练孩子的形象思维"，"美术能开发右脑发展智力"等等。确实，美术教育主要在于培养儿童的观察能力、形象记忆能力、形象思维能力、联想与想象能力、创造能力和造型表现能力以及审美能力。这些能力，主要是由人的右脑支配的。美术教育以形象的可视性、动手操作性、非语言的物质造型性和造型表达的情感性，对人的右脑智力开发与创造性的训练培养具有独特功能。

一直以来，在儿童美术教育过程中，重技能训练、轻能力培养的倾向始终存在。其实，能力的发展与技能的训练是互为支撑的，不能偏向于某一方，只有二者协调进行，才能发挥美术教育的最大教育功能。如何处理好能力发展与技能训练两者的关系，培养儿童的形象思维能力？笔者将几年的教学实践与思考分述如下。

一、观察能力的发展是形象思维的基础

观察能力是美术能力中的重要能力之一，通过观察能引导儿童更广泛地认识物质世界、不断地积累形象。英国文学家、政治家艾迪生说："我们一切感觉里，最完美、最愉快的是视觉。它用最多样的观念来充实心灵；它隔着最大的距离来接触外界的东西……它能分布到无尽数的物体上，能包揽最庞大的形象，能触摸到宇宙间最遥远的部分。"观察既有视觉对事物反映的直观性，又有比视觉更深的理解性，是培养儿童形象思维

能力的基础。怎样使儿童学会观察、养成善于观察的习惯呢？根据儿童时期比较注意事物外表的这一特征，首先选择一些儿童感兴趣且形象简明概括、特点突出的事物，带领儿童观察、分析，再给儿童讲解有关知识，激发儿童的绘画兴趣，使其在理解的基础上进行思维、加深印象；其次选择物象本身或物象间比例关系较明确的事物，引导儿童学会比较观察，再激发儿童的联想、想象，充分表达自己的情感，拓展思维的宽度；最后引领儿童学会将景物看成线条墨色、色彩画或黑白画等样式的画面，并对其构图、色彩、线条、形象等进行分析、概括和判断，培养儿童对形式表现及形式美的观察能力。由此可见，在观察中对形象的分析、比较和判断都有思维的积极参与，失去观察能力，形象思维能力便失去了基础。

二、"随意形的联想"是形象思维训练的有效途径

一条线（曲线或直线）从任意一点开始，通过任意缠绕、穿插，最后首尾相接形成一个随意形。之后，可以整体观察或局部观察，也可以从任何角度观察，所看到的形象像什么？由此产生联想，根据联想将形象添画完整，还可以用点、线进行装饰，这样一幅妙趣横生的绘画作品就诞生了，这就是"随意形的联想"（见图1）。

图1

这种绘画方式深受儿童的喜爱，操作起来儿童毫无心理负担。它的优势在于：第一，一条线的缠绕、穿插，儿童极易把握；产生的"随意形"可简可繁，由儿童自己决定。第二，"随意形的联想"绘画，改变了传统的认识几何形，并以此概括物体的绘画方法，突破了禁锢儿童思维、想象的樊篱，

为儿童的想象打开了闸门。同时也使我们认识到用几何形概括、表现物象的造型方法，不是唯一的方法；"随意形"可以更自由、更广泛地表现物象，是更容易掌握的造型方法。第三，"随意形的联想"绘画方法使能力培养与技能训练达到了完美的统一，既训练了造型能力，又发展了形象思维能力。第四，"随意形"不是普通意义上的形状，它的多样性能启发儿童联想，引发思维，还有助于培养抽象思维和设计思维能力，有助于儿童自觉对不同的课题进行创造性转化。如鼓励儿童把各种形态的线随心所欲地排列、穿插，跟随意识的转移和情绪的波动，跳越起伏，自由流淌，从无形至有形、从模糊到清晰，引发儿童展开联想，因形写景，即景生情，创作出极具独创精神的绘画作品（见图2）。第五，线是儿童绘画的主要语言，儿童自涂鸦期就会画线。抓住一条线的特点，及时启发儿童结合记忆中已有形象储备，大胆想象创造，完成一系列分析、比较、抽象、概括的思维过程，训练和培养儿童思维的发散性，扩大儿童思维的广度。

图2

"随意形的联想"分为画出"随意形"和联想、想象添画两部分，前者为后者奠定基础，而后者是该教学的重点。应该牢牢把握启发和引导这一环节，促使儿童展开想象的翅膀。添画是想象的表现环节，也是技能训练的重要步骤，同样不可忽视。经过这样的教学，儿童想象的闸门被打开了，由此可见，"随意形的联想"是培养儿童形象思维能力的有效途径。

三、"置换训练"开启儿童形象思维的闸门

将物象从常规中分离出来,与不相关的物象按事物的内在规律重新组合,形成意想不到的奇特效果,这就是"置换训练"。如《船·水》把船或水分离出来,并与其他物象进行置换——可以用铅笔等物象代替水,也可以用任何物象代替船。还有《伞·天空/小路/海洋》,用飞机、汽车、船等代替伞,而用楼房、糖果、尺子、钟表、手机等代替云朵、海洋、小路等,越是毫无联系、毫不相关的组合越有意思,以此来训练儿童思维的求异性。(见图3)。

图3

还有《奇异的镜子》(见图4),当我们照镜子时,有没有想过镜子中的自己被另一种物象替换掉?这种"置换训练"打破常规、重新组合,促使儿童逆向思维与发散思维的发展,使儿童从新的视角认识自然、认识世界,同时也在创造着自己的艺术世界,并享受着乐趣。

图4

四、创意写生为儿童开辟了形象思维的空间

一般意义的写生被视为是训练观察能力和造型表现能力的有效手段。其实我们完全可以利用写生的手段,来为儿童形象思维的发展开辟广阔的空间。鲁班由划破皮肤的带刺茅草产生联想,靠形象思维发明了锯子。如同发明家需要外界刺激和启发才能生发创造灵感一样,儿童也不例外。陈鹤琴先生说过:"小孩子喜欢画图并不是内心有一种天赋的冲动,而是受了外界事物刺激①。"水果、瓶子、鞋、帽子、台灯等生活中常见的物品都可成为刺激儿童感知觉,激发创造欲的媒介。在儿童对这些实物进行写生后,用基本形或基本形的组合引导儿童从各种角度进行观察、反复感知,打破原有的定性思维模式,大胆联想物象或事物。如:

有趣的手形——小兔、小狗、狼、马……

水果的组合联想——农庄、小屋、船屋、树屋……

瓶的组合联想——瓶子娃娃、小动物、建筑物……

眼镜和杯子的组合联想——老师与小女孩、企鹅、蜻蜓、青蛙、熊猫……

台灯的联想——机器人、淋浴器、卖水果的小兔子、猴子、小熊、小鸟……

头盔的联想——汽车、飞船、海豚、蜗牛……

联想给儿童的思维插上翅膀,放其冲出思想的樊篱,向着更加广阔的天空自由翱翔;联想是儿童未来灵感思维的先导,引领其在创作的乐园中,尽情欢歌,挥洒画笔编织自己的七色梦(见图5-6)。

图5

图6

---

① 《陈鹤琴教育文集》,北京出版社1992年版。陈鹤琴(1892-1982),是我国儿童心理学的开拓者,也是我国儿童审美心理发展研究的开拓者,著有《儿童心理之研究》《儿童绘画之心理》等。

五、丰富的想象是形象思维解决问题的重要方式

形象思维的任务是将思想形象化,将形象思想化、合理化、典型化、情感化,并建立起一个形象体系。美术创作的形象思维需要想象,"听故事画故事"就是通过再造想象来培养儿童形象思维的重要方式。古今中外各类童话、民间故事和传说无不凝聚浓郁的人文气息、蕴含形象生动的言语。引导儿童在用耳听的过程中捕捉能激发形象及色彩感觉的词句进行想象,通过分析、综合、归纳、概括、具体化等方法,在头脑中形成该事物的形象表象进而产生画面,再运用点、线、面、色彩等美术语言将其表现出来(见图7-8)。

图7

图8

这种类似游戏的形象思维过程,不仅促进了文学语言与艺术语言的相互转化,有利于左右脑协调发展,提高儿童智能水平,还使儿童在美术创作中接受教育、了解文化和感染人文精神。所以说,形象思维不单单是一种美术能力,它还是心理机能中重要的认知能力,能帮助儿童快速理解语言、增强语言表达的形象性,使儿童全面健康发展。人们常说"文学和艺术是相通的",其实它们之间的桥梁和纽带就是形象思维。唐代大诗人王维就是一个典型的代表,他在文学、绘画上皆有显著成就,被赞为"诗中有画,画中有诗"。

六、巧妙的创作构思是形象思维的集中体现

形象思维是运用已有的具体形象和大脑中的想象进行的思维活动,在艺术表现上是对形象进行分析、比较、综合、归纳、概括、推理、判断的

心理过程，是脱离观察的想象过程；艺术构思是立意为象的形象思维，是艺术创作者将从生活矿源中搜集的矿石进行冶炼，使其成为艺术品的复杂的脑力劳动过程。传说中强悍的人头马、古埃及威严的狮身人面像以及安徒生笔下可爱善良的小美人鱼，这些构思巧妙、新颖的艺术形象无不体现着其创作者异乎常人、无与伦比的独特思维方式。通过这些典型形象启发儿童展开联想、想象，也将人与动物结合起来，通过形象思维创造出一个独特的美的形象（这种美可以是形态美，也可以是力量美、威严美），从而完成整个形象思维的过程。此外，采用这种创造想象的方式，还可以把两种以上动物的特征组合在一起构成新形象，使儿童产生奇思妙想来达到发展思维能力的教育目的（见图9-10）。

图9

图10

我国传说中的龙、凤、麒麟还有女娲等都是创造想象的产物。据此还可以扩展更多的教学内容：《动物与植物的妙构》《人与昆虫的妙构》《冰箱与汽车的妙构》《鸟与树的妙构》等，都会产生新的、奇特有趣的艺术形象。这种奇思妙想的启发与引导不比在教师的要求下临摹现成的作品更有意义吗？

总之，形象思维能力的培养离不开对观察、记忆、联想、想象和造型能力的培养，也离不开技能技巧的训练。通过不同方式的绘画训练，既提高了儿童的绘画表现力，又培养了儿童的美术能力，还为儿童天马行空的创造思维提供了肥沃的土壤和轻松自由的环境。成功的美术教育是让儿童在美术活动中享受自我创造的快乐，通过形象思维能力的培养提高智力水平、全面健康成长。

如何守护孩子想象的翅膀和绘画的天分

——浅析评价在美术教育教学中的应用

北京市丰台区青少年活动中心　王晓珺

现在社会上的校外儿童美术培训机构越来越多。他们凭借自身的优势培养了大批的美术人才，获得了家长和社会的认可。但是校外儿童美术培训机构在教育教学中还是存在着一些"盲点"，本文分析了这些问题，并提出相关的建议。

艺术教育在今天的社会越来越受到家长们的重视，于是各种校外美术机构如雨后春笋般迅速崛起，很多的家长积极地把自己的孩子送到校外美术培训机构去学习。在当下，我们注重美术在教学目标上的制定，积极探索美术与其他学科的整合，经过努力我们也取得了一些成绩，但是我们似乎又忽视了什么。我们在积极地探索如何使美术活动更加新颖活泼的同时忽略了对美术教学和实践的评价。尤其是校外美术教育，作为教育事业的重要组成部分，其教学对象、教学内容、教学目的的特殊性造成其评价有着自己不同的个性和要求。但相对于这种特殊性而言，原有的美术评价体系就显得相对滞后，教师对学生美术作品评价容易走入误区。作为校外美术教育工作者，我想把自己多年来在美术教学工作中总结的一些经验和同仁们共同探讨。

美术作品的评价活动是教学过程中的一个重要组成部分。教师的评价能够激发学生的创新精神，使他们在美术学习、创作活动中能创造性地运用美术语言进行质疑和探索，并且通过多种实践活动来培养、提高自身的审美创造能力。美术教学是一种形象塑造与审美欣赏的特殊文化教育，它不但作用于学生艺术素质的提高，而且还作用于学生人格的完善。当今社会的竞争压力越来越大，家庭和学校对孩子的要求也越来越高，通常忽略孩子自身的感受和需求，所以学生在学习中形成了各种各样的压力，一提起学习就烦。而校外美术教育主要是学生根据自身的爱好选择的，所以容易调动他们学习的热情和积极性，在这里他们没有被完全压抑的个性可以得到充分的发展。校外美术教育的生源主要来源于社会各界的美术爱好者。学生的年龄、层次、所处的社会环境以及所掌握美术知识、技能和技巧存在很大的差异，那么面对这些不同年龄段、不同认知水平的学生，就要采用不同的评价方法。

一、在美术教学中不能用"错"来评价孩子的作品

在我的教学实践中经常可以遇到这样的问题：学生的绘画作品中往往充满奇思妙想和大胆的夸张变形，与现实生活有很多不相符的地方和科学错误，比如"汽车长出了翅膀""小朋友骑着自行车遨游太空"，等等。对于学生这样的作品，在家长看来就是一点不符合生活实际啊，哪有车长出翅膀的？山为什么是紫色的？水怎么会是粉色的？这与一些成年人认为非常科学的论断相左，往往对学生的问题要进行纠正处理。这就限制了学生头脑中自由想象的空间，使孩子的思维模式日益僵化。如果我作为教师自作聪明地给孩子解释什么是对，什么是错，那么对孩子想象力和创造力的培养就成了一句空话。美术学科同其他学科相比，科学类学科更重视准确性而绘画可以用夸张和变形、想象等手法将自己内心的抽象的情感形象化。在我们评价学生的作品时就要考虑到学生自身知识和经验的积累程度、理解能力上的差异等因素。只要学生能将内心情感在作品中表达出来，无论作品是否符合科学的标准，都要给予充分的肯定和表扬，以激发学生的学习兴趣。往往教师的评价，对于学生今后绘画的风格、兴趣培养以及想象力、创造力的提高影响都是深远的。

二、在评价学生作品时不能用"像"或是"不像"

在平时与家长交流时，家长们评价学生作品的时候往往就用"像不像"作为评价学生作品好坏的标准，我认为这种评价太片面、太主观了。孩子对于社会的接触比较少，对事物的认知能力与成年人有一定的差距，

但是孩子的内心世界丰富多彩，有着成人无法比拟的想象力和独特的表现方式。对于这些作品的评价，更应该注重作品的内涵，因为它所表现出来的是孩子的情感世界。教师不能一味地只注重技巧，不能用简单的像与不像作为评价的依据，否则培养出来的孩子，也许画出来的东西非常写实，但是长此以往，可能培养的结果单纯就是一个画匠而不是一个有着丰富情感的艺术天才。

三、不能用教师自己的喜好来评价学生作品

艺术对所有的学生都提出了挑战，无论是先天不足的还是天资聪颖的，每个人都能找到自己的位置，表现自己的能力。通过艺术学习及艺术创作，学生们得到了自我展示的机会。作为一名美术教师，首先要具备扎实的基本功和独特的审美观，但在评价学生作品的时候是不是以自己的审美观作为参照，要学生都向自己看齐呢？答案肯定是否定的。每一个学生作为一个个体都有自己的思想和情感，都有对于美的事物的见解和主张，不能简单地成为老师的复制品。对于我这样一个长期从事美术教育的老师来说，我所教过的学生有很多，如果把每个学生的兴趣和审美观都培养的和我一样，那么世界上岂不是多了成千上万个我了吗？美术学科同其他学科不同，美术教学过程的情趣性、表现活动的自由性和评价标准的多样性为创造活动提供了最适宜的环境。要最大限度地开发学生的创造潜能，就要重视实践能力的培养，使学生具有将创新观念转化为具体成果的能力。对于学生的美术作品，教师要充分地肯定优点，提出不足。主要目的是通过评价这种学习方式，学生的美术素养得到提高，让每个学生按照自己的个性向更高的艺术殿堂发展。

四、在美术教育教学中注重创作过程的评价而不只是看结果

艺术教育需要的是一个轻松的充满创新动力的环境，让走出紧张的学科类课堂的孩子真正地走进创想的天地。校外美术教育的生源主要来自社会各界的美术爱好者，学生学习时间长短不一，对美术技能、技法的掌握水平也参差不齐。如果用传统的"通过一次比赛获奖情况或完成一件作品的好坏"来决定一个学生的学习成绩，很显然，这种"一锤定音"的评价

不能全面反映学生的学习情况，对于学生的学习也没有促进作用。因此，在我的美术课上，我会尽量多给学生表现的机会，例如"说说创作思路以及介绍感兴趣的事、展示作品并分析作品"。只要是孩子大胆的想象，哪怕是荒诞离奇的想法，孩子投入较高的热情去画，哪怕画得不好，教师都要给予充分的肯定，只有这样学生才能保持较高的学习热情，在绘画过程中享受创作的的喜悦。我们应该关心学生学习的轨迹和改变情况，而不是最终的结果。

五、采用多种评价方式，增强评价的实效性

在多年的美术教学实践中，我经常会遇到这样的问题，有的家长会问："我的孩子学习怎么样啊？是否有绘画这方面的天赋啊？"在教学的最初，我也犯过错误，我直白地告诉家长一些技能技巧上的问题，结果家长和学生的积极性受到了很大的打击，往往有的学生就此放弃美术的学习。这种结果使我发现，作为老师来说，我简单的评价存在很大的片面性。为了解决这个问题，掌握每个学生学习的每个阶段、每一个进步的过程和不足，我通过制作学员档案记录下学员的点点滴滴。它包括学生学习时间、学生每一次的成长进步、学生作品反映出的个性特征和不足，同时定期举办学生作品展示活动，通过学生自评、互评、教师评语，为学生及时的自我总结提供平台。这时在美术活动室里学生就是老师，而作为教师的我也向孩子们学习了很多。经过长时期的实践，我根据自己的教学实际需要，着眼于发现和发展学生多方面潜能。艺术创作使学生得以化解郁闷的情感，实现自己在物质世界中的价值。艺术创作帮助学生寻找能够自我控制、自我构建的情感模式。鼓励艺术创作就促进了学生表现自我。

总之，在人们仅仅把学生的考试成绩看作教育成果，并且不遗余力地追求降低教育成本的大环境下，艺术因其目标不明确和耗时过长而处于不利地位。爱德华·费思克在《变革中的优胜者：艺术对学习的影响》一文中高度肯定了艺术的一些非学术性价值，这些价值是为严密的科学研究所证实的：美术教学具有情感性的教学特点，注重情感，以情动人，突出感受性，使学生想创新；要鼓励学生面对美术作品，善于表达各自的审美体验，注重内涵，突出表现性，使学生敢于创新；通过采用探索性、自主

性、发散式等多种学习方法，学生在实践中突出创造性，在实践中学会创新。我们在校外美术教育中本着保护学生的个性、培养学生的兴趣、提高学生审美和综合能力的目的，在评价过程中运用一切能用的方法和手段，我们的评价过程就不会出轨，它的作用才能真正得到落实。

少儿硬笔书法"四步练"教学模块的设计与实践探索

杭州青少年活动中心 戴春霞

一、"四步练"教学设计的缘起

(一)学生机械反复地练字成为常态

由于少儿阶段的学生年龄还小,自我约束与调节的能力较弱,所以容易对相对安静的书法练习缺乏足够的兴趣。纵观目前的书法教学,通常采取的教学模式是老师统一讲解示范后,学生就进入长时间练习,期间教师逐个指导。由于教师过于片面追求书写结果,训练方法又机械单调,导致学生贪多求快,常常流于应付的状态。事倍功半的练习,最终使学生产生反感与畏惧。

(二)老师面批指导量大质低

笔者所在的书法培训中心,学员年年在递增,2013年就已经达到近万人。因受现有师资和教室的限制,导致开设小班化教学的愿望越变越艰难。这对于一贯以来有面批指导习惯的书法老师来说,变得力不从心。固然,面批指导对学生书写技法的提升非常见效,但由于班级人数的增多,分配在每个学生身上的时间明显减少,甚至很难确保在课堂仅有的时间内顾及到每一个孩子的学练情况,所以教师若再不改革教学方法、精心策划学练环节、发挥学生的主观能动性的话,练习效果不会太乐观。

二、"四步练"教学设计的依据

(一)依据少儿身心特点

都说"练字即练心"。处在少儿期的孩子,年龄一般都在7-14周岁。

此时的学生好动活泼，有较强的好奇心和模仿能力，表现欲望强烈，喜欢互相评价，喜欢被肯定、被表扬，自我意识凸显，求新、求异思维显著，但自控力薄弱，注意力时间难以长久，所以不适合一味地机械化的训练方式。

（二）依据新课改理念

新课改倡导学生主动参与、乐于探究、勤于动手；强调教师角色由"居高临下"转向"平等中的首席"，注重培养学生学习的独立性和自主性。随着课改的这些新变化，书法教学也急需积极构建和维持有效的课堂练习状态，使书法教学焕发出生命与活力。

（三）依据"以学定教"的操作理念

"以学定教"要求教师的"教"是建立在学生自主学习新知，自主发现问题、提出问题和解决问题的基础上，教师根据学生在学习过程中生成的问题作为新的教学资源，作适时、适当地，有针对性地引导、点拨，以实现教学时间有效运用、高效运用，从而避免教学的低效和无效。

（四）依据"优化教学环节"的组合原则

"优化教学环节"指根据教学的总体目标，对构成教学过程的各个环节进行全面协调，选择最佳的组合方式，达到以较少的时间和精力取得最高效的教学效果。练习多固然好，但成效未必成正比。只有合理优化教学环节，才能实现有针对性地巧练、精练。

三、"四步练"教学模块的内容

所谓的"四步练"是指以说代练、自我演练、评中精练和赛中对练。整个学练阶段都体现了学生的主体性，注重过程性和自然生成性，有利于学生自主性、创造性、个性特长等的充分发挥。

（一）以说代练

在教师引导下的"以说代练"，不仅可以培养学生细心观察的良好习惯，帮助学生找到学习的侧重点，同时在师生共振中对训练学生的口头表达能力，锻炼其胆量和培养其自信等综合素养的提升来说也都很有意义。

（二）自我演练

依据不同的教学目的，自我练习的环节可以设置在"以说代练"之后即"先说后练",也可以设置在"以说代练"之前即"先练后说"。前者比较适合于低龄段的学生,后者比较适合于高龄段的学生。不管自我练习的环节如何设置,这都是一个学生练习情况自然生成的过程,从而成为即兴的教学资源加以展示与利用,教学的针对性更强、实效性更高。

(三)评中精练

除了有适当的教师评价,产生一定的师生共振外,主要使学生成为评价的主体,在相互点评中产生强烈的生生共振。这有利于增强他们作为学习主体的感觉和认识,使学习变成真正的自我行为。

(四)赛中对练

创造机会,让学生实现自我价值很重要。少儿在这方面的表现欲望又显得特别强烈,老师应该给予热情支持。这期间老师需要依据对学生的了解,帮助他们找到各自适宜的竞赛对手,使他们"心慕手追"。反之,将会出现"反正你比我写得好!""反正你比我写得差!"类似的"不在乎"与"瞧不起"等不和谐的效果。

需要阐明的是,这四个模块中前两个模块是并列的,可互换先后,后两个模块亦是如此,但前两个模块和后两个模块之间是隐含着教学的递进关系的。总之,每一节课最终采用怎样的组合形式展开练习,可根据所要达成的不同的教学目标来灵活制定。

四、"四步练"教学模块的实施

(一)各个模块的具体实施策略

1. "以说代练"模块的实施策略

(1) 说的时间

"说"可以安排在"练"前或者"练"后。"练"前"说",是基于首因效应的原理,引导学生不要急于动笔临写,要养成先读帖再临摹的好习惯。正所谓"察之者尚精,拟之者贵似"。"练"后"说",指一遍写完后不急于写第二遍,而是应将自己所写的字与字帖中的范字加以细致比较,找一找、说一说自己临写的不足处,即对薄弱环节引起重视,在第二遍临写时争取改正。这样的练习是富有针对性和实效性的,而"说"在其中就发挥了很大的功效。

（2）说的内容

最基本的有"三说"——说笔画、说笔顺和说结构。说笔画，既可以说说笔画的形状特征，也可以说说运笔的轻重、提按的变化等；说笔顺，其实就是用眼睛书空，因为笔顺正确与否将直接影响结构的摆放；说结构，指能说出字形结构的主要规律，便于记忆与运用。

2. "自我演练"模块的实施策略

不管自我练习的环节如何设置，在学生展开练习的时候，教师可让学生变换书写顺序来提高书写兴趣和质量。如：我们经常使用横向练习法，这样的方式利在熟能生巧，弊在容易使学生"麻木不仁"。所以在一段时间的横向训练后，可以尝试使用纵向练习，即打破常规的相同字自左向右横排连练，而是采用不同字竖式组合练习的手法。由于每次写的字是不相同的，所以会迫使学生不得不提高书写注意力，养成临帖习字的良好习惯。

3. "评中精练"模块的实施策略

（1）纵向评价

"自己和自己比"，主要形式是自我对帖纠错。纵向评价真正的意图是鼓励学生仔细读帖，将自己的学习情况做纵向的前后比较，从而发现自己进步的状况，培养精准临摹的好习惯。

（2）横向评价

"自己和他人比"，主要形式是给他人批改。横向评价是让学生充当小老师的过程，其实也是一次自我学习提升的过程。主要采取同桌交流、对手交流等展开"互评互纠"。实践证明，学生的不服输心理往往导致很"计较"评价的结果，所以笔者会要求学生在互评过程中相互间说一说评价的理由或示范书写给对方看，迫使一方要"胸有成竹"，而另一方听得、看得心服口服。这样的评价使学生在课堂上的注意力充分集中，会当堂动手改正，当堂树立形象，好胜心有益于激发内在的学习动力，迅速提升书写水平，进而形成一种"比、学、赶、超"的良好学习氛围。

4. "赛中对练"模块的实施策略

课堂上多展示学生的作品，多让学生到黑板上进行现场书写PK，给学生找书写对手交换练习等等，在教学中尽可能地留出时间和空间，让学生自主活动展现他们的价值。固然,"对练"的另一目的就是为了实践"关注学生间的差异"。教师在给学生找对手竞赛时,建议最好选择基础相仿的,使生生间"和谐共振"。如果是落差太大的组合对练,就会出现"好的吃不饱,差的吃不了"的现象,这是不利于发挥竞赛的积极作用的。教学,尤其在师生互动和生生互动时,学生的热情最高涨,激发其自觉地"心慕手追"最有效。其实我们要的就是这个进取的过程,至于书写结果的进步大小不是朝夕间更不可能在一节课中凸显的。

(二)模块组合运用时的实施原则

课堂是传授知识,培养学生学习兴趣的主阵地。而书法教学最离不开的就是练习,因此在"以生为本""以学定教"的理念支撑下,优化教学环节,遵循一定的学练模块组合的实施原则,合理、巧妙地组织好学练环节显得至关重要。

1. 灵活性原则

笔者已将这四个模块在书法的初级笔画教学、中级结构教学和高级篇章教学中都使用过,深受学生欢迎。如图1所示,该组合方式适合启蒙初级的教学班,学练的引导性强。因为此时的学生年龄小,又是首次接触书法,所以首先需要教师的引领,再进入实践练习为宜,即采取"先导后练,先评后赛"的组合方式。

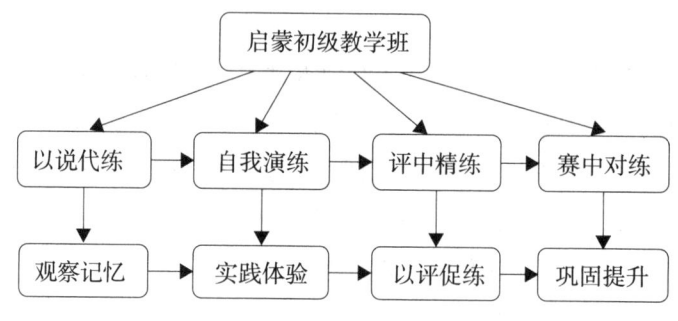

图1 先导后练,先评后赛

又如图2所示,该组合方式适合书法中高段的教学班,学练的针对性强。随着孩子年龄的增长,模仿能力明显增强,此时就可以采取"先练后教,先赛后评"的组合方式。先让学生动手试练,从中发现问题,生成新的教学资源,再展开针对性讲解,再练再评,巩固提升。

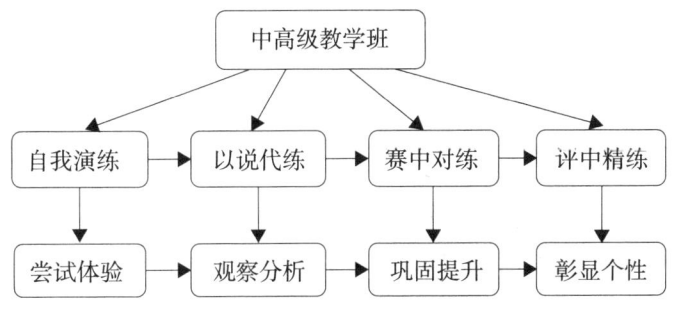

图 2　先练后教，先赛后评

正所谓学生力所能及的，教师避之；学生力所难及的，教师助之；学生力所不及的，教师为之。总之，模块的前后变化可根据班级学生的实际和教学内容的实际，灵活调整组合，并非一成不变。

2. 层次性原则

不管是从观察记忆到实践体验，到以评促练，再到巩固提升，还是从尝试体验到观察分析，到巩固提升，再到彰显个性，"四步练"教学模块的组合都具有鲜明的层次性。尤其是前两个模块进入后两个模块，更富含质的飞跃，如果视前半段是学练的"铺垫"，那后半段就是学练的"升华"。期间使用的教学方法和策略可以根据不同阶段的教学目的和教学内容不尽相同。

3. 趣味性原则

学书法不像学舞蹈、音乐、绘画那样生动，练久了会感到清苦乏味。这时教师要通过变换练习策略，如"换角色练习""换形式练习""以评促练""以赛促练"等，多元化地帮助学生重新拾回兴趣。教学中，教师只有激发起学生的学习兴趣，学生学习的思维活动才最活跃、最有效，才能写好字，收到事半功倍的效果。正如列夫·托尔斯泰所说的"成功的教学需要的不是强制"。所以，积极快乐的氛围是学生智力活动的能量和动力。

五、"四步练"教学模块的实施效果

在近两年的实践探索过程中，笔者可谓是认认真真地"摸着石头过河"，最后深切地感受到"四步练"的教学结果确实能激发学生的学练热情，在改变了传统书法教学形态的同时也改变了学生的学习方式。

（一）学生的学练意愿高涨

"四步练"学习氛围好。在教师的引导下，学生的学习兴趣得到了激发，教学中乐于参与，对学习充满兴趣和期待，学习意愿明显得到了增强。正如有学生课后对家长说："妈妈，上课时间过得好快啊！""爸爸，我今天比我的对手写得好，我获胜啦！"种种语言的表达，以及看到孩子们能高高兴兴地来培训，开开心心地走出教室，笔者以为"四步练"教学对激发学生的书法学习兴趣至少发挥了一定的正能量作用。

（二）学生的学练成效显著

在"四步练"教学中，学生的自我纠错、自信展示、互评互纠、勇敢质疑、你追我赶等优良的学习品质得到了培养，观察分析能力、口头表达能力、合作互助、欣赏他人等综合素养得到了提升，这将使他们终身受益。最关键的是，最不招学生喜欢的"高负荷"练习环节变得"有意思了"。因为"四步练"要求学生在练习时不再盲目与应付，而是有了针对性，有了努力竞争的目标，所以这样的练习往往是事半功倍的。

（三）打造了活力书法教学

因为整个教学把大部分的时间让给了学生体验、展示、竞赛和合作等，全程保障了各个层面学生的广泛参与，所以无论是学优生还是学困生，人人都能体验到书法学习的乐趣和成功的快乐。同时，"四步练"改变了学生的学习方式，变被动为主动，学生的主人翁意识得到增强，充分焕发出学习的活力，实现了高效教学。

（四）教师的教辅观念得到了重塑

在班级人数日益增多的书法课堂，要切实做到面向全体学生，这就需要教师尽可能地调动学生的积极性，发挥学生的能动性，来改变传统单调的教学与辅导。教学方法无好坏，关键是要会精心设计、恰当运用。教学中时间争分夺秒，"四步练"的教学模式，就是要求教师要善于铺设台阶，创设机会，运用各种教学手段和途径来及时了解学生的练习情况，并采取切实可行的措施进行调控和指导，使练习反馈达到了较高的效率。

常言道，教者若有心，学者必得益。教师要努力创建让每一位学生都有动脑、动口、动手的机会，真正把课堂还给孩子，让他们在积极思考中成长，在字字磨砺中进展，从而有效落实课堂练习，最终实现精讲精练，教学高效。

浅谈儿童水墨画的教学

——接受式和探究式学习在儿童水墨画教学活动中的运用

广西妇女儿童活动中心　毛修陆

一、儿童水墨画教学活动的目的和意义

儿童美术教育是人才素质的基础教育，它以促进儿童心身全面和谐发展为目的。中国画是一种具有中华民族特色的艺术形式，它蕴含了丰富的文化内涵。通过水墨画的教学，能够使儿童了解和热爱中国传统艺术，教学上既包括中国画一般的知识技能的传授，也包括审美、认知能力的培养和情感意志的发展。同时，通过水墨画的临摹和创作训练，一方面可以提高儿童利用传统国画材料作画的能力，拓宽其艺术表达；同时发展其智力因素，即发展儿童的观察力、记忆力、想象力、创造力和实践能力，陶冶他们的情感。另一方面，在培养他们的心理素质上也有多方面的作用，如增强其自信心、耐力、毅力，传承不怕苦、不怕累的精神，养成做事专注的习惯等。

二、接受式学习和探究式学习

人类社会的进步和发展，离不开继承与发展两大主题。这也是我们教育工作的主要内容。学生们在进行学习活动时，一方面被要求继承人类在发展过程中积淀下来的丰富的精神和文化遗产；另一方面被鼓励学会发现与创新。作为主要的学习方式：接受式和探究式正好是这两个主题的对应。所谓接受式学习，就是接受老师给定的学习内容（重结论）。探究式学习指的是老师以问题为引导，发挥学生的自主性，带着问题去学习（重学习的过程）。这两种方式各有其优劣，在具体教学活动中如何运用，决

定于老师所持的教学理念。

三、传统的儿童水墨画教学

（一）基本理念

传统的中国画教学活动基本上采用接受式学习的教学方式，以技法学习为主，同时讲授相关背景知识和文化含义，是知识型、继承式和重教学结果的。这是因为中国画经过历朝历代的发展和传承，已经积淀了许许多多的经典作品，而且它们所包含了丰富的形式样式、技术法则，蕴含了深刻的文化印记。接受式学习在一定程度上有利于学生从老师那里吸收经过组织的较为系统的有关中国画的知识和技能，并能尽快地掌握。

（二）教学方式

以临摹教学为主，基本上是老师示范，学生"依样画葫芦"。老师先出示范画并逐步分析，然后就具体的形式技法作详细讲解示范；学生按照老师的要求，规范执笔、沾墨、用水等进行临摹训练。如果在操作时某些环节处理不理想将被要求作重复的练习，最后完全达到要求，基本掌握形式要领。

（三）教学内容

根据掌握造型技法的难易程度来设置，以"循序渐进"为原则选取内容，大多数以传统的题材为主，如山水画的树、石、山等；花鸟画的荷花、梅兰竹菊等等。

四、传统儿童水墨画教学的不足

（一）教学模式

传统的水墨画教学活动，以知识为本位，以教师为中心。这种模仿型、灌输式的教学容易使学习过程变得枯燥乏味，削弱学生的创新能力，不利于艺术个性的培养，如果长期采用则容易导致学生学习上的被动和依赖，抑制其学习兴趣。

（二）教学内容

教学内容如花鸟、山水等，过于单一，有符号化、成人化倾向，容易固化儿童的形象思维能力，脱离他们身心发展的实际水平，既不符合教育目标，也不易被儿童接受。

(三) 教学方式

教学方式上是以老师为主体，多为灌输式，学生在学习上基本是被动式的。由于少年儿童的思维处于形象思维阶段，对于图形的东西特别敏感和好奇；但是，他们对那些有着特定内涵的专业技法还不太理解。如果过多强调技法，先入为主向儿童灌输，就会妨碍他们自己的观察和感受。

(四) 评价方式

评价方式重结果，其参照系基本上以老师的要求或范画为主，具有单一性、终结性。单一的评价方式容易抑制儿童的艺术个性和学习兴趣，使其产生沮丧的情绪，丧失学习的内在动力。

五、接受式和探究式相结合的"开放式教学"活动

每一种教学活动方式都有其特定的优势和适应性，也存在一定的弊端和不适应性，它们能否取得好的教学效果取决于我们的目的、实施环境条件或者教学方式是否恰当。

(一) 现代教育理念以人的发展为本，认为美术教学是一种认知活动和实践活动，应当注重学生学习的过程，他们的积极参与、自主学习和自我实现、自我发展是主要目标。

(二) 现代教育理念主张根据儿童的心理年龄的特点，合理设置教学目标。老师应该是学生学习的促进者和鼓励者。

(三) 创设良好的活动环境。把安静、严肃的教学氛围调整为轻松愉快、自由开放的活动场所。让儿童在轻松、开放的环境中开展学习活动，更加有利于他们的成长。只有这样，在老师合理的组织和必要的启发下，他们才能更好地探究问题和进行视觉创造活动。

(四) 在儿童水墨画的教学活动中，老师作为教学过程的主导者，应当尽量发挥接受式学习和探究式学习的优势，采用接受式和探究式相结合的"开放式教学"，提高儿童的参与程度，发挥他们爱游戏的天性，加强其主观能动性，达到促进儿童发展和提高的教学目标。

六、儿童水墨画"开放式教学"活动的实施方式

（一）教学内容

教学内容的设置可根据教学目标分阶段进行，在内容和题材上改变单纯的以传统题材如花鸟、山水画的教学。如在初级阶段，学习掌握基本的笔墨技法时，可相应地设置以点、线和水、墨等为主图式训练，目的是训练水墨画的造型元素：点、线的疏密、粗细、大小，以及水、墨的浓、淡、干、湿等的掌握应用。在中高级阶段，应该考虑到他们已经具有一定的作画技能，因此在内容上多选择学生感兴趣并与他们生活相关的题材进行教学。对题材内容的安排可以设计分阶段进行。

1. 人物关系（同学、家人、师长、自己……）。
2. 生活方面（娱乐、衣、食、住、行、游戏……）。
3. 社会环境（家庭、学校、社会生活、动植物……）。
4. 理想愿望（梦想、科幻、神话、寓言……）。

（二）教学方式

采用接受式和探究式相结合的"开放式教学"方式。在学习特定的知识点和笔墨技法时可运用接受式教学，但是必须增强其趣味性，改变以老师为主的灌输式的教学方式，让学生成为主体，多用互动、灵活的教学方式，提高其参与性，激发他们学习兴趣。教师在教学活动中是学生的"助手"，是观察者和引导者。教学手段方面，可以利用多媒体和其他较直观的方法对儿童进行感知刺激，引发联想。如实景、实物的观察分析，幻灯、录像的观摩，语言描述，联想，诗词，童谣，故事等方法都可以采用。

考虑到水墨画的工具、材料在掌握上有一定的难度，在技法学习阶段，可采取临摹——变临（发挥主动性）——创临（侧重点不同）等教学方式。在提高造型能力阶段，可以增加线描写生，可以选取静物——植物——动物——风景写生。

（三）评价方式

1. 老师主导

对作画过程、课堂表现和习作进行综合点评。在评价时应该以鼓励为

主，同时对儿童的童趣、个性予以保护，鼓励发扬优点。

2. 学生自评

要求他们对自己当天的表现做出评价，使其能进一步认识自己，了解自己的优点、缺点。

3. 学生间的互评

在互评中提高，也能在互评中增加学习的兴趣。

（四）展示方式

1. 自制作品集

引导、鼓励学生收集自己的作品，并进行拍照存档，按照作画时间的先后编辑、粘贴成册，要求每幅画加上自评的话语。这既能锻炼他们的自评能力，提高学习的兴趣，也能让其获得成就感。

2. 班级小画展

以班为单位定期举办作品展览。老师引导每一位学生挑选2－3幅作品进行装裱，然后集中展览，邀请其他班的同学、老师和家长来参观。

3. 定期组织学生参加一些书画比赛，以赛促学。

4. 以某节日为题或同一题材，开展一些比赛活动。通过这样的比赛活动，培养学生观察生活，收集、整理资料，进行水墨画创作的能力。

总之，实施接受式和探究式相结合的儿童水墨画教学活动，能够让儿童体验到学习过程中的快乐，进而激发学习水墨画的兴趣，培养其审美情趣；同时，通过合理设置教学内容，进一步拓宽水墨画的表现形式，提高他们的艺术素养，从而达到既定的教育目标。

美国少儿舞蹈教学中的德育渗透及启示
——基于"舞向未来"中美合作项目的教育实践

中国福利会少年宫　陈　杨

引言

2011年8月起,中国福利会少年宫与美国公益艺术教育机构全美舞蹈协会(National Dance Institute, NDI)、上海市闵行区教育局合作,在闵行区普通中小学开展"舞向未来"艺术教育实验。这一中美合作的宫校衔接项目通过课程教学、演出交流等活动,让舞蹈零基础的孩子在艺术学习中获得自信与快乐,增强想象力、进取心与团队协作等品质。项目实施三年多来,NDI资深教师先后七次来沪示范教学、培训教师,项目组也三次派出教师赴美学习。老师们不仅在NDI接受培训,还走进PS130、PSis232、Hunter College Campus School等纽约公立中小学舞蹈课堂观摩学习。在密切的交流互动中,我们得以了解美式舞蹈教学渗透德育的目标、途径与方法,获得启示,并在"舞向未来"21所实验学校中进行尝试。

20世纪80年代末兴起的"新品格教育"在美国基础教育领域影响深远。"新品格教育"所提倡的公正、礼貌、责任等道德品质,一直是美国中小学的德育追求,其主张的德育内容与形式转变——从灌输美德知识到培养人的德性,从直接德育课程到各科教学间接渗透,也仍然指导着各学校的课程教学。[①] 美国在少儿舞蹈教学中渗透品格教育,正是受此影响。作为中美合作教育项目,"舞向未来"以我国少年儿童德育核心目标为指

---

① 冯增俊:《美国小学德育课程模式历史转型及启示》,《教育研究》2003年第12期。

导，借鉴美国少儿舞蹈教学渗透德育的途径与方法，形成了自己的德育特色。

一、德育目标具体、外显、适龄

"舞向未来"的德育总体目标分为两个层次：个性人格目标、社会人目标。个性人格目标包括积极进取、自信乐观、敢于想象和创造等。社会人目标包括诚实守信、遵守集体规则、学会感恩、尊重和欣赏他人、关爱和帮助他人、团队合作等。

在教学过程中，"舞向未来"德育目标更为清晰具体。若将德育目标分为道德理想、道德原则和道德规则三个层次，则"舞向未来"的德育目标以道德原则和规则为主。因为参与"舞向未来"课程的多为小学生，因此德育目标强调道德底线，以良好的行为习惯养成为主，不过分拔高。此外，"舞向未来"的德育目标不仅包括道德认知和道德情感，还指向外显的道德行为，并从学科特点出发，与舞蹈教学紧密结合。

以"学会感恩"这一目标为例，"舞向未来"课堂上，学生在老师的引导下，不仅要理解为什么感谢舞蹈和音乐老师、观众，以及自己，还要用语言和肢体动作表达出来。"尊重和欣赏他人"则具体为不嘲笑同学的错误动作、鼓励同学挑战自己、为同学的进步鼓掌。

二、德育渗透途径多维、多样

（一）设置特定教学环节

"舞向未来"课堂分为四个教学环节：热身舞、复习、新授、再见舞。其中2分钟左右的再见舞环节，设置的目的是让学生学会感恩与表演礼仪。学生在教师带领下，每节课用不同的肢体动作感谢老师的教育，感谢观众的欣赏，感谢自己的投入。当学生大声说出"谢谢老师"时，教师也会积极回应："谢谢舞者"，感谢学生热情的学习和展示，以及对老师教育工作的支持和肯定。

这一教学环节成为每节课的固定仪式。它形成了和谐、美好的德育情境，让惯常羞于表达的师生融入其中，以充满感情的语言和舞蹈艺术的形式，实现了有效的交流和相互影响，养成了思感恩、重礼仪的习惯。

（二）制定并维护集体规则

美国少儿舞蹈课堂教学通常在第一节课就约定集体规则，"舞向未来"也同样，在学期初让学生明确课堂规则。这样的规则通常包括：准时上课、认真投入、不交头接耳、不惧怕错误（个别动作错了不必停下，可以继续跳下去）、不放弃自己、不嘲笑同学等。明确的规则让学生形成了一定的自我约束。但由于学生年龄较小，在实际教学中，难免会有不合规的行为。"舞向未来"强调教学环节自然衔接，不随意中断。然而当学生破坏规则，对德育目标形成不良影响时，教师可视具体情况暂停教学，利用自己和集体的力量维护规则，引导学生步入正轨。

如嘲笑同学不协调或错误的舞蹈动作，这是"舞向未来"视为"严重"的违规行为。教师会重申集体规则的严肃性，并通过幽默夸张的"情景重现"让学生理解，嘲笑不会让同学变好，只会让他们变得不自信，这样伤害了同学也影响了团队。

（三）树立道德榜样

少年儿童具有"向师性"的心理特点，倾向于模仿、学习教师的言行举止。根据这一特点，美国"新品格教育"重视教师的作用，强调教师成为"关心者、示范者和指导者"。[1] "舞向未来"也将教师自身树立道德榜样作为德育渗透的必要途径之一。简而言之，就是要求学生达到的德育目标，教师首先要做到。

如对应学生的诚实守信，教师在教学中要遵守"诚实反馈"原则。"舞向未来"的学生评价以鼓励为主，强调及时肯定学生的每一个进步。但正面评价并非无原则的一团和气，对于学生的错误和不足之处，也要求以温和、幽默的方式及时指出。

"舞向未来"要求学生的舞蹈充满热情，首先要求教师在课堂上十分投入，以自己的激情带动学生的热情。几乎每一节"舞向未来"课上，老师们都是汗流浃背。

"舞向未来"要求学生尊重他人，更要求教师尊重学生。由于"舞向

---

[1] 郑富兴：《德育情境的建构——美国20世纪90年代中小学校的品格教育实践》，《比较教育研究》2001年第4期。

未来"面向舞蹈零基础的儿童，不选拔、不考试，各种身体条件的学生都可以参加，因此课堂教学需要教师付出更多的耐心。无论学生表现如何，教师都必须积极应对，不急躁、不斥责、不放弃。

（四）营造良好集体氛围

对中小学生而言，同龄伙伴形成的班集体有着重要的教育影响。美国道德教育学者里克纳曾提出著名的品格教育十二策略，其中包括"在教室里创建一个道德共同体"。[①] 对"舞向未来"而言，营造民主、轻松、自律的集体氛围，是实现德育目标的途径之一。而团队游戏是"舞向未来"集体建设常用的一种方式。

如最受师生欢迎的分组游戏，一般将全班学生分为3-4个同质小组，教师设置情境（如冒险岛、沙尘暴、海底世界等），每个小组自取组名，根据教师的要求分别完成不同的舞蹈动作，并且跟随现场音乐变化更换舞蹈动作、调整速度，并互换小组位置，跳错的学生自觉离开小组，几个回合后音乐停止，留下人数最多的小组获胜。游戏中小组间适度对抗，小组内紧密合作，而无论哪一组获胜，全班都会热烈鼓掌祝贺。在欢乐的气氛中，集体凝聚力得以增强，学生也不断实践着自律与协作。

三、德育渗透方法独特、有趣

（一）旋转教室

在学校日常学习生活中，学生往往会因学业成绩、身高相貌等被分类、排序。在舞蹈教学和表演中也是如此，前排位置常常属于相貌和技能技巧突出的学生。"舞向未来"强调每个人都是平等的，都可以是主角。为实现这一目标，课堂教学中采用"旋转教室"的方法，即教师在教室东西南北四个方位不停转换，让每个孩子都有机会站在前排，得到老师和同学的关注。

（二）教室即舞台

学生获得成就感与自信心，是"舞向未来"重要的德育目标。为此，

---

① 郑富兴：《德育情境的建构——美国20世纪90年代中小学校的品格教育实践》，《比较教育研究》2001年第4期。

"舞向未来"课堂教学重视创设情境,将教室变幻为舞台。如学生展示组合动作前,教师对着空气"拉开序幕",带领全体同学拍打膝盖制造"开场鼓点",让学生时刻感觉自己在舞台上为观众表演。而"台下"的同学作为观众,也会为"台上"的精彩表演鼓掌喝彩。

(三)角色扮演

"舞向未来"创设的德育情境还包括特定角色扮演:"小老师""小保镖"。对于扮演这些角色的学生来说,他们承担老师和同学赋予的使命,帮助他人,增强责任感和自信心;对于被帮助的孩子而言,集体的友爱和支持激励着他们积极进取。

"舞向未来"课堂上,一个新的舞蹈动作完成教学,教师通常会邀请学生在全班面前展示。完成情况较好的学生可以当"小老师"做舞蹈示范,带领全班同学一起练习。没有把握独立跳好的学生也可以举手,邀请同学做"小保镖",和自己一起展示。

(四)少说多做

少年儿童每天在学校面对大量的教师讲授,教师过多的言语容易使学生倦怠,对新信息的敏感度降低,学习效率也随之低下。"舞向未来"要求学生注意力集中,养成高效、投入的学习习惯。这一目标的实现首先从教师的有效教学开始。"舞向未来"课堂坚持"少说多做"的教学方法,即教师充分运用肢体语言、现场音乐伴奏推进教学,尽可能少说话。为此,"舞向未来"以特定的手势指代课堂教学中常见的动作要求。如右手食指、中指竖立在左手手掌,代表学生站立,平放则表示学生坐下休息,等等。

(五)自我创编

"舞向未来"鼓励学生想象和创造,在课堂教学中给予学生创编的机会。每学年,"舞向未来"各合作学校都有统一的教学主题,如 2013 年是"四大发明",2014 年是"美丽中国·少年梦"。围绕这些教学主题,少年宫指导各学校设置不同的教学内容,创编各具特色的舞蹈动作。学生也不同程度参与到创编中来,他们可以自编 2-4 个 8 拍动作,可以修改老师编好的动作,也可以按照自己的理解给老师编的动作取名。如上外闵行实验学校将学生自编的"模特舞"纳入了课堂教学,浦江第一中学的学生则轮流在每节课的热身环节,带领全班同学跳自己编的舞蹈动作。

四、在少儿舞蹈教学中渗透德育的启示

(一)制定适切的德育目标

适切的德育目标应满足两个条件:目标的高度合适,学生可通过学习活动达成目标;目标清晰、具体,是否达成可评价。

我国基础教育在思想道德要求上一向坚持高标准,习惯于严格要求学生,往往认为坚持的标准越高,就显得对学生越负责任。[①] 而实际上脱离学生年龄特点、生活经验的德育目标不仅难以实现,而且对学生有害,养成学生口是心非、虚与委蛇的不良习惯。因而首先要根据学生道德理解与行为能力现状,分学段制定层级上升的德育目标,然后在舞蹈教学中对照相应目标进行德育渗透。

德育目标还需清晰、具体,可评价。要做到目标可评价,首先要使目标全面,不仅包含内隐的道德认知、道德情感目标,还要有外显的道德行为目标。以"团队合作"这一目标为例,学生不仅要知晓合作的意义和技巧,愿意融入团队与同学合作,还要在舞蹈学习和表演中体现出来,如加入团队的讨论,根据团队要求扮演相应的角色,完成约定的动作和队形变化,庆祝团队的成功,鼓励、安慰团队中失败的成员,等等。

(二)尊重学科特性,不泛化德育

艺术教育引导人向美向善,与德育有部分相通的目标。我国古代"美""善"并举,"礼乐"合一,直至近现代,美育的独立地位尚没有得到足够重视,很多人认为艺术教育只是实现德育的媒介和手段。[②] 在这样的传统影响下,德育被泛化,艺术教育成为"载道"的工具,内容的选择和教学的开展常常围绕着德育目标。

而要使艺术教育与德育在融合的同时又保持独立,就需要尊重舞蹈等学科本身的特性,根据学科教学自身的规律,选择合适的途径和方法渗透

---

① 黄向阳:《德育的层次与重心》,《思想理论研究》2008年第8期。
② 郭声健、殷瑛:《廓清艺术教育与德育的关系》,《湘潭大学学报》(哲学社会科学版)2007年第7期。

德育。应以舞蹈艺术的形式,让学生在美和快乐的体验中,潜移默化地形成良好的道德品质。

(三)民主轻松的教育环境与道德约束相统一

我国无论学校教育还是校外教育,一般都有严格的纪律、积极向上的文化氛围,对学生有着无形的约束。这种约束具有重要的德育价值:"当学生回答问题前先举手的时候,就懂得了礼貌的价值;当他们准时到达教室的时候,就懂得了守时的价值;当他们听到教师强调好与坏、正确与错误之间的区别时,就了解到良好的判断的价值。"[1]

然而当前我们的教育活动往往约束有余,民主不足。教师应引导学生理解、认可纪律,带领他们共同制定规则,否则学生很难将道德约束内化。而长期依赖他律的学生一旦失去监督,很容易出现越轨行为。此外,营造民主轻松的教育环境,还有利于融洽师生、生生关系,增强学生对集体的爱和归属感,提高德育渗透的成效。

---

[1] 吴维屏:《美国新品格教育及对我国小学德育课程实施的启示》,《外国中小学教育》2009年第11期。

浅谈少儿舞蹈教学活动中的身韵训练

杭州青少年活动中心　茅园园

在平时的少儿舞蹈教学活动过程中，笔者发现，少儿舞蹈不能单纯地以只教动作为目的。如果在教学活动过程中不注重情感的表达，舞蹈作品与动作就会变得生硬、机械化。但如果只一味地要求学员的表情夸张的话，学员往往只能照搬教师的要求，没有办法做到有感而发，由心而出，真情流露。所以，笔者认为，在少儿舞蹈教学活动中，适当加入中国古典舞身韵的训练是非常必要的。

由于少儿舞蹈教学的对象是少年儿童，所以在身韵训练上绝不能按照成人那样的方式进行训练。在指导思想上，不是功利性地把他们培养成小舞蹈家，而是在教学活动中丰富他们的形体思维，美化他们的心灵，让他们更好地成长。在身韵训练中，教师应当按照客观规律，引导少儿积极主动地学习知识和掌握训练的方法。

一、身韵的概念

身韵是中国古典舞的教学成果之一，北京舞蹈学院教授唐满城在自己的著作《中国古典舞身韵》中写道，身韵即"身法"与"韵律"的总称。"身法"属于外部的技法范畴，"韵律"则属于艺术的内涵神采，它们二者的有机结合和渗透，才能真正体现中国古典舞的风貌及审美的精髓。古典舞身韵的重要表现手段，是"形、神、劲、律"的高度融合。

（一）形：一切外在的、直观的动作、姿态、动作与动作之间的连接、姿态与姿态之间的过渡路线，凡是一切看得见的形态与过程都可称为"形"。

（二）神：泛指内涵、神采、韵律、气质，也可以说是整个舞蹈的灵魂。

（三）劲：是指内在节奏处理和有层次、有对比的力度处理。

（四）律：包含动作自身的律动性和运动中依循的规律这两重意义。

"形、神、劲、律"作为身韵的四大动作要素，它们的规律是"心与意合、意与气合、气与力合、力与形合"。换句话说，就是"形神兼备，身心并用，内外统一"。

二、少儿舞蹈教学活动中身韵训练的目的与重要性

身韵训练由"形、神、劲、律"四个不同而又不可分割的方面组成，不仅是完整独立的训练体系，还是训练、表演、创作相互统一的古典舞蹈审美特征体系。在少儿有一定舞蹈基础的前提下，身韵训练可以提高他们的舞蹈素质能力，达到"形神兼备，身心并用，内外统一"的效果。舞蹈教学中，教师要根据少儿生理和心理的特点，在身韵训练过程中培养并挖掘少儿学习舞蹈的兴趣和热情。

因此，在少儿舞蹈教学中加入身韵训练是有必要的，也是非常重要的。

少儿舞蹈教学中身韵训练的重要性有以下四个。

（一）让学员的舞姿更加优美，更加完整，动作与动作的连接自然、通顺。

（二）让学员的眼神更加丰富、具体，"有所看、有所指"。

（三）让学员的舞蹈动作充满张力，"动静结合、快慢有秩、张弛有度"。

（四）让学员的舞蹈蕴含呼吸与情感，更加连贯，充满情节性，成为自然而然的情感流露。

综上所述，通过系统的身韵训练，最终使少儿在表演时，动作连接自然，舞姿线条生动流畅，气息更加连贯，眼神表情收放自如，在舞动中表现出天真无邪、纯洁自由的生命姿态。

三、如何进行少儿舞蹈教学活动中的身韵训练

根据身韵在少儿舞蹈中的重要性，我们主要以"形、神、劲、律"来对学员进行训练。根据少儿舞蹈天真、活泼的特性，汲取古典舞身韵中适

合少儿或值得改编的内容，对学员进行针对性地指导。通过先教简单的动作，再加入"预上先下、预左先右"的呼吸韵律，让学员由浅入深、循序渐进地了解身韵，最终达到形神兼备，内外合一的身韵目标。

（一）对"形"的训练可分为许多方面，最简单的是先从单一的身体部位来进行

如单一的手、脚、臂、肩、背、胯、肘、腿的训练，对每一个单一动作的名称与路线进行说明与教学。我们这里着重对"手形、手位"作一个具体的说明。

"身韵"是中国古典舞最具有独特性的动态语言、最具独特风格的表现手段，是中国古典舞教材及训练中一个重要的组成部分。基本手位在中国古典舞舞姿中，是基本的舞蹈"语言单位"，在传情达意方面有着极为细腻的表达方式和动人的艺术魅力。

在少儿舞蹈教学活动中，经过一系列古典舞手位的认识与练习后，学生上身舞姿的优美性有了明显的提高。在训练中我注意到了分解训练与整体训练的关系，采用的是示范法和对比法，通过对手指、手腕、手肘、肩关节的逐一练习，使学生明白各个关节在运动过程中不同的作用。如，肩的柔韧、敏捷，它所需要的是幅度和力度，肘的承上启下，腕在手掌形式上所表现出的令人眼花缭乱的魔力，以及贯穿到末梢神经的手指训练的意义。

明确基本的元素，使孩子一出手就能兰花掌、山膀、按掌、托掌。这样单一的练习需要经过一段时间的打磨，把手位练习编成组合，每次教学活动抽出十分钟练习并巩固，而且每次练习我都会提出新的要求，如兰花掌，中指指跟用力向外推，拇指伸直靠拢中指，其他三指伸直上翘，使手指造型更加优美、修长，手的动作更为清晰。只有打好静止造型（手位）的基础，才能在流动变化的舞姿中，与身体其他部位完美配合，使同学们更能体会到古典舞基本手位在舞蹈中的重要性，明白"台上一分钟，台下十年功"这句话的含义。

在这一过程中，我认为还要注重为同学们提供更多展示机会。比如，邀请学生逐一上台表演，让台下的同学当"小老师"，指出他的优秀及不足之处。表演的同学能意识到自己的问题，"小老师"们更能从同伴的表演中取长补短。

中国古典舞基本手位是古典舞舞姿教学的基础。在教学中，在手位训练上决不能按照成人那样的方式进行训练。我们应当按照客观规律，从孩子的角度出发去诠释各个动作的来历，更童趣化、生动化地引导孩子积极主动地学习知识和掌握训练的方法。在教学中丰富他们的形体思维，美化他们的心灵，用语言的描述、意境的创造，并设定情景带他们进入想象空间，去完成这"单一"而又"丰富"的手位训练。

在教学活动过程中，舞蹈教师的示范往往直接影响着学员动作的"形"。教师示范动作清晰、完整、优美，能极大地激发学员的求知兴趣。在教学"形"时，教师可在传统古典舞身韵的基础上，结合少儿舞蹈的趣味性，增添儿童性、趣味性、由浅入深、循序渐进，逐渐深化。

（二）在"神"的教学中，教师应切合实际情况，从少儿出发，对"神"的训练，可从最浅显的眼神开始教学

面部表情中，眼睛的应用在少儿舞蹈的表演中极为重要。它充分体现了少儿舞蹈所特有的气质和神韵，是舞蹈审美中不可忽视的重要因素。在日常舞蹈教学中，有时孩子们对眼睛的运用几乎处于自然状态，不会有意识地去表演。眼睛是表达人物内心情感变化的手段和工具，"画龙点睛"就是比喻眼睛所起到的传神的重要作用。

尤其在少儿舞蹈启蒙教学阶段，对眼睛的训练必须打好初步的基础，才能为以后的运用养成良好的习惯，并且始终贯穿在头、眼及整个身体各部分运用的整体配合中。在少儿舞蹈教学中，学生们只注意动作的模仿，忽略了内在情感的体验，有的学生在表演中会产生表情淡漠、眼睛无神、内心空荡的状况。通过眼神的训练，让学生了解什么是舞蹈表现力，从而开始学会用自己的面部表情来表达舞蹈情感。

在教学活动中，首先要培养学生的主动性。孩子是教育活动的积极参与者而非被动接受者，所以通过不同方式的导入，不仅是让学生认识到舞蹈表演的各种方式，更多的是让学生化被动为主动，如有一部分孩子会跟着模仿、运用眼睛表情，就达到了我初步的目的。当学生能够主动融入教学时，就能更好地表达内心的情感，全身心地投入到特定的情境中，从而达到眼神训练的第一步。眼神主要是训练"张"与"弛"的能力，要求眼睛快速而准确地找到视觉焦点。通常我请孩子想象："看住一个点，那里

有一朵美丽的花儿,你用眼睛在欣赏它。"这是一个眼睛"点"的练习,也就是亮相。通过这种放光和缩光的练习,达到眼睛收、放神的表演效果,这两者练习还要交替进行。我在少儿舞蹈教学活动中是这样训练学生的眼神的,如《葡萄熟了》组合,设定一个场景,包含了聚、放、凝。我会让孩子们在葡萄架上找到一颗紫葡萄,这时候我告诉这个眼神在舞蹈当中称为聚;当看到一颗大葡萄,他们要瞪大眼睛,盯着这颗大葡萄,是凝。慢慢地我们走出来看到一大片葡萄园时,这个眼神是广阔的,是放。在教学活动中着重运用眼神练习来训练,使其收放自如。

其次,教师语言的激发也很重要。在教学活动过程中,我尽量用有感情的语言和动作去启发学生,并用我的眼睛表情来打动学生,调动学生的积极性,使学生都能掌握用眼睛来表演,并全身心地投入其中,感受到学习舞蹈的乐趣所在,并同时得到舞蹈知识、技能的积累。

眼神的训练是少儿舞蹈教学活动过程中的基础部分,也是不可缺少的一部分,教会学生眼神的收、放,以及点(亮相),让他们更好地运用到舞蹈当中,为演绎出完整的舞蹈作品而打好扎实的基础。

(三)在"剧目"的教学中,应着重强调呼吸在这之中起到的重要作用

呼吸在舞蹈中是随着动作性格及节奏变化而有深浅、长短、暂停与延伸的区分。意虽然看不见,但是直接反映在气的运用上,也就是"以意导气"。以意念去控制呼吸的运用方法,使呼吸与动作紧密结合。这种呼吸与在生活中自然状态下的呼吸是不相同的,它需要控制(《中国古典舞身韵》女班教材)。在实际教学中,教师可按具体内容作出分析,进行教学。如剧目《我和月亮说句话》,笔者先对学员进行了最基本的提、沉、冲、靠、旁移、含、腆等元素练习,在教学活动中着重说明了呼吸的运用,所有动作都是人自由呼吸的自然形态,将呼吸运用到身体各个部位,用"气"带动作,变幻出动作的高低起伏,节奏的快慢变化,呼吸的急缓,引导学员舞姿尽量伸展流畅。完成单一元素的教学之后,再进行剧目的排练,动作清晰,轻重缓急分界明显,情感流露真实自然不机械。达到了心与形的统一配合,使整个剧目生动活泼,跳跃灵动。

(四)"律"既指节奏,也指身体的韵律

音乐有快慢、长短、起承转合,在舞蹈中一样需要有所体现。在平时

的教学中，应适当加入节奏变化丰富、音乐转折明显的舞蹈组合进行训练，并对动作安排的疏密、幅度的大小、动作线条的曲线流转着重强调。舞蹈教师是教学活动的组织者与引导者，在少儿舞蹈教学中应采用少儿喜爱的形式，如在舞蹈练习的过程中配有好听的音乐、歌谣等，寓教于乐，让少儿渐渐领悟到动作规范和舞蹈要领，从而达到舞蹈训练的目的。在进行身韵训练中，采用少儿所熟悉的亲切活泼的音乐，可有效地加大少儿学习舞蹈动作的积极性，使少儿在舞蹈和歌曲带来的友好欢快的氛围中，经过潜移默化的影响，掌握学习的内容并通过动作表达舞蹈的神韵或者是通过神韵来带动作，化被动接受为主动学习，还能享受到舞蹈带来的身心愉快的感觉。

四、少儿舞蹈教学中身韵训练的注意事项

由于少儿舞蹈教学活动的对象是几岁到十几岁的少年儿童，其心智还不成熟，不能按照成人那样进行理论的大量化训练，所以在少儿舞蹈教学中要注意以下事项。

（一）明确少儿学习舞蹈的目的

随着少儿舞蹈培训机构的增多，各种形式的少儿舞蹈比赛数目也不断增多。有的家长认为孩子参加舞蹈比赛是件很有意义的事情。虽然有好的初衷，但是有的培训机构利用了家长的这种心理，反复让孩子们参加比赛，没有得奖就没有好的交卷。长此以往，必然引起恶性循环，受害的往往是孩子。舞蹈教学作为一种审美教育，是培养少儿的舞蹈表现力、创造力、鉴赏力的教育活动。在指导思想上，绝不是把他们培养、训练成小舞蹈家，更广泛的意义是丰富他们形体的思维能力，美化他们的心灵。

（二）选择舞蹈动作，由简到繁，循序渐进

由于少儿的各个方面都在成长，这就需要舞蹈教师编排舞蹈动作时，考虑到少儿的生理和心理特点，有计划、有步骤地提高和加强舞蹈动作的编排。可先从最基础的舞蹈动作练习，在少儿掌握舞蹈要领之后，再渐渐加大难度，使少儿有适应的过程，同时要不断提高学习舞蹈的自信心和满足少儿渴望接触新事物的心理。简单的动作并不是枯燥乏味，要重点突出舞蹈动作的身韵特点，做到神形兼备、内外统一。教师示范的动作要具有

美感，激发少儿舞蹈练习的求知欲望。如身韵训练中"形"的训练，以传统动作为依据，增添其趣味性，由浅入深，向上发展。

（三）身韵训练中应加强与少儿情感的交流与沟通

少儿舞蹈教学活动的过程是双向互动的，其中教师居于主导地位，目的是提高少儿的舞蹈水平。身韵训练中，教师要重视与少儿进行情感上的交流与沟通，充分调动少儿的训练积极性，坚定学习舞蹈的信念，使其敢于克服困难；同时提高他们对教师的信任度和认同感，使他们更能接受并学习教师所传授的舞蹈动作。例如在教学中，教师在做出身韵训练演示时，以简洁明快、通俗易懂的方式向少儿讲解，并结合动作、表情及道具，更能生动形象地表达教学内容，让孩子得到启发，带动他们学习训练的积极性。

（四）动作的纠正

少儿在舞蹈教学活动的身韵训练中，不可避免地出现舞蹈动作上的错误。如何纠正这些动作，教师要有计划、有重点、有目的地进行，不能在训练中看到什么就纠正什么而造成教学的混乱。要及时找出错误原因，从根本上纠正动作。在对重点动作的纠正过程中，把重点纠正对象当作范例给他们留下深刻印象，并使他们能够从他人的错误中汲取经验，在教师的纠正与指导下自觉纠正自己的动作。一边训练一边提示，在纠正了动作的基础上，为了加强巩固，教师可在少儿练习舞蹈过程中做好提示，口头提示的语言要精练，有目的性。

五、结语

身韵是身法与韵律的总称。身法属于身体舞动的技巧范畴，韵律则属艺术的内涵，所以在少儿舞蹈教学活动中的身韵训练要把训练身法与陶冶神韵有机结合，体现舞蹈的神韵和风采。

在少儿舞蹈教学活动中进行身韵训练时，要根据少儿的身体与心理特点，按照客观规律制订相应的训练方法，使他们领悟舞蹈身韵的"以神领形，以形传神"的本领，从而增强少儿的身体柔韧性、控制力度、协调能力、灵活程度、力量与耐力等多个方面，最终使基础能力、技巧、舞姿、动律、节奏有机完美结合，提高他们的舞蹈综合能力。

二胡校外教育入门阶段教材编写初探

北京市西城区少年宫 唐 玲

一、少年宫二胡教学的定位

（一）当前我国校外教育的定位

校外教育是我国教育事业的重要组成部分，是基础教育的重要领域，在实施素质教育中具有独特的功能和作用。校外教育是指在学校以外广阔的时间和空间里，学生通过社会文化教育机构和丰富多彩的社会政治活动、科学技术活动、公益劳动、社会服务、文化娱乐活动、体育活动，以及个人的课外阅读、栽培花草树木、自我服务等等所接受的教育。这种教育的内容比较广泛，一般均在学校教育各科教学大纲范围之外。校外教育的实施以少年宫、青少年宫、青少年科技馆、青少年活动中心等校外教育机构为主体，社会文化单位和各群众团体共同参与。校外教育有利于青少年个性品质的形成与潜能的开发，有效的校外教育可以让孩子通过亲身体验对社会有进一步的认识，提高社会交往能力。在与同伴互动的过程中学会如何与他人打交道，同时培养一些爱好和兴趣，扩大知识面和见识，提高艺术等方面的鉴赏和表现能力，为未来生活增加情趣与品位。

（二）少年宫在校外教育中的地位

少年宫在校外教育中担负着重要功能，尤其是艺术教育方面。当代青少年接受艺术教育的场所分为几类，一类是艺术类专业院校，以培养专业艺术人才为目标；一类是普通中小学的音乐美术课堂，培养非艺术类普通学生的艺术基础知识；少年宫在青少年的艺术教育方面，主要功能介于上述两者之间。青少年学员在校内艺术课堂上学到了一定的艺术基础知识，部分学生有进一步提高艺术知识与技能的要求，但一般并没有专业发展要求，少年宫的艺术教育正是为了满足这部分青少年的需要。

(三) 少年宫二胡教学的意义

二胡是我国最具代表性的民族乐器之一，在民间有着广泛的群众基础。《赛马》《二泉映月》等二胡名曲，在民间有着非常高的知名度。青少年通过学习二胡，可以切实了解我国传统艺术的魅力，提升自身的艺术修养和文化品味，是提升当代青少年综合素质的有效途径。青少年在少年宫学习二胡，达到一定水准之后可以在教师指导下组建乐团进行排练和表演，学生在练习乐曲的同时，能够学习到更多的乐理知识。团队的排练与表演，可以提升学生的团队合作精神和集体荣誉感。学员在具备一定的能力之后，可以自行组织排练和表演，从而提升学生的组织能力。

少数少年宫学员在能力到达一定水准后，也可以向专业化方向发展，因此少年宫的二胡教学也可以起到发掘二胡人才的作用。

总之，少年宫的二胡教学工作对青少年学员的成长有着多方面的意义。而少年宫二胡教学的定位，需要相应的教材与之配套，这方面目前还只是空白。

二、当前校外教育中的二胡教材

(一) 当前流行的二胡教材

目前最流行的教材是中央音乐学院刘长福教授的《儿童学二胡入门》[①]。刘教授认为二胡教学是一门科学，"是一项复杂而精微的艺术劳动，它同时涉及音响学、解剖学、运动力学、心理学、音乐美学等诸多学科及知识领域"。该教材的编订也充分考虑到上述各方面的因素，科学性较强。

除此之外，同为中央音乐学院教授的赵寒阳编写了《少年儿童二胡教程》[②]。他在教材中提出了儿童二胡教学的七种趣味教学法，包括游戏法、比喻法、暗示法等。对于刚刚接触二胡的儿童来说，二胡学习本身就应该是游戏。赵教授认为在集体学习中，教师应当通过各种形式的游戏激发学

---

① 刘长福：《儿童学二胡入门》，人民音乐出版社1995年版。
② 刘逸安、赵寒阳：《少年儿童二胡教程》，上海音乐出版社1990年版。

生对二胡学习的兴趣，不宜在初学阶段给儿童带来压力。

（二）当前二胡教材的问题

上述两位教授都是二胡教育界的知名专家，所编写的教材从专业性与科学性来说都有很高的水准。这些教材不仅在专业院校中使用，而且也在包括少年宫在内的校外二胡教学中广泛使用。从目前少年宫的学员使用情况来看，上述两本教材的问题是明显的。最主要的问题是，这两部教材的编写时间都在 20 世纪 90 年代，距今已经有 20 年左右了。在曲目的编排上，两部教材的选择都比较传统，曲目没有随着时代的变化而进行调整。这对于专业院校的学生来说可能不是问题，但对于少年宫的学员来说就不是那么适合了。毕竟少年宫的学员学习二胡并非为了在专业发展上有多深的造诣，而是为了培养业余兴趣。少年宫的青少年学员在曲目方面，更愿意选择他们熟悉的曲目。

因此，开发适合少年宫青少年学员的教材，需要充分考虑学员的兴趣爱好，曲目选择应该与时俱进，以激发学员的学习兴趣。

三、二胡初学阶段的一般困难

（一）音准与运弓

二胡初学阶段的困难是由二胡自身的特点决定的。二胡是没有任何品位的拉弦乐器，演奏中包括空弦音在内的所有音高都要演奏者自己调准和按准，因此在诸多种类的民族乐器中，也是最难学习的。对于初学者来说，除了音准很难把握之外，弓子的运用也是一个不小的挑战。二胡弓子夹在两弦之间，不像小提琴弓子那样灵活、方便，因此初学者在对各种弓法的掌握和运用上是颇要下一番苦功夫的。

（二）初学阶段的困难

二胡作为拉弦乐器，音色本身是非常优美悦耳的。但这只是对那些熟练掌握二胡演奏技巧的人而言，对于初学者来说，在运弓还不熟练的情况下，拉出来的声音有时候是相当"可怕"的。这是二胡初学者必须要"熬过"的一个阶段。对于少年宫的小学员而言，最初的一段学习时间都要在这样"可怕"的声音中度过，有些学员会因此而失去学习的信心。

（三）青少年学员的学习心理

青少年来少年宫学习二胡，虽然有不少是家长决定的，但小学员自身或多或少对音乐有一定的兴趣。小学员学习乐器的动机，一般来说是对某些乐曲有兴趣，希望自己在掌握一定的音乐知识和乐器演奏技巧之后，能够演奏自己喜欢的乐曲。还有些小学员表现欲比较强，希望自己在掌握一定的演奏能力之后，能有机会在某些场合表现自己，以得到同学、老师、家长的肯定。

因此，对于初学二胡的小学员来说，乐曲的选择就需要费一番心思。选择乐曲的原则，首先是适合初学者的水平，难度不能太大。其次是旋律性和节奏性要强，容易抓住学员的注意力。最后，乐曲的选择要贴近小学员的日常生活，最好是小学员们熟悉的旋律和节奏。

四、开发适合初学者教材的尝试

带着以上这些思考，笔者在开发适合少年宫初学者二胡教材方面进行了初步的尝试，所编教材目录如下。

第一章　音乐常识、乐理、视唱
　第一节　琳琅满目的中国乐器之"拉弦乐器"
　　1. 二胡 ……………………………………………… 1
　　2. 板胡、中胡 ……………………………………… 2
　　3. 马头琴、京胡 …………………………………… 3
　第二节　节奏训练
　　1. 基本节奏练习 …………………………………… 4
　　2. 双人、多人节奏练习 …………………………… 5
　第三节　视唱练习
　　1. 十个小手指 ……………………………………… 6
　　2. 勇敢的鄂伦春 …………………………………… 7
　　3. 我们多么幸福 …………………………………… 8
　　4. 长城谣 …………………………………………… 9
第二章　基础练习曲
　第一节　初级右手技巧练习

  1. 空弦音练习 …………………………………… 10
  2. 长短弓结合练习 ……………………………… 10
 第二节 左手技巧练习
  1. 有小指的音阶练习 …………………………… 11
  2. 打音练习 ……………………………………… 12
第三章 趣味乐曲
  1. 我爱恰恰 ……………………………………… 13
  2. 铃儿响叮当 …………………………………… 14
  3. 永远同在 ……………………………………… 15
  4. 悬崖上的金鱼公主 …………………………… 17
  5. 再见！牙买加 ………………………………… 18
第四章 音乐赏析
《侗人心弦》二胡独奏音乐会 DVD

  教材的第一部分是音乐小常识，让初学者认识有关乐器的基础知识，起到拓宽小学员视野的作用。视唱练耳是学习乐器的必要步骤，其中听觉训练尤其重要。很多学员音准不好，其实问题出在对音高的辨别能力上。因此初学者在这方面下点功夫是很有必要的。

  有研究者指出，一名优秀的二胡老师不仅要传授给儿童二胡的基础知识和技巧，而且要在解决每个难点的过程中培养儿童顽强的毅力，增强儿童自信心，使他们变被动为主动，成为音乐的主人。只有将教师、儿童、家长三者密切联系，才能使儿童顺利地学习知识并获得乐趣。初级班学员在学习二胡半年之后，掌握了二胡演奏的最基本技巧。此时教师需要及时与学员及家长进行沟通，吸收部分来自小学员们的反馈意见。小学员们普遍喜欢旋律简单、欢快的乐曲，或者是他们熟悉的流行小乐曲。教师再从中进行拣选，找出适合此阶段学员的乐曲，结合二胡专业需要与学员兴趣编排曲目。我选择的曲目有《我爱恰恰》《铃儿响叮当》等，学员通过练习这些曲目，可以提升节奏、音准、音乐表现力等方面的能力。同时，教师为这些趣味乐曲加上伴奏，激发了学员登台演奏的积极性，活跃了教学活动的气氛。

教师在教学实践中考查学员的学习状态与学习效果，而学员还可以根据自己的喜好选择练习不同的曲目，提高了教学的灵活度。教师根据学员的反映，也可以在曲目选择方面再进行适当的调整和补充。

五、小结

以上是我结合教学实践和音乐学习原理，在青少年二胡入门教材方面进行的一个初步探索。教材的开发最重要的是科学性与实践性并重。二胡教材既要符合二胡学习的基本要求，又要让初学者在学习的过程中体会到乐趣，让孩子们"边玩耍，边学习"，在快乐中学习中国传统器乐的基本功，为日后的学习打下基础。作为一个初步探索，存在不足在所难免，希望通过以后的实践作进一步的完善。

少儿手风琴教学初探

昆明市妇女儿童活动中心 潘 婕

手风琴是一种活簧类乐器，是根据我国笙簧发音原理而制成的。手风琴由于声音洪亮，音色丰富，既能奏和声，也能奏出优美动听的旋律，既可担任独奏，也可以参加伴奏、重奏、合奏，加之易学易懂，携带方便，深受人们喜爱。手风琴的教学，为少儿的艺术教育增添了活力，并对少儿智力、观察力、理解力、听辨力和想象力的提高都有很大的帮助，更为重要的是手风琴可以丰富少儿课余生活，有利于少儿身心健康。所以，手风琴教学已成为音乐素质教育中一项重要内容，下面我就对少儿手风琴教学谈谈自己的一点拙见。

一、培养学生对手风琴的兴趣

培养少儿对手风琴的兴趣，是少儿手风琴教学的基础。少儿学习手风琴，多数是一时的兴趣或家长的要求，他们有易接受新鲜事物但又不能持之以恒的特点，少儿大多好动，思想不集中，对音乐的理解比较模糊。学琴是一个系统的技术性过程，其间有许多的技巧、方法需要掌握，同时还充满着艰辛和枯燥。要让孩子能够在学习过程中充满兴趣和激情，长期坚持不懈，并且通过学琴而领悟音乐和提高音乐素质，需要更多的技术之外的方法来辅助。手风琴的学习必须积累起每一天的刻苦练习，才能演奏出动听的曲目。为了激发学生的好奇心，我变换每一个变音器演奏一些孩子们熟悉的旋律。如用短笛的声音演奏《杜鹃圆舞曲》，表现出轻松的情绪；用双簧管的声音演奏《铃儿响叮当》，表现欢快的节奏；《梁祝》是我们大家再熟悉不过的小提琴曲子，用手风琴演奏出来，孩子们听后又有怎样的感觉？一下子，手风琴在孩子们的眼里成了件宝贝！第一节教学活动我就和学生交朋友，了解他们的喜好，聆听他们的梦想与忧愁，关心他们每天认为最重要的事情。启蒙老师的责任非常重大，在初学阶段一定要让孩子信任和喜爱你。如果一开始就有距离感，今后漫长的学习中又怎样接受与配合你的教学呢？让孩子把练琴看成是自然又必须要做的一件事情，如同每天都要认真刷牙，准时上学一样的自然。孩子有了对手风琴的兴趣，老师有和蔼可亲的态度，手风琴的教学开始了第一步。

二、实施识谱、记谱、视唱的教学方法

往往有家长认为刚开始学习随便先找个老师带一带，等程度深了再找比较专业的老师教，这个理念是有失偏颇的。入门阶段才是孩子打下坚实基础的重要阶段，地基牢固才能建起万丈高楼。一个有经验的专业老师从一开始就会认真培养学生的学习习惯及规范练琴的途径，这一点绝对不能忽略。

在长期的教学实践中，常听到家长说，手风琴不仅重，左手还是密密麻麻的按钮……家长可能没有想到，这种心理暗示是孩子学习乐器的最大障碍！在孩子懵懂之初，对于每一样他要学习的事情都是不容易的。对孩子所应该给予的心理暗示应该是"只要集中思想看听学做，这就是一件你能做的即简单又漂亮的事情"。往往孩子在得到这样的暗示以后，一件我们认为对于他们有难度的事情立刻就会变得容易起来。家长的态度往往会决定孩子能否继续学习或继续提高，让孩子愉快地学习才是关键！

在手风琴教学中，老师应始终注意和要求学生保持正确的演奏姿势——身体坐正，双脚分开，左脚稍向前伸，把琴身垂直平放在左腿上，变音器对着身体的中间，右脚的大腿根内侧卡住手风琴键盘的底部。牢记左手和右手正确的触键方法，手指的第一、第二关节（除一指外）均要弯曲，掌关节高于腕关节，手腕、小臂在一条水平线上。为了让学生对音符的形状、名称和时值有一个直观的概念，设计辅助的教具和节奏游戏会加深其记忆。对乐曲的视唱可分为四个步骤：第一，教会他们看谱号、拍号，根据每小节的拍数唱出节奏，老师可以先带学生边打拍子边视唱节奏，学生便有了一个正确认识音符时值长短的概念；第二，老师带学生认读音符音高的旋律，牢记音符在五线谱上的正确位置；第三，根据前面的

节奏及速度，打着拍子把旋律唱出来，在这个步骤中只有一部分的学生能够把握得住音准，老师视实际情况适当减少或增加带唱的次数；最后，脱离老师的带唱，让学生自己边打节奏边视唱。经过这样的过程，学生逐渐形成了一个认知、摸索、加强、巩固的学习模式。

"唱"的练习可加快学习者的识谱速度，提高视奏能力，等于建立了一个自我监测系统，避免了出错音，"曲由心生"便是这个道理。这种以内心歌唱去带动指触感觉及各方面的技术训练，正是"内得于心、外应于琴"。

三、手风琴教学中的练习曲要与基本功训练结合起来

学生学会了视谱即唱后开始给学生进行左、右手的分手练习。先进行右手的练习，旋律和指法都练习熟练后，再进行左手的贝司和风箱练习。大家知道手风琴发音的原理是风箱的推拉使气息振动簧片而发音的，掌握好风箱的开关是学好手风琴的关键。接着，打着左手的贝司唱着右手的旋律（这一步最重要，称为"配唱"）。它是把双手的旋律线通过手与嘴的配合展现于脑图像中。最后进行双手合练，特别要注意慢练（后详细讲述）。弹奏右手旋律的同时，左手的风箱按照乐句来开关，手风琴用风箱的开关代表了乐句，即左手、右手共同配合开关风箱而发出优美动听的旋律。单手练习时，千万不能急躁，要使单手的指法、音色、节奏、乐句、触键等都尽量做到谱面上的要求，并学会找到合理而连贯的动作路线。有的学生急于求成，贪图省事，一开始就左、右手配合，以为这样事半功倍，事实并非如此。至于双手的配合、乐句的呼吸及音乐表现更是无从谈起。

待学生掌握了基本的演奏方法以后，教师可根据教材的进度，适当进行一些基本功训练。切忌两种倾向：一是"早见成效"，希望学琴"立竿见影"，主张跳过基本功与练习曲训练，每周练会某首曲子的一小节或一乐句，一年"攻"会一两首"大"曲子。这样做，最后往往得不偿失，以致学生丧失信心。二是学琴一两年了，教师以"正规化，科班化"为由，天天都是用《哈农》《车尔尼》来练习。这又容易使学生忙于"完成任务"，疲于做手指体操，而忽略了音乐的真谛。这两种极端既没有达到学琴的效果，又白白浪费了许多时间。我提倡在进行练习曲练习的同时穿插基本功的训练，以达到"质"与"量"的双丰收。每天用一定时间加强基

本功训练，尤其多在键盘上做日常基础技术训练。它包括五指平衡练习、两指灵活练习、双音独立性训练、保持音独立性训练、琶音练习和快速音阶练习。同时酌情、适量、精选、浓缩一些实用性很强的练习曲练习不辍（不要练会就丢掉），不断接触既有艺术价值又有相当技术难度的各类风格的手风琴曲。作为老师来说，必须要有针对性，要根据不同学生的手指条件、乐感等情况进行教学。此外，技术技巧训练还包括让学生理解每一种技巧的不同运用方法，日积月累，最终能在演奏乐曲时自己分析并安排好指法技巧，不走弯路，流畅演奏。若学习者已经可以自己从识谱到基本演奏完一支曲子，有了一定的积累后，老师一面进行教学的进度，一面给学生布置一些与他程度匹配的考级曲目。对学有余力的学生，积极鼓励他们参加各类比赛和演出。赛前，为孩子讲解表演时应注意的事项和心态，树立他们的自信心以及大方得体的表演仪态。赛后，要帮助孩子对演出和比赛情况作分析，让孩子从自己的亲身经历中找到不足，最重要的是让孩子从中树立对待成功与失败的正确心态，能够从中找回自信，提高应对成败的承受力。

还有一个观点值得倡导，如果能使我们的学生学会演奏室内乐、重奏、合奏作品，这样再好不过了。只有通过进入正规组织的培训机构参加乐团的活动，才能进一步提高学生的演奏水平，学会合作、谦让、与人分享。这样的交流对学习者结交朋友、提高合作和团队意识肯定是大有益处的。

四、关于慢速度训练

学习者在拉琴时，会无意识地把容易拉的部分连贯，有难度的地方拉得结结巴巴。解决这个问题唯一的方法就是放慢速度练习。练习速度放慢，学习者的注意力便可同时关照到速度、强弱力度、节奏、触键、音色等音乐细节，这时听觉与触觉所给予学习者大脑的信息是综合的、多层面的立体信息。无论是音阶、琶音还是练习曲和乐曲，注意力所给予的关照点是完全相同的。放慢速度练习不仅仅是获得某个乐句的手指机能的运动惯性，而且是要获得所有的可以表现完整音乐意境的表情词汇。在实际教学中，要让学生在所有演奏过的音阶、琶音、和弦连接、练习曲、乐曲和复调作品中，通过放慢速度练习获得听觉的、触觉的综合信息，并且无时无刻注意所创造的声音。学音乐的人就是要把听觉、触觉、思维三位合为一体,全面、准确地表现精彩而丰富的音乐语言。

在此不得不对基础技术训练的另一个问题——重复训练进行阐述。学习者在放慢速度训练的同时不可以忽略重复训练这个基本方法。学习者面对一个个技术难点,唯一要做的是在慢速的、重复训练的结构中对每一个难点进行严密的、集中注意力的练习,直至问题解决。杜绝在作品中问题还未得到解决时,就对作品进行全曲的通练。这样极易形成在难点问题未被解决之前,进行带有错误的重复演奏,其后果是不断地重复错误,从而巩固错误,最终成为一个无法解决的问题。重复训练必须是对作品中某一个乐句或某一个小节中的难点,甚至一个单位节奏中的问题进行集中强化训练。学习者对作品技术掌握的最终目标是可以从乐曲中的任何一拍开始演奏,这是每一个学音乐的人应具备的能力。

五、激发学生的音乐创造力

在教学中,怎样让学生演奏好一首乐曲?首先,要让学生了解乐曲的作者、创作年代、创作背景和作品的主题、风格类型。其次,要注意谱面上的各种音乐表情术语、力度标记以及速度变化标记等,增加其艺术修养和艺术知识的同时,更能准确地把握乐曲的风格与意境,力求达到作者的要求。最后要从作品的调式、调性、和声等方面去仔细研究,挖掘作曲家乐思的丰富内涵,这样才能对作品有更深层次的认识,并尽可能完美地演绎出来。因为音乐不像绘画那样直接描绘生活现象,也不像文学那样直接叙述生活事件,音乐是用有组织的乐音构成艺术形象。老师要激发学生用自己的感情去推动旋律的强弱变化,体会其意境的同时,逐步理解每一首乐曲的深层含义,通过双方的努力,达到全面开发学生智能、潜能的目的。

每个孩子的特点都是不同的,有的力度较好,对于线条高低起伏、风格鲜明的乐曲能够轻松应对。有的孩子性格温柔安静,对细腻抒情的乐曲把握的会更好。有的孩子粗心。有的孩子精细。对于不同的孩子,除了加强他们弱项的训练以外,还要让他们保留几首自己的强项作品,以便增加他们学习和演奏的兴趣和信心。

演奏除了有好的"奏",还要有好的"演"。"演"就是在演奏状态中，演奏者能随着乐曲的呼吸而呼吸，能随着音乐的内容和思想同起伏，能与曲中人物同悲欢。学习者在演奏时要坚决避免毫无表情、低头驼背地奏，同时也要避免做出与音乐、旋律无关的摇头摆尾地乱晃。要让每一个小琴童，无论目前水平的高低，只要在演奏中，就要感觉自己是一个小演奏家，有充分的自信心演奏好每一首乐曲。

六、帮助学生克服畏难情绪，勇往直前

学生通过一段时间的学习，兴趣的培养逐渐向自我约束和自我提高的方向发展。但是，随着乐曲难度的加深、音乐知识的增加和指法练习从简单到复杂，贝司跨度的过大与跳跃，有一部分学生便会产生畏难情绪，完不成规定的教学内容，因而就想放弃。为什么在学习的过程中会半途而废？主要是因为基础不够牢固，而无法学习更高的技能导致孩子失去学习的信心。基本功就如同任何孩子的小学学习阶段甚为重要一般，从音准、节奏、发音等系列基本功都必须按匀、准、美的要求过关。单纯把程度拉上去，采取三级跳、揠苗助长的办法不可能持久，将来总是要垮的。换言之，正确的学琴姿势、规范的基本功等技术一旦牢固掌握，那在今后的学习中孩子才不会被各种各样的小毛病困扰，才会持之以恒地学下去。作为老师，应该肯定学习者的成绩，鼓励他们学习的劲头，帮助他们解决遇到的难点，增强他们求学的信心，同时督促其刻苦练习。而家长必须配合老师，经常与孩子沟通、耐心引导。绝大多数孩子都会有一个学习的畏难期和逆反期，这个时候需要家长、老师共同帮助他们克服困难，继续前行。当学生克服了畏难情绪后，再鼓励他们向更高的山峰攀登！

音乐是最富有情感的艺术，它通过生动、直观的感性途径去感染人、影响人，并将这种审美情感转化为理性认识，从而产生一种积极向上的精神力量。生活中没有音乐，世界也会枯燥乏味。音乐教育正是启迪智慧、丰富想象、促进智力发展的重要环节。音乐教育作为素质教育的重要方面，以其不可替代的作用，促进着人的素质的全面提高。随着人类认识方向的转移和社会的持续发展，音乐和音乐教育对人类和人类社会的文明进步，必将发挥更加重要的作用。愿越来越多的孩子走进音乐的殿堂，爱音乐、懂音乐、创造自己的音乐。

幼儿古筝启蒙教学中的兴趣培养

北京市大兴区少年宫　孙双云

古筝以其悠远绵长、行云流水的特色倾倒了无数热爱音乐的人们。在众多学筝人数中，幼儿占的比例是最多的，同时也是最难教的。这是因为幼儿年龄偏小，他们的行为常常受到情绪的支配，在学习过程中以无意注意为主，极易受环境的影响而改变。刚接触古筝时，孩子们由于新奇，所以各个都很有兴趣，都很想学。但是，经过一段时间的学习，他们发现学古筝并不像想象中的那么简单，练琴的过程枯燥而乏味，就纷纷开始打退堂鼓不想学了，学习积极性也逐渐下降。幼儿学习古筝的兴趣为什么会这么短暂？我们该怎么办呢？通过几年的教学研究，我总结了一些经验，希望和大家共同探讨。

一、视谱品"趣"

视谱的过程是艰难和漫长的，怎样让孩子感到有趣是件很难的事。几年的教学中我也一直在摸索中前进，后来我发现游戏是幼儿最容易接受的一种学习形式。怎样用游戏的形式学习音乐知识、进行视谱训练呢？于是我发明了游戏教学法。在教授四分音符和八分音符时，我先教会幼儿学习一首或两首他们喜欢的儿歌，如《小小猪》《小青蛙》《动物园真热闹》等，告诉幼儿用四分音符说儿歌的时候是一边走一边说，用八分音符说儿歌是一边跳一边说。幼儿通过两种运动速度的快慢，很快就能区分四分音符和八分音符的不同点。后来学习十六分音符时，告诉幼儿一边跑一边说，来感知十六分音符比四分音符和八分音符的速度都要快。孩子们在游戏中学会了知识，既轻松又快乐。在学习后十六音符时，把《小青蛙》游戏中的"跳"和"呱"用后十六分音符的节奏唱出来,虽然,有一点小小的难度,但能让孩子们欣然接受。"猜歌游戏"是我班幼儿最喜欢的游戏:学习一首乐曲之前,我把乐曲的前两句写在黑板上,先让孩子们用之前学过的知识自己视谱,看谁能最先猜出来(肯定是幼儿平时会唱的)。先猜出者,可带领全班幼儿唱这首歌,全班幼儿尊称他为"XX老师",教学秩序活而不乱,动静结合。又如游戏《小鸟飞》:请几位幼儿分别做小鸟,手拿或头戴小鸟的图片、头饰,边飞边听音乐。当飞到黑板前时,听到老师弹什么音,就把"小鸟"放到相应的音符上面,排完后把黑板上的音符唱一遍。也可配上节奏唱。在教孩子打节奏时,我用小闹钟"嘀嗒嘀嗒",来代替八分音符、用母鸡下蛋的"咯咯 嗒"代替前十六音符、用冲锋枪的"哒哒哒哒"来代替十六分音符、用小白兔的"蹦 跳跳"来代替后十六分音符……总之,我改变了以前总是一味的"大大大大"的教学模式,丰富了教学语言,取到了很好的教学效果。孩子在视谱的过程当中找到了快乐,自然对视谱感兴趣了!

二、弹奏品"法"

我们都知道幼儿的年龄偏小,他们的形象记忆要远远胜过于抽象记忆。因此,在日常教学中,我们可以把那些枯燥的、抽象的概念转化成孩子喜欢听的、形象的、具体的语言。例如在教弹筝的手指力度时,我会这样对幼儿说:"单个手指弹琴时,就像我们用手指扣玉米粒一样,一样的力度,一样的用力方向,用力小了,米粒扣不下来,用力大了,玉米粒就扣坏了"。教授弹筝手形时,我是这样对孩子讲的:我们的小手像一座弯弯的小拱桥,小桥上每天有很多的汽车和行人走过,我们的小手可千万不能有大洞洞,要不然汽车和行人就要掉到河里去的。这样在幼儿练习的过程当中,当孩子的手指不小心张开了,张大了,我就会说:"不好了,汽车要掉到河里去啦!"以此来提醒孩子。这样孩子也就不会只听到老师说"不对,这是错的"等字眼,他们会觉得学习古筝是件有趣的事情,幼儿也会对自己充满信心,学习的愿望和动力也就被激发出来了。

总是一种教学方法教学,不仅孩子们会审美疲劳,就连老师的讲解也会变得枯燥无味。而且,孩子们在上课时的表现也会很灵活,这就需要教师要有多年的教学经验，能根据孩子的变化随机应变。因此，在幼儿古筝教学中，我积极采取多种教学方法教学，收到了良好的效果。例如，在复习节奏练习时，我要把所学的节奏型综合起来练习，光是一味地唱节奏让孩子们感觉很乏味。一次偶然的机会，我看到好几个孩子在黑板前挤来挤去，走近才看到他们正用自己的小手指在黑板上描我写的字。我灵机一动，为什么不让孩子们来黑板上写节奏呢？于是，我让孩子们来讲台上，按照我的要求用粉笔写节奏，我念什么节奏，他们写什么节奏。这样既加深了所学节奏的印象，又调动了孩子们的积极性。孩子们的兴致一下子被调动起来，争先恐后地举手，想来展示自己的粉笔字。紧接着，又一个问题出现了，一个孩子在台上写，台下的孩子们却炸了锅。为了缓和这种局面，我让台下坐的最好的孩子来重复我念的节奏，既给台上的孩子做提示，又使台下的幼儿能安静下来，起到了事半功倍的作用。又如，一次公开的教学活动上，我让孩子们在黑板上写完节奏，正准备在节奏上填上我事先想好的旋律，作为这个节奏型的练习曲。无意中，我看到了幼儿在黑板上写的音阶正孤零零地躺在一边，怎样把它们利用起来呢？一个大胆的想法飞快地在我的脑海里闪了一下，为什么不让幼儿自己来填旋律？让他们来做这条旋律的主人呢？孩子们说哪个音，我就把哪个音填进节奏型中。这一下，幼儿的情绪被调动到了极点，弹琴兴趣也前所未有地达到了高潮，不用老师督促，就迫不及待地弹奏起由自己作曲的练习曲来。最后，还为这首练习曲取了名字。孩子们成了学习的主宰者，教学气氛轻松、活泼，也受到其他教师的一致好评。

幼儿参与齐奏的训练和演出，不仅可以学习乐器的演奏方法，而且还能使学生获得旋律感、节奏感、调式感等音乐感知能力，进而了解这些音乐语言要素在表达思想感情，塑造音乐形象方面的作用，更深刻地感受音乐、理解音乐、表现音乐与创造音乐，更全面地提高学生的音乐素质。因此我积极训练我班的12个幼儿，进行齐奏训练，可是孩子年龄小，没经验，乐曲中的一些音符，往往没有弹满时值，便匆匆接下去了，这样就会出现抢拍子的现象。齐奏都成了乱奏，自己弹自己的，根本没有齐奏的意识。对于这么小的孩子要求又不能过高，于是，我让幼儿边弹琴边唱谱，开始齐奏时，一定要大声唱谱，幼儿唱谱很容易唱齐，再告诉幼儿唱到哪儿就弹到哪儿，以唱为准。当幼儿弹奏较整齐后，再放小音量唱，但整个齐奏过程都要唱谱，即使有小朋友忘记下一句是什么，听到别人唱也会想起怎样弹了。在幼儿进行练习、巩固的时候，不能简单、机械地重复，教师要善于观察孩子的情况，及时总结，并在音准、节奏、感情处理、速度和力度等方面对学生提出恰当的要求。同时还要注意个人、小组、集体相结合，既可以预防弹奏疲劳，又可以使学生养成注意倾听他人的习惯，同时满足了幼儿独立表现的愿望，又体验到分工合作的快乐。我会给每个幼儿以充分表现的机会，然后对其表现给予肯定和鼓励，进行多角度、多方位、多层次的分析，并告知他们对在何处，错在哪里。不但让幼儿的个性充分得到发展，而且要注意满足他们希望得到肯定的心理要求，激发他们的主观能动性。

三、表演品"味"

从古至今流传着上千首古筝乐曲，这些乐曲之所以能抓住人们的心是因为它们独特的古筝韵味，"味"的出现主要表现在左手的按、揉和上下滑音上。可为什么同一首乐曲有人弹出来就耐人寻味，有人弹出来就无人问津了？我认为关键在于演奏者是否弹出了自己的真实感受，是否在演奏时全身心地将思想融入到整首乐曲中，从而带动手、眼、心的终级配合。这就要在孩子的感情方面下功夫，在学习乐曲《摘星星》时，幼儿弹奏上滑音时很生硬，没有一点儿柔美的感觉。于是我结合这首乐曲的音乐背景和孩子们的心理特点给幼儿讲了一个这样的故事："一个像你一样漂亮的小姑娘，喜欢春天、喜欢鲜花、喜欢穿裙子、喜欢看满天的星星，可是她病了，眼睛看不见了。小姑娘非常难过，多么希望能把天上的星星摘下来，给自己当眼睛呀！小朋友，让我们一起来帮助她，把她的愿望弹给星星听吧！"孩子们听完了故事，对乐曲的理解又加深了一层，弹奏乐曲时也加入了自己的情绪和对小女孩的祝福，乐曲一下子变得生动，有味可寻了。对于没有背景材料的乐曲，我就根据题目和曲调发挥自己的想象，创编一个故事。例如学习《温暖的家》时，我讲了一个名叫宗力的小男孩的故事。宗力的爸爸在大海上工作，一年也回不了一次家，妈妈为了能多见爸爸几次，只身带着五岁的宗力来到了陌生的小岛，靠给别人打零工维持生活，每当爸爸的轮船靠近小岛时夫妻俩就用探照灯交流感情。一年的中秋，爸爸说好回来看妈妈和宗力，谁知上级传来命令，让所有的官兵去远方执行任务。执行任务的前一晚，爸爸的轮船在小岛旁边驶过，爸爸用探照灯告诉妈妈，今年中秋不能回家。妈妈生气了，一句话也不说，爸爸说他爱妈妈，爱宗力，很爱很爱……轮船开走了，妈妈流着泪说了一句"一路顺风"。这时，宗力唱起了这首《温暖的家》。孩子们听了这个故事，都流泪了，他们在故事里或多或少地找到了自己的影子，找到了共同的心声。通过老师指导，孩子们在弹奏时加入了自己对爸爸妈妈的感情，乐曲一下子变活了，其中的味道也自然而然地流露出来了。

除了在乐曲背景上下功夫，我还经常组织孩子们去参加各种各样的活动——带他们去郊区农村小学参加"手拉手"活动、去敬老院参加《筝曲献夕阳》活动、参加幼儿器乐比赛、汇报……当农村孩子用羡慕的目光看着他们的时候，当他们把课上学习的知识手把手地教授给别人的时候，当他们用熟练的弹奏技巧演奏悦耳动听的古筝曲的时候，当他们在表演时获得阵阵掌声的时候，当他们在比赛中获得奖牌的时候，他们对古筝的热爱程度达到了高峰，对筝曲韵味也有了不同的理解，他们更加喜爱学习古筝了！

丰富多彩的音乐活动以其形象性、情感性而使幼儿陶醉其中，孩子们沉浸在欢乐之中，他们对音乐的兴趣也越来越浓厚了！

儿童钢琴小组活动之我见

黑龙江省儿童中心 赵秋红

儿童在校外教育机构中学习钢琴,应该以审美教育为核心,激发孩子们的兴趣为主。因为并不是每个孩子今后都能成为钢琴家,学习钢琴是让他们懂得欣赏和感受音乐的美,也是提高素质教育的有效途径。据我多年教学经验发现,开设钢琴兴趣小组活动正是一种合理有效的方式。作为传统钢琴 1 对 1 教学形式的补充,儿童钢琴兴趣小组既节省了教师资源,又有它的独特优势,学生以主动、探究的方式去掌握钢琴的基本弹奏技巧,多人之间的配合培养了儿童的竞争意识和团队精神,生动的教学模式能调动儿童的积极性,真正实现审美教育的最终目的。

目前,在我国儿童校外钢琴教育活动中一般以 1 对 1 的形式为主,由于只有老师、学生和家长参与,学习环境相对比较封闭,按照教材的顺序按部就班地往下进行,较少与其他儿童互相学习交流。这种学习方式可以针对学生的具体问题进行纠正,有一定的优越性,但不利于同其他小朋友一起比较学习,初学阶段内容单一,容易枯燥,时间长了就容易缺乏练琴的积极性。由于校外教育机构的儿童基本以初学为主,他们不需要太复杂的演奏技巧,教师应以调动兴趣为主,把孩子们带入钢琴的殿堂。钢琴小组活动可以弥补 1 对 1 教学的不足,生动的学习模式能调动儿童学习的热情,学生可以争相发言、互相交流,活跃学习氛围,给儿童一个轻松的环境,让儿童喜欢学习钢琴。

一、儿童钢琴小组活动的优势所在

由于钢琴的购置和学费相对其他乐器较昂贵,许多家长在刚开始给儿童报名学习钢琴时,心中有很多疑问,例如不知道自己的孩子适不适合学习钢琴,能不能坚持下去,迟迟犹豫,下不了决心开始学习。钢琴小组活动的出现可以让家长找到一个比较满意的学习环境,既满足了学习的要求,又大大降低了学习成本,不失为一个良好的启蒙途径。通过一段时间的学习,如果觉得儿童对钢琴有兴趣、积极性高,在这方面的潜能不错,就可以配合1对1教学继续学习。

在校外教育机构中的儿童年龄一般在4岁以上,钢琴小组活动的教学对象年龄适合在5-7岁之间,这个年龄段正处于启蒙阶段。认知水平、手指条件和接受能力等条件相仿的学生可以组成小组,教师可以集中讲解乐理、弹奏方法、手型和节奏等基础知识。1名教师可以面对多名学生,是一种师资资源的节省。由于大家年龄相仿,有很多共同语言,学生在学习中不拘束,可以相互探讨新学会的演奏技法,互相监督,共同进步。学得快的儿童可以帮助有一些小毛病的儿童,多人的小组活动可以提高儿童的心理素质。

儿童初学阶段内容相对简单,大家的差距不会太大,便于小组活动教学计划的顺利开展。针对这个阶段孩子的年龄特点,小组活动的学习形式生动活泼,能吸引注意力和激发兴趣。有一些儿童学了一段时间钢琴后,觉得练习钢琴太枯燥,就放弃了学习,实在可惜。小组活动的教学一般采用动静结合的方式,有利于把儿童弹琴的主动性调动起来,如用讲故事、游戏、体态律动的形式讲解乐曲的背景和音乐知识,鼓励儿童发挥想象力,融入自己的感情和想法来弹琴。儿童之间可以交流,共同弹奏,体验不同的和声效果,学习怎样与别人配合,对将来组织演出活动,无论是二重奏还是四手联弹都有极大的好处。

二、儿童钢琴小组活动的具体要求

小组活动的人数最好控制在2-6人之间,人数不宜太多,老师可以在教学中有时间个别辅导,合奏时也不会太乱。学习时间应在45-60分钟以内,安排好休息时间,由于儿童的年龄较小,注意力的持续时间不会太长,时间长了容易出现走神,影响教学效果。小组活动的开设应以1年为宜,1年2学期,1学期5个月。因为整个小组的儿童经过1年左右的学习，在演奏技巧方面有了明显的差异，这时就不适合整个小组学习进度的正常开展。

儿童钢琴小组的学习环境要求应根据人数配有 4 台以上的钢琴，配有多媒体的教室，准备一些音乐教具、音响资料和音乐教材《汤普森简易钢琴教程》《拜厄钢琴基本教程》等。教师在注重训练儿童基本功的同时，应启发学生创作音乐和感受音乐。教师可以选出一些根据儿童年龄编配的趣味性强的小曲，还有耳熟能详的儿歌改编的钢琴曲，熟悉的旋律带动儿童的练琴热情，可以 1 个孩子弹，1 个孩子唱旋律，随着旋律边弹边唱，让孩子知道钢琴可以伴奏，体验到其中的乐趣所在。

儿童钢琴小组活动学习时间有限，1 名老师要同时辅导多名学生，不能面面俱到。儿童理解力和接受能力有限，对于学习的新知识，需要有 1 位家长来陪同，帮助孩子定期记笔记，根据老师的具体要求，回家后辅导孩子完成新曲目。家长应该对孩子的练琴安排心中有数。家长在活动中也可以了解到孩子学习的具体进度。对于钢琴这门技巧性很强的乐器，需要长期坚持不懈的练习才能掌握。我国著名钢琴家郎朗之所以能享誉国内外，与他自己的天赋和辛勤练习有关，也同他的爸爸每天的陪练密不可分。在学习后能够正确领会老师的要求特别关键，有的儿童在小组活动中纠正问题时已经练习得很好，但到回家时没有老师的督促时，又出现错误，这就需要家长每天在练琴时进行指导。

三、儿童钢琴小组活动的教学形式

钢琴小组教学将被动的集体灌输改变为主动的个体探索，使学生成为学习的主体参与教学内容。把学习者自我解惑的内在兴趣和内部动力激发出来，特别是发现学习获得结果时会使学习者感到一种由衷的喜悦与兴奋。这正是美国认知心理学家布鲁纳所提倡的发现式教学方法。[①] 钢琴小组活动的核心正是围绕启发儿童的学习兴趣，发展学生的主动探究精神。针对钢琴小组活动的学习时间，具体环节安排如下。

第一，作业检查，分组检查作业情况，可以用独奏、齐奏等方式演奏

---

① 戴定澄：《音乐教育展望》，华东师范大学出版社 2001 年版。

上节小组活动的作业。

第二，知识讲解，把学生集中出现的问题进行讲解，根据教学计划，学习新的知识点。

第三，学生练习，针对自己存在的问题重点改正，对新学的演奏技法练习巩固，教师进行单独辅导和示范。

第四，布置新曲，对新作业中出现的新知识，进行提示和示范。

（一）教学手段丰富多样

小组活动学习形式可以是老师提前准备好乐理知识，在初学阶段，学习一些五线谱、演奏方法、手形、节奏要求等基础知识，非常适合老师统一讲解，再根据孩子的问题进行单独辅导，把错误的地方纠正过来，可以避免其他孩子下次再犯同样的错误。老师可以利用多媒体、图片教具、游戏互动、体态律动等手段讲解知识，有些视频讲解五线谱知识像动画片一样，生动有趣，可以适当加以引用。孩子有兴趣自然也就学得快，而且不容易忘。让孩子们在学习中都参与起来，老师提出问题，大家都可以踊跃举手，积极发言。活泼好动正是儿童的天性，教师根据不同教学内容编排一些小游戏，在玩中学，寓教于乐，容易让孩子理解一些知识点，如《莫卡辛软皮鞋舞》。这首乐曲本身模仿的是跳皮鞋舞的场景，教师可以把学生分成两组，一组用脚打出高声部的节奏，另一组用脚打出低声部的节奏，大家需要配合把拍子打得均匀整齐。这个小互动可以有效地活跃学习氛围，让他们迅速熟悉这首曲子的节奏型。教师可以选用一些曲目的音频给孩子听，鼓励他们用自己的想象力来表述曲子中蕴含的情感和内容，启发孩子的创造思维。最后教师在讲解时用生动形象的语言帮助学生分析旋律中所蕴含的音乐形象，可以讲一些小故事，孩子接受之后很容易发挥自己的想象力来演奏。这样弹奏的曲目就会生动形象，富有律动感和音乐感。

（二）表演交流气氛活跃

每次小组活动可以根据作业的情况，让表现好的孩子上台表演，弹奏完给予热烈的掌声，随后老师进行点评。老师首先要肯定孩子的演奏技巧，鼓励其他孩子向这位同学学习，指出那些值得学习的地方，再指出进一步提高的要求。每次弹奏好的同学都可以上台表演，可以得到 1 个小粘贴，每学期的最后小粘贴得数最多的孩子，可以在期末汇报演出中作为演奏者登台演奏。这种方式会提高整个小组的学习氛围，可以鼓励孩子们互相督促学习的效果，对学习进度有个相互比较，针对问题鼓励孩子们互相挑错，自己改正，踊跃举手争相发言，活跃学习气氛，孩子们回家也会认真练琴，比较自己与弹奏好的同学之间的差距，并努力缩小差距。定期举办一些表演观摩活动，可以是独奏，还可以是合奏形式，让每个孩子快乐地感受音乐的魅力，把自己当成小音乐家，展示自己的练琴成果。长此以往可以有效克服怯场的毛病，极大地提高孩子们的自信心和演奏技巧，对音乐表现力方面也有帮助。

（三）合奏练习训练听觉

音乐是听觉的艺术，所以应当注重听觉训练在小组活动的作用。教师有固定的时间进行示范演奏，可以让儿童在听觉上有直接的感觉，加深对旋律的整体理解。著名教育家铃木的钢琴教学采用集体与个别教学并用的方式，这样做可以激发孩子们的学习兴趣，让孩子们相互聆听，学会聆听。此外，儿童可以尽早地参与到合奏中，让他们在初学时就能感受到乐器带来的快乐，还可以培养他们的合作意识。集体教学可以增进学生的集体观念，锻炼学生的人际交往。[1] 小组活动的独奏、重奏、合奏本身对儿童听力的敏锐性，节奏感的准确性有很大提高。在教学中可以有多种形式，如1人弹旋律，1人唱谱；二重奏，1人弹高音声部，1人弹低音声部；四手连弹，在1台钢琴上共同演奏1首乐曲。每个儿童都需要集中注意力，倾听别人的声部，两人之间的互相配合才能准确地把曲子合在一起。在这个过程中儿童锻炼了节奏、视唱、听音、读谱的能力，可以养成聆听音乐的习惯，从小培养团队意识。音乐表现力好的儿童能带动其他的儿童感受音乐旋律的律动美感。

作为校外教育工作者，我认为儿童钢琴小组活动的开设，让孩子们可以系统地学习正规的音乐基础知识，多种新颖的教学手段，合奏重奏可以感染带动儿童的学琴热情、培养合作能力、提高学习效率，全面提高儿童的艺术修养。

---

[1] 牟琦：《论铃木教学法在幼儿钢琴教学中的运用》，《音乐大观》2013年第10期。

浅谈校外学生乐团的现状、组织及训练

沈阳儿童活动中心　邹　乐

校外学生乐团活动在提高学生艺术审美能力、团队协作能力、创新思维能力等方面有着积极的作用，它的组建与发展越来越受到重视。在我国有很多高校都采用艺术特招的形式来组建乐团。但对于中小学校及校外教育机构来说，建设有一定规模的学生乐团就相对困难一些。沈阳儿童活动中心民乐团自组建以来为广大儿童的艺术生活领域拓展了更大的发展空间，乐团学生积极活跃，开展的活动体现了我中心丰富多彩的校外文化生活。乐团所排练的《赛马》《北京喜讯到边寨》《茉莉花》等作品先后多次参加了省、市及全国各级各类比赛和演出，均获得一致好评。接下来，笔者就校外学生乐团的现状及在组织与训练方面的体会做以下分析。

一、学生乐团的现状分析

开展校外学生乐团活动是少儿音乐教育的重要组成部分，可以拓宽艺术教育的空间，更好地发展中小学生特长。乐团活动是多层次的，学生在参与演奏的过程中不但要完成自己的声部任务，还要十分注意与乐团中其他乐手的合作。小乐队活动从组织到排练再到演出，无处不需要大家的通力合作，无时不体现一种整体效果，它表现出来的是一种团队合作精神。小乐手们在这一过程中可以体会到合作成功给自己带来的喜悦与满足，获得一种心理上的愉悦。这种感受必然潜移默化地加强学生的集体观念。学生的这种内心审美的升华不正是我们整个素质教育所要追求的吗？

近年来，随着时代的进步、经济的发展，我国的教育状况发生了巨大的变化，特别是艺术基础教育，较以往的发展势头更加迅猛。少儿学习乐器的热潮一度兴起；全国各省、市、地区业余器乐考级不断升温；在普通中小学校已产生了许多不同级别、不同乐种的"小乐手""小演奏家"；一些中小学校也以艺术特长生名义广揽生源。以上这些情况都无不说明，当前在校外教育机构组建学生乐团并开展活动，是有需求、有条件的。

目前，我们已惊喜地看到全国各地一些中小学校都已成立了各种不同类型的小乐队，他们积极开展教学及演出。在这些活动中，学生的身心得到锻炼，能力得到发展，学生的整体素质全面提高。然而，全国大部分中小学由于种种原因不能开展学生乐团活动。也有的中小学校虽然成立了小乐队，活动却又很不规范。他们有的搞小乐队只是为了迎合学校某些项目的验收，也有的是为了学校某个庆典，需要小乐队装点门面，临时组织起来进行简单的表演等等。这些现象终究不能使乐队活动成为常态。

据调查分析，形成以上情况的原因有以下几个方面。

第一，认识上的不足。

有些学校对开辟兴趣小组、第二课堂、成立学生乐团的意义缺乏了解和正确的认识。他们明里大张旗鼓地搞全面素质教育，但在暗地里却真抓实干应试教育，认为学校有几节音乐课上上就足够了。

第二，所谓客观条件的制约。

有的学校由于缺乏对开展乐团活动的正确认识，所以就不会积极主动地为开设学生乐团活动创造条件；有些不该成为困难的困难，却成了开设乐团教学活动的挡路石。例如，没有活动场地、没有时间、没有师资、没有足够资金购置乐器等等。

第三，重功利、轻实效。

在日常教学活动中，有些中小学校虽不能够充分利用兴趣小组、第二课堂开设乐团活动，可一旦学校要迎接上级验收、庆典活动或召开教育教学现场会等等，他们就会马上购置乐器，邀请专家搞突击活动，临时组建小乐队，排练一两个节目；而当这些庆典之类的活动一结束，便又会将乐器藏之高阁，终究不能使小乐队活动长期开展下去。

第四，缺乏科学的管理和指导。

有的学校虽然开展了学生乐团的教学活动，但由于对活动缺乏科学的管理和指导，仓促上马，结果造成了乐团活动达不到预期目的，反而产生负面影响，延误了正常的教育教学工作。因此，校外教育机构开展乐团活动更显得尤为重要，因为这样可以填补学校在这方面的空白。

（一）提高认识，形成合力

首先大家对开设学生乐团活动要统一认识，形成合力，进行发动组建，并研究实施方案。如活动目的、活动场地、乐队类型及编制、活动时间安排、活动形式、乐器购置等等。

1. 创设学生民族乐团发展必要的硬件与技术支持

（1）要有有专业精神的指导教师

民族乐团的组织工作有很多内容要做，如果能有一个固定的乐团负责教师来协调乐团招生、乐团训练、乐团表演等环节，将会极大地提高乐团活动的效率。民族乐团是个专业性很强的社团，要使乐团获得更高层次的提升，就需要开展与学校、歌舞团、高级院校乐团等专业团体的合作。通过定期邀请专家来参与指导的方式统一训练目标，最终达到乐团整体稳步提升的目的。

（2）要有比较合适的活动场地

民族乐团的乐器各有特性，这些乐器如果摆在一个空间较小的地方同时进行分声部训练，就会在听觉上形成相互干扰，影响排练效果。如果条件允许，能实现分声部各自单独一间小琴房的要求，并拥有一个大的吸音效果好的合奏厅，那么就有助于让乐团的组织训练更加有序。那种经常更换地方进行合奏训练的方式，既容易在乐团搬运中损坏乐器，给排练带来不应有的麻烦，也不利于学生乐团音响听觉的培养。

（3）准备乐团训练必需的相关乐器

由于部分乐器体积庞大，学生携带不方便，因此可以由校外教育机构添置较大的低音提琴、定音鼓、大鼓等器材，而二胡、竹笛、琵琶等易携带的乐器则由学生购置。这样既可以保证合奏乐器声部的均衡，也可以保证学生在乐团集中训练后能够自主练习。

2. 建设可持续发展的乐团组织

有很多学生乐团往往出现一种情况——一届乐团很辛苦地训练了、演出了，但结果是刚刚开花，学生就毕业了。这种情况尤其在小学里比较普遍。解决这个问题的方法就是要实实在在地建设好乐团组织的梯队。乐团梯队的队伍越强，处在乐团第一线的质量就越高。

3. 开展丰富多彩的实践演出活动，增强乐团的吸引力和凝聚力

学生们在长期的训练中难免会产生厌学情绪。通过开展各种丰富多彩的演出活动能够让学生体验成功感，往往一次六一节演出活动、一次社区爱心义演、一次比赛等就能使学生激动不已，参与乐团排练与演出的积极性就更高。这样就使乐团的吸引力和凝聚力获得有效的保障。

（二）科学管理，讲求实效

乐团既是一个松散的组织也是一个有很强凝聚力的团体。因为校外学生乐团里的成员都来自不同的学校、年级，所以如若管理不善，将会出现各敲各的锣、各打各的鼓的局面。但是如若管理有方，学生乐团一旦走上正轨，小乐手们都为了一个旋律一支曲子而相互合作，他们便会体会到集体的力量、合作的喜悦，特别是当演出成功面对观众的热烈掌声、鼓励与赞扬，他们便会产生很强的凝聚力。因此，根据这一特点，可以采取以下科学有效的管理措施。

1. 制定乐团章程，实施考勤奖惩制度

乐团设立队长、声部组长；制定排练规则、演出条例、乐器管理方案等。

2. 制订活动计划

有了活动计划就可以科学合理地安排时间，抓住活动重点，解决难点，使大家在整个活动中，有条不紊，提高效率。

3. 做好活动记录

对每次活动中存在的问题都必须及时地做出小结，以便在下次活动中及时改进。特别是对活动中存在的难点问题必须认真总结，拿出切合实际的措施。

（三）专业指导，尤为重要

首先，专职教师应具备一定的乐器法知识。作为乐团活动的指导教师必须熟悉乐团中每件乐器的性能、特点及演奏法，以及乐器的定音调弦。其次，还要具有一些基本的乐谱编配、作曲能力。乐团活动要有适合于该乐团演奏的乐谱，但是在实际活动中由于受各种条件的限制，学生乐团从

规模到演奏水平各不相同，所以就很难找到一份适合自己乐团的演奏谱。因此，作为指导教师就必须对一些乐谱作些必要的调整与改编，及时协调好小乐手们之间的配合，正确地把握好乐团的排练节奏。

二、学生乐团的组织及训练

（一）制订详细的训练计划，重视乐团基本功训练，遵循循序渐进的训练原则

乐团成员之间的演奏协作需要一个较长的训练时间才能达到熟练状态，作品的驾驭能力的提升更需要学生能够在音色控制、力度把握上达到较高的水准，在平时每次活动中都需要重视基本的训练，这些因素要求在制定训练计划时既需要考虑学生的实际水平选择合适的音乐作品，也需要对学生演奏方面的不足进行针对性的强化训练，促使乐团整体演奏水平的提高。

1. 保障乐团活动有固定的时间

这样有助于学生合理地安排好其他学习任务，系统地进行乐团排练与演出活动。有些乐团合奏采用突击式的方法，平时缺乏训练，突然出现演出任务的时候，就让学生花大量的时间搞突击。这样的做法对提高学生的素养没有好处，而且学生很容易缺乏良好的合奏与合作意识。

2. 善于利用假期开展乐团强化训练

在假期中，学生拥有较多的自主时间，而且在假期里学生的心态较好，开展一定的强化训练往往可以收到较好的效果。但活动安排也不宜太多，一般情况下，每个星期一次就可以了，每次的时间可以保持在半天左右，这样的效果较好。

（二）根据学生的基本功条件选择适合的排练作品

乐团需要选用一些适合自己编制和演奏能力的作品，但往往出版社发行的作品普遍都是经典名曲，对一些刚起步的乐团来说难度还是偏大，采用"赶鸭子上架式"的作品进行训练容易损伤学生的积极性，给乐团的发展带来不利影响。我们应该选用一些适龄学生喜欢的、耳熟能详的乐曲，然后按照乐团的编制和演奏水平编配难度适中的作品。当然，在乐团的排练与表演中，也要善于让学生学会背奏，积累更多的曲目作为乐团的保留曲目使用。

(三) 探索多样化的乐团训练模式

1. 集中训练与自学相结合

学生在拿到一首新作品以后,水平高的学生能够很快地演奏出来,水平低的则不能较快完成,在这样的情况下,自学与指导的结合就相当有必要。我的做法是先让学生大略地从头到尾合一遍,了解大概的音响效果,然后分声部自己练习。但在自学前要注意对弦乐的弓法和管乐呼吸断句进行指导,让学生在自学中能够有目的地训练,这样便于在下一次排练中对基本乐句和弓法达到统一的要求。

2. 示范演奏与师生合奏相结合

如果乐团的指导教师能够在排练中示范演奏出一两件乐器,将会让学生感觉非常亲切,师生合作的融合度也将得到加强。学生的模仿力较强,很容易受到教师示范演奏效果的影响,好的示范演奏往往有助于学生演奏水平的迅速提高。在乐团训练中,有些时候可以参与乐团其中一个声部的训练与表演,这样的形式值得尝试,因为学生会很受鼓舞,认真的程度也会提高很多。

(四) 做好乐团训练过程中的补差与推优工作

乐团负责教师要注重对水平较低学生的辅导工作,努力缩短差距,对学生在演奏中出现的不足要善意引导,不能指责学生。如果采用过分严厉的态度则容易损伤学生的自信心,给乐团的长远建设与发展带来不利影响。乐团里独奏、合奏能力较强的学生往往有"被拖腿""吃不饱"的感觉。因此一方面在平时的训练中要经常强调整体乐团意识,另一方面也要积极为优秀的学生创设更好的发展平台,使优秀的学生能够两面兼顾。比如可以在乐团中选拔几个人组成室内乐演奏组,选用较高难度的作品进行训练等。

通过以上分析,不难看出校外学生乐团有其存在的必要性和重要性,其特有的灵活、集中、具体、专业等手段更能吸引学生参与其中并满足广大少年儿童多元化、多样化的需求。只要条件具备,校外教育机构都可以组建学生乐团,并通过乐团活动,扩展学生的艺术视野和空间,加强对学生的美育,助力提升学生的整体素质!

中小学艺术教育活动形式创新的实践研究

天津市和平区青少年宫 施维丽

一、问题提出

（一）现代社会发展的需要

党中央国务院于 1999 年召开的第三次全国教育工作会议中将美育正式列入教育方针，美育地位以法律的形式得以确立；2000 年第三次全国艺术教育工作会议召开，《学校艺术教育工作规程》与《全国学校艺术教育发展规划（2001－2010）》的制订及颁布实施，预示着 21 世纪，我国学生艺术教育工作已进入一个新的历史发展时期。

现代社会已开始走向多元，呈现出由封闭走向开放、共性与个性共在、单一性和多样性并存等方面的特征。因此，我们要使中小学艺术教育活动尽快适应现代社会的需要，建立与时俱进的教育理念，构建起富有时代特点的新机制、新形式，积极探索新途径、新方法，为促进中小学艺术教育可持续发展奠定坚实基础。

（二）中小学艺术教育活动发展的需要

当代素质教育模式迅猛崛起。开展各式各样的艺术教育活动，对于实现学生人格的培养具有十分重要的意义。经常开展艺术教育活动能够有效地巩固和消化课堂知识；能够有效地培养学生学习主动性；能够有效地增长学生知识面，开阔视野；能够有效地提高学生综合能力和认知社会能力；能够有效地促进学生身心健康全面发展。

中小学艺术教育怎样才能适应时代需求和艺术教育发展的需要，从而养成具有时代精神的一代新人，是我们一直关注的问题。自 2006 年以来，我们一直进行着中小学艺术教育活动形式探究。回顾这段研究历程，我们重点关注的是中小学艺术教育形式的创新问题，艺术教育活动公益化的问题，活动的多元化问题。目前，我们一改以往学生文艺汇演的形式，将每年一届的学生艺术展演活动系列化，并与各级各类赛事活动相结合，与每年的主题教育活动相结合，从而带动更多的学校师生参与到艺术教育活动中来。

二、研究依据

1994年6月，李岚清副总理在全国教育工作会议上强调指出："要重视美育，不仅小学、初中要开好艺术课程，更重要的是教会学生欣赏艺术，促进学生各方面素质的提高。"

1996年，原国家教育委员会副主任柳斌在全国艺术教育工作会议上提出："艺术教育是对学生进行素质教育的重要内容和途径之一。"

教育部颁布的《全国艺术教育总体规划》指出："艺术教育是学校实施美育的主要内容和途径，也是加强社会主义素质文明建设，潜移默化地提高学生道德水平，陶冶高尚情操，促进智力和身心发展的有力手段。"政策的号召更加坚定了我们对学生艺术教育活动的探索之路。

《教育部关于加强和改进中小学艺术教育活动的意见》中指出，学生艺术教育活动要以育人为宗旨，坚持先进文化导向，体现"向真、向善、向美、向上"的校园文化特质，引导学生树立正确的审美观念，帮助学生培养健康的审美情趣，陶冶情操，提高感受美、鉴赏美、表现美、创造美的能力，促进学生全面发展。

通过实践研究，以达到艺术教育活动对象普及化、艺术教育活动目标整体化、艺术教育活动形式多元化、艺术师资队伍专业化。许多发达国家已经把艺术教育活动作为中小学教育中一项必不可少的内容认真去抓，从提高学生整体素质高度提出了艺术教育活动的目标要求。在艺术教育活动的实施过程中，也达到了教育的途径多渠道、多层次，实现了形式多样化。

三、研究价值

通过研究将对中小学艺术教育活动打造丰富多彩的教育形式起到引领

和示范的作用。此次研究具有很强的操作性。它能够紧密结合我区学生艺术教育的实际，结合中小学艺术教育活动的创新发展，更好地指导我区中小学开展艺术教育活动。丰富多彩的中小学艺术教育活动，将有助于广大中小学生想象能力、创造能力的发展。通过形式新颖的艺术教育活动，能够培养中小学生创造才能的价值取向，对他们终身发展有着不可估量的作用。

四、研究内容

首先，通过对学生艺术教育活动形式的充分挖掘及新形式的研究，逐步提高我区中小学艺术教育活动的普及率及活动质量。其次，进一步加强活动设计与实践过程的探讨，逐步实现中小学艺术教育活动品种特色化、艺术教育活动创新化，使其逐步进入健康发展的轨道。全面推进，力求中小学艺术教育活动的组织形式灵活多样；促进中小学艺术教育活动的创新性的形成；总结相关经验。最后，抓住艺术教育活动辅导员队伍建设，使艺术教师从单一型转向综合型，从经验型转向理论指导型，从盲目性转向科学性，从零散性转向艺术性，从规范性转向创新性。从而不断挖掘潜力，进一步创新中小学艺术教育活动形式，确保我区中小学艺术教育活动的可持续发展。

（一）丰富艺术教育活动的内容和形式，展开活动多元化的研究

以往的艺术教育活动，只注重少数学生的兴趣爱好，是少数师生的专利。为了改变这一现状，我们进一步丰富了艺术教育活动的内容和形式，实现了开放性的艺术教育活动形式，并且积极寻求艺术教育活动与各领域之间的密切连接点，加大资源的开发和利用，努力设计内容丰富、形式多样的活动。

1. 坚持公益性原则，在全区艺术教育活动中充分发挥组织引领作用

为了实现通过丰富多彩的活动向广大青少年实施艺术教育，提高他们的艺术修养，增进他们鉴赏美、表现美的能力，培养高尚的审美情操的目标，我们在全区中小学、职业学校及学前儿童中，先后开展了"阳光下成长""共享和平阳光""童心向党"等异彩纷呈的艺术教育活动。结合我区实际，在一贯坚持公益性活动的正确方向引导下，带领全区各中小学职

业学校坚持育人为本，不断丰富活动载体，在突出活动规模与社会效益的同时，注重质量内涵水平的提升，不断深化艺术教育活动的改革，积极为我区广大青少年搭建公共服务的平台，以贴近和服务广大未成年人为宗旨，以开展公益活动为载体，以加强未成年人思想道德建设为核心，以培养少年儿童实践能力和创新精神为重点，积极探索与创新艺术教育活动的新模式，充分把握与学校教育互补和延伸的教育的内涵，发挥特长培训、特色活动、特殊平台、特别服务的功能，不断加强我区青少年艺术教育活动阵地的建设，积极打造"共享和平阳光"的品牌活动，创造性开展了一系列丰富多彩的艺术教育活动及健体益智的综合实践活动，努力打造了我区中小学艺术教育活动的特色品牌。为全区的青少年提供了展示自我的平台，促进了全区青少年儿童综合素质的全面提升，更是让广大未成年人在参与中自觉接受思想道德教育。活动突出了公益性，注重实践性，全面提升了我区中小学生艺术教育活动的质量和水平，同时也全面推动了我区艺术教育活动高位、优质、均衡地发展。

2. 坚持创新性原则，组织开展丰富多彩的全区学校艺术教育活动

（1）创新开展主题性艺术教育活动。此类活动以集体组织形式进行，具有教育对象的广泛性、教育内容的多向性、活动形式的时代性等特点，由于面向全体学生，又具有很强的德育功效。这类活动主要包括：一是与纪念日相结合的艺术教育活动。如：学校德育处、共青团、少先队利用"五四"青年节、"六一"儿童节、"七一"建党节、"十一"国庆节等纪念日开展活动。二是与学校的专题教育相结合的艺术教育活动。

经与专家探讨，多方征求意见，为使我区学校艺术展演工作持久深入地展开，我们进一步将区展演工作与市展演工作紧密衔接，将传统的13大项目、单纯的比赛形式，调整为以学生艺术节形式开展活动，将比赛与展示交流相结合，以充分发挥艺术教育活动的载体作用，让更多的学生参与到展演活动中来，从中得到艺术的熏陶。同时，我们还举办了"阳光下成长"学生舞蹈节、"共享和平阳光"合唱节、戏剧节等活动。

（2）创新开展竞赛性艺术教育活动。竞赛性艺术教育活动是激发学生积极参与、选拔艺术特长生的最佳载体。这样的活动，为有一技之长的学生提供了最佳的表现舞台，同时也进一步激励他们在艺术教育活动过程中

磨炼意志和毅力，增强参与竞争的意识和能力。

特别是在开展学生合唱节活动中，我们将班级合唱的比赛搬上了舞台，现场由参与学校的领导和专家评委一并为参赛队伍打分，现场播报成绩。这一形式的改变，无不彰显着赛事的公平、公开、公证，得到了广大家长和专家的好评，也大大激励了参赛师生，提高了他们的参赛热情。

同时，我们也将学生个人才艺赛事的比赛现场公开化，邀请家长、老师及选手同时观看。这不仅为参赛的选手营造了展赛的氛围，还增加了赛事的透明度，得到了广大选手及家长的认同。

为给更多学生搭建展示的平台，在每年学生个人项目比赛之后，我们还为文艺类的优秀选手组织舞蹈、器乐、朗诵的展示专场。同时，通过青少年宫网站为美术类的优秀选手开辟了小艺术家优秀作品展。

形式的创新，内容的完善，大大提升了展演活动的社会影响力，也为更多的学生提供了展示和锻炼的机会。

（3）开展全员性艺术教育活动。全员性艺术教育活动在我区具有代表性的是学生合唱节活动、校园集体舞活动、美术作品展赛活动，以及校级及区级艺术节、红歌会等活动。近90%的学校能够达到全员参与。

随着我区各中小学参与活动的范围及数量的不断增加，我们将综合类活动中的普及性活动提出来，在原有基础上开展了合唱节、校园集体舞专场比赛、美术长卷作品展、DIY作品展等等。

我们在扩展普及性艺术教育活动的同时，提出在班级活动上下功夫，与学校各项艺术课相结合。同时，工作的重点逐步转移到活动的质量和水平上，增加了对活动内容及活动质量的要求。

（4）开展拓展性艺术教育活动。这里所指的拓展性艺术教育活动是从艺术课堂上的教学内容发展而来。我们要求各中小学将艺术教育活动与音乐课、美术课结合起来，充分利用有利时机，使每一个学生都积极参与活动。此类活动在低年级学生中开展起来较为便捷，能迅速收到效果。因为艺术教育活动对于低年级学生要求并不高。拓展性艺术教育活动，不仅愉悦了学生自己，也使班级的氛围更加和谐。在活跃校园文化生活的同时，将艺术教育活动真正落实在每个学生身上。

美术集体项目作为我区学校艺术展演中的重要组成部分，我们一改往年的绘画创作形式，尝试着以中国龙文化为创作主旋律，利用废旧物品制作相关龙造型的手工艺品，以培养学生动手能力和创新能力为宗旨，突出团队精神，激发学生共同创意合作。这一活动不仅提高了中小学生的环保意识，体现了低碳环保、节约资源、废旧物品利用的健康理念，同时提高了学生集体协作的能力。

从组织管理、评价手段、师资队伍建设等几个方面入手，突出活动主题、规范管理程序，使我区各中小学逐渐提高对艺术教育活动的重视度及普及参与率。

（二）探讨艺术教育活动切实可行的时间方案的研究

为了使这项工作在我区全面展开，扩大活动的影响力，提高师生的参与率，确保活动每个环节的时间，提升活动质量，我们调整了展演集体项目与个人项目的比赛时间，将展演的启动时间提前至上一年度的11月，使所有艺术老师在繁忙的教学工作中，提早安排，提早策划，提早训练。此项工作一经启动，便组织安排预报名环节、初赛环节，又带领专家评委逐一深入到大型节目所在学校，给予点评。同时，在比赛现场邀请专家对每一个节目予以指导……这些环节的增加，为各基层学校节目质量的提高奠定了基础。与此同时，我们也将每年10月的展演个人项目比赛调至暑假期间进行，给更多的学生搭建了平台，提供了机会。

（三）扩展时空，营造艺术教育活动的氛围，展开活动普及化的研究

1. 充分利用青少年宫共享空间、展厅、学校宣传阵地等一切可直观展示学生艺术活动成果的地方，创造良好的氛围。

2. 发挥信息技术的优势，充分利用教育局网站，青少年宫网站，校园网站等展示优秀艺术教育活动成果和资料，广泛展示学生的艺术风采。

3. 拓宽艺术教育活动的宣传面，在学生集中参与艺术教育展示活动时，利用各种宣传途径，通过学校电台、电视台、校讯通等方式进行宣传，营造学生广泛参与活动的气势。

4. 发挥榜样作用，为优秀作品、优秀人才搭建展示的舞台，利用优秀的展示平台，扩大艺术教育活动的影响力。

（四）增设组织管理机构，提升主管领导对艺术教育活动的再认识

摆正学校艺术教育活动的位置，是落实好此项工作的关键。每学期我

们针对艺术教育活动工作主管校长、主任及艺术教师分层召开艺术教育活动工作会。我们提倡要建立艺术教育活动的议事制度，定期分析研究开展艺术教育活动中遇到的问题和实际困难，提出解决的措施和办法；把学校艺术教育活动与精神文明建设紧密结合起来，把学校艺术教育活动纳入学校督导评估范围；成立艺术教育委员会；加快建立对艺术教育活动全面考核的科学评估制度和标准；制定出明确的、可以量化考核的水平指标，纳入整个艺术教育考核体系，从而使我区艺术教育活动逐步走上规范化的轨道。

据调查，很多学校的老师认为，艺术教育活动的开展一是合理的调节了学生的学习精神状态，让学生在紧张的学习之余使大脑得到放松，整个身心得到艺术的熏陶；二是拓宽了学生的文化视野，使学生了解我国乃至世界各民族灿烂的文化，同时得到情操的陶冶和审美能力的提高。活动中，学校领导也深刻认识到，提高艺术教育活动水平是提高学校艺术教育整体水平的重要基础，它对促进全校各项工作的开展有着积极的意义。

总之，我们应着眼于明确功能定位，加强理论探讨，丰富内涵；探索艺术教育活动的新模式，实施差异化策略；面向社会，加强活动的品牌化建设；开展丰富多彩的社团活动，加强学生艺术社团建设；提高教师艺术素质，加强师资质量建设。因此，全面了解当前中小学生对艺术教育活动的需求，并在此基础上，切实探索艺术教育活动的多种多样的形式，是十分必要和紧迫的。

民族彰显特色　文化滋养心灵
——谈广西少数民族地区开展校外兴趣小组活动的经验

南宁市妇女儿童活动中心　傅桂群

文化是民族的血脉，是人民的精神家园。少数民族地区，民族文化是维系各民族生生不息的文化根源。少数民族的未成年人生于斯、长于斯，与民族文化朝夕相处，血脉相连。校外教育是青少年儿童学习知识、陶冶情操、发展个性、塑造品质的重要实践形式。新形势下开展未成年人校外教育兴趣小组活动，要以孩子自身的兴趣爱好为出发点，又要利用当地文化的渗透性和影响力，让未成年人在兴趣活动中受到熏陶，得到教育，促进身心健康发展。民族地区的未成年人校外教育兴趣小组活动，应注重发挥民族文化的支撑作用，依托民族文化载体，实现民族地区少年儿童校外教育兴趣小组活动培育"健康人格"的目标。

作为广西少数民族地区的教师，我们有责任深入认识本地区民族文化资源和功能的价值，不断积累经验，进一步探索、创新未成年人校外教育兴趣小组活动的民族化实践，自觉融入推动社会主义文化大发展大繁荣的行动之中，并以丰富多样的未成年人校外教育的民族文化活动形式，在促进少年儿童快乐学习、健康成长、全面发展的同时，为广西建设民族文化强区服务。

一、挖掘校外教育兴趣小组活动中丰富多彩的民族文化资源

广西是一个民族文化资源富矿。广西境内生活着壮族、汉族、瑶族、苗族、侗族、仫佬族、毛南族、回族、京族、彝族、水族、仡佬族12个世居民族，各民族在长期的生产生活中都创造和积累了自己的文化资源。广

西少数民族文化，形态丰富，特色各异，包括了民族歌舞艺术文化、民族民间工艺文化、少数民族服饰文化、民族民间建筑文化、民间医药饮食文化、民间文学艺术、少数民族体育文化、民间宗教文化、民族历史文化、民俗风情文化等，积淀着各民族长期以来最深层的精神追求，是民族生存与繁荣发展的力量源泉，是值得珍惜的宝贵财富。

利用广西底蕴深厚、内容丰富、形式多样、特点鲜明的民族文化，来开展未成年人校外教育兴趣小组活动，将形成知识融合、手段多元和功能综合的特点，可以极大地激发广西各族青少年的民族自豪感和归属感，培育民族自信和文化自觉，有利于利用民族文化资源的特色优势，突出校外教育兴趣小组活动的民族化探索与创新，推出丰富、优秀的民族文化原创作品，实现"一校一品"。比如宜州刘三姐歌谣彩调，南丹白裤瑶族打铜鼓，东兰铜鼓乐舞，环江毛南族傩面舞、花竹帽制作，都安藤编工艺，罗城仫佬族民歌，天峨壮族蚂拐舞等，各有特色，各具风采，都可以打造为广西校外教育兴趣小组活动的民族文化品牌。

二、凸显未成年人校外教育兴趣小组活动中的民族文化正能量

校外教育兴趣小组活动的目标之一，就是发挥生活世界和体验活动对少年儿童发展的正面影响价值。利用民族文化多元化的功能价值，可以引导民族地区青少年参与民族性校外教育兴趣小组活动，通过丰富多样的活动参与，寓教于乐，以潜移默化的方式，让青少年得以启迪，受到教育，获得身心发展。

将民族文化作为民族地区未成年人校外教育兴趣小组活动的内容，不仅旨在说明传承民族文化的重要性，而且指出了民族文化对未成年人健康成长的教育功能。随着时代的变迁，广西民族文化发展日趋丰富，呈现出现代化、多元化的趋势，民族文化往往与红色文化、生态文化、开放文化、海洋文化、和谐文化等融合一体，承载着民族文化传承功能，包含着深刻的道德教育、审美教育内容，我们应凸显其社会发展和思想道德的正能量，实现"活动育人，实践育人"的目的。

（一）要凸显民族文化的民族精神

广西12个世居民族，每一个民族的文化遗产，都是该民族智慧的结晶

和文化识别标志，是维系民族生存发展的动力源泉，保留着民族特有的思维方式、价值观念、审美情趣和心理特征，承载着民族特定的历史记忆，寄寓着民族的生活情感与人生理想。在校外教育兴趣小组活动中，要积极展示具有正能量的民族精神，促进是民族认同，增强团结意识，维系民族自信和文化自觉，营造和谐的民族精神家园。

（二）要展现民族的历史文化价值

民族文化遗产是在特定的历史条件下产生的，是民族深厚的传统文化历经岁月保存和流传下来的，承载着丰富的历史，反映着文化传统和文化变迁，是认识和理解民族历史的宝贵资料。在校外教育兴趣小组活动中，引导青少年通过学习民族文化，从不同侧面了解民族的历史发展、社会生产生活的历史进程，增强民族文化认同。对于那些没有本民族文字或历史文字记载的少数民族，民族历史文化遗物、遗迹、传统知识及其文化表达形式，就会成为研究该民族历史发展的唯一可以依据的材料，具有特别重要的历史意义。

（三）感受和认识民族文化的道德教育价值

民族文化遗产除了包含丰富的历史知识、科学知识、传统技艺、艺术精品资源，可成为学校教育、社会教育的重要知识来源之外，还蕴含着民族的伦理道德、行为规范，是教育年轻一代学习为人处事，培养社会良好风气的重要内容。通过校外教育兴趣小组活动，学生可以鲜活生动地了解优秀的民族文化，从而增强民族自豪感，更加热爱民族和祖国，提高民族文化的审美能力，达到熏陶情操、提高素质、培养能力的效果。

三、展现未成年人校外教育兴趣小组活动中民族文化的独特形式

民族文化具有本民族鲜明特征，表现在饮食、衣着、住宅、生产工具等物质文化的层面上，也表现在语言、文字、文学、科学、艺术、哲学、宗教、风俗、节日等精神文化的层面上。民族文化具有一般的知识教育、技能教育所不具备的寓道德教化、审美情趣于生活习俗的特点。就未成年人而言，他们生于斯、长于斯，往往身临其境、耳濡目染，潜移默化地被文化传统感化，从而可以填补学校现代教育在教书育人方面的不足，有助

于完善现代未成年教育体系，有利于从生活环境中，不自觉地促进少年儿童快乐学习、健康成长、全面发展。

广西是一个多民族的地区，民族文化丰富，文化表现形式也相当繁多，少年儿童可参与的活动形式也相对很多。广西可利用民族文化优势，在传承和保护民族文化的过程中，采取多种方式，有意识地引导未成年人加入民族文化的传承活动，让他们在娱乐和享受文化的过程中，提高实践能力，培养创新精神，实现健康成长。

首先，通过学校组织的校外教育兴趣小组活动形式，培养中小学生学习民族文化的兴趣。如南宁市明秀小学开设的民族文化兴趣课程：山歌、民族舞、绣球、铜鼓、跳竹竿、板鞋、扎染等，使学校教育变得鲜活，小学生学习充满乐趣，从而培养他们对民族文化的自信心和自豪感。其次，组织参加各种富含民族文化的培训班和少年宫，学习各种民族乐器、舞蹈、民歌，如壮族天琴、侗族芦笙、引进的傣族葫芦丝等。通过各种音乐形式的学习，愉悦身心，培养未成年人的民族审美意识、民间音乐节奏感。此外，学习民间文艺，能够使未成年人从中学习民族文化知识、传统技术技能的同时，还在思想道德品质、审美价值等方面潜移默化地受到影响，为他们树立正确的人生观、世界观、价值观提供文化方面的帮助。而参加民族民间娱乐游艺活动，如壮族扁担舞、苗壮竹竿舞、瑶族打陀螺等，可以使未成年人锻炼身体；借助民间体育竞技活动，健康身心，培养合作精神和竞争意识。

四、发挥民族文化优势，创新未成年人校外教育兴趣小组活动模式

建设社会主义文化强国是中国的文化发展战略，建设民族文化强区则是广西的文化发展目标。文化建设离不开青少年的文化教育，民族地区的文化建设更离不开少数民族文化的支撑，离不开少数民族青少年的民族文化教育。校外教育兴趣小组活动的民族化实践，就是民族文化传承发展、道德教育和审美素养提高的重要渠道。为此，必须根据广西民族地区的实际情况，因地制宜地创新未成年人校外教育兴趣小组活动的新理念、新模式。

(一) 要主动配合非物质文化遗产保护传承体系的建设，通过立法使未成年人校外教育兴趣小组活动成为非物质文化遗产保护传承的规定项目

立法是实现文化遗产保护的基本保障，也是推进民族文化传承的重要举措。2005年，国务院先后印发了《关于加强我国非物质文化遗产保护工作的意见》和《关于加强文化遗产保护的通知》。文化部制定了《国家级非物质文化遗产保护与管理暂行办法》等规章，广西也出台了《广西壮族自治区民族民间传统文化保护条例》。在此基础上，在实施细则和实施方案中，必须重视把青少年参与性活动作为非物质文化遗产保护传承的规定性项目。

近年来，广西已经采取措施，在建立文化生态保护实验区模式中加入了向未成年人传承非物质文化遗产及民族文化的功能。文化生态保护区建设是实现非物质文化遗产、民族文化活态传承、整体性保护、可持续性保护的重要方式。广西重视推进非物质文化遗产整体性保护，在人口较少的少数民族的地区建立了民族生态保护区。广西先后开展了"广西民族生态博物馆建设1+10工程"，建立了南丹里湖白裤瑶、三江侗族、靖西旧州壮族、贺州客家、那坡黑衣壮、灵川长岗岭商道古村、东兴京族、融水安太苗族、龙胜龙脊壮族、金秀坳瑶10个民族生态博物馆，让文化遗产传习所（馆）、传承基地承担起对未成年人文化遗产传承的培养任务。其中国家级"红水河流域铜鼓艺术"项目建立11个铜鼓艺术传习馆，在10所小学设立铜鼓艺术传习班。[①] 文化遗产传习所（馆）、传承基地逐渐涵盖了广西各民族非物质文化遗产的传承保护，为广西未成年人校外教育兴趣小组活动提供广阔的空间。

(二) 民族地区的教育部门要与文化部门联动，加入非物质文化遗产保护专门机构，加强对"民族文化进校园"工作的指导

为配合非物质文化遗产保护和民族民间传统文化保护条例的实施，2000年以来，广西各地宣传部、民族局与教育局、文化局联合下发《关于

---

① 吕余生、覃振锋、何颖等：《广西建设民族文化强区战略研究报告》，广西人民出版社2013年版。

开展民族文化进校园活动的意见》等指导性文件，联合行动，紧密配合学校的素质教育，针对在校青少年儿童的特点，结合实际，组织中小学全面开展"乡土文化进校园"活动，进行传统民族优秀文化和乡土艺术教育，普及人文、历史、地理、语言文字、风俗礼仪、文物名胜、音乐舞蹈、戏曲文学、体育竞技等乡土文化知识。这些活动具有知识融合、手段多元和功能综合等实践特点，为未成年人校外教育兴趣小组活动搭建了开阔的平台。

2007年，马山县政府在古零镇安善村挂牌成立了马山县安善壮族三声部民歌传承保护基地，以政府为主导，采取传承人基地传承、进校园与校外教育兴趣小组活动相结合的方式，培育民族文化接班人。在古零镇安善村小学传授壮族三声部民歌，培养了200多名学生歌手。2011年3月，组织音乐专家进行实地采风，创作了一批新的壮族三声部民歌，并编成教材，选择基础较好、辐射性强的古零镇安善小学、白山镇城北小学作为试点，传授壮族三声部民歌。2014年4月，又分别在白山镇城北小学、古零镇古零中心小学、古零镇安善小学、马山县文化馆等地挂牌成立了4个壮族三声部民歌传承基地，加大了壮族三声部民歌的传承力度，成立的传承基地都在定期或不定期地进行壮族三声部民歌的传习活动。经培训的歌手均已掌握壮族三声部民歌的结构、演唱技艺，小学校已成为童声壮族三声部民歌重点演唱单位。[①]

（三）建立完整的规划和实施方案，有计划、有步骤地开展未成年人校外教育兴趣小组活动，展现民族文化特色，打造民族文化品牌

民族文化和非物质文化遗产的保护传承是一个系统工程，配合于此的民族文化未成年人校外教育兴趣小组活动则是一个子系统，也是素质教育的子系统。要取得良好成效，必须要制订一整套规划和实施方案。一方面，要规划民族地区中小学把各民族喜闻乐见的传统文化与现代文化相结合，将符合科学发展精神的优秀民族音乐、绘画、舞蹈、体育、文学、传统工艺制作等民族文化知识、技艺作为素质教育的基本内容，引进到教学活动中；另一方面，要配套制定课程建构、活动设计、项目发展和队伍提

---

① 马山县人大：《马山壮族三声部民歌传承保护工作情况》，2014。

升等实施方案。广西桂林市制定了民族文化进校园活动"七个一"工程建设，即一套民族文化进校园活动的方案和计划、一套民族文化的乡土教材、一支民族文化教员队伍、一台民族文化文艺节目、一套民族传统特色的校班服、一座标志性民族文化特色建筑、一处民族文化活动场所，既系统全面，又抓住了特色，确保了校外教育兴趣小组活动的顺利开展。[1] 广西各地民族文化进校园和校外教育兴趣小组活动，发挥各自区域文化的特点，配合各地会展、旅游、节庆等文化活动，形成了钦北防（京族）海洋文化、百色布洛陀文化、河池山歌文化、来宾盘古文化、崇左花山文化、梧州龙母文化等文化特色，塑造了广西文化品牌和校外教育兴趣小组活动的亮点。

（四）"请进来"与"走出去"有机结合，发挥校外教育兴趣小组活动的民族文化生活和体验活动对少年儿童发展的价值导向

随着现代社会发展，少数民族及非物质文化遗产的文化生存生态急剧恶化，消亡速度加快，传承后继乏人，面临着传承人走歌息、人亡艺绝的状况，因此必须加强文化遗产保护人才的抢救，举办培训班培养人才。一要保护代表性传承人才队伍，二要培养文化传承专业人才，三要培养文化传承接班人。培养文化传承接班人需要从未成年人抓起，可结合校外教育兴趣小组活动展开。主要做法是，一方面，"请进来"文化遗产项目与代表性传承人，到校园建立文化传承基地，请传承人进校传授文化技艺，将民族文化项目传承（教学）列入教学计划和每周课程安排。学校还把当地民族文化的优秀民歌演唱、民族舞蹈、地方戏剧、曲艺以及民族民间的传统手工艺制作、体育竞技等内容编成教材，以课本教程的方式纳入到教学活动中。另一方面，民族文化校外教育兴趣小组活动要"走出去"，使学到的文化技艺回归社会，融入社区、生活文化活动，深入农村、乡村，在实践中体验学习；还要参加大型活动，参与民族文化交流活动，以生动活泼的形式赋予民族文化鲜活的时代特点。这既传承了民族文化，也活跃了学校教育，陶冶了学生的情操，增强了他们的民族文化自豪感。

---

[1] 广西民委，桂林市积极开展民族文化进校园活动，http://www.seac.gov.cn/art/2011/7/21/art_ 36_ 131524.html

（五）服务国家外交战略，推动民族文化的国际交流，展现校外教育兴趣小组活动文化软实力

广西地处华南经济圈、西南经济圈与东盟经济圈的结合部，具有沿边、沿江、沿海的区位优势。"与邻为善、以邻为伴"是中国周边外交方针。广西不仅与东盟国家山水相连，而且"同源异族"，历史渊源相通，文化习俗相近，部分少数民族与东盟国家20多个民族有着深厚的文化认同性，这是双边、多边的民族文化交流的先天条件。随着中国—东盟自由贸易区的建设、中国—东盟博览会永久落户南宁和广西北部湾经济区建设，广西加强了与东盟各国以及港澳台地区的文化交流与合作，政治外交、经济贸易与文化交流相互促进，文化软实力得到提升。

国家层面在广西成立了"中国—东盟青少年培养基地""中国—东盟文化交流中心""中国—东盟人才培养基地""中国—东盟妇女培训基地"等国际文化交流合作机制，为广西中华文化及民族文化走向东盟搭建了平台。南宁国际民歌艺术节、"中越青年大联欢"定期举行，面向东盟、走向国际的青少年儿童的文化交流成为常态，广西青少年文艺团体频繁赴东盟国家演出，无不以"民族文化"为特色，铺垫了中国—东盟青少年民族文化平等交流的舞台。"民族文化进校园"与"东盟文化进校园"交相辉映，成为广西校外教育兴趣小组活动的双重选择。民族文化与东盟文化的双向交流，民族文化作为国际文化交流的特色项目，成为中国—东盟青少年文化交流的使者，民族文化"走出去"，展示了软实力，也培育了广西青少年儿童开放包容的文化理念。

国际青少年科技竞赛中的国际理解教育实践

北京学生活动管理中心 王 涛

北京作为国际化大都市,在创建"世界城市"的过程中要求市民要逐步具备国际化的视野、多元化的思维方式、团结协作的友好态度与尊重、宽容的心态。北京学生活动管理中心作为北京市唯一的一所市级校外教育机构,承担着大学、中学、小学的科技、艺术、体育类活动的策划、组织及兴趣小组培训工作。活动中心每年的重点工作之一就是组织北京市中小学生参加国际青少年科技竞赛。在"全球化"的时代背景下,通过国际竞赛活动开展国际理解教育实践,将会很好地提高我国学生的国际视野与国际素养。

一、国际理解与国际理解教育及国际青少年科技竞赛概况

(一)国际理解与国际理解教育

国际理解是指以宽容、尊重方面的态度与别国沟通、协商和共同行动。其实质包括两个方面:一是自己理解他人。这是国际理解教育的基础。它包括校内同学之间、师生之间,不同地区同学之间以及不同民族同学之间的相互理解。另一方面是自己能够被他人所理解,包括本民族、本地区的文化,风俗习惯等。这两个方面紧密关联、同等重要。

国际理解教育(Education for International Understanding)是由联合国教科文组织倡导,以"国际理解"为教育理念而开展的教育活动。其目的是增进不同文化背景的、不同种族的、不同宗教信仰的和不同区域、国家、地区的人们之间相互了解和相互宽容;加强他们之间相互合作,以便共同认识和处理全球社会存在的重大共同问题;促使每个人都能够通过对

世界的进一步认识来了解自己和了解他人；将事实上的相互依赖变成有意识地团结互助。

（二）国际青少年科技竞赛概况

北京作为中国的首都，是我国的政治、经济、文化和国际交流中心，国际间的交往十分频繁，国际性的青少年科技竞赛种类繁多，参与组织的机构类型多样，既有政府性机构，也有社会机构。政府性机构主要有教委、科协、共青团、妇联、关工委等；社会机构主要有各社会团体、国际性的NGO（非政府组织）以及旅行社等。政府性机构组织的特点是公益性，不盈利或仅收取成本费，其主要经费来源为财政资金；社会机构采取以"活动养活动"原则，所用经费来自于参与活动学生所交费用。在外事管理上，社会机构的灵活性较大，一般使用因私护照出境，比较符合国际惯例。政府性机构一般使用"因公护照"，"因公护照"的使用及申领有严格的规定，对于时间性要求强的竞赛类活动制约较大。

目前，国际青少年科技竞赛理念普遍强调团队合作（TEAM WORK），科技与艺术相结合，关注竞赛与最新科技发展趋势的结合。北京市中小学生参加的国际青少年科技竞赛达数十项，诸如国际科学与工程大奖赛（ISEF）、头脑奥林匹克竞赛（OM）、世界奥林匹克机器人大赛（WRO）、机器人世锦赛（FLL）、机器人世界杯、国际空间站设计大赛（ISSDC）等。下面重点介绍机器人世锦赛（FLL）、机器人世界杯（RCJ）、国际空间站设计大赛（ISSDC）三项竞赛。

1. 机器人世锦赛（FLL）

FLL（FIRST LEGO League）是 FIRST（For Inspiration and Recognition of Science and Technology）机构与 LEGO（乐高）集团组成的一个联盟组织。FIRST 创办的科技竞赛针对学龄前到大学各年龄段，竞赛影响力不仅限于全美，在世界范围内，每年都有几百万青少年参与各种 FIRST 创办的科技竞赛。FLL 竞赛主要针对 9–16 岁孩子，每年 9 月发布年度挑战项目（竞赛题目），孩子们根据竞赛题目去进行科学调查研究，使用 LEGO（乐高）机器人进行设计、搭建、编程，并且提交一份与题目相关的研究报告。在比赛中要用艺术的形式将自己的研究成果表现出来。比赛的核心理念是"我们是一个团队，我们很快乐。我们在教练和辅导员的指导下，自己努力地去寻找问题的解决方案。我们更重视比赛过程中的收获。我们乐意分享我们的经验和成果。我们做每件事都要体现高尚的职业修养。"

2. 机器人世界杯（RCJ）

青少年机器人世界杯（RoboCup Junior，简称 RCJ）是机器人世界杯（Robot World Cup）的重要组成部分，是面向青少年开展的一项以科技设计与实践为导向的国际性科普活动，其宗旨是培养青少年的国际视野和科技创新能力，促进跨国界的科技与文化领域的友好交流合作。该活动已经成为目前规模最大的国际性青少年机器人竞赛。RoboCup 提出的最著名的设想是：2050 年，一支完全自治的人形机器人足球队应该能在遵循国际足联正式规则的比赛中，战胜最近的人类世界杯冠军队。RCJ 比赛主要分为足球机器人（Soccer Challenge）、救援机器人（Rescue Challenge）、舞蹈机器人（Dance Challenge）竞赛。前两项竞赛（足球、救援）重点考评团队合作和创新性研究，舞蹈机器人项目在前两项考评内容外还考虑科技与艺术的结合，即通过真人与机器人的互动，用舞蹈的艺术形式体现出科技与艺术结合的表现力。

3. 国际空间站设计大赛

国际空间站设计大赛（International Space Settlement Design Competition，简称 ISSDC）起源于 1994 年，是一项面向全球高中生的国际比赛。比赛由美国波音公司及美国宇航局赞助。参赛者的任务是在太空设计一座城市，供一万人居住。学生以小组团队的形式参加，每个参赛团队为 12 人。团队成员通过协同努力，最后递交一份长度为 40 页的英文报告，具体说明其空间城市设计理念及方案。比赛涉及数学、物理、工程、航空航天、建筑、城市规划、艺术设计等多方面知识，对其中任何一个领域有兴趣的学生均可在团队中发挥相应的作用。决赛以若干个大组为单位举行，每个大组由来自不同国家的队伍组成，要求在 24 个小时内完成一个空间站设计方案，并以 50 页 PPT 的形式递交，最后进行演示和答辩。

机器人世锦赛、机器人世界杯、国际空间站设计大赛这三项竞赛各自具有自己的特点。机器人世锦赛、机器人世界杯这两项比赛都是机器人竞赛，在中国都有近十年的发展历史，国内参赛学校众多，具有一定的影响力。机器人世锦赛主要面向小学和初中学生，机器人世界杯竞赛主要面向高中并且和大学对接，2008 年机器人世界杯竞赛的两名中国获奖者 2010 年分别被麻省理工学院（MIT）和卡耐基梅隆大学（CMU）全奖录取。国际空间站设计大赛的主办方是美国宇航局，发展到今天已经成为一项重要的高中生国际赛事。每年美国、欧洲都有大量的学生组队参加。

二、在青少年科技竞赛中开展国际理解教育的必要性

（一）教育事业发展的需要

北京市"十二五"期间教育改革和发展规划中明确提出："提高学生赴境外学习、交流、研修的规模和质量。推进国际理解教育和校园多元文化建设。营造有利于创新人才培养的国际化氛围。积极拓展学生的国际视野和国际交往能力。"校外教育是基础教育的一部分。校外教育的指导者通过组织青少年科技竞赛活动，可以增加学生的国际知识，让他们了解地球，认识世界，塑造宽广的全球胸怀和国际视野。从小就树立"地球村""世界公民"的概念，有利于提高学生的国际意识和国际责任感。而国际理解教育正是这样一种注重增强学生的国际意识和国际责任感的教育活动。

（二）科技活动发展的需要

自 2008 年以来，中国组队参加了历届机器人世锦赛。在客观评价项目中，例如"场地竞赛"，因为各参赛队使用相同规则，各自独立参赛，不需要合作与交流，中国队往往成绩优异。但在需要主观评价的项目中，例如"项目研究与合作"，中国队的分数较低，总是找不到评委关注点。经过总结与分析，中国队发现问题主要出在文化的差异性上。国际理解教育作为一种教育活动，注重从文化的差异入手，探寻不同文化的自然、历史及宗教原因，进而形成对不同民族文化的理解与宽容。因此，我国青少年国际科技竞赛活动的发展需要国际理解教育理念的指导。

（三）学生自身发展的需要

当前，由于我国的计划生育政策，大城市的中小学生大都为独生子女，备受祖父母和父母两代人的关爱，容易以自我为中心，缺乏关心他人与周围世界的品质和精神。因缺乏相关认知，这些中学生也容易把人类共同的精神价值看成是西方文化，而一说西方文化他们又立即产生民族主义的防范心理，在享受着人类共同精神价值中标榜自己的"民族主义"。例

如在2012年，不少中小学生因为中日钓鱼岛争端义愤填膺，对日本这个国家乃至日本人都很痛恨。实施国际理解教育，可以使我国中小学生了解和平、人权、发展、环境等人类共同的关注点，抛弃片面的民族主义，学会尊重与责任，培养开放性的心态与批判性的思维。

三、国际青少年科技竞赛中的国际理解教育实践

亚太地区国际理解教育研究院将国际理解教育的内容归纳为三点：一是知识领域，包括和平、人权、发展、环境等知识；二是技能领域，包括批判性思维能力、合作能力、沟通交往能力、解决矛盾能力、自我主张能力等；三是态度领域，包括对自己及他人的尊重，对正义、和平、生态环境的责任意识，开放平等的心态等。能够参加国际青少年科技竞赛的学生学习能力较强，包括礼仪、宗教等知识能够很快学习接受，但国际理解技能和国际理解态度仅仅靠讲授和自我学习，效果甚微。这些需要在国际青少年科技竞赛的具体活动中进行渗透，使之思考、理解与养成。

（一）沟通与合作

沟通是参与国际青少年科技竞赛的前提条件，语言是沟通的基本工具。当代人如果不掌握外语，没有应用外语的能力，就不可能有真正的国际理解和国际交往。人类是社会性动物，沟通是天性，学习和掌握一门或几门外语，有助于获取其他国家的知识，加深对其他文化的了解。我们在选拔参加国际青少年科技竞赛选手时，外语能力排在专业素质前面。因为良好的外语沟通能够使专业素质如虎添翼，而没有沟通的比赛往往事倍功半。在FLL机器人世锦赛中，有些项目如"场地竞赛"是需要参赛的两只队伍共同合作完成的。这体现了既有竞争又有合作的理念，但前提是两只队伍要沟通好，否则不但不加分还要失分。这种竞技类比赛中的选手往往是"技术男"，如果外语水平差就会影响双方的沟通，其结果往往是痛失"双赢"的大好局面。

合作是与他人交往过程中，理解他人、化解冲突的一个基本方式和准则。良好的合作要求每个参与者具有兼容并蓄、宽容大度的态度，协商、妥协的基本技能，共赢、传承的基本理念。在国际青少年科技竞赛中，团队合作在考评分值中往往排在第一位。例如作为机器人世界杯比赛项目之

一的机器人舞蹈竞赛中的联队赛，要求参赛队与其他两个不同国家的队伍组成联队，在一天内设计新的机器人舞蹈。考评将机器人表现放在其次，关注点在于三个国家特色的融合以及三只队伍配合的默契。2013年国际空间站设计大赛（ISSDC）是将4个国家的队伍整合成一支队伍，内部又按照"结构、操作、人文因素、自动化、预算、运行维护"等分成7个答辩小组，每个小组都有4个国家的选手。这个大赛主要涉及航天领域，而航天领域都是系统工程，作为评委的美国航天局专家最重视团队合作意识。在这个设计大赛中，如果没有超强的合作能力，这7个小组将无法完成空间站的整体系统工程。如果选手没有合作意识，小组内部就会杂乱无章，乱成一锅粥。在2013年亚洲区决赛中，因为我们的一个选手在答辩过程中透露出了"我们的想法印度同学不听"，让评委察觉出团队的合作意识不够强，结果这只综合实力第一的队伍最后屈居第二。

（二）平等与尊重

国际理解教育实质是在倡导一种人类共有价值观的教育。尽管各个国家经济发展和历史文化具有很大的差异，但在不同民族、不同地域之间，有一些核心价值观却是相同的。

在国际青少年科技竞赛中，"平等"是核心价值观。无论参赛选手的种族、地域、宗教、意识形态如何，大家都在相同的竞赛规则下竞争、合作、交流。多年参加国际竞赛，我们发现，似曾相识的一幕总在上演：当我国某个参赛选手或某个参赛团队的成绩不理想时，总是有人抱怨裁判不公。在进行赛后总结时，我们发现失败原因往往是没有认真研读规则，或者是自身水平发挥失常而非裁判不公。一方面，这个事例告诉我们，国际竞赛规则遵循"只要没有说不可以就是允许"的原则。在这个准则下，大家平等竞争，可以充分发挥自己的创造性，钻规则的空子，或者说是充分利用规则。纵观十余年的参赛过程，裁判基本能做到公平执裁，各国参赛队也能做到平等竞争。另一方面，这个事例也告诉我们，虽然我国近几十年经济发展喜人、政治影响力在不断提升，但对国际规则的认识与运用、对平等与尊重的深切理解等文化软实力增长缓慢。我国政治和经济的硬实力和文化软实力同时增长，才能真正体现平和、雍容、大气的大国风范。

国际理解教育的内涵，一是要充分认识到人类应该能够相互理解、相互宽容；二是承认各民族以及个人的生存方式与思维方式的不同，对这些不同要予以充分的认识、理解和尊重。

2013年国际空间站设计大赛亚洲区决赛在印度举行，中国参赛队面临的两大困难是印度同学的口音和全素的一日三餐。部分中国参赛学生向领队老师反映"要崩溃"。领队老师积极给学生们做思想工作："印度的英语口音我们听着难懂，但是欧美人却听得懂印度人说英语，一些中国人说的英语却听不懂。因为印度人以英语为母语，和欧美人仅仅是口音不同，就像天津口音与北京口音的区别。而部分中国人说的是chinglish（中国英语），从语法、语态上看就像两种语言，难怪欧美人不懂。印度是多宗教国家，穆斯林不吃猪肉，印度教不吃牛肉，佛教不吃肉，还有很多的素食主义者，所以为了尊重各宗教信仰，在印度很多地方只有素食供应。比赛举办地是一家清修学院，清修学员来自印度及世界各地，所以提供的三餐全部是素食。"经过一周的比赛后，中国的参赛同学不但适应了全素食，而且也感受到了信仰不同宗教的清修学员在相互尊重的前提下和睦相处的和谐气氛。同样，印度等其他国家的队员也体现了他们的理解和宽容。他们没有想到中国队员和他们语言沟通无障碍，没有想到中国队员的信息技术水平之高，不但人手一台或几台"苹果"设备，而且在不到24小时内就设计出了全套的3DMAX空间站图纸。在紧张而忙乱的气氛下，对于递东西用左手这样的细节，印度队员也没有表现出丝毫的不快，而是理解并忽视。

上述这个事例说明领队教师的教导、不同国家或地区的人们之间的相互理解和宽容是多么重要！

四、青少年科技活动中开展国际理解教育存在的问题与对策

（一）科技教师的国际理解素养亟待提高

开展国际理解教育需要跨学科师资，而现在的教师往往只是对于自身专业比较熟悉，尤其是科技教师，平时主要精力放在跟踪最新科技发展上。在知识爆炸时代，每天都会出现新技术、新名词，为了不落后于学生，科技教师只能奋起直追，对于国际理解教育的相关知识理论则所知甚少。搞科技的以男老师居多，英语水平往往无法满足国际理解教育的要求，做不到自如地与国际同行和选手的交流。解决的方法有两点：一是多

创造国际交流的机会，拓宽教师的国际视野，增加国际知识。二是加强教师培训，不仅仅是英语水平的提高，还包括对和平、人权、发展、环境以及不同文化的了解，以此提高教师的国际交流技能，树立良好的国际理解态度。

（二）面向学生需加强国际理解态度与情感的培养

参加科技竞赛的中学生往往品学兼优，是学有余力的同学。他们接受新生事物快，知识面宽，对于国际理解知识相对了解较多，但在态度与情感方面养成较少。究其原因，既与"四二一"的独生子女的家庭结构相关，也与社会上的一些不正确的宣传有关。解决办法有以下三点：一是加强平等、尊重、宽容、开放的国际理解态度教育，培养理性思维和独立的批判性思维。二是增加国际交流机会，创造更多的机会参与国际竞赛。俗话说得好，"听君一席话，胜读十年书"，不少参赛选手感言"一次出国比赛胜过十天的课堂讲解"。三是充分利用互联网、移动通信等现代化手段，中外学生之间就共同关心的话题交流，提高跨文化交流能力，学会接纳、尊重不同文化，从而使学生成长为具有全球价值观的"世界公民"。

综上所述，相对于在校内各学科中渗透国际理解教育，在校外科技活动中开展国际理解教育，无论是方式、手段、效果还是评价，都更加明显、直接。在国际青少年科技竞赛活动中开展国际理解教育，能够拓宽学生的国际视野，提高国际素养；在科技教育活动中增加人文因素的国际理解教育，能使学生素质得到全面提高，避免形成"唯科技论"的狭隘思想，科学素养和人文素养同时提高。培养正确的国际理解知识、技能与态度，会使中小学生在成长中得到全面发展。

博物之行　人生之旅
——百科探秘亲子博览活动的实践探索

中国儿童中心　张李燕

一、缘起

北京是一座古老而现代的城市，不仅拥有众多举世闻名的古迹、深厚的文化底蕴，而且具有现代化的城市风貌、国际化大都市的胸怀。它是我们的首都，是我们日夜生活的地方，是一座值得我们去了解和热爱的城市。然而，我们和我们的孩子了解这座城市吗？大家是否从心底热爱北京？答案也许是否定的，因为无论是成年人还是孩子都没有时间、没有途径去了解北京的全貌。

史学家说要了解一个城市，去看它的博物馆，要了解一个国家，也要去看它的博物馆，因为一座博物馆就是一部发展史。通过展品与历史对话，可以让我们了解一个地方、一个国家的过去和现在。

目前，北京拥有159座博物馆，涵盖天文、地理、人文、历史、艺术、自然等多个领域，位列世界第二。这些博物馆是孩子们了解北京、了解世界最直观的百科全书。通过这些博物馆，孩子们可以从多方面了解我们生活、工作、学习的城市，感受中华大地五千年的灿烂文化！北京的博物馆资源丰富，但是，其本身的文化教育功能却没有很好地发挥，因为在我国博物馆及博物馆教育存在一些问题。

首先，博物馆的展览设计主要针对成人，很少会考虑到孩子的特点，这导致孩子们参观下来觉得展览和自己距离很远，看不懂也不好玩。其次，博物馆教育未曾根据不同群体的需求进行分层设计，比如没有针对幼儿园小朋友的讲解内容，讲解词一律都是面对成人的。这样导致博物馆教育很难准确、生动地抓住孩子们的兴趣。再次，博物馆极少有孩子们能带走的东西让他们继续回味，哪怕是一本有趣的画书、一张精美的折页。有位海归志愿者说过，她在国外看到很多博物馆里有专门为孩子写的介绍和游戏，国内却还没有发现有人做这些工作。

很多家长带孩子参观博物馆，往往没有任何前期准备，草率前往，参观时和孩子一样，对博物馆及其展览不甚了解。家长带着孩子走马观花看一遍，就算了事。这样的参观对孩子来说没有什么收获。相信家长也不希望得到这样的结果，但是家长既不是博物学家也不是专业教师，他们很难有精力、有能力去了解北京众多的博物馆，并引导孩子在博物馆中有效学习。甚至家长本身就不了解北京，他们和孩子一样，需要走进博物馆系统地学习北京的方方面面，从而了解并进一步热爱这座生活已久的城市。

二、定位

我们既不能改造家长，也不能改变博物馆，但作为校外教育工作者，我们有责任为中国的孩子做这件有意义的事，那就是为孩子、家长和博物馆三者之间搭起桥梁，让家长带着孩子走进博物馆，一起读懂博物馆，喜欢在这里领略北京的魅力，传承中华的文明，感受世界的缤纷。为此，我们开设了百科探秘亲子博览活动，即定期组织家长和孩子共同参观博物馆，在博物馆中学习百科、认识世界。

相比其他校外兴趣培养课程或者活动，百科探秘亲子博览活动有以下三个特点。

首先，"博览"即立足博物馆。其实博物馆不仅是文教机构，也是校外教育的重要资源。博物馆是文化的宝藏，却在宣教方面存在短板，毕竟博物馆不是专门的教育机构。那么如何利用博物馆这类资源，开展高水平的教育教学呢？这是校外教育工作者应该重点思考的问题。在校外教育中，教育教学的内容可以无限拓展，尤其是在社会飞速发展的当代，给孩子丰富的知识、广阔的视野、开放的思维，对孩子今后的发展至关重要。我们发现博物馆具有不可替代的作用，所以通过开设系列的活动努力挖掘其中的教育价值，利用这一重要资源扩充校外教育的内容及形式。

其次,"亲子"代表关注亲子教育。亲子教育是20世纪末在美国、日本和台湾等地兴起的一种教育模式。它要求亲子共同学习,在学习中通过增加沟通从而增进相互的理解。当父母与孩子以建设性的态度,在平等沟通的基础上进行积极互动时,双方的学习质量会得到提高,更重要的是亲子关系将进一步融洽。百科探秘亲子博览活动的教育理念之一就是来源于亲子教育。

之所以将家长也纳入到博览活动中,是因为家长既是校外教育的合作伙伴,也是校外教育的目标群体。新时代的家长,尤其是"70后""80后"甚至是"90后"的年轻父母,在校外教育中扮演了非常重要的角色——不仅帮助孩子选择接受何种教育,而且陪伴孩子接受所选择的教育。在选择和陪伴的过程中,一方面父母是校外教育的合作者、支持者,由父母所主导的家庭教育只有同所选择的校外教育紧密配合,才能实现最佳的教育合力。另一方面,无论对于某个专业领域,还是对于家庭教育,父母自身也存在不断学习、终身成长的需求,其本身也可以成为校外教育的受众。

再次,"活动"实为活动与课程的高度融合。百科探秘亲子博览不是零散的、随意的活动,而是具有统一教育目的的系列活动,它由多个以博物馆为载体的主题实践活动串联在一起。这些活动具有明显的教学特征,甚至可以称之为活动课程,但是它和传统意义上的课程或教学又有着很大的不同,教学时空发生转移并极大开放,教学方式也随之进一步多样化。可以说,这是校外教育一类新型的"课堂",我们就是一直在探索如何让孩子在没有围墙的"课堂"里快乐学习。

三、实践

(一)前期准备

1. 精心挑选活动地点

我们走访了北京大部分博物馆,从孩子的思维特点出发,挑选了其中适合小学阶段孩子参观、学习、游览的36家博物馆,例如国家博物馆、故宫博物院、天坛公园、中国科技馆、电影博物馆等。

2. 用心设计活动任务

建立专家团队,对每一个博物馆多次考察、反复研究,掌握布展思路，了解最具代表性的展品及其背后的故事。专家团队会着重讨论活动的细节，包括哪个展品适合做成任务卡，让孩子去发现、去完成，而且好玩有趣。最后，专家团队共同设计探索手册，探索手册中包括出行攻略、展馆特色及典故、本次活动方案、任务卡、解答卡、记录卡。其中任务卡和解答卡是探索手册的核心内容，它们是以展品为基础设计的问题以及答案，不仅能够引导孩子在博物馆里自主学习，而且便于家长指导和回家阅读。我们通过设计两种任务（一种是具有挑战性的团体任务，一种是具有趣味性的家庭任务），建立了特色学习模式（一个孩子＋一本探索手册＋父母当老师），使亲子博览活动有意思、有意境、有意义。

3. 合理设定活动安排

校外兴趣培养课程，通常是一周一次课。但是带领家长和孩子一起外出活动，就不能那么频繁，因为当前北京地区家庭生活的时间比较紧张，即使在周末生活安排也非常紧凑，而且可能出现临时情况，家长无法带孩子参加。为了不给家长和孩子造成负担，每个家庭每个月只参加一次活动，一次活动参观一个博物馆，需要半天的时间。6个月6次活动6个博物馆为一期，一年分为2期。目前，我们已经开发了6期也就是持续3年的系列活动。

一个月通常有4个周末（4个周六、4个周日，共8天），家长在报名时可以选择固定在4个周末中的某个周六或者周日参加活动，例如固定每月第一个周日或者每月第三个周六等。这样，在招生时就可以开设8个活动小组，每个小组最多15个家庭，共计最多招收120个家庭。一个月中8个周末休息日，集中在一个博物馆活动，下一个月的8个周末休息日，换成参观另外一个博物馆。这样安排的好处是，8个活动小组的学习进程一致，方便教师准备及组织活动，也便于因为偶发状况，家长临时调整时间来参加活动，以保证学习的持续性。

（二）活动当中

1. 重点讲解有故事的展品

博物馆中的展览，无论是常展还是临展，通常会展出很多展品，少则几十件，多则上百件。由于时间和能力所限，我们不可能讲解每一件展品，那么我们会挑选其中重要的、具有代表性的展品讲解，这类展品背后常常隐藏着动人的故事。我们在讲解时,一定会把这些故事讲给孩子。孩子都喜欢听故事,我们便抓住这一天性,通过故事引发孩子的求知欲,通过故事加强孩子的记忆力,通过故事告诉孩子做人的道理。

比如汽车博物馆的镇馆之宝"奔驰1号",展馆的标牌上关于这辆车的所有信息只有一句话:"世界上第一辆汽车,1886年由德国工程师卡尔·本茨设计发明。"孩子和家长无从得知这件展品的来历和背后的故事,往往一带而过。为此我们制作了一套故事卡片,不仅讲解本茨发明这辆车的过程,还讲出本茨太太为了支持本茨,带着两个儿子,勇敢地开着这辆人们眼中的"怪物"行驶了100多公里,完成了汽车史上的第一次试车壮举。这个故事让孩子们明白,每一项发明的背后都有心酸的眼泪和百折不挠的毅力。

2. 详细揭示展品背后的秘密

很多重要展品从表面上看,没有什么特别之处,经常被人忽略。为了让孩子们能真正认识到这些展品的价值,我们会在讲解时通过各种各样的教具,揭示展品未能展现的内涵或内容,让孩子直观地发现其中的秘密。

例如,在国家博物馆里陈列着一座佛宫寺木塔模型,这个木塔被称为"世界三大奇塔"之一。我们能看到木塔的外观,却无法感知它的奇妙所在,所以我们遍寻资料,找到内部构造图将它的整体结构和层层细节展示给孩子。孩子们看到构造图,无不为我国古代木建筑的精妙所震撼。

3. 通过多种方式开展活动

百科探秘亲子博览是综合性的教育活动,其综合性不仅体现在学习内容的多元,还体现在学习方式的多样。不像传统课堂学习,学生主要听教师讲课,博物馆中的学习,包括了教师讲解、师生讨论、个人参观、亲子任务、同伴游戏等。我们通常会交替使用这些方式推进活动。这样,活动中学习可以无时无刻地、自然而然地发生,不仅事半功倍,而且回味无穷。

四、效果

虽然百科探秘亲子博览活动属于试验性质的教育教学探索,但是经过一段时间的摸索,活动体系不断完善,活动流程逐渐成熟。准备的充分和精心的设计，得到了孩子们的喜爱以及家长们的肯定，我们还惊喜地发现孩子和家长都在悄悄地发生改变。

（一）孩子的变化

1. 规则意识在建立

除了学习知识，参观博物馆的另一个重点是培养参观习惯。起初，孩子们进到馆中会追跑打闹、大声喧哗，出于好奇触摸展品，饿了随时就餐，这些行为是对他人的不尊重、对展品的不尊重、对秩序的不尊重。因此，我们在活动中一再强调参观礼仪和活动要求，并通过教师自身做出示范。现在，经常参加活动的孩子已经养成了良好的参观习惯，能够遵守馆中的相关制度和规定。尊重他人、遵守秩序的意识慢慢融入了孩子们的心中。从小培养规则意识和行为习惯，让孩子成为一个守规矩的人，体现出的是我们文明古国的教养。

2. 专注力在提高

孩子注意力集中的时间短，注意力也容易被分散。博物馆一般非常安静，这样的环境能让孩子们静下来，有利于保持和加强孩子的注意力。因此，我们依托博物馆的特点，在每次活动中都有意识地引导孩子们感受安静的氛围，留出整块的任务时间培养孩子静心做事的习惯。现在孩子们在活动中能够静下心来认真地"看"，用心去观察展品，静下心来专注地"听"，收获更多有用的信息。心静，才可能专注，专注实际上就是注意力品质的提升。

3. 探索能力在发展

如果想让孩子对博物馆感兴趣，每次去都有收获，最好的办法是教师要设置好活动情境，通过提出问题和布置任务，驱动孩子们积极主动地发现、思考、行动。在这种方式的引导下，久而久之，孩子们已经逐步掌握了如何收集知识、寻找线索、判断推理，独立探索的能力有了明显的进步。

4. 合作能力在增强

我们的活动中经常需要完成团队任务，这就要求每个孩子都要与同伴有效地沟通，有时候甚至要牺牲自己的利益去帮助同伴完成任务，我们提倡这种团队精神。起初，因为大多是独生子女，孩子们的团队意识、沟通能力都很薄弱，一起完成任务还总会出现纠纷，但是通过一次次活动的锻炼，孩子们初步懂得了合作的重要性以及如何去合作，并且非常享受合作之后的成就感和幸福感。

（二）家长的变化

家长的改变也是明显的。开始，很多家长和孩子一起参加活动，仅仅把自己定位成"司机"或"保姆"，自己不跟着学习，也不懂得指导孩子学习。博物馆安静肃穆的气氛，教师生动风趣的讲解，逐步将家长也吸引到学习共同体当中。对家长而言，学习百科知识也许并不是最重要的，能和孩子一起成长才是人生中不可多得的宝贵时光。

此外，亲子博览活动也在转变家长的育儿观念。最初，在活动中有的家长不顾及孩子的自尊，当众训斥孩子，还有的家长不会鼓励孩子行动，而是代替孩子完成任务。这些不妥当的做法源自家长陈旧、过时的教育理念。我们的活动无论从整体的设计，还是细节的处理，都在传递积极正面的价值导向，例如引导家长与孩子沟通，但不能把和孩子的交谈变成对孩子的教育等。我们的活动为家长提供了一个和孩子平等共处的机会，一个向其他家长学习的平台。不少家长在不断的对内对外互动中，正在努力放下"中国式"家长作风，因为他们渐渐明白了想要教育好孩子，首先从改变自己开始，从和孩子良好的沟通开始，学会了尊重孩子，学会了成为孩子的伙伴。

家长只有不断提高自己，跟上孩子成长的脚步，才能在孩子有勇气去尝试改变的时候，助他一臂之力！家长进步了，孩子也会进步，我们国家的未来才更有希望！

古代西方哲学家圣·奥古斯丁曾经说过："世界就像一本书，不去旅行的人只读到了其中的一页。"博物馆是这本书中丰厚的篇章，值得我们带上孩子和家长一起去读一读、看一看。让尽可能多的家庭通过博物馆之行，踏上美好的人生之旅，将是我们一直研究的课题。

信息技术教育中媒介素养的渗透

北京市东城区少年宫　王元璐

随着媒介信息在社会各方面的日益深入，其对传统教育改革产生了广泛影响。学生学习的途径不再仅限于学校和校外培训机构，还受日常生活中媒介信息的层层波及。通过媒介所传播的各种信息影响着他们对现实生活的感受和认识。学生在媒介信息的世界里获得了丰富的课外知识，这对满足他们的求知欲望有着一定的功效。但是大众传媒作为一把"双刃剑"，在给青少年带来极大便利的同时，也给他们带来了巨大的负面效应。由于网络虚拟世界的无规则和无人监管，部分青少年上网无度，沉溺于游戏刺激，涉足不良网站，个别青少年走火入魔，甚至走上了违法犯罪的道路。所以，开展媒介素养教育，让青少年在成长过程中具备一定的媒介素养，提高他们对不良媒介信息的辨识能力、抵抗能力，在积极有效的引导下增强他们对媒介信息的批判意识，使他们的心灵能健康成长，并形成良好的道德品质，从而更好地保护本国的传统文化和价值观念。

一、媒介素养与媒介素养教育

20世纪30年代，电影的普及让人们认识到需要具有新的解读能力才能正确理解电影传达的意义。在此背景下，英国学者最先提出了"媒介素养"的概念。媒介素养的定义为："人们面对媒体信息时的选择能力、理解能力、质疑能力、评估能力、创造和产生能力以及思辨和反映能力。"

我国对媒介素养的关注开始于20世纪90年代。在网络这个新生媒体的冲击下，学生获得的信息呈几何级增长。由于学生缺乏足够的辨识水平和自控能力，缺乏必要的媒介知识和批判意识，所以特别容易受到不良媒介信息的影响。如何提高青少年正确认识媒介的能力，提高对不良信息的免疫能力，减少媒介信息的负面影响？开展媒介素养教育，提高青少年的媒介素养成为当务之急。

媒介素养教育定义为："以培养人的媒介素养为核心，使人们具备正确使用媒介和有效地利用媒介的能力，并形成对媒介所传递的信息能够理解其意义以及独立判断其价值的认知结构。"

二、媒介素养教育与信息素养教育

从媒介素养与信息素养的定义来看，媒介素养教育注重文化和社会意义上的对大众传媒的理解和掌握，解决的是人们被动接受信息的问题，而信息素养教育更强调与信息处理相关的技能和学习能力，解决的是人们主动迎接信息的问题。虽然两者关注的重点不同，但是媒介素养教育和信息素养教育都关注培养学生获取、管理、评价与应用信息的能力，都注意到在信息社会中信息对人们的重要性。所以，信息技术教育的开展为媒介素养教育的实施奠定了一定的基础。

三、信息技术教育中呼吁媒介素养的教育

信息技术教育较之其他活动接触的媒介信息的概率要大很多。为了完成大大小小各种作品，我们会让学生们通过各种媒介渠道自主收集大量信息、加工信息以及对信息资源的管理等，而问题由此产生了。

记得一次活动是教孩子们如何上网、打开网页、尝试着利用搜索引擎查找素材。当让孩子们自主探索"遨游"网站时，有的网站加载了大量不良广告、图片、文字……有的孩子问："老师，这是什么呀？"有的孩子则是在读屏幕上的脏话；还有的是三两个孩子指着屏幕笑笑，然后小声议论着……当时，我的心"怦怦"直跳，紧张、尴尬的同时内心一片慌乱。镇静片刻后，我语重心长地对学生说，无论在现实还是在网络中，我们都要严于律己，做一个文明懂事的好孩子；如果你们看到了什么不好的广告、图片请点击关闭；我们来共同关注一些好的、积极向上的素材……

一次本应"平静"的活动，却给我和学生们带来了不平静的心情。在老师能"把关"的环境中，依靠一些过滤手段可以暂时减少问题对学生的

负面影响，但在其他环境呢？因此，我们只有通过加强学生的媒介素养教育，才能进一步改善信息技术教育活动中的良好氛围，从根本上消除信息技术教育活动中"尴尬"的一幕。

四、媒介素养教育的目标

媒介素养教育目标包括教育学生使他们成为懂得欣赏而又具有批判性和分辨力的受众；使学生认识到媒体的操纵能力；使学生能够对媒体信息进行评述、解释、分析和评估；使学生能够自主地对媒体信息加以选择；使学生有能力通过媒体产品表达自己的观点等。

教师只有在日常教育、教学中不断渗透媒介素养相关知识，才能正确引导学生读懂、理解媒介信息并且以思辨的眼光审视媒介信息，对媒介信息做出正确的分析和评价，更加理性地看待事物，树立正确的人生观、世界观和价值观。

五、媒介素养在信息技术教育中的实施

（一）在信息技术教育中有意渗透媒介素养相关知识

比如在讲解"什么是信息"时，我们可以从身边的信息出发，帮助学生理解信息的概念、特征以及传播信息的媒介，并且有意渗透关于媒介素养的基本知识。

有一个比较经典的案例：我国早些年成功开采了一个大的油田，一张无意之举的照片竟让某些国外机构解读并分析出了这个油田的具体位置。比如从人的穿着、身后的建筑风格、植被品种以及生长情况、天气情况等入手，一张普通的照片，身后蕴藏的信息点却是如此之多。随后，教师展示一张生活照片，让学生尝试着从细节入手，通过一步步分析，逐步理解图片所表达的深层次含义，感受读图时代图像这一媒介传递信息的丰富性。让学生从不同角度，学会用一双与众不同的眼睛通过图片看世界。

在当今读图时代，我们还要教会孩子不要盲目相信眼睛所看到的一切，要用科学的态度去审视，学会以批判的意识理性地接触、解读媒介信息。

比如个别西方媒体发布的一些新闻，其中包含诋毁中国形象的照片

时，如果不具备媒介素养，很多人都会认为那一切都是真实的，他们在说"真话"，可现实并非如此。只要我们掌握一些技巧，比如从新闻的来源、从图片的细节、从不同读者的理解角度与方式等方面分析，就可以很理性地辨析那些新闻的真假，进而不被他人所利用。

(二) 在教授知识的同时，要以情感、态度教学为辅助

在一次活动中，让学生们利用 Frontpage 设计一个包含文字、图片、动画、声音、影像等素材的网页。活动一开始，我向学生们展示了许多优秀的作品，从视觉上给予冲击，让学生们感受什么是美好的、什么是和谐的。学生们在欣赏的同时赞叹不已，可随之也为他们带来了不少烦恼。如何选择适合的媒介信息为自己所用呢？通过示范讲解，学生们懂得了网页设计时不但要与自己的审美、意境需求贴近，还要具备一定的信息鉴别能力，要有力抵制那些思想寓意低俗的信息。只有这样才能为自己的网页添加一份文明、健康、艺术的气息，制作出更好的作品。

在此过程中培养了学生对媒介信息的采集、辨别等能力，从了解媒介知识入手，结合情感态度教学，使学生通过实践操作，从根本上识别信息的好坏，鉴别信息的价值，并进行有效地筛选。

(三) 认真分析每一个知识点，抓好活动设计

深刻领悟并分析知识点以及其中涉及的媒介信息，理顺他们之间的相互关系，依托媒介信息的独有特性，优化设计活动过程，创设相应的情境，通过师生间经验交流，使学生在活动中获得媒介知识技能与情感的体验，以进一步加强他们的媒介素养教育。

(四) 正确评价媒介信息，鼓励学生开设良好的个人博客，进行反思交流

当今社会言论相对自由，大量微博、博客映入眼帘。针对某些问题，有客观、正确评价的；有言辞激烈较为极端评价的；有不计后果只图一时之快等不负责任评价的。这时需要引导学生用清醒的头脑观察问题，对信息进行正确的分析与评价。

教师也可以鼓励学生们开设良好的微博或博客。由于微博、博客的自主性很强，通过文字、加入超链接、插入视频或动画、插入图片等手段可以整合多种资源，成为同学们组织各种资源的一个有力的工具。在网上可

以自由地发表自己的观点,他人发表评论和意见也十分方便,可以更为快捷有效地交流。同时,正是由于发布信息的自主性,学生需要自己挑选发布的内容,进而培养学生作为一个负责任的传播者的态度。作为教师也可以多关注学生的微博、博客,以此来更多角度地了解学生。

(五)建立媒介素养教育资源库

我们必须大力加强媒介素养教育资源库的建设。在建设的过程中,我们要定期分类整理与积累适合不同阶段和认知水平的学生的案例。通过这些文字、图片、影像等资料,使不同层次的学生都能拓展自己的认知体系,使我们的媒介素养教育变得更加生动、活泼。同时也能很好提高教师本身媒介素养意识与教育能力,良效颇多。

总之,随着信息技术的迅猛发展,我们正处在一个由广播、电视、报纸、广告、手机、网络等媒介构成的信息时代,媒介信息渗透于我们生活的方方面面,极大地影响着我们的学习、生活方式和价值观念。在信息技术教育中培养学生媒介素养可以提高他们的自身修养,使他们具备正确理解媒介和有效利用媒介的能力,具备有效地创造和传播信息的能力,使他们真正成为媒介的主人,真正享有信息社会所带来的便捷与乐趣。

基于机器人小组活动的创新能力培养

北京市丰台区青少年活动中心　张　琪

一、我国基础教育现状及存在的问题

在很长一段时间里,中国教育是"精英"教育,逐步把那些不能把知识学得精深的人淘汰出去。美国教育是普及与精英相结合的教育。中国的基础教育最根本的特点是以考试论英雄。孩子们几乎没有任何可以自由支配的时间来满足自己的爱好,而我们的老师们也基本上不会鼓励和挖掘孩子们学习以外的各种潜能。反观生活在美国的孩子就幸福得多了。他们基本上没有家庭作业,放学后大多去参加各种各样的课外活动。即便是考试,老师也不会给学生排名次,学生们也从不在意谁考得好或不好。相反,如果某个孩子有某种特长,则会受到其他同学的羡慕和尊敬。我想,这主要是因为美国的老师普遍认为学生的实际动手能力,特别是创造力远远比那些书本上枯燥乏味并与实际生活毫无关系的抽象理论重要得多。

相较于美国等发达国家,中国儿童的早期知识水平普遍较高。可随着年龄的增长,我们的孩子除了在书本知识上略显出众,在技能方面明显不足,尤其是青少年具备的创新能力就更显苍白。我国也发现了应试教育给孩子们带来的负面影响,素质教育随之而来。可长时间的教育模式并不是朝夕能改变的,除了政策的鼓励和支持,作为教师应该从课堂教学中体现出对孩子能力的培养。有人说"国内的教育是把问题孩子教得没有问题,外国教育是把孩子教得有问题"。作为一名从事过校内、校外教育的科技教师,这里的"问题"我认为是孩子的思考能力,是创新能力。这是国内外教育方式不同造成的结果。没有问题真的好吗?听明白了就等于掌吗？我认为答案都是否定的。真正的掌握是基于运用，会运用知识解决问题，会运用技能处理问题。针对机器人这门综合实践能力强的活动课程，能力的培养显得更加重要。

二、机器人教学中的问题

（一）一次调研的感受

在一次调研活动中，让老师们利用有限的机器人器材，在规定时间内完成一个动物的搭建任务。很多老师的第一反应是：怎么做？做什么？平时习惯了要求明确的命题，突然让搭建一个动物，这个动物是什么？明显是什么都可以。但身为老师也一下子不知从何着手，甚至需要上网查询。我想如果题目明确让搭一只猫、狗或任何一种动物，老师们就都能够顺利地完成作品。由此可见，我们已经养成了把自己困住的思维习惯。可孩子是未来，如果用统一的框架衡量所有的孩子，这是不合理的。在习惯养成中，老师应该注意引导学生重视对于创新能力的培养。

细心的老师逐渐就会发现一些端倪：孩子在练习过程中的问题会越来越少；作品的模仿能力越来越强；开始的机器人作品都不一样，之后越来越多雷同的作品。逐渐地，孩子们习惯了这种模仿的形式。一旦有机器人比赛，进入分析任务设计机器人的阶段，问题一下子暴露出来：孩子没有创新意识，不会自己设计机器人，不知道如何入手完成任务。这就是几年前在机器人比赛中盛传的说法："比赛考的是老师，拼的也是老师，孩子只是将老师设计的机器人在赛场上操作而已。"这一现象是很可悲的。既然问题出现了，作为老师不应该放任，而是应该想办法解决。如何从小组活动中培养孩子的创新能力呢？一定要从课堂的教学方式着手。传统的教学方式已经不再适用未来创新人才的培养，我们需要重新思考，选择更加有利的方式教育孩子。

（二）机器人教学方式

1. 直接讲授最直接、最原始

老师在上面讲课，学生在下面听课是最常见的一种授课方式。机器人小组活动也避免不了这种最直接、最原始的教学方式，学生可以轻松地获取知识，老师也简单地将所教内容说给学生听。但单一的讲授方式会造成学生思维上的惰性，尤其是机器人这门动手实践性很强的小组活动，单纯的讲解很难被掌握。就如同孩子学走路，家长即使将走路的方法讲得再绘声绘色，孩子不自己迈出脚步就永远不会走路一样。

2. 演示知识的具体应用

根据机器人小组活动的实际情况，很多地方是老师结合所讲内容进行演示操作的。老师在演示的过程中，通过实验、举例等多种方式，将比如三角形的稳定性、齿轮传动知识进行讲解。学生能够直观地看到效果，更容易理解和接受。学生按照老师的要求，结合任务驱动法自己独立完成了一件作品或者完成了一个题目，这个知识就被认为掌握了。如果没有解决实际问题，老师又会针对学生出现的问题多出一些任务或题目帮助掌握，直到顺利完成，继续进行下面的学习。这是我们大多数小组活动的授课方式。

（三）机器人教学中存在的问题

对机器人比赛关注太多，忽略机器人教学。社会对于机器人比赛给予了非常高的关注度，造成了学校、老师、家长对机器人比赛非常紧张，把所有的精力都放在赛事上，从而忽略了学生在日常教学中创新能力的培养。即使有中学、小学校意识到机器人教学有利于学生创新能力的培养，但是各种"加分"的标准让很多人望而却步，相对直接关注比赛成绩更加实际。

为了高效率地出成绩，老师把更多的精力放在钻研比赛任务和研究规则上。面对学生开展教学的时候，就直接将论证过的结果以答案的方式告诉学生。虽然省去了很多教学时间，提高了效率，也能取得好成绩，但牺牲的是学生发现问题、分析问题和处理问题的能力。针对机器人这门动手实践性很强的教学活动，学生就会依赖这种简单、高效的方式，放弃自己创新、动手实践的机会。

三、机器人教学的创新

（一）引导学生发展创新能力

创新能力是运用知识和理论，在科学、艺术、技术和各种实践活动领域中不断提供具有经济价值、社会价值、生态价值的新思想、新理论、新方法和新发明的能力。创新能力是民族进步的灵魂、经济竞争的核心。作为教师，我们肩负着培养下一代的重任，因此，怎样才能更好地培养孩子的创新能力是值得我们深思的问题。

创新能力的培养不是一朝一夕就能解决的问题，它是一个递进的过程。要从学生有创新意识着手，有了意识之后，通过老师的引导、启发学生将意识完善、细化，并能结合实际情况和知识水平形成相对完整的创新思维。老师还应该鼓励学生在此基础上进行动手实践，不要将想法停留在脑中，应该通过实际操作将其付诸于现实，最终达到培养学生创新能力的目的。

（二）引导学生自主寻找知识

在机器人这门综合实践能力强的课堂上，老师除了讲解知识并演示给学生外，还应该考虑设计一些开阔思路的活动任务，帮助引导学生自主发现问题、研究问题。老师应该鼓励学生创新，用不同的方法来解决问题。这是很冒险的一件事情，老师要付出比正常备课更多的精力，来应对课堂上随时可能出现的各种问题。孩子的尝试过程不一定成功，失败是必然的，那么老师就要用不同于对错的标准去衡量孩子的创新尝试。力求将唯一的标准答案弱化，促使同一个教室学习的孩子，根据自身情况学习知识。机器人结构本就千变万化，形态各异，这就给孩子们提供了创新的空间。

结合教学实践活动中的具体情况，我对如何培养学生创新能力进行初步探索。"六一"儿童节开展"机器人总动员"实践活动，激发了学生的参与热情。抓住总动员的主题，将各种形态、功能的机器人进行展示，并以简单的比赛形式，作为实践活动最终的成果展示。充分发挥现有机器人学员优势，以生生互动的方式开展实践活动，从而检验学员学习成果。老师在活动中起到了引领、组织作用。教师将引导学员讲解控制器和马达的使用方法。制作之前，会给学员们一些设计思路，并提倡结构的创新。其余的则留给学员，通过孩子们之间的沟通，去发掘、探索机器人的不同形态。从而加强他们之间的相互交流，培养团队沟通和互助合作的能力。除了组织学生活动，机器人比赛是必不可少的，在机器人的制作中学生会遇到许多问题，需要学生不断地探究。学生通过动脑筋想办法，完成了各项任务，并在实际场地上加以验证。学生在解决问题的过程中培养了解决问题的能力。

四、结语

随着信息时代的飞速发展，网络在日常生活中必不可少，孩子除了从家长、老师、书本中获取知识外，网络的便捷也让越来越多的孩子依赖起搜索引擎。方便获取知识的同时，也让学生越来越懒于思考，懒于自己动手来发现问题，解决问题。孩子创新的才能是与生俱来的，在认知的过程中也愿意尝试各种不同，但随着家长、老师用统一答案、固定结论来衡量孩子的对错，对问题的质疑、对新鲜事物的尝试以及创新的思想都会被孩子所抛弃，他们逐渐会害怕失败。在一次机器人的课堂中，我布置了一个任务：利用22个基础零件和动力设备，搭建一个不用轮子行走的机器人。每个参与活动的孩子在刚领到任务的时候都是一脸不屑，认为太简单了。经过动手制作，每个孩子的车都不一样，有的结构不同，有的行走方式不同，但随之而来的也有很多问题。通过这个实验就能够证明孩子们的思考方式是不同的。老师的角色是起到重要的引导作用，根据每个孩子的情况进行引导，在原有创意的基础上改进，鼓励孩子的创新思想，不轻易否定任何一个思路。孩子也更愿意对自己的设计进行深入的思考。长此以往，不能说对培养创新能力有决定性的作用，但至少让学生形成了这样的意识：我有能力做好任务，我设计的机器人是与众不同的。

机器人教学是对学生综合能力的培养，在学习编程和动手实践的过程中，有效地提高了学生的逻辑思维能力和判断能力；在充分培养学生兴趣的基础上，使他们切身体会到了创新、创造的乐趣。机器人教学是以寓教于乐的方式开展的，它提高了学生的创新能力，激发了学生创造发明的天性和潜能。

浅议如何在校外信息技术教学中对青少年进行环境价值观教育

天津市河北区少年宫 刘 溢

校外信息技术教学主要目标是提升青少年信息素养，使他们达到更加深入、广泛的能力水平和深刻、积极的情感态度与正确的价值观念。培养学生在现代信息社会中应该具备的思想道德品质，以使他们在信息社会中一举一动都能够符合文明人所应该遵守的准则。培养学生在现代信息社会中的一种现代精神，即具有合作精神，相互提供有用的信息，以求共同解决全球性的问题。环境问题是当今社会普遍关注的重大问题，保护和改善环境已经是摆在全人类面前的一项紧迫任务。对青少年进行环境教育，可以提高青少年环境意识，培养可持续性环境道德观念，树立正确的环境价值观。

环境就是我们周围的世界，包括自然环境和社会环境，而环境价值观即人对环境的价值及人与环境的关系的态度和认识。每个人都依赖自然环境得以生存，依赖规范生态环境实现精神价值。因而自从有了人类社会，便有了相应的环境价值观。

少年宫作为校外教育主阵地，是对青少年进行思想道德教育、价值观教育的重要场所。那么在校外信息技术教学中如何对青少年进行环境价值观教育呢？

一、通过校外信息技术教学，根据学生的信息需求和关注热点来设置学习主题，有针对性地对学生进行环境教育，使他们提高学生的环境意识，树立正确的环境价值观

环境意识是一个人对整体环境及其问题的意识和敏感性，对其环境价值观的形成来说是具有启蒙意义的。对青少年进行环境价值观教育是在可持续发展观的指导下，使受教育者充分认识环境对人类及人类社会的重要价值，形成正确的价值判断，确立正确的环境道德准则，树立科学的生态价值观念的教育活动。

在校外信息技术教学中，教师既要考虑知识技能内容，又要在选取信息活动的主题时关注学生当前的兴趣点，选择他们关心的焦点内容。适时准备有关主题的问题和资源，通过实物资料、文字图形资料、投影、网络、视频、动画等形式，使这些学习资源成为学生所关注的焦点内容，促进学生对于活动课程内容和活动的学习积极性，潜移默化地对学生进行环境教育。如：在学习电子表格教学活动课程中，针对社会上垃圾处理这一热点问题，让学生观看有关城市垃圾处理的视频，了解城市垃圾的危害和回收垃圾的重要性，并且让学生通过网络搜索有关城市垃圾的资料，统计出不同时期垃圾处理情况。此时教师可以出示有关垃圾处理的一些数据表格，让学生将搜集来的数据整理出表格，通过制作，使学生直观了解到我国城市垃圾的回收情况和垃圾回收的重要意义。通过表格制作，学生对环保有了新的认识，深刻理解了环境保护对社会的重要价值。在学习电子表格的图表操作时，教师利用事先准备好的饼形图表展示出世界垃圾的情况统计，并逐步引导学生利用图表操作统计出世界各主要国家垃圾处理情况，学生通过操作饼图图表统计出我们国家垃圾约占世界垃圾的四分之一。教师进一步引导，说明这些垃圾经过分类处理、回收利用，可以节省资源，并将这些材料作为学习资源，帮助学生在一个丰富和有意义的主题下完成学习任务。很多学生在教学活动结束后留言，通过学习不仅掌握了电子表格操作技能，而且增强了环境意识，并且纷纷表示要在平时生活中做好垃圾分类，减少环境污染。

教师在教学导学过程中，要始终保持学习内容信息主题的不断地变化，以确保学习内容在学习的任何时候都会成为学生的关注点。按照活动课程设计方案，将事先准备好的、希望学生掌握和学习的活动课程资源内容逐步地呈现和发散，使学生一步步地关注学习内容；组织学生参与有关信息活动，善于发现学生的各种创造性活动，鼓励学生独立思考，如在 Flash 制作动画作品练习中，教师要选用那些学生喜闻乐见的主题，提高学生的学习兴趣和关注度。针对社会环境的热点问题，教师首先让学生欣赏有关环境主题的 Flash 环保公益广告动画，并针对雾霾、水污染、空气污染等社会热点，引导学生制作有关保护环境资源的 Flash 动画。学生按照主题，发挥想象空间，制作 Flash 作品。有的学生制作 Flash 动画"小青蛙历险记"，讲述了一只"井底之蛙"到城市中去生活，因为城市环境污染，无法生存的故事；有的学生制作了有关工厂排放污染水源，使湖水中的生物无法生存的的 Flash 动画；有的学生制作了有关保护森林的 Flash 动画……通过这些信息活动，学生意识到保护环境是一种责任，自身的环保意识得到了充分的提高。在制作之后，很多学生在班级网站留言中纷纷表示，今后要成为环境保护的宣传者、参与者，要让更多人知道保护环境的重要意义，让更多的人参与到保护环境的活动中来。

二、充分利用校外信息技术教学，创设情境，培养青少年的环境审美观

环境审美观就是抛开功利的眼光，从审美的角度去欣赏大自然，培养对大自然的热爱之心和敬畏之心，使青少年感受自然之美，创造出一个处处体现人与自然和谐相处，到处繁花似锦、绿色满园、鸟语花香的美好环境。

环境价值观教育的最高境界就是培养出"审美的人"，对青少年进行环境审美观的培养。当代青少年最喜欢影视作品、音乐和名胜古迹。针对这一特点，作为校外信息技术教师，可以通过创设情境，运用声音、图片、录像等多媒体手段，来增强情境的渲染力和说服力。学生要了解和掌握视频、文字和图形所表达的信息，会在自己头脑中形成印象，并根据内容进行分析和整理，理解其含义，并关注所表达信息的背景、目的。如在 Photoshop 图像处理文字特效教学中，教师引导学生制作有关文字特效以歌

颂祖国山河的图片，在导入环节播放了一段有关青藏高原介绍的视频，美丽的雅鲁藏布江、雄伟的喜马拉雅山……每一个情景都让学生赞叹不已。教师要求学生通过网络搜集有关"青藏高原"景色的图片，同时将图片作为背景进行文字特效设计，并选取了学生喜欢的流行歌曲《青藏高原》进行播放。在歌曲的陶冶下，很多学生被青藏高原的美丽景色所折服，并积极制作文字特效。教师适时引导"青藏高原这个地球的第三极，本来是一个很美丽的地方，但是由于近年来，人类过度开发资源，生态系统遭到破坏，正在面临着前所未有的环境危机"。教师这时出示事先准备好的有关青藏高原荒漠化的图片，引导学生认识到"保护环境、保护美丽家园是我们每一个公民的责任。环境问题已成为人类社会一个极其重大的问题，已经直接威胁到人类的生存与安全"，并进一步引导学生理解保护环境需要靠我们大家的共同努力，只有这样才能真正做到尊重环境，保护地球生物多样性，促进人与自然和谐相处。有很多学生制作了环保宣传图片，通过文字修饰和图片处理来表达对环境的关注和对生态保护的期望。教学活动后，很多学生在班级网站上留言，抒发了自己对祖国秀丽山河的赞叹和保护环境的决心。

通过环境审美观教育，积极引导学生的审美观念、审美趣味，从而促使学生从内心深处产生热爱自然、保护环境的情感和愿望。

总之，保护环境就是保护人类自身。环境意识和环境价值观是21世纪每个公民必须树立的新观念，而教师是环境教育的主要承担者。信息技术教师应该率先树立环境道德观念，形成保护环境的能力，深刻理解人与环境之间相互依存、相互影响的辩证关系，从而使学生明白环境对人类和人类社会的重要价值，并以此教育和影响学生。通过校外信息技术教学，积极主动地为学生创设良好的环境教育氛围与情境，履行对学生进行环境教育的职责，使青少年树立正确的环境价值观，提高环境意识，培养学生对环境的情感和对社会的责任感。

浅析中国儿童中心游泳项目的品牌建设

中国儿童中心　王丽霞

一、前言

体育类兴趣小组活动是我国校外教育中的传统门类，是实施全面素质教育的重要途径，对儿童身心的健康发展起到至关重要的作用。新中国成立以来，少年宫等公立校外教育单位一直是开办体育类兴趣小组活动的主阵地。有别于私立培训机构及其他社会组织，公立校外教育单位教学质量稳定、组织服务到位，成为儿童参加校外体育活动的首选。

从建园之初，中国儿童中心就成立了体育部，逐步开设出十几个体育项目。经过近30年的发展，秉承服务社会、服务广大儿童的指导思想，体育部不仅形成了中心—教师—学员—家长相互配合、互动监督的良好运行体制，而且打造出了游泳、艺术体操、健美操、跆拳道等一批品牌项目。其中，游泳项目不仅起步早，而且最先形成了完整的课程体系和管理机制，教学效果显著，社会口碑远扬。

本文以中心游泳项目为分析对象，总结梳理校外体育品牌项目建设的经验，只为抛砖引玉，以期引发校外教育同仁对于体育类兴趣小组活动的深入探讨和广泛交流。

二、中心游泳项目的成功经验和品牌特色

（一）历经多年发展，培育品牌项目

人们健康意识的增强、生活水平的提高和游泳场馆设施条件的改善，使越来越多的儿童有了更多机会走进游泳馆参加游泳活动，游泳已成为儿

童最喜欢的运动之一。中心游泳项目已经走过了 25 年的历程，历届中心领导和部门领导均对游泳项目给予重点关注和鼎力支持，全力保障游泳教学的顺利开展。在中心教务处的指导下，游泳项目在师资队伍、教学纲目和教材、教学组织与实施、后勤保障等多个方面都积累起了丰富的工作经验，形成了独特的运行架构。在中心，游泳项目的可持续发展潜力巨大，在众多体育项目中影响力最大。

（二）紧紧围绕"六个一流"，加强品牌建设

教学是教育的永恒主题，也是体育部的中心工作。中心游泳项目的品牌建设，一直坚持以"打造精品课程"为目标，以"完善六个一流"为措施。这"六个一流"的建设如下。

1. 树立"一流的教学目标和理念"

我们不仅要让更多的儿童学会体育技能，更要让他们发展健全的人格，根据体育部这一整体教学理念，游泳项目的教学目标定位于，我们要让儿童学会游泳、享受游泳、保持健康、收获快乐。

2. 创建"一流的教学模式"

根据学员所处的不同学习阶段，教师在选择教学内容、教学手段和方法时，一定要有不同的侧重。经过多年的积累和实践，中心游泳项目的教学模式突出了"教、学、练"的相互结合，形成了"启蒙、普及、提高、竞技"的彼此衔接。这种教学模式符合"螺旋式"游泳教学的特点，反映出不同泳姿、不同组别既要衔接又要螺旋交叉，以达到温故而知新、循序而渐进的效果，遵循着儿童身体心理成长的规律。

3. 完善"一流的课程设计"

课程设计是教学的灵魂，中心游泳项目根据学员的年龄和学习水平，将整体的教学顺序分为四个阶段。

第一阶段"启蒙"。主要针对 6 岁以下学龄前儿童开设，通过水中行走、漂浮、滑行等练习及游戏，让儿童了解水的特性，适应水的环境，克服怕水的恐惧感，体验和感知水中运动。这一阶段虽然不教授具体的泳姿和技术，但是这一阶段有利于激发儿童对游泳的兴趣，帮助儿童对接下来的学习建立自信。因此，启蒙阶段并非不重要，而是奠定了游泳教学的基础。

第二阶段"普及"。主要针对经过启蒙阶段或 5 岁以上初次参加学习

的少年儿童，初步掌握蛙泳、仰泳、自由泳和蝶泳这四种泳姿及其动作要领。学员可以根据自己的喜好和时间，选择学习四种泳姿的一种或者几种，初步形成游泳技术。

第三阶段"提高"。针对完成全部普及阶段的学员，也就是学会四种泳姿的学员，通过多期动作技术的改进，强化和规范他们掌握四种泳姿，激发他们对游泳更浓厚的兴趣。提高阶段是承上启下的重要过渡，其主要任务是从普及阶段优选有一定天赋的学员进入到更专业的游泳训练中。因此，这一阶段的教学更需要稳扎稳打。

第四阶段"竞技"。针对具有一定天赋并且愿意长期参加学习的学员，通过全年不间断的教学与训练，全面提高他们的技术水平。此时，教学手段以竞技训练为主，包括出发、转身等技术，节奏、体能、比赛技巧等均作为学习内容，同时，突出腿部技术和速度的练习，规范和提高配合技术，从而达到能参加市级或全国级年龄组游泳比赛的水平和能力。

进一步细化学员的年龄和基础，四个阶段又可设有多种组别，这些组别一年四期招生，即寒假、春季、暑假和秋季。在每一期规定的课时内，不同组别要完成各自既定的教学目标和教学内容。下表是中心游泳项目基本的课程框架。

中心游泳项目的课程框架

阶段	组别	招生年龄	入学要求	课时分配			
				寒假	春季	暑假	秋季
启蒙阶段	学前启蒙组	4-5岁	不会游泳		30		30
普及阶段	低龄蛙泳组	5-7岁	不会游泳	36	90	72	90
	蛙泳组	7-15岁	不会游泳	36	60	36	60
	仰泳组	5-15岁	会蛙泳	36	60	36	60
	低龄自由泳组	6-8岁	会蛙泳	36	90	72	90
	自由泳组	7-15岁	会蛙泳	36	60	36	60
	低龄蝶泳组	7-8岁	会自由泳	36	90	72	90
	蝶泳组	7-15岁	会自由泳	36	60	36	60
提高阶段	提高组	7-15岁	会四种泳姿	36	60或90	36或72	60或90
竞技阶段	竞技预备组	7-10岁	通过提高组	36	90	72	90
	长训组	7-15岁	通过至少一期竞技预备组	36	120	72	120

备注：1课时45分钟。

中心游泳项目的课程设计，从启蒙到竞技，既有阶段性、层次性又有连续性、完整性，可以满足不同基础和条件、不同学习目的的学员自愿选择，也提供给家长一年多次报名的机会以及合理安排时间的自由。以完善的课程设计为依托，中心游泳项目建立起人才选拔机制，已经形成了学员梯队。每学期，我们都可以从人数最多的普及阶段学员中，筛选出兴趣浓厚、技术牢固、素质全面的学员进入提高和竞技阶段。竞技阶段高强度和专业化的训练，使学员的各项技术能力大幅提升。这些学员可以代表中心参加省市及全国的比赛，他们是我国游泳专业的后备力量，成为具有专项特长的游泳运动员。

4. 确保"一流的教学质量"

教学质量是教学工作的生命线，那么如何检验教学质量呢？我们通过两种形式来促进和检验教学质量。一是每学期最后一次课，游泳项目要组织所有组别学员分场次向家长展示汇报，每名学员都要根据所学泳姿向教练和家长展示各自的技能，从姿态和速度上展现一学期的学习成果。这是展示也是考核，评审教师会根据考核标准评定每名学员是否达标，并统计每个组别整体的"达标通过率"。以这种形式考核学员，其实也是在考核任课教师，因为教师的教学能力和工作态度往往可以体现在"达标通过率"这一硬指标上。所以，学期末的展示汇报是督促教师高标准、严要求完成教学任务的有效手段，也是让家长了解中心游泳项目整体教学实力最直观的方式。

二是以赛促教。进入竞技阶段的学员，每年都会代表中心参加一定级别的比赛，比赛是最能检验教学质量的途径。此外，比赛还是磨炼意志品质、锻炼心理素质的机会。在比赛中，学员可以观摩同行竞争，积累参赛经验，反过来进一步促进日常训练。多年来，学员在各大比赛中取得了众多不俗的成绩，从一个方面反映出中心游泳项目高水平的教学与训练。

5. 营造"一流的教学管理与服务"

公立校外教育单位因为缺少生存压力，所以服务意识一直较为薄弱。然而随着竞争的加剧，如何在管理中体现对学员、家长和社会的服务，也成为校外教育单位需要着力增强的软实力之一。我们必须转变"皇帝女儿不愁嫁"的旧有思想，应尽可能地从学员和家长的角度出发，使"温暖、热情、周到"贯穿到工作全部流程。每位教师都要成为家长的咨询师，热心接待、详细讲解、全面沟通，营造温馨氛围，合理安排管理与服务流程和细节。游泳项目的运行要通过11个步骤来落实服务型管理的思想。这11个管理与服务流程如下。

（1）"四齐备"管理，提高入门门槛。"四齐备"管理指的是纲目齐备、教材齐备、教案齐备、资格证书齐备，任课教师上岗前必须提交"四齐备"材料，并定期参加游泳教练员培训与考核，获取审定资格证书。

（2）细化报名组织，细节服务学员。提前3个月在中心网站、体育部公告栏公布游泳项目的招生组别、任课教师简介、课程计划、咨询方式、报名程序和报名要求。报名当天所有体育部行政人员、任课教师均要到达现场组织报名和答疑指导。

（3）课前认真准备，了解教学对象情况。游泳教师团队集体备课，详细安排计划教学和注意事项，各任课教师核查学员名单、年龄、性别、联系方式等，并注明特殊学员的情况，建立教学考勤表。

（4）上好第一次课，吸引学员和家长。各组别安排教师与学员、家长见面，介绍教学内容、进度、课上要求、课后要求和注意事项，熟悉教学现场、教具和器材。

（5）重视学期中间教学的顺利开展，高效落实教学环节。各组别教师要逐步全面掌握每位学员及时的学习情况，包括生活、身体、心理等方面的变化；注重教学中的每一环节；突出不同阶段的教学重点，以达到"强化、巩固、熟练、自如"的教学效果。

（6）教师与家长密切沟通、配合。课后，教师可以通过面对面、电话、QQ、微信等方式与家长沟通，告知孩子上课表现。教师、学员、家长共同解决学习中遇到的困难和不足，并做好下阶段学员的选课指导和学习计划调整。

（7）公开课展示，监督和改进教学过程。周六、日为公开课，欢迎家长观摩，接受家长的建议，查找不足和漏洞。

（8）教学计划梳理与调整，提高教学效果。针对不同组别学员的学习情况，教师需调整教学计划，理顺教学进度。

（9）区别对待，全面提升学习效果。强调针对性教学，面向全体学员的同时，既照顾快生，也不放弃慢生。

（10）严格考核，提升质量。教学考核重达标，展示学生风采，采用考核＋汇演的形式检验教学效果。

（11）结课咨询与指导，建立后续联系。结课后，各组别教师与家长、学生交流心得，找出不足，然后制订下一步学习规划。

6. 打造"一流的教师队伍"

中心游泳教师团队共有14名教师，从职称上看，高级教师3名；从学历上看，硕士毕业2名，本科毕业5名，专科毕业3名；从专业上看，9名教师为游泳专业科班出身。体育部对游泳教师的聘用，坚持严格要求、严格选拔、严格考核。我们还坚持教师培养，遵照"人有所长、人尽其长，都有发展的空间"的原则，通过各种方式提升教师的敬业精神、专业能力。游泳教师团队逐步成为一支具有高职业素养和创新意识的教师队伍。

目前游泳教师团队的优势主要体现在专业精通、师德过硬，教学团队整体面貌积极向上，教师教学潜力大、教学特色突出，教学团队坚持个人努力与团队智慧相结合、坚持打造特色与整体提升相结合的道路，创建品牌课程。

三、结语

经过一批批游泳教师长年的探索与努力，游泳项目日臻成熟，成为中国儿童中心的一大品牌。建立品牌，不仅为中心增光，更重要的是推动了校外体育兴趣小组活动的进步。德智体美全面发展一直是我国基本的教育原则，但是体育无论在学校教育还是在校外教育中都处于边缘地位，不受重视。体育方面的教育教学往往零散、不成体系。中心游泳项目的品牌建设表明，教学随意、管理松散不是体育类兴趣小组活动的代名词，体育类兴趣小组活动不仅可以而且有必要建立课程体系以及管理机制，这是我们服务广大少年儿童、服务社会大众的最佳方式。希望中心游泳项目的建设经验，能规范我国少儿游泳课程的教学及管理，同时也为其他校外体育类兴趣小组活动的发展提供借鉴。

想象乘着阅读飞翔　生命绽放文化力量
——浅谈墨墨绘本馆设计理念与构想
安阳市妇女儿童活动中心　王　英

一、关于绘本

绘本，不分国界，结合了图像的美感与文字的感性，尤其绘本的图像能传达比文字更多的意境，超越文字、语言、国度的限制，为大小朋友提供无限的想象空间。同时，图像在辅助孩童了解故事内容之际，就像充满魔法的诗篇，激发着他们澎湃的创意思考。

绘本 17 世纪诞生于欧洲，20 世纪 30 年代，绘本图画书的主流传向了美国，绘本图书迎来了黄金时代。五六十年代，绘本开始在韩国、日本兴起。70 年代，中国台湾也开始了绘本阅读，随后引起绘本阅读的热潮。绘本不仅是讲故事，学知识，而且可以全面帮助孩子建构精神，培养多元智能。21 世纪，绘本阅读已经成了全世界儿童阅读的时尚。在我们国内，对绘本的了解与绘本的阅读实践才刚刚起步。近几年，我国大陆一些儿童文学作家与教学研究专家认识到绘本阅读对孩子成长的重要性，开始致力于绘本的推荐与绘本阅读的推广。学龄前儿童正处于"读图"年龄段。图画书对孩子的视觉震撼比知识效果更为直接。图画书对儿童情感、想象力、灵敏度以及审美感的启迪，正是他们日后成功与快乐生活的源泉。正是在这样的背景下，"绘本阅读"悄悄地进入了我们的视线。

二、关于墨墨绘本馆

墨墨绘本馆主要以 0－12 岁儿童为服务对象，藏书以国内外知名绘本艺术家的图书为主，期望透过世界各国插画作家风格迥异的创作风格来激发儿童的创造力与想象力，进而培养亲子共读的习惯与美感意识。

（一）整体设计

墨墨绘本馆的设计以阅读为主题并结合亲子故事会、手工、烘焙、皮影戏、绘本特色活动等元素为设计思路，同时根据这一设计思路将空间规划为三大区域：绘本场景梦幻活动参与区、经典绘本借阅区、趣味游戏绘本体验区。在各个情景中融入童话感、趣味性。让孩子通过绘本认识世界、了解世界，更希望推动阅读文化，让每一个孩子都成为快乐读书人。

墨墨绘本馆在持续的运营过程中，会不断地进行革新，创造出舒适、有趣且充满想象的环境空间和绘本特色延伸活动，期许能与绘本所散发出来的图像美感与文字感性的特质相辅相成，形成一种独有的书香文化艺术氛围。

墨墨绘本馆彻底颠覆了传统图书馆的经营模式，以其独有的创意、服务、活动、书品植根于本土，服务于本土，为家长和孩子打造了一个爱上阅读的童话王国。

由于手机、平板、电脑、电视及网络虚拟世界的泛滥，小朋友越来越不喜欢文字阅读。所以，培养孩子喜欢阅读是墨墨绘本馆筹建的主要动机。更希望借此向更多家庭推广以"阅读为快乐"的学习型生活方式。同时也为构建和谐美好的家庭亲子阅读关系贡献一份绵薄之力。

我们相信"说故事"会拉近人与人之间的距离，建立彼此的亲密关系；绘本是儿童透过画面接触世界的主要媒介，诚如日本《儿童之友》总编辑松居直先生在《绘本之力》中所言："绘本是大人念给小孩听的书。"所以，朗读故事给孩子听，是活化墨墨绘本馆的关键。

本馆期盼能以趣味性的说故事方式，引发孩子体会最单纯的阅读乐趣，进而成为一个终身阅读者。自 2012 年 10 月起有系统地推出每周亲子故事会活动，有计划地精选每月故事主题，每周提供两本绘本，由绘本馆的故事老师为会员小朋友说精彩故事，以吸引家长和小朋友来墨墨绘本馆走一回，看看书、听听故事、赏阅童话，让心灵沉淀，享受属于童真时期的喜悦。

（二）阅读计划

在做好墨墨绘本馆整体设计的同时，我们还推出了"阶段系统阅读均衡计划"。

1. 婴儿阶段

0-2岁，是通过玩耍来了解世界的时期。这个时期是初次接触图画书的重要时期。对这个时期的孩子们来说，图画书既是有趣的玩具又是感受父母爱心的媒体。请细心地培养和准备，让孩子和书成为一生的朋友。

（1）阶段特征

要考虑婴儿的综合发展特征，应选择能够激发他们对事物的好奇心、有助于概念发展的人性化的图画书，可以通过选择有说话游戏、身体游戏等各种各样游戏的图书来帮助婴儿的语言、情绪及肢体的发展，也可以选择一些让孩子学习自己穿衣服、吃饭和上厕所等技能训练图画书。

（2）图书构成

领域	分类
语言发展	说话游戏、文字游戏、图画书
认知发展	事物、色彩、形状、声音、空间、数字认知、自然观察
情绪发展	情感表达、自我概念、快乐情绪
社会性发展	家庭、礼仪
身体感知发展	五官发展、自我身体认知、身体游戏、生活习惯

（3）代表图书

《大家来洗澡》《魔方四合一》《我去刷牙》《我要拉屁屁》《小老虎翻翻书》《呆鸭鸭》《汤姆走丢了》《小熊宝宝》套装。

2. 幼儿阶段

2-4岁，具有强烈好奇心的年龄。相比待在屋子里，这个年龄段的孩子更喜爱到户外玩耍。应该通过趣味性强的读书活动让孩子们与图书成为好朋友。

（1）阶段特征

以幼儿教育及生活领域的图书为基础，选择含有多种多样信息的图画书来激发孩子对周边环境的好奇心和探索心理。好的创作型图画书会激发孩子对故事的兴趣，培养孩子对事件的预测能力。选择反映基础生活习惯、成长和亲情的图画书可以帮助孩子更好地学习如何生活，选择故事图画书、说话游戏书、文字书、童谣图画书等多种书籍有助于孩子语言能力的发展。

（2）图书构成

领域	分类
语言生活	语言教育、童谣、图画书、传说童话
探索生活	自然、工具、数学（探索）、思考、创造力
社会生活	个人生活、家庭生活、共同体生活、多样性文化
表现生活	音乐、美术、艺术等
健康生活	身体、运动、健康、安全

（3）代表图书

《大卫不可以》《花格子大象艾玛》《好饿的毛毛虫》《是谁嗯嗯在我的头上》《动物绝对不应该穿衣服》《我爸爸》《我妈妈》《小老鼠和大老虎》。

3. 幼儿阶段

4-6岁，想象和游戏的年龄。这个时期是在想象中寻找自我，逐渐开始了解读书乐趣的时期。这个时期的孩子，相比静态活动，更喜欢动态活动。要帮助孩子与趣味性强的图画书成为朋友。

（1）阶段特征

以幼儿教育及生活领域的图书为基础，通过选择反映家人的可贵、朋友的友谊等生活图画书，为孩子们学习生活打下基础。选择那些尽量让孩子感受到阅读的快乐，又可以提高孩子想象力的幻想童话书，加大传说童话书的比例，因为这类书能让孩子形成正确的价值观，帮助孩子学习生活的智慧。选择好的图画书，让孩子们自然地了解图书中带来的快乐和价值。

（2）图书构成

领域	分类
语言生活	语言教育、童谣、图画书、传说童话
探索生活	自然、工具、数学（探索）、思考、创造力
社会生活	个人生活、家庭生活、共同体生活、多样性文化
表现生活	音乐、美术、艺术等
健康生活	身体、运动、健康、安全

（3）代表图书

《德沃夫爷爷的森林小屋》《丽塔和鳄鱼迷路了》《青蛙王子历险记》《我永远爱你》《小白马》《小老鼠的漫长一夜》《猜猜我有多爱你》《我是彩虹鱼》。

4. 学前阶段

6-7岁，是读书环境变化很大的时期。这个年龄段虽然能够独立阅读有少量文字的图画书，但不稳定，感觉有些吃力，要帮助孩子不要失去对阅读的兴趣，指导孩子维持读书的习惯。

（1）阶段特征

让孩子接触与课本内容相关的书籍，主要选择文字和图画比例协调的图画书。通过阅读那些在日常生活中解决矛盾、与他人和睦相处的故事书来培养孩子的社会性。选择可培养想象力的图书，通过阅读语言和古老传说让孩子们学习正确的价值观，通过阅读数学、科学图书提高孩子的逻辑思维能力。

（2）图书构成

领域	分类
儿童文学	生活童话（自我尊重、尊重他人、共同体）、传说童话、神话、传说、名著、寓言、童谣、生活随笔
科学、数学、思考、创造力	生命、地球、自然、宇宙、技术、科学、逻辑、创造力
社会、历史、人物、哲学	经济、社会、历史、人物、哲学、文化、地理
艺术、爱好、教养、体育	音乐、美术、艺术、运动、竞技

（3）代表图书

《我的爸爸叫焦尼》《爱心树》《阿利的红斗篷》《忙忙碌碌镇》《洞里洞外的小老鼠》《勇气》《松鼠先生和月亮》《三只小猪的真实故事》。

5. 小学低年级

小学1-2年级，对读书不会有太大的难度。要指导孩子充分理解图书的内容，并且自如地说出自己的想法和感受。这个时期是孩子迈向社会的第一步并且走向广阔世界的时期。这时期的孩子们只想看自己想看的书，在尊重孩子意愿的同时要指导孩子广泛读书。

（1）阶段特征

可以选择紧密结合小学课本的辅导图书，同时多选择有助于学习学校生活和交朋友的生活童话书。增加有关社会、热点问题、经济、政治等包含社会和文化多样化信息的图书比例，选择知识面宽和具有思想深度的图书，相比图画书，文字书的比例增加。

（2）图书构成

领域	分类
儿童文学	生活童话（自我尊重、尊重他人、共同体）、传说童话、神话、传说、名著、寓言、童谣、生活随笔
科学、数学、思考、创造力	生命、地球、自然、宇宙、技术、科学、逻辑、创造力
社会、历史、人物、哲学	经济、社会、历史、人物、哲学、文化、地理
艺术、爱好、教养、体育	音乐、美术、艺术、运动、竞技

（3）代表图书

《丹尼斯的宝贝老鼠》《我的野生动物朋友》《昆虫记》《福娃奥运漫游记》《一片叶子落下来》《儿童百科上学就看》《父与子全集》《小熊布迪帮助好朋友》。

6. 小学中高年级

小学3－6年级，这个阶段的孩子想了解广阔世界。应当让孩子在读书的乐趣中学到更多的知识，并丰富自己对世界的看法。

（1）阶段特征

主要选择那些有助于课本学习的图书。增加以文字为主的图书比例，选择那些描写同龄儿童心理和矛盾的儿童小说，选择优秀的文学作品开阔孩子们的文学视野，并启迪孩子们的哲学思考，通过各种人物传记帮助孩子形成正确的价值观，让孩子们积累社会知识和历史知识，通过选择反映社会现象的图书，培养孩子的批判思维能力和逻辑思维能力，增加可学习知识和信息的图书比例，使孩子的阅读范围更加广泛和深入。

(2) 图书构成

领域	分类
儿童文学	生活童话（自我尊重、尊重他人、共同体）、传说童话、神话、传说、名著、寓言、童谣、生活随笔
科学、数学、思考、创造力	生命、地球、自然、宇宙、技术、科学、逻辑、创造力
社会、历史、人物、哲学	经济、社会、历史、人物、哲学、文化、地理
艺术、爱好、教养、体育	音乐、美术、艺术、运动、竞技

(3) 代表图书

《大头儿子和小头爸爸》《三毛从军记》《皮皮鲁和梦中人》《窗边的小豆豆》《哈利波特死亡圣器》《狼王梦》《女水手日记》《怪怪书怪怪读》《班长上台》。

这样，家长和老师就可以轻松地根据孩子每个阶段的自身发展而有的放矢地选书和借书。

三、结语

墨墨绘本馆团队通过对全国不同城市绘本馆考察和学习总结出唯有把阅读兴趣、创意文化铭记在心，行动于实，发展于新，才能突破传统书店之框框，走出新局面、新路子！

而绘本馆创新的根本就在于把阅读升级，从平面视觉阅读上升到立体互动式体验阅读，自始至终以培养孩子阅读兴趣为主导。

目前，墨墨绘本馆所开设的绘本特色活动均是从培养孩子阅读兴趣着眼而用心设计。例如，绘本特色创意活动，每个孩子在活动中不是为了读绘本而读绘本，更不是为了学习而去学习。我们着眼于孩子的兴趣培养，通过体会"玩儿中学"让他们养成自觉发现、独立体验、自我创造的习惯。怎样才能发现、体验并创造呢？这些就要归功于我们的老师，她以提高自信心、增加阅读专注力、培养幼儿想象力、创造力为主旨目标，精心选取各种材料，然后结合绘本内容，最后完成一节具有创新环节的活动。在这个活动中，幼儿将从"不敢说"到"我要说"；从"不敢做"到"我敢做";从"你帮我做"到"我自己来做";从"不敢想"到"我想这是什么"。这种从"不敢"到"敢",对于幼儿来讲,已经是一个挑战,也是一种锻炼。

绘本创意活动,重在"创意",一本书分两周,每周都会读一遍,怎样让两周的内容不一样?怎样让两周的内容都吸引幼儿呢?这就是我们活动的独特之处。例如《乒乒乓乓钓大鱼》中,我们将绘本中有特点的鱼、夸张的鱼在活动中展示,使幼儿去了解自然知识并体验夸张的乐趣。在阅读过程中,不仅享受阅读,更能从阅读中体验角色,这样就会很容易记住各类鱼的特点。最后将手工改革创新,制作一把"会钓鱼的扇子"。制作过程中幼儿要学习画画、涂色、编绳等内容,仅用一把扇子,制作立体的、空间外的钓鱼场景。这就是创意的一个"点",再通过与材料的特殊结合成为"线",然后与绘本的结合成为"面",最后加上表演成为"体"。对于幼儿来说内容很多,所以会分两周完成。我们不仅仅要数量,更多的是为了要质量。

这就是创意活动,轻松而不放松,学习而不学死,游乐而不游戏,繁琐而不繁杂。总之,爱创意更关爱幼儿是我们的核心思想。在这种思想指导下,从幼儿心理学出发,通过视觉、触觉、意识、思维、实践、体验等多种元素把阅读升级为一场集故事会、手工、创意、角色体验转换于一体的阅读兴趣教育。

在目前的社会中,原地踏步就等于倒退,必须创造出新的服务内容,改善和创新服务模式。未来,特色服务与主题价值将是绘本馆争取读者的重点策略。聆听读者的声音并用心创造新的服务才是发展的关键。墨墨绘本馆将不遗余力整合多方资源并用充满生命力与创意的企业文化为读者创造出新的视野与新的阅读文化。

引歌入词 古韵新响
——将中国风歌词引入宋词教学的实践探索

杭州青少年活动中心 康绿野

一、研究背景

在古代文学的广阔舞台上,宋词如同一位多姿的舞者,时而清丽古雅,"杨柳岸晓风残月",时而苍劲豪迈,"大江东去浪淘尽",令无数后人倾倒沉醉。千年后,宋词依然在现代歌曲中传颂,它们幻化为极富时代气息和民族特色的"中国风"歌曲,悠远回响。

作为中国古代文学的瑰宝,宋词的学习从小学高段起,一直到高中阶段不断延续,并随着学龄的增加而不断提高对宋词诵读、欣赏的要求。学习宋词,充分体现了新课标"认识中华文化的丰厚博大,吸收民族文化智慧""培植热爱祖国语言文字的情感"的要求。然而,宋词距离当下的时代已经过去千年,对中小学生而言,相比古老陌生的宋词,流行歌曲更吸引他们的注意。基于这样的现状,何不在宋词的学习中融入时代特色,将现代歌词与宋词学习巧妙结合?

新课标中提出:"语文课程丰富的人文内涵对人们精神领域的影响是深广的……应该重视语文的熏陶感染作用,拓宽语文学习和运用的领域,注重跨学科的学习和现代化科技手段的运用,使学生在不同内容和方法的相互交叉、渗透和整合中开阔视野,提高学习效率,初步获得现代化社会所需的语文实践能力。""提倡多角度的、有创意的阅读,拓展思维空间,提高阅读质量。"把中国风歌词引入宋词教学,是将古词与新歌词对比学习,将文学和音乐、艺术连接起来,还原词最初的功用,多角度、创意式地阅读，运用体验式教学法，更深入、直观地赏析宋词之美，充分激发学生的学习热情。

二、文化联结点

（一）宋词的特点

宋词，是诗歌的一种，因是合乐的歌词，又称曲子词、诗余、琴趣等。开始于唐代，发展定型于五代，宋代是词最为繁荣鼎盛的时期。宋词兼有文学和音乐两方面的特点，每首词都有一个调名，叫作"词牌名"。词最初兴起于民间，是寄托感情的最直接的文学形式。后代不断发展中，逐步向典丽高雅发展，形成了以苏轼为代表的"豪放派"和以柳永、李清照为代表的"婉约派"。

宋词较之唐诗的严谨，更多了几分自由变化。句子字数有长有短，赋予了词鲜活和灵动。歌者能根据词牌定调，配上新作的词弹唱，别有一番风味。宋词产生于市井，颇受百姓欢迎。柳永的词，甚至有"凡有井水饮处，皆能歌柳词"的说法，可谓雅俗共赏，是当时大众娱乐的流行形式。

（二）中国风歌词的特点

流行歌曲是一种音乐文学作品，具有"谱曲可唱"的音乐性和"离谱能赏"的文学性。中国风歌曲是新时代的一种极富中国特色的流行音乐，黄晓亮对其的定义是：三古三新（古辞赋、古文化、古旋律、新唱法、新编曲、新概念）。中国风歌曲的歌词尤其富有特点，以复古怀旧的中国文化为背景，歌词富有古典味道，充满着强烈的画面感和浓郁的文化氛围，独具文学意蕴。

中国风歌曲主要有两种表现方式：一种是旧词换新曲，将原有的诗词戏曲谱上新旋律，增加新的音乐元素，如王菲的《明月几时有》就改编自苏轼的著名词《水调歌头·明月几时有》，蔡琴的《如梦令》就改编自李清照的词《如梦令·常记溪亭日暮》等；另一种是仿造古诗词的写法来创作歌词，采用宫调式旋律，营造古典意境，以周杰伦的《东风破》《青花瓷》《发如雪》《兰亭序》等为代表。

（三）中国风歌词与宋词的文化连结点

新时代的中国风歌词和传统的宋词有着异曲同工之妙。

首先，二者都是唱词，便于传唱。宋词兴起于民间，且能根据固定的词牌编曲和唱，在街头巷尾百姓中传唱，广受大家的欢迎，可谓当时的"流行音乐"。而千年之后，中国风歌曲一脉相承了宋词的曼妙典雅，用现代的语言唱响遥远的中国古典文化，受到人们，尤其是青少年的喜爱。不少学生在课余时间喜欢听、学、唱这些中国风的歌曲，甚至成为一种潮流。

第二，意象优美。意象是中国古典文论首创的一个审美范畴，其源头可上溯到《周易·系辞》，古义为"表意之象"，刘勰最早将其作为一个文学理论范畴，其实质是用来表达某种抽象概念或哲理的艺术形象。宋词中常选用许多典型的意象，如风、雨、水、花、雾、月、影、窗台、阁楼、门等。而中国风歌词巧妙地借用中国传统文化和古典诗词，采撷诗词文学、典故传说作为歌词的灵感，歌词中不乏出现杨柳、红豆、菊花、芭蕉、明月、秋千、篱笆、古道、夕阳、江南、炊烟、铜绿、宣纸、门环、青花、檀香等意象。如中国风歌曲《千里之外》中就有"屋檐如悬崖，风铃如沧海，我等燕归来"，其中巧妙化用了晏殊《浣溪纱·春恨词》的"一曲新词酒一杯，去年天气旧亭台。夕阳西下几时回？无可奈何花落去，似曾相识燕归来，小园香径独徘徊。"借用"燕子"的意象，穿越时空表达出燕儿春去北归，秋天南去，思人独自等待的落寞。

第三，用字精妙。古人作诗词，讲究"炼字"，贾岛、韩愈的"推敲"故事耳熟能详，卢延让甚至有"吟安一个字，捻断数茎须"的感叹。李清照《醉花阴》词句"东篱把酒黄昏后，有暗香盈袖。莫道不消魂，帘卷西风，人比黄花瘦"，一个"瘦"字，尽显孤独守在房中等待离人归来的等候的凄苦，"衣带渐宽终不悔，为伊消得人憔悴"的凄楚之情油然而生。而中国风歌词中的用词也巧妙地借用、化用了这些精妙之词。中国风歌曲《东风破》中也有一句"一壶漂泊，浪迹天涯难入喉，你走之后，酒暖回忆思念瘦"，将这个"瘦"字用在了思念之后，仿佛可以依稀看到一位思妇独自守候时的哀怨和无奈，有异曲同工之妙。又如唐代郑谷《蜀中寓止夏日自贻》诗中有"骤雨闹芭蕉"句，中国风歌曲《青花瓷》中也有"帘外芭蕉惹骤雨，门环惹铜绿"，以"惹"突出爱的烦恼，与原诗之"闹"异曲同工。

第四，韵律和谐。宋词讲究平仄押韵，根据词牌有固定的曲调格律。如《如梦令》就遵循"仄仄平仄仄仄仄"的曲牌韵律，如：

莺嘴啄花红溜
⊙仄⊙平平▲
燕尾剪波绿皱。
⊙仄⊙平⊙▲
指冷玉笙寒，
⊙仄仄平平
吹彻小梅春透。
⊙仄⊙平平▲
依旧，
平▲
依旧，
平▲
人与绿杨俱瘦。
⊙仄仄平◎▲

同一个词牌基本平仄一致，字数相同，可以配上固定的曲调演唱。而中国风歌曲同样遵循押韵的特点，每句歌词末尾字押同一个韵，从而达到朗朗上口、动听悦耳的效果。又如歌曲《东风破》，"破"是一种古词调，宋代有"曲破"一说，《宋史·乐志》载太宗亲制"曲破"二十九曲，又"琵琶独弹曲破"十五曲。宋朝江浙一带盛行这类琵琶曲，以此填唱而演为词牌。中国风歌曲《东风破》就沿袭了"破"的词调，用更现代的语言生动演绎古典传统，达到古今结合的效果。

第五，修辞多样。宋词精美雅致，其中不乏多样的修辞手法。宋词高手们将修辞手法充分融入词中，增加了词的生动性。现代中国风歌曲也很巧妙地融入了格式修辞，展现了强烈的画面感。对比学习宋词和中国风歌词，也是在培养学习宋词的方法，提高古词的鉴赏能力。随手撷取古今词中各种修辞手法的运用。

1. 比喻

"若问闲愁都几许？一川烟草，满城风絮，梅子黄时雨。"（贺铸《青玉案》）这个比喻中，把本体"闲愁"比喻成"一川烟草""满城风絮""梅子黄时雨"，形象地显示出"闲愁"的浓重、顽固和绵长。

"落款中署名悔，你伤过谁，不忍看宣纸内，晕开的泪。"（方文山《花恋蝶》）这首中国风歌词中，把宣纸内的墨汁比喻成晕开的泪，形象贴切，同时也能感受到歌中淡淡的悲伤。

2. 拟人

"绿杨烟外晓寒轻，红杏枝头春意闹。"（宋祁《玉楼春》）杏花的盛开烘托春意的浓郁。一个"闹"字，将烂漫的大好春光描绘得活灵活现，呼之欲出。拟人的手法生动地展现了春天花开枝头、蜂飞蝶舞的热闹场面。

"一盏离愁，孤单伫立在窗口……夜半清醒的烛火，不忍苛责我。"（方文山《东风破》）"离愁""思念"等抽象的元素被转化成几乎可以触摸得到的实体，加重了它们所代表意境的重量。

3. 夸张

"问君能有几多愁，恰似一江春水向东流。"（李煜《虞美人》）李后主运用夸张的手法，将一腔悲苦悔恨比喻成一江春水绵绵不绝。夸张的比喻生动形象地展现了词人此时处于"故国不堪回首"的境遇下，愁思难禁的痛苦。

"炊烟袅袅升起，隔江千万里。"（方文山《青花瓷》）"千万里"夸张了隔江对望炊烟的距离，对应上一句"天青色等烟雨，而我在等你"所指的等待，两人之间的距离仿佛如此无穷无尽，像隔了千万里，显得遥不可及。

4. 类比

"花自飘零水自流，一种相思，两处闲愁。此情无计可消除，才下眉头，又上心头。"（李清照《一剪梅》）落花流水，仿佛与人的心意一样，平添愁绪，与词人相思之苦、闲愁之深共同交织。"眉头"与"心头"相对应，"才下"与"却上"成起伏，语句结构既十分工整，表现手法也十分巧妙。

"天青色等烟雨，而我在等你。""帘外芭蕉惹骤雨，门环惹铜绿，而我路过那江南小镇惹了你。"（方文山《青花瓷》）多处运用类比手法，前一句把天青色和烟雨的等待与思念之人独自等待做了类比，将等待变成了一种美丽的心情。后一句中,三个"惹"字,让"芭蕉"与"门环"两种事物仿佛有了生气,芭蕉不再只是认命般让骤雨淋湿其身,而门环也不再被动等待铜绿染身,再对照下一句"而我路过那江南小镇惹了你",整个画面更是活了起来。

三、引入途径及方法

正因为中国风歌词与古典宋词之间存在着水乳交融的文化联结点,将现代中国风歌词引入宋词教学便成为可能。现代歌曲重唱古词,充满新意和创意,深受学生欢迎和喜爱;古典意象在今天的运用,更贴近学生实际生活;欣赏宋词,结合歌词,体会用字的准确性;以中国风歌词作为口径,更直观体会宋词韵律的美妙;对比古今词中修辞的运用,让学生尝试在写作中融入更多巧妙的修辞元素。

(一)听歌曲品歌词

宋词距离现代时光久远,古典的曲调多已遗失,中国风歌曲将古典的宋词谱上新曲加以创新演唱。聆听歌曲能给学生更直观的欣赏感受。因此,"听新曲唱古词"能够作为宋词教学的引入,很好地吸引学生的注意。

在学习《如梦令》词时,笔者便播放了蔡琴的《如梦令》。古老的宋词配上富有古典韵味的配乐,和着演唱者富有磁性的声音,更富有感染力。原本无声的文字顿时富有了声音和温度,增加了学习宋词的氛围。第一遍欣赏完毕之后,经过反复地诵读,再让学生聆听时,很多学生便能够情不自禁地跟着哼唱,仿佛置身于千年前的宋朝古都,泛舟郊外,长亭日暮,起到了很好的教学效果。

相比古词新唱,中国风歌曲更能激发学生的好奇心和求知欲。原本便在学生中传唱的流行歌曲融入教学,让学生们兴奋不已。当周杰伦演唱的《发如雪》旋律在课堂中响起时,学生显得有些意外,一些学生忍不住跟着歌曲哼唱,甚至有些"小歌迷"不看歌词都能自由唱歌,颇有些小歌手的范儿。听完一遍后,不少同学提议再听一遍这歌词优美、旋律动听的中国风歌曲。

用听歌曲品歌词的方式将中国风歌曲引入教学,将宋词这壶"老酒"装入了中国风歌曲这个"新瓶"里,具有时代气息,更能激发学生的共鸣，兴趣引导下的学生能够自觉投入到歌词的探索中来，从而形成很好的教学氛围。

（二）赏意象学典故

宋词中善于化用典故，学会赏析这些关键意象，掌握背后的典故，能更好地进行诗词赏析。中国风歌词中，也大量融入了古典诗词的典故，如一条红线，将众多优美的文化典故贯穿起来，编织成一串璀璨的意象。学生在熟悉的歌词中寻找诗意，能将所学知识灵活运用到实际中。以中国风歌曲《发如雪》为例，歌词中饱含了丰富的文学意象和典故。

发如雪

狼牙月，伊人憔悴，
我举杯，饮尽了风雪。
是谁打翻前世柜，
惹尘埃是非。
缘字诀，几翻轮回，
你锁眉，哭红颜换不回。
纵然青史已经成灰，我爱不灭。
繁华如三千东流水，
我只取一瓢爱了解，
只恋你化身的蝶。
你发如雪，凄美了离别，
我焚香感动了谁。
邀明月，让回忆皎洁，
爱在月光下完美。
你发如雪，纷飞了眼泪，
我等待苍老了谁。
红尘醉，微醺的岁月，
我用无悔，刻永世爱你的碑。

听完整首歌之后，让学生先来谈谈自己最喜欢的是哪个字、哪个词，并简单说说原因。这个过程实际上是对"炼字"的训练。学生凭语感和所学的诗词赏析知识，对"惹""邀""醉"等字词进行赏析，初步感受词中用字的精准和巧妙。在学生指出最喜欢的字、词的基础上，教师再补充标出词中富有典故的意象，让学生来谈谈对哪个意象最熟悉，讲一讲他们所知道的意象背后的故事。然后由教师补充说明，引出相关古文和诗词的典故，在师生互动学习的过程中，借助中国风歌词，感受意象，品味词的美妙。

以下是师生共同整理的歌词中的关键字词和意象：

"狼牙月"——李贺《马诗》

连绵的燕山山岭上，一弯明月当空；平沙万里，在月光下像是铺上一层白皑皑的霜雪。这里的"狼牙月"，借用了古诗中的意象，展现了平沙如雪的疆场寒气凛凛，大漠的苍凉与悲怆，在茫茫大漠中一弯冷月独照伊人憔悴芳姿。

"伊人"——最早见于诗经中的《蒹葭》一诗，"蒹葭苍苍，白露为霜，所谓伊人，在水一方"。秋苇苍苍、白露茫茫、寒霜浓重的清凉景色中，"伊人"这个柔美的古典女性形象跃然纸上，楚楚动人，惹人怜爱。

"憔悴"——"衣带渐宽终不悔，为伊消得人憔悴。"（柳永《蝶恋花》）

"邀明月"——"举杯邀明月，对影成三人。"出自唐代诗人李白的《月下独酌》。独自一人站在月光下，举杯邀约，却唯有头顶的一轮明月作陪，思念在此更深一层。

"惹尘埃"——"菩提本无树，明镜亦非台，本来无一物，何处惹尘埃。"出自佛教用语。佛家说生生世世，缘起缘落，一切只因心尘未脱，为情所困。一个情字，有谁能够道尽说明？这里借用了"惹尘埃"的说法，道出情未灭，爱长存的感慨。

"红颜"——"吾爱孟夫子，风流天下闻。红颜弃轩冕，白首卧松云。"（李白《赠孟浩然》）这里所指的"红颜"，与日常生活中所说的含义不同，不是指女子，而是指青春年少。

要读懂歌词，首先要理解字词的含义。

"青史"——"人生自古谁无死，留取丹心照汗青。"（文天祥《过零丁洋》）这里的"青"指的是竹简，"史"是指历史或史书。因为在还没有发明纸张的古代，一般的书籍大都使用竹简所制成。竹简就是串起来的竹片，是古代人用作书写的工具，亦用来记载历史，所以后世即以青史作为史书的代称。青史是历史的记录和见证，代表着时光的长久。歌词中"纵然青史已成灰"，有汉乐府中"山无棱，天地合"的震撼感，表达爱的久远和笃定。

"弱水三千"——"宝玉呆了半晌，忽然大笑道：任凭弱水三千，我只取一瓢饮。"（曹雪芹《红楼梦》第九十一回）"弱水"一词始见于《尚书·禹贡》篇中："导弱水至于合黎。""三千"则缘于佛教用语，如佛家三千世界，便是形容无量无边孕育生命的浩瀚宇宙。"一瓢饮"则见于《论语·雍也篇》："子曰：贤哉！回也。一箪食，一瓢饮……"弱水三千，只取一瓢饮，意为"弱水有三千里长，水量虽然丰沛，但只舀取其中一瓢来喝"，表达了情感的专一和矢志不渝。

"化身的蝶"——"蝶"是具体意象，但千百年来梁祝化蝶的凄美传说附着其上后，二者便融为一体，成为凄美爱情的代名词。

"发如雪"——"白发三千丈，缘愁似个长，不知明镜里，何处得秋霜。"（李白《秋浦歌》）李白是一个浪漫主义的诗人，他的诗歌豪放，充满画面感。夸张的手法还运用在另一首诗中："君不见，高堂明镜悲白发，朝如青丝暮成雪。"（《将进酒》）朝夕之间，头发便从青丝变为白发苍苍，可见时光的荏苒无情。离别和等待消逝了年华，惆怅和无奈染白了头发，却依旧守着心底的诺言。歌词中融入了这一意象，强调了等待的久远和承诺的厚重。

（三）构画面写场景

在对各个意象进行解析鉴赏之后，再加以整体感受，能有一个全局的把握，对整首歌词的内容和情感会有更全面的感受。在此，让学生选择歌词中喜爱的几句，加入他们丰富的联想，构建具体画面，用白话文进行片段描写，便能出现奇特的效果。下面节选几位学生的片段佳作：

"狼牙月/伊人憔悴/我举杯/饮尽了风雪"——

一弯狼牙月高高地悬挂在天空中，显得清冷惨淡。伊人独自站在月光下，面容憔悴。她举起手中的酒杯，望着天空，仰头一饮而尽，风雪在她周围旋转，酒杯中滴下她相思的泪。

"你发如雪/纷飞了眼泪/我等待苍老了谁"——

你的长发飘飘,转眼就像是雪花一样洁白无瑕。你的眼泪在风中纷飞。一生的等待,究竟苍老了谁?

诸如此,让学生用自己的语言描写场景,将歌词中留白的部分通过想象加以填充,从而在不知不觉中实现了对歌词的整体感知。描写画面的过程,也是诗词欣赏的过程,通过学生独特的视角加以诠释,让同一首歌词有了千万种不同的解读,实现了体验式学习的理念诉求。在此基础上,教师可选择相应的宋词名句让学生描写,通过举一反三的形式,在潜移默化中提高学生的诗词鉴赏能力。

(四)改歌词入宋词

学习词、鉴赏词之后,更高等级的学习便是创造词。可是写词对于学生而言,难度较大,除了掌握每个词牌名对应的字数、平仄等,还要做到押韵。中国风歌词节奏押韵,读来朗朗上口,若将"写词"变成"改词",难度就大大降低了。让学生们选择他们喜爱的一首中国风歌词,填入所学过的词牌中,增减字数,变成一首"新宋词"。这样一种逆向思维的方式,把新歌填入古词中,很好地激发了学生学词的兴趣和成就感。填词的过程又是对某个固定词牌学习的巩固和强化。

例如,笔者任教班级已经学过《如梦令》词牌的几首词,掌握了《如梦令》的字数、平仄等,因此,便让学生尝试将《发如雪》的歌词填入到《如梦令》中去,让学生试着创造新词。这个尝试收到了不错的效果,很快,学生们的作品便呈现出来。

如梦令·发如雪

(范晶晶)

胧月伊人憔悴,

何人翻前世柜。

轮回缘字诀,

叹息红颜落泪。

凄美,凄美,

永世爱你无悔。

如梦令·发如雪

（周轶楠）

月夜红颜憔悴，

你发飘逸如雪。

谁翻前世柜，

惹起尘埃是非。

锁眉，锁眉，

哭红颜换不回。

如梦令·发如雪

（谭乐华）

孤夜伊人憔悴，

谁打翻前世柜，

惹尘埃是非，

纵青史已成灰。

轮回，轮回，

爱在月下完美。

可以看出，学生在掌握了词牌的特点之后，借用中国风歌词中的韵律，便能很成功地填入词中，调整字词，增添意象，使得原本白话文式的歌词，转化为古词一般古朴典雅。这样的尝试之后，更加增强了学生学习词的信心，也让他们感受到古今词的奇特和美妙。

（五）借意象唱新词

在借歌词填古词的练习之后，学生对于填词兴趣浓厚，也掌握了词牌的特点和填词的基本要领。此时，能力更强的学生会有更多的学习意愿，他们渴望自己独立创作词。这也是最高等级的挑战。填词不仅要有内容，有押韵，更要有意象来增添诗情画意。在此，笔者指导学生借用以前所学过的诗词中的意象，融入到自己创作的词中，试着进行古词的创作。正值秋日，笔者便以"静秋"和"西湖美"作为题，仍以《如梦令》做词牌，并给出了部分表现主题的意象作为参考。以下便是学生实践创作古词的部分成果。

如梦令·静秋
　（叶佳浩）
窗外红叶铺地，
雨落屋檐打壁。
　秋风突来袭，
吹散雨滴如粒。
　嬉戏，嬉戏，
远处池荷泛碧。

如梦令·静秋
　（荣一鸣）
窗外蒙蒙细雨，
残荷不再复绿。
　池中三两鱼，
围绕池底碧玉。
　散聚，散聚，
羌管悠悠失韵。

如梦令·西湖美
　（胡诗颖）
西湖风景绝美，
鱼儿嬉戏在水。
　赏花游人言，
荷叶闻花入睡。
　沉醉，沉醉，
我看杆瘦花肥。

如梦令·西湖美
　（吴晨恺）
山色朦胧雨后，
微风吹拂细柳。

> 月上桂梢头，
> 荷花下面藏藕。
> 深愁，深愁，
> 引得诗人叙旧。

这些读来饶有韵味的古词，出自于六年级学生之手。不得不说，学生的创造力是无限的。词中不仅内容充实，画面感和色彩丰富，同时也巧妙地借用了一些意象和典故。例如，"杆瘦花肥"就化用了李清照词中"绿肥红瘦"，且反其意而用之，很有特色；又如，"月上桂梢头"，借用了欧阳修《生查子·元夕》中"月上柳梢头"一句；"残荷"借用了李商隐"留得残荷听雨声"中的意象，表现秋天凄冷落寞的意境；"羌管"借用了柳永《望海潮》中"羌管弄晴，菱歌泛夜，嬉嬉钓叟莲娃"中的意象等等，可谓妙趣横生，充分展现学生的创造力和自主学习的成效。

四、研究效果及价值

正因为中国风歌词与宋词存在如此众多的文化联结点，因此，将中国风歌词引入宋词教学中，能很好地激发学生学习宋词的兴趣和热情，将所学知识融会贯通于实践中。中国风歌词为中国古典文化注入了新鲜的时代气息，如一个新颖时尚的"新瓶"，注入醇香浓郁的"陈酿"，其味必更受人喜爱。中国风歌词引导更多关注古典诗词的目光，从歌词追溯古词，如一位热情友善的向导，带领人们步入古典文学的殿堂，感受古代诗词的璀璨夺目和博大精深。将中国风歌词引入宋词教学的探索仍处于初步尝试阶段。相信随着更多优秀的中国风歌曲的诞生，古典诗词教学将变得更加多姿多彩，让古典文学的清泉伴随着现代时尚的声响，汩汩流淌在教学中。

浅议校外英语兴趣小组活动设计的问题及对策

北京市丰台区云岗青少年活动中心　冯雅楠

一、问题的提出

"兴趣是最好的老师"，"没有爱就没有教育，没有兴趣就没有学习"，这一理念经常被教育工作者提及。从校外教育工作的目标角度讲，培养学生对某一学科的兴趣理应是校外教育工作者的天职。从校外教育工作性质角度讲，活动是我们工作的主要组成部分。据中国教育科学研究院2011年对全国青少年宫学生参与活动的调查显示：参加校外英语培训项目的学生约占当地中小学生比例的70%，其中多数学生对英语学习感到恐惧，厌学情绪明显。我作为一名校外机构的英语教师在工作实践中发现：兴趣小组不讲兴趣，活动变成上课，把考级、考试视为考查教学质量的唯一标准，兴趣小组规模由以前的二十几个人每时段逐渐缩小到个位数，甚至变成一对一的补课，兴趣小组走进了"怪圈"。我对上述这些问题，列举一些案例进行分析，努力寻求解决这一问题的对策，使"兴趣小组"真正成为激发、引导学生英语学习兴趣的阵地，挖掘学生英语学习的潜能，让天赋变成现实，是我对这一问题研究的出发点和归宿。

二、英语兴趣小组活动设计的问题分析

（一）活动目标设计过于宽泛、抽象，不够具体可行，无法检测

在日常的工作实践中，我发现很多兴趣小组活动方案中的目标是这样写的："提高学生的语言交际能力""掌握英语阅读的技巧"等等。活动目标应当是一次活动的方向和预期的结果，是活动的出发点和归宿，它既与

教育目的、培养目标相联系，又不同于它们。校外教育活动的特点之一是"一次一得"，需要我们在设计活动的目标时要具体、可行、可检测，例如："能够用英语询问某某方面的问题并做回答""能够正确使用某些关键词描述一个事件或事物"或者"运用段首概括法理解文章大意"等等。目标的设计必须要具体、可行，与教育目的和培养目标保持一致，同时还要满足可检测的需要，在活动结束前，我们可以检测出本次活动目标是否达成。

（二）活动设计的课堂化倾向明显，成为学校课堂的延伸和补充

1. 活动内容课本化，屏蔽掉大量丰富有趣的英语学习资源

调查显示，现在少年宫举办的英语兴趣小组活动多数定位于学校英语课堂的伸延和补充。使用的材料中，有些是学校课本（同步课程使用）；有些是针对社会上英语水平考试的辅导教材；有些是学业考试的教辅教材。造成这个问题的原因是：一方面来自应试教育的压力。数据显示，将提供语言环境、提高升学竞争力作为参加校外英语培训目的的学生分别占36.9%和21.7%。而以准备资格考试、出国为目的的学习需求相对较低，分别为10.3%和5.9%。另一方面是政府对公立的校外教育机构资金投入不足，为满足学生家长提高学业成绩的需要所进行的市场化运作。我认为，少年宫作为公立的校外教育机构，在倡导校外教育公益性的背景下，英语兴趣小组应定位在"培养兴趣，提升交际能力，增强跨文化意识，服务于学生全面发展"层面比较恰当。学校英语课堂是以国家课程标准为导向，是为了达到课程标准要求所进行的一系列教育教学活动，具有一定的强制性；而兴趣小组应当以兴趣培养为导向，基于少年儿童的身心理特点，为激发兴趣、保持兴趣、引导成材所进行的一系列普及实践活动。作为一名校外英语教师，应当树立一种理念："应试"是一个人成长过程中必备的能力之一，但不是成材所具备的全部要素；满足学生家长的学习需求不应一味地迁就，而是基于培养兴趣、提高能力、健全人格的一种良性引导。

2. 活动形式课堂化，忽略学生在兴趣小组活动中的主体地位

主体性即人在其实践、认识活动中体现出来的包括主观性、自主性、能动性和创造性等鲜明特性。活动是师生共同参与的双向行为，以交互、动态为特征，不是"你说我做"的一言堂，而是在"你一言我一语"的讨

论中的熏陶、启迪，在教学相长、相互影响过程中平等地接受教育。兴趣小组活动的参与主体应是学生，我们有很多活动都是打着尊重学生主体地位的旗号，实际却把学生当成容器来灌输。例如，"教师说单词，学生听写""教师用英语提问，学生用英语回答"或者"教师出练习题，学生做，对答案"等等。这种现象是造成"兴趣小组"没"兴趣"的主要因素。这种问题的出现与教师不正确的教育理念密切相关，认为学生是一张白纸，教师在上面画画，无论活动设计成什么、提供给学生什么内容，学生都照单全收的观念还大有人在。自主性、自发性、自愿性是校外教育活动的基本特点，教师在活动中应是引导者和服务者，做什么、怎么做，应当让学生拥有充分的选择权，我们在设计活动时，理应遵循校外教育的规律和特点。

3. 活动评价分数化，忽略学生的主观感受

目前的英语兴趣小组的教学质量主要以学生的英语水平考级的通过率或者学校考试的分数来评价，评价方法单一，评价主体不清。学生在兴趣小组活动中的体验缺乏，主观感受被忽略，教师仍然沿用"教不会背会，背不会练会"的题海战术；学生参与兴趣小组活动是为了在轻松愉快的活动中高高兴兴地获得知识，提高能力，每一次活动应是一次身心愉悦的体验，而不是压力和负担的再次折磨。我们在活动评价时应当多问问学生"Do you have fun?"（你是否喜欢）；"Do you enjoy?"（你是否享受其中）；"What do you learn from?"（你从中有哪些收获）；"What else do you want?"（你还想获得什么）。

（三）单位时段内的兴趣小组规模缩小趋势明显

以丰台少年宫英语兴趣小组为例，2003年以前，每一时段小组规模在25人以上的比例占总数的90%，现在几乎没有25人以上规模的小组，目前都是20人或少于20人规模的小组，同时，还有8人小组，甚至出现1对4，或1对1的形式。这种现象出现的原因在于兴趣小组的内容定位于课业辅导，目标定位于提高成绩，再加上家长为了使自己的孩子短期内获得英语成绩的提高，不惜花钱，甚至重金，要求教师在单位时间内为自己孩子提供更多的辅导。重金可以买断时间，却不能成就人才。学生的"才"天生就有，校外教育工作的本质就在于培养兴趣、发展特长、挖掘潜力，使"天才"变为现实，我们目前已经严重背离了校外教育工作的

宗旨。

三、改进英语兴趣小组活动设计的对策

（一）把握英语学习规律，丰富兴趣小组的活动形式

英语学习的最大困难是缺乏语言环境。作为英语教育工作者，如何为学生创造语言学习环境、搭建语言实践平台，是我们一直探讨的课题，校外英语教师更要在这个问题上下功夫。我们在设计英语兴趣小组活动时，应当注重为学生创造语言实践的机会，实现"做中学"，着眼于学生在活动中的收获和体验。例如成立学生英语爱好者社团，组织走出国门的游学活动；邀请英语国家的学生来参与家庭寄宿的生活体验活动；组织英语夏令营、中西方文化比较活动，聘请英语为母语的外籍教师任教。通过这些活动，为学生创造全方位的语言环境，为学生提供自主选择的机会，让学生扔下课本，放下包袱，在活动中运用英语，以活动带动学习，还原兴趣小组的本来面貌。

（二）利用网络社交平台，丰富活动资源，拓展师生互动空间

随着网络科技的不断发展，校外教育活动已经不仅仅发生在现实空间中，同时也延伸到虚拟空间。互联网中蕴藏着丰富的英语学习资源，网络打破了师生联系的时间限制。通过创建QQ群、微博等形式，借助网络分享优质的学习资源，探索学习中的问题，会收到意想不到的效果。以我的小组为例，加入QQ群的学生占总数的90%。在QQ里创建讨论组，分享有趣的英语学习内容，可以是视频，可以是文字，也可以上传问题发起讨论，或跟贴留言。通过这种形式的学习，近一半有厌学情绪的学生逐渐喜欢上这样的英语交流方式，近70%的学生更加主动地参与讨论或发表观点。通过对家长的访谈，他们起初担心学生受到网络不良影响，现在慢慢消除了疑虑，教师的正确引导是关键。网络社交平台为师生提供了个性、实时、方便、互动性强的学习新模式。

（三）满足学生心理需求，突出校外活动特点，赋予活动娱乐功能

《北京市校外教育工作规程》第三章第十三条中规定了校外教育机构应当为青少年儿童开展的六类活动，休闲娱乐活动是其中之一。英语作为语言的一种，它是文化的载体，人们沟通的工具。娱乐有多种表现形式：音乐、游戏、比赛、诗歌、戏剧、朗诵、表演、演讲、辩论、电影欣赏等

等，很多娱乐活动都离不开语言的应用，所以，校外英语兴趣活动的开展可以定位在英语环境下的有计划、有组织的娱乐性活动。活动的设计要满足学生的心理需求。如"爱玩"是孩子的天性，游戏活动可以做到玩中学；孩子有表现的欲望，表演、演讲、辩论的活动就是学生展现自我的舞台；孩子有获得成就的欲望，定期的比赛和及时、恰当的鼓励就是最好的满足愿望的方式。

综上所述，活动是校外教育的生命线，英语活动的设计既要遵循语言学习的规律，又要符合校外教育的特点。兴趣小组重在兴趣，小组活动旨在实践，校外英语兴趣小组不是课堂搬家，不应当为应试服务，而是应当成为学生英语学习的乐园。

Rap 说唱在儿童英语教学中的媒介作用初探

杭州青少年活动中心　王赋华

一、引言

Hip-hop 文化表现之一是 Rap（有节奏、押韵地说话），Rap 是一个黑人俚语中的词语，相当于"谈话"（talking），但今天这两个名词往往可以混用，只是 Rap 偏重说唱，Hip-Hop 则较倾向于指 Beat（节拍）明显强烈的流行舞曲。Rap 是以人声的吟唱来代替音乐中旋律的部分，加上鼓的清晰、浓郁节奏，很容易让人接受。如果将 Rap 说唱的形式巧妙用于儿童英语教学中，会有一些独到的收获。

第一，Rap 情景性强、互动性强，能把语言教学与有意义的语言实践活动相结合。它使用的语言是与生活息息相关的，是真实的，是一种自然的互动交流。

第二，Rap 内容丰富、表现力强，有助于激发学习动力和兴趣。它能调动儿童的多种感官参与学习，如打节拍和进行肢体表演等，激发他们的学习兴趣和学习动力。

因而，在儿童英语教学活动中，Rap 说唱元素能构筑轻松、自主、有效的课堂氛围，易于营造情绪高昂和智力振奋的内心状态，利于听、说、读、写练习有效进行。

二、听一听：Rap 媒介"化零为整"，增强听英语的有效性

听是分辨和理解话语的能力。语言学家 Rost 认为，听力困难不仅在于语音、语法、词汇等层面上，还在于听力内容的信息组合和概念呈现上。因为儿童英语语言知识和词汇量有限，老师要根据教学需要，创编一些情

景化、与教学内容相关的听力语料，用 Rap 说唱的形式表达出来。

可以通过有机组合以前学过的语言知识和词汇扩充其语言知识量。好的听力语料能激起学员的兴趣，使得学习者已有知识结构与将要学习的内容相关联，对学习者能产生真正的意义和效果。在原有知识点比较零散，新内容是零散知识的具体运用阶段时，Rap 说唱能当好桥梁，起到化零为整的效果。例如：在学习剑桥英语二级第10单元"…is the 形容词最高级 + in 范围/ of + the 数字"句型时，笔者在热身环节利用强有力的 Rap 背景音乐，自编了一段从形容词原级转变成最高级的 Rap，使学员产生形象记忆，激活了大脑中形容词最高级的已学词语，老师与学员共同融进了 Rap 说唱氛围中。

Tall, tall, turn, turn, turn, turn to the tallest.（高的，高的，变变变，变成了最高的）

Short, short, turn, turn, turn, turn to the shortest.（矮的，矮的，变变变，变成了最矮的）

Fat, fat, turn, turn, turn, turn to the fattest.（胖的，胖的，变变变，变成了最胖的）

Thin, thin, turn, turn, turn, turn to the thinnest.（瘦的，瘦的，变变变，变成了最瘦的）

Big, big, turn, turn, turn, turn to the biggest.（大的，大的，变变变，变成了最大的）

Small, small, turn, turn, turn, turn to the smallest.（小的，小的，变变变，变成了最小的）

Hot, hot, turn, turn, turn, turn to the hottest.（热的，热的，变变变，变成了最热的）

Cold, cold, turn, turn, turn, turn to the coldest.（冷的，冷的，变变变，变成了最冷的）

Nice, nice, turn, turn, turn, turn to the nicest.（美的，美的，变变变，变成了最美的）

Good, good, turn, turn, turn, turn to the best.（好的，好的，变变变，变成了最好的）

学员说出听到的最高级，并到白板上指出相应的最高级词条，有利于他们在听力语言与书面语言之间建立起联系,使得听力练习既有趣味性又有意义,加深了学员对重点词汇的记忆,也为关键句型"…is the 形容词最高级 + in 范围/ of + the 数字"呈现做好了足够铺垫。

三、读一读:Rap 媒介减轻负担,引导儿童主动阅读

(一)阅读文本前,Rap 说唱利于做好铺垫

儿童英语阅读教学的目的是帮助学员巩固所学的字、词、句,使学员在轻松愉快的环境下获取信息,获取感知语言的能力,培养学员良好的英语阅读习惯。

很多研究表明,如果语篇涉及的主题是读者熟悉的,就能减轻他们阅读的负担,他们就能相对顺利地获取文章中的信息。相反,如果不熟悉语篇主题,就比较容易出现障碍。通过 Rap 说唱导入这一特色性的交际互动,注重情感交流,能激发学员兴趣,让他们从"要我读"变为"我要读",培养学员积极的阅读意识。

在进行 2012 年版《剑桥少儿英语》课本二级 MA Lesson 11 *My seven great days*《我的快乐七天》教学活动时,因为阅读内容是关于主人公一周喜欢干的事情,为了激活大脑中相关的词汇和句型,老师编了一个与星期有关的 Rap。阅读前,与学员一起在节奏明快的背景音乐声中说唱,Rap 文本编写如下:

M is for Monday. I mop the floor. (M 是星期一,我拖地)

T is for Tuesday. I talk with my friends. (T 是星期二,我畅聊)

W is for Wednesday. I wash my clothes. (W 是星期三,我洗衣)

T is for Thursday. I take a taxi. (T 是星期四,我打的)

F is for Friday. I fly my kite. (F 是星期五,放风筝)

S is for Saturday. I sleep a lot. (S 是星期六,我酣睡)

S is for Sunday. I smile to myself. (S 是星期天,我微笑)

在轻松愉快的氛围中激活了原有的知识图式,复习了集中出现的词汇和动词词组,使学员对文本产生了一定的亲切感,降低了学员对新文本全文字的恐惧心理。

儿童英语学习教材中所涉及的题材广泛,其中有很多主题是学员比较熟悉和感兴趣的。如小红帽、石头汤、白雪公主等。在 pre-reading 阅读文

本前，老师也可以采取反复诵读、生动朗读 Rap，把原有背景知识激活，提高故事阅读的效率。

在编写过程中，要注意对原文复杂的句子结构进行灵活调整，尽量采用语言难度系数低、语意简明的单句，并且在一定情境中有意识地、有意义地使得高频单词和重点句子，这符合儿童记忆和学习语言的规律。

Rap 说唱让他们在语境中自然地进行认读，把无声的书面语言变成了有声的口头语言，并进行了语言技巧的处理，使得语音、语调多样变化，激发了阅读兴趣，为进一步阅读做好了准备。

（二）阅读文本后，Rap 说唱利于复述文本

可以选取与故事气氛相融洽的背景音乐。如在进行《剑桥少儿英语》第二册 Little Red Riding Hood《小红帽》的教学活动时，在学员掌握重难点单词和理解课文后，为了让学员自主乐意地背出这篇小短文，笔者根据音乐创编出以下 Rap，帮助学员在理解段落的基础上进行复述。学员们在合适的背景音乐中，分角色、有感情地诵读以下 Rap，加深了他们对小红帽的天真、狼外婆的狡猾的理解。

Little Red Riding Hood is a lovely girl. （小红帽是个可爱的女孩）

Her grandmother loves her so much. （她的老外婆非常爱她）

One day, her grandma is very ill. （有一天她外婆病得很重）

So the little girl goes to see her. （小红帽去看望她外婆）

A wolf comes to her house to eat her. （老狼来外婆家吃了外婆）

And he wears her glasses and clothes. （他穿外婆衣服、戴外婆眼镜）

The little girl asks her "Grandma" （小红帽开始好奇地问"外婆"）

Why have you got the biggest eyes? （为什么你的眼睛那么大）

All the better to see you with, the wolf says. （老狼答：为了更好地看到你）

Why have you got the biggest ears? （为什么你的耳朵那么大）

All the better to hear you with, the wolf says. （老狼答：为了更好地听到你）

Why have you got the biggest teeth? （为什么你的牙齿那么尖）

All the better to eat you with. The wolf says. （老狼答：为了更好地吃掉你）

And he rushes at the little girl. （老狼快速扑向小红帽）

A hunter comes to shoot the wolf. （猎人经过打死了狼）

口头复述作为语言输出的一种形式，促进了学习者的口头语言和书面语言的自动化转换，强化了对语言知识的理解、掌握和巩固。熟读 Rap 使得学员加深了对文本的理解，还能引导学员加深对故事人物的情绪体验，例如，忧愁的、开心的、伤心的、激动的等，并且更加深刻地体会故事表达的思想感情。这样不仅让学员觉得背记故事轻松、有趣，而且发展了他们的语言智能，还有利于他们的音乐智能发展。

四、说一说：以 Rap 为媒介，激发儿童"乐于说"

语言学家汤姆斯认为，语言能力不仅指能否造出合乎语法句子的能力，还应包括能否恰当使用语言的能力，口头表达是语言的重要表现形式。我们要创设运用英语的实践环境，充分利用课堂口语锻炼主场地外，还要积极挖掘课外活动资源。

剑桥英语项目活动已经举办多年，每年都有主题，如英文故事会、诗歌朗诵会、英文歌曲演唱会等，深受小朋友们的喜爱。节目丰富多彩，孩子积极参与。其中 2013 年的 Rap 欢乐演出让他们记忆深刻，因为每个人都是活动的主角。孩子们自选背景音乐、自制道具，体验了"小鬼当家"的精彩。最有意义的是他们创造了属于自己的 Rap，锻炼了口头表达能力，充分发挥了联想和想象力，享受了语言创编和表演的乐趣。

（一）自创 Rap，自得其乐

学员根据生活经验和生活游戏自创 Rap，利用教材，创设情境，从演绎 Rap 的角度使孩子学过的英语有用武之地，自然习得了语言知识，孩子的联想、想象、创造潜能也得到淋漓尽致的发挥。他们编创了如 Copy animal sounds（学学动物叫声）、Paper clothes show（纸服装秀）等与生活关系密切的作品。以下文本就是关于服装类的 Rap 说唱片段，它是来源于生活，并结合课本内容创编而成的。

This is my skirt. It's beautiful. （这是我的短裙，很漂亮）

This is my hat. It's good. （这是我的帽子，它很好）

This is my vest. It's cool. （这是我的背心，它很酷）

This is my watch. It's cool. （这是我的手表，它很帅）

These are my glasses. They are cute. （这是我的眼镜，都很美）

These are my shoes. They are cool. （这是我的鞋子，非常棒）

Caps, trousers, shoes and socks.（帽子、裤子、鞋和袜）
Caps, trousers, shoes and socks.（帽子、裤子、鞋和袜）
Dresses, skirts, glasses, vests.（长裙、短裙、眼镜和背心）
Dresses, skirts, glasses, vests.（长裙、短裙、眼镜和背心）
These are the things we often wear.（这就是我们经常穿戴的）
These are the things we often wear.（这就是我们经常穿戴的）

学员们怀着愉快的心情积极参与，极大地激发了他们的学习英语热情。

（二）精心编排，登台亮相

大家快乐地张张口，拍拍手，跺跺脚，蹦蹦跳。他们眼看、耳听、口说、手演、全身各个器官各显其能，体验了 Rap 音乐背景下英语说唱的魅力。同时自作道具，自己为 Rap 编排动作，激发了学员多种感官参与活动，因而也深深地印在孩子的脑海里，成为孩子们成长过程中的快乐音符。

（三）选配背景音乐，完善 Rap 说唱

为了给自己 Rap 说唱配上合适的背景音乐，学员们通过网络和其他途径自选 Rap 背景音乐，选出如《黑帮说唱》《电脑关机》等一系列背景音乐，深受学员喜欢。这将作为剑桥英语项目的教辅资料，丰富教学资源库。

我们以提高学员口语表达为目的，以进一步培养学员学习英语的自信心和兴趣为宗旨，为学员们搭建了锻炼的平台。参与活动的小朋友都获得了小奖状，在此基础上以班级为单位，最终评选出最佳创编奖、最佳音乐奖、最佳风采奖，进一步激发了学员们说英语、演英语的兴趣，从而引导他们乐于张口说英语，自觉地进行口语表达。

五、写一写：以 Rap 为媒介，培养儿童扩句写作的能力

依据建构主义学习理论，知识或信息获取是通过新旧知识双向的、反复的相互作用过程完成的。在练习写作时，可以让学员在较真实的情境中进行。Rap 编写具有真实性、趣味性、探索性的特点，能将对语言的机械认识转化为理解识记，进而达到长时记忆的目的。同时，它能培养学员多角度、多维度看待问题、拓宽思路，对学员发散思维培养和创新能力的提

高有积极的促进作用。

例如，在学过《剑桥少儿英语》中的身体部位后，老师让学员们进行头脑风暴，用 I can ... with ... my ... 说说能用各个器官做些什么，老师列出简单思维导图。

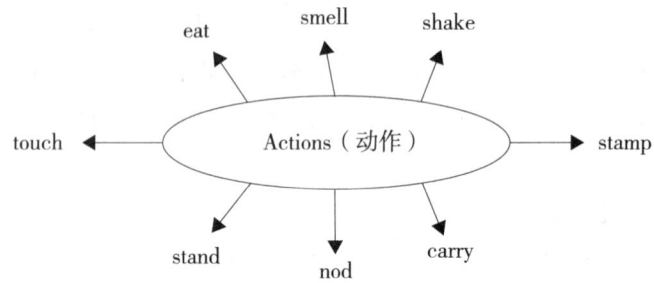

老师引导学员们根据思维导图编写 Rap，并配以节奏恰当的音乐。编写的 Rap 文本如下：

I can nod with my head. （我用头点一点）

I can smell with my nose. （我用鼻子闻一闻）

I can eat with my mouth. （我用嘴巴吃一吃）

I can touch with my hands. （我用手摸一摸）

I can carry with my shoulders. （我用肩膀扛一扛）

I can stand with legs. （我用腿站一站）

I can stamp with my feet. （我用脚跺一跺）

这样的 Rap 将散乱的信息进行归纳，整合了所学的相关内容，锻炼了学员的发散思维。同时朗朗上口的 Rap 使得学员说唱英语的兴趣浓厚，并且乐此不疲地操练。又使得他们增强了对身体部位功能的认识，也为接下来"Mary's Body"写作做好语言的积累和准备。

在此基础上，老师布置写作任务，以"Mary's Body"为题，让学员们在 Rap 基础上，进行扩句并连句成段，以身体部位为主题，写写他们的特长。

Mary is happy because she has many different parts. So she tells her friends about her bodies. I can nod with my little head. I can smell flowers with my nose. I can eat ice-cream with my mouth. I can touch my doll with my hands. I can carry my heavy bag with my shoulders. I can stand well with my legs. I can stamp on the floor with my feet. And they help me a lot.

（玛丽很开心，因为她有健全的身体。玛丽很自豪地告诉她朋友：我能用我的小头点一点，我能用我的鼻子闻闻花，我能用我的嘴巴吃冰激凌，我能用我的手摸摸我的布娃娃，我能用我的肩膀扛我重重的书包，我能用我的腿稳稳地站立，我能用我的脚跺跺地板。他们帮了她很多忙）

Rap 编写和扩写 Rap，扩句成段引导学员搭建了新旧知识的桥梁，使学员进一步认识了新句型，同时为新句型的灵活运用提供了交际情境。这使得学员从简单、枯燥的重复上升到了语言在现实生活中灵活运用，并为写作能力的培养打下良好的基础。

六、结语

当然，因为 Rap 说唱是一种教学方式，不是教学目的，所以采用的 Rap 要贴切教学内容，难度适中；要选择旋律动听、节奏清晰明快的 Rap 背景音乐；要把握好 Rap 说唱的度，为教学目的服务。

总之，Rap 说唱的语音语调和节奏很具有表现力，它能增强听力练习的趣味性，激活大脑中学过的零散的词汇和句子，为进一步的教学活动做好知识铺垫。它有利于学员减轻阅读文字的压力，为阅读文本做好铺垫，方便阅读文本后进行口头复述，引导学员自主阅读能力的培养。它还有利于创设语言实践的平台和环境，引导他们更主动地说英语。它使枯燥的写作上升到语言的真实运用，培养了学员扩句写作的能力。

通过这一媒介，我们可以将静态的语言文字转化成动态的声音文字，能将相对枯燥的语言现象转变成丰富生动的语言实践，能有效激发和保持儿童英语学习的兴趣。

校外英语兴趣小组活动的实践探索

北京市大兴区少年宫　王桂荣

目前校外英语教学，虽然种类繁多，但普遍还属于传统课堂教学模式，强调知识的灌输，重视考级，而忽略了学习语言的真正目的——运用。在学习一段时间后，学员便没有了学习热情，甚至产生厌学情绪。这对于一名小学生来讲，近十几年的英语学习才仅仅是第一步，本来充满好奇的童心就这样被扼杀了。因此我们面临的首要问题是如何提高学生的学习兴趣和学习主动性。为了解决这个问题，我们运用活动教学模式，在内容与形式上做了一些尝试，提出了"在活动中，让学生大胆自信地说英语"的教学理念。

一、英语小组学员情况及活动情况

（一）学员情况

学员 6-12 岁，活泼、好动，对新事物总是充满好奇心，但也有大部分学生性格内向，害怕发错音，不敢说英语，存在畏惧心理。

（二）小组活动现状

1. 以传授知识为中心的单一的教学模式仍然存在，学生缺乏展示自我的机会，因长时间感受不到成功所带来的快乐，降低了学习兴趣。

2. 兴趣小组人数多，学习时间短，知识容量大，很难实现面向全体并照顾到学生的差异性。

（三）教师情况

1. 普遍存在工作量大、工作时间相对集中、压力大等问题，注重知识传授，忽略了学生心理健康教育问题。

2. 由于教师要求不清，方法不当，批评不合适等问题，使学生产生心理隔阂和抵触情绪，学生厌烦这门学科甚至放弃。

3. 传统的教育一般把儿童看作消极被动的教育对象，忽视或抹杀了儿童的积极主动性。在现实的教育活动中，那些被称为"教育的主体"的学生，似乎还是更多地表现出被动性和非主动性。

基于上述分析，可见校外英语教学中，还普遍存在学生缺乏学习兴趣和学习主动性问题。

二、英语小组实践活动策略

《新课程标准》强调，"英语课程的学习，是学生通过英语学习和实践活动，逐步掌握英语知识和技能，提高语言实际运用能力的过程。"以此为指导，我们积极尝试把课程标准转化成课堂教学实际，发展以"教学、创编、展演"相结合的活动模式，提高并保持学生的积极性和主动性，从而达到让学生大胆自信地说英语的目的。通过几年的教学实践，笔者的做法与体会总结为以下几个方面。

（一）在基础知识阶段，教师要引导学生克服畏惧心理，树立学习自信心

从心理学角度分析，学生的学习过程是学生心理活动的过程。如果学生的心理活动流畅，他们的认知就深刻，思维就敏捷，记忆就牢固，收效就更大，学习的积极性和主动性就高。

1. "游戏型"的说，让学生建立开口说的信心

每个学生英语水平不一，兴趣、爱好、求知欲更是不同，抓住学生的好胜心，通过各种竞赛、游戏，逐步消除他们的畏难情绪。

（1）唱一唱。朗朗上口的歌谣，优美动听的英文歌曲，一直都是英语初学者最有力的助手。

（2）玩一玩。游戏是学生最喜欢的课堂活动，可以满足学生爱动好玩的天性，不但能使注意力持久稳定，而且注意的紧张程度也能提高。

在教学中，我们就经常进行 Guess 游戏。我将幸运52猜词游戏引入课堂，学生参与热情高涨，气氛活跃，英语知识也记得特别牢固。

（3）比一比。课堂上尽量创造一种有利于学生身心健康的、轻松愉快的气氛，参与各种小比赛活动，就能防止学生疲劳和产生厌烦情绪。比赛方式很多，包括师与生、生与生、组与组等比赛。

2. "活用型"的说，让学生在不知不觉中学习和使用英语

"活用型"的说就是学生要把各种场合使用的语句灵活运用在多种生活、学习情境中，体验各种说的快乐。

（1）说日常生活中的情景话题教师尽量找些贴近儿童的话题自然地导入，为学生创设真实的对话环境，让孩子身临其境，愿意大胆地开口说。

（2）说图片或动画中情景内容在听完对话录音或看完录像之后，出示该图片，让学生模拟角色进行复述。如在学习完"看病"单元后，学生穿上不同大小、款式、类型的服饰，模拟病人与医生进行交谈，极大地吸引了他们的注意力，提高了参与热情。

（二）在创编阶段，生成性主题实践活动让学生畅游在英语的世界里

少年宫没有固定教材，因而为结合实际开展素质教育提供了好机会。小学英语新课标倡导"任务型"教学途径，教师应依据课程的总体目标并结合教学内容，创造性地设计出贴近学生实际的教学活动。下面几种效果不错。

1. 把学习主动权还给学生

在创编和排练过程中，每个环节都由学生自己做主。在设计英语调查表时，自命组名，自选组长，自分角色，自备学具，最后评选出最佳调查小组和最佳小调查员。这样每个学生的潜能都能得到发挥，从而使他们对自己充满了自信。

2. 采用灵活多样的教学方法

通过视、听、说、玩、唱、画、读、写等饶有趣味的活动，充分调动学员的情绪，使之愉快地参与，让学员变"要我学"为"我要学"。

3. 运用奖励机制，评价形式多样化

以形成性评价为主；学生在小组内的表现就是评价内容，重过程，轻结果；要特别注意后进生所取得的进步，及时表扬。学生每阶段都有效果测评，并及时记录在家长联系手册中。

总之，我们要通过各种方式教育学生，使他们相信自己的能力。正如居里夫人所言："我们应该有恒心，尤其要有自信心，必须相信自己是有能力的，而且要不惜一切代价把这种能力发挥出来。"

（三）在展演阶段，让每一个学生都能参与体会成功所带来的快乐

赏识与成功是英语教学中最好的情感体验，让学生体验成功的自信与

快乐是进一步激发学习兴趣和热情的强大动力。我们应做到和注意的是：

1. 重视家长工作

少年宫教育是少年宫、学校、家庭三结合的教育，做好家长工作尤为重要。有了家长的关注与参与，少年宫教育就变得事半功倍。我的做法是学期初召开家长说明会，就如何进行家庭学习进行指导；学期间，发放家校联系手册，及时反映学员情况；学期末，开展"英语学习好家长""快乐学习好家庭"系列评选活动。同时定期发放"家长心声"调查表，期待着教师与家长心灵的沟通。

2. 为了展演的成功，消除紧张，建立自信，我们还应该注意以下几点

（1）在展演内容上，定位于巩固和理解的基础上进行，否则大部分学生会感到困难，降低参与热情。

（2）在时间安排上，排练时每小组逐步操练，不急于求成。

（3）在展演的过程中，坚持无错原则，以免挫伤学生的积极性。

经过几年的教学实践与探索，我的英语教学初步得到了社会、家长和学员的认可与好评。在今年家长沙龙活动月中，全体学员都表现出极高的热情。在节目准备上，学员搜集提供内容，自由结组准备，令人骄傲的是几个英语短剧也是学生自编、自导、自演的！学生参与积极性与主动性较之以前有了很大提高。同时，不同程度的学生在合作与表演中，相互学习，取长补短，不仅提高了学习质量，综合素质也得到了发展。

三、实践活动启示

校外英语教师利用其课程设置的灵活性，以"活动"促发展，本着"多说""多练""多参与"这一原则，有计划地采取多种教学形式实施教学，取得了事半功倍的效果。与此同时还应该清醒地认识到，校外教学活动的成功源于教师的社会责任心和敬业精神。只有发挥自己的主体作用，才能产生积极的工作动力和创造力。同时，作为校外教育教师，不仅要有过硬的专业水平，还应该多才多艺，才能将活动发挥到极致。

俗话说"良好的开端，是成功的一半"，我希望孩子们都能够在我这片英语的乐园里，寻找到自信，在愉悦、轻松的环境下，大胆自信地说英语，体会学习英语所带来的快乐。

浅谈增加校外初中数学教学活动趣味性的若干策略

杭州青少年活动中心　陈俊华

一、研究意义

在我国的基础教育中，无论是学校教育还是校外教育，课改从来没有停息过，创新教育模式的呼声也愈演愈烈。但在初中数学教学中，并没有发生太大的变化，似乎波澜不惊。每个教育者都认同兴趣是最好的老师，但初中数学教学活动似乎在背道而驰，课程学习时间压缩，学生的负担越来越重，知识难度也在不断地增大，学生的学习兴趣越来越小，直至消失殆尽。所以，作为一名老师，采取合理措施来激发学生的兴趣，提高教学活动的趣味性显得尤为重要。笔者结合自己校外初中数学教学的实践，采取的一些策略起到了很好的效果。

提高校外初中数学教学活动的趣味性，可促进学生学习数学的积极性，巩固校内知识的学习，使学生对数学的认识更加深入、透彻。这也要求校外初中数学的教育涉及的面要广，在教学内容上区别于校内教育。下面笔者从故事化的教学、体验成功的喜悦、数学的实用性、实践中探究、凸显数学文化等几个方面谈一下如何增加校外初中数学教学活动的趣味性，以更好地提升教学质量。

二、提升初中数学教学活动趣味性的策略

（一）以故事贯穿教学活动，乐中有趣

在一个逻辑和理性占据主导地位的教育图景中，教学更多地沦为一种被专家管理的技术过程。有人曾说："故事是人们理解自我生活和经历的

一种方式，我们一直在故事中游弋。"讲故事是最古老的教育形式，它是保存、分享和纪念我们共同体所有成员的智慧的一种方式。从中可见故事的重要价值。

在笔者看来，不仅小学生对故事感兴趣，中学生乃至大学生也喜欢有故事穿插的教学。数学以学生理解、感悟为主，如果能巧妙地把知识用学生感兴趣的故事穿插起来，能很大程度上调动学生的参与积极性，让他们在收获知识的同时，也能享受快乐。用故事情节设计教学，可以让孩子融入到教学中，提高教学活动的效率。例如2013年秋季八年级《平面直角坐标系与平移》一课的教学活动中，笔者就尝试以《西游记》中的卡通人物为载体贯穿教学，起到了较好的效果。

教学活动前把教学的主题定为《大话西游之降魔篇》，教学活动分为三关，层层深入，把知识点贯穿其中。

师：最近刚出了部电影《大话西游》有没有看过？

（学生顿时来了兴趣）

生：降魔篇。

师：给大家看一个新版本的《大话西游之降魔篇》，先来看第一关：智寻白骨精。

（学生似乎在用挑剔的眼光看着我，其实也在慢慢融入教学）

师：来看下面这个图（在一个20×20的方格中用卡通人物图像标出四个位置）。

学生目光都集中到上面。

师：如果猪八戒所在的位置可以用（2，1）表示，请表示出孙悟空、唐僧、白骨精所在的位置。

生：孙悟空是（1，7）。

师：那找个同学来说一下是如何确定的？

生：根据猪八戒的位置，可以找到（0，0），然后就能确定出其他人的位置。

师：在这个点作两个相互垂直的数轴，就是什么？

生：平面直角坐标系。

（成功地引入了平面直角坐标系）

师：白骨精摇身一变，位置开始移动，你能说一下它是如何移动的么？

生1：把原来的点和现在的点连接起来，测量长度，就可以描述。

生2：先向左平移2个单位长度，再向上平移1个单位长度。

师：这位同学的想法真棒！为他鼓鼓掌！

（学生很乐意地表示了肯定）

师：猪八戒最擅长哪句话？

生："猴哥，师傅又被妖怪抓走了。"

（班内哄堂大笑）

师：的确，这次白骨精变化了一个位置，他又降不住，就着急向猴哥描述白骨精的位置，说妖精在（1，2）位置[事实上，PPT上出现妖精的位置在（2，1）]。孙悟空能找到白骨精么？

生：找不到。

师：这说明在表示位置时应注意什么？

生：顺序。

师：是的，这个数对是有顺序的。悟空打死了白骨精后师徒四人继续前行。来看下一关：智斗牛魔王。

在上面的教学活动中，利用卡通人物特点，让学生在较短的时间内掌握了直角坐标系的基本知识，而且学生参与率高，在欢乐中学习知识。在第二关智斗牛魔王中，我采用牛魔王施法宝使直角坐标系消失，然后让学生讨论如何表示人物的坐标，培养学生利用直角坐标系解决实际问题的能力。第三关的降海怪中，把直角坐标系和方位结合起来设计问题，不断加深难度，但学生感到津津有味。

（二）体验成功的喜悦，催发教学活动的趣味性

有些学生感到数学教学枯燥无味的另一个重要原因就是在数学学习中缺少成就感。美国著名的社会学习理论创始人班杜拉认为，人总是按照他自己对自己的估计，他自己头脑中的自我形象去行动。他认为人自身素质的提高就是树立非常高大、健康的自我形象。

在此理论基础上，笔者认为"体验成功"能激发学生的学习欲望，体会数学教学的魅力，使学生获得成功的心理感受，树立起继续努力的信心，不断提高和发展自己，从而获得更多的成功过程。

八年级上册第一单元第四小节学习了角平分线、线段垂直平分线的尺规作图后，笔者根据教学计划上了《巧妙等分圆》的教学内容，主要培养学生利用所学知识解决实际问题的能力，让学生体验成功的快感。

教学活动开始前先让学生回忆有哪些等分圆的方法。

师：现在老师这里有个圆（出示圆形纸），你能想出哪些等分圆的方法？

生：对折一次二等分，再对折一次四等分……重复进行下去，就可以把圆等分。

师：方法不错，但大家思考这种方法有没有局限性？

生1：方法不够严谨，会产生较大的误差。

生2：不能把圆奇数等分。

……

师：这几位同学提得很好，下面请思考能不能用所学的知识，把圆准确地等分？

（学生此时基本没有什么想法）

师：大家可以思考如果要等分圆，通过等分什么就能达到目的？

生1：等分圆心角。

生2：等分弦。

师：那如何等分角或弦呢？

生：利用角平分线、线段垂直平分线尺规作图。

师：下面就请大家尝试把你练习纸上的圆用尺规作图的方法等分。

生1：我完成了七等分。

生2：我完成了十四等分。

……

越来越多的学生脸上露出了满意的笑容，这是对自己的肯定，也是成功喜悦的真情流露。在这种情感体验下，相信他们会慢慢喜欢上学习数学，因为他们获得了一定的价值认可，体验到了乐趣。

（三）以数学的实用性，增添教学活动的趣味性

数学是一门基础学科，源于生活又广泛地应用于生活，从衣食住行到

高科技都和数学息息相关。运用所学的知识能解决生活中的实际问题应初中生应具有的基本数学素养之一。从生活实际出发，把教材内容与"数学现实"有机结合起来，可以消除学生对数学知识的陌生感，增强学生的数学应用意识，唤起学生的学习兴趣。数学只有从学生的生活经验出发，让学生在生活中学数学、用数学，数学教学才能焕发生命活力。

笔者在七年级的教学中上了《定义新运算》的内容。学生在平时的练习中也做过很多这方面的题目，但对定义新运算的应用却了解甚少。这一讲中，笔者借用定义新运算的应用价值来拓展学生的知识视野。教学中学生对这些内容充满了好奇，有同学甚至有自己的想法，构建自己的理论体系。正是数学的应用性让本堂课趣味性更浓，学生更愿意参与其中，学习效率自然大大提高。

师：大家先观察下面的图（PPT呈现三列图，一列原始图、两列处理后的图），你知道这三列图是什么关系么？

生1：第一列是原图，后面两列是简化图。

生2：第一列是照片，后面两列像它的底片。

师：这位同学对相机比较有研究，以前照相都是用底片来冲洗照片。但这里是先有第一幅图，后面的两幅图是提取的它重要像素点，然后再经过处理可以制作动漫效果图（后面教学中又给一个图片实例）。你们知道像素点是如何提取的么？

（学生感到很困惑）

师：提取时就用到了定义新运算。

（学生很期待老师的进一步讲解）

师：在对原图的像素点进行分割后，可以定义一个像素之间的距离，这个距离可以根据实际需要任意地定义，如可以如下定义：

$$i * j = \frac{d_{color}(i, j)}{1 + c \cdot d_{position}(i, j)}$$

师：通过计算就可以筛选出重要的像素点，从而得到原图的"底片"。

生：原来是这样。

师：今天我们也要尝试定义一个新的运算。

（学生情绪高昂地融入到教学中）

在上面的教学中，以定义新运算的实际应用引入，学生了解了定义新运算的用途后，积极性被调动起来，增添了趣味性。可想而知，如果直接让学生尝试定义一个新运算，学生的积极性可能不高，不知道学习这些知识有何用途。所以，凸显数学的实用性，能大大增强数学的魅力，使数学课更加有意思。

（四）实践中探究，体验趣味数学教学活动

数学知识理论性强，如何设计有特点的校外数学教学，一直是校外教育思考的问题之一。捷克著名教育家夸美纽斯认为，教学要使学生躬行实践，实际从事认识、探索和改造事物的活动。他提出："凡是应当做的都必须从实践去学习。"随着学生学习数学知识的增多，他们越来越对所学知识的实用性产生怀疑，认为一切都为了考试，这从一定程度上影响了学生学习的积极性。

2012年开启的高中新课改明确要求将实践探索性研究渗透到各个学科。好的实践活动能激发学生的参与热情，打破数学专注于理论讲解的常规，让这些数学课上"动不起来"的孩子能"动起来"，让参与者在教学中能从被动学习转化为主动探索。

笔者在七年级下《事件的可能性》中，为了让学生充分体验可能性事件中蕴含着必然性的规律，组织学生完成了"蒲丰投针"实验，成功地将学生引入了丰富多彩的可能性世界中。

课前，把学生分为4组，每组4-5人。以抛硬币的实验作为引入。

师：老师抛一枚硬币，出现正面向上的可能性有多大？

生：0.5。

师：今天看来这样一个简单的问题，像德摩根、费勒等都做过大量的实验。

（PPT展示这些数学家完成的实验次数及结论）

师：从中可以看到他们做过几千次、几万次实验，但是正面向上的可能性始终在0.5附近。今天我们也要做一个类似的实验，看看能不能从偶然性的事件中找到某些必然性的规律。

（紧接着介绍"蒲丰投针"实验，并让学生分工完成）

在神秘感的影响下，学生完成实验非常认真。

自己的实验数据能发现些什么呢？在完成实验数据的采集后，学生主动地进行数据分析，教学中表现地非常主动。在这种探究氛围的影响下，学生成功地完成"蒲丰投针"实验，并获得了较好的实验结果。

学生通过实验发现，偶然性的投针实验却能计算出圆周率，对可能性事件产生浓厚的兴趣，也对后面相关知识的学习有很大的帮助。初中数学教学需要在实践中让学生自己探究真知，这样他们的理解也更加深刻。所以，我们要让学生在课堂上多一些"自由"，能自己探究问题，在探究中体验学习的乐趣。

（五）引入数学文化，教学活动内容丰富而有趣

数学文化是现代社会文明的重要组成部分，学习数学，不仅仅是知识的，更要注重在思想文化上的渗透。合理地引入数学文化，不仅可以丰富教学内容，也能拓展学生的视野，加深对数学的了解。在中学数学教学中，很少有对数学文化的渗透，这样教学内容难免过于单一，学生对数学的理解越来越狭隘。

数学文化的概念非常宽泛，但并不复杂，与教学环节相关的名言警句、相关定理的证明历史、知识结构的创建者等都可以融入到教学中，这样学生在学习知识的同时，也能知道得更多，理解得更加深刻。

笔者在实际教学中经常引入数学文化，能很好地活跃现场气氛，使教学更加饱满、充实，学生学起来也兴致勃勃。例如在上《勾股定理》时，一开始就吊起了学生的胃口。从勾股定理的名称毕达哥拉斯定理、商高定理、百牛定理、驴桥定理、埃及三角形等引入，然后介绍这个定理的发现者以及欧几里得、刘徽等给出的证明方法，学生逐渐融入到讨论当中，进入学习状态。

三、小结

初中数学教学活动的改革始终没有停息过，如何摆脱现有单一的教学模式仍是急需解决的问题之一。笔者试图从教学活动的趣味性方面做些改进，以更好地培养学生学习数学的兴趣，提高学生在教学中的参与积极性。结合自己的教学实践，笔者总结了可以从故事化的教学、体验成功的喜悦、数学的实用性、实践中探究、凸显数学文化等方面来提高校外初中数学教学的趣味性，并取得了较好的效果。但如何让校外初中数学教学更加合理，仍需进一步的研究探讨。

校外教育活动与学校教育相衔接的实效性研究

北京市东城区天坛青少年活动中心 李 冉

中共中央办公厅、国务院办公厅《关于进一步加强和改进未成年人校外活动场所建设和管理工作的意见》中指出:"积极促进校外活动与学校教育的有效衔接,要把校外活动列入教育教学计划,排入课程表,切实保证活动时间,逐步做到学生平均每周有半天时间参加校外活动,实现校外活动的经常化和制度化。要把学校组织学生参加校外活动以及学生参加校外活动的情况,作为对学校和学生进行综合评价的重要内容。"

中小学生在校内接受的教育非常重要,是个人一生中所受教育的最重要组成部分,但就实现教育的目标和要求而言,学校教育并不是教育的全部。青少年校外教育活动是实施素质教育的重要途径。在全社会大力加强和推进未成年人思想道德建设的背景下,校外教育作为教育事业不可缺少的重要组成部分,承载着对广大青少年进行思想道德教育、培养创新精神和实践能力的重要任务。在新的社会环境下,我们更深刻地认识到,青少年的全面发展仅仅有校内的课堂教育是不够的,学生的成长需要在校的学习,但同时也需要通过校外的实践活动来扩展知识、学习社会交往、培养良好品格,即学生的实践能力与社会化必须校内外教育相互结合,有机联系,共同作用才能实现提升,所以校外教育的存在必不可少。作为校外教育机构,我们只有积极整合校内外的教育资源,使其有效衔接,协调发展,才能更好地促进青少年的全面发展。

北京市东城区教委10年前提出了"要整合社会教育资源,建设一个没有围墙的社会大校园,还学生们一片蓝天"的创意,这就是"蓝天工程"。近几年来，东城区在政策规划中特别提出，以"蓝天工程"为平台，注重课外、校外教育创新发展。创新艺术教育体制机制，加强"少年艺术学院"建设，统筹全区艺术教育资源，发挥培训、指导等专项管理职能。深入实施艺术"宝塔计划"，发展艺术教育特色。面向全体学生，推动普及与提高相结合，促进少年全面发展、学有特长，打造一大批北京市乃至全国知名的学生文化艺术精品团队。为进一步提升青少年校外教育活动发展的方法与策略，加强校内外教育的交流，作为"东城区青少年艺术学院"的联盟单位（分院）之一，天坛青少年活动中心自 2012 年开始了以《校外教育活动与学校教育相衔接的实效性研究》为题的实践研究。

我们的具体做法如下：

一、发挥青少年文艺学院基地单位的作用，以艺术类兴趣小组及艺术社团活动为主要形式，有针对性地开展艺术普及与拔尖人才培养工作

近几年来，天坛青少年活动中心进一步整合师资，改造环境，更新设备，针对本地区学校实际，常年开设舞蹈、戏曲、戏剧表演、小合唱、独唱、钢琴、小型管乐、朗诵与表达、书法、美术、英语、烘焙工艺等艺术类兴趣活动小组 40 余个，年学员参加各项活动约 2 万人次。此外，通过建立学生艺术社团，吸引优秀生源，为学生提供展示、学习与交流的平台。中心舞蹈团组织学生参加央视少儿频道《音乐快递》栏目的节目录制，让学生登上了更高的艺术展示平台；参加东城区文学艺术界大联欢，表演舞蹈《过年了》；参加东城区老干部新春团拜会，与老表演艺术家的交流使学生受益匪浅；参加市、区校外艺术节展演及竞赛活动，舞蹈团多次取得一、二等奖的好成绩。"天坛少儿京剧社"参加在济南举行的"喜迎十艺节"全国中小学生京剧邀请赛，荣获表演、指导、组织三项金奖，并被评为东城区"中小学生特色戏剧社团"称号。"天坛少儿书画社""天坛少年合唱团"发挥项目优势，定期深入街道社区，开展"送春联""送演出"等系列活动，丰富的学习、竞赛、交流活动，为中小学、幼儿园培养了一批艺术骨干。通过"艺术普及"活动计划及"艺术拔尖人才培养"计划的实施，几年来，学员数千人次在市、区中小学艺术节、校外艺术节各

项竞赛及市、区、中心主办的大型教育活动中展示了风采，取得了优异的成绩。

二、发挥东城区"蓝天工程"、社会大课堂资源单位的作用，开展丰富多彩的群众性主题系列教育活动

围绕"加强和改进未成年人思想道德建设"的工作核心，结合本地区学生实际，天坛青少年活动中心坚持分类实施、总体推进的原则，按三个活动类别进一步加强组织与协调：一类以开发活动中心内部资源为核心的实践体验活动，一类以利用社会教育基地为重点的寒暑假综合实践体验活动，一类以深入社区、服务社会为核心的社会服务实践活动。

仅以2014年暑期为例，天坛青少年活动中心共向全区中小学生推出近30项（次）假期学生实践体验活动，活动形式涵盖：开展音乐会、艺术演出观摩活动；发挥教师专业作用开展的艺术专题讲座、鉴赏等专业实践活动；法制、安全、科普、体育运动、亲子体验等主题教育实践活动。直接参与活动的学生、家长约2000余人次。2014年寒假，我们又为东城区中小学生推荐了17项（次）主题教育活动及实践体验活动，直接参与寒假群众性教育活动的人次在2000余人次。形式多样、内容贴近学生实际的主题教育活动，丰富了学生课余生活，扩大了天坛青少年活动中心的影响，提升了教师组织教育活动的水平。我中心多年来坚持开展的"邮文化"系列教育活动——"方寸之间传承中华文化"、法文化系列教育活动——"阳光少年 与法同行""爱北京 爱东城"系列教育活动——"阳光少年走东城"已成为品牌活动，并受到了东城区中小学生及学校、家长的欢迎与支持，参与我中心群众性教育活动学生的来源几乎覆盖了全区80%以上的小学及中学。天坛青少年活动中心2014年被正式命名为北京市青少年校外活动基地。

三、贯彻落实《北京市校外教育机构工作规程》《北京市义务教育阶段中小学生课外活动计划》，主动深入中小学，宣传、普及艺术教育

天坛青少年活动中心认真制定《落实中小学生课外活动计划工作推进

方案》《服务课外活动工作安排表》，面向全区中小学校及学生开放，并接受中小学的入校预约（送艺术课程、艺术教育活动进校园）。组织教师走入学校、走入学生社团，支持中小学开展课外活动，在普及基础上，挖掘优秀人才，与学校一起为学生发展搭设平台。

中心100%的一线教师承担下校指导任务。仅在2014年，全体教师深入学校500余人次，受益学生总人次约15000人次。每位教师整理了3-4套针对小学、初中学生不同年龄，针对小规模人员、中等规模、大型集会等不同形式，针对讲座、体验、互动交流等不同需求的活动菜单。如"京剧"活动有初级的《京剧艺术入门》，中等程度的《了解京剧的行当》，互动形式的《体验京剧妆容，学画京剧脸谱》；"美术"活动有初级的《走近青花瓷》，中等程度的《人物写生技巧》，互动形式的《泥塑——北京的小吃》等。我们的工作重在服务，提高为学校服务的针对性、实效性，即活动组织预设在前，与学校沟通活动组织细节在中，问卷收集活动反馈在后。通过细致、深入的研究，老师们已经研究制定了针对学校、学生需求的讲授式、赏析式、互动体验式、综合实践式等多种形式的活动菜单，并确定了针对小学低年级、中高年级、初中（高中）学生的不同年龄段的活动内容。

中心多年来坚持开展"开启艺术之门——校外艺术教师、校外兴趣小组活动进校园"系列活动，即定期组织全体教师集体走入一所中小学，以"艺术大篷车"的形式，宣传、展示中心的艺术教育成果。每位教师结合学生年龄实际、学校实际，设计开放式的艺术体验活动，"纸纤维设计""了解当代艺术""动漫人物创作""民歌赏析""感受交响乐魅力""京剧艺术入门""戏剧艺术入门"等多项艺术体验活动，丰富了学生们的课余生活，在校园中营造了良好的艺术氛围，也为我们开展针对不同年龄阶段的学生的活动设计、组织工作积累了经验。校外教师与学校教师、学生的零距离接触，揭开了校外教育活动的"面纱"，密切了校内外教育的联系，同时，我们锻炼了队伍，丰富的活动内容、形式，进一步促进了校外教师钻研业务，努力提高教学水平。

随着教改的深入和教育科学的发展，我们的校外教育既面临难得的历史机遇，也面临着严峻挑战。如前所述，校外教育的作用不容忽视，而校外教育如何与校内教育有效衔接、相互融合；校外教育活动的开展如何与社会需求的发展相结合；如何提升校外教育的内涵和质量，增强校外教育活动的特色与活力，主动适应素质教育的要求，满足学校、社会的需求等，是我们正在研究解决，也是亟待解决的问题。

校外教育与校内教育应该是共生、互促、协调发展的关系。通过校内外密切的联系，发挥不同的功能，促成未成年人的全面发展，是校外活动与学校教育有效衔接的本质内涵，也是值得我们深入研究、着力推进的具有重要意义的工作。

让孩子们在游戏中快乐地成长

——结合"大兴区少年儿童游戏节"谈群众活动中的德育

北京市大兴区少年宫　薛　杰

游戏是少年儿童成长必不可少的生命历程，是他们释放天性、体验快乐、感悟生活、学习实践的重要形式。大兴少年宫 2008 年搬入新宫以来，从设施到场地都有了极大的改善。为了发挥我们校外教育的优势，利用我们得天独厚的条件和优质资源，从 2010 年开始我们策划组织了"大兴区少年儿童游戏节"活动，至今已经三届了，累计参与人数达 1500 多人，设计游戏 30 多项。这个活动受到了我区广大少年儿童的喜爱，我们正是利用了学生对这个活动的极大兴趣，在活动中处处渗透德育，实现了活动育人的目的。

一、活动设计中处处体现德育

游戏节活动设计之初就充分地考虑到校外教育机构的职责、群众活动的目的等因素，处处体现德育。

（一）政策依据

1995 年由国家教委、文化部、国家体委、共青团中央等部委颁发的《少年儿童校外教育机构工作规程》中提到："校外教育机构应因地制宜地开展少年儿童喜闻乐见的、多种多样的活动，并要努力创造条件，建立多种游艺设施，让少年儿童愉快地玩乐。"我们作为校外教育工作者有义务来引导少年儿童开展有益于身心健康的游戏活动。

（二）学生的需求

现在的学生课业负担依然很重。在活动策划之初，我们曾对全区 1000

名中小学生进行过问卷调查，调查结果是，在日常娱乐中，5.3%的孩子选择课间游戏、93.5%的孩子上过课外班，8.7%的孩子经常和朋友玩，23.6%的孩子经常看电视，63.6%的孩子经常玩电脑。

从这个统计结果中我们可以看出，学生课间几乎没有游戏活动，业余时间又被各种兴趣班、辅导班所占据，留给自己自由、放松、娱乐的时间微乎其微，平时玩的最多的是电子游戏。现在的孩子大多都是独生子女，人际交往、与人合作的能力，相互包容的品质等都比较欠缺，非常需要这样的活动让他们走出教室，来到户外，和同学们、朋友们一起尽情地做游戏。

（三）资源利用

校外群众活动借助节日开展教育活动是我们经常使用的方式。"六一"儿童节是属于少年儿童的节日，充分利用这个节日的契机，为学生提供一个放松身心、实践体验的平台可以说是送给孩子们最好的节日礼物。

所以基于以上的几点考虑，我们设计策划了游戏节活动，并通过活动来实现我们活动育人的目的。

二、活动过程中处处渗透德育

本文以第三届游戏节为案例，分析活动中如何渗透德育。第三届游戏节的主题为"践行北京精神 体验快乐成长"，来自全区12所中小学的350名学生参与了本次活动。现场实施过程分为三部分：开幕仪式、游戏环节、闭幕仪式。

开幕仪式：

1. 领导致辞

2. 集体游戏展示

展示传统游戏，例如跳绳、踢毽子、推铁环等，目的就是让学生了解传统游戏，并且引导学生积极参与室外集体游戏活动。

3. 分组

将所有的学生按照34个省市名称分组（港澳台一组），抽签分成32支代表队。选出队长、副队长、设计口号。分组的目的就是要打破学校、年级等差别，让学生重新组成一个团队参加游戏，锻炼学生人际沟通、团结协作的能力。

4. 规则介绍

游戏环节：

1. 传统游戏体验

铁环接力赛、猫捉老鼠、方宝大赛、拔河比赛、角球游戏、跳绳等游戏。目的是让学生了解、继承传统室外游戏活动。

2. 创新游戏体验

星河大战、植物大战僵尸、穿越火线，设置的目的是培养学生学会创新思维，学生自己也可以创编游戏。

3. "感想树"留言

学生在游戏过程中随时将自己的感想留在"感想树"上。

闭幕仪式：

1. 现场交流

将感想树留言交流，让学生表达自己参与的感受和心情。

2. "游戏之星"的评选

目的就是鼓励学生多参与游戏。

3. 总结并宣布结束

学生将各省市版图拼成一个完整的中国地图，从而加深对祖国版图的认识，更加地热爱祖国，更加深入地认识到只有祖国的繁荣昌盛，我们才能够健康快乐地成长！

从这一活动的主题、组织和内容中，不难发现对德育的精心设计。

（一）主题内涵处处凸显德育

游戏节活动成功举办了三届，每一届的主题都有不同创新。第一届主题是"快乐假日　游戏童年"，是突出了节日的特点。第二届结合建党90周年，主题是"沐浴党的阳光　体验快乐成长"，其中具有红色经典特色的主题游戏活动有爬雪山、过草地、突破封锁线、飞夺泸定桥等游戏。第三届游戏节的主题是"践行北京精神　体验快乐成长"，突出了北京精神这样一个时代背景。在整个活动中"北京精神"的内涵都在环节中渗透。

在开幕式的分组环节、游戏环节的贴省市代表图片、闭幕式的拼中国地图环节都渗透了北京精神中"爱国"这一核心内容。

在参与形式上，学生始终以团队来参与游戏，还要和别的队比赛。这些都需要学生团结协作、互相包容、相互配合，体现了北京精神中"包容"这一特征。

游戏内容设置上有传统游戏，目的就是要学生了解和继承传统的文化，也有符合现代学生需求的创新游戏，这些都渗透了北京精神的"厚德""创新"的时代内涵。

所以活动始终都渗透北京精神的内容，让学生在玩的过程中受到了潜移默化的教育。校外的群众教育活动只有紧扣时代脉搏，才能达到活动育人的效果。

（二）组织形式实施德育

本次活动中是以我国各省市名称进行的随机分组。将所有参加活动的学生按照34个省市名称分组（港澳台一组），抽签分成32支代表队。活动自始至终学生都以团队形式来参与各项游戏，使现代学生所欠缺的人际交往能力、团结合作意识、团队精神的品质在整个活动过程中都得到锻炼，使德育的渗透达到润物无声的效果。

（三）内容设计发挥德育

本次活动的各项游戏内容设计新颖，取向引导正确。例如星球大战、植物大战僵尸和穿越火线等都是学生熟悉的电脑游戏，我们把这些游戏放到室外而且内容也都改变了，在吸引了学生参与的同时，又引导学生从关注电脑游戏到积极参与室外体育游戏上来。

例如穿越火线这个游戏，以学生熟知的电脑游戏命名引起学生兴趣，以学生不太了解的抗美援朝战役为游戏背景，学生在玩的过程中了解了这段历史。星河大战这个游戏以学生感兴趣的科幻主题、未来世界为情景，在游戏过程中使学生受到保护地球、爱护家园的教育。这两个游戏一个是了解历史，一个是幻想未来，学生在游戏的过程中感受到游戏带来的教育力量。

三、活动策划中处处实现德育

群众性校外教育活动的服务对象是广大中小学生，这就要求我们的活动要有"人脉"。要让学生都能参与我们的活动，就要确保我们的活动学生愿意参与和易于参与。通过这几年的活动实践，我们在活动策划上总结了以下原则：第一，活动门槛要低，大多数学生都易于参与；第二，活动趣味性要强、新奇、符合学生身心特点和时代要求；第三，活动内容形式让孩子们有真实的感受、真正的收获。刘青松主任将它总结成三个字："易""趣""真"。满足这些条件，是在活动中实现德育的前提。

校外群众教育活动目的就是通过活动育人，因此，在活动的设计中、组织实施过程中、活动的策划中都要处处渗透德育，达到寓教于乐、润物无声的育人目的。校外群众教育活动只有遵循了这样的原则才能更大地发挥我们的育人功能。

基于生活世界理论大兴区校外德育模式探索

北京市大兴区少年宫　程德玲　罗　娟

北京市教育学会"十二五"立项课题《基于生活世界理论大兴区校外德育模式的实践研究》已经结题,通过本课题的实践,教师们自觉在平时的小组活动和社会实践活动中加入德育的内容,在教案中明确德育的目的、手段和方法,以生活世界理论为理论依据,从大德育观出发,建立大兴区校外德育模式。大兴区校外德育模式从校外活动的五种形式和校外教育服务的对象出发,探索实践了以下三种德育模式:实践模拟体验型、同趣共赏分享型、社会了解服务型。

一、实践模拟体验型

此模式主要强调在校外教育活动中培养未成年人的动手能力,通过校外教师有意识地、系统地营造德育氛围,达到让学生在活动中体验、模拟,从而渗透德育的目的。此类模式主要运用于艺术活动、科技活动、体育活动等。此模式是在未成年人日常学习、生活的环境里发生,需要的正是学生对环境的熟悉度和亲切感,往往不需要老师刻意地组织策划新颖的活动。正是在这种熟悉的环境中,通过调动学生自身的主观能动性,从而达到德育的目的。这种模式的难度在于,对教师本身的素质有一定的要求,要求教师具备一定的教学智慧,能够抓住德育点对学生进行有效的引导,并由点到面,从而与专业技能培养相契合。

案例:

美术由于它的专业特点,教室卫生与其他专业比起来,真的可以用脏乱差来形容。面对这种情况，孩子们更是无所顾忌，到处乱丢垃圾。教师屡次的规劝提醒并没有起到任何作用。

为此，教师特意设计了一次《保护环境，从我做起》的教学活动。活动中，教师播放了大量导致全球变暖，气候改变的资料图片，让学生们了解造成这种后果的原因：汽车尾气的排放、塑料袋的使用、森林的砍伐……学生们很受震撼，开始积极寻找解决的方法：减少塑料袋的使用，不用一次性筷子，不开车等等。面对孩子们的发言，教师语重心长地说，大家说得非常对，保护环境很重要，它需要我们每个人的努力，需要我们大家从小事做起，从身边做起。可看看我们的教室，到处是大家扔的垃圾，这样做对吗？如果一个教室的卫生都保护不了，拿什么去保护地球的环境卫生呢？课后，孩子们都自觉地把地上、书桌里的垃圾捡起扔进了垃圾桶。乱丢垃圾的现象也很少出现了。

之后，教师又专门针对环境保护的问题进行了一次以"拒绝白色污染，保护绿色家园"为主题的美术活动。用无纺布环保袋代替纸张，让学员们把对美好环境的向往和如何保护环境的做法表现在环保袋上，进一步加深孩子们保护环境的意识，培养环境道德观，使学员了解什么是"白色污染"，认识白色污染给环境造成的严重危害；懂得减少使用塑料袋的意义。把自己亲手绘制的环保袋送给家人，通过这种方式，从自己做起，影响身边的人，以实际行动减少塑料袋的使用，作为环保宣传员，扩大环境保护的传播意识。

这位教师很自然地寓德育于美术教学内容和教学过程的各个环节中，将美术活动中的德育与现实生活相结合，全方位地渗透德育，充分利用美术使学生自然而然地受到美的感染和熏陶，通过美的教育很好地解决了教室脏乱差的现象。更重要的是，不是通过简单粗暴的说教和形式单一的德育形式，就很好地促进了学生环保意识的增强，这种寓教于情感、趣味、娱乐之中的模式，使学生在情趣上受到陶冶，在道德上受到影响，在心灵上受到启迪。

在校外教育活动中，教师不仅能够通过小细节捕捉德育和专业技能培养契合点，而且有不少校外教育活动本身就能开展系统的道德教育。譬如说武术，武术的德育价值体现在武术教学的民族精神之中，其教学本身就潜在着丰富的德育因素。在武术教学过程中，不仅可以通过教学方法、教学组织形式等把教学内容形象生动地展现在学生面前,而且还可以将教学内容的教育意义通过不同方法、形式表现出来,使学生在练习武术的过程中体验武术的无穷魅力,从而达到学生心灵受到熏陶、思想品德逐渐提高的目的。例如在抱拳礼的教学中,讲解抱拳礼的具体内涵:左手为掌,表示德、智、体、美齐备,屈拇指表示不自大,右手为拳,表示勇猛习武者;左掌掩右拳相抱,表示"止戈为武",以此来约束勇武的意思。左掌右拳拢屈,两臂屈圆,表示五湖四海(天下武术)是一家,谦虚团结,以武会友。左掌为文,右拳为武,文武兼学,渴望求知,恭请师友前辈指教。通过少年儿童武术教学,使习武者不光停留在健身、技击、专业技术水准上,而是看到它包含着极为丰富的民族文化及传统哲学、美学的思想和智慧,接受武术道德思想的熏陶、教育和影响,可以锻炼人的意志品质,培养爱国主义、集体主义、增强中华民族精神凝聚力。不仅武术教育如此,跆拳道、民乐、西乐、棋类、科技等众多校外教育活动都可以系统地渗透德育。

二、同趣共赏分享型

此类模式强调未成年人与未成年人之间、未成年人与家长之间、未成年人与老师之间的交往行为,主要包括小组活动课、亲子活动等各类活动。在这些活动中,未成年人共同欣赏、共同分享学习和生活感受。此模式主要运用于"交往"中。在未成年人的生活世界里,社会交往是一个重要的概念,社会交往有利于促进个人的全面发展。未成年人在交往中产生竞争、合作、冲突以及调适,从而培养良好的道德品质。

社会心理学家舒茨认为在个体的成长过程中,如果能够与父母或他人进行有效的适当的交往,他们就不会产生焦虑,他们就会形成理想的社会行为,这样的个体会依照具体的情境来决定自己的行为,决定自己是否应该参加或参与群体活动,形成适当的社会行为。因此,校外德育重视未成年人在日常生活世界里的交往,通过有效、适当的交往,达到校外德育的目的。

这一模式旨在交往中,通过分享来渗透德育。这种交往是完全真实的,是发生在未成年人身边的生活小事,是教师对未成年人在交往时流露的喜怒哀乐进行的德育。在交往过程中分享的感受和经验同样也是真实发生的。这种完全在生活世界里进行的德育，能自然地与未成年人发生共鸣，从而达到德育效果。

案例：

（教师口述）这学期从别的地方转来了一个插班生。刚开始的时候比较好，也能跟上其他同学的学习进度，可过了一段时间后，每次回课几乎都没有练习，上课也不遵守纪律，打错了节奏或是没有完成作业我说他他就说不服，还故意跟我对着干。与其他同学的隔阂也越来越大，经常因为一点儿小事与同学吵架。后来，发展得越来越严重，只要是同学或我一说他，他就不说话，也不按要求练习，有时还拿鼓棒要打同班同学。

针对他的情况，刚开始，我就严厉地训斥他，找他的家长，可是一点儿成效也没有。后来，我发现这种严厉的训斥并不起作用，他虽然不说话，表面上好像承认了错误，可实际上他根本就没有认识到错误，更不会去改。于是，我转变观念，改变教育方法，下课与他沟通，了解到是他对学习的新知识有些不理解，回家也没人辅导，家长再说他，就造成了逆反心理，对学习电鼓有了抵触情绪。通过这些了解我在学习上对他降低难度，作业单独给他留少一点儿，并且及时给他讲解，再与家长密切配合，慢慢地作业都能完成了。有进步及时地表扬他，帮他树立在同学面前的威信。通过与其谈心交流思想，了解到他父亲经常打他，于是，他在学校就愿意打同学，终于找到了原因。先与他的家长进行了沟通，慢慢地他不打同学了，也和其他学生融洽了很多。当他犯错误时，我不再急于在全班同学面前批评他，而是尊重他的人格，先了解情况。经过一段时间的教育，情况好转了，他能安稳地坐在教室里上课了。

社会交往本来就是千变万化的，那么教师在对学生进行品德教育时也会面临各种情况，这也是此模式的特点。这个案例里的学生并不愿意与老师分享他的心情，甚至抗拒和老师沟通交流。老师只能采取说教的方式，却事与愿违。面对这种情况，这位老师并没有放弃，而是一而再再而三地与之沟通分享，与家长密切配合，并采取适合他的教育方式。一遍遍地谈心之后，学生才打开心扉，原来是因为"我爸总是打我"。当找到问题症结之后，处理问题就可以对症下药了。

不仅如此，通过分享一些小故事，也能取得不错的德育效果。例如，兴星少儿民族乐团是由很多热爱民族音乐的少儿组成的，年龄与演奏水平有些参差不齐。在训练中，总是会出现学生遇到难点、重点，就不愿意练习，蒙混着演奏的情况，以为老师不知道。为了使乐队进度统一，孩子们有一个好的训练状态和优秀的道德素养，老师便给他们讲了滥竽充数的故事。通过分享这个小故事，学生们好像也领悟到了其中的道理。之后，教师开始效仿齐湣王一个一个地检验学习成果。学生们果真加紧练习，学生之间的合奏也越来越默契。到后来根本就不需要老师一个一个地检查，演奏水平也越来越好，得到了质的飞跃。

三、社会了解服务型

此模式主要是指在开展活动的过程，强调培养未成年人了解社会，进入社会，进而为社会服务的意识，包括社团活动、社会实践活动等。相对而言，这类模式需要设计的活动规模较大，活动主题鲜明，活动准备充分，教师需要关注的不是点而是面，不是细节而是整体。

案例：（教师口述）

周六日，学生们像往常一样来到少年宫，走进我们的影视表演课堂，但是与往常不一样的是，他们的目光久久地停留在我立在教室后面的一张画板上。画板上印着许多在四川地震中受灾同胞们的图片。大家小声地讨论着，家长们在看完图片后也在听课区默默就座了。此时我在想，我们的同胞遭受了这么大的灾难，我们的党和人民众志成城，万众一心地抗震救灾，这些年龄不大的小同学们又能理解多少？

上课铃打响了，同学们的讨论还没有停止。我按照我仓促的计划开始了这次语言表达课——语言表达训练，抽出一个小时的时间让同学们谈谈对这次地震的感受。刚开始同学们都纷纷举手，踊跃地站起来对我表达着他们的感情"老师，他们太可怜了。""老师，我捐款了。""老师，我希望他们尽快好起来。"这时我打断了学生们无序的发言，并且告诉他们，这次语言表达课以地震中你的所见、所闻、所想为主要内容，并且将自己进行一个人物定位,通过一件事例来表达自己的感受。

为了启发孩子们的思维,我作为一名主持人,慢慢地讲起了我在电视上看到的一个小男孩获救的经历。同学们的眼里闪着泪花,静静地听着我的讲述。两分钟后,刘冉同学第一个举起了手。其他同学也纷纷地举起了手,同学们在表达的过程中,不仅讲述了地震给同胞们的家园带来的灾难,更赞扬了在这次地震中涌现出来的无私的老师们,他们感叹了同胞们的不幸,更歌颂了温家宝爷爷、胡锦涛爷爷带给他们的感动……在教室里的同学、家长、老师无不为之真情动容,很多家长也含泪参与了我们的讲述,课堂上的气氛真挚而又热烈。最后同学们发言完毕,我提议所有同学、家长向这次地震的遇难者默默祈祷一分钟。

这是一节令人印象深刻的"爱国教育课",学生们自己当主持人,当捐款人,当倡议人,自由发挥,没有人教学生该怎样说,该怎样表现,我们却在现场看到了动情、坚定、感动,我们听到了"所以我们一定要万众一心、众志成城一起抵抗大自然的灾难""多么伟大的一位总理呀,他的精神感动了我们,他的崇高的品德永远在我们心目中回响"……的话语,也看到同学们眼眶里泪水已经滚落下来,还感受到同学们默默祈祷的那颗真挚的心。这节课的德育效果是非常明显的。

这三个模式关注的重点有所不同,适用范围也不同。实践模拟体验型重在"体验",强调在实践中德育;同趣共赏分享型重在"分享",生生之间、师生之间、教师与家长之间、家长与学生之间,强调在交往中德育;社会了解服务型重在"服务",强调在活动中德育。无论是哪种方式,都是从生活世界理论出发,通过捕捉小细节或者设计活动主题,来充分发挥学生的主观能动性,达到德育目的。

校外教育机构开展公益性社会实践活动的实践与思考

北京市石景山区青少年活动中心　王付生

校外教育机构开展的公益性社会实践活动是指学员走出活动室，参与到社会的政治、经济、文化生活之中，一方面用自己所掌握的知识与技能为社会服务，加强实践的锻炼，使公众受益，另一方面使自己了解社会、体验社会、丰富自己，达到为社会服务和锻炼自己的双重目的的一种活动形式。所谓的公益性是对具有一定形态、能够公平惠及公众的事物的性质描述，是一种让大家公平受益的以"公共物品"为基础的工作原则，具有非竞争性和非排他性的特点。公益性活动或组织是以非营利为核心特征的。

国家在 2004 年 2 月颁布的《中共中央国务院关于进一步加强和改进未成年人思想道德建设的若干意见》中明确提出校外活动场所"要坚持把社会效益放在首位，坚持面向未成年人、服务未成年人的宗旨，积极开展教育、科技、文化、艺术、体育等未成年人喜闻乐见的活动，把思想道德建设内容融于其中，充分发挥对未成年人的教育引导功能"。这就明确指出开展公益性社会实践活动是校外教育机构发展的方向，是教师必备的能力，是实现校外教育机构公益化的必由之路。

既然开展公益性社会实践活动已经是大势所趋，作为校外教师的我们要抓住历史的机遇，转变、更新教育观念，紧扣时代的脉搏，迅速适应时代的发展。这是一项摆在我们面前的迫在眉睫的工作。

一、开展公益性社会实践活动的三个要素

怎样理解公益性社会实践活动的含义？通过什么样的方式开展公益性

社会实践活动呢？我认为，要开展好公益性社会实践活动必须把握好三个要素。

第一，到社会中去。社会是由于共同的物质条件而互相联系起来的人群。到社会中去，就是要让学员走出课堂，融入到人群中，而学员在融入的过程中，也就完成了角色的转变，由接受培训的学员转变成为社会服务的服务人员。这种转变会给学员带来新的体验，有助与他们身心的全面发展。

第二，实践。实践是指人们能动地改造和探索现实世界的一切社会的客观物质活动。实践是人的社会的、历史的、有目的、有意识的物质感性活动，是客观过程的高级形式，是人类社会发展的普遍基础和动力。实践对于未成年、正在接受教育的学员来说，显得尤为重要，是培养他们良好的道德素质，建立崇高的世界观的重要手段。

第三，受到锻炼和教育。学员在校外机构接受一段时间的培训之后，迫切希望走出活动室，到大自然中，到农村中，到工矿企业中，到人群中去展示自己所学知识。一方面将自己所学专业展示出来，愉悦他人，服务他人；另一方面也通过这个机会锻炼自己的展示能力，而且从群众的反馈中也可以发现不足，受到教育。

因此，开展公益性社会实践活动，不仅仅是对学员的一种教育活动，也是小组活动计划的重要内容，是校外教育机构教育教学活动管理的重要内容，是评价小组活动的主要标准。校外教师开展好公益性社会实践活动是教师必须具备的基本能力。当然，开展公益性社会实践活动也是校外教育的优良传统，更是校外教育特点的重要体现。

二、公益性社会实践活动对学员的益处

开展公益性社会实践活动会给作为教育主体的学员带来什么好处呢？我是一名从事声乐教学的校外教师，经常会带领学员去参加社会实践。通过多年组织活动的实践，我总结了一些学员身上的变化。就以我 2008 年 11 月参加北京市第二届校外教师基本功测试时所组织的公益性社会实践活动《歌唱我们新农村》为例来阐述一下。

《歌唱我们新农村》活动，是组织学员通过参观平谷区将军关村的新

村、老村，了解社会主义建设的伟大成就，将学习的声乐专业知识运用到社会实践中去，激发他们服务社会、服务人民的热情，讴歌社会主义新农村新风貌的一次公益性社会实践活动。整个活动中，学员在教师的指导下精心策划、组织活动，和将军关村民、将军关学生共同感受、体验活动带来的快乐，学员的各方面能力有了明显的提高。我认为最成功的地方是学员参与活动的积极性和自始至终的高涨热情。

从活动准备阶段的分组、确定内容、制订计划、明确分工，到活动中各个环节都是由学员自己独立完成的。活动中，学员们积极搜集整理资料，编排节目，编写采访提纲。参观过程中争先恐后地采访村民、认真记录，相互交流体会，与村民畅谈将军关村的变化，增强学员对新农村的热爱。演出中学生们精神饱满、真挚热情，用心歌唱、用情歌唱。同时为当地学生赠送了图书并邀请演出节目，使村民深受感染，主动上台与学员们同台演出，赢得大家阵阵掌声。这次活动，学员们感受很深，大家对自己在此次活动中的参与情况进行了分析、总结，纷纷表示自己的观察能力提高了，自信心增强了，真正成为了活动的小主人，希望老师在今后的教学中多组织这样的活动。

分析产生上述效果的原因，我认为有以下几点。

第一，活动内容的变化激发了学员参与的热情。在平时的教学中，教室是教师和学生的舞台，教师主要向学员教授课本上的知识，学员只注重声乐专业技能上的学习和训练。而这次活动则是把学员放在了社会这样一个大舞台，通过丰富多彩的活动内容锻炼他们运用所学知识开展活动的综合能力。

第二，学员在活动准备阶段要完成一系列的案头工作，在实际活动中要采访，要演出，要捐赠，还要与山区小朋友和村民交流。这种多种多样的活动形式使得学员始终处于充满新鲜感、探究新事物的积极状态，增强了他们的创新精神和实践能力，调动了他们始终参与活动的积极性。

第三，活动方法的选择改变了单一的师徒传授方式，将教学式的探究学习落实成体验式的探究活动。把较难理解的现实问题转变为社会实践活动，使学员接触社会，了解社会，关注社会，把专业的技能与现实生活相结合，并服务于社会和人民。

在设计《歌唱我们新农村》社会实践活动时，我紧紧地围绕着学员这个主体来展开活动。活动之后我更加深切地体会到，在活动中学生是参加社会实践活动的主体，只有充分调动他们的积极性，激发学员主动探索、研究实际问题的兴趣，并将所学知识运用到活动中去，才是我们开展公益性社会实践活动的最终目的。

我认为大力开展公益性社会实践活动会使学员：

第一，拓展知识，增长经验，增进社会适应与创新能力。

第二，融入生活，获得感受，形成健康、进取的生活态度。

第三，主动参与社会实践，增强公民意识和责任感。

第四，自觉服务社会，对他人、对社会富有爱心。

第五，亲近、关爱自然，懂得与自然和谐相处。

第六，促进自我了解，确立自信，发展兴趣与专长。

综上所述，公益性社会实践活动更加注重学员的适应能力、社会参与意识、社会实践能力、社会责任感的培养。这些，都是在课堂教学当中不容易得到的。

三、开展公益性社会实践活动的策略

如何开展公益性社会实践活动呢？我认为有以下几个方面需要注意。

（一）进行调研，确定主题

随着中国社会的快速发展，出现了许多新事物，也给校外教育带来了新的挑战。校外教师要有敏锐的观察力和感受力，要抓住历史赋予我们的机遇，就学员感兴趣的社会热点问题，开展多种形式的调查研究，发掘出与自己所教专业紧密相关的主题，确定下来，并进行可行性的研究。

（二）精心设计活动方案

确定主题之后，就需要整合调研的材料，结合本专业的特点和学员情况精心设计活动的方案。社会实践活动的方案对于活动本身非常重要，是活动开展的理论保障。活动方案要具有可行性、科学性、艺术性，能够充分调动学员参与活动的积极性。如果设计成由学员自己组织、自己参与，教师只是引导者为最佳。这样就能充分体现公益性社会实践活动本身的意义了。

（三）制订详细的活动安全预案

公益性社会实践活动是学员在教师的指导下走出教室，进入实际的社会情境直接参与社会生活和社会活动领域，开展各种力所能及的服务性、公益性、体验性的学习。融入社会、体验生活是这种学习方式的主要特征，所面临的困难和危险要比在教室教学多很多。如果出现安全问题，无疑这次活动会以失败而告终。因此，要求教师必须将活动中可能出现的安全问题考虑周全，防患于未然，做到万无一失，保证活动的顺利进行。

（四）做好活动准备

在校外教育机构学习的学员，年龄各异，独立能力也有差异。因此，活动前的宣传、教育、培训都必不可少。有些活动还必须召开家长会，将活动所需物品准备好，进行安全教育等等。凡是涉及与学员有关的事情都要事无巨细，提前安排，不能到活动中出现问题时临时抱佛脚，被动地处理问题。

（五）活动结束后，要及时做好活动反思

有助于下一次活动的开展。在活动过程中，对学员的表现认真观察。对于印象深刻的事件，无论成功或失败，都要事后认真地思考，总结教训，积累经验，这是开展活动获得的宝贵财富。

一个好的公益性社会实践活动既是一节动人的专业实践课，又是一节具有良好效果的道德教育课。家长主动，学员愿意，而作为校外教育工作者的我们就应该顺应时代的要求，作出自己的贡献。

健康人格视角下校外兴趣培养工作的创新发展

——第三届全国未成年人校外教育兴趣小组活动
"新理念 新模式"研讨会成果选编(下)

中国儿童中心 编著

学苑出版社

图书在版编目（CIP）数据

健康人格视角下校外兴趣培养工作的创新发展：第三届全国未成年人校外教育兴趣小组活动"新理念 新模式"研讨会成果选编/中国儿童中心编著．— 北京：学苑出版社，2015.9

（健康人格视角下校外兴趣培养工作的创新发展）

ISBN 978-7-5077-4845-1

Ⅰ.①健… Ⅱ.①中… Ⅲ.①青少年教育-校外教育-中国-文集 Ⅳ.①G775-53

中国版本图书馆CIP数据核字(2015)第202924号

责任编辑	任彦霞
出版发行	学苑出版社
社　　址	北京市丰台区南方庄2号院1号楼
邮政编码	100079
网　　址	www.book001.com
电子信箱	xueyuanpress@163.com
销售电话	010-67601101（销售部）、67603091（总编室）
印 刷 厂	保定市彩虹艺雅印刷有限公司
开本尺寸	710×1000　1/16
印　　张	40
字　　数	607千字
版　　次	2015年9月第1版
印　　次	2015年9月第1次印刷
定　　价	105.00元（全2册）

目录

● **案例交流**

母爱如茶
　　——2014年东城区少年宫小茶人俱乐部亲子茶会 … 霍艳平 / 3
"侧面"HCD·微演讲
　　——用"陌生化"对抗"自动化" …………… 丁伟锋 / 9
探寻数学美韵　浸润数学文化
　　——杭州市小学生"数"你最美探访活动………… 李文英 / 18
心识手绘话脸谱
　　——美术中级组专业实践活动 ………………… 姜宝宏 / 27
传承中国传统文化　弘扬家乡皮影艺术
　　——美术中级班学员走进皮影之乡下苇甸 ……… 阚秋影 / 36
瞳心绘北京之北京小吃
　　——美术专业实践活动 ………………………… 田　甜 / 43
你好！龙！
　　——青少年美术创意宣传活动 ………………… 闫　珉 / 49
笔歌墨舞颂京西
　　——软笔书法中级班社会实践活动 …………… 孙　浩 / 53
美丽中国扇
　　——"写扇面"书法教学活动 ………………… 潘娇娇 / 59
《湿地精灵》之美丽滨海
　　——舞蹈创作活动课程设计 …………………… 刘　晶 / 65

我为地球跳支舞
　　——少儿舞蹈组学员社会实践活动 …………… 王 潇 / 70
想象与模仿
　　——密云青少年宫男童舞蹈团《狼图腾》学习活动
　　　………………………………………………… 管兆凯 / 76
自主体验　以境动情
　　——《草原赞歌》电子琴情境教学案例 ………… 张 瑜 / 83
《祖国，祖国我们爱你》声乐教学活动 …………… 石 娟 / 89
舞台寻梦　莫忘初心
　　——大兴区第一届学生戏剧节 ……………… 王袁媛 / 96
打开视野　看见自己
　　——从"草地音乐节"看艺术兴趣培养的转型升级
　　　………………………………………………… 夏宁宁 / 102
绿野寻踪　植物探觅
　　——北京市少年宫生物组员赴北大植物定向活动
　　　………………………………………………… 马洪梅 / 108
阳光体育星　健康快乐年
　　——记中国儿童中心"阳光体育年"主题系列活动
　　　………………………………………………… 姜天赐 / 115
让语言带我们走入电影世界
　　——"东乐"英语俱乐部电影配音快乐体验活动
　　　………………………………………………… 封 玢 / 123
英文戏剧表演　创设积极情境 ……………………… 庞 丹 / 128
亲爱的小孩
　　——杭州市亲子创意童话COSPLAY秀 …… 卢筱肖　董 霞 / 135
把健康穿在身上
　　——西城区小学生"服装与健康"主题教育活动
　　　………………………………………………… 阎 禾 / 143
爱心铸就邮路通达
　　——东城区小学生邮局之旅体验活动 ……… 马 莹 / 148

让爱"动"起来
　　——"父亲节"群众主题教育活动 …………… 谢翠翠 / 156
"阳光少年　与法同行"主题系列活动 …………… 戴秀文 / 163

● **课程建设**

少年宫儿童绘本创作课程开发：理念、目标与实施
　　——《儿童绘本创作DIY》课程开发及实施 …… 尤敏红 / 171
我的中国梦　彩绘的海洋梦
　　——以地域文化为依托的少儿美术综合活动课程
　　…………………………………………………… 王　欣 / 179
用多彩的表演艺术描绘童年的梦想
　　——主持表演课程纲要 …………………………… 傅　蓉 / 187
创意与制作
　　——机器人活动课程体系探索（基础篇）
　　………………………………… 梁惠明　高　策　李爱莲 / 196
中福会少年宫多元"智乐"课程的开发与实施 …… 沈文捷 / 203
2-3岁儿童亲子活动课程构建与实施
　　——以杭州青少年活动中心早期教育项目为例
　　……………………………………………… 吴丽芳　陈　懿 / 211

● **教育管理**

小题大做　推动校外教师快速成长
　　………………………………… 王小慧　马新媛　陈婷琨 / 221
校外教育科研管理创新的行动研究 ……………… 任蕴梅 / 229
北京市校外新教师培训状况调研报告 …… 齐健敏　王　芳 / 238
牵手家长　共筑教育合力
　　——谈北京市宣武少年宫实施校外教育的实践创新
　　………………………………… 杨秀苓　王　平　张　颖 / 244

柔情善念筑平台　双手浇灌幸福花
　　——河南省妇女儿童活动中心"教子有方"项目的探索与思考
　　……………………………… 邹辉琳　许孔玲　黄春改 / 250
校外教育家长工作实践探索 ……………………… 王春筠 / 257
家长的理念是儿童兴趣培养的关键 ……………… 刘志红 / 262
自主、诚信、便捷、高效
　　——谈杭州市青少年发展中心健身·游泳馆综合管理模式
　　………………………………………………… 张伟峰 / 265

第三届"双新会"征文分析 ………………………… 王　芳 / 273
编后记 ……………………………………………… 寇虎平 / 283

案例交流

母爱如茶

——2014年东城区少年宫小茶人俱乐部亲子茶会

北京市东城区少年宫　霍艳平

一、活动依据

（一）孝道是中华传统文化的重要组成部分，以母亲节为契机组织亲子茶会，弘扬尊敬长辈的传统美德。

（二）茶文化是中国的传统文化，茶饮不仅为人们带来健康，其中蕴含的文化更给人们带来精神的享受。特别是以茶表敬意已成为人们表达情感的重要载体。

（三）茶艺学生学以致用，通过为母亲设计茶席、泡茶、敬茶，可以表达对母亲的敬意。

二、活动目标

（一）通过活动让学生更加关心妈妈，尊敬长辈，从而热爱家庭，热爱集体。

（二）让学生在茶会中实践茶人的礼仪规范和泡茶技艺，并在实践中提高水平。

（三）通过茶会增加各校学生之间的交流，相互促进，共同提高。

三、组织单位

主办单位：北京市东城区少年宫。

承办单位：北京老舍茶馆。

协办单位：中国校外教育网、三人行网站、北京泰普帝茶文化有限公司。

四、活动对象及规模

（一）中小学生，50人。

（二）茶会嘉宾：学生家长、领导、特邀嘉宾、茶文化教师，约60人。

五、活动时间及地点

（一）活动时间：2014年5月11日上午8：30－10：30。

（二）活动地点：北京老舍茶馆二层艺苑。

六、活动准备及人员分工

（一）少年宫教师的准备工作（负责人：霍艳平）

1. 设计活动方案，组织学生报名，邀请嘉宾，安排会场工作人员。

2. 组织参会学校教师培训，辅导外地茶会教师茶会组织方法。

3. 组织茶会彩排，撰写串词和新闻稿。

4. 制作活动留言卡片（背面是茶会议程）并准备笔。

（二）老舍茶馆准备工作（负责人：茶会部）

1. 安排工作人员并提供设备：音响、投影、会标、桌椅、网络、热水。

2. 负责茶食（芸豆糕）的现场教授制作，准备材料并安排一位面点师。

（三）北京泰普帝茶文化有限公司准备工作（负责人：鱼君）

现场制作普洱茶饼的设备（6套）、茶原料及包装，安排一名技师。

（四）参加茶会学校教师准备工作（负责人：茶艺教师）

1. 组织本校学生报名，参加网络互动，指导学生设计献给母亲的茶及茶席。

2. 参加教师辅导活动及茶会彩排。

3. 带队参加活动，携带校旗，承担茶会现场具体工作。

（五）参加茶会学生准备工作

1. 设计一款献给母亲的茶，并撰写茶席设计，准备茶艺服装，练习敬茶礼仪，练习茶艺冲泡，当天自带茶具。

2. 自制一张母亲节贺卡，活动当日带来。准备一张母子电子照片，注明姓名，交给老师。

（六）参加茶会的母亲准备工作

1. 准备送给孩子的书（蕴含您对孩子的教育），书的扉页上写您给孩子的寄语，活动当日带来。

2. 活动当日带一条丝巾。

（七）中国校外教育网、三人行网站准备工作

1. 母亲节茶会网络茶会互动区的设置与管理。

2. 网络视频直播、与安阳茶会互动的技术、设备、人员准备。

（八）河南安阳茶会准备工作（负责人：葛萍）

茶会两地互动内容及互动视频、网络。

七、活动内容

本次活动通过学生与家长共同参与茶会各个环节活动，增进家人情感，使大家以茶为缘相聚在一起，分享母爱如茶的温暖，品味人生成长的滋味，共同呈现我们对母亲深深地爱意。

八、活动过程

（一）茶会预备期（8：30－9：30）

师生活动：学生签到；学生将自己献给母亲的贺卡布置到贺卡墙；教师为来参加茶会的母子照合影；学生摆放茶席，进行茶席观摩。母亲和孩子一起动手制作点心，压制纪念茶饼；集体排练敬茶环节；进行安全教育。

设计意图：确认学生到场，防控外人进入。学生制作的贺卡进行展示，增加节日气氛，促进同学的交流。增进母子情感，为母亲节留下永恒的纪念。为学生和家长提供丰富的自由参与空间，相互熟悉、相互交流，营造欢乐的氛围。将茶会中集体行动的环节进行彩排，保障活动时顺利进行。同时集中大家的注意力，提示安全，准备茶会开始。

（二）茶会进行时（9：30－10：30）

1. 温情（9：30－9：40）

师生活动：歌曲演唱《时间都去哪儿了》；家庭亲子照片欣赏。

设计意图：通过学生演唱大家熟悉的感人的歌曲触动会场每个人的心，更加爱自己的母亲。通过一个孩子的成长历程展示母爱陪伴在我们成长的每一时刻。通过展示每个参与茶会家庭的亲子照，分享大家生活中的幸福时光，同时也能平复大家的心情。

2. 敬茶（9：40 - 9：50）

师生活动：教师介绍以茶表敬意是中国的传统民俗，学生为母亲泡茶、敬茶。

设计意图："母爱如茶"母亲的爱像茶一样健康孩子的身体，滋润孩子的心灵。孩子们亲手为母亲泡茶回馈母亲，展示自己的泡茶技艺，表达敬意。

3. 分享（9：50 - 10：05）

师生活动：学生将茶敬给母亲和身边的嘉宾。教师进行采访，学生和家长谈感受。

设计意图：通过主持人的采访，分享学生为母亲设计茶席、选茶的理由，促进同学们之间的交流；分享母亲品茶后的幸福。

4. 教诲（10：05 - 10：15）

师生活动：通过挑选贺卡邀请三组嘉宾，倾听孩子对母亲的祝福、母亲对孩子的教诲。

设计意图：通过评出三个最优秀的卡片，让嘉宾参与到活动中来。也比较公平地推选出学生家长代表进行现场分享。母亲和孩子在台上的交流会使母亲的教诲让孩子更难忘。

5. 共欢（10：15 - 10：25）

师生活动：亲子游戏"心手相连"；邀请上台的学生及家长进行游戏示范；全场分组游戏。

设计意图：教诲过程会比较严肃，通过游戏、提问等环节使气氛活跃。游戏内容的设计是让学生在平日里多关心母亲，了解母亲，为母亲做力所能及的事情。

6. 回味（10：25 - 10：30）

师生活动：与河南安阳分会场进行网络互动；嘉宾讲话；活动当日亲子照片欣赏；结束语。

设计意图：通过网络互动开阔孩子的眼界，让他了解在这样的日子里有很多同学在参与各种活动为母亲过节。通过嘉宾的讲话提升孩子对茶的认识、对母爱的认识、对本次活动的认识。当天亲子照片的现场播放使学生和家长很惊喜，进一步增进感情。总结本次活动。感谢各方支持。

（三）茶会结束后（10：30－10：50）

师生活动：师生合影留念。教师采访部分学生、家长、嘉宾。学生、家长写留言卡。学生收拾物品离开会场。教师引导学生、家长参观老舍茶馆。

设计意图：照合影，留纪念。通过访谈、留言方式了解活动效果。让学生养成良好的参与活动习惯，离开活动场地要清理好自己用过的物品。充分利用老舍茶馆资源，让家长和孩子品味茶馆文化。本次活动通过中国校外教育网进行现场网络直播，并号召天津、四川、河南、山东等地举办母亲节茶会。

九、活动效果检测方法

（一）现场填写活动留言卡片。

（一）活动后进行现场访谈。

（一）活动后收集学生、教师、家长感想。

十、活动反思

母亲节亲子茶会是东城区少年宫小茶人俱乐部的一项传统活动。我们以母亲节为契机组织亲子茶会，发挥学生的茶艺特长，弘扬尊敬长辈的传统美德，以情感为纽带，营造了良好的情感氛围，增进了同学们之间的交流与学习，让爱的种子深埋在每个人的心中。

在设计活动阶段倾听学生们的活动建议，活动筹备过程中引导学生要多了解母亲，为母亲选茶、设计茶席、制作贺卡。活动中，学生为母亲唱歌、敬茶、献贺卡、听教诲、玩游戏、回味收获，整个活动充满了浓浓的爱意。通过活动了学生实践了茶人的礼仪规范和泡茶技艺，更加关心母亲，尊敬长辈，从而热爱家庭，热爱集体。同时也通过茶会这一平台提高了学生的茶艺水平，增进了同学们的交流。

活动当日有来自全市 31 所学校的师生代表、家长及嘉宾共 110 余人参加了此次茶会。本次茶会在中国校外教育网特设主题网页进行活动宣传和信息交流，在茶会实施过程中通过网络视频直播，扩大了茶会的活动影响力。

本次活动主题鲜明，内容充实，活动准备充分，活动环节紧凑有序，学生、家长参与热情高，活动现场气氛浓郁。通过现场留言、访谈和活动后上交的活动感想，证明此次活动达到了预期的教育目的。

（一）活动亮点

1. 注重学生参与

活动从设计、实施到总结，每个步骤都注重学生的参与，体现了校外教育参与性原则。在设计阶段，我们积极动员学生设计茶会内容，将学生节日心愿具化为开展活动的主要内容。例如，在茶会前增添的制作茶食、制作纪念茶饼的环节就是学生的创意。茶会准备过程也是学生接受教育的过程。准备贺卡、设计茶席的过程就是深入了解母亲的过程。茶会中要始终和母亲一起参与各项活动，使学生成为了活动的主人。

2. 充分利用社会资源

老舍茶馆提供场地支持，中国校外教育网、三人行网站提供网络平台和技术保障，茶食、茶饼、紫砂壶也由热心企业赞助。作为主办单位我们和参与活动的各个学校共同创意、实施活动。众多资源的有机结合为学生成长搭建了一个宽广的活动平台。活动的主办单位、承办单位、参与学校和个人团结合作，衔接有序，且分工明确，准备到位，确保了活动的顺利开展。

（二）活动中的不足

两地茶会视频互动是预设的一个交流环节，安排在茶会结尾，因茶会进度不同有些拖沓。总结本次活动，我们认为还是活动后期各地交流活动收获会更好，现场互动形式可以通过微信、微博的形式进行，会更开放、更自由，也便于操作。

"侧面" HCD·微演讲

——用"陌生化"对抗"自动化"①

杭州青少年活动中心　丁伟锋

一、活动的创意背景

（一）活动创意源头

1. 回归演讲的自由属性

从《百家讲坛》《超级演说家》到《晓说》再到国外流行的"TED"演讲，演讲类节目在电视上、网络上呈现出百花齐放的现状。人们仿佛看到了诸子百家竞相争鸣，苏秦张仪纵横捭阖的人类智慧的璀璨释放。

在各种演讲活动中，主讲者是老师和青少年的可谓数不胜数，不过，能真正展现演讲者内在素养，体现演讲"自由"属性以及在"自由"属性关照下"人文""创意""多元"理念的并不多见。更多的演讲是被动式的，是受到考查的，从一开始就受到了约束和干扰。因此，无论是对于演讲活动的形式和内容，还是对于演讲者本身的属性，我们在习惯了千篇一律的被动式演讲的审美疲劳之后，"侧面"HCD·微演讲酝酿而生。

2. "微时代"的影响

"微博""微信""微课""微电影""微演讲"，快节奏的时代孕育了人们快速产生信息和快速"消费"信息的习惯。虽然它们不能代替系统性的复杂的人类智慧，甚至有人认为其有浮躁的成分，但这也是恰恰符合灵

---

① "陌生化"来源于俄国形式主义文艺批评理论。

感、创意那种灵性的光辉闪烁的质感的。

我们的"微演讲"并非传统意义上的微缩版的演讲，而是具有自媒体属性——开放自由特征的。

(二) 活动创意的理论背景

1. 用"陌生化"对抗"自动化"

我们经常说这是一个日新月异的时代，追求个性，推崇创意，大胆创新已经成为大众的共同价值期待，不断出现在各领域的创新持续地在改变这个世界。当代艺术甚至宣称：一件艺术品一旦诞生，它就已经过时了。

尽管每个人都有"趋新""好奇"的心理特点，但是能完成创意创新是有限的人群，所以大众有时候很容易陷入一种"自动化"状态，按照流水线一样的步骤去完成自己的工作和生活。

一个人会陷入"自动化"的状态，一个活动也会如此。

当一个活动进入"自动化"状态后，大众就会对它产生"审美疲劳"。这就需要用形式和内容上的改变，去获取某种"陌生化"的效果，达到唤醒人们对一个活动的审美兴趣的目的。

当前在学校和校外教育场所盛行的还是那种被动式的主题演讲，忽视演讲这一本身具有创意美感和个性的活动的相关规律，而且越来越演变成一种"自动化"的思考和运行习惯。

用"陌生化"去冲击"自动化"就是"侧面"HCD·微演讲的理论支撑。

2. 三大核心词

在用"陌生化"对抗"自动化"的过程中，"侧面"HCD·微演讲彰显了三大核心词，它们是：Humanity（人文），Creativity（创意），Diversity（多元）。

这三大核心词的内涵是：展现老师讲台以外，学生课堂之外的另外一面；提供老师和学生多元才华的更大空间；探索老师和学生个性舞台的人文方向；发挥老师和学生创意思考的自由平台。

二、活动的组织实施过程

(一) 活动创意

由杭州青少年活动中心文学部的民间草根创意组织——越创意策划工

作室设计策划了本次微演讲，并形成方案。

（二）活动组织和实施

1. 前期准备

在活动包装上，我们根据极简主义的审美风格进行了舞台设计、宣传板、横幅等制作。在极简中彰显了一个亮点，那就是和真人等高的演讲者阵容KT板，放置在舞台一侧。

在演讲者物色上，我们定下的选人原则是老师为所有文学部一线教师，学生则以社团精英为主。

2. 初选

所有文学部一线教师通过上传音频和视频来参与初选，全体参与者又成为评委，选出五人最终可以参加现场的微演讲活动。这些音频和视频，有些是自拍的，有些是家人拍的；有些是在教室里完成的，有些则是在家里完成的。处处透露出一种淳朴而动感的情趣。

社团精英通过社团老师推荐、平时表现以及选题准备来定下最终的三人名单。他们的选题无不显现了社团精英广博的课外知识和能力。

3. 现场微演讲

（1）演讲顺序

活动开场，台下观众根据PPT上显示的演讲者照片挑选出了演讲者的顺序。这既为活动增添了些许互动趣味性，让观众感到自己也是活动的一员，也让大家对演讲者充满了好奇和期待。

（2）演讲过程和内容

由主持人串场完成演讲的连接，演讲者依次完成演讲内容。

三名学生的主题分别是：哈利波特的人生哲理、唯英语学习批判和现代社会的时势是什么（探讨环境问题）；五位老师的主题分别是做一个故事破坏大王、吃货眼里的中国文化、数字"7"的奇妙内涵、酒文化中品父亲、神奇的视觉错位。

4. 评价

每位老师都是优秀参与者。

每名学生都得到了有主办单位发给学校的表扬信，表扬信内容有"该同学才情卓越，思虑广袤，好学博学，知课堂之外延，晓世态之内涵。"

"该同学虽为豆蔻弱年，而舞台体态大气磅礴，演讲内容深入浅出，令人叹为观止。""该同学静若处子，闲庭信步，一段'00后看世界'，把人和自然和谐相处之理娓娓道来，丝丝入扣。"

这样的评价并非考试100分或者比赛一等奖能得到的。

三、活动的"陌生化"效果及内容——活动创意点

（一）演讲者属性"陌生化"

1. 变"单本体"为"双主体""双主角"

一直以来，无论是学校里还是校外教育场所中，各类活动的主体就是学生，对于学生主体性的尊重是相当突出的，甚至于有些学生本体的意味。这种一味强调学生主体的所谓宗旨，也并非是一成不变的，在某些活动比如演讲活动中将教育活动的另一主体——老师也一并放入，形成"双主体"的演讲者结构，在角色的多元增加了演讲活动精彩的同时，挑战了"学生本体"的一元论。

在"侧面"HCD·微演讲中，演讲者是三名学生和五位老师，学生和老师同台演讲，接受观众的赏评，这就有了和一般演讲活动不同的"陌生化"效果。而且，在这个演讲活动中，"双主体"更演变成了"双主角"。因为这区别于普通教学活动中老师是引导主体身份、学生是接受主体身份这一双主体结构，而且因为学生演讲者选自于社团精英，老师更是从一线优秀老师中脱颖而出，从而使得这组"双主角"的力量对比更加均衡而且成立。

2. 变"师对生"为"人与人"

在"侧面"HCD·微演讲中，由于学生和老师这对活动主体从教学活动中解放出来，变成"双主角"，这对传统的师生关系开始因"陌生"而新鲜。

以前这两大主体无论在教学活动还是在其他活动中，大多是一种"师对生"的关系：学生的行为出自老师的规定和要求，出自老师的引导和传授；老师则扮演一种权威角色。

而在这次活动中，学生是老师请来的，演讲主题是学生自己定的，演讲稿是自己完成的，演示文稿是自己做的，台上的形体动作是自己设计的；而老师变成了和学生同台表演的"演说家"。两者之间没有"威权关

系"，完全平等互视。

其中的关键点是师生关系被破除，变成了平等的"人与人"之间的关系。而最有意味的依旧还是在师生关系上，尤其是对于老师而言，如果"传道授业解惑"的老师被学生"青出于蓝而胜于蓝"，其师道尊严无疑将受到很大的挑战。

破除师生关系却影射师生关系，这就是"陌生化"的效果，似曾相识却"物是人非"的感觉。

3. 变"要我讲"为"我要讲"

传统的演讲也好，其他活动也好，老师和学生是受到框定的。在某种情况下，形成了老师在课堂上讲些课外知识会被认为"不务正业"的陈规，形成了强调学生主体性的活动其实是老师导演的潜规，形成了很多活动包括演讲活动都是完成任务的明规。

有句话叫作"生活在别处"，意思是人喜欢的生活往往不是当下的生活，而是在远方的某处。套用在我们的演讲活动中就是"演讲在别处"，也就是说，其实自己真正想去演说的很可能是本身（老师、学生）职责之外的其他领域。比如，我们的其中一位老师演说的是关于吃的历史内涵，一名学生讲的是电影与人生的结合思考，而这两项内容完全不在他们的本职工作之内。

"侧面"HCD·微演讲是开放性的八位演讲者，从"要我讲"自然地变为"我要讲"。这次活动因为鼓励创意和个性，彻底释放了老师和学生的能动性，展现出了老师和学生不为人知的另一面。这个另一面，对于老师来讲，是课堂外专业内的刻板印象之外的另一面；对于学生来讲，是思考不成熟观点不全面的"未成年"状态之外的另一面。

4. 变"被考查"为"被欣赏"

长期以来，无论是演讲活动还是其他活动，其中的大多数，学生和老师都最终要因为某些目标性评价标准和体系而"被考查"。这种"被考查"当然有它的好处，可以量化，公平公正公开。但是对应标准来完成任务，往往就会陷入"自动化"的困境，难以做到优秀的创新，而且束缚某些特定人才的特定才能的突破性成长。

而历史上大多数的突破性创新或者思维都不是因为某种考查的标准而

产生的，比如牛顿是因为一个苹果才顿悟了万有引力。

一个人真正想去做一件事的时候，"被欣赏"和"被赞美"，可能是他要去"做这件事的冲动、欲望和初衷，而并非被考查"。如果仅仅出于"被考查"才去做一件事，还有可能"被考查"不及格。

"侧面"HCD·微演讲只要求释放个性和创意，台上是演讲者天马行空的从容和自信，台下是欣赏者的掌声和笑声。就如前文提到活动评价时举例的表扬信内容一样，他们的才华虽然没有被考试 100 分和比赛一等奖认定，但是那些文字是作为观众的我们由衷的赞美之词。

（二）演讲形式和内容的"陌生化"

1. 变"播音员"为"演说者"

以往的很多演讲，学生和老师往往都是穿着白衬衫黑西裤，站在那里，声音洪亮，抑扬顿挫，普通话标准地偶尔来几个程式化动作的播音主持人。形式相对单调，个性并不张扬，而且因为要"被考查"而充满紧张气氛。

"侧面"HCD·微演讲舞台轻松，KT 板大背景的形象包装，让学生和老师因受到重视而自信满满，个性十足。不过分追求演讲者声音的质量，而是通过遥控 PPT 和舞台上可以自由漫步的自由演讲姿体语言和声音互动，形成这次微演讲的外形。

2. 变"单主题"为"多主题"

传统的演讲往往主题是单一的，而且因为社会分工的明细，往往都受制于某一特定的专业范围内，因为组织者一般都是某一学科或特定部门的。比如文学专业的演讲，往往都是和人文学科相关的，科技部门搞的演讲都是科技方面的。

可是很多革命性的成果都和跨界思考有关，比如苹果手机的成功是科技和人文结合的产物。

"侧面"HCD·微演讲打破了这一格局，它除了 Humanity（人文）、Creativity（创意）、Diversity（多元）三大理念之外，可以无所不包，所以，我们成功实现了"单主题"为"多主题"的转变，一个中心思想演变成多个中心思想。这是保守主义者们不想看到的，却是自由开放者乐见的。那就来看看我们三名学生和五位老师的主题吧。

三名学生的主题分别是哈利波特的人生哲理、唯英语学习批判和现代社会的时势是什么（探讨环境问题）；五位老师的主题分别是做一个故事破坏大王、吃货眼里的中国文化、数字"7"的奇妙内涵、酒文化中品父亲、神奇的视觉错位。

这些主题涉及文学、历史、数学、英语；电影、白酒、小吃；情感、思想、生活理念……学生和老师尽情展现自己课堂外的才华，观众领略了多元、人文和创意的演讲内容。

作为一个部门——文学部来做这样的活动，这种跨界思维难能可贵。

3. 变"课堂内"为"课堂外"

一般如果主体为学生或者老师的演讲活动，内容往往都和课堂内容相符，或者就是为了促进课堂教学或者进行思想道德教育。目的性太明确，陈腔老调，总是眼前晃悠的一些东西，学生和老师的主动性相对较低。

而从上文的论述中，我们可以看到"侧面"HCD·微演讲则全然不同，它几乎涉及的都是课堂外的主题。如果放在以前，学生和老师的这种演讲会被传统演讲的评价者认为不务正业。可是，我们应该清醒地认识到，学生和老师的成长仅靠课堂上的那些教条主义的东西是往往不够的，一本教材和一次道德演说承载不了太多的他们前行的内养，一次考试和一次公开课也展现不来他们太多的内在可能性。

所以，前文提到"这次活动因为鼓励创意和个性，彻底释放了老师和学生的能动性，展现出了老师和学生不为人知的另一面"，这个"课堂外"的另一面也许才是他们人性的真正一面。

4. 变"主旋律"为"个性化"

正如前文所说，由于跳出了课堂这个窠臼，"个性化"就彰显出来了。这倒不是说课堂就个性不了，也不是说课堂一传统，其他课外的活动一开展，就是个性的，而是说"侧面"HCD·微演讲切入了人性的多元性。把"主旋律"演讲的集体主义，演变为了自由式演讲的个性主义，让微演讲有了大个性。

四、活动反思

纵观本次"侧面"HCD·微演讲活动，虽然亮点颇多，但是遗憾也有，比如因为全场时间的限制，每个演讲之间的串联并不是做得很完美，甚至有个别演讲取消了上下的串联，导致连接较为生硬。

同时，活动可能太过于追求极简主义的审美风格，虽然有观众选择演讲者演讲顺序这样的个性环节，但是也许应该增设一些让活动更加有情趣的环节。

此外，演讲者的挑选可以更大胆，身份可更多元，学生比例可更高，这些问题都值得我们去思考。

但是总的来说，本次活动基本上达到了我们想起到的"陌生化"效果。而且，这个活动的真正台词是"侧面"！也许我们这个不是"正面"的微演讲，但正是用它的某些侧面，让我们去反思演讲等一些活动的另一面。

附件：

"侧面"HCD·微演讲活动方案

"侧面"HCD·微演讲以时下国际热门的"TED"微演讲为蓝本，提出三大核心词：Humanity（人文），Creativity（创意），Diversity（多元）。让学生和老师同台个性演讲，展现老师和学生不为人知的另一面，并将在微博和视频网站展示。

欢迎大家前来欣赏文学部优秀学生和老师的微演讲，大个性。

核心词

简称为"HCD"

H：Humanity（人文）。

C：Creativity（创意）。

D：Diversity（多元）。

理念内容

展现老师讲台以外，学生课堂之外的另外一面。

提供老师和学生多元才华的更大空间。

探索老师和学生个性舞台的人文方向。

成为发挥老师和学生创意思考的自由平台。

时间：2013年11月30日上午9：45分入场。

地点：杭州青少年活动中心联欢厅。

入场方式：到文学科技楼 107 办公室领取门票。

演讲要求

1. 演讲时限：每位老师和学生准备 8 – 10 分钟的演讲。

2. 演讲内容：自由开放，有个人思考，创意新颖。

3. 演讲形式：准备 PPT，还可以运用各种有创意的方式。

4. 分预选和现场。

评选和奖励

1. 初选评选：通过看录像，每位老师投票产生五位老师参加，三位学生参加。

2. 现场演讲评选：不评奖，老师一律优秀，学生发表扬信。

创意支持：越创意策划工作室。

主办：杭州青少年活动中心文学部。

探寻数学美韵　浸润数学文化

——杭州市小学生"数"你最美探访活动

杭州青少年活动中心　李文英

> 任何领域都有美的存在，
> 只要你能用心挖掘到它的美，
> 你就可以攀登科学的高峰。
>
> ——杨振宁

一、活动背景

　　数学美吗？古今中外许多著名的数学家都曾以其亲身感受对这个问题有过深刻的论述，认为数学不仅与美学密切相关，而且数学中充满着美的因素，到处闪现着美的光辉。早在2000多年前，古希腊哲学家、数学家毕达哥拉斯就极度赞赏整数的和谐美、圆和球体的对称美，称宇宙是数的和谐体系。世界级数学大师、微分几何之父陈省身教授为了彰显这个说法，在92岁高龄时，自费构思、设计、印刷了一套挂历，向公众普及数学知识，这套挂历就叫作《数学之美》。它用通俗的形式展示了数学的深邃与美妙，使深奥难懂的数学，走进了人们的日常生活之中。

　　老一代数学家对数学的痴迷与当下儿童对数学的望而生畏形成鲜明的对比。看看现在的孩子，他们埋首在浩瀚的数学题海中，不再痴迷于黄金分割点的美妙，不再惊叹于反转数、完美数、回文数的神奇，不再对数学充满向往和渴望。孩子们将不再懂得欣赏数学的美韵，也将丧失欣赏数学美的能力，那么数学教育也将走向衰亡。我们希望借助本次"数"你最美活动，引导孩子们架起数学慧眼，探访身边的数学美韵，并用相机、纸笔记录下那精彩一瞬。让孩子们在寻找美丽的数学元素中获得美的熏陶，受到美的教育，在数学美的体验中获得愉悦感。

二、活动对象

杭州青少年活动中心、发展中心、城北分中心、城西金城少年宫兴趣班学员 4500 余名及杭州市部分小学在校学生，合计共 5000 余名。

三、活动时间

2012 年 10 月 – 2013 年 5 月。

四、活动目的

数学并不如许多人想象的那样枯燥，相反，数学与文学、艺术息息相关，有着十分丰富的内涵。数学的美来自大自然中的数学情趣，来自它自身的内容、结构与方法之美。它的美体现在艺术家的作品之中，还体现在生活及生命之中。数学教育的目的之一是要让学生学会欣赏、体验数学美。然而，数学的美并不像诗、像画、像花那样给人以直观的感受，也不如艺术宝库中的美易于被人理解和接受，数学的美需要去创造、去挖掘。

本次"数"你最美探访活动，要求孩子们走出课堂，走进社会，走进生活，用图文并茂的形式记录下生活中美丽的数学元素。例如键盘中蕴含着斐波那契数列，蜘蛛网中蕴含着螺旋线知识，iPad 苹果商标中体现着黄金分割点，京剧脸谱中饱含对称元素……让孩子们从自己的所见所闻中，用数学的眼光去探寻，去发现"数学创造和改变着我们的生活"。更重要的是要引导学生用数学的思维去探索、去思考：猫睡觉时为什么蜷缩成球体？芭蕾舞演员为什么踮起脚尖舞蹈？地砖为什么设计成正多边形？锅为什么要设计成圆形……

"数"你最美探访活动不仅仅是为了让孩子们受到视觉上美的熏陶，更重要的是，希望这样的数学探寻活动，能带给孩子智慧的启迪，精神的充实，思维的创新，成功的愉悦。

五、活动流程

（一）2012 年 10 月，活动宣传

在青少年宫在线、杭州青少年活动中心网站发布"数"你最美活动信息，向各中小学发送活动邀请书和活动方案。通过短信通知培训班学生家长关注活动。

（二）2012年11月，活动指导

教师通过影视、课件、范例和师生对话等方法引导学生走出课堂、走进生活，寻找生活中蕴含数学美的图片，探寻其中的数学元素，并制作完成作品评比表。

（三）2012年12月，网络鉴赏

利用青少年在线网站进行优秀作品的展示与投票评比，同时组织专家及优秀教师对学生的作品进行品评。

（四）2013年4月，颁奖典礼

网上公布获奖名单，举行"数"你最美优秀作品颁奖典礼。

（五）2013年5月，作品巡展

将"数"你最美优秀作品制造成彩色KT板，在杭州青少年活动中心、发展中心、城北分中心、城西金城少年宫巡展，引发家长、学生的观摩与思考。

六、活动评述

（一）活动得到学员积极响应，并借助网络平台增强了儿童间的交流与学习

校外教育兴趣小组的活动受到场地限制，参与的人数往往有一定的局限性。鉴于此，本次活动大胆地借助网络平台邀请全市小学生来共同参与。无论是孩子还是家长可以完全突破时间和空间的限制，借助网络平台欣赏到这些精美的图片，和作者一起探寻美景中的数学元素，感受数学的美妙无穷。为加强本次作品的教育宣传效应，更为了让更多儿童和家长能一起来观察生活，拓展数学视野，我们还在1月期间，进行了"经典作品"网络投票活动（图1）。在短短的20多天时间里，参与人数共计195 135人次。孩子们在欣赏、品鉴优秀作品的同时，也积极地向周边的老师、同学、家长宣传生活中的数学美，让更多的人体会到数学的美学价值，也学会用数学的眼光来审视我们的生活，获得新的数学体验。

————————————案例交流

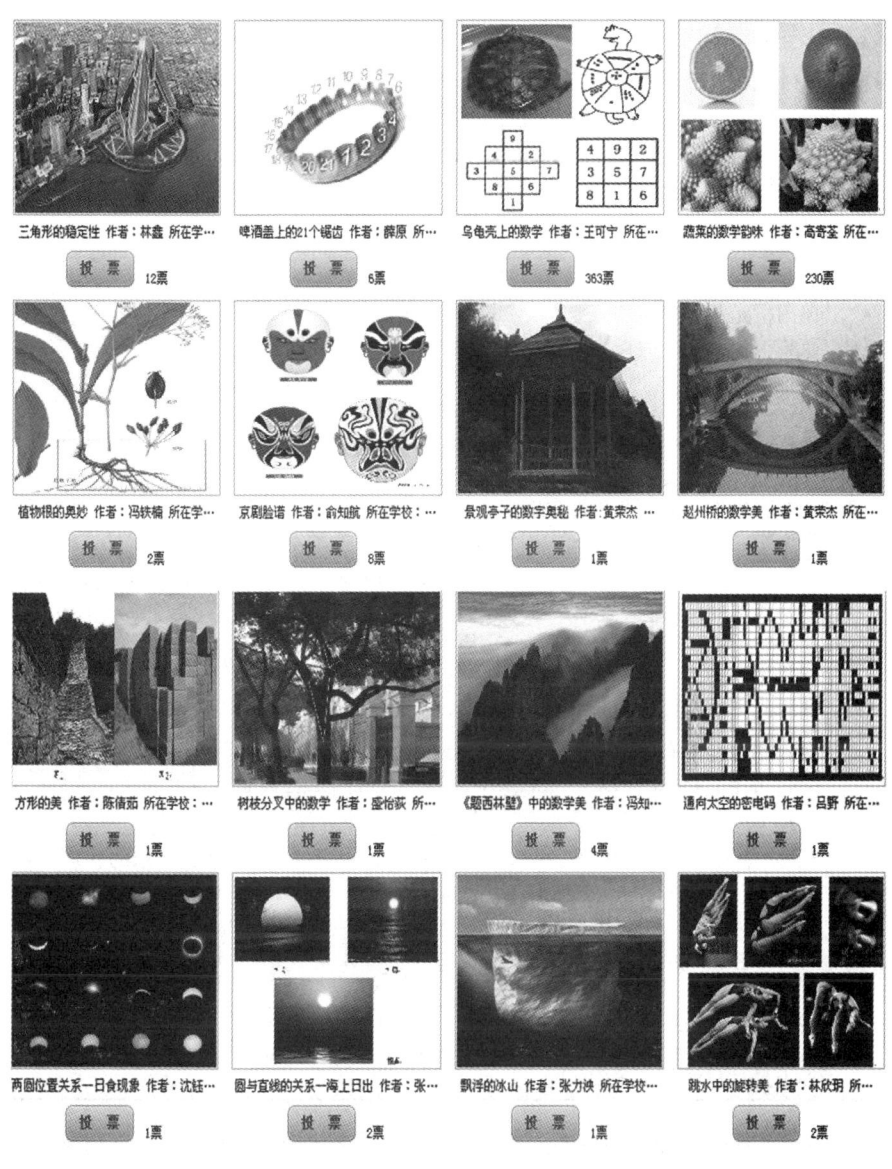

图1

（二）作品内容涉猎广泛，富有浓郁数学味，拓展了学生的数学视野

本次活动的指导思想是让学生运用数学的眼光去搜寻生活中的各类事物，运用已有的知识经验来提炼其内在的数学元素，借以拓展学生的数学视野，培养学生的数学素养。纵观这800多份的学生作品，我们最大的感叹就是其涉猎范围非常广泛（表1）：有的孩子将视角投向了各类景观建

筑、侗族风雨楼、福建土楼、金字塔等都成了数学研究对象；有的将视角投向动植物，蜜蜂采蜜、蚂蚁搬食、植物生长显示着生物的数学智慧；有的孩子将视角投向生活中的自然现象，日食、太空密码、卫星运行轨道，都饱含数学常识……

表1

	蕴含的数学元素
园林建筑	风雨桥是侗族建筑"三宝"之一，亭阁按冠的不同可以分为4面屋檐式、8面鼓楼式，但是亭阁均为3层或5层，外形多为偶数面且多为4面或8面。这些结构奇偶交错并非偶然，而是来自侗族人民对数字的阐释。他们认为奇数代表阳性，偶数代表阴性，奇偶交错就代表阴阳相济
自然现象	大家看过日出吧，如果我们把太阳看作一个圆，那么太阳升起过程中和地平线会有几种位置关系？当太阳露出海平面半个脸时，太阳和海平面的位置关系是相交；当太阳刚刚跳出海平面时，太阳和海平面的位置关系是相切；当太阳升到空中，远离海平面时，太阳和海平面的位置关系是相离
生物领域	3、5、8、13、21、34……一个数列从第三项起，每项均为其前两项之和，这就是著名的斐波那契数列。人们在花的瓣数中，就找到了这个数列，花瓣数通常是3、5、8、13、21、34……这是由于生物所有原基之间复杂的动态关系相互作用的结果，原基间借助黄金分割角137°28′（这个角度对于植物来说通风和采光都是最佳的），恰好导致花瓣数目为3、5、8、13、21、34……
人类生活	平行四边形具有容易变形的特征。在生活中，人们利用了平行四边形这个特征，制作了葡萄酒酒架。当酒架不使用时，可以把它折叠，便于存放，节约空间；当需要时，打开酒架，既达到了存放的目的，又美观大方
数学应用	7是一个神奇、有趣的数字：一个星期有7天、彩虹有7种颜色、水的pH中性值是7、七绝韵律诗、北斗有七星、地球陆地分七大洲……如果说这些还不算神奇，那么我们可以随便找一张纸，将它连续对折，惊奇地发现无论纸有多大多薄，任何一张纸对折次数最大限度是7次！更为神奇的是，7个1组成的数字与自身相乘（1111111×1111111）得出的数字竟然是1234567654321！这些还不算，如果把"7"这个数字分开呢？我们看1/7=0.142857142857……当我们看到这个循环小数时，麻烦大了：142857，这个据说是在金字塔中发现的世界上最神秘的数字出现了

在每一份作品的详尽介绍中，我们都感受到了其浓郁数学味，大大开阔了孩子们的数学视野：原来"0.618"在数学上称为黄金分割数；原来一个数列从第三项起，每项均为其前面两项之和，这样的数列称为斐波那契数列；原来内角度数是360的约数的正多边形可以密铺；原来蜘蛛网在几何中称之为对数螺线又叫等角螺线……学生从内心真切地感受到数学世界是那么广阔而又神秘！发自内心地赞叹："数你最美！"

（三）活动让学生感受到数学的应用价值，引发思考，激发进一步学习数学的兴趣

图片中的美，让我们受到了感官视觉上的冲击。数学元素的介绍，则让我们增长了数学见闻。孩子们对事物的深入研究和思考，则让这些作品富有了深度，真正震撼人的心灵。在寻找、欣赏数学美的过程中，最让人欣喜的是，孩子们学会了思考（表2），冬天，猫睡觉时蜷缩成球体是因为同样体积的物体中球体表面积最小，利于保温；芭蕾舞演员踮起脚尖是为了让身高比更接近黄金比0.618，给人美的享受；地砖设计成正六边形既能够密铺又不易破碎；锅设计成圆形不但增加容积，也便于均匀受热和后期清洁……

表2

图　片	数　学　思　考
	自然界事物最普遍的基本形状是圆形（或近似圆形），因为自然因素通常是各向同性的——树干长粗，各方向都能长，所以是圆的，不会长成方的——所以自然界几乎没有方形，方是人类的创造。方的创造与人类的建筑活动有关，方形可以无缝地连续拼接，因为方形的角是直角（90°），四个直角可以无缝地拼成全角（360°）；立方体既是直角，而且六个面两两平行，可以稳定、无缝地砌筑
	锅为什么是圆的呢？经过一段时间的研究，我得出以下几个结论： ①锅的造型应该和火苗的形状有关系。火苗两头尖中间呈圆柱形，上面压上物体，火苗自然呈圆形散开。如果锅底是圆形的，那么锅内的食物受热就比较均匀 ②圆形锅清洗方便，方形容器四个角，容易堆积污垢 ③圆形锅使用方便。我们常看到厨师掂勺，高高扬起的菜是顺着一个弧度落下的。我们可以设想一下，如果锅是正方形的，那么落下的菜应该有一部分在锅外 ④周长一定的情况下，圆的面积最大。我做了一个实验，用绳子围成一个边长是20cm的正方形，其面积400 cm²。用同样长的绳子围成一个圆，面积约为509.55cm² 根据我的这些推测证据，难怪地球人不约而同把锅做成了圆形

数学最诱人的魅力就是能带给人启迪，带给人思考，能改变和创造我们的生活。学生在寻找和制作表现数学美的作品的同时，也带来了他们思维的碰撞，这正是数学美的力量。它可以改变我们对数学枯燥无味的成见，让我们认识到数学的应用价值，感受到数学也是一个五彩缤纷的美的

世界，由此产生学习数学的持久动力。

七、活动反思

本次活动以自愿、公开公正为原则，本着弘扬数学文化，拓展数学视野，培养学生数学素养的宗旨，在全市范围内推广和发动，最终获得了较好的效果。从作品数量上，活动充分体现了学生参与数学文化探寻的热情。从作品质量上，活动展示了学生对数学世界的深入探究。回顾本次活动的整个过程，我认为我们的数学活动组织要重点关注以下几个方面。

（一）数学活动的开展要关注学生的内心情感，满足学生对美的需求

数学的美是内敛而神秘的，又是那样张扬而耀眼的。学生在平时的数学学习中并不是完全体会不到，而是在应试教育的大背景下，学生学习数学的目的，更多的偏向于知识的学习和技能的掌握。他们不懂得欣赏数学美或缺少欣赏数学美的时间与机遇。就如我们可以在课堂中告诉学生黄金分割数是什么？它有什么作用？为什么会那么美？但是这样的"美"的教育是强行地灌输，机械地接纳。对数学美的感悟，更应该注重自己内心的感悟，老师夸得再神奇也没有自己寻求来的直接和快乐。就如人们常说的黄金数0.618，当学生从人体中、植物中、建筑中、乐器中、绘画中、摄影中……不断地挖掘出0.618时，那种寻找的乐趣，获得的喜悦是任何一堂课都无法给予的（表3）。这样的内心体验，一定会让学生终生难忘、终生受益。

表3

树叶排列中的黄金角	黄金分割听得见	apple logo上的黄金分割	蒙娜丽莎脸庞中的黄金比例	摄影中的黄金分割美
植物叶片间的夹角正是把圆周分为1：0.61的两条半径的夹角，人们通常称之为"黄金分割角"	二胡定音分割线，俗称"千斤"，其位置基本就在整个琴弦的0.618：1处，在这个位置，琴才能演奏出最美的声音	Apple logo 苹果小叶子的高度和缺口的高度之比是0.6，而缺口位置也和黄金分割有着千丝万缕的关系	细看蒙娜丽莎的脸庞，你会发现脸宽与脸长的比值大约是0.618，也正体现了人体的黄金分割比例	摄影中有一个0.618法则，就如上图的黄金海岸中，运用好黄金分割构图，可以为你的画面增色不少

（二）数学活动要关注数学文化的熏陶，提升学生的人文素养

青少年宫作为我国校外教育机构的核心力量，它必须承担起发挥校外教育积极功能的责任，把青少年的兴趣引向更为广泛的方面，使他们接触更多的新鲜事物。不但要求能帮助青少年加深对文化的理解，更在于要求通过组织者、教育者的选择和加工，使之能为青少年所接受，从而大大提高青少年的文化修养①。作为校外教育的物质载体之一，传承数学文化也是青少年宫文化教育的重任。这次组织的"数"你最美活动，学生在图片的摄取、资料的搜寻、作品的制作、网上的鉴赏过程中似乎看到了另一个文化底蕴深厚、运用范围宽广、鲜活开放又多变的数学世界：从孔子六艺中的"数"到绘画的数学基础——透视学，从精美的回文诗到绝妙的对联，从晶莹的雪花到分形几何学的创立，无不闪烁着数学文化的光辉（表4）。

表4

龟壳上的数学	古时候，夏禹治水来到洛水。洛水中浮起一只大乌龟，龟背上有一幅奇怪的图，把龟甲上的数填人正方形的方格中，不管横着、竖着还是斜着的3个数相加，其和都等于15，人们把这种方图叫九宫图或纵横图，国外称之为幻方。在此基础上，宋朝数学家杨辉，研究出一种新的排列方法——3阶幻方。到现代，数学家已经能排出125阶以上的幻方。然而，这还不是终点，也不是目的。在电子计算机的帮助下，人类已经把幻方应用到许多科学领域
雪花的秘密	1904年瑞典数学家科赫讲了一种描述雪花的方法：先画一个等边三角形，把边长为原来三角形边长的二分之一的小等边三角形放在原来三角形的三条边上，由此得到一个六角星；再将这个六角星的每个角上的小等边三角形按上述同样方法变成一个小六角星……如此一直进行下去，就得到雪花的形状。现在已经有了一个专门的数学学科来研究像雪花这样的图形，这就是20世纪70年代由美国计算机专家曼德布罗特创立的分形几何

数学发展的历史是一部辉煌的历史，在寻找数学美的同时受到数学文化的熏陶，有利于培养学生对数学的兴趣，对人类文明成果的热爱，对祖国优秀传统文化的热爱，提升学生的文化内涵和数学素养。

---

① 黄建明、戚建峰：《地级市市级青少年宫职能研究——以杭州市青少年活动中心为例》。

（三）数学活动要注重学生的亲身体验，锤炼学生的数学思维

荀子在《儒效》中也提到："不闻不若闻之，闻之不若见之，见之不若知之，知之不若行之，学至于行之而止矣。"对于动作思维占优势的小学生来说，听过了，可能就忘记；看过了，可能会明白；只有做过了，才会真正理解。所以本次"数"你最美活动在设计之初就极好地预留了学生外出体验的时间。在整整60天的作品采集、制作过程中，孩子们走出课堂，走进生活，捕捉身边的数学美韵。有的孩子从给妈妈挑高跟鞋入手，发现穿高跟鞋主要是为了拉长人体的下肢比例，当人体上下身长度比接近0.618时最美。还有的孩子为了验证这个黄金分割点，特意汇集家中的长方体物件，从中找出自己认为最美的矩形，然后经过测量发现，最美的矩形其长宽比也非常接近0.618。还有的孩子，亲手拍摄美丽的图片，告诉读者照片主体处于画面横轴0.618处，画面效果最美……"纸上得来终觉浅，绝知此事要躬行"，作为校外活动的组织者，要善于用实践的眼光处理活动素材，把知识要点设计成物质化活动，让学生在实践体验中自觉地把间接的数学理论知识与直接的感受体验结合起来，去探索数学的实际价值，去领略数学的实践魅力。即使这样的数学活动需要花费很长的时间和精力，有时甚至是一无所获，但这却是一个人学习、成长、发展、创造所必须经历的过程，对儿童而言终生受益。

数学不仅仅是一门学科，更应该作为一种美的承载物来感染和启迪学生的心灵。让学生的人格更美好，懂得关怀，懂得关注多彩的生活。数学的美，需要我们用心、用智慧深层次地去挖掘。只有这样，我们才能更好地体会她的美学价值和她丰富、深邃的内涵和思想，及其对人类思维的深刻影响。如果在校外数学的学习过程中，我们能与数学家们一起探索、发现，从中获得成功的喜悦和美的享受，那么我们就会不断深入其中，欣赏和创造数学之美。

心识手绘话脸谱

——美术中级组专业实践活动

北京市宣武少年宫　姜宝宏

一、活动依据

（一）体现校外美术教育的特点

校外美术教育应该充分发挥校外特点，充分利用社会资源，给孩子更大的学习实践平台，让学生更加真切地接触到学习对象，将经验性的知识学习与操作性的实践学习紧密结合，在学习过程中依据学习内容的特点使学生得到综合性的锻炼与提高。让学生真实地在脸上绘制京剧脸谱，并在与京剧服饰美感的连接上进行体验，使绘制从平面走向立体，从单一脸谱模仿走向整体京剧脸谱与服饰艺术美感的联结。让学生感受京剧民族文化艺术的独特审美情趣，实践大美育的教育理念。

（二）学生美术专业学习的需要

本内容是在学生开始接触色彩图案这个学期设置的。学生学习图案多是从范画的角度去认识，而京剧脸谱这一极具中国文化特点的图案形式可以拓展学生的认识范围，有利于学生对图案特点的理解与认识，并有助于学生绘制能力的提高。

（三）课题研究的实施

本活动的设计源于我所承担的市级重点课题——结合地域文化元素开发校外教育活动的实践研究的课例设计。其中美术子课题是结合京剧视觉元素开展校外美术活动的实践研究。本次活动就是结合京剧脸谱文化所开发的一次专业实践活动。

这次活动不是全面的讲解脸谱知识，而是地让学生真正走进京剧脸谱艺术氛围中；不是纸上绘画，而是请来专家，为学生搭建真实体验的场景，真实地感受脸谱的绘制和穿上服饰后的京剧夸张艺术的美感，从而让学生懂得，振兴民族文化艺术是青少年的责任。从欣赏京剧，绘制脸谱，到懂得脸谱艺术知识、绘制与整体美感，从而提升民族审美意识和民族情感。逐步懂得美术文化是多元性的，懂得传承，培养学生健康的审美观。

二、活动目标

（一）学生了解中国京剧脸谱艺术的特点、谱式、色彩等方面的基础知识，认识中国脸谱艺术富有图案美，具有鲜明的思想性和艺术性，培养对京剧脸谱艺术的欣赏能力。

（二）在专家和教师的指导下，学习用油彩在脸上绘制脸谱，体会脸谱的图案特点。通过与京剧专家交流与学习，提高绘画的表现能力以及综合的能力。

（三）体验京剧脸谱艺术和服饰的夸张美感。激发学生关心、热爱中国脸谱艺术的情感，提高学生对民族文化的传承意识。

三、活动内容

（一）与京剧专家一起学习脸谱相关知识。

（二）学习用专业油彩工具绘制脸谱。

（三）穿上戏装感受京剧脸谱、服饰的夸张美感。

四、活动重难点

重点：了解京剧脸谱的特点，在实践中感受脸谱对称的形式美、色彩的对比美、与舞台服饰联结的整体美。

难点：学会油彩脸谱绘制的方法。

五、活动对象规模

12-13岁学生20人。脸谱专家1人，服装师1人。

六、活动时间和地点

2013年8月，北京市宣武少年宫多功能厅。

七、活动准备

绘制工具与材料：油彩、画笔、粉扑、锅烟子、化妆笔、料碟、毛巾、卸妆油、肥皂、面巾纸、头布、镜子。

服装道具：姚期、廉颇的京剧服装各1套，青衣服装3件。

教学用PPT和京剧唱段音乐。

京剧脸谱相关的环境布置。

八、活动过程

（一）感受夸张的京剧脸谱艺术

导入，用歌曲（唱脸谱）——外国人把那京戏叫作"Beijing Opera（歌剧）"，没见过那五色的油彩愣往脸上画，美极啦，妙极了……

随京剧伴奏，教师进行开场白，介绍脸谱专家盛华老师。

设计意图：营造氛围，调动学生。

（二）复习脸谱知识，进一步认识脸谱

1. 专家提问，师生解答中复习京剧脸谱的特点、分类的简单等知识

（1）京剧的形成大概有多少年了？在什么地方发展起来的？（1790年、宣南）

（2）京剧按照京剧行当又称角色，主要可分为那几个？（生、旦、净、丑，共四大行当）

（3）脸谱主要是那个行当的特点？（净、丑）

（4）同学们非常不错，知道了不少京剧脸谱的知识，除了这些你还知道脸谱的来历和作用吗？

设计意图：与专家互动交流，调动学生参与体验。

2. 学员代表作小组介绍学习成果，主要介绍脸谱的作用和色彩含义

两名学员分别介绍京剧脸谱的起源、"寓褒贬、别善恶"的艺术功能以及色彩与人物性格特点的关系，具体内容略。

3. 专家点评

设计意图：通过展示小组学习成果，进一步了解脸谱的由来与色彩特点，促进参与与体验，调动主观能动性。教师板书归纳要点。

（三）学习脸谱的谱式与图案

教师介绍脸谱的谱式，京剧脸谱中的图案称为谱式。

1. 讲解谱式

通过前面的学习，我们知道了脸谱运用写实和象征的手法把人物的形象进行夸张，以突出、强化人物的生理特征——面貌及个性，色彩是其中一个重要元素。还有个一重要的元素就是谱式，它好比图案中的骨骼，将脸谱的色彩、图案进行安排和组织，以进一步突出脸谱对人物特征的塑造。教师结合PPT重点介绍五种谱式：整脸、碎脸、三块瓦、十字门、歪脸，具体内容略。

2. 分类与点评

通过游戏对以上五种谱式进行分类，我们比一比看看哪个小组最快最好地完成分类。然后专家评判点评。

设计意图：引导学生进入情境，巩固复习学习成果。

3. 脸谱谱式的形式美感特点与人物的关系

教师结合PPT介绍。整脸：稳定、明确。三块瓦：相对稳定，对比明确。十字门：十字线形成焦点，更犀利。碎花脸：复杂琐碎，节奏感强。歪脸：不对称的奇特。花十字门和正十字门：增加节奏与变化。总之，形式美感特点与人物的性格是有关联的。

设计意图：将脸谱的学习与美术专业知识相结合。

4. 脸谱构成的第三个元素就是图案，它依然是利用写实和象征的手法，为进一步突出人物特点服务的。我们来看赵公明、包拯、杨七郎、杨戬、窦尔敦几个人物的脸谱，通过图案你看出这个人物的什么特点？提示：感觉他的表情、性格、身份等。

教师总结：通过以上我们对京剧脸谱的从色彩、谱式、图案三个方面的分析不难看出，京剧脸谱所运用的写实和象征的手法将人物的特点（身份、性格、面貌）夸张地表现出来，体现了京剧独特的美感的和道德标准，展现出被誉为国粹的京剧艺术的魅力。

设计意图：认识到脸谱通过色彩、谱式、图案三个要素运用写实、象征的手法夸张地表现出戏曲人物的性格特点，达到"寓褒贬、别善恶"的目的，并通过专家师生的互动，进一步调动学生认识脸谱，丰富学习体验。

5. 学生与专家互动

学生可以向专家提问，例如："演员画脸谱是自己画还是有人给画？""我们现在特别想试试往脸上画，不知道这个和我们画一般的脸谱有什么不同？"

设计意图：加强互动，激发求知欲，挖掘知识点。

6. 请盛老师介绍一下我们即将画的两个人物：廉颇和姚期

设计意图：学生结合 PPT 精彩画面，了解中国脸谱艺术富有图案美，具有鲜明的思想性和艺术性，培养学生对京剧脸谱艺术的欣赏能力。通过有序的问题，串联起研究学习的内容，逐层递进，逐步深入。通过讲授、访谈、互动等形式，将组织者、讲授者和学习者相互关联，相互融合。

（四）学习绘制脸谱的基本方法

1. 由专家演示并讲解京剧脸谱绘制过程

请一位同学做模特，在学生脸上直接绘制，其他同学通过摄像机转到屏幕上的画面观看。

（1）认识化妆用品：油彩、定妆粉、黑锅烟子、粉扑、排笔、卸妆油、绷头。

（2）了解打粉底等绘制步骤（此处是绘制的重点知识），基本上分为三类：揉脸、抹脸、勾脸。

①绷头　打实

②洗脸　去油

③打白底　均匀

④调锅烟子上眼窝、人中等处　定位

⑤勾白油彩　划分

⑥上粉油彩　留白

⑦扑白粉　定色

⑧画黑油彩　对称

2. 先由专家带领画，画完半边的黑油彩后由学生自主完成后面的绘制，教师、专家辅导学生动手体验油彩绘制脸谱的过程与方法。技能辅导重点：强调对称性和用笔的方法。色彩饱满均匀，用笔稳定，随着脸的起伏用笔。学生二对一学习用油彩在真人脸上绘制脸谱，体会脸谱的图案特点、绘制步骤。

设计意图：学生通过动手绘制，与京剧专家沟通，锻炼交往、绘画能力，在绘制中体验京剧脸谱艺术的夸张美感。

（五）穿上戏装感受京剧服饰及脸谱色彩的夸张美感

1. 绘制完成后学生参与教师、专家的评价指导，巩固对脸谱色彩画法的认识。

2. 穿上京剧服饰，随专家的指导模仿一些动作，亲身体验京剧人物服饰与脸谱结合造型的夸张美感与整体美感。

3. 专家介绍服装的一些名称和作用

教师总结：通过我们整体认识京剧的美，认识到见识是传承的基础。

设计意图：通过着装体验，学生在动作的体验中与专家快乐互动，加深学生对京剧脸谱艺术的了解，表达学生对京剧艺术的热爱。

（六）展示总结

1. 学生谈出自己的收获与感触。

2. 总结延伸

教师总结本次活动，延伸学习成果，出示运用脸谱元素的设计。同时，这种精美的脸谱对于我们学习图案也有着很好的启发作用和借鉴作用。运用PPT，出示脸谱元素的设计与应用。让学生回去考虑如何利用已经学过的图案知识和技巧，设计一个有性格特点的京剧脸谱。最后，感谢专家的指导。

设计意图：拓展延伸，回归美术本体。在体验中感悟、认识，在交流中抒发自己的情感。

九、测评方法

（一）通过交流、观察，了解学生对京剧脸谱的认知情况。

（二）结合学生绘制，检查学生运用绘制方法进行脸谱勾画的能力。

（三）通过学生绘制、表达和他人的评价，了解学生的情感态度。

十、活动反思

这次活动是美术中级组，在初步学习了色彩图案的基础知识的基础上，以课题研究为背景，以认识京剧脸谱艺术的特点、了解脸谱画法为内容，以综合实践为形式，开展的一次美术专业实践活动。

反观此次活动，学生兴趣高、参与面较广，活动既保持了美术小组活动的专业特点，又体现了文化的认识与传承，收到了良好的活动效果。下面就活动引发的一些思考总结如下。

（一）做好跨界性的美术活动，全面准备奠基础

1. 活动前期的资源准备是活动开展的基础

本次活动从设计之初，就考虑到跨界性的问题。这其中，找到适合本次活动的专业人员和京剧服装是两个最大的问题。就以专家为例，他要具有一定的权威性，不仅能画还要能讲，最重要的是他要有这份热情。有幸的是我请到了盛华老师。在方案的确定、专业性的问题等诸多方面，盛老师都起到了重要的作用。在这当中，双方的沟通磨合是非常重要的，活动中的每个环节都要双方确定和认可，明确每个环节的意图，并尽可能控制好时长、节奏，相互呼应，才能确保活动顺畅、顺利地开展。

2. 解决好专业知识的科学性是关键

本次活动的内容是在学习京剧脸谱知识的基础上，在专家的指导下在学员的脸上绘制舞台油彩脸谱。说到脸谱的知识，我是个对京剧较有兴趣的人，最开始认为并不陌生。但当具体要每一个名词定义、每一个绘制工具和步骤，乃至到行当中的很多讲究，以及能否将知识融会贯通，谈出自己的新意，谈出美术学科的特点，这就要求你必须尽可能吃透这些具有跨界性的知识与技能。只有这样，才能确定恰当的内容与方法，较为准确地把握活动的重难点，才能找到知识之间的相互关系，把握住美术教学的特点。这里举个例子，在确定学画谁的脸谱的问题上就能体现出这个情况，考虑之初就设定不能过于复杂，但还要尽可能出现两个人物，而这两个人物最好还是正面的，最好学生对这两个人物还要比较熟悉。在几经磨合、推敲后选定了姚期为主，兼画廉颇，但这两位的谱式在别的流派中虽然相

似,但一个是十字门脸,一个是三块瓦脸。后来在专家的指导下,我们确定用裘派的廉颇谱式,这样就解决了谱式不同的问题,为完成绘制解决了关键的问题。

3. 学生的知识技能准备和情感储备是活动效果的条件

相对于京剧表演和唱腔来说,对京剧脸谱学生还是比较易于接受的,但要较为充分地让学生达到进一步理解和喜爱,仅仅靠一次活动恐怕容易陷于片面,更何况在脸上画油彩脸谱是需要一定的技法基础的。因此,在活动之初,帮助学生解决一些技法上的难题是很有必要的。同时,结合教师生动的、深入浅出的讲解,利用各种手段和媒介,让学生对京剧的一些特点进行了解也可为后面的实践做好情感储备。这对于让学生在充满期待中去参与活动,从而收到良好的活动效果也是至关重要的。

(二) 学生主动参与综合实践,新鲜体验是关键

美术学习具有形象突出、操作性强、渗透文化、培养个性等特点。初中生看问题的深度、广度和客观性明显增强,能够对各种观点做理论的思辨,不再轻易接受别人的或书上的言论。他们求知欲十分旺盛,好奇心强,兴趣广泛,思想活跃,想象奇特而丰富,对一些深奥神秘的现象也希望了解。

为了调动学生主动参与,从学生年龄段的实际出发,结合美术教学特点,我设计了多方位(内容、参与者、分析的角度、体验的方法)分析研讨脸谱特点的新鲜的学习方法,学习专业的舞台油彩脸谱绘制这一新鲜的学习内容,专家现场指导的新鲜的学习形式,有别于日常教学的新鲜的学习环境,学习、研讨、绘制、着戏装等新鲜的综合实践。通过这一系列新鲜体验的设计,学生的认识与思辨得到了梳理,动手操作能力得到了更高层次的锻炼,强烈的好奇心得到了满足,对于学习内容有了更为深入全面的认识,情感也在综合实践中得到了升华。

(三) 活动中的不足

1. 留给学生的思辨空间有限

由于是一次综合性的实践活动,涉及的内容较多,能否将讲授部分再精简,特别是将讲授的问题再做设计,给学生更多思辨的空间,充分调动学生的探究精神,使学生更为主动地参与到学习体验中值得再思考。

2. 为学生创设的自主空间有限

在总结拓展应用环节上，可以发挥学生已有经验和创造力，在拓展的内容上可以由学生谈出自己的想法与创意，这样更有利于学生的思维的独立性和创造性的发挥。

传承中国传统文化　弘扬家乡皮影艺术

——美术中级班学员走进皮影之乡下苇甸

北京市门头沟区少年宫　阚秋影

一、活动依据

（一）《北京市校外教育机构工作规程》中提出，通过美术活动，引导学员共享人类社会的文化资源，积极参与文化传承。在全面发展，提高素质的前提下，使学生掌握一定的基础知识和基本技能。内容的选择要因地制宜，扬长避短，使教学活动具备特色。

（二）皮影艺术已有2000多年的历史，是结合了戏剧、音乐等多种艺术手段的表演形式，并融合了画、剪、刻、上色等美术技能。深受广大民众的喜爱，流传甚广，是中国传统文化的标志。门头沟下苇甸皮影被称为"北京皮影之乡"，有着200多年的历史，作为本地区、本民族的文化，我们应该努力去弘扬它、振兴它。

（三）《北京市校外教育机构工作规程》中要求少年宫要充分利用社会资源开展各种形式的专业社会实践活动，让学员能够了解本区文化特色，满足学员在现阶段学习的需求。通过与皮影艺术家的沟通了解，学习他们坚持不懈的精神，激励学员好好学习，勇于克服各种困难。

二、学情分析

（一）已有的知识和经验

此次活动是三到五年级的学员，通过本学期的教学活动，这些学员对祖国各地皮影的历史和艺术特色已经有了初步了解，并且具备皮影的一些相关知识和制作影人技法方面一定的能力。如剪、刻、造型、色彩搭配等，学员对影人独特美术特征需要直观的观察、体会。

（二）学习方法和技巧

通过已有的技能，学员具有使用简单工具的能力、探究能力、信息收集能力、动手实践能力和一定的安全意识。也具有一定的观察、想象及表演能力，但对于传统皮影的制作材料、技能、表演等方面都需要提升。

（三）个性发展和群体提高

在小组合作探究的过程中，学员能够发挥团体协作的力量，能够小组分工合作，进行有效的资料收集与筛选。这是一次对学生手脑协调力、信息处理能力的培养，同时也是对团队合作的训练。教师在活动中应该给予学员充分的自主性和能动性。

三、活动目标

（一）知识目标

1. 了解皮影的制作过程，深入学习镂刻的技法。
2. 深入学习皮影的表演技巧。

（二）技能目标

1. 通过创编性学习活动，培养学员合作精神。
2. 实现多种知识的整合。

（三）情感目标

1. 了解家乡下苇甸皮影的艺术特点及历史，体会中华民族传统文化魅力。
2. 和皮影艺术家交流，学习他们对中国传统艺术执着坚持的优秀品质

四、活动时间和地点，对象及规模

时间：6月16日。

地点：门头沟区下苇甸。

对象及规模：美术中级班学员，20人。

五、活动内容和方式

（一）活动内容：深入了解下苇甸皮影的相关历史文化、制作过程、交流访谈、体验表演。

（二）活动方式：参观、制作、交流、表演。

六、重点与难点

（一）重点

1. 皮影的制作过程、表演技巧及家乡下苇甸皮影的独特美术艺术特征。

2. 学员与皮影艺人的交流、访谈。

（二）难点

皮影的镂刻技法。

七、活动准备

1. 组织宣传

（1）与家长和学员交流本次实践活动的内容和目的，引导学员积极参与活动准备环节。

（2）取得实践活动地点领导的支持与配合。

（3）与负责讲解的皮影艺术家和摄像的老师交流活动内容。

2. 物质准备

可容纳 20 人左右的客车。

3. 场地勘察

先期熟悉活动路线，全面掌握活动过程中各个场地。

4. 组织准备

（1）组织者：阚秋影。

（2）协助成员：孟江英、贺红梅。

八、活动过程及思路

（一）导入环节

皮影艺术是世界上最早由人配音的活动的影画艺术，堪称当今影视艺术的鼻祖，起源于中国，是我国最早的戏剧剧种之一。下苇甸皮影经过数百年的发展，形成了具有都市京味儿的北京皮影，强调精致、注重表现、富于变化、讲究透视效果。皮影作为一种地方资源，学员所知甚少，教师有责任选择出具有一定的美术特征的地方资源进行开发，结合本区资源把审美教育和思想道德教育结合在一起。

（二）新授环节

1. 走进下苇甸参观皮影展览室

（1）皮影的起源

请下苇甸的皮影艺术家，略述关于中国及北京皮影的历史，重点是讲解关于下苇甸皮影的起源、发展、现状等相关知识。讲解时穿插一些皮影起源的传说故事，激发学员对皮影艺术的兴趣和热爱。（在此过程中学员可与老艺术家随时交流）

设计思路：复习前面学过的知识，承上启下，对家乡的优秀文化感到骄傲，同时激发学习兴趣和求知欲望，导入本次活动主题。

（2）皮影的美术特征

此次社会实践活动是已实施的皮影系列教学活动的进一步延伸，因此学员已具备有关皮影的一些美术方面的知识。所以此环节由学员分别来讲解、分析。皮影艺术家提问、指导、补充。

①外形：平面化设计，多表现侧面，突出个性特征，夸张概括。

②花纹：采用镂刻的剪纸手法，雕工细致，纹饰精美，刀法多变。

③色彩：以红色、黄色、青色、绿色、黑色为主，颜色丰富、绚丽饱满。

设计思路：培养学员自主学习的能力，直观观察，温故知新。同时对活动的重点有深刻的认识，进一步认识皮影的美术设计特点，感受中华民族深厚的文化底蕴。

2. 倾听艺术家讲解皮影制作过程

（1）学员展示在以往的活动中用废旧的卡纸、挂历纸制作的皮影。请皮影艺术家点评学员作品，并细致讲解传统皮影的制作工艺、材料、用具。

（2）传统皮影的制作材料：较多使用牛皮、羊皮、驴皮、猪皮等等，其中牛皮是目前中国市场上应用最广泛的材质。

传统皮影制作步骤：

选皮—制皮—浆皮—画稿—镂刻—着色—熨平—连缀合成

（此环节学员有疑问随时向老艺术家提问）

设计思路：对学员的学习成果给予肯定，树立学习的自信心和敢于探索创新的学习精神,使皮影系列教学活动得以进一步延伸。

3. 学员动手实践影人制作技法

(1) 请皮影艺术家示范刻制皮影的刀法,各环节的难点及工具的用法。

(2) 学员动手体会刻制皮影的过程。

(3) 学员以小组的形式来实现合作精神,交流探讨皮影的刻制刀法、花纹的设计及彩绘的知识。同时,要根据本组制作的皮影形象来共同讨论在下一步活动环节中要表演的影戏故事情节,及表演者的确定。(在此环节中由皮影艺术家随时指导并点评学员作品,增强学员的自信心)。

(4) 展示用仿羊皮材质的材料制作的作品,师生共同欣赏、评价优缺点。

设计思路:理论结合实际,培养学员动手能力,大胆尝试、突破难点、体验成功,体验专业的制作材料和工具,提高制作皮影的技能技巧,并对皮影的制作过程有更深入的了解,同时也培养学员的协作精神。

4. 走进台前幕后体验皮影表演乐趣

(1) 请皮影艺术家示范表演,重点是示范执竿技巧、动作操作要点。

(2) 学员可以单独到舞台上模仿皮影艺术家的执竿方法及表演的动作要领,由老艺术家指导并点评。

(3) 学员正式分组表演,通过小组合作自编、自导、自演,比一比哪一组的表演最精彩,皮影艺术家当裁判。

设计思路:让学员发挥团结协作的精神,体会合作的重要,体验用自己制作的作品合作表演的乐趣,感受成功的喜悦,增强自豪感和责任感。

5. 访谈皮影艺术家感受其艺术历程

(1) 皮影艺术家总结,对学员的作品和表演给与肯定和鼓励,并对皮影艺术的继续传承和发扬寄希望于学员们。

设计思路:学员们通过和艺术家的交流,了解到老一辈艺术家们在学习皮影技艺的过程中遇到了许多困难,却能够一直坚持。他们的精神使学员深受鼓舞、敬佩,学员的自我情感教育得以提升,同时可以培养学员坚韧不拔、勇于克服困难的精神。

(2) 学员和皮影艺术家的交流访谈,主要是针对他是如何传承皮影艺术,如何克服各种困难来交流。(此环节教师适当引导学员提出的问题)。

设计思路：在思想上能够让学员对老一辈皮影艺术家们孜孜不倦、执着追求艺术的精神而产生深深的敬佩之情。这对于学员树立传承祖国和家乡优秀传统文化具有深刻的教育、启迪作用。

（三）总结环节

教师针对此次活动进行总结概括。

九、效果评测

（一）请学员谈谈自己参加此次社会实践活动的收获和感想，自己该怎样传承和发扬祖国和家乡的优秀文化。

（二）请皮影展览馆的馆长谈谈感想，并把学员自己制作的影人留在展馆内供后来者参观，以启迪参观者，激励后来人，为皮影的发展做出自己的贡献。

十、活动反思

（一）活动设计的初衷

第一，以学员的知识需求和充分开发我区的美术教育资源，弘扬民族传统文化为立足点而设计的。如："京西太平鼓""琉璃文化""潭柘紫石砚""千军台幡会"等等。这些都激起了学员对家乡、对中华民族传统文化艺术的研究兴趣。学员在受到传统文化滋养熏陶的同时，也能够提高美术技能和综合素养，学习的兴趣也会大大提升。

第二，现代美术教育侧重的是素质教育，单一的以绘画技能为中心的旧教学模式是不可取的。要培养学员的综合素质，开阔学员视野，陶冶学员情操，激发学员的创造力。要引导学员通过自身的体验、思考、讨论、实践等方法，来提高他们的审美情趣。基于此宗旨，从活动的设计到实施的各个环节，我都是本着以学员为主，以探究式的教学方式来设计并实施本次活动。

（二）活动亮点

第一，活动目标明确、结构清晰、层层递进、组织有序，效果显著。从活动前的组织到实施过程的每一个环节我都做了精心的准备，一丝不苟。活动内容主次分明，重点突出。以学员为主体，使学员能够在有限的时间里更深一步了解皮影的专业制作过程和相关知识并体验了表演的乐趣。与老艺术家的交流亲切热烈、深受教育。这些努力使活动目标得以圆满完成。

第二，真正体现"学员为主，教师为辅"的教学模式。从活动前的准备到实施再到互动式的问答，从皮影的制作到表演的编排演出，都充分体现了学员为主的原则。在活动前，同学们能够根据老师的指导对家乡皮影的历史、现状等方面的知识做了进一步的了解。也因此，学员在活动中能够有的放矢地去深入了解皮影知识。在活动中，学员的花纹设计能够融会所学知识，图案生动合理，创意无拘无束，富有童真童趣，雕刻的线条流畅、自然、概括，体现了活动的实效性。

第三，小组分工合作，提升综合素养。从回答问题到制作再到表演的各个环节，同学们充分发挥了团结合作的精神。在这一点上我为他们由衷地自豪，在有限的时间里同学们自主分工，制作影影。在表演环节，他们自主编排，串词，分配角色。此环节我没做过多指导，希望学员可以通过共同的努力来实现这一环节，体验以自己亲手制作的作品来合作表演的乐趣，而不是处处以自我为中心或者不敢参与。在表演前我还很担心他们演砸了，结果，同学们表演得都非常精彩。如"哪吒闹海""新编西天取经"等等，使活动目标有了质的提升，体现了全面提高素质的教育精神。

（三）活动不足

第一，在有限活动时间里我总想每一环节都尽可能更细致，让学员更深入了解所有知识，但这样就造成了时间紧张，在重点实施环节上不够精细，尤其是表演环节上同学们未能尽兴，感到遗憾。

第二，在体验传统制作环节上由于博物馆条件限制，无法体验到每一环节，比如制皮、浆皮这一部分现场无法实现。在刻制环节上为了节约驴皮，同学们只是每人分到一小块来体验质感，无法制作成一个自己喜欢的皮影，只能用材质近似的仿驴皮来替代。

在以后的活动中，要针对此次不足给予重点实施，突出重点和难点，避免面面俱到，合理安排时间。和皮影博物馆也要随时保持沟通，如果有条件还是要给学员提供更全面的体验机会，弥补本次活动的欠缺之处。

瞳心绘北京之北京小吃

——美术专业实践活动

北京市东城区天坛青少年活动中心　田　甜

一、活动设计依据

（一）北京的传统文化博大精深，值得每一个身处北京的人学习和传承。作为瞳心绘北京的首次活动，以小吃开头，更能引发学员的兴趣，进而培养学员爱北京，爱传统文化的情感。通过美术实践活动，实现对传统文化的继承和发扬，在此过程中，美术实践活动具有可视性、直观性、操作性、愉悦性。

（二）美术实践活动具有多样性，在活动中，运用绘画、造型、雕塑等表现手法完成对各种小吃形式的呈现。在味觉、听觉、视觉、触觉等感官变化中探索，团队合作、自主学习、探究学习也在活动中充分体现。

（三）送作品到农村校，建立城镇校与农村校的互助联谊。拓展学员眼界和思路，增加联谊情感，进一步扩展对老北京传统文化的宣传。

二、活动内容

活动前收集资料并于活动中交流互动，在"吃、听、看、做、说"等环节中，了解北京小吃；巩固彩泥的制作方法，结合自己的创意，完成对小吃形态的塑造；以建立创意小吃店的形式自评和互评。

三、活动目标

（一）知识与技能

通过讲解和互动，了解北京小吃的历史背景知识。在制作各种北京小吃过程中,掌握彩泥制作技法、色彩搭配、装饰设计等技能。

(二)过程与方法

学员自己收集资料,在交流和互动中总结经验自主学习,在"吃、听、看、做、说"等感官变化中,增加学员的感受和体验。自选材料和用具让学员自己发现问题,解决问题,实现探究学习。以自评和互评的方式肯定自我,赏识他人,并总结经验,发现不足。

(三)情感态度与价值观

通过瞳心绘北京的活动,激发学员对传统文化的兴趣,进而培养学员爱北京,爱传统文化的情感,做传承文化的小使者,并在活动中,培养学员自主学习、探究学习、团队合作的意识与能力,锻炼表达沟通的能力。

四、活动时间和地点

2013 年 5 月 31 日,天坛青少年活动中心。

五、活动对象及规模

小学 7-9 岁并已有 2 年美术学习经历,掌握基本彩泥技法的儿童 24 人。

五、活动重点

运用各种技法完成小吃的制作。

六、活动难点

熟练运用技法和工具,并结合自己想法有所创新。

七、活动准备

(一)教师准备

1. 北京小吃(食物)。

2. 小组活动资料。

3. 工具材料:彩纸、剪刀胶棒、泥塑工具、器皿、画材、彩泥。

（二）学员准备

1. 准备资料

小组活动前自主搜集北京小吃的图片、文字、视频等资料。

2. 分组

组成创意小吃店，并起名"××小吃"，按特长（动手能力、绘画设计能力、语言表达能力）自行组合，4人一组。

八、活动过程

（一）感受小吃

1. 以"吃"导入本次活动主题（味觉体验）

（1）老师请客吃小吃。

（2）学员说一说自己吃的是什么，并分享自己的感受。

（3）学员在分享和交流中总结不同小吃的口感、形态、色彩等特点。

2. 自主学习成果展示，交流互动增长知识

（1）学员交流展示自主收集的小吃资料。

（2）老师以图片和文字资料配合学生进行小吃介绍。

（3）学员在辨异、讨论、交流互动中，学习北京小吃的历史背景，丰富知识储备。

（4）学员展示自主拍摄视频资料，逛逛老字号小吃店。

3. 听叫卖，学叫卖，感受京味儿文化（听觉体验）

（1）老师以问题"北京的小吃不仅能吃还能听，你相信吗"引出老北京叫卖。

（2）学员听老北京叫卖，增加活动感受。

（3）学员讨论叫卖中的小吃，在沧桑的岁月中品味醇厚的京味儿。

（4）老师给学员布置任务：号召学员以京味儿叫卖的形式自评，宣传本组小吃店作品，吆喝出自己的特色和创意。

（二）制作小吃

1. 欣赏老北京小吃图片，巩固彩泥手法。

2. 老师以典型技法的小吃为例，提炼其制作方法。在制作过程的图片和老师的示范带领下，总结巩固彩泥制作技法，并鼓励学员在制作中融会

贯通，随机应变（触觉体验）。

3. 通过小吃图片对比，体现出色彩搭配和装饰设计的重要性。

4. 通过美食美图欣赏（其中包括各式小吃、各地小吃、各国小吃、创意小吃、学生作品、卡通美食等），激发学员创新思维，开拓思路（视觉体验）。

5. 在工具材料自选超市中，学员自己选择工具，解决问题，实现想法，锻炼学员发现问题，研究问题，解决问题的能力。

6. 设计绘画盘子，让彩泥小吃作品更完整、更美观。

7. 教师巡视指导，提出建议，给予形成性评价，并展示学员的创意作品（包括小吃制作和容器设计），互相启发。

（三）展示小吃

1. 活动效果自评

小组叫卖展示，组员起名如"××小吃店"，并通过叫卖吆喝的形式推荐本组作品，说特点、创意、食材的组合、味道感受等。（语言体验）

2. 活动效果互评

老师组织学员巡视其他小吃店产品，并对相应产品进行美观、创意等方面的评价。

九、活动小结

（一）总结本次活动收获，给获胜小组颁奖。

（二）宣扬老北京的其他传统文化，号召学员学习推广和传承。

十、拓展和延伸

（一）走进房山区西南召中心小学，将艺术活动送到农村孩子身边。

（二）让农村孩子和务工子弟感受北京小吃，体验传统文化。

（三）将城镇孩子的作品作为礼物送给农村的孩子，并带去城镇孩子的祝福，建立联谊情感。

（四）发掘农村孩子的艺术潜质，与城镇孩子同学习、共进步。

十一、活动反思

本次活动的主题是"瞳心绘北京之北京小吃",作为瞳心绘北京的首次活动,以吃开头,更能引发学员的兴趣。北京的传统文化博大精深,值得每一个身处北京的人学习和传承。但是随着时代的进步,这种文化却越来越少见,尤其是现在的小孩子,仅仅停留在了解和长长见识这种层次是不够的,怎样才能让孩子充分参与到传统文化的学习和传承中来,让传统文化深深地印在孩子的心里,而且形式不突兀,还很愉快,这是本系列活动首先要研究的问题。其次,用美术这一具象表现的学科,怎样才能诠释抽象文化这种概念,也是很重要的研究内容。

本次活动让学员用彩泥做小吃,在活动之前学员已经掌握了制作彩泥的基本技法、色彩搭配等知识,所以本次活动的主要内容就放在体验传统文化和创新制作上,本次的活动亮点有以下四个。

(一)感官刺激贯穿课堂

本次活动主线是感官的不断变化,从最开始的味觉——听觉——视觉——触觉——口说,一些列的感官变化都旨在能够给学员最全面的感官刺激,在这些感官变化中寻求结合点,多方位、多角度地了解北京小吃的知识和文化,让学员在学习中不单一的就是看图片和制作。感官变化加强了学生的参与感,提高学生的学习兴趣,增加对小吃文化的全方位认识。

吃小吃,味觉刺激激发学员学习兴趣。本中心学员多为外来务工人员的子弟,对北京传统小吃接触很少,相比较用图片、语言等方式讲解,直接吃是更适合的。活动中吃小吃,激发了学习兴趣,引出了本此活动主题。

听小吃叫卖声中学文化。听小吃,乍一听学员感到很奇怪,正在疑问时,悠扬的叫卖声传来,听小吃原来是听老北京叫卖。这是北京小吃的另一种表现形式,同时也接触了一种新的北京民俗文化。老师布置任务,学叫卖,宣传自己的小店产品,为后续的总结自评埋下伏笔。

看小吃,忆技法,思创新。带着回忆和复习的任务细心观察小吃图片,在看的同时彩泥技法也得到了巩固,并在各种创意小吃的展示下,启发创新。

做小吃，触觉激发创作灵感。触觉就是亲手来做，在动手操作中，感受彩泥的质感，彩泥在学员的手中仿佛赋予了生命。

说小吃，我的小吃店最有特色。让学员组成小吃店，在结尾时吆喝自己店的产品，对自己作品进行肯定、自评，同时观察其他同学作品，又逐一互评。这一环节锻炼孩子的团队合作和语言表达能力。

（二）学员收集资料，号召自主学习

在活动前就布置了收集北京小吃资料的任务，学员收集了很多资料，有文字的，有图片的，还有学员收集了视频资料，介绍了老字号小吃店，激活了课堂气氛，增加了学员体验。自主学习在这一环节有了充分的体现。

（三）自选材料超市，给予学员最大的发挥空间

在用具材料上，采用自选方式，遇到了问题，自己选相应的工具材料自己解决，同时在材料使用上也能有所创新，比如有的学员将小铃铛装饰在盘子上，有的学员用金丝带剪成图案装饰在作品上，有些学员用金线给小吃加了包装。这些都是老师在之前没有想到的，所以自选超市充分激发了学生的创作潜能。

（四）拓展活动，搭建桥梁

在后续的延展活动中，我将本次教学活动带到了房山区西南召中心小学，和乡村小学的学生一起感受了北京小吃，并将本小组学员的作品作为礼物送给了当地学生，还通过视频的方式送上了城镇学员的问候和祝福，建立起两校学生的联谊情感，搭建了互助、互学的桥梁。

本次活动的不足之处：

给学员准备的小吃欠考虑，比如焦圈，学员吃得慢，其他学员都吃完了，吃焦圈的学员还没吃完，而且吃焦圈会有"咔嚓咔嚓"的声音，影响了后续教学。

自选超市工具材料品种可以更丰富，孩子的创造力是无限的，丰富的资源势必能激发更强的创造力。

你好！龙！

——青少年美术创意宣传活动

北京市东城区少年宫　闫　珉

一、活动依据

（一）2011年11月2日，北京市公布了"北京精神"——"爱国　创新　包容　厚德"。作为城市精神，它是首都人民长期发展建设实践过程中所形成的精神财富的概括和总结，体现了社会主义核心价值体系的要求，体现了首都历史文化的特征，体现了首都群众的精神文化追求。"爱国"是"北京精神"的核心和灵魂，是北京城市精神最深刻、最显著的特征，源远流长，历久弥新。"创新"是"北京精神"的精髓。创新是民族进步之魂，是城市活力之源。

（二）2012是中国农历壬辰龙年，孩子们都喜爱龙。

（三）为了加强中小学生的爱国主义教育，义务教育课本中专门有《龙的传人》一课。在今天全球一体化、文化趋同的时代我们更应该强调本民族文化的个性，保证我们认清自己是谁，从哪里来，到哪里去。

二、活动目标

（一）美术技能——学生在活动中综合应用美术知识，提高美术技能。

（二）开拓视野——响应"北京精神"，培养学生的创新精神和实践能力。通过探寻、宣传中华民族的龙图腾文化，在实践活动中增长知识。

（三）情感教育——激发青少年的民族自豪感、认同感；增强对本民族文化的热爱。

三、活动主题及本学期安排

活动前期准备，在 1-5 月间分别进行了下列主题活动：

整体活动	活动环节	内容安排
1月	画龙	传统水墨——绘瑞兽
2月	剪龙	中国剪纸——制贺卡
3月	做龙	立体造型——纸箱龙
4月	传龙	宣传展示——传祥龙
5月	寻龙	展馆探寻——寻神龙

四、活动时间、地点、对象、规模及活动组织形式

活动时间：5 月 13 日（日）下午 13：30-15：30。

活动地点：首都博物馆。

活动对象及规模：北京市东城区少年宫组员、家长，特邀 5 名小记者，合计约 100 人。

活动组织形式：美术社会实践活动。

五、活动内容与流程

活动时间		活动环节	内容安排
5月		寻龙	展馆探秘——寻神龙 1. 网上　2. 中国美术馆　3. 首都博物馆
5-6月		专题宣传	利用少年宫橱窗进行"你好！龙"主题宣传展示
5月13日	13：20-13：30	活动准备	学生按名单签到、领胸贴；活动前注意事项教育
	13：30-13：45	教师介绍	教师介绍活动要求、注意事项、展馆展品、 图画页绘制方法
	13：45-14：00	正龙名	为龙正名 【讲解龙及 Loong 的含义】
	14：00-14：10	示演变	形象演变 【抽象——具象，简单——复杂】
	14：10-14：20	学欣赏	学会欣赏 【首博专业讲解员马一非讲解一件展品， 学会欣赏文物的方法】

续表

活动时间		活动环节	内容安排
5月13日	14：20 – 14：30	比拼图	拼图游戏 【分组比赛增强学生团队意识，锻炼学生记忆力及快速识别龙造型】 组织合影
	14：30 – 15：00	寻神龙	现场寻龙 【现场寻找不同历史时期的龙文化展品】 按楼层、年代、种类记录； 期间录像采访学生及家长；60分钟
	15：00 – 15：30	玩创意	快乐创意 【利用龙的形象设计一件物品】
	15：30 – 16：00	收作品	作品收集评选，不再统一集合
6 – 7月		专题宣传	制作专题展板进行橱窗作品宣传展示

活动要求：

1. 学生提前搜集、查阅龙的资料。

2. 学生到场按名单签到，领取专用 logo 及图画纸。

3. 活动当天准备时，参加活动的学生和家长领取活动 logo 并粘在胸前。

4. 学生按年龄分组，教师、家长配合管理学生安全。

5. 现场按楼层、年代、种类寻找并记录龙的展品。

6. 活动后制作专题展板向更多的人宣传龙的知识。

六、奖项设置

活动设最佳优秀作品奖（20名）、"你好！龙！"纪念标贴（每人1张）

评分标准：

项目	评分细则	所占比重
记录	1. 绘画记录完整； 2. 文字介绍完整；3. 摄影记录完整	40%
创意	1. 创意别出心裁； 2. 创意新颖	40%
美观	1. 风格独特，令人眼前一亮； 2. 富有情趣，具有艺术欣赏性	20%

七、准备工作、工作流程

（一）活动前期准备工作

1. 细化活动组织实施方案。

2. 设计活动场地安排平面示意图。

3. 向工作人员布置当天学生准备工作事宜，讲解活动中的注意事项。

4. 设计制作旗帜、3 种颜色活动胸贴，制作 4 米"你好！龙"作品复原图，准备活动奖品。

5. 落实活动工作人员，召开工作人员会，进行活动工作岗位分工。

6. 与首都博物馆落实活动场地环境布置。

7. 与少年宫办公室、信息部落实活动摄影、摄像以及新闻宣传报道工作，撰写活动新闻稿。

8. 落实活动学生奖品。

9. 特邀 6 名闪光摄影协会小记者现场摄影采风。

（二）活动现场准备工作

1. 场地布置

依据现场环境具体制订。

2. 参与活动学生预备提供的材料

每人配制作好的活动 logo 标贴。

八、活动效果的检查办法

（一）活动中，通过学生活动现场的参与热情、知识问答、心愿卡等情况检验活动效果。

（二）活动后，回访学生及家长的意见建议；制作专题展板向来少年宫参加活动的学生及家长广泛宣传。

笔歌墨舞颂京西

——软笔书法中级班社会实践活动

北京市门头沟区少年宫　孙　浩

一、活动依据

（一）法律法规依据

校外教育最突出的特点是开放性。《校外教育工作者手册》基础篇第二节《校外教育的特点》中指出活动内容具有开放性。"校外教育的教育教学活动内容是根据青少年学生的兴趣、爱好、特长和根据社会发展的需求来确定的。这种灵活的特点，可满足青少年学生个体的需求，又可以满足社会的需求，可以把各领域的最新信息及时地传递给活动参与者，使校外教育充满吸引力。"

（二）弘扬本土文化

门头沟区地处首都西部，历史悠久，文化底蕴丰富。近几年由于首都的经济建设和棚户区改造工程使得门头沟区有了新的定位和新的变化。门头沟区被定位为首都的生态涵养发展区，同时又是北京西部综合服务区。门头沟的变化首先是从我们身边的环境开始的，从居民无处休闲到随处是休闲场馆，学生通过亲身感受，能够体会门头沟的新城变化。

（三）满足学员需求

软笔书法中级班的学员有楷书和隶书的技法基础，本学期又对书法作品的各种章法形式有了接触和了解，学员们尤其喜欢对联形式。学员总有一种要到社会中去进行专业实践的热切要求，他们需要展示的机会。

基于这两个因素，设计本次"笔歌墨舞颂京西"学员社会实践活动，通过走访观察门头沟的新建休闲公园，感受新城建设的变化，书写歌颂我区的精美对联，并展示给群众和游人。通过活动既锻炼了学生专业技能，又教会了学生如何观察社会生活，开拓了视野，同时也培养了学员热爱家乡的情感。

二、活动内容和形式

带领学生游览观赏门头沟城子地区的 2 个新建休闲公园（福鼎公园、福亭公园）和永定河沿岸的优美景色。通过介绍这些公园的景色变化之前和现在的景色对比，让学生感受家乡的美好变化，让学生说说这美的环境给自己带来的感受，激发他们热爱家乡的感情，引发他们要赞颂家乡的创作冲动。在公园中书写体现门头沟发展变化的对联，并在公园中展示给游人观赏品评。

三、活动目标

（一）通过学生的亲身感受激发学生热爱家乡的感情，完成一件书写家乡美好变化的对联作品。

（二）通过学生亲手书写歌颂家乡的对联和展览的形式，让学生感到学有所获，学有所用；树立他们服务社会的意识。

（三）通过书法的形式让学生有意识地继承和发扬祖国的优秀传统文化的精髓，从而提升学生的综合素质。

四、活动重难点

（一）重点

1. 通过实践活动使学生准确掌握对联的章法形式并完成一件作品。

2. 通过学生亲手书写歌颂家乡的对联和展览的形式，让学生感到学有所获，学有所用；树立他们服务社会的意识。

（二）难点

1. 准确运用楷书、隶书的技法和不同的表现形式书写完整对联。

2. 通过活动开阔学生视野，提升学生的综合素质，激发学生热爱家乡的感情。

五、活动时间、地点、人员

时间：6月9日上午8：00 – 10：00。

地点：门头沟城子地区2个新建休闲公园（福鼎公园、福亭公园）和永定河沿岸。

人员：软笔书法中级班的学员15人，2名教师，1名司机，3位家长。

六、活动准备

（一）提前安排学生练习书写对联的章法形式。

（二）活动前纠正学生在笔法和章法上的问题。

（三）教师在活动前从门头沟楹联协会搜集歌颂门头沟区新城建设的对联让学生学习，书写练习。

（四）教师在活动前给学生介绍门头沟以前的环境情况。

（五）条幅"笔歌墨舞门头沟——门头沟区少年宫书法班学员社会实践活动"。

（六）空白展板8块，展示门头沟新建公园的展板1块。书写工具，矿泉水自备。

（七）摄像人员、司机、医护家长。

七、活动过程

（一）整体介绍

门头沟是北京市的老区，地处首都西部，历史悠久，文化底蕴丰富。但是由于山区地域的局限，随着社会发展，在经济转型的变化中我区逐渐落后。随着经济社会的发展，政府出资建成了许多的休闲娱乐广场，让大家在工作之余有个轻松的场所。同时在曾经干枯的永定河河道中进行阶段性拦截，修成湖泊。河岸上种上各种花草，河中修建亭台阁道。如今的门头沟要成为一个适宜人们居住的生态涵养发展区，经过建设还将成为首都西部的综合服务区。如今的门头沟环境优美，并以永定河故道为中心，建成"五湖多园"的格局。通过介绍使学生更加热爱自己的家乡。在公园书写歌颂门头沟新城变化的对联，并展示各游人观赏。

（二）具体活动

1. 带领学生通过一边走，一边看，一边听，一边感受，体会出门头沟的新城变化，激发学生对家乡的热爱之情。

2. 到达福亭公园广场，教师首先做整体说明，使学生有一个整体感受。

3. 向学生进行讲解、交流，激发他们的创作欲望。

4. 在这里进行歌颂门头沟新城发展变化的对联的书写，完成活动专业目标。

5. 教师进行现场专业指导，使学生掌握对联形式，养成正确的书写习惯和行为习惯。

6. 书写完毕在广场上进行展示，学生介绍自己的作品内容及含义，并针对作品进行自评和互评。锻炼学生的表达能力、客观分析事物的能力，提高他们的审美鉴赏能力。

因为在节假日会有很多游人在广场上休闲，有人会看到学生的书写过程和作品效果，游人会有一种评价，这个评价对学生来说很重要，学生把所学回报社会了，社会对他们也该有一个评价。

7. 教师对作品进行专业点评并总结活动。给予学生认可和鼓励。

最后让学生们既得到了接触社会，了解社会的目的，又让他们把自己所学服务于社会，给他们一次展示自己才华的机会，还对学生进行了适时适地的思想教育。（活动结束）

（三）展示作品

1. 欣赏作品。

2. 评论作品：社会评价、教师评价、自我评价、互评。

3. 思想教育：树立学生的社会意识，社会责任感，培养学生热爱家乡的感情。

八、活动效果测评

有同学之间的评价。同学们在书写过程中，互相学习，互相指正，互相帮助，随时调整作品效果，使自己的书写达到最好水平。

有同学对自己作品的评价，从书写内容，到书写效果，还有活动感受，都有一个客观的评价。

有学生家长对学生的评价，对活动的感言。对学生的认可，对活动的支持使学生倍加自信。

有在公园里游客的赞赏和认同，也增加了学生的自信心和自豪感。

有教师的评价和肯定，使学生在专业上更有信心。

九、活动反思

这次"笔歌墨舞颂京西"学员社会实践活动，通过走访观察门头沟的新建休闲公园，感受新城的变化，书写歌颂我区的精美对联，并展示给群众和游人。这既锻炼了学生专业技能，又教会了学生如何观察社会生活，开拓了视野，同时也培养了学员热爱家乡的情感。同时，活动也让学生明白学习书法并不是只把字写好就可以了，而是要在学习传统文化的基础上来表现书法，明确书法是传播文化的载体。

为了便于学生理解，我从三个方面对学生进行讲解。三个方面分别是：知识性、趣味性、思想性。

首先知识性方面，学生通过对联形式的学习，了解这一文学形式的规律，包括平仄关系内容对仗等，还给他们讲述了一些历史上的巧对对联的故事，让他们了解到对联形式虽短，但内涵丰富；书法充分地体现了对联的内容意境，并鼓励学生在家长的帮助下创作简单对联。比如在活动中有一副对联"头顶白云辉广厦；门迎碧水饰新城"，说的是现在门头沟区环境治理很见成效，蓝天白云，城市建设迅速，有一栋栋高楼拔地而起。如今永定河门城段注入水源，清澈的湖水和鲜花绿草装饰着门头沟这座正在发展中的新城镇。并且这还是一副藏头联，下联合上联的第一个字正好是"门头"二字，隐含着门头沟的意思。通过活动有的年龄大一些的学生还有了自己创作对联的冲动。

第二是趣味性，在书写的情境和氛围中进行创作。书法不能总是讲解枯燥的理论，常言道"兴趣是最好的老师"。学生从小小的教室课堂走进社会大课堂之中，心情愉悦，创作热情高涨。在书写的情境和氛围中进行创作，能够激发学生的兴趣。学生在书写优秀对联的同时，边欣赏边领会对联的内容和反映出的意境，让孩子从内心就喜欢对联，并主动用书法的形式表现，从中展现出自己对内容的感悟。对书法和对联形式的双重喜爱，会激发学生进一步深入学习中国古典文化的兴趣，进一步深入学习书法表现形式的兴趣。在兴趣的引导下，学生学习的主动性大大增加。

三是思想性，现在的社会充斥着金钱与物利的引诱。小孩子要想树立正确的人生观、价值观就要从小教育，经常教育。大道理不能说服人，就用现实的生活教育。门头沟从一个贫困落后的地区变得这样美好都是因为政府的政策好，让学生从家乡的巨变感受社会主义的优越性。要学会感恩，感谢父母，感谢师长，感谢政府，并回报亲人，回报社会。爱自己的家，爱自己的家乡，才能爱国家。让学生在活动中切实感受家乡的美好，激发他们热爱家乡的感情，培养他们树立社会责任感，并用自己所学回馈社会。有位哲人说过"爱国首先是要爱家"，学习书法，用对联形式赞美家乡的美好，就是爱国家、回报社会的体现。

此次活动还存在着不足，就是门头沟新建了20多个休闲公园，但是采集这些图像很不方便，尤其是新旧之间的对比资料太少了，只能口头解说和记忆想象。今后做这样的活动还要在资料上多搜集，准备更充分些。再有，对当天的天气状况估计不足，由于天气太过炎热，为了避免学生中暑，只好压缩活动时间，每个环节还可以再充分细致地进行加工。今后要对自然条件考虑周到，给学生提供更有利的书写条件。

美丽中国扇

——"写扇面"书法教学活动

江苏省妇女儿童活动中心　潘娇娇

一、设计思路

"扇子有凉风，宜夏不宜冬。有人向我借，请到八月中。"这是20世纪70年代以前流传于民间的一首《扇子谣》。这首民谣平白、写实，既露出几分享受凉风的惬意，又藏着几分调侃式的狡黠。一把小小的扇子与人们的日常生活结下了不解之缘，古往今来，它除了用来纳凉消暑外，有很多文人墨客在扇面上题字作画，可见，中国的扇文化有着深厚的文化底蕴，和书法也有着极其密切的联系。

自教育部颁布了《关于中小学开展书法教育的意见》以来，书法已逐步走进中小学课堂，弘扬中华民族传统文化要从孩子抓起。那么，书法作为艺术课程，教师不能把它当作只是单纯教授知识和书写技能的技术性课程，而应该成为提高学生艺术和人文素质为前提的综合性课程。结合校外教育灵活性和实践性的主要特点，为了丰富校外书法教学的形式，本次教学活动将具有民族特色的中国扇文化带进课堂。又因为考虑到本课题为春季课程的最后一个单元内容，酷暑炎热的夏天即将到来，"写扇面"的单元设计正好迎合了时节，可以为孩子在夏季增添一些凉意。扇与书的结合能让孩子在书写扇面的同时真正感受到中国扇文化的魅力所在。

本次教学活动属于《美术课程标准》中的"综合·探索"学习领域，试图从识扇寻扇、析扇议扇、裁扇书扇、赏扇品扇四个部分进行教学设计，通过扇面在书法教学中的应用，使孩子们提高兴趣，也开阔视野，不仅有利于书写技能的掌握，而且更有利于中国扇文化的传播。

二、教学对象

参加本次教学活动的为书法提高班的学生，学习书法约有两年的时间，年龄较小的学员是以隶书入手。年龄偏大的学员是以楷书入手，通过两年的学习，学生已经掌握了基本的书写技巧，并能够书写一些简单的书法作品。设计这一课题，就是让学生在这一阶段运用所学过的知识，与有趣的扇面艺术相结合，综合运用各种技能完成完整的扇面书法作品，感悟扇面书法艺术的实用性和装饰性价值。这个班虽有两个层次，但都掌握了至少一种书体的书写，可以在扇面创作中各尽其长，从而也可以丰富最终的教学效果。

三、教学目标

（一）知识与技能

通过各种扇子的欣赏，了解扇文化与书画艺术的关系及历史渊源，学习并掌握扇面书写的基本格式与方法，感受扇面书法的形式美与内涵美。

（二）过程与方法

激发学生"写扇面"的兴趣，培养他们勤于思考、勇于探索的学习习惯。

（三）情感态度与价值观

通过学习、欣赏丰富的扇文化知识，培养学生热爱中国传统艺术的情感，增强他们的民族自豪感，提高审美情趣。

四、教学重点、难点

（一）教学重点

走近祖国传统扇文化，了解并掌握扇面书法的书写技巧与要点。

（二）教学难点

设计扇面书法作品的章法与布局以及折扇的书写。

（三）解决方法

通过多媒体多欣赏一些优秀的扇面作品，孩子们可以借鉴并模仿它们的书写格式，化难为易。

五、教学内容与课时分配

教学活动共计6课时

教学内容	识扇寻扇	析扇议扇	裁扇书扇	赏扇品扇
课时分配	1课时	1课时	3课时	1课时

六、教学过程

第一部分　识扇寻扇（1课时）

1. 介绍扇子的品种（折扇、羽扇、绢扇、葵扇、篾丝扇、麦秸编织扇、鸭脚扇、玉版扇、笋壳扇等）。

2. 介绍扇子的历史源流（从前期作为礼仪工具到后期文人雅士题字作画）。

3. 让孩子们利用课余时间寻找身边的美丽中国扇，搜集一些图片资料与同学们分享。

第二部分　析扇议扇（1课时）

1. 把学生分成4个小组，欣赏各自的"战利品"——搜集的美丽中国扇。

2. 分享自己喜欢的扇子并说出喜欢的理由，初步建立对扇面艺术美的认知。

3. 播放多媒体，引入古今中外优秀的扇面书法作品，孩子们能进一步感受书法在扇面上呈现的艺术美。

第三部分　裁扇书扇（3课时）

1. 裁剪扇面：根据扇面的不同形状（团扇、蒲扇、折扇以及各种异形扇面），教师带领学生自己动手剪裁比较心仪的扇面，在书法教学中涉入手工部分，锻炼学生手脑并用的能力，也丰富了课程的设计。

2. 介绍扇面创作形式（以折扇为例——有顶端法、少字法、隔行长短错落法、有行散乱法等）。

（1）确定书写内容，反复练习书写：准备一些自己喜欢的词语及诗词作为书写内容，教师也会准备一些供学生挑选；根据扇面的创作形式确定好书写内容，学生根据自己的能力用熟悉的书体书写出来；教师因材施教，进行修改与订正，并让学生课后多加练习。

（2）书写扇面：学生在自己裁剪好的扇面上进行书写，同时还可以在老师的指导下尝试在纳凉用的折扇上书写。

折扇的书写难度较大，因为它的形状是上宽下窄有弧度，向内收拢并且呈辐射状，学生不好把握。先带他们根据书写内容的字数折格子，然后进行书写。写的时候边给孩子做示范边强调，写这种折扇要自右向左，写完一排后顺势向右侧移动扇面，使即将要书写的那一排空格正对自己，这样才会便于书写。

第四部分　赏扇品扇（1 课时）

在这个环节中，一改往日单纯地在课堂上进行互相评价作品的形式，而是采取最为有力的艺术表现形式——举办书法展览来进行有效评价。课前学生把写好的扇面作品拿去装裱，增加了展览视觉效果的冲击力。学生参观展览的过程中，身临其境，能更为直观地去评价自己和别人的作品，同时，还可以聆听专家与长辈们的评价。

七、教学方法

根据自主、探究、合作的新课程理念，我采用以下几种教学法。

（一）情境创设教学法

在导课和书写时播放优美典雅的古筝音乐，孩子们一开始就能融入高雅的艺术殿堂。同时，在多媒体课件的背景设计上，多采用中国传统扇面的素材，激发孩子们对我国传统文化的热爱。此外，在讲解扇文化相关的理论知识时，可以布置学生走出教室，寻找身边的扇子，让学生身临其境，更加深刻地感受扇面书法的灵动和谐之美。

（二）故事激趣教学法

本课在介绍扇子的种类时，教师引入了铁扇公主的芭蕉扇和诸葛亮的羽毛扇等，孩子们在一些故事角色中能了解更多的扇形。又如在新课中讲到扇子的用途除了纳凉消暑之外，还有名人在上面题字作画时，教师又引入了《王羲之题扇子》的故事，让孩子们更加形象地懂得题了书法的扇子具有更高的艺术观赏价值。

（三）示范教学法

学生通过仔细观察教师的书写示范过程，能更好地去理解和运用所学知识，通过模仿有成效地掌握扇面书写方法。

（四）观察发现教学法

孩子们通过自主观察并收集各式各样的扇面书法的资料，进而发现扇面书法的特点以及各种扇面的创作方式的异同，有利于激发孩子们进行扇面书写的欲望。

（五）分组讨论教学法

在教学环节中，学生通过分组进行讨论并回答教师预设的问题，现场讨论气氛热火朝天，发言踊跃，创新观点很多。如有学生提出可以先将内容书写在白宣纸或者有颜色的宣纸上，然后将其沿字边（稍留少许边）剪下，以剪贴的形式装饰扇面。这种教学法不仅可以增加学生参与学习和讨论问题的密度，而且还提高了教学效率。

八、教学效果与反思

（一）教学效果

通过本次教学活动循序渐进地进行，孩子们比较成功地完成了扇面作品的书写，我们以此主题举办了一场"美丽中国扇——少儿书苑扇面书法作品展"。扇面作品多种多样，除了展板上的扇面书法作品外，展台上也展出了10余把精美的折扇，也是这次展览的一大亮点。孩子们来到展览现场，相互欣赏，相互评价，拓展了扇面赏析的知识。展览结束后，孩子们把亲手书写的一把把扇子当成礼物，在同学、亲友间相互赠送留念。

（二）教学反思

本次教学活动的开展不仅关注书法课程的人文性，同时也关注学生书写技能的学习与掌握，更重要的是发挥了书法学科的育人功能，达到了陶冶情操、培养性情的目的。

回顾此次教学活动，让我感到欣慰的是学生们很好地掌握了扇面书法的基础知识，熟悉了书写技法，比较满意地达到了预期效果。同时他们不仅完成了完整的扇面作品，想象力与创造力也得到了明显的提高。

通过本次教学活动的开展，可见书法学习并不枯燥。在以后的教学中，教师还应充分结合书法学科特点多开展形式多样的书法教学活动，充分调动学生积极性和增添书写的趣味性。如夏天写扇面，冬天就可以写春联，用毛笔设计自己的小名片，装饰环保袋，制作具有中国风的文化衫等等有创意的活动，为灰黑的书法披上五彩斑斓的外衣，让孩子们爱上书写，让书法滋润孩子们的心灵！

《湿地精灵》之美丽滨海

——舞蹈创作活动课程设计

天津市滨海新区大港青少年活动中心　刘　晶

北大港湿地自然保护区位于天津市滨海新区东南部,地处亚洲东部鸟类迁徙线路。这条连接东亚与澳洲,跨越了印度洋、北冰洋、太平洋的线路,是全球八大候鸟迁徙路线之一,包括数十种国家级和28个濒危物种在内的数千万只候鸟,经由这条绵延1300公里的迁徙线,完成年复一年的生命延续。出于对大自然的这份爱,我萌生了以湿地为题材创编舞蹈作品的念头。

一、创作意图

从幸福教育起航,注重整合地域资源,将"湿地"引入舞蹈教学,用艺术创作的形式培养孩子爱鸟、护鸟的意识,诠释对大自然的爱,荡涤和美化幼小心灵,让孩子们通过肢体语言唤起观赏者关注生命、热爱自然的情感,体会生命存在的意义,促进人与自然和谐相处。

二、教学理念

在舞蹈教学中,我始终坚持"以学生为主体"的理念,注重舞蹈能力的培养。注重引导学生不能只会"动作"不会"舞蹈",教会她们如何从生活向舞蹈形象转化。这时,"学以致用"就显得至关重要。

三、学情分析

此次的教学对象是中心舞蹈团学员,年龄为6-12岁,年龄跨度较大。

她们热爱舞蹈，有较好的基本功和表现力，具有一定的舞台表演经验。此外，我们还积极为孩子们展示自我、树立自信搭建平台。有这样一个孩子，她从小热爱舞蹈，但天生动作不协调，在学校舞蹈队选拔中几次落选，自信心受到重创。为了帮她找回自信，我们特招她加入舞蹈团。这样一支队伍，为舞蹈创编增加了难度。

四、教学目标

认知目标：引导学生以舞蹈的眼光去捕捉、思索观察对象的特点，用肢体语言表达思想情感。

能力目标：挖掘学生自身潜能，使她们能够模仿鸟类在觅食、嬉戏、飞翔、跳跃时的肢体动作，准确把握音乐节奏的强弱对比及动作快慢。

情感目标：加强培养学生的爱鸟、护鸟意识，使爱鸟教育、环保教育根植于孩子们的心灵深处。

五、教学重难点

重点：以学生对生活的观察为基础，通过寓教于乐的教育形式，激发她们的表现力和创造力，很好地完成舞蹈作品。

难点：引导学生发挥梦一般的想象，宣扬个性、灵活思维，体会参与创编的乐趣。

六、教学过程

全部教学分为四部分：走进湿地——创作构思——整合串排——舞蹈表演。

（一）走进湿地

随着天气回暖，候鸟大军聚集北大港湿地，我们第一次走进它们。如此地亲近自然，不仅给孩子们带来了视觉和听觉上的震撼，激发了她们的表演欲望，更为舞蹈作品积累了丰富素材。

（二）创作构思

1. 动作构思

矛盾曾说过"模仿是创造的第一步"，没有模仿就没有创新的基础，就没有创新的可能。对舞蹈学科来说，在生活向舞蹈形象转化的过程中，首先要做的就是模仿。在动作构思阶段，我们将收集的素材进行整理，引导学生进行了生动的模仿。

丰富的动作素材，为创编奠定了良好基础。此时，我为孩子们设计了一个有意思的动画教学环节。在播放动画的同时，我开始提问："大家看到的这个正在舞蹈的小人，动作是怎样形成的呢？"其实，她就是由单一舞蹈动作组合而成的。我提示学生，将自己所掌握的单一动作进行连接就形成一个小组合。在此基础上还可打乱排列顺序，进行分解、重组，形成多个小组合。这个环节充分调动了学生的主动性、激发了创造性，使她们做到"学以致用"。经指导，孩子们对创编方法进行尝试，通过反复修改、练习，在一次的创编课中完成了两个八拍动作。

针对学生创编的作品，评价时既对她们的创意和表现给予充分肯定，又对存在的问题予以提示，并给出修改意见。

2. 队形构思

3. 场景构思

整合地域湿地资源，结合候鸟迁徙特点，我们将舞蹈《湿地精灵》构思成四个场景：良地而栖、万鸟闹春、候鸟迁徙、重回湿地。

（三）整合串排

1. 主体动作的学习

我们吸取了学生模仿、创编的经典动作，使构思到学习过程得到很好的衔接。教学过程中，运用了多种教学形式，主要有以下三种。

（1）示范教学法：授新时，首先给学生正确的示范，讲清动作规格及要领，说明动作形态和用力方法。同时，选择由简至繁、由易到难的有效训练步骤。

（2）启发教学法：鼓励学生善思、敢问、敢想、敢做，注重引导她们体验观察生活的过程。

（3）"双面镜"自我纠正法：教学过程中，我发现学生借助镜子只能观察到自己的正面动作，背面很容易成为"盲区"。于是，我借助镜头拍摄学生的背面动作，犹如加上一面镜子，以帮助孩子们更好、更快地纠正不良动作。实践证明这种方法非常有效，我给它取名"双面镜"自我纠正法。

在主体动作学习过程中，还使用了互动法、激励法、个别指导法等多种教学手段，以帮助学生更好地学习。

2. 单一队形的练习

包含一字、人字、平行四边形、斜线、散点、圆，重点练习散点变圆。

目的：练习学生的空间方位感。

3. 场景分组设计练习

将四段场景配合音乐进行练习。学生聆听音乐，讲解每一部分的节奏和情绪，培养学生的音乐节奏感，引导她们正确理解每拍对应的舞姿。

目的：练习不同场景的表现情绪，了解舞蹈作品的创作意图。

4. 整合串排

配合音乐完整练习，并针对存在的共性问题集中进行教学指导。

5. 活动延伸

为达到更好的教学效果，我们再一次来到湿地，感受角色，加深对作品的理解，以大自然为舞台，激发孩子们的表演热情，强化表现力与感染力。同时，带领学生捡拾垃圾，培养她们的环保意识，共同为候鸟提供良好的栖息之地。

（四）成果展示

通过师生的共同努力，舞蹈《湿地精灵》不仅获得了2014中国梦全国文化艺术展演活动天津赛区一等奖，还一举夺得第九届"校园时代"全国青少年才艺电视展演金奖。

七、教学反思

（一）舞蹈创作源于生活

走近生活、深入实践，注重挖掘富有情趣和教育意义、学生喜闻乐见的舞蹈素材，编排出的舞蹈才有灵魂，通过真情实感的表现，才能引起人们的共鸣。

（二）尊重学生的主体地位

教学过程中应注重将传统的传递、教授转化为启发、激励式教学，使学生由被动接受到主动思考，认真感悟、大胆创新，从而充分发挥主观能动性，激发创新思维和创造活力。

（三）注重创新教学方法

教师要善于思考、勇于探索，积极将舞蹈知识和技能，通过行之有效的方法轻松愉快地传授给学生，从而进一步提高教学效果，达到课堂教学的优化。

我为地球跳支舞

——少儿舞蹈组学员社会实践活动

北京学生活动管理中心　王　潇

一、确定主题的依据

（一）贯彻政府文件要求，突出校外教育特色

为了更好地贯彻落实《中共北京市委办公厅、北京市人民政府办公厅印发的〈关于进一步加强和改进未成年人校外教育工作的意见〉的通知》（京办发【2006】21号）精神，搭建校外活动平台，努力营造和谐的育人环境，带领学员走出活动室，融入生活，走进大自然，活动重点突出校外教育特色。

（二）从观察生活入手，引导学员增加直接经验

艺术来源于生活，只有培养少儿对身边事物的观察能力，才能促进少儿学习舞蹈的表现力和想象力。所以此活动依据少儿学员的年龄特点，活动设计力求培养学员的形象思维能力。在活动过程中增加少儿的直接经验，从而达到表现力与想象力的最佳融合。

（三）针对学员认知特点，找到学员兴趣切入点

针对少儿学员简单而且直观的认知特点，根据他们的兴趣精心设计适合她们的活动内容，引导学员观察生活中关于环保题材的例证，发展创造力与想象力的同时培养少儿关注环保、保护地球、热爱家园的情怀。

二、活动目标

（一）知识目标

值此6月5日世界环保日之际，通过观察北京k11环保体验馆，深入

了解生活中关于环保的方式以及环保措施，为舞蹈创编和宣传环保知识相结合提供更多的元素，同时增强大家对低碳环保生活的认识。

（二）能力目标

提高学员对环保生活的认知、形象分析概括能力，以及舞蹈动作的编创能力，将生活中可利用的环保元素运用到舞蹈理解和编创中，让学员通过编创环保题材的舞蹈动作理解和展示生活中环保的重要性。

（三）情感态度价值观目标

1. 在参观北京 k11 环保体验馆和尝试关于环保题材舞蹈编创的过程中，既感受到在当今社会生活中低碳环保的重要性，同时又激发了学员舞蹈动作的编创能力，培养学员从身边的小事做起，热爱我们的家园、热爱我们的国家。

2. 在参观学习中形成认真观察、虚心学习、互相帮助的良好心态。在参观学习中提取更多的舞蹈元素，了解并掌握更多的环保知识，力争编创出具有环保特点的舞蹈动作。

3. 学以致用，让学员感受到学习舞蹈不仅仅是在课堂中所接触到的舞蹈动作训练，还可以在生活中利用身边各种可以利用的环境及条件来创编舞蹈；不但能培养自己的生活情操，还可以服务他人、寓教于乐，为别人带来快乐和美的享受。

三、活动时间、地点、对象及规模

时间：6 月 5 日－7 月 22 日。

地点：北京 k11 环保体验馆、北京市少年宫礼堂。

对象：北京市少年宫舞蹈组学员。

规模：30 名学员。

四、活动重点和难点

（一）活动重点

1. 观察并了解低碳环保在生活中的重要性。

2. 通过舞蹈编排在舞台演出中将环保的重要性宣传给身边的每一个人。

（二）活动难点

1. 通过参观环保体验馆让学员了解更多的环保知识，进而让学员将自身所学的舞蹈知识与环保相结合，编创出一段具有环保内容的小舞蹈。

2. 在家长的帮助下学员利用生活中的废弃物料制作演出服装。

五、活动准备

（一）教师准备

1. 在活动的前三周联系北京 K11 环保体验馆相关负责人，商议有关参观、安全等方面事宜，查看活动场地。

2. 在活动的前一周给本班的学员及家长开动员会，说明此次活动的意义，提出外出有关事宜的各项要求。

3. 教师预订大巴车，准备相关知识的图片、文字。

4. 教师制订学员集体外出活动安全预案。

（二）学员准备

1. 学员在网上或书籍里搜集有关环保内容的资料。观察生活中人们的哪些行为不能做到低碳环保。

2. 参观学习当天学员带好笔和纸，统一着装。

3. 每个学员随身携带安全卡片，上面注有老师和家长的联系方式。

六、活动过程

（一）开心去学习

1. 活动动员。（6月3日）提示学员参观当天带好相关物品（水、安全卡片等），并向学员提出注意事项。第一，参观时遵守纪律，听从带队教师安排。第二，乘车时保持安静，注意车厢内卫生，保管好个人物品。第三，要认真参观学习，听从讲解员阿姨的安排，结束后要回答老师提出的问题。

2. 快乐出发。（6月5日早9：00）舞蹈组的学员在少年宫集合一同乘车出发，前往北京 K11 环保体验馆进行参观学习。

3. 参观学习。（6月5日早10：00）学员分别参观地球变暖带来的各种危害、绿色建筑及绿色材料的使用、废旧物品的再利用、低碳节能的方式方法等几个板块内容。

4. 现场提问。（6月5日上午10：30）观察结束后进行现场提问。在环保体验馆现场互动区域老师和学员一起总结参观过程中所掌握的环保知识。通过提问让学员踊跃回答，以便对所参观的环保内容达到最佳的消化和理解效果，进而掌握生活中环保小窍门。最后现场留下作业，要求学员回家后根据参观的内容，结合自身所掌握的舞蹈知识，创意编排一段带有环保题材的小舞蹈。

（二）快乐动手做

1. 学员在家长的帮助下，利用废弃物动手制作汇报演出当天的环保服装，不规定样子，随意制作。

2. 利用业余时间我带领学员们利用废旧的纸杯，动手制作成可爱的环保娃娃，作为汇报演出中环保互动环节的小礼物赠送观众。

（三）创意环保舞

1. 编创展示。（6月10日、17日）通过参观，学员编排了各种和环保有关的舞蹈动作，很多学员编创的舞蹈，环保主题鲜明，内涵深刻。

2. 辅导排练。（7月15日）利用上课的部分时间进行辅导练习，给学员规范并美化舞蹈动作，进行舞蹈节目"我爱地球"的编排，为7月22日的演出做准备。

3. 汇报演出。（7月22日上午9：00）在少年宫礼堂的舞台上，学员们以舞蹈互动的形式进行汇报演出。每个学员穿上自己动手制作的环保服装，在舞台上尽情地舞蹈。在演出的过程中，在现场与观众互动关于生活中有关环保的知识问答，学员们还将亲手制作的环保娃娃送给了回答问题的观众，将低碳环保的理念渗透给身边每一个人。

七、活动效果测评方法

（一）学员访谈

谈体会、谈感想、谈收获。

（二）家长访谈

播放活动录像，召开家长会征集家长意见。

八、活动反思

（一）活动亮点

1. 艺术与科技相结合，引导学员全面发展。我设计这次的主题活动就是想让学员通过本次参观能够学会探索、发现并了解生活中的环保知识。通过有效地将学习艺术和课程有机地结合起来。让学生不只单纯地在教室学习单一的舞蹈技能，而是要走出课堂融入生活，使之全面发展，这也正是作为校外教育所主要提倡的有效途径之一。

2. 关注生活现实问题，培养学员社会责任感。环保话题，是当今社会人人无法回避的话题。全球变暖、极端气候、环境污染造成了我们生活的地球环境恶化，一些珍稀动物和植物也因为环境的变化以及人类的过度捕杀和砍伐而逐渐地消亡，甚至于灭绝。夏季的洪水、冬季的雪灾等各种极端天气，以及地震造成的伤害也是屡见不鲜。这就需要我们深深地反思在生活中怎么样对我们赖以生存的环境加以保护？如何培养学员从小养成良好的生活习惯，养成保护环境的意识？如何让学员对待环保有深刻的认识，培养学员的社会责任感？设计这次主题活动也正是基于以上原因。

3. 给学员自由发挥的空间，引导学员灵性成长。本次活动我更加注重学员们的自我学习能力，除了在参观的过程中现场讲解员给予的讲解以外，我要求所有学员全部自己动脑动手将所参观的内容加以创编。给学员自由发挥的机会、想象的空间，让他们从生活中去寻找各种有关环保的素材。发挥学员的主观能动性，引导学员灵性成长；尊重学员们的创意，尊重每一位学员想表达的思想。而学员们也表现得非常踊跃，在家长的帮助下每一位学员都是自己动手搜集有关环保的资料和环保材料，创编了环保小舞蹈，制作了环保芭比娃娃，加工了环保舞蹈演出服。虽然最终学员编排的舞蹈还有一些不成熟，但是通过每个人的认真参与、亲力亲为，学员们得到了一次深刻的环保教育。

4. 教育活动力求完整，三个设计环节受到家长的认可。本次教育活动从构思主题到总结演出，我力求做到整个活动过程充实完整。所涉及的活动环节也是力争符合学员们的接受能力，能够让学员真正地从活动中体会到活动的意义和价值。在环保体验中能够认识到环保对生活的重要意义，理解环保和我们每一个人是息息相关的，要在生活中从身边做起、从小事做起，真正地将环保意识落实到生活中去。整个活动教育效果良好，学员们在自己动脑构思创编、动手制作的过程中切身领会到本次活动的教育意义，增强了生活环保意识，也带动了身边的其他人一起关注环保生活。本次活动得到家长们的一致认可和支持，当看到学员们环保意识的转变后，纷纷给予了本次活动支持与配合，还一起帮助学员制作环保舞蹈道具和服装。在参与的过程中家长们也表示，本次活动是他们和孩子一起学习环保知识、增强环保意识的过程。他们与孩子形成了"我们每个人都行动起来，一起投入到环保生活中，让我们的生活更加的环保，让我们的地球家园更加的美好"的共同愿景。

（二）活动不足

虽然活动顺利、圆满地结束了，但是在活动的过程中还是存在诸多的不足，比如参观前的准备，个别学员和家长不够重视，没有更好地查阅相关资料，对环保问题还不是十分明确；在参观的过程中有些学员对待低碳生活还不够理解，学员的理解力和接受能力也是参差不齐，这样也造成有些环保知识领会得还不够好。我将在今后的活动当中汲取更多的经验，预留充分的时间做好各项准备工作，力争将活动主题所关注的问题渗透到每一个学员的脑海中，让学员都能真正地参与到、领会到、学习到、掌握到、表现到。同时也希望得到同人、老师、领导对于我工作不足的地方提出批评和指正，更希望得到大家的支持和帮助，让我将今后的工作做得更好。

最后，通过本次活动，我希望学员们能从自我做起、从身边的小事做起，关注低碳环保生活，养成良好的生活习惯，快乐成长，热爱国家，保护地球。

想象与模仿

——密云青少年宫男童舞蹈团《狼图腾》学习活动

北京市密云青少年宫　管兆凯

一、活动依据

（一）内容的选择

《狼图腾》是少有的叙事题材的优秀舞蹈作品，舞蹈的情节和寓意能够引发人们深深的思考。舞蹈作品充满野性与激情，节奏明快，动作粗犷奔放，塑造了一群草原狼的形象，将蒙族舞蹈元素和语汇融入其中；有力地表现了"狼群"最原始的野性和顽强的生命力以及那坚不可摧的团结精神。

通过对舞蹈作品的鉴赏和分析，对舞蹈寓意的思考和想象，对舞蹈框架的了解和掌握，对舞蹈形象的捕捉和模仿，能够提高学员的想象力和形象思维能力，增强学员的模仿能力和表现力，加强学员的团队意识以及持之以恒的品格

（二）学情分析

1. 参加本次活动的学员为2-6年级的男生，共26人。

2. 小学阶段男孩子活泼好动、思维活跃、想象力丰富、善于模仿。

3. 学员学习舞蹈两年左右，有过多次参加大型演出比赛的实践经验，学员们已基本具备协调控制身体的能力及肌肉素质能力。

4. 学员在2013年参加了很多丰富多彩的实践活动，有较强的团队意识和团结协作能力。

（三）指导理念及设计思路

1. 回顾成长足迹，总结归纳规律和方法

新学期第一次活动，教师设计制作能够体现学员上一学年参加演出、比赛的演示文稿，通过学员观看自己上一学年的学习经历，回顾自己成长的足迹，并选择印象最深刻的活动进行观察、想象，用舞蹈动作去模仿和再现当时的场景等一系列环节的体验，引导学员归纳总结想象和模仿应具备的条件及发挥想象和进行模仿的规律与方法。

2. 理解舞蹈作品，充分发挥想象力

孩子的想象力无穷无尽，在教学过程中需要教师给予学员发挥想象的空间，通过赏析舞蹈作品的环节，提高学员的观察力和想象力。首次赏析作品，想象故事情节，分组讨论，理解舞蹈内涵；再次赏析作品，剖析作品段落，分组讨论，分析舞蹈段落。在培养学员想象力、创造力的同时，使学员能够掌握鉴赏、分析舞蹈作品的方法。

3. 展示舞蹈作品，培养提高模仿能力

通过两次观看舞蹈视频，并对舞蹈作品进行分析，学员一定是跃跃欲试，非常想模仿和表现狼的动作。设计实施分组讨论，小组合作，模仿狼的神态和动作，同时合音乐完成本组设计的故事情节。小组合作学习能够充分调动组内每一名学员的积极性，大家共同研究、讨论，发挥自身优势，分工协作，取长补短。在模仿舞蹈形象的同时，提高学员的观察能力和舞台表现力。

二、活动目标

（一）知识与技能

1. 通过回顾梳理、模仿再现的环节，学员能够在教师引导下总结归纳出想象和模仿的规律和方法。

2. 通过观看舞蹈视频分组讨论，学员能够说出舞蹈《狼图腾》的故事情节以及舞蹈作品的整体框架和段落。

3. 通过观察狼的照片和作品中狼的形象，学员能够模仿表现出狼的神态和动作。

（二）过程与方法

通过赏析作品、小组讨论、模仿形象等环节，学员能够在学习中掌握、运用想象和模仿的规律与方法。

（三）情感态度与价值观

在活动中，学员能够积极主动地参与活动的各个环节，通过理解舞蹈的寓意，不断强化集体观念和大局意识，了解集体和团队的重要性，体验运用想象、模仿表演舞蹈所带来的成就感和快乐。

三、活动时间、地点、对象及规模

时间：2013年9月6日。

地点：密云青少年宫401室。

对象及规模：男童舞蹈团学员，26人。

四、活动内容和方式

内容：理解舞蹈作品《狼图腾》，模仿狼的神态及动作。

方式：直观感知、讨论研究、合作学习、讲练结合、总结评价。

五、重点

学员对于舞蹈作品的理解和舞蹈形象的表现。

六、难点

学员对于狼的舞蹈形象的模仿和表演，学员年龄不均，观察能力和表现力有限，需要教师通过不同形式不断地启发、引导和示范。

七、辅导方法

观摩法、发现法、讨论法、讲授法、练习法。

八、活动准备

教师：制作活动演示文稿，剪辑舞蹈视频和音乐。

学员：假期中观看狼的视频、动画片，了解狼的习性和特点。

九、活动过程及设计意图（含时间分配）

教学活动结构	教师活动	学员活动	设计意图
一、回顾梳理归纳总结（15分钟左右）	1. 组织学员观看上学年活动照片	1. 观看照片，回顾足迹的成长足迹	1. 观看上学年的活动照片，让学员回顾自己的成长足迹，在头脑中形成丰富的表象储备，提供充分发挥想象的空间
	2. 教师提出要求：在回顾的活动中选择一个印象最深的活动，观察照片，用舞蹈动作模仿再现当时的场景	2. 观察、思考、展示	2. 通过学员选择印象最深刻的一个活动，用舞蹈动作模仿再现当时的场景，让学员体验如何进行想象和观察模仿
	3. 教师提问：发挥想象和生动模仿应该做什么？引导学员归纳总结方法和规律	3. 认真思考，回答问题，在教师引导下归纳总结发挥想象和生动模仿的方法和规律	3. 通过两个环节的体验和感受，教师启发引导学员归纳、总结出发挥想象和模仿应具备的条件，为之后的环节进行铺垫
二、发挥想象理解作品（30分钟左右）	1. 组织学员观看狼的照片，提问：说说你对狼的认识和了解	1. 观看狼的照片，回忆查阅的资料，回答问题。（如：凶猛、群居等）	1. 通过观看狼的照片和回答问题，在学员的头脑中形成丰富的储备，加深学员对于狼的认识和理解
	2. 组织学员赏析舞蹈《狼图腾》，观看前提出问题："舞蹈讲了一个什么故事？"	2. 认真赏析舞蹈作品，发挥想象，分组讨论，叙述舞蹈的故事情节	2. 赏析舞蹈作品，头脑中储备舞蹈的相关资料，引导学员发挥想象力，分组讨论，大家集思广益，叙述舞蹈故事情节
	3. 二次组织学员赏析舞蹈《狼图腾》，提出问题："舞蹈分为几个段落？你是如何来划分段落的？为什么？"	3. 认真赏析舞蹈作品，发挥想象，分组讨论，回答问题，并说出划分的方法和原因	3. 引导和启发学员学会如何分析舞蹈作品，如何划分舞蹈的段落，理解舞蹈作品，提高学员想象力，为观察模仿奠定基础

续表

教学活动结构	教师活动	学员活动	设计意图
三、小组合作模仿展示（35分钟左右）	1. 三次赏析舞蹈《狼踢腾》，播放舞蹈音乐，提出要求：分组讨论，模仿和表现狼的神态和动作，完整表演故事情节	1. 赏析舞蹈，认真观察，理解音乐，明确要求	1. 模仿的前提是认真观察，倾听舞蹈音乐，给予学员发挥想象、生动模仿的空间，完整表现本组讨论出的故事情节
	2. 各组之间巡视、指导	2. 分组讨论、合作学习，运用知识和方法，模仿和表现狼的神态和动作	2. 分组讨论，设计本组的展示方案，按照本组讨论的故事情节，分工协作，生动模仿狼的形象
	3. 组织学员分组合音乐，按照故事情节进行展示、模仿，各组互相评价	3. 分组投入表演，互相评价	3. 展示各组成果，体验表演的快乐。学员间进行有效地评价，取长补短
四、活动小结（10分钟左右）	教师提问：新学期第一次活动，你最大的体会和感受是什么，引导和鼓励学员回答问题	回答问题，交流活动心得，诉说活动体会	通过教师的提问和不断追问，引导学员回顾梳理本次活动，分享活动中的心得和体会，增强团队意识
活动效果测评方式	通过学员语言反馈	1. 学员是否在教师引导下总结归纳出想象和模仿的方法与规律 2. 学员是否对舞蹈作品发挥想象、准确理解 3. 学员是否能够准确梳理本次活动，增强团队意识	
	观察学员活动效果	1. 学员是否将想象与模仿的方法、规律运用到实践中，形象生动地模仿照片中以及舞蹈作品中狼的神态和动作 2. 学员是否积极主动地参与活动的各个环节，体验想象和模仿带来的成就感和快乐	

十、活动自评

本次活动是密云青少年宫男童舞蹈团2013－2014学年度第一学期第一次活动。本次活动以"想象与模仿"为主题，通过回顾梳理、归纳方法、观赏作品、发挥想象、合作学习、模仿形象以及总结评价等活动环节，学员能够积极主动地参与活动的各个环节，在教师引导下初步总结归纳出想象和模仿的规律与方法,依托想象说出舞蹈《狼图腾》的故事情节及作品的框架和段落,惟妙惟肖地模仿表现出狼的神态和动作,体验到舞蹈创编展示的快乐。本次活动既对上一学年的活动进行了回顾和梳理,又调动了学员参与活动的积极性,明确了本学期第一阶段的活动内容,是一个成功的开始。

(一)亮点

通过反思,我认为活动最突出的亮点是对学员创新精神和实践能力的培养,具体表现在以下两个方面。

1. 赏析作品,理解内涵,培养了学员想象力和创造力

孩子的想象力和创造力是无穷无尽的,教师需要引导学员归纳总结方法和规律,并给予学员足够的空间。本次活动中,通过赏析优秀舞蹈作品,分组讨论舞蹈的故事情节以及舞蹈段落的划分,充分调动了学员的积极性,同时极大发挥了学员的想象力。有的学员通过听舞蹈音乐中的"水声",想象出狼群们"过河打猎";有的学员则通过音乐中的枪声想象出是猎人打伤了小狼;而有的学员通过舞台的灯光效果,想象出舞蹈开始是昏暗的清晨;更有的学员通过"大狼照顾小狼",想象出"狼王"和"首领"。在赏析舞蹈作品,理解舞蹈主题内涵的同时,开阔了学员的思维,培养了学员的创新精神。

2. 合作学习,模仿形象,提高了学员的观察能力和模仿能力

本次活动,无论是讨论舞蹈的故事情节,还是划分舞蹈段落,又或是模仿和表现狼的神态动作,都是通过小组合作学习的模式进行的。在小组合作学习中,组内成员每人都发挥出自身的优势,如有的学员表现力强,有的学员严谨认真,有的学员思维活跃,有的学员活泼好动,大家在小组合作学习中取长补短。通过组内的共同研讨,学员渐渐把狼的动作和之前学过的蒙古族舞蹈动作进行有效地组合,并且进行了简单的队形设计和情节设计,在音乐的伴奏下形象生动地表现了狼的神态和动作。在小组合作学习以及模仿舞蹈形象的同时,提高了学员的实践能力。

(二)不足

反思本次活动,我认为不足之处是:教师导向作用的发挥在度的把握上还有所欠缺。这一问题体现在模仿展示的环节中,由于教师在引导学员

充分发挥想象进行模仿时缺少度的把控，比较宽泛，因此学员在赏析舞蹈后进行的模仿显得没有针对性和可比性，不能将问题聚焦来进行对比和有效的评价，大大降低了环节的实际教学效果。如果教师在赏析舞蹈作品时提出明确要求，如模仿出几个舞蹈动作，或者模仿出舞蹈其中的一个段落，那么，学员在赏析和观察时就会有针对性，也会更加明确具体的要求和目标，同时在模仿和展示时也会取得更好的效果。类似的问题在教学过程中不只这一处。这也说明作为年轻教师，在运用教育理念时，应该针对具体情况多思考、多尝试、多改进。

自主体验 以境动情

——《草原赞歌》电子琴情境教学案例

天津市津南区少年宫 张 瑜

人常说岁月如歌,我的岁月之歌在天津市津南区少年宫的校外教育事业中已经唱响 26 年了。26 年来,在教育教学中,我始终坚持用创设情境的方法从生命教育的高度关注学生的情感体验,满足学生的"自我认知""自我表现"的需要,以激发学生的音乐灵性,放飞学生的艺术个性,使学生的自身艺术潜质,逐步转化为自身特有的气质和修养。在电子琴教学中,我积累了丰富的经验,也取得了一些业绩。尤其在一些拥有浓厚民族特色和特殊背景的乐曲教学中,我主张"自主体验 以境动情"的教学模式,可以让学生更好地体验音乐之美,培养学生丰富的生活情感及想象力。

乐曲《草原赞歌》是中国音协电子琴考级教程六级乐曲,选自著名的美术片《阜原英雄小姐妹》。乐曲充满朝气、活泼向上,抒发了草原小牧民对祖国、对大草原的无限热爱。这首乐曲作为一个单元的新授教学活动内容,共分 3 次活动完成,每次教学活动 90 分钟。

我班共有年龄 8 - 10 岁区间的学生 8 人,他们天性聪颖,乐感灵敏,均有近三年电子琴学习的经历,具备一定的乐理知识和识谱、演奏能力。

面对这样的学情,我从"情感态度价值观、过程与方法、知识与技能"这三个维度制定了如下的教学目标。

第一,通过本次乐曲的学习,使学生亲身体验到一种充满朝气、活泼向上的精神境界,提高学生形象思维能力和审美情趣,培养学生热爱大自然,热爱祖国,胸怀大志的高尚品质及乐观向上的生活态度。

第二，采用情境教学法和互动式教学把演奏技巧融于形象启发之中，培养学生丰富的生活情感及想象力，理解和把握乐曲风格特点，提高演奏的积极性。

第三，了解三部曲式及其结构划分，民族五声羽调式的音阶组成；准确掌握快速的轮指弹奏及旋律中多变化的节奏型；学习宽音程组成的抒情性长乐句连奏方法和指法运用。

依据单元训练重点和学生已有的学习基础，我把教学重点确定为：指导学生在掌握乐曲演奏技巧的同时，加强对音乐情绪和形象的理解和把握。教学难点确定为：掌握乐曲各段演奏技巧，特别是快速轮指、多变化节奏的准确弹奏、宽音程弹奏方法以及左手和弦快速准确的连接。

为了达到以上教学目标，凸显"自主体验 以境动情"的教学思想，我设计了以下七个教学流程。

一、播放电影，让学生说

认知心理学家布鲁纳认为"学习的最好刺激是学生对所学材料的兴趣"。全面营造一个良好的情境，是实现良好教学的关键。在教学《草原赞歌》时，我首先播放《草原英雄小姐妹》动画电影精彩片段，同时插播教师绘声绘色地描述内蒙古大草原上龙梅和玉荣小姐妹在暴风雪中保护公社羊群使其不受损失的感人故事。相信学生在带有冲击力的视觉、听觉刺激下，定会被剧情深深感染。趁学生愤悱状态之时，我引导学生述说最感动的画面。这样的情境创设，既巧妙地使学生了解了乐曲的时代背景，又为把握乐曲情感奠定了基础，激发了学生对大草原景美、人美、情美的热烈向往，更激发了学生对乐曲学习的兴趣。

二、聆听插曲，让学生议

为了让学生认识和熟悉乐曲旋律，我播放影片中的插曲《草原赞歌》，"天上闪烁的星星多呀星星多，不如我们草原的羊儿多，天上飘浮的云彩白呀云彩白，不如我们草原的羊绒白……"同时带动学生随插曲一起唱起来，让学生感受歌曲音乐，捕捉歌曲与学生思想灵动的焦点，激发学生兴趣点。然后，在教师引导下，学生讨论分析以下问题：第一，歌曲调性是小调；第二，节拍及其特点是2/4进行曲风格；第三，典型节奏型是附点音符节奏，进而引出本次教学所学乐曲《草原赞歌》。用播唱歌曲创设、渲染学习情境，让学生置身于积极、宽松、美好的境界中，不但使此环节变得轻松愉悦，更是激发了学生善学、乐学的兴趣。

三、教师示范，让学生看

音乐教学中，教师的范唱、范奏虽然不及唱片或录音那样完整、优美，然而百闻不如一见，范唱、范奏直观性强，能使学生获得具体、生动、真实的感性认识，提高学生的学习兴趣，并能集中其注意力，帮助学生更深入地理解作品的音乐形象，发展学生的观察力、想象力和思维能力。在学生复习讨论本首乐曲特色知识点的基础上，我为学生完整示范演奏本次教学乐曲。这时学生围拢在我身旁用心聆听，观察我的演奏表情和动作，学生从直观上感受了实际音响效果，对乐曲基本演奏技巧也有了一个初步理解，成功的示范激发了学生的学习兴趣。在学生处于最高兴奋点时，我给他们讲解乐曲中以下三个乐理知识。

1. 乐曲的结构特征：三部曲式结构——包括前奏A、B、A三段。前奏采用弦乐音色，情绪欢快热烈；A段采用单簧管音色、节奏明快、跳跃；B段模仿马头琴音色，风格与A段的欢快活泼形成对比，音乐气息宽广、抒情；再现A段采用弦乐音色，双音再现A段旋律，全曲在热情、欢快的气氛中结束。在教学此环节时，我先引导学生观察和倾听，同时和学生一起分析并画出段落标记。

2. 乐曲的调式特征：民族D羽五声调式，一个降号，降7（xi），老师引导学生找出主音2（ruai），再一起列出调式音阶245612。

3. 乐曲的节奏特征：具有草原骏马飞奔的节奏特点，四分、八分附点、切分音、前十六分及后十六分节奏的交替进行。老师在黑板上出示节奏型，和学生一起画拍比较，并用"da"读准节奏。

四、引起共鸣，让学生唱

记得一位教育哲人曾经作过这样的描述："教育就是体验和感受。"任何学习一旦摆脱了体验和感受，那么学习的结果将是纸上谈兵，成为实践和呈现的障碍。在教学中，我总是创设学生敢学、易学、乐学的学习氛围，把学生推到前台，引导学生自主学习，亲身实践，取得了非常好的教学效果。在教学《草原赞歌》时，待学生掌握了乐曲的特征，对乐曲已有了初步感知后，我弹奏电子琴加进行曲节奏慢速带学生轻声视唱右手旋律，这样的学习实践使学生在视唱的过程中，熟悉了乐谱，观察了指法，掌握了节奏变化，了解了连音、跳音及表情记号，加深了学生对乐曲的主题记忆。

五、教师点拨，让学生练

快速轮指、多变化节奏的准确弹奏、宽音程弹奏方法以及左手和弦快速准确连接是这首乐曲弹奏的难点。为了突破教学难点，我采用了自主实践——讲解示范——单手强化——情绪渲染等方法，取得了非常好的教学效果。

在学生视唱乐曲后，自然迫不及待地想视奏乐曲。于是，我顺应学生的需求，给学生自主实践的机会和空间，使学生在亲力亲为中发现问题，突破难点的欲望会更加强烈。

学生对右手轮指很感兴趣，我提醒同学们弹奏时要注意指法，手指要放松，弹奏要清晰。为突出草原骏马飞奔的节奏特点，表达赞美草原的喜悦情感，我边示范边讲解，要用正确的指法弹奏，并做到节奏准确，连断分明，宽音程旋律的弹奏，双音手指下键动作要非常整齐，并严格保持连贯弹奏，长长的乐句要一气呵成。

在左手和弦伴奏烘托主旋律时，学生双手配合慢速弹奏掌握较好，但随着乐曲熟练程度的提高，速度也逐渐加快，一拍一换和弦的乐句，学生"手忙脚乱"，有连接丢漏和不准问题。这时我让学生单独练习左手和弦连接，先两拍换一次和弦，速度从65开始逐渐加快，然后再一拍一换和弦，这样带学生反复练习几遍，就很容易熟练自如地弹奏了。

在表现乐曲欢快活泼，启发学生的情绪时，我和学生一起欣赏草原风景和蒙古族欢快、灿烂的舞蹈画面，使学生直接受到情绪渲染。再启发他们想象"自己现在就正在一望无际的大草原上自由奔跑"的情境，从而更有感情的弹奏乐曲。

这样分解难点，反复练习和耐心点拨，使重难点很巧妙地得以化解和突破。

六、师生互动，让学生感

通过教师讲解、示范、点拨和学生的听、说、唱、视奏和反复练习，学生已对乐曲有了个人的认知和感受。为使学生进一步感受乐曲的蒙古风格特点，我们一起体会不同的弹奏力度和不同的弹奏速度对乐曲表现情感的作用。此外，为发展学生的个性和协作能力，我采用师生合作弹奏、学生自由组合弹奏、生生弹奏等形式，我作为指导者、参与者，时而示范演奏，时而置身其中，时而用眼神、形体动作带动学生感受乐曲的魅力，既巩固了知识点，提高了演奏能力，又激发了学生的表现力，培养了合作意识，使学生体验了成功的乐趣。

七、回归生活，让学生做

音乐是一种善于表现和激发感情的艺术，可以说，音乐欣赏的过程就是感情体验的过程。它既是欣赏者对音乐的感情内涵进行体验的过程，同时也是欣赏者自己的感情和音乐中表现的感情相互交融、发生共鸣的过程。

整个新授教学活动过程，我积极创设异彩纷呈的教学情境，引领学生在看动画电影、听唱插曲、看示范、练演奏、师生活动、畅谈感受中，让学生观察、思考、捕捉他人的优缺点，查找发现自己的不足，各抒己见，取长补短。

布置作业时，我要求学生在业余时间听、看自己喜欢的电视、电影、动画片时，思考音乐的渲染力。让学生搜索本次教学活动中的知识在哪些乐曲、歌曲中应用，仍然用情境把学生学习的兴趣延续到极致，同时启发学生在做人做事时一定要注重团队合作，像捕捉音乐的兴奋点一样，思考别人的长处为我所用。

最后，播放 2012 央视"光荣绽放"十大青年琵琶演奏家和交响乐团演奏的琵琶协奏曲《草原英雄小姐妹》，协奏曲具有很强的叙事性和内蒙古风格。随着琵琶惟妙惟肖地演奏，学生又渐渐被拉入了故事情境中，大家随着小姐妹一起欢笑，随着暴风雪一起紧张……这样，乐曲的播放加深了学生对本首乐曲旋律的记忆，激发了学生对乐曲的表现力，并使其感受到团队合作的力量和成功的喜悦，帮助学生建立起演奏与人生的联系，为终身学习音乐和感受音乐奠定了基础。教学尾声，我依然用创设情境的方法，把学生的情绪调动起来，为后续学习演绎最华美的续篇。

列夫·托尔斯泰曾经说过："成功的教学需要的不是强制，而是激发学生的兴趣。"兴趣是带有浓厚感情色彩的心理活动，只要对某个事物有兴趣，就会激发学生主动学习的热情，学习再不致于成为沉重的负担。但兴趣不是天生的，它是环境的影响和教育的结果。教师要善于为学生设计特定的教学情境，引导学生进入这种情境，才能激发学生学习音乐的兴趣。

在以上七个教学环节中，我力求通过创设丰富多彩的教学情境，用灵活多变的教学方法，最大限度地激发学生的兴趣与情感，让学生主动参与音乐的实践活动，开发学生的创造潜质，培养学生多种音乐能力，发展学生的艺术个性，"自主体验　以境动情"，使师生在教学中能够心灵相通、共享欢乐！

《祖国，祖国我们爱你》声乐教学活动

北京市门头沟区少年宫　石　娟

一、活动依据

声乐是通过声音来表现音乐和情感的一种音乐教育活动。音乐教育对于培养学生艺术素养有着极其重要的作用。结合新课程标准和新课程理念的要求，通过教师引领，师生相互探讨的过程，以学生为主体，以音乐审美、体验为核心，通过聆听音乐、表现音乐和音乐创造活动为主的审美活动，使学生充分体验蕴含于音乐、音响形式中的美和丰富的情感，与之产生强烈的情感共鸣，从而使学生养成健康、高尚的审美情趣和积极乐观的生活态度，为终身热爱音乐、热爱艺术、热爱生活打下良好的基础。

参加本次活动的是声乐初级班的12名学生，他们是一群热爱音乐，热爱歌唱和善于表现、开朗活泼的孩子。年龄在7－10岁之间，在少年宫学习声乐只有一年的时间，有一定的歌唱基础，如歌唱的正确姿势，歌唱的呼吸和歌唱时开口音的咬字，有一定的音乐感知力、审美能力和歌唱表现力。在过去一年的声乐学习中，我用欣赏的眼光，鼓励学员自信、开朗、乐观地运用自己的声音展示自我，享受音乐，努力做到每一节课让每一个孩子在自己的基础上都有所收获。

本次活动是新学期的第一课时的新歌学习。《祖国，祖国我们爱你》是一首以爱国为主题的歌曲，歌曲旋律欢快、抒情，难度适中，歌词内容是以孩子绘画的形式来表达对祖国的热爱之情。在歌曲学习过程中，面向全体学生、小组合作、重视个性发展，以激励和表杨为主，以提示和练习为辅，加强孩子们的自信，提高他们的学习热情。由于孩子们都很喜欢绘画,根据歌曲旋律和歌词内容,我把音乐和画画结合起来,引领学生根据图画,反复聆听音乐,主动探究、自主学习,使他们积极、主动的参与学习的全过程,给孩子艺术创作的平台和表现的舞台,让他们在歌曲学习和音乐实践中感受美、体验美、创造美、表现美。

二、活动目标

(一)全体学生都能准确、完整地学会歌曲。

(二)能用欢快、活跃的情绪,甜美的歌声表演唱歌曲。

(三)引导学生感受歌曲表达的情感,培养学生热祖国,赞美家乡的情怀。

三、重点难点

活动重点:学会歌曲《祖国,祖国我们爱你》。

活动难点:学生能用欢快、活跃的情绪,甜美的歌声表演唱歌曲。

四、活动准备

钢琴、多媒体、教材、卡通图片、黑板。

五、辅导方法、手段

方法:主要采用形象直观性、体验性、探究合作性、综合性的教学方法,使技巧训练渗透于艺术感受中,贯穿于音乐实践中,让学生在快乐中学习。

手段:采用听歌、看影片、说感受、小组赛、创编动作等手段相结合的办法来感知音乐。

六、活动过程(45分钟)

(一)新学期导语

老师:新的学期开始了,欢迎同学们来到我们新的少年宫跟石老师继续学习声乐。在新的环境里,同学们首先要注意上下楼梯的安全,要爱护我们的新环境。

（二）复习已学歌唱知识

1. 提问："以前我们学过哪些歌唱基础知识？"

2. 总结回顾

（1）歌唱的姿势。

（2）歌唱的呼吸。

（3）歌唱开口音的咬字。

（4）学生回忆、思考并讨论、回答问题；跟老师一起复习、练习歌唱的正确站姿和坐姿，练习歌唱的正确呼吸和咬字。

（三）发声练习

1. 跳音、连音练习

（1）教师示范。

（2）要求：保持正确的歌唱姿势和呼吸，跳音处声音有弹性，跳得轻巧，连音处声音连贯、自然、圆润，开口音嘴张圆，声音饱满。发声时带着欢快的心情，感受快乐，享受音乐。

2. 集体练习、分组练习、个人练习

3. 教师示范与指导

（1）坐姿、声音、呼吸、咬字、表情等方面指导。

（2）学生按要求正确地练习发声。保持正确的坐姿，面带微笑，两眼平视正前方，呼吸时肩膀放松，发声时开口音把嘴张圆。

（四）新授歌曲《祖国，祖国我们爱你》

1. 新课导入

（1）播放视频：韩红演唱的歌曲《讲给你的故事》。

（2）提问："歌曲唱的是哪里？视频里的画面有哪些景点？有什么特点？"

（3）总结并播放图片。

（4）用一个词形容我们的祖国。

（5）导入新课："让我们一起来学习歌曲《祖国，祖国我们爱你》，用我们的歌声一起来表达我们对祖国的热爱。"

（6）学生：看视频，思考问题然后回答问题、欣赏图片，用自己的理解来形容祖国。

2. 初步体会歌曲情绪、速度

（1）播放歌曲《祖国，祖国我们爱你》。

（2）思考问题："歌曲用什么样的情绪和速度来演唱的？"

（3）老师总结："情绪是欢快、抒情，速度为中速。"

（4）学生：完整地欣赏歌曲第一遍，根据自己的理解讨论，在教师引领、分析下，归纳出歌曲情绪特点和速度；在体验中理解歌曲，谈自己的感受。

3. 了解歌曲结构

（1）教师完整弹唱歌曲。

（2）提问："找出歌曲前奏、间奏、尾奏。"

（3）教师合伴奏演唱歌曲，学生打拍，在间奏处握拳，不拍出声音。

（4）学生：完整地欣赏整曲第二遍，在聆听中感受，在分析与讨论中得出结论。跟老师一起听伴奏打拍，熟悉间奏中不唱的旋律和节奏。

4. 分析歌词，熟悉歌曲内容

（1）播放歌曲《祖国，祖国我们爱你》。

（2）提问："歌词中都唱了哪些内容？"

（3）分析歌词，出示歌词中出现的内容的图片。

（4）根据歌曲内容，请学生用图片在黑板上贴出一幅美丽的图画。

（5）看图画合伴奏练唱歌曲。

（6）学生：认真欣赏歌曲第三遍，找出歌词中出现的内容，回答问题。听赏歌曲后，根据歌词内容，在黑板上贴出一幅美丽的图画。看图听伴奏准确背唱歌曲。

5. 歌曲要点分析与练习

（1）教师分句分析并弹唱示范前两句有间奏的地方，演唱要欢快、活泼，间奏地方空出来。

（2）歌曲三句、四句为歌曲高潮部分，唱高音开口音时，嘴要张圆，声音要甜美、圆润、自然，抒发对祖国的热爱之情。

（3）歌曲最后两句重复的作用。

①提问："最后一句为什么要重复？有什么作用？"

②总结："反复"在这里就是加强、加深的意思，更进一步表达对祖

国的热爱之情。

(4) 学生练习

①欣赏,练习把握间奏的节奏,体会前两句的欢快、活泼的情绪,并从声音上体现。

②对比、体会、练习。保持高音时的正确口形,调整高音时的声音和情感。

③师举例引导,学生思考,讨论,得出结论。更进一步体会歌曲要表达的情感。

6. 动作创编

(1) 引导学生看图画,根据歌词内容,自己创编动作,表达歌曲内容和情感。

(2) 播放《祖国,祖国我们爱你》视频,可以模仿视频里的动作,也可自己改编。

(3) 学生:根据自己对歌曲内容的理解,看图创编动作或者模仿视频画面里的动作,表达歌曲情感。

(五) 展示练习阶段

1. 分组指导、练习

按小组在镜子前进行动作创编的表演唱练习,互相观看、学习。

2. 分组个人展示

每组选出最优秀的代表进行表演唱。

3. 投票选出最佳表演者

从歌唱姿势、声音、表情动作等方面来综合评价。

4. 全体学生有感情地表演唱歌曲

(1) 教师提示:注意眼神、表情与基本形体动作整体配合。

(2) 全体学生面对镜子声情并茂地表演唱。

(3) 学生:分组练习,互相观摩学习,老师分组指导。每组选优秀代表进行展示,全体同学互相观摩。根据教师提到的几方面标准,投票选出自己认为表演唱最好的同学。

(六) 小结及拓展作业

1. 小结:对学生学习和表演的情况给予充分地肯定和表扬。

2. 拓展作业

（1）把这首歌曲表演唱给父母听。

（2）用家乡的美景改编歌词。

（3）用改编的歌词画一幅美丽的家乡的画。

（4）学生：认真听老师总结，树立歌唱的信心；记住作业，回去搜集家乡美景，了解家乡，改编歌词并作画。

七、活动效果测评

（一）教师评价：现场观察、教师点评、活动总结。

（二）学生评价：表演展示、交流总结、自评、互评。

八、活动反思

本次活动以音乐审美为核心的基本理念贯穿于全过程，以丰富多彩的教学内容和生动活泼的教学形式，激发和培养了学生的学习兴趣。师生互动，将学生对音乐的感受和音乐活动的参与放在了重要的位置。使孩子们在音乐学习和音乐实践中感受美、体验美、创造美、表现美。

本次活动的亮点是以审美为核心，激发学生学习兴趣。

（一）以景激情，以声传情，创设情境、激发学习兴趣

在导入新课时，用情感引路，先引导学生观看赞美自己家乡的歌曲视频《讲给你的故事》，通过学生熟悉的家乡美景和歌颂家乡的原创歌曲，使他们由衷地产生了对家乡的热爱和赞美之情，同时对赞美家乡的歌曲也产生浓厚的听赏和演唱兴趣。以此基础为铺垫，引领学生欣赏、了解具有象征意义的祖国的图片，引起学生情感上的共鸣，激发了学生由爱家乡到爱祖国的由衷的情感。活动做到了以景激情，以声传情，很好地调动了学生学习的积极性，激发了学生学习的兴趣。

（二）教学方法的趣味性，激发学习兴趣

学生是学习的主体，要让学生能主动、积极地学习，选择方法是很重要的。根据教材的内容和学生的年龄特点，在整个教学过程中，我注重教学方法的趣味性，如在发声练习时，让学生扮演各种小动物带着轻松、愉快的心情，模拟动物的叫声来做跳音和连音的练习，并以问答式，师生之

间和学生之间互动进行练习。这样既激发了学生对发声练习的兴趣,又能让学生轻松、自然地跟老师互动练习,把声音和情感调整到最佳歌唱状态。

"兴趣是最好的老师",而让学生去做最感兴趣的事情,无疑可以达到积极自主的学习效果。在歌曲内容把握和歌词快速记忆这一环节,我从学生爱绘画这一兴趣点出发,选择歌词中出现的内容,以作画的形式,让学生根据歌曲内容在黑板上现场贴画,既很好地调动了学生参与的积极性,又让学生在创作、欣赏美丽图画的同时深刻地理解了歌曲内容,并很快记住了歌词。

(三)以审美为核心,让学生在音乐学习和实践中感受美、体验美、创造美、表现美

在新歌教学中,采用反复听赏歌曲,如歌曲音乐、视频和老师声情并茂地演唱以及孩子们喜爱的图片展示等多种听觉和视觉的审美体验,引导学生主动感知音乐、积极模仿音乐,进而全身心投入音乐。在歌曲处理中采用多种方法、多种渠道,不但丰满了歌曲,而且充分展示学生不同的个性特长。在动作创编过程中,学生以小组为单位共同创编动作,发挥了学生的自主创编能力。这不仅体现了艺术学科的综合性,同时培养了学生的想象力和创造力,增强了学生之间团结协作的意识。在学生分组表演唱后,引导学生参与评价,充分肯定他人的优点,培养学生懂得欣赏他人的歌唱表演。在课后作业部分,让学生以爱家乡为主题改编歌词,并根据改编的歌词作画,引导学生了解家乡,热爱家乡,给学生一个更大的创作空间去感受美、创造美,表现美。

(四)活动中的不足

活动刚开始时,学员面对镜头有些紧张,放不开,没有平时上课的时候积极活跃。如果教师能多做些适时的引导和放松活动,效果可能会更好一些。

舞台寻梦　莫忘初心

——大兴区第一届学生戏剧节

北京市大兴区少年宫　王袁媛

一、活动依据

（一）政策依据

在 2011 年国家教育部颁布的《全日制义务教育国家艺术课程标准》（实验稿）中，强调了戏剧、影视艺术门类，并且在教育资源问题上给予了指导性意见。

（二）社会热点捕捉

近年来，我国影视行业迅速发展，使表演这个艺术门类不断升温，各种培训班如雨后春笋般涌现，但其质量良莠不齐。如何在这方面给学生正确的引导就成为了一个现实的问题。

（三）学生需要

学生们渴望参与到戏剧表演中来，希望能亲身体验角色，了解创作过程。他们需要一个宽松、有趣的环境，通过可观、可触的，甚至是身临其境的方式来体验表演中的乐趣。

二、活动目标

（一）知识目标

1. 了解戏剧表演的基本概念。
2. 了解舞台的基本常识。

（二）能力目标

1. 学生通过对剧本的解读，提高阅读能力和理解能力。

2. 学生通过剧目的排练，锻炼语言、肢体的表达能力及沟通交往能力。

3. 学生通过剧目的演出，积累舞台经验，提升处理舞台突发情况的素质。

（三）情感目标

1. 培养学生对表演的兴趣。

2. 学生通过参与戏剧表演活动，解放天性，从角色中体验情感历程，从创设的环境中感悟生活。

三、活动对象及规模

大兴区中小学学生，1300 余人次。

四、活动内容和方式

内容包括戏剧体验互动讲座、开幕式、现场展示、拍摄主题微电影、闭幕式共五大环节，包含讲座、体验互动、观看演出、师生同台演出、专家点评、采访等丰富的活动方式。

五、活动重点、难点

重点：在戏剧表演过程中，锻炼觉察、情绪控制、情感表达、与人交流沟通等方面的情商，在角色体验中感悟生活。

难点：引导学生进入戏剧情境，释放天性，并在此过程中去感知别人内心的情感。

六、活动准备

（一）策划阶段（2013 年 8 月 19 日 - 9 月 16 日）

1. 初步制订活动计划（8 月 19 日 - 8 月 22 日）。

2. 学生戏剧教育基本情况调查，举办活动项目专题研讨（9 月 9 日 - 9 月 12 日）。

3. 撰写活动方案（9 月 13 日）。

4. 与社会办学机构"北京星睿卓梦戏剧工作坊"洽谈合作事宜。内容包括：提供剧本、辅导专家、logo 设计、拍摄戏剧节主题微电影"阳光梦想"、面向社会宣传等（8 月 19 日 - 9 月 12 日）。

5. 考察活动地点，设计现场。

6. 制订安全预案。

7. 制订经费预算。

（二）筹备阶段（2013年9月16日－11月3日）

1. 教师准备

（1）确定具体活动时间，发活动通知

（2）召开戏剧节工作会，解读活动方案

（3）活动报名相关工作。包括：报名表、剧本、微电影光盘等

（4）召开活动领队会，与学校签订安全协议书

（5）聘请专家

（6）开幕式节目排练

（7）宣传准备

①设计制作背景布、海报、灯杆旗、Logo、宣传手册、吉祥物等材料。

②提前一周张贴活动海报、灯杆旗、发活动宣传手册。

③准备戏剧节主题微电影"阳光梦想"拍摄的相关事宜，包括剧本、摄制组人员、服道化、场景、后期制作等。

④邀请有关媒体、准备新闻素材。媒体包括：大兴区教育委员会网站、中国舞台美术协会官方微信平台、ChinaDaily网站、优酷视频。

（8）现场工作人员分工

（9）布置场地

2. 学生准备：

（1）学生进行比赛剧目的排练，进入角色状态

（2）学生和辅导教师一起准备服装、道具等物品

（3）学生到比赛场地进行彩排

（三）现场准备阶段（包括开幕式、现场展示、闭幕式活动开始前1小时）

1. 教师准备

（1）确认工作人员到岗情况。

（2）检查场地情况，音响系统、各活动区域的准备情况。

（3）组织参加活动的学生及部分辅导老师按秩序入场。

（4）活动前的现场安全教育。

2. 学生准备

（1）学生做好化妆、服装等准备。

（2）学生调节情绪进入比赛状态。

七、活动过程

活动环节及设计思路	活动内容及教师活动	学生活动	活动时间
（一）戏剧体验互动讲座 体验互动讲座是整个活动的预热部分，面向参与活动的所有辅导老师及学生，进行戏剧表演方面的辅导及宣传 演出剧目《孔门弟子》。学生在了解历史故事、感受传统道德思想的同时，还能体验戏剧表演的丰富形式	1. 讲座与互动 （1）中国戏曲学院教师刘寅先生——《创意戏剧》 （2）影视导演杨建华女士——《导演、编剧基础》 （3）国际女性文化节创始人李子女士——《戏剧互动体验》 2. 演出剧目《孔门弟子》——根据孔子带领弟子周游列国时所发生的故事改编而成的	1. 学生倾听戏剧表演的基本知识 2. 学生上台亲身体验动物模仿、舞台站位、调度等 3. 观看《孔门弟子》	10月25日 下午2：00 时长：100分钟
（二）开幕式 开幕式营造一个热烈的氛围，激发学生的参与热情，让他们感受到这是一场属于他们的盛宴。起到了宣传造势的作用，提升大兴区学生戏剧节的影响力度与社会关注度 演出剧目《如此无情》表演幽默、新	1. 在戏剧节背景墙上签字留念并与吉祥物合影 2. 演出环节 （1）嘉宾致辞 （2）大兴区戏剧名师工作室的教师们演出剧目《如此无情》 （3）辅导教师代表（刘坤）谈剧目排练过程中的感受 （4）大兴区少年宫影视班的学员演出	学生感受戏剧节浓郁的气氛，和吉祥物（人偶）玩耍，并在背景墙上签上自己的名字 观看演出，感受剧中人物的情感，学习演员的表演 倾听教师和学生代表谈感受，用心体会	11月4日 下午2：00 时长：90分钟

续表

活动环节及设计思路	活动内容及教师活动	学生活动	活动时间
颖。激发学生参与戏剧表演的热情 演出剧目《莫忘初心》去唤醒学生内心深处的创造力，起到励志的作用	剧目《莫忘初心》。讲述了一群大胆追求舞台梦想的孩子们历经艰辛，迎来光明的故事 （5）学生代表周鑫愉和大家分享他学习表演的快乐与执着		
（三） 现场展示 现场展示是本次活动的核心环节，学生通过近两个月的排练，演绎剧本，用心体会角色和故事，用语言和肢体来表达内心的情感，最终在舞台上展示自己。互相交流学习、观看其他队伍的表演，并聆听专家的点评。即兴环节充分发挥学生的自主性、创造力	1. 规定剧目展示。各校代表队根据由主办方提供的剧本编排后演出剧目 2. 原创剧目展示。各校代表队根据自创的剧本编排后演出剧目 3. 即兴表演。学生现场抽签，根据题目即兴表演 4. 专家点评。对参赛队进行打分，并且现场点评 5. 各队拉拉队加油助威	1. 学生全身心投入表演，完成演出 2. 即兴表演，团队商议，临场发挥 3. 参赛学生认真聆听专家的点评，并有互动交流，从中受到启发 4. 拉拉队的学生观看同学们的演出，活跃现场气氛、激发表演热情、感受表演过程	11月7日至11月14日 历时7天，共70支参赛队，600余人参加
（四） 闭幕式 闭幕式旨在对戏剧节进行全方位的总结和表彰。既让获奖队伍在全区参赛学校面前进行展示又为所有参赛队提供一个互相学习交流的机会	1. 播放VCR，内容为戏剧节所有环节的集锦 2. 颁奖 3. 获奖剧目现场演出 4. 播放戏剧节主题微电影《阳光梦想》，讲述了几名追求表演梦想的孩子们是如何坚持梦想，最终在戏剧节的舞台上圆梦的故事 5. 尾声，师生合影，并采访参与活动的学生和老师	1. 学生观看戏剧节活动的集锦，寻找自己和同伴的身影，重温美好的时刻 2. 学生上台领奖，在舞台上收获成功的喜悦 3. 观看微电影《阳光梦想》，与剧中的主人公一起圆舞台之梦，不忘初心 4. 接受采访，交流感受与收获，为戏剧节留下宝贵的建议	11月29日 下午2：00 时长：100分钟

八、活动效果检测方法

（一）观察：教师通过观察，了解活动的整体情况及学生参与活动的情绪等方面的情况。

（二）访谈：通过和学生的交流、采访，评价学生参与活动的情况及情感目标的完成情况。

（三）反馈、测评：通过现场展示环节，检测学生戏剧表演的水平、排练情况、参与热情等，邀请专家为参赛队伍打分并进行现场的点评。

打开视野　看见自己
——从"草地音乐节"看艺术兴趣培养的转型升级
中国儿童中心　夏宁宁

一、以育人的高度定位艺术兴趣培养

德、智、体、美全面发展，是我国长期的教育方针，是对学生素质的基本要求。然而，在应试教育的大背景下，美育往往没有得到应有的重视。例如美育最主要的教育形式和手段——艺术教育，虽近年受到热捧，也多是因为特长加分的考试政策。艺术教育沦为升学的砝码，功利化倾向明显。

艺术伴随人类的发展而发展，是人类生活中不可或缺的组成部分，承担着人类社会以及每个个体的表达方式、交流途径和心灵慰藉的重要作用。相比其他，艺术以及艺术教育对于发展人的心智、健全人的品格，有着不可替代的作用。那么，如何正确而充分地发挥艺术以及艺术教育的育人作用呢？中国儿童中心文艺部面对这一重大课题，进行了积极的探索与实践。

中国儿童中心文艺部的艺术兴趣培养开办时间长，招生规模大，在社会上享有良好的声誉。可是曾几何时，中心的艺术兴趣培养也曾陷入了一些困局。经过长期的追踪和反思，我们认识到，只注重技术的兴趣培养不仅不会使儿童学会"审美""爱美""创美"，反而会压抑儿童的本能，扭曲儿童的天性，不利于儿童的健康成长，违背了艺术教育的初衷。为了扭转这一现状，顺应我国当前教育综合改革的形势，同时落实中心"培养儿童健康人格"的指导思想，中心文艺部的艺术兴趣培养工作正在转型升级。转型升级，理念先行。中心的艺术兴趣培养，不是学校之外的、阶段

性的、零散的艺术技能培训，而是立足于儿童这一"完整的个体"，放眼于儿童"一生的发展"，着重于儿童"全面的艺术素养"。换言之，从育人的高度而非教学的层面，定位中国儿童中心的艺术兴趣培养，让艺术教育成为儿童成长的动力源，让艺术成为儿童生活的一部分。

二、以艺术教育的特有方式创新校外教育活动

（一）顶层设计

在这一理念的驱动下，中心文艺部的艺术兴趣培养工作以活动为突破口，进行了一系列改革尝试。之所以运用活动作为突破，是因为相比教学，活动可以整合艺术门类中的各个专业，有利于贯通艺术教育，使之发挥整体作用，此外活动具有形式多样、灵活多变的特性，易于创新，效果明显。

2014年，中心文艺部推出了以"打开视野 看见自己"为主题的系列综合实践活动，系列活动贯穿全年，包括了"公益普及活动""节日文化活动""艺术实践活动"和"能力拓展活动"四大主题50多个小项。为了使主题系列活动达到和谐统一的教育效果，在最初的活动策划和资源整合上明确了——打开"三个维度"，看到"两个层面"。这既成为活动的名称又是活动的核心内涵，与系列活动的主题相互呼应，体现了设计之初的愿景和目标。

1. "三个维度"

维度一，活动空间的重塑。开放活动的空间，让孩子们走出教室，走进自然。为孩子们提供更多元、更丰富的方式与途径去认识艺术、走进艺术，在教室以外的地方完成学习和体验的过程。

维度二，活动形式的多样与融合。面对不同的孩子，我们必须采用丰富多样、灵活可变的方式方法，从而促进孩子的个性发展。

维度三，活动比重的调整。活动与教学都属于教育，将它们结合为一个整体，但要平衡二者的关系，调整好教学中"学"与活动中"玩"的比重，才能使活动发挥事半功倍的作用。

2. "两个层面"

层面一，认识自己、肯定自己和表达自己。每一个孩子都是上帝创造的独一无二的艺术品。孩子需要认识自我的存在价值，学会肯定自己、表

达自己。我们要从听觉、视觉、动觉和触觉等多种感觉来激活儿童的艺术潜能，引导孩子在与他人沟通中，使用声音、表情和肢体动作，艺术地表明个人意愿、传达内心情感。

层面二，认识自己生活的社会、身处的世界。孩子长大成人，终将进入社会独立生活。如果孩子从小就开始接触社会、了解人际、认识世界，那么他们会更好地融入社会生活。艺术给予孩子不同的视角去观察周围，学会用美的心态面对外界，感受人与社会、人与世界的和谐之美。

横向的三个维度，纵向的两个层面，共同构建起"打开视野　看见自己"主题系列活动的设计思路。活动目标是希望在活动中，孩子不仅能掌握和应用知识技能，还能体验与表达自己的情感，并且拓展对艺术的理解与鉴赏。这实际是一个由知识学习到实践积累再到应用展现的三段式艺术学习发展阶梯。孩子从低到高步步推进，才能获得全面的艺术素养。通过参与活动、体验感受、创作想象和艺术表演，让孩子慢慢地打开眼前的艺术视野，开阔身处的艺术空间，学会聆听与欣赏、沟通与表达，收获快乐与喜悦、成长与进步，引导孩子对自我的认知，对真情的追求，对美好生活的不懈向往。

（二）案例分享

"打开视野　看见自己"主题系列活动有许多亮点，其中最值得一提的非"草地音乐节"莫属。"草地音乐节"是国内首创的、以家庭为单位的、体验式亲子互动音乐节，旨在把父母从看客转变为同伴，引导家长成为孩子最亲密的玩伴，以音乐为媒介，亲子共同分享彼此的美好感受。中国儿童中心首届"草地音乐节"在2013年举办，因为内容新颖、互动性强、正面积极，广受好评。所以在2014年第二届"草地音乐节"成为"打开视野　看见自己"主题系列活动的重点活动。第二届"草地音乐节"参与家庭突破500个，人数接近1500人。

第二届"草地音乐节"定位为"一个充满教育味道的音乐节，一个专属家庭时光的音乐节，一个孩子们喜欢的音乐节"，这就需要切实以儿童为本，挖掘孩子真正的需求。不是把儿童当成活动的摆设，而是通过真实的互动、亲身的实践，使孩子真正变成活动的主人，成为活动的主角。第二届"草地音乐节"融合了当前众多时尚创新元素，包括音乐、教育、戏剧、绘本、亲子、公益、环保等等。更重要的是它浓缩了"打开视野 看见自己"主题系列活动的设计理念,集中反映了中心文艺部艺术兴趣培养工作转型升级的初步设想。

为了集知识性与娱乐性为一体,第二届"草地音乐节"精心设计了四大板块:"教育大家谈""游戏互动坊""活动体验营"和"盛夏狂欢夜"。这四大板块都采用的是互动形式,同时针对当前不同的热点,具有各自的特色和主题。

板块一"教育大家谈",聚焦于幼儿音乐教育。家长与专家展开面对面交流。声乐、器乐、舞蹈等艺术专业都会涉及音乐,音乐教育是艺术教育中重要的内容,但是何时以及如何对幼儿进行音乐教育,一直是困扰家长的问题。音乐教育、亲子教育方面的权威专家就此与家长们展开了讨论。以开放讲座的形式,提供给大家共同探讨的机会,答疑解惑,并现场组织孩子进行音乐游戏,亲身感受音乐的魅力。例如,专家即兴将当前最流行的歌曲《小苹果》改编成三声部合唱,并邀请小朋友们自己编歌词。在随后的点评中专家不忘提示家长:流行音乐好比"快餐",而经典曲目、传统音乐就是"主食",孩子的音乐餐桌要科学搭配,只有具有丰富的"营养",才可以滋润孩子的心灵。帮助家长树立正确的音乐教育观,是对家长的服务与教育,表面上与培养孩子的艺术兴趣没有直接关系,但其实这是中心艺术兴趣培养工作的组成部分,具有基础性的导向作用。

板块二"游戏互动坊",围绕环保主题,不同艺术专业进行表演和创作。首先开始的打击乐表演热烈精彩,随后打击乐团的团员们将收集来的废旧物品、破铜烂铁摆上舞台,请现场的小朋友及家长根据自己的想法一起敲击并合奏。这一方面使大家从新的视角再次认识打击乐,另一方面能够引导大家关注生活中废物的重新利用。异曲同工的还有在美术教师的指导下,现场观众以家庭为单位一起动手将废品制作成"衣服"。有的孩子扮成了"蝙蝠侠",有的穿上了"草裙"翩翩起舞。随后,孩子和家长纷纷走上舞台,为大家表演"环保时装秀"。最后,中国儿童艺术团舞蹈分团的团员们表演了舞蹈《鱼儿的呼唤》,表达了呼唤自然、美好、和谐的生态环境这一愿望。"游戏互动坊"板块旨在为孩子搭建互动的平台、亲身体验艺术的平台,进而理解艺术中传递的思想与主张。

板块三"活动体验营",由多个融合高科技、新热点的活动组成,包括《音乐游戏》《星空探秘》《戏剧表演工坊》《儿童APP体验区》《气球王子》等等,这个板块突出的是"体验"二字。在众多活动中,《手绘面具》和《DJ宝宝》最受小朋友们欢迎。《手绘面具》由专业彩绘团队担当,带领小朋友们自己设计、描画各种有趣的面部彩绘,绚丽而神秘的彩绘,激发起孩子们的好奇心,促使其积极地开动脑筋,用双手将自己的内心世界描绘在面具上。《DJ宝宝》是DJ老师带着孩子一起拿iPad搓盘,感受节奏的变化,体验流行的文化。最有趣的是将相应的APP下载到自己的iPad上,回到家里持久地感受"草地音乐节"带来的快乐!"活动体验营"的设计理念是希望在高科技时代,孩子们能运用各种手段,通过各种途径,感受艺术发展的魅力,体验并融入社会发展的步伐。在尽情动手实践的同时,在多元活动的体验中充分发挥其艺术天赋和潜能,积极主动地成长。

板块四"盛夏狂欢夜"是"草地音乐节"的高潮部分。为了贴近孩子,以儿童的视角出发,主创团队设计了线索人物——带有童话色彩的"小熊家族"。由文艺部的教师们扮演成小熊家族的小熊,而整个"盛夏狂欢夜"板块活动就围绕着"小熊们为孩子举办一个盛大的节日Party,不喜欢艺术也不环保的金银大王想尽一切办法搞破坏,于是熊族的族长便带领着香香熊、跳跳熊等熊熊们与金银大王斗智斗勇,最终取得了胜利,如愿以偿和孩子们一起狂欢"这样的故事展开。

"盛夏狂欢夜"板块以感人的亲情与纯真的友情为主线,"以情动人,以乐育人"。在多姿多彩的节目中使孩子感受到和谐的人际关系与浓浓的爱。例如"小花姐姐讲故事"环节,挑选了经典绘本《有一天》和《大喊大叫的妈妈》,从中体会对亲人的眷恋、对家庭的珍视,引导家长思考如何正确表达对孩子的爱、如何与孩子建立亲密的亲子关系。再如,国内优秀原创音乐剧《七耳兔》,运用编排新颖的音乐剧形式让孩子们在观演中认识几十种乐器。通过巧妙设计,七耳兔以小熊家族朋友的身份出现,并且编排了他们共筑友谊、齐心协力击退金银大王的故事情节,表达了希望孩子们能够意识到友情的巨大力量和可贵之处。

此外,还有两个让人印象深刻的演出瞬间。瞬间一,"爱乐"混声无伴奏合唱团的表演。爱乐合唱团是由十几年前中国儿童中心艺术团合唱分团的老团员自发组成,在中国儿童中心学习合唱的经历使他们爱上了音乐并结下了深厚的友谊,多年后的重聚与并肩演出让他们感慨万千。其中一个团员在北京卫视《最美和声》音乐类电视选拔大赛中荣获总冠军,他说:"无论我走到哪里,中国儿童中心都是我的家,无论我以后是否搞专业,音乐都是我一生的追求"。这个孩子的成长经历彰显了艺术兴趣培养的深远作用,虽是启蒙却能影响终身。瞬间二,"草地音乐节"主创团队邀请了100名来自全国各地贫困地区的优学少年和留守儿童来参加当天活动,经过主持人的介绍,现场观众首先自发地以热烈的掌声欢迎这些远道而来的朋友们……最后他们的带队老师真诚地表示:"这种场合,城市的孩子经常参加,山区的孩子也许这一生就这么一次,所以要感谢中国儿童中心的'草地音乐节'和组织者,感谢'草地音乐节'带给孩子们这一生都难忘的经历。"通过多元的艺术活动,让不同地区的孩子相互接触、彼此理解;通过多元的艺术活动,让更多的孩子一起感受艺术的魅力,享受艺术的滋养,期盼他们的人生在艺术的陪伴下,日益美好而丰盈。

三、结语

作为"打开视野 看见自己"系列主题活动的一个缩影,"草地音乐节"从策划到实施,都展现了中国儿童中心文艺部艺术兴趣培养的新理念、新模式,即艺术兴趣培养不仅仅要传授技艺,更重要的是培养儿童健康的人格。为此,我们要回归儿童本身,从兴趣出发,从情感入手,通过多元的教育内容、多样的教育手段,创造积极且丰富的教育环境,使艺术教育成为健全儿童人格的途径。

"草地音乐节"只是中国儿童中心艺术教育的一个亮点,为了转型升级,中国儿童中心文艺部还进行了许多创造性的尝试。艺术兴趣培养工作的转型升级需要整体化、系统性的建构,一定是以高质量的艺术教学为基础,以综合性的艺术活动为拓展,以严谨性的学术研究为提升,缺一不可。在转型升级中,我们有迷惑,甚至困难重重,但是我们在努力,决不轻言放弃。

打开视野,让孩子们在艺术中自由地行走,让孩子们在艺术中快乐地成长,最终他们会看见最好的自己!

绿野寻踪　植物探觅

——北京市少年宫生物组员赴北大植物定向活动

北京学生活动管理中心　马洪梅

一、活动设计

本次活动的设计基于满足学生探究植物科学的兴趣，尝试以"植物定向"为学习的载体，带领学生和家长走进北大校园探寻植物，通过比赛的形式调动孩子学习积极性和竞争意识。整个活动设计为学生专业成长和全面发展搭建平台。

二、活动依据

（一）《青少年科学技术普及活动指导纲要》指出"引导中小学生对身边自然科学现象的关心、关注、尝试和探索"是青少年科学态度的培养目标。从生物活动项目的特点出发，"亲近自然"是孩子们最喜欢的活动形式，也是有效的教育模式。

（二）从校外教育机构的功能定位和教师的发展出发，整合社会资源，发挥各自优势共同策划开展专业实践活动，是校外教师应当具备的一项基本功。

三、活动目标

（一）知识与技能

1. 初步了解植物定向活动的意义和方法。
2. 在完成定向任务中提高综合处理问题的能力。

（二）过程与方法

在实际参与中学会认识地图，找寻定位植物。

（三）情感态度价值观

1. 感受探寻植物的快乐，感受北大文化。

2. 在竞争中学会坚持、合作、欣赏他人。

3. 磨炼意志、锻炼体魄。

四、活动对象分析

（一）学生年龄情况

生物兴趣小组 3-6 年级学生及家长共计 24 人。

（二）学生知识能力

参加活动的学生均在生物组参加活动两年以上，具有植物形态学和植物分类学的基本知识。

（三）学生性格特征

大多数学生性格开朗，乐于沟通交流。

五、活动时间、地点

活动时间：6 月 17 日。

活动地点：北大生命科学学院及北大校园。

六、活动重点、难点

重点：学生分组按规定时间完成植物定向任务。

难点：学生综合运用所学专业知识解决实际问题，以最快速度完成任务。

七、活动准备

（一）组织者准备（制订方案、确定定向植物种类、准备器材、设定评价方式等）

1. 活动方案及植物定向规则的讨论与撰写、设计问卷调查表等。

2. 人员分工、活动场地的安排。

3. 准备定向、照相所需材料、奖品、奖状等。

（二）学生准备（知识、心理）

查阅植物定向知识；了解北大校园植物、提前检索校园植物特点、准时参加活动。

（三）家长准备

做好孩子的安全教育工作，同时每组有负责照相和录像的家长

八、可能出现的问题及解决预案

（一）为确保活动有序进行，提前分组，按年龄、性别、特长合理搭配组员；并预先让学生和家长熟悉北大校园。

（二）防止活动中出现安全隐患，提前对学生及参与活动的家长做好安全教育工作。

（三）学员一律凭少年宫学员证进入北大校园。

九、活动所需资源

（一）实践活动场所（北大校园及生科院实验室）。

（二）指南针、照相机、投影等设备。

（三）活动方案、调查问卷、任务单、定向地图。

十、活动辅导方法

（一）讨论法（每组自行讨论确定定向路线）。

（二）讲授法（介绍植物定向活动、说明定向比赛规则）。

（三）竞赛法（学生分组参与植物定向活动并统计成绩）。

（四）参观法（学生参观斑马鱼实验室）。

十一、活动内容

现场动员、宣读定向规则、分组领取任务单和地图、商议定向路线、比赛开始、统计成绩、成果展示、活动拓展、活动评价。

十二、活动过程

活动结构	活动环节	教师活动	学生、家长活动	设计意图
活动前准备	（一）搜集整理资料	1. 引导学生提前了解北大校园人文环境及植物种类 2. 分组（参赛选手3+3人一组，共4组，提前按年龄、性别、特长分好）	借助网络或图书馆等资源了解北大校园文化及常见植物种类	为活动当天顺利进行做知识储备
	（二）现场动员、布置任务	1. 提前到达北大生命科学学院 2. 简单介绍植物定向活动 3. 布置任务（宣布定向活动规则）	学生、家长凭少年宫相关证件入校门，在北大生科院大厅集合	消除紧张情绪，学生第一次接触"植物定向活动"，对活动充满好奇，激发学生参与活动的兴趣和求知欲
	（三）分组讨论协商定向路线	1. 各组在老师带领下前往起始点：静园 2. 明确活动注意事项 3. 分发任务单和定向专用地图	1. 相互认识本组成员 2. 进一步了解比赛规则 3. 领取本组任务单和地图，明确定向地图各种符号的意义 4. 讨论设计本组定向路线	拉近人与人之间的距离，促进人际间的沟通，加强团队合作
活动进行	（一）各组从起点出发	每组间隔5分钟出发，出发时分别给每组计时（规定时间：90分钟） 任务：定位植物（每组共有10个任务，每组任务有所区别） 根据自己的喜好，拍摄一种你认为校园中最美的植物，在地图上标出，并说明理由。寻找校园神秘植物	根据地图上标注的植物位置和任务单上的任务设计路线，争取用最短的时间完成任务	营造欢乐的气氛，使学生和家长在奔跑和寻找中感受北大校园文化，体验校园植物之美，在竞争中学会友爱、懂得合作

续表

活动结构	活动环节	教师活动	学生、家长活动	设计意图
活动进行	(二)返回终点	1. 返回时给每组计时（每组所有人员必须同时到达终点才能计时） 2. 根据任务完成情况和完成时间进行打分 3. 满分为100分，务必让每一组学生及家长提前明确打分规则	1. 完成所有任务并返回终点。终点：生命科学学院大厅（集合地点） 2. 每组选取一名学生展示所拍定向植物的特征照片以及组员和照片的合影（照片要求：每找到一种植物需要有一张有组员与所找到植物的合影，一张植物的细节，如叶子、花或果的特写；凡是古树均应有古树标签特写）	在完成任务的过程中学会坚持，磨炼意志，强健体魄 增强学生及家长之间的互动沟通，满足青少年参与科学体验活动的热情。活动设计充分体现合作的重要性
活动结束	颁奖仪式（鼓励学生从小立志）	1. 统计成绩 2. 宣读成绩	重在参与，重在体验	鼓励学生，充分肯定各组同学和家长取得的成绩，分享喜悦、体验艰辛换来的成功
活动结束		专家给参与活动的学生赠送科普书籍，激励组员努力学习，学有所成	每名参与定向活动的学生根据团队成绩得到植物科普读物	鼓励学生参与活动，体验成功，感受快乐，并将兴趣转化为志趣 在近距离接触学术造诣颇深的专家同时，感受专家的平易近人，学会做人
活动延伸和拓展	知识深化、开阔眼界	定向植物专业讲解（北大教授利用PPT图文并茂展示北大校园植物，并解答同学和家长在植物定向中遇到的困难）	聆听专业讲解并提问	增强学生理论联系实际的能力以及在专家的指点下拓展专业知识
活动延伸和拓展		专家带领学生和家长参观北大斑马鱼实验室并介绍实验室研究进展，鼓励学生在观察中发现并勇于提问	参观、交流，了解生物学最前沿的发展趋势发表自己的见解并和专家交流互动	加深学生对生物前沿知识的理解；激发学生对生物世界探索求知的欲望。学会分享交流，勇于提问，勇于发表自己的见解

续表

活动结构	活动环节	教师活动	学生、家长活动	设计意图
活动评价	问卷调查	给每名学生发放一张调查问卷并回收统计结果	思考并回答问卷中的问题	营造分享、平等的氛围，了解学生和家长对本次活动的看法，检测活动效果并为今后开展活动做参考
	总结会	总结活动，并邀请家长代表和学生发言	学生和家长发表活动感言，家长和学生从不同层面谈收获和体会	

十三、活动效果评估

（一）活动的各项安排是否合理，秩序是否井然。

（二）注意活动过程中学生和家长的反应，如参与各项活动的积极性、各阶段教育目标是否达成。

（三）填写并回收学生问卷调查表。能够了解学生对活动形式、科学知识需求以及对本活动的评价，为今后的活动提供参考。

（四）让家长谈体会，利于从家长层面检测活动效果。

十四、活动反思

本次活动从学生探究植物科学的兴趣出发而设计，活动不仅让孩子增长见识、开拓视野，而且锻炼身体、提高能力。从活动效果来看，无疑是非常成功的，而这种成功来自大家的努力、源于共同的付出。活动的特色体现在三个方面。

（一）活动设计新颖，深深地吸引了孩子

在活动方案的设计上开拓思路、大胆创新，使活动内容丰富而极具吸引力。一方面，孩子们和家长们都是第一次接触"植物定向"这个概念，对活动充满了好奇。这就成功地激发了孩子们的求知欲。安排参观最前沿的科学实验室，目的是让孩子们亲身感受北大，树立远大志向，鼓励他们为了梦想努力学习。另一方面，通过比赛的形式调动孩子们的学习积极性和竞争意识。在比赛活动中，以小组为单位参赛。孩子们学会了展现自己的长处、欣赏别人的优点，学会了合理分工、团结协作。在总结会上的发言中，孩子们使用最多的词汇就是"团队"。第三个方面，活动对象由单纯的学生扩展到学生及家长共同参与，各组家长都热情参与、积极发挥所长，在必要时指导孩子们识图用图、纠正路线。家长和孩子配合默契，互帮互助。

（二）活动准备充分，确保了活动效果

活动仅有好的创意和策划是不够的，还需要组织者精心的准备和对细节的把控。"植物定向"对学生和家长来说是一项全新的活动，如何把一个原本针对大学生的活动项目变成适合于青少年的实践活动，活动准备尤其重要。活动实施之前，我根据学生的实际情况和年龄特点，与北大教授多次沟通，实地考察，修改地图、任务单，增加让孩子们感兴趣的内容，淡化比赛的概念，重视孩子亲身体验的过程。不论活动的内容还是比赛的规则都充满新奇、充满趣味，例如将辨认植物与识图相结合、寻找"神秘植物"、寻找"最美植物"、与目标植物合影、参观实验室等等，让孩子们在活动中找到乐趣，在快乐中获得知识。

在分组环节，我按年龄、性别、特长合理搭配组员。在课业紧张的期末阶段，孩子们挤出时间在活动前认真地查阅资料，做了充分的知识准备，使活动进行井然有序。

（三）整合社会资源，与高校密切合作

中央两办关于《进一步加强和改进未成年人校外活动场所建设和管理工作的意见》中明确指出："坚持公益性原则，充分发挥未成年人校外活动场所的教育服务功能。"此次活动的开展，依托北大这样的高端平台，借用生科院专家的支持和世界一流的实验室设施，给少年宫的学生和家长提供了全程免费的活动指导和参观学习，很好地体现了校外教育活动的"公益性"原则。

本次活动虽然取得了圆满成功，但有一点小小的遗憾，留给学生植物定向体验的时间应再延长。学生参与热情很高，活动结束时仍有许多学生重返校园，不愿离去。如果适当延长体验项目的活动时间，让学生体验更为充分，可以更大程度满足青少年学生参与科普活动的积极性和主动性。

阳光体育星　健康快乐年

——记中国儿童中心"阳光体育年"主题系列活动

中国儿童中心　姜天赐

一、活动背景

在我国学校教育中，体育课是副科，长期不受重视。在校外教育中，虽然很早就引入了体育类培训，但基本都采取了类体校式的训练模式，强调技能学习、依赖比赛成绩。在此基础上，校外体育兴趣小组活动的发展衍生出两种倾向，一种是作为特长生升学的"跳板"，另一种是成为竞技体育后备人才的"培养基地"。这两种倾向使得校外体育的功利性愈加浓重，偏离了体育本身的育人功能，削弱了校外体育的独特价值。竞技体育的门槛从来都是水涨船高，而特长生政策不仅受制于教育行政部门，且亦有逐步严格的趋势，因此校外体育兴趣小组活动必须加快转型，回归教育本质，彰显校外特色，以体育为核心渗透德育和美育，以活动为载体充实教学与训练，才能实现科学的可持续发展。

中国儿童中心体育类兴趣小组活动，开办时间长，活动种类多。中心体育部在不断探索不依附于学校教育或者专业体育培训，校外体育如何走出一条特色发展之路。2010年，体育部提出了以品德教育、意志品质培养、增强体质为核心，以公益性、主题性活动为依托，以技能学习为载体的"321"复合型校外体育兴趣培训新模式。以前，教师和学员最关心的是比赛成绩，训练几乎成为教学的全部内容。在这一新模式的倡导下，体育部教师的教育思想开始转变，教学安排与组织也随之发生变化，每学期每个项目都会组织活动丰富学员的学习生活，活动的概念和方式逐渐深入人心。随着中心培训业务优化升级的整体推进,以及健康人格理念的提出,如何进一步落实"321"新模式,如何进一步深化校外体育的转型创新,成为体育部的新课题。为此,2013年体育部尝试举办了"阳光体育年"主题系列活动。

二、设计思路

这一系列活动是以"阳光体育"为主题,游泳、艺术体操、健美操、跆拳道、武术、击剑、围棋等不同体育类兴趣培养项目在2013年全年中,分别组织学员开展综合实践活动,即以体育教学为基础,结合展演、比赛、参观、交流、评比等方式,激发学员兴趣爱好,发展学员综合能力,带动更多的孩子喜爱并积极参与体育运动,以阳光的心态面对生活。

与教师单独组织的、零散的、一次性的活动不同,"阳光体育"主题系列活动以体育部的名义开展,持续时间长达一年,这样极大地增强了活动的推行力度和影响范围。更重要的是,一条主线贯穿全程,那就是以人格教育为指挥棒,以综合实践活动为突破口,以多元评价为落脚点。明确、积极的主题指引教师设计组织活动,共同的努力方向凝聚起了教师的智慧,形成了部门的合力。

三、总体安排

活动主题:阳光体育星　健康快乐年。

活动时间:2012年12月-2013年11月。

活动对象:体育部全体教师、学员。

四、活动目标

(一)针对学员和家长

1. 传播阳光体育的理念,使学员和家长正确认识运动、体育、健康。
2. 通过活动,使学员感受运动的乐趣与体育的魅力。
3. 鼓励学员积极参加体育活动,形成良好的运动习惯。
4. 在活动中,对学员渗透德育,塑造其优良的品行。

（二）针对教师和部门

1. 锻炼教师设计、组织综合实践活动的能力。

2. 使教师的关注点由"教书"上升至"育人"，促进教师形成现代教育理念。

3. 形成体育部教育教学特色，探索新型校外体育发展道路。

五、活动过程

（一）动员与准备（2012年12月–2013年2月）

2012年年底，体育部制订下一年工作计划时，便将2013年确定为"阳光体育年"，希望从这一主题系列活动作为突破，提升部门整体教育实力。接到工作部署后，结合新学年的教学计划，全体教师开始依据主题酝酿活动设计，寻找活动资源，撰写活动方案。

（二）设计与实施（2013年3月–2013年10月）

2013年春季学期一开学，教师提交活动方案，体育部审阅方案、统筹活动，以时间为线索，制定了"阳光体育年"主题系列活动列表（见表1）。

表1 "阳光体育年"主题系列活动列表（部分）

活动时间	体育项目	活动名称	活动内容（简要方案）	培养素质	学员情况	活动地点
3月	跆拳道	母亲节主题活动	在母亲节当天，跆拳道学员、家长、教师大联欢，联欢中包括专业汇报、才艺表演、亲子互动等环节，引导学员学会感恩母亲	孝敬父母 尊敬长辈 感恩社会	6–10岁 200人 有家长	中心多功能厅
3–10月	武术	什刹海之行	带领学员观摩北京武术队训练，观看武术情景剧及排练过程	吃苦精神	6–10岁 20–30人 有家长	什刹海体校
5月1–2日	击剑	参观击剑国家队基地	带领学员参观击剑国家队基地，并与国家队队员交流，引导学员学习他们的爱国、守纪、刻苦等品质	吃苦精神 爱国情感	7–10岁 50人 有家长	北京老山击剑基地
5月	游泳	参加北京市儿童游泳比赛	带领学员参加市级比赛，指导学员独自完成比赛，学会在比赛中自我调整、永不言弃	抗压能力 临场应变	7–9岁 45人 有家长	北京英东游泳馆

续表

活动时间	体育项目	活动名称	活动内容（简要方案）	培养素质	学员情况	活动地点
5-10月	健美操、艺术体操、体育舞蹈、武术	欢送国家队队员出征	带领学员去国家体育总局，与国家队队员座谈，让学员了解运动员训练的艰辛以及为国争光的重任，激励学员刻苦训练，有机会也要为国争光	吃苦精神 爱国情感	6-14岁 30人	国家体育总局
5月	跆拳道	香山绿色环保春游	带领学员去香山捡垃圾，向游客宣传环保理念	人际沟通 环保意识	6-16岁 20人 有家长	香山
7月	游泳	自理能力竞赛	组织游泳班学员进行脱穿衣服、整队、听从教师口令等比赛，锻炼学员的自理能力和独立意识	自理能力	5-8岁 60人	中心游泳馆
7-8月	艺术体操	艺术体操之夏（夏令营）	带领学员跟随国家队集训，接受外国专家辅导、自我认知训练、信心培养训练，提高学员抗压能力	自信自强 抗压能力	6-14岁 20人	北京体育大学
7-8月	乒乓球 羽毛球	趣味运动会	组织学员进行游戏和比赛，让学员了解和熟悉球性，实战中运用所学技术并且树立合作精神	人际沟通 合作能力	8-10岁 20人 有家长	中心体育馆
8月	健美操	大小队员交流联欢会	带领学员到北京体育大学，与健美操专业的大学生交流训练心得，双方进行合作表演，相互切磋技艺	人际沟通 临场应变	7-12岁 20人	北京体育大学
8月	体育舞蹈	观摩锦标赛	带领学员观摩高级别专业比赛，在观摩过程中教师向学员讲解专业知识、点评选手表现，学员反馈自己的想法，通过师生沟通进一步加强学员对专业的喜爱	人际沟通	6-12岁 80人 有家长	地坛体育馆
9月	健美操、艺术体操、体育舞蹈、武术	小手拉大手	带领学员慰问中心退休老干部、老同志，通过表演节目、互动游戏等形式，使学员加深敬老尊老的意识	敬老尊老	6-14岁 30人	泰申祥和山庄

续表

活动时间	体育项目	活动名称	活动内容（简要方案）	培养素质	学员情况	活动地点
11月	所有项目	阳光体育之星颁奖仪式	通过展演、颁奖等形式，总结"阳光体育年"的成绩，表彰100名"阳光体育之星"，传播积极健康的体育理念	健康心态	5–14岁 200人	中心影剧厅

教师们策划的活动很丰富，这些活动大致可以分成以下几类。

第一，专业实践活动，主要是比赛和展演，例如参加北京市儿童游泳比赛。体育具有很强的实践性与竞争性，比赛和展演能够最直观地反映学员的学习水平，因而这类专业实践活动是体育部的传统与长项。在"阳光体育"这一主题下，专业实践活动的重心发生了改变，获得优异成绩、展示学习成果固然重要，但是"如何充满自信地迎接挑战""如何适应竞争环境提升应变能力""如何加强团队合作""如何面对失败"，这些对于学员更为重要。专业实践活动蕴含着人生课程，教师要做的就是捕捉教育契机，从细节出发引导学员树立正确的运动观、竞争观，使孩子在比赛中激发抗压能力，在展演中提升自信水平。

第二，社会实践活动，包括参观、交流等形式，例如参观老山基地、观看什刹海武术剧。这些活动也许和体育项目关系不大，但却为学员开辟了一扇接触社会、了解人际的大门。体育部希望学员爱运动、懂运动、善运动，但是我们不希望学员只会运动。人需要多方面能力的支撑，尤其在当今社会，理解他人、善于沟通是一个人重要的素质。只有进入社会这样一个丰富而深刻的课堂，学员才能更好地发展这些素质，进而懂得如何在社会上立足。教师组织开展社会实践活动，目的就是还学员一个真实的世界，让生活彰显其隐匿的教育特性。

第三，主题教育活动，指的是针对某一品德教育而开展的活动，例如母亲节主题活动。德育可以渗透在日常教学与实践活动中，也可以通过专门的活动进行。专门的德育主题教育活动，形式多样，不受限于培训项目特点，是体育部近些年着力打造的活动类型。主题教育活动的开展能够有针对性地、高效地加强学员的思想道德教育，体育、德育相结合成为体育部教学的特色之一。

(3) 评价与反馈 (2013年11月)

作为"阳光体育年"的收尾部分,2013年11月,体育部评选了100名学员作为本年度的"阳光体育之星",并举行了阳光体育之星颁奖仪式。

评选"阳光体育之星",体育部制定了如下标准。

1. 喜欢参加专业学习,积极参与实践活动,出勤率高。
2. 不畏惧学习困难,遇到问题时能够主动向老师、同学求教。
3. 经过努力,同自己相比,学习成绩有了明显的进步。
4. 除了长期坚持专业学习,还有其他的兴趣、爱好或特长。
5. 懂礼貌,讲礼仪,守规则。
6. 乐观开朗,积极向上,团结友爱,尊敬师长。

评选实为评价,代表认可,倡导方向。"阳光体育之星"不一定是横向相比成绩最优秀的学员,但一定是纵向发展进步最突出的孩子;不一定是训练最刻苦的学员,但一定是喜爱本专业并且积极投入学习的孩子;不一定是把时间全部用于专业学习的学员,但是一定是热爱生活、关心他人的孩子。

为了能够公开公正地评选,除了制定统一的评价标准以外,体育部还制作了教师对学员、家长对学员、学员之间的评价问卷,整合不同评价主体的意见,综合形成对一个学员的全面评价。

在评选"阳光体育之星"的同时,体育部还向全体学员征集了具有儿童特点、能体现阳光体育内涵的"宣言"和"照片"。

选定"阳光体育之星"后,如何通过孩子喜爱的方式对他们加以鼓励和引导呢?体育部选择运用颁奖仪式这种形式。为了使颁奖仪式活泼、新颖,体育部进行了精心的设计。颁奖仪式包括总结、表彰、展演、发布宣言四部分。

1. 总结。由优秀教师代表总结"阳光体育年"主题系列活动。这是对整个一年体育部开展综合实践活动的回顾、梳理与反思。

2. 表彰。结合"敬老月",请中心部分退休老同志为百名"阳光体育之星"颁奖,通过小细节引导学员敬老爱老。

3. 展演。健美操、武术、跆拳道、艺术体操、体育舞蹈分别进行了原创节目的展演。加入展演环节,一是为了活跃气氛,使颁奖仪式更具有可观赏性;二是为学员提供展示自我的舞台,展演本身就是一种专业实践活动。

4. 发布宣言。学员们积极响应征集活动,体育部共收到300余条"阳光体育"宣言,最终有10条宣言入选。

(1) 阳光体育锻炼,快乐伴我成长!

(2) 武术使我身心健康,教练教我武德双修。

(3) 舞动风采,每个人都是舞台上的太阳;努力期待,执着和汗水成就新的奇迹;健康成长,运动快乐让生命更加精彩。

(4) 美哉,阳光少年;壮哉,阳光体育!

(5) 黑白玄妙,天地纵横,长大了我也想当聂卫平!

(6) 体育伴我成长,体育使我茁壮,体育让我英姿飒爽。

(7) 阳光少年,快乐运动。跆拳一身,百折不挠。

(8) 吃得苦中苦方为人上人,12年风雨无阻地训练,见证了我的成长。

(9) 我运动,我健康,我快乐!

(10) 阳光体育,快乐健身,给中心增光,为国旗添彩。

经过反复挑选,这10条宣言从体育部学员提交的300多条宣言中脱颖而出。这些话语或精炼,或真挚,或自我,或大气,都是这一年来孩子们参加阳光体育各项活动的感受。通过阳光体育宣言的征集和发布,"阳光体育年"的活动精神得到了很好的体现,参与活动的孩子们真正将"阳光体育"这一抽象的概念内化为具体的认识。一年的潜移默化,开放、有趣的体育活动让他们收获了强健的体魄、愉悦的心情和优良的品行。

六、活动效果

(一) 以"育人"为主导,教育目标多元化

通过一年来各项活动的设计和开展,体育部的教育教学不再单纯以技能训练和比赛成绩为最终目标,而是转向关注学员综合能力的提升。尤其是结合德育,培养学员的健康人格,其实为体育教学开拓了更广阔的思路和方式。借助各种各样的活动,学员在强身健体的同时获得了单一体育训练无法发展的品质与能力,例如生态文明意识、环境保护能力、人际交往

策略等等。

（二）以"阳光"为统领，活动形式多样化

阳光体育活动一直在学校教育中开展得如火如荼，从中小学到大学每年都有各类阳光体育的赛事和活动。阳光体育活动与校外体育结合，同样能发挥巨大作用。以阳光体育为核心，校外体育活动有了全新的大主题和大平台，许多零散的、模糊的活动思路依靠阳光体育主题进行整合。活动也不仅仅拘泥于传统的赛、展、演，而是有了体验式、互动式和任务式的活动形式，教育教学效果进一步增强。

（三）以"创新"为动力，参与度、满意度双丰收

通过教育目标的丰富和内容形式的创新，学员和家长参与活动的积极性显著提高。以前，家长们总是担心活动挤占课时，影响孩子的学习效果，但经过主题活动年，学员收获了不同以往的经验和成长，积极正向的变化使家长打消了顾虑，学员和家长对活动逐渐认可、接受，对体育部的满意度也随之提高。

（四）以"宣传"为窗口，关注度、美誉度齐上升

体育部一向重视对外宣传，日常教学的新闻性不强，但是各项活动容易成为各大媒体竞相报道的热点。跆拳道母亲节活动、"阳光体育之星"颁奖仪式被妇女报、新华网等多家媒体报道、转载，使公众有机会了解中心、了解校外体育。体育部受关注程度和美誉度较前几年有了很大的提升。

七、活动反思

纵观这一年的活动，有优势也有不足。首先，活动的综合性还不强，教师在设计活动时，思路还不够开阔，资源也不够丰富，因此很少有活动能真正体现出跨学科的融合。其次，专业实践活动比例偏大，这与体育项目的特点有关，而且可能在今后很长一段时间内，这种情况一直存在。

"阳光体育年"主题系列活动是一次有益的尝试，今后，体育部要继续组织这样的系列活动，并且要从部门的高度开辟领域、寻找资源、争取合作，避免教师单兵作战，更好地发挥"活动育人"的功效，让更多的孩子受益。

让语言带我们走入电影世界

——"东乐"英语俱乐部电影配音快乐体验活动

北京市东城区少年宫　封　玢

一、活动依据

（一）东城区是首都文化中心区、世界城市窗口区。国际化城区要求市民有良好的英语水平，因此为学生创设英语学习与应用的空间，开展提高学生语言水平的活动十分必要。

（二）"东乐"英语俱乐部是一个能让学生享受到英语乐趣的地方，通过活动让英语丰富学生的课余生活，不断拓展孩子们的视野。学生在校内学习了大量的英语知识，有一定英语表达能力，但能给予他们运用并交流的空间太少。因此组织学生们喜爱的英语活动能够提供他们相互交流的空间。

（三）通过在学校的调查得知：初一、初二年龄段的孩子思维极其活跃，对新鲜时尚的事物非常敏锐，通过英文电影学习英语是他们喜爱的学习途径。所以我设计了以电影为活动载体的此次活动。

二、活动目的

（一）通过本次活动，让学生学会如何从英文电影中学习英语知识，并同时了解一些为电影配音方面的知识。

（二）活动中通过学生共同为影片配音及表演，培养同学之间的合作能力，提高学生的表达能力和自信心。

（三）通过本次活动提高学生对英语的兴趣，体验到英语带来的快乐，并通过英语活动开阔视野。

三、活动时间

5月26日上午9：00－10：30。

四、活动地点

北京市东城区少年宫206活动室。

五、活动对象及规模

"东乐"英语俱乐部初中会员，50人。

六、活动内容与形式

内容：英语辅导员讲座，与同学互动，同学实践。

形式：东乐英语俱乐部的会员同学们和辅导老师一起沟通交流如何通过英语电影更快、更多、更好地学习英语，并在辅导老师的帮助和指导下，尝试完成给英文电影配音的活动，最终走上小舞台，通过小组合作的方式展示配音成果。

七、活动准备

（一）查阅相关资料，设计、编写《活动方案》

（二）联系英语辅导员，落实活动中的具体工作

选择英语辅导老师，并和老师针对此次活动进行面对面的沟通，根据活动主题，共同探讨内容及环节。

（三）联系学校，准备活动内容

1. 设计调查问卷一份，到俱乐部会员中学进行调研，了解学校的需求，了解师生们对活动的想法，认真听取师生们的意见和建议。与学校的领导和老师们交流，达成对活动的共识，得到活动的支持。

调查问卷

第一，你喜欢"给英文电影配音"这样的俱乐部活动么？

A. 非常喜欢　　　B. 喜欢　　　C. 一般

第二，你喜欢以下哪部美国动画片？

A. 辛普森的一家　B. 猫和老鼠

第三，如果第二题你选 A，请说明理由

第四，你喜欢配音吗？了解配音知识吗？

通过调查问卷，老师得知同学们非常喜欢看英文电影，尤其是动画片，更喜欢给英文电影配音这样的活动。

2. 组织学校报名，确定参与活动的人员，并提前介绍活动内容，让师生有所准备。

（四）准备活动素材

1. 准备活动中应用的影片，节选片段。

2. 准备好所需电影对白脚本，复印 55 份。

3. 活动中相关知识的准备。

4. 分组及评优用白板和卡纸。

（五）活动现场布置

1. 会标。

2. 电教设备（投影仪、幕布、电脑、音响、摄像、摄影）。

3. 桌椅（60 把椅子）。

（六）安全措施

1. 提前准备急救箱和医护人员，以防突发事件。

2. 活动期间教师不得离开学生，各岗位分工明确，随时掌握学生情况，遇到特殊情况及时做好学生的疏散和控制，并向有关领导报告。

3. 活动前对学生进行安全教育和注意事项教育，安全责任落实到人。

4. 活动的组织者要及时做好整个活动的调度和控制，组织管理好师生的秩序，任何人员不得擅自脱离岗位。

5. 带队教师确保活动期间通信畅通，时刻保持联系，互通信息。

八、活动过程

活动阶段	活动时间	内容安排	设计意图
活动引入	9:00－9:30	1. 介绍新朋友：留学归来的高菲姐姐	通过让同学们和从海外留学回来的学有所成的高菲姐姐的互动交流，让孩子们在理论上了解英语电影对于英语学习的帮助，直切主题
		2. 高菲姐姐与同学们互动交流	
进入电影世界	9:30－10:20	1. 播放无声影片	勾起孩子们的兴趣
		2. 播放有声影片	让孩子们在浅层意识上了解语言的重要性
		3. 老师给同学们普及配音小知识	在理论上对后面的孩子们的配音环节进行帮助，也是知识点的铺垫
		4. 播放需要孩子们体验配音的电影片段，并把事先给孩子们准备的对白脚本发给孩子们，按小组练习并上台展示。老师给予每个小组第一时间的帮助、指导	准备让孩子们真正体验一下给英文电影配音的乐趣
		5. 播放无声电影，在老师的帮助、指导下让孩子们尝试自己给电影画面编排对白，练习，最后上台给无声影片配音。老师点评	将学习的难度加深。产生质的飞跃
		6. 评出最闪耀的小组	活动初始老师提出的要求，为了让活动全程更好地集中孩子们的注意力，同时体现活动的民主性、公平性
活动总结	10:20－10:30	1. 请同学谈谈活动的感想	第一时间反馈同学们的意见，便于及时地了解活动成功与否。也对今后的俱乐部活动内容有指导性作用
		2. 全体师生和工作人员合影留念	善始善终，让同学们充分体会到俱乐部活动带给他们的乐趣

九、活动效果检测方法

（一）活动中设计现场知识抢答环节，检测学生学习知识的效果。

（二）活动结束请同学们谈参与这次活动的感想。

（三）活动之后下校走访，听取师生们的意见，完善各个环节，认真总结。

十、活动反思

（一）收获

此次活动的形式受到同学们的热烈欢迎。在轻松愉快的氛围内进行的英语学习，极大提高了同学们学习英语的兴趣，让同学们离开了填鸭式的学习模式，在宽松的氛围内，孩子们表现出的是快乐、积极，主动地学习了新的英语知识。

（二）问题

1. 同学们本身的英语水平参差不齐，所以，在交流反馈时不是都表现得那么的积极活跃，因为俱乐部的同学们是来自于不同的学校，相互间的熟识度不够，也或多或少影响了交流。当然，随着俱乐部活动的深入开展，同学们之间的交流就会随之加强，也会将英语学习进行得更深入，从而不断提高英语学习水平。

2. 由于我来到群众文化部的时间比较短，所以独立搞活动的次数相对也比较少，俱乐部成立的时间也还比较短，所以有很多不成熟的因素在此次活动中也有体现，但是我相信随着独立组织活动机会的增多和经验的不断积累，这些都可以在今后的活动中得到很好的解决。

英文戏剧表演 创设积极情境

黑龙江省儿童中心 庞 丹

一、活动背景

校外教育在全面实施素质教育的过程中，对青少年儿童的个性及创造性的培养发挥着独特的作用。如何发挥校外教育的本体价值，在特色课程中促进儿童快乐成长，通过各科学习塑造健康的人格，是值得每一位校外教育工作者思索的课题。笔者是一位多年工作于英语教学第一线的校外英语教师，在实际教学中，采用了"戏剧表演教学法"，该表演教学提升了儿童英语学习兴趣，增强了儿童对英语的应用技能，更重要的是对儿童动作、思维、语言等认知能力与人格塑造、社会交往等方面也起到了促进作用，有利于培养儿童快乐阳光的健康人格。

二、活动依据

西方儿童戏剧教育对戏剧的运用由最初倡导的"创造性戏剧"——把戏剧当作促进儿童个性发展的工具，到强调戏剧作为一种教学的手段，这种"工具论"的教育思想面临着"本质论"教育思想的挑战，越来越多的戏剧教育学者从剧场教育中意识到，戏剧作为一种艺术的教育价值以及两种取向融合是必要的。

将戏剧表演融于英语教学，源于儿童爱幻想的天性。儿童天生是导演、演员、剧作家，儿童的戏剧来自于戏剧性游戏。只停留在游戏层面的教学，是对所学知识的不断重复与检测，而戏剧教学中所体现出创造与表演则是促进儿童在外语学习、社会感知、人格形成方面的突破。戏剧是集合了语言、表演、音乐、舞蹈、交流合作、自我展示与表达等多种教育目的为一体的表达手段，对促进儿童的多元化教学起到了十分全面的作用。

三、活动目标

通过儿童戏剧培养儿童的批判性思维和创造性表达能力，即关注儿童在剧中面临各种矛盾、冲突、问题时的应变能力，儿童在戏剧扮演中尝试各种解决办法，促使儿童在"演戏"中思考人与人、人与社会、人与自然的各种关系和问题，从而丰富儿童的各种经验，能够对所学习的英文知识自由掌握，灵活使用。

四、活动对象及规模

黑龙江省儿童中心，阶梯英语专业四个班级的儿童，60人。

五、活动内容

（一）听的练习

1. 课程内容：角色、物品表演

How to act：a teacher/ policeman /something red /something big

2. 演练方式

（1）教师展示该目标词语的图卡或字卡并教授其发音。

（2）请部分学员上台通过肢体语言或表情表演出来。

3. 小结

对教师与学生来说，名词性词语的展示是非常容易的，但对于形容词如"大的、红色的"等相对抽象的词语用身体、表情表现，就更能够激发儿童的想象力与表演力。再具体至教学中，有同学双手环抱，做飘飘欲飞状，说自己是"a big red balloon"，也有同学趴在地上说自己是"a drop of blood"。学生在想象的空间中翱翔，在表演中得到心灵的释放与激情，同时加深了对词性的感官认识，这种教学设计，不仅教授了个别词语，还将短语的概念与搭配也融入其中，无形中加深了教学难度，丰富了教学内容。

（二）说的练习

1. 课程内容与演练方式

（1）基础阶段：表演一个目标词汇，请其他同学猜出该词汇。教师请表演者上台表演出本课所讲的某一词汇,其他同学用英文说出他所表演的任务名称。

(2)提高阶段:"寻找太阳"练习一组句型

How's the weather? It's hot. (warm-cool-cold)选一名同学做"挑战者"在教室外等候,回来时询问"How's the weather?"并跟据周围同学回答"It's hot (warm-cool-cold)",来判定隐藏于班级中的"太阳"是哪一位同学。

(3)高级阶段:起居室里的家具摆设 How to set the living room?
①请部分同学上台表演起居室里应该出现的各种家具。
②让没有参与表演的同学按自己的思路安置各个家具的位置。
③请同学表述"There is a ____ in the living room."的句式。

2. 小结

相比于第一阶段的练习,此步骤进入了"说"的演练阶段,从词汇到句型,完全是自然而然的进阶设计。与此前的机械式重复或竞争性游戏演练相比,这种"场景戏剧"的设计激发了学生的学习参与度,使每一个学员都参与其中:舞台表演的、旁白解说的,将语言教学与生活审美、合理摆放物品的逻辑性思维训练相结合。

(三)读的练习

1. 课程内容

(1)基础阶段:初步进入英语教学的戏剧排演阶段。先整体、后分角色朗读短文中不同的角色台词。熟练后加入语气、动作与其他音效元素,展示读者剧场排练场景,使儿童对朗读英文产生兴趣,同时促使学员更好地展示自我,增强学习的自主性,从而产生自信。

(2)进阶阶段:情节故事学习与演练。

2. 演练方式

(1)告知备选故事中出现的人物数目,选出志愿扮演者在教室外等待。

(2)告知故事中人物的角色分别是什么,要求教室内同学对依次进入的扮演者表演或用英文与之交谈,谈话内容要符合他/她的身份。表演者以此为依据要猜出自己的身份为何并再次出去候场。

（3）给教室内同学展示故事主要线索并加以分析，要求在扮演者进入时用英文与之交谈，扮演者要通过交谈内容来了解故事剧情，通过小组讨论，选出代表用英文描述出故事梗概。

3. 小结

本阶段练习为戏剧排练的高级阶段，要求有一定英文水平的高年级学员参与练习，这样的练习方式对儿童的锻炼是全方位的。教学中教师只是做了告知、辅助、引领的作用，搭建了创造性儿童戏剧的理念与平台，使每一个学员都有展示、练习的机会，使儿童的学习更丰富、更多元，激发了儿童发挥创意和寻求自我的空间。

（四）写的练习

1. 课程内容：以 friendship（友谊）为题做一篇作文

2. 演练方式

（1）写出中心词 friendship。

（2）在五个角中写出有关 friendship 的词语（关键词 keywords sentences）。

（3）你为什么认为这五个词与友谊相关？会想起某些人？某些事？请将每一个词扩充成一句英文句子。（中心句 key sentences）

（4）用画面呈现出你刚写出的句子。

（5）这些扩充过的句子即"中心句"，围绕这几个句子写出几个支持性论点，（supporting sentences）从而写出几个段落。

（6）调整段落顺序，总结。

3. 小结

（1）每组选出代表将所写的作文在投影仪上展示，全班同学互评。

（2）教师对所展示作文中的优缺点进行评述，并针对一些共性错误进行专练。

经过几轮全班的互评与反复修改之后，作文的内容充实了，用词准确、丰富了，语法错误减少了。

英语写作训练是一种创造性的学习过程。运用戏剧编剧进行英语写作训练，学生通过小组讨论、交流，不觉得写作课是单调的，反而觉得有兴趣，并且能够从和老师、同学的交流中得到启发，对不足的理解更全面，思维能力得到了锻炼，英语写作水平也得到了提高。

六、活动亮点

这种教学方式从吸引儿童学习兴趣入手，设计了完全以学生为主导的互动式、体验式教学，令孩子始终感受着愉快的学习氛围，从听、说、读、写四个方面训练学生的英文使用能力，以儿童戏剧经验的建构为中心，不仅仅教给儿童戏剧的知识和技能，而且发现、保护、引导儿童已有的戏剧天性，促使儿童主动地投入到自己的戏剧艺术创作中，生产出儿童自己的戏剧。这一过程即建构戏剧经验的产生，且贯穿在整个戏剧排演过程的始终。同时，从儿童戏剧经验的建构出发，英文戏剧排演活动展开了戏剧的、艺术的、学科的三个层面的综合活动，是多元戏剧活动中的艺术综合，促进了儿童的全面发展。

同时，该教法有利于学生们团队合作精神的培养。课堂戏剧需要在初始阶段讨论、编剧，在表演过程中大家集思广益，也是一个相互学习、相互探讨的过程。这一过程既需要集体凝聚力，又要发挥个人的独立性，从而使个人意识与团体协作意识得到和谐发展。

七、活动反思

（一）教师方面

教师是教学的主要引领者，他要引领学生在教学中积极参与戏剧的组织、编排与表演，从中鼓励、肯定学生，使他们热爱英语学科的学习，并且在英语戏剧表演中找到自我突破口与自信。因此，要做到以下几点。

1. 注重引导

在英语戏剧教学中，对教师的要求比较全面，首先要有专精的英文功底，还要对戏剧编排、剧本内容确定、语言的把握、表演的情绪调动等方面都有掌握。教师的引导作用要发挥得充分、及时、有效，教师始终要做一根风筝线，牵引着学生在舞台上展示、飞舞，对其表现的力度与方向要时刻掌握。同时要对所教的内容有十分充足的准备，在教学中适时引导提示，保证学生们有足够的资源储备。

2. 注重鼓励

作为教学引导者，教师要保持积极、宽容、鼓励的态度，以更好地激发儿童的各种创想与尝试。尤其在排演初始阶段，学生们还不十分了解这种教学模式，不是所有的孩子都能够大胆的表达自己。教师要照顾每一名学员，开放思想，勇于表达，多用鼓励性的语言，加以正面引导，增强学生自信，让学员循序渐进地掌握技巧，加以练习，在情感释放与语言、表演训练中完善自我，获得进步。

3. 注重调节

作为一门参与性课程，英文戏剧表演的教学势必呈现出兴奋活跃、百花齐放的状态，因此，教学常规的掌控显得尤为重要。教师要及时调整教学活动环节，注意讨论与演练是否有效、是否偏离了教学主题，并通过动静结合的小游戏帮助学生重回主线，保证教学效果。

（二）课程设计

以英文戏剧为线索引导英语教学，尤其要注意课程内容的设置，要因材施教，内容适宜，并设计合理的情节和授课步骤以推进教学。

1. 内容适宜

要针对本班学生的年龄特点选择合适的英文剧本，本学期英文剧团"MINI BEE"中的小学员大多集中在小学一、二年级，因而教师们选编了英文经典话剧"Snow White"的剧本，并经过讨论加以改编，最终确定了五幕剧，将白雪公主话剧完整地呈现给孩子们。该剧本故事经典，情节曲折，内涵深刻，能够吸引孩子们的兴趣。通过改编台词，小学员们能够轻易背诵，并在排练中学习了大量的单词和英文表达，与外籍教师的沟通互动热烈，达到了完美的排练效果。

2. 设计合理

针对不同年龄阶段、不同英文水平的学员，设计适应其理解能力与应用水平的话剧场景，可以是独幕剧、多幕剧、歌舞剧；单词演练、短语演练、句型演练的环节设计要考虑细致、目的明确，能够达到在最短的时间内形成最完善的演练效果；要为练习教学内容而排练；考虑教学中可能遇到的各种因素，尤其是突发事件的解决预案。

3. 演练充分

戏剧表演是孩子们锻炼英文口语表达的载体，确定了剧本与编排环节，充分演练即是教师们应该注重的问题。教师要引导学生们在教学中做主体表演者，保证每一个孩子的言语训练与表演训练，让孩子充分体会到戏剧表演的乐趣，以及用这种方法学习英文的快乐。

亲爱的小孩

——杭州市亲子创意童话 COSPLAY 秀

杭州青少年活动中心　卢筱肖　董　霞

一、活动背景

童话阅读与表达项目创立初衷即为引导孩子通过图画书爱上阅读，让孩子在"真善美"的童话故事的影响下拥有健康积极的品行和人格。但是根据此年龄段孩子的心理特点，仅仅靠阅读绘本，将故事所提供的理念内化为自己的养分，并一直保持积极兴奋的阅读状态还是远远不够的。活动可以帮助孩子们贴近绘本，读懂故事，爱上阅读。由此，我们想到了童话表演这一特殊活动形式。

2008 年，我们首次举办了"超级童话王"创意童话表演大赛。活动邀请喜爱讲故事的孩子参加比赛，受到了孩子和家长的广泛好评。但是，因为孩子年龄小，怯场的比较多，整个活动略显单薄。

2012 年，我们举办了"亲爱的小孩"杭州市亲子创意童话 COSPLAY 秀，首次引入了"COSPLAY"的舞台表演形式。经过筛选，最终邀请了 22 组家庭参加表演秀。活动中，孩子和家长将自己扮演成童话故事中的角色，展现经典的童话故事，让人耳目一新。活动深受孩子和家长的喜爱。但回顾活动过程，也存在一些不足：老师人手少；与家长的信息沟通需花费大量的时间和精力；家庭间缺乏交流、互助和合作；亲子参与阵容单一，基本以妈妈带孩子参加为主；舞台背景制作五花八门，不够整齐美观等。

在前两次活动总结的基础上，经过精心策划，我们于 2013 年举办了"亲爱的小孩"杭州市亲子创意童话 COSPLAY 秀第二季。

二、活动目的

（一）激发儿童阅读童话故事的兴趣，使儿童获得阅读的快乐并产生持续的阅读愿望。

（二）将童话故事改编为舞台剧，通过富有创意的表演过程，激发儿童想像力和创造力。

（三）提供自由表现的舞台，鼓励孩子大胆地个性展示，同时，提高他们的语言表达能力。

（四）让家长和孩子共同参与活动、在活动中相互合作，以此促进亲子间情感交流，增进家庭和谐；养成亲子共读的家庭学习习惯，倡导学习型社会。

三、活动对象

学龄前大班到小学二年级的学生及家长。

四、活动时间

（一）活动预备：2013 年 10 – 11 月。

（二）现场活动：2013 年 11 月 23 日下午 13：30。

五、活动实施

（一）活动征集（2013 年 10 月）

1. 发布海报

制作活动海报，及时在活动中心、发展中心、城北分中心、城西分中心展出。

2. 发放邀请函

向童话阅读与表达培训班学员发放邀请函，同时将邀请函放于教务办公室，学员家长可自行领取。

3. 网络公布活动信息

通过中心网站、文学部微博、童话阅读 QQ 群等网络途径发布活动信息，扩大影响。

（二）接受报名（2013年10月17-31日）

1. 现场报名

收到邀请函的家长填写报名表，进行现场报名。

2. 微博私信报名

通过微博获得信息的家长，可发私信至文学部报名。

3. QQ报名

通过童话阅读QQ群获得信息的家长，可自行从群共享中下载报名表，填写完毕后发送至老师处。

（三）创意筛选（2013年11月1-7日）

1. 电话初选

从各个渠道共接到68组家庭报名参加活动。第一轮筛选以电话交流方式为主，与家长沟通其个性创意，同时确定参演内容以及参演人员，有意识地邀请父亲一起参与表演。经过第一轮电话初选，共确定20组入围复选。

2. 预约现场复选

为方便家长，复选不统一组织，由家长根据要求提前向老师预约，老师根据预约时间进行复选。经过复选，共有12组家庭入围最终现场COSPLAY秀。

（四）远程指导（2013年11月8-22日）

1. 创建家长创意协作组

为了更好地调动家长积极性，方便参演家庭互相交流沟通，同时也为了更合理地整合利用家长资源，我们创建了"家长创意协作组"。协作组以QQ群的形式组建，家长有困难或者建议，都可以在协作组里提出。

2. 视频传送指导

活动前一周，各组参演家庭将各自的表演拍成视频传送至老师处，帮助老师了解准备情况，提出修改意见，以保证正式演出当天节目的质量。

（五）现场展示（2013年11月23日下午13:30）

11月23日下午13:30，杭州青少年活动中心广场上出现了一群群装扮极富童话色彩的孩子和家长。他们中，有的是高大的兔爸爸，有的是可爱的小灰兔；有的穿上了可爱的负鼠宝宝装，牵着"负鼠妈妈"的手，在花坛边对着台词；有的头上顶着一个大大的锅盖，把自己装扮成跳舞僵尸；还有一群群愤怒的小鸟、可爱的猪宝宝，在水池边追逐嬉戏……这些就是来参加活动的孩子和家长。

在两位小主持人甜美的声音中，活动正式开始。

《新龟兔赛跑》《豌豆射手很高兴》《小狮子和大老虎》……这些充满神奇色彩的童话故事，融合了家长、孩子们全方位的才艺表演，吸引了一群又一群小朋友和大朋友驻足观看。

最令人欣喜的是，与以往童话大会相比，本次活动共有七位爸爸闪亮登台，他们装扮可爱，大方从容，入情入境。

活动结束后，参演的家庭都得到了我们精心准备的小礼品：一套孩子喜爱的童话书、一份珍藏版全套"水果精灵"卡以及一张值得永久纪念的活动照片。

本次活动为本市6-8周岁的孩子提供了一个展示自我、实现梦想的舞台，让更多的孩子和家长了解到绘本故事的魅力所在。孩子与父母同台演出，也无形中促进了亲子关系的和谐发展。我们希冀通过这次活动，让童话阅读——这颗童年幸福的种子，在孩子们的心中生根、发芽，让童话中的美好、智慧，给孩子未来的人生画上纯纯的色彩。

六、活动亮点

（一）阅读回顾，创意展现

无论是在校内还是在校外，阅读都在孩子的生活中存在着。但很多孩子读完就忘记了，而这次活动，恰恰给了孩子们回顾和创新的机会。

报名参加活动的孩子首先要确定表演内容，此时他们必须回忆自己曾经看过的童话故事，这是一个回顾的过程。除此之外，他们还可以通过大量阅读，选择自己最喜爱的童话故事进行表演。在这个过程中，大量新的内容充实进阅读经验中，使得阅读有了新的积累。

确定表演内容后，孩子们要对故事进行再加工。截取经典片段、设计台词、动作、设计服装、道具、制作背景等，这些都是创意的过程。在这个过程中，孩子是主导，他们在家长的帮助下，渐渐将自己的创意完整地展现出来，获得成就感，这也是部分家庭连续两年参加COSPLAY秀的原因。

（二）形式新颖，热情参与

游戏是低龄段孩子获得知识经验的最佳途径，游戏时的氛围往往更容易让孩子将生活中习得的知识、技能、情感体验等内化为自身能量，而COSPLAY这一活动形式正是游戏化、情境化的。孩子们就像做游戏一样参与活动，将自己扮演成童话中的人物。在服装道具的影响下，孩子往往能快速融入故事情境中。他们在父母的陪同下，做着有趣的游戏，做着快乐的美梦。其实，COSPLAY的魅力也正是如此！它让枯燥的书面阅读走向有趣的故事表演，使孩子从情感体验发展到创意表现，是激发孩子创新意识的有效形式。

（三）父亲加盟，有爱有趣

随着《爸爸去哪儿》的热播，越来越多的家长开始正视起"父亲"这一角色在亲子关系中对孩子的影响。父亲对孩子性格的形成、品质的培养、意志的磨炼、与人交往模式的建立，都起到了决定性的作用。但遗憾的是，在现实生活中，以妈妈为主的家庭教育结构占主导地位。因此，在前期活动征集过程中，我们有意识地鼓励父亲的加入，给父亲参与表演的家庭加分，使此次活动中父亲参与表演的家庭大大超过了前一次。最终入围现场COSPLAY秀的12组家庭中，有7位爸爸闪亮登场。在活动中，我们很高兴地看到，凡是有爸爸参与的表演明显比单由母子参与的表演要有趣得多，爸爸和孩子展现出了非凡的表演天赋。比如，"兔子爸爸"和"兔子宝宝"共同演绎《猜猜我有多爱你》，温馨感人；"僵尸爸爸"不惜自毁形象，逼真演绎"僵尸"角色。

各位爸爸大显神通，只为配合孩子，玩一场真人童话版COSPLAY秀。

有了爸爸们的加盟，活动氛围更加热烈。孩子们在表演时，显得极其认真，爸爸们的表演经常引来一阵又一阵掌声。台上台下，温馨美好的亲子氛围让现场的人们感受到浓浓的爱意。

（四）整合资源，创意协作

大型广场活动的组织工作十分烦琐。这次活动中，我们将家长资源整合起来，让家长参与到活动的策划中来。这样不仅能节约部门资源，更能激发家长的主人翁意识，大大增强了家长的主观能动性。

在活动在开始前，我们组建了"家长创意协作组"，在 QQ 群里召开网络会议，进行头脑创意风暴，协同完成此次大型广场活动。这个创意协作组里人才济济，"淘宝达人妈妈"提供了许多服装道具网店，解决了服装道具难题；"语文老师妈妈"帮助修改了剧本和台词，使得各个节目更加精炼有趣；"广告设计师爸爸"为我们设计了大屏幕背景，统一了背景幻灯播放模式。此外，各种各样的好点子、亮点子都在协作组里闪现，进一步完善了整个活动。

活动当天，小主持人的家长在负责孩子报幕顺序的同时兼任后台的场务工作，维持了整个活动过程的流畅性。作为组织方，除了保障场地安排外，仅作为创意指导加入其中。

这是校外教育联合家长形成教育合力的一次成功尝试。把主动权交给家长，转变家长"参与者"的角色，让他们作为"组织者"贯穿整个活动，这样的安排不仅激发了家长的参与热情，更节省了自己的工作时间，有效提高了工作效率。

（五）奖品特殊，意义非凡

为了能留下活动最精彩的一瞬间，我们还特意邀请了专业摄影工作室为我们进行全程摄影。通过现场抓拍，将最值得珍藏的瞬间永远记录在镜头里。最终，我们将这个精彩瞬间变成相片并配上美丽的相框，作为神秘礼物送给参演家庭。

虽然只是一张普通的照片，但意义却十分深远。它作为这次活动的证明，将家庭的温馨一刻永远保存下去。它见证了家庭成员为了一个目标而共同努力的过程，为家庭和谐、亲子融洽贡献着力量。

七、活动反思

（一）以儿童为本策划的活动，才能真正激发儿童的参与热情

本次活动目标为激发儿童阅读兴趣，帮助儿童养成自主、积极、持续阅读的习惯。因此，我们在活动形式的选择上花费了较多心思，不断总结前两次活动的得失，完善活动形式。整个活动过程，儿童始终兴致勃勃地参与。在以儿童自我意愿为主的基础上，通过大量阅读，调动他们已有的阅读经验，选择表演内容，并通过 COSPLAY 将自己对故事的理解表现出

来，从而感受阅读的新奇有趣，真正爱上阅读。

由于这一切的出发点都在儿童身上，儿童作为主体，受到了充分的尊重，他们对游戏的需求得到了满足，因此，儿童的参与热情十分高涨。

（二）活动目标定位儿童创意发展，是活动得以成功的关键

为了让儿童有更好的创意展现，我们选择了 COSPLAY 这一表演形式。因为 COSPLAY 的过程其实就是创造的过程，考验的就是参与者的想象力和创造力。本次活动，我们不仅要求家长和儿童"扮演"故事角色，还要求他们"表演"故事内容。这在传统 COSPLAY 的基础上增加了难度。此外，我们还鼓励儿童对传统童话故事进行适当的改编，激励儿童的创意表现。

最后参与表演秀的 12 组家庭，几乎都进行了创意改编。比如，《新龟兔赛跑》中，为了体现紧张的比赛气氛，增加了现场架子鼓表演；在故事《小红帽》中，为了表现"小红帽"的天真活泼，增加了舞蹈表演；《愤怒的小鸟和被偷的蛋》将时下最流行的游戏改编为童话剧。这些创意都成了现场 COSPLAY 秀的亮点，是儿童想象力和创造力的结晶。

（三）引导创立学习型家庭，建设学习型社会

本次活动，我们明确了亲子参与的活动形式，让儿童和家长紧密彼此间的关系，形成相互信赖、彼此扶持的家庭相处模式。早在活动准备阶段，家长就承担了"陪读"的任务，他们不仅要陪同孩子翻阅以前看过的图书，更要带他们去购买和借阅新书，以便确定参赛内容。除了成为"陪读"，家长还要做"陪练"。亲子活动的形式要求家长必须参与表演，他们需要和孩子研究故事情节，设定角色并确定台词，这是一个共同学习的过程。为了表演的成功，家长和孩子还需要经过无数次的排练。除此之外，家长还是"造型师"和"布景师"，他们要和孩子一起制作或者购买服装和道具。在家长的带动下，孩子会对阅读产生更加浓厚的兴趣。通过和家长一起研究故事情节，他们对内容有了更深刻的理解。而制作服装道具的过程，则是很好的实践体验机会，大大锻炼了孩子们的动手能力。

学习型家庭氛围就在这一点一滴中积累起来。当亲子共读成为习惯，学习型家庭也就成功建立了。这对于建设学习型社会，具有推进作用。

一次成功的活动背后有无数次的尝试和无数人的付出。从 2008 年到 2013 年，童话阅读与表达项目为了更好地激励孩子们的阅读兴趣，让他们爱上图书、爱上阅读，进行了多次尝试。每一次尝试都是珍贵的经验，我们相信，只要坚持做到以儿童为本，尊重儿童的学习兴趣，将趣味性与教育性有机结合起来，我们的活动一定能越做越有价值，越来越吸引孩子。

把健康穿在身上

——西城区小学生"服装与健康"主题教育活动

北京市西城区少年宫　阎　禾

健康生活离不开衣食住行，说到吃，一天三顿，而服装却在时时处处穿在身上一年四季365天，每天我们都可以选择不同款式、不同颜色、不同面料的衣服。作为一名13岁孩子的母亲和教育工作者，我在思考：面对良莠不齐的服装市场，怎样才能让自己的孩子穿得健康？让更多的孩子穿得健康？除了穿着校服，怎样选择才能够满足孩子们穿着健康的需求，让健康的服装美化生活、装点生活？基于这些想法，我设计了这次活动。

一、活动主题

把健康穿在身上。

二、确定主题依据

（一）《北京市校外教育机构办学条件标准》实施意见中强调了创新实践与促进发展。校外活动内容广泛，形式多样，要结合社会发展、教育改革和学生需要进行创新和动态调整，满足现有教育活动的需要，促进教育活动的创新与调整，利于校外教育机构在校外活动中发挥引领、示范作用。少年宫有责任关注青少年儿童日常生活，为学生提供健康常识和健康生活方式的引领，满足学生身心健康发展的需求。

（二）2012年"3·15"晚会中对不合格儿童产品的曝光令人触目惊心，令全社会加强了对儿童生活用品安全性的关注。2012年国家质检总局加大对儿童服装的监督管理力度，对200个儿童服装产品的抽查结果显示合格率达到 87%，仍有很多危害少年儿童的服装产品在市场销售。长期穿着不健康的服装产品会造成对身体的严重危害，甚至会有生命危险。

（三）针对学生的"服装与健康"调查问卷显示，儿童消费者处于低龄、被动的状态，缺乏对服装与健康的理解和认识，即使关注到穿着问题也只能停留在面料种类、服装式样与色彩搭配，较少涉及机械性安全设计以及安全健康指标等要素，急需提高健康着装意识与选择能力。

三、活动目标

（一）了解服装中的健康知识，主动考虑健康着装常识。

（二）增强对校服健康性的认识，唤醒选择健康服装的意识。

（三）养成健康穿衣习惯，培养健康服装材料搭配的操作力。

（四）培养团队协作能力，增强集体荣誉感与校园情怀。

四、活动时间、地点、对象及规模

活动时间：7月8日10：00－11：30。

活动地点：北京市西城区少年宫。

对象及规模：宣传面向西城区11所小学，活动现场共有小学生61人参与，西城区实美职业学校服装专业5名学生作为志愿者加入。

五、活动内容

团队展示校服，引发健康服饰思考；现场知识问答，获得健康着装知识；团队服饰制作，创意健康服饰搭配；展示成果秀健康，展示健康服装搭配成果，传达健康搭配理念。

六、活动准备

（一）教师准备

1. 活动前期下校调研，走访11所小学；与有关资源单位初步建立联络，达成活动协议。

2. 确定活动主题，制订活动方案。

3. 预设人、财、物、场等一切事宜，制订安全预案。

4. 积极做好活动宣传工作。

5. 活动经费预算（略）。

（二）学生准备

1. 了解适合自己年龄的服装颜色搭配、款式或装饰的知识。

2. 掌握剪、缝、贴、画等一些手工制作技能。

七、活动过程

（一）自由参观、自主获知（10分钟）

设计意图：知道服装中的安全知识，初步形成安全着装意识。

提供开放的活动空间和学习环境，在知识展板区自由选择、观看20块主题知识展板，填写知识问卷，自主获得服装健康知识以及对选择健康服装方法的了解与认识。

（二）第一环节　健康校服秀健康（15分钟）

设计意图：增强对校服健康的认识，体会校服对保护身体健康的作用。

集体身着校服走T形台，展示11所学校不同风格、不同款式、颜色各异的校服，体现学生精神风貌与健康的校园风采，增强对校服的热爱。介绍团队、介绍校服设计中的健康理念。鼓励学生发表个人见解参与讨论穿着校服的优点与必要性，传达校服颜色、款式统一可促进团队意识与集体主义精神；体会校服保护身体健康，满足校园学习、生活、运动等多种功能的重要性。

（三）第二环节　健康服装玩中学（15分钟）

设计意图：感受中国传统服饰的健康概念，增加选择健康服装的知识，唤醒选择健康服装的意识。

欣赏中国传统健康服装——旗袍表演，听志愿者讲解传统服装与纤维知识，了解传统服装的健康设计、健康面料，了解中国纺织史的灿烂与辉煌。纤维工程师现场讲解、演示，针对童装式样健康、质地健康、造型健康等多方面传授辨别、选择的技巧与方法，增加选择健康的知识与技能。开动脑筋参与互动，思考健康穿衣常识，积极参与知识抢答，敢于表达，检验现场知识学习成果。

（四）第三环节　健康搭配DIY（25分钟）

设计意图：健康服饰搭配，融合健康面料知识、造型知识、搭配知识，选择健康颜料、健康饰物合理配搭，培养健康穿衣习惯。

借助健康服装素材、配件，自主设计、创意搭配体现健康、青少年年龄特点的服装。鼓励学生借助健康知识合理搭配、自由想象、安全使用针线、剪刀等缝纫工具，发挥创造力，提高动手实践能力，在集体行动中促进和谐，增强团队协作能力。考虑全身搭配，突出主题、完善细节、突出健康。鼓励小组成员主动与专家、志愿者、活动指导教师沟通，获取合理的建议和指导，在有限的时间内完成搭配健康的服装，体现健康理念。

（五）第四环节　展示成果秀健康

设计意图：展现学生健康创意服装成果，通过作品表现、语言表达多层面解读创意作品的设计构思与健康理念的呈现，展现学生自主学习、合作学习、快乐学习的成果。

各小组学生将创意作品穿戴在一名学生身上在T形台上展示，介绍制作中对服装健康知识的理解、健康搭配的思考和健康能力的运用。嘉宾点评作品，鼓励学生正确运用健康知识、合理安排健康配饰、大胆构思、敢于实践的精神和团队协作精神，肯定特色设计，激发成就感。邀请嘉宾、志愿者与学生合影留念，感谢和珍惜他人的指导与帮助，体验成功的喜悦，留下美好的瞬间。

八、活动效果测评方法

活动选择与生活关系密切的服装话题，明确"把健康穿在身上"主题，从主题设计到活动目标，从活动过程到成果展示，紧紧围绕"服装健康"展开。

活动前期，运用填写服装安全知识答卷、现场采访的方式及时了解学生学习知识、培养意识、培养能力的效果；活动中及时采访学生、嘉宾、志愿者，设计抢答题环节，了解学生在活动过程中的收获和体会，及时提醒，互相补充，及时反馈检验阶段成果。活动结束后采访参与活动的学生以及家长，听取活动感言，搜集学生日记、小报、博客、照片等图文信息，再现活动过程与收获。

九、活动反思

（一）活动亮点

1. 本次活动主题与内容安排贴近学生需求与爱好，得到了全区 11 所小学的大力支持，每所学校都派出了 3-7 人的团队，共计 61 人参加。5 名服装专业高中学生作为同辈小导师融入活动全程，发挥专业优势，同伴引领，带动小学生自主性学习、创造性学习，充分发挥引领、示范作用。参与双方在活动中共同提高、共同受益。

2. 展示成果秀创意是学生从学习到创造，由知识转化为能力的真实体现。学生们不但将服装进行彩绘，大胆地裁剪，还在配饰及整体造型上进行了搭配，突破了简单的绘画展示。配合现场介绍，全面展示了学生们以创新的精神和灵巧的双手创造精彩，装扮生活的能力。作品中有的头戴草帽、手持太阳伞体现休闲；有的用绿叶点缀、手持望远镜表现郊游。一件主题为"成长"的作品设计巧妙，创意新颖，获得了嘉宾和在场观众最多的掌声。学生的介绍"它象征了我们的成长过程，通过不断地学习和实践，一定能够像毛毛虫一样变成美丽的蝴蝶"，体现了学生在设计中融入了对校园生活的热爱，对学习的渴求和对健康成长的向往以及对美好未来的期望，展示了孩子们的健康快乐、积极向上、团结奋进的精神面貌。

（二）活动不足

由于时间所限，活动只安排十分钟专业讲解，内容浅显，单纯讲解了服装机械性安全，无暇顾及纤维结构、染料安全等深层次的知识，易造成学生对服装安全的片面理解。考虑教育活动没有"一针见效"的功能，不能停留在"一过性"活动阶段，应努力将活动做成课程式活动，活动后积极与国家纤检中心协调，准备再次合作开展现场活动。整合有效资源，扩大活动平台，加强活动间的脉络、活动理念的体系化、知识的体系化。关注学生成长中 21 天养成好习惯的时间点，为学生提供更科学的手段认识纤维、增加更丰富的服装与纤维实物展示，全面地建立服装与健康的知识体系，培养学生通过参与活动成为健康穿衣小达人。

爱心铸就邮路通达
——东城区小学生邮局之旅体验活动
北京市东城区少年宫　马　莹

一、活动依据

国际劳动节又称"五一"国际劳动节、"国际示威游行日"（International Labor Day 或者 May Day），是世界上大多数国家的劳动节。定在每年的 5 月 1 日。它是全世界劳动人民共同拥有的节日。"五一"国际劳动节源于美国芝加哥城的工人大罢工。1886 年 5 月 1 日，芝加哥的 216 816 名工人为争取实行八小时工作制而举行大罢工，经过艰苦的流血斗争，终于获得了胜利。为纪念这次伟大的工人运动，1889 年 7 月，在恩格斯组织召开的第二国际成立大会上宣布将每年的 5 月 1 日定为国际劳动节。这一决定立即得到世界各国工人的积极响应。1890 年 5 月 1 日，欧美各国的工人阶级率先走向街头，举行盛大的示威游行与集会，争取合法权益。从此，每逢这一天世界各国的劳动人民都要集会、游行，以示庆祝，并公众放假。

临近一年一度的"五一"国际劳动节，同学们的话题也经常会讨论"我身边的劳动者"这样的话题，他们会对各种各样的职业发生浓厚的兴趣，但又不是了解很深。通过这次邮局之旅，带领同学们走进社会大课堂，不仅扩展了同学们的学习空间，让同学们了解了更多的生活知识和邮政知识，让同学们知道了邮局在日常生活中的作用，懂得了邮局工作人员的辛苦，开阔了视野，拉近了与社会之间的距离。

二、活动目标

（一）长知识

了解邮局及现在邮政可以办理的业务，了解邮政内、外部工作的情况以及基本的邮务常识。结合邮局壁画的讲解，了解邮政的百年发展史。

（二）来实践

运用观察、讨论、操作、参观、尝试等多种手段，使同学们全面地、积极地参与活动，学到新知识，提高多种技能。通过知识抢答题的形式，强化邮政常识，丰富同学们的社会实践经验。

（三）玩开心

学会查询邮编和书写信封，体验加盖邮戳、分拣信函等工作。通过小游戏方式体验邮政人员的工作，体验团队合作的力量。

（四）表心意

了解邮递员的工作，了解邮件的种类，寄信的方法、步骤等，知道邮政人员的辛苦，懂得尊重和热爱他们。提前写好一封《给辛勤的邮递员叔叔阿姨的信》，让同学们向辛勤工作在邮政一线的工作者们表达深深的敬意。

三、活动时间、地点、规模

活动时间：4月27日上午8：30－10：30。

活动地点：北京建国门内大街邮局（东城区北京站前街18号）。

活动对象及规模：东城区小学学生，人数50人。

四、活动形式

参观、慰问、动手制作、游戏等。

五、活动准备

（一）查阅相关资料，设计、制订《活动方案》

（二）联系北京建国门内大街邮局，落实活动具体事宜

1. 落实1－2名邮局工作人员负责接待和讲解工作。

2. 落实讲解内容，包括邮局各部门名称及主要工作内容，现在邮政可以办理的业务以及基本的邮务常识，讲解邮局内壁画，了解邮政的百年发展史。

3. 邀请邮局内首席员工、北京市劳模杨杨主任与同学们见面，请杨主任提前准备一些小故事介绍自己的工作经历，吸引同学们的兴趣。

4. 提前安排好邮政工作尝试，让同学们亲手体验盖邮戳。

（三）联系学校，准备活动内容

1. 到东城区小学校进行调研，了解学校的需求，了解师生们对活动的想法，认真听取师生们的意见和建议。与学校的领导和老师们交流，达成对集邮活动的共识，得到活动的支持。

2. 提前选好参与活动的学校，确定参与活动的班级。和学校辅导员与班主任沟通好，并提前介绍活动内容，让师生有所准备。

3. 提前让同学们写好一封《给辛勤的邮递员叔叔阿姨的信》，并提前几天寄到邮局，由邮局工作人员活动当日拿出当场拆开向全体念。

4. 提前让同学们每人写好《给爸爸妈妈的一封信》，活动当天实寄。

5. 准备"倡议书"内容，号召青少年学生向辛勤工作在一线的所有劳动者表达深深的敬意。

（四）活动相关物品准备

1. 了解动画片《邮递员派特叔叔》的内容，作为活动的引入话题。

2. 准备知识抢答题内容。

3. 准备游戏道具。

4. 准备小奖品。

（五）安全措施

1. 提前准备急救箱和医护人员，以防突发事件。

2. 学生在去邮局的路上，注意交通安全。

3. 活动期间教师不得离开学生，各岗位分工明确，随时掌握学生情况，遇到特殊情况及时做好学生的疏散和控制，并向有关领导报告。

4. 活动前对学生进行安全教育和注意事项教育，安全责任落实到人。

5. 活动的组织者要及时做好整个活动的调度和控制，组织管理好师生的秩序，任何人员不得擅自脱离岗位。

6. 带队教师确保活动期间通信畅通，时刻保持联系，互通信息。

六、活动过程

活动阶段	活动时间	内容安排	负责人
（一）活动引入	8：30－8：40	1. 通过提问的方式，让同学们交流各自的见解 "你去过邮局吗？到邮局去干什么？" "邮局对你印象最深的是什么事？" 引入话题：动画片《邮递员派特叔叔》 叮咚、叮咚"有信啦"，邮递员叔叔派特每天会驾着醒目的邮车，为村民送去信件和包裹，也送来快乐。每天邮递员叔叔到这里收集信件之后就会往来大街小巷、火车站，把信件派给农夫、园丁、警察、牧师、牧羊人等好朋友。送信中不论是遇到机件故障还是丢失小羊等古怪疑难问题，邮递员叔叔总在谈笑之间把所有问题一一解决 2. 继续通过提问的方式，梳理同学们对邮局的认识 （1）师生共同讨论自己对邮局的认识："邮局的标志性颜色是什么？""每一个邮局里都有些什么？""邮局有哪些功能？"等等 （2）了解邮局工作人员的工作情况."参观邮局时，你看到工作人员在干什么""人们到邮局里来做什么事情？" 3. 介绍参加活动的邮局领导和嘉宾 邮局局长、主任、工作人员和报刊发行中心的主任等	马莹

续表

活动阶段	活动时间	内容安排	负责人
（二） 认识邮局	8：40-9：20	1. 介绍各部门名称及主要工作内容邮政储蓄台、领取包裹台、普通邮寄处、服务台、值班台等 2. 了解邮局及现在邮政可以办理的业务，以及基本的邮务常识 3. 结合邮局内壁画讲解，了解邮政的百年发展史 4. 邀请邮局内首席员工、北京市劳模杨杨主任与同学们见面，通过小故事亲身介绍自己的工作经历，吸引同学们对邮递工作的兴趣 5. 了解邮件的种类，寄信的方法、步骤等。了解"一封信的旅程"，从寄出到投递的整个过程。在参观的过程中，了解邮寄的过程：邮戳—分装—分拣—投递，看到邮局的工作人员每天要把那么多的信送出去，真正地体会到了邮递员的辛勤劳动 6. 提前写好一封《给辛勤的邮递员叔叔阿姨的信》，并提前几天寄到邮局，由邮局工作人员拿出当场拆开读。"五一"劳动节快到了，通过慰问的形式让同学们了解"爱心铸就邮路通达"这个道理，并向辛勤工作在邮政一线的工作者们表达深深的敬意	邮政工作人员和杨杨主任
（三） 寄给爸爸妈妈的一封信	9：20-9：50	1. 提前写好给爸爸妈妈的一封信 2. 学会查询邮编，书写信封，要求字迹工整 3. 尝试盖邮戳，体验邮政人员的日常工作 4. 了解邮筒寄信本市与外埠的区别	马莹
（四） 游戏	9：50-10：10	1. 分拣信件 2. 过桥送信	马莹

续表

活动阶段	活动时间	内容安排	负责人
（五）知识抢答	10：10－10：20	对学习的内容进行一下考查，看看同学们是否真正学会了，通过抢答题的形式，检测活动的效果，答对的同学获得一份小奖品 1. 猜一个谜语"四边长牙，中间有画，漂洋过海，走遍天下"请同学们猜猜是什么 邮票 2. 邮局的日常业务 函件业务、包裹业务、特快专递、国际业务、集邮业务、报刊业务、代办电信业务、国内汇兑、邮政储蓄等 3. 邮寄的方式 平邮、空邮、快件、挂号等 4. 猜一个成语："邮递员汇报工作。" 言必有信 5. 信函资费标准是什么？ 本埠 0.60 元　外埠 0.80 元 6. 我国邮政编码采用的是什么方式 四级六位制结构 7. 邮政通信的根本宗旨是什么 人民邮政为人民	马莹
（六）活动总结	10：20－10：30	1. 宣读倡议书 学生代表宣读倡议书，号召青少年学生向辛勤工作在一线的所有劳动者表达深深的敬意，要虚心向他们学习 2. 活动总结 邮局之旅，观察了邮局的工作人员工作情况，了解了寄信的过程，认识了邮局的人、事、物，同学们大开了眼界，增长了知识，同时还看到了邮局工作人员的辛勤劳动，同学们真正体会到了要尊重别人的劳动成果，达到了此次活动的目的 3. 全体师生与劳模和工作人员合影留念	马莹

七、活动效果检测方法

1. 活动现场知识抢答，检测学习效果。

2. 活动之后下校走访，听取师生们的意见，完善各个环节，认真总结。

八、活动反思

4月27日上午在北京建国门内大街邮局，面向东城区50名小学生，组织了爱心铸就邮路通达——东城区小学生邮局之旅体验活动。

组织这个活动的初衷主要是针对现在的独生子女，对"五一"国际劳动节的认识越来越模糊，甚至不知道为什么设立、谁过此节、怎样过这个节等，因此他们在生活中表现出越来越以"我"为中心，不知道珍惜劳动者的劳动成果。在"五一"国际劳动节来临之际，我在部分小学以"我身边的劳动者"为话题展开讨论，同学们对各种各样的职业产生浓厚的兴趣，但又不是了解很深。我利用资源单位的优势，决定进行一次邮局之旅，带领同学们走进社会大课堂，不仅可以扩展学习空间，让同学们了解更多的生活知识和邮政知识，还让他们知道邮局在日常生活中的作用，更懂得邮局工作人员的辛苦。

在邮局工作人员的带领下，同学们参观邮局，认识邮局标记，了解寄信过程，结合邮局内百年壁画的讲解，了解邮政的发展史。在与劳模见面聊天后，知道邮局工作人员的劳动内容，懂得要尊重和热爱他们。为了引导同学们表达对辛勤邮递员的慰问和热爱之情，现场深情地诵读了慰问信。为了加强活动参与性，同学们亲身体验了邮政人员的工作，亲手将事先准备好的《写给爸爸妈妈的一封信》盖上了邮戳，并投进了邮筒，这是他们亲子间以书信沟通的第一封信。同学们在游戏和知识抢答环节，积极踊跃，活动最后，宣读了热情洋溢的倡议书。

这次活动的成功之处是从活动前的准备到活动的实施，同学们亲身参与、亲手实践，积极热情地投入到了整个活动之中。通过丰富多彩的活动形式，运用观察、讨论、操作、参观、尝试等多种手段，同学们全面地了解了邮政内、外部工作的情况以及基本的邮务常识，学到了新知识，提高了多种技能。通过小游戏方式体验邮政人员的工作，体验团队合作的力量，丰富了同学们的社会实践经验。

这次活动的顺利实施，还归功于活动前的准备工作十分充分。活动前多次前往邮局，和主管领导沟通好参观、实践的内容。同时还和学校的领导、老师们多次交流，达成对这次活动的共识，得到活动的支持。在确定好参与的班级后，我和班主任老师沟通好活动内容，让师生有所准备，重要的环节提前做好准备，让同学们写好慰问信并提前寄到邮局，准备好倡议书的内容。在活动后的下校走访和活动后的反思中，都反映出了活动前的准备工作非常重要。

在活动过程中，有两个不足值得今后注意。第一个是由于邮局的空间比较大，说话不是很拢音，声音在小范围内很清楚，在邮局相当大的空间内组织活动，声音有些空旷。第二个是我准备了两个游戏，因为时间比较紧张，只做了"分信件"游戏，在今后的活动中我要想得更全面、更周到，确保活动能更加完善。

活动之后，同学们是否掌握了活动内容是非常关键的。活动结束前，我通过知识竞赛的方式对学习内容进行检测，正确率达到了100%，同学们积极踊跃地抢答问题，能够客观反映活动的总体效果很好。

活动之后我走访了参加活动的学校，了解同学们感受，我还认真听取了学校领导和老师们的意见，重新探讨了整个活动，认真研究和调整活动方案，完善各个环节，以便今后更好地开展活动。

让爱"动"起来

——"父亲节"群众主题教育活动

北京市石景山区青少年活动中心　谢翠翠

一、活动依据

学生普通十分喜欢动画,但由于技术水平和设备受限,却很少有机会接触到动画背后的的创作和制作过程。作为群文活动教师,我积极寻求社会资源,借助北京市石景山区科委下属北京迪生动画科技有限公司的技术支持,带领学生走进不一样的动画世界。

北京迪生动画公司是著名的国内影视动画设备供应服务商。2007年国际动画学会组织(ASIFA)中国代表处落户迪生公司,他们更是加大了在动画教育方面的投入,将动画技术优势和产业经验融入到教学体系,推出了动画教材、教学课件等完整的动画教育产品。2013年年初,在区教委和区科协的牵头下,迪生动画公司与我中心建立了长期合作关系,为我区爱好动画的中小学生提供免费动画知识培训和动画制作辅导。

此次参加活动的50名学生来自学校的动漫、话剧社团等,也有在剪纸、泥塑等手工制作方面特长的学生。他们自2013年2月开始,每周会有半天的时间参加迪生公司的动画知识培训,已具备了动画制作所需的剧本创编、场景造型设计、布景制作、逐帧拍摄等方面的知识和技能,并且也制作过像"牛奶的故事""我的一天"等主题的简短动画片。但是从情感角度,他们缺乏用动画表达内心情感的机会,借此父亲节为契机组织亲子活动,让学生通过和父亲一起完成充满爱意的作品,表达出对父亲的真情实感,弘扬孝敬父母的传统美德。

二、活动目标

（一）知识目标

1. 知道父亲节的由来、习俗和设立的意义。

2. 尝试运用前期学到的剧本编写、布景和道具制作、定格动画拍摄等知识，编写简短的小剧本，小组合作拍成一个40秒左右父亲节主题动画作品。

（二）能力目标

每个小组成员分工合作，都能完成父亲节主题的故事创作。要求从生活中取材，情节完整，画面美观。

（三）情感态度和价值观

1. 学生能够用心完成作品，表达出对父亲的真情实感。

2. 在小组合作中敢于发表自己的见解，同时认真听取别人的意见。

三、活动时间、地点、对象及规模

时间、地点：2013年6月15日，在区科委多功能活动室。

对象及规模：前期参加了动画知识学习的四、五年级学生50人，以及他们的爸爸们。

四、活动准备

（一）教师准备

1. 到学校调查以往父亲节活动开展情况和学生需求，和学校老师沟通活动内容，协助做好家长工作。

2. 确定活动主题，制订活动方案和安全预案。

3. 联系区科委、迪生动画公司技术人员，了解前期学生的学习进展，沟通活动各个环节，确保顺利进行。

4. 制订活动计划和时间表，确定每个环节的实施时间。

5. 召开工作人员协调会，详细介绍活动内容，做好人员分工和安全培训。

6. 制作图文结合的幻灯片，布置场地，营造温馨的活动氛围，准备泡沫板、彩纸、橡皮泥、卡纸、牙签、针线、胶带、刻刀、彩笔等材料。

7. 发家长信，告知活动内容，请家长做好准备，得到他们的支持。

(二) 学员准备

1. 准备体现活动主题的玩具、饰品、叶画、剪纸和橡皮泥作品等成品或半成品参加动画制作和拍摄。

2. 与家长沟通，得到家长的支持。

3. 自己动手查找父亲节的相关知识。

4. 回忆自己与父亲之间发生的有趣的或是感人的故事，写成简短的小故事，为活动当天的剧本编写做准备。

五、活动过程

活动环节	教师工作	学生活动	教育意图
我来看： "爸爸去哪儿" (3分钟)	1. 播放热门节目"爸爸去哪儿"精彩片段，引出活动主题 2. 引导学生回忆与爸爸之间温馨有趣故事，体会父母的无私关爱和辛苦付出	1. 观看视频 2. 回忆和爸爸之间发生的故事	1. 快速、欢乐地导入活动，迅速热场 2. 为下面的创作环节进行灵感启发和情感铺垫
我来学： 小节日体现大爱意 (3分钟)	PPT介绍父亲节的由来、习俗和设立的意义	1. 知道父亲节相关知识 2. 思考如何运用所学知识制作自己独特的献礼父亲节的动画作品	进一步深入了解今天活动的主题和意义
我来说： 小动画蕴含大知识 (10分钟)	以问题串联（比如，编写剧本的主要元素是什么？如何运用分镜头？视觉效果的窍门在哪？献礼父亲节你的创意是什么？）的开放式讨论形式回顾所学的动画知识，鼓励学生积极思考、发言、讨论	回顾所学动画知识，结合父亲节主题，说说自己的创意、构思和要用到的动画制作技术手法等	在发言讨论中相互学习、相互启发，也让参加活动的爸爸们对动画制作有所了解，为下面环节做好知识和技能铺垫

续表

我来写：小故事充满大乐趣（30分钟）	1. 按自由结合方式，5个家庭10人一组进行分组，邀请爸爸加入，但始终要以学生为主 2. 指导学生创编剧本，要求取材真实，情节完整，画面美观 3. 结合剧本，指导学生列出造型和布景设计要求，编写详细的分镜头脚本	1. 分组进行剧本编写 2. 编写详细的分镜头脚本，将每一幕要拍摄的内容细化；配合情节列出造型和布景设计要求	1. 学生能将学到的知识实际运用，用心编写剧本 2. 在小组合作中敢于发表自己的见解，认真听取别人的意见 3. 为剧本创作提出具体要求，配合专业老师指导，突破活动难点
我来拍：小画面展示大亲情（40分钟）	1. 引导各组依据学生每人特长组建制作团队：导演、美工、摄影、动作人员、场记 2. 指导学生完成制作和拍摄 3. 提醒安全使用工具	1. 依据剧本和分工进行人物造型和布景制作，使用专业的拍摄工具，将故事一幕幕拍成照片，最终合成动画 2. 结合提前准备的成品或半成品道具，比如玩具、剪纸、泥塑作品等，减轻现场制作压力	1. 学生能够各司其职，分工合作完成动画制作；体验依剧本进行设计创作这种严谨的工作程序 2. 展现学生运用知识和技能完成动画制作的能力
我来评：小作品表达大感恩（15分钟）	播放每组动画作品，给你感受最深的一个作品点个赞，从故事情节和技术水平两方面进行评价，作品作者可以回应。引导学生互动、对话，形成一个小的研讨	用心观看每组的动画作品，针对感受最深的一个作品发表意见，可以是表扬、提建议、说感想等等	为作品提供展示机会，学生勇于用自己的语言表达对作品的理解，能够虚心听取别人的意见
我来唱：小歌曲留下大回忆（5分钟）	1. 教师总结活动，引导学生用心爱父母、爱集体、爱祖国 2. 前后呼应，在歌曲合唱《爸爸去哪儿》中温馨、快乐、充实地结束	合唱歌曲，在欢快的节奏中回忆今天活动的点滴	教师对活动意义进行升华，不仅停留在知识的层面，更要有爱家、爱他人、爱国家的高尚情操

六、活动效果测评方法

（一）活动过程中学生参与的积极性。

（二）学生展示动画成品并进行评价。

（三）活动结束后采访部分学生和家长。

访谈提纲

访谈对象：学生

访谈问题：1. 今天你玩得怎么样？

2. 你喜欢今天的活动吗？为什么？

3. 通过今天的活动，你对爸爸有什么新的认识吗？

4. 今天你最大的收获是什么？

访谈对象：家长

访谈问题：1. 您为什么会参加今天的活动？

2. 您怎样评价今天的活动？为什么？

3. 今天您感触最深的一点是什么？

4. 通过今天的活动，您对孩子有什么新的认识吗？

5. 请您对我们的活动提出宝贵的意见或建议。

访谈对象：学校带队老师

访谈问题：1. 您怎样评价今天的活动？为什么？

2. 您觉得学生能从今天的活动中得到什么？

3. 请您对我们的活动提出宝贵的意见或建议。

七、活动反思

孝道是中华传统文化的重要组成部分，父爱如海，深沉而宽广，而家庭中父亲多以威严的形象展示给孩子。借此父亲节为契机组织寓教于乐的亲子活动，让学生通过和父亲一起完成充满爱意的动画作品表达出对父亲的真情实感，弘扬孝敬父母的传统美德。

本次活动内容丰富多彩，环节紧密相连，过程紧凑有序，达到了预设的活动目的，受到学校、家长和学生的欢迎和喜爱。总体而言，本次活动的特点体现在以下三个方面。

第一，坚持公益性原则，积极寻求社会资源，为学生全面发展搭建更广阔的平台。

公益性原则是校外教育活动的一个重要原则。要想实现校外教育活动的公益性，前提是必须有充足的经费做保障。但在目前经费不足的情况下，就需要组织者开动脑筋，积极寻求社会资源，广开"经费"之路为实现公益性而努力，本次活动在此方面就进行了尝试和探索。小学生普遍对动画、动漫十分感兴趣，但却很少有机会接触到动画和动漫的创作、制作等环节。同时，有一些动画公司积极开发动画教育市场，推出了动画教材、教学课件等完整的动画教育产品。他们有技术、有意愿和学校、学生接触，了解他们的需求，却找不到合适的途径。本次活动在区教委和科委领导的协调、帮助下，搭建一个二者之间的平台。迪生动画公司免费为爱好动画的学生进行知识培训，提供器械设备，并推荐优秀的动画作品参加国家级和国际级的赛事评比，由此让学生接触到动画，让动画技术服务学生。

第二，活动内容丰富多彩，使学生玩在其中，学以致用。

校外教育必须坚持通过丰富多彩、形式多样的校外活动达到育人目的。育人是目标，活动是载体，校外教育必须利用好这一载体。本次活动内容丰富紧凑，环环相扣，力求使学生在快乐中用自己的知识为"父亲节"献礼，体现了"寓教育于活动"的校外教育理念。在整个活动中，注重调动学生的主动性和独立性，强调团队合作的重要性，尊重每个故事的独特性，创设环境让学生玩在其中、乐在其中、受教育在其中。在活动结束后的采访中，学生和家长提到最多的字眼就是"快乐"和"有意义"。银河小学王家琪的家长说道："非常感谢这次活动，既有快乐又有感动，还学到很多知识，加深了我和孩子的情感。我们会记住这个非常有纪念意义的日子"。

第三，活动各环节各自独立又相互联系，环环相扣。

第一环节：我来看——"爸爸去哪儿"，热门短片导入，迅速暖场，为下面的创作环节进行灵感启发和情感铺垫。第二环节：我来学——小节日体现大爱意，学习父亲节的相关知识，明确父亲节主题动画创作要求，深入了解今天活动的意义。第三环节：我来说——小动画蕴含大知识，以问题串联的开放式讨论形式引导学生回顾所学的动画知识，为下面的环节做好知识和技能铺垫。第四环节：我来写——小故事充满大乐趣，按具体的剧本要求，自由分组完成简单的剧本创编，列出相应的造型和布景设计要求。此环节为本活动的难点。第五环节：我来拍——小画面展示大亲情，引导各组依据学生每人特长组建团队，完成制作和拍摄，展现学生运用知识和技能完成动画制作的能力。此环节为本次活动的重点。第六环节：我来评——小作品表达大感恩，播放全部动画作品，要求针对感受最深的一个动画作品进行评价，引发学生互动、对话，形成一个小的研讨，相互学习，共同进步。第七环节：我来唱——小歌曲留下大回忆：教师进行活动总结，在歌曲合唱《爸爸去哪儿》中温馨、快乐地结束活动。前后呼应，教师对活动意义进行升华。

本次活动也存在一些不足之处

第一，由于活动内容较多，有些环节，比如讨论环节没有充分展开，略显仓促。这使我反思，可以组织一次动画主题的夏令营活动，让学生有充分的创作时间。

第二，活动中爸爸们的加入，让活动更加温馨、有趣。但如何更好地调动爸爸们的积极性，同时又不"喧宾夺主"，坚持学生的主体性地位，做到更优质的亲子互动是我们需要思考的问题。

"阳光少年 与法同行"主题系列活动

北京市东城区天坛青少年活动中心 戴秀文

一、活动依据

青少年是祖国的未来，民族的希望，是21世纪的建设者。全国人大常委会在《关于在公民中基本普及法律常识的决定》中早就明确指出："学校是普及法律常识的重要阵地，大学、中学、小学以及其他各级各类学校，都要设置法制教育的课程，或者在有关课程中增加法制教育的内容，列入教学计划，并且把法制教育同道德品德教育、思想政治教育结合起来。"

青少年时期，是人生中至为关键的一个时期，是人从幼稚儿童期向青年期的过渡阶段。处于这一特殊时期的人，无论从生理上还是心理上，都经历着一场巨大的从儿童到青少年的心理变化。

18岁以下的青少年大多数是独生子女，在家庭中处于一种特殊的地位，他们中一些人因而养成了不良性格，形成了不良的意识和行为习惯，凡事总是先考虑自己，从个人角度出发，不达目的不罢休。因此为了达到个人目的，满足自身的需要，他们可以不择手段，不受任何约束，甚至以身试法，以致违法犯罪。

东城区天坛青少年活动中心自2011年9月起，开展了"阳光少年 与法同行"主题法制系列教育活动。

二、活动目标

（一）发挥校外教育的主阵地作用，提高法制教育质量。活动以发挥

"启明星青少年法制教育活动工作室"的作用，围绕"悟孝""明德""知法"三个层面，采取体验、互动活动的教育形式，引导广大青少年学生做一个学法、知法、守法和依法办事的人。让一个学生带动一个家庭，一个家庭影响一个社区，从而构建学校、家庭、社会相结合的青少年法制教育工作网络。

（二）东城区天坛青少年活动中心依托最高人民法院党委办公室与东城区法院青少年法庭联合，建立"启明星青少年法制教育活动工作室"。

（三）遵循教育活动的原则，东城区天坛青少年活动中心与全区十多所中小学建立法制教育活动联盟校，在此基础上组织各种活动，范围覆盖整个东城区中小学。

三、活动时间、地点、规模

时间：2011年7月–2013年8月。

地点：天坛青少年活动中心、最高人民法院、北京市东城区人民法院、北京警察博物馆、中国消防博物馆、中国古代建筑博物馆、东城区精忠街小学、东城区金台书院小学。

规模：面向东城区所有中、小学生及家长，初、高中学18所、小学20所，共计2000人左右。

四、活动准备

教师准备：与相关部门及场馆沟通联系，根据每一次活动内容需求制作横幅、展板及青少年法治相关资料。

学生准备：记录本、笔。

五、活动过程

（一）悟孝

孝敬父母、长辈，懂得孝的道理，知道什么是孝。开展孝敬父母、长辈的活动。

活动形式：调查问卷；亲子互动。

1. 2012年5月母亲节期间，在天坛青少年活动中心、金台书院小学、板厂小学、花市小学开展了《感恩父母 孝敬长辈 从我做起》调查问卷活动。回收有效答卷120份，在此基础上开展了帮妈妈做家务的倡议活动，活动得到了学生们的积极响应，得到了家长们的肯定。

2. 2013年5月母亲节，与东城区精忠街小学联合开展了"献给父亲、母亲的爱"主题活动。活动以亲子形式，学生与家长互动，参加人数400多人。通过活动使学生知道孝是中华传统美德，也是中华传统文化的一部分。各年级学生代表带领本年级学生宣读为父母每天或每周做一两件实事的承诺书。活动现场每一位学生给自己的父母写一封信，送给自己的父母，并拥抱自己的家长。活动完成了预期目标。

（二）明德

浸润社会公德，了解社会公德的范畴。教育学生从爱开始，爱亲人、爱家、爱党、爱祖国，进而自觉遵守公共道德，争做文明北京人。

活动形式：讲座与学生互动相结合，参观与征文相结合，参观与绘画相结合。

1. 2011年7月，在天坛青少年活动中心开展了《与党同月生 共庆颂党恩》活动，组织了学区内7月1日出生的各年级学生、家长代表、社区内7月1日出生的居民、政法职业学校团支部的代表等150人参加。重温党史——用PPT演示文稿将中国共产党从建党至今90年的风雨历程绘出了一道绚丽的彩虹，构建了我们今天的和谐社会，并进行了庆祝建党90周年文艺演出。畅谈感想——颂党恩，请7月1日出生的学生、居民代表发言，最后共唱《没有共产党就没有新中国》。

2. 2011年8月，开展了"寻根溯源知历史 参观周口店猿人遗址"一日夏令营活动。活动人数50人。营员们了解了人类的起源，了解了中国猿人的聪明智慧及中国古代人类的文明，增进了广大青少年学生热爱党、热爱祖国、热爱社会主义的情感。在夏令营营员中开展"爱党、爱祖国、爱家乡、爱亲人"的爱国主义教育征文及征文颁奖活动。

3. 2013年2月和7月，在中国古代建筑博物馆开展了"了解、体验、展现古代建筑魅力"活动。活动人数达200人左右。通过参观，学生了解了中国古代建筑的特点，感受了古代建筑的伟大与精美。通过学生亲自动手操作实践了中国古代建筑榫卯结构，感受了中国古代建筑师的伟大发明与聪明智慧，激发了学生作为一名中国人的自豪感与爱国热情。

（三）知法

在中小学中广泛传授法律知识，传播法律精神，弘扬法院文化，不断增强青少年知法、守法、用法、护法意识，为国家和社会造就推进社会主义法治国家建设的后备人才。

活动形式：调查问卷、参观与学生互动相结合、参观与现场答卷相结合、讲座与学生互动相结合、参观法庭与参与庭审相结合。

1. 2011年11月-2014年7月间，利用防火减灾日的契机，利用讲座、自救演练、参观并答题、体验逃生等形式，多次开展活动。"安全防火 人人有责　防患未然"活动请到了北京市消防安全指挥中心的孙教官进行消防知识讲座与自救逃生演练。有学区内学生干部代表、东晓街社区代表和本单位的所有教职工共100多人参加。学生及居民们听得认真，灭火操作一丝不苟，学生们最感兴趣的是自救逃生演练，在快乐中探求知识。"参观中国消防博物馆——珍爱生命掌控关键几分钟"活动中，学生们参观了中国消防博物馆收藏陈列的中国消防历史和文化遗存，了解了中国消防历史的发展沿革。通过现场答题巩固了学生对消防知识的理解，加深了学生安全意识。参与学生及家长共200人左右。学生既了解了消防的相关知识，同时身临其境到防火防灾体验馆真正地进行了体验活动。

2. 2012年2月-2014年7月间，在北京警察博物馆，多次组织学生开展了"走进北京警察博物馆"活动。参与学生与家长360多人。活动采用参观与学生互动的形式。参与的学生与家长无不为北京警察的精神而赞叹，开展了唱英雄、学英雄、向英雄致敬的互动。学生们更加热爱我们的人民警察。

3. 2012年3月开始，我单位筹备建立"启明星青少年法制教育活动工作室"。我们两次走访了全国知名的法官妈妈尚秀云；以全国最高人民法院党委办公室为基础；与北京市东城区法院青少年法庭建立了长期的合作关系，结合校外教育的特点与优势共同探讨青少年法制教育的方法与时效性。

4. 2012年11月，天坛青少年活动中心开展了"青少年法制教育活动问卷调查"活动。问卷包括法律知识、教育和建议等几方面内容。参与人数达200人左右。

5. 2012年7月14日,"走进最高人民法院 体验法律公正严明"。10余所中小学的学生代表及家长代表共50人参与了此次活动。开展了观建筑、见法官、识院长、入法庭、进展馆、品文化六项体验活动。形式多样的体验活动,进一步了解了最高人民法院的工作职能,近距离感受"高院"法官的工作性质,了解中国司法文明及新中国法院建设体系的历史沿革,使参观者感到非常震撼,教育意义深刻。

6. 2012年8月16日,开展了"我与法官面对面"青少年法制教育沙龙活动。北京市东城区法院未成年人审判庭的宋晓鹏法官来到天坛青少年活动中心与来自10多所中学的30多名中学生面对面地进行了交流,共同学习预防青少年犯罪的法律知识。"iPhone4手机现在很常见。但是,你们知道吗?它现在成了一些未成年人的盗窃对象。"讲座一开始,宋晓鹏法官就拿出了这个生动的案例。生动的案例、贴近身边的法律知识,通过第一次与法官面对面交流,同学们学到了很多法律知识,纷纷表示要做知法守法的好公民。宋法官还给学生带来了《健康成长 法律护航》北京市东城区未成年人法律保护与犯罪预防宣传册。

7. 2013年8月1日,在北京市东城区人民法院青少年法庭开展了"庭审纪实——未成年人侵害案例 体验法院文化"活动。东城区17所中学的200多名中学生参与活动。

活动当天法院的法官与我中心的教师带领学生们走进法庭,听取了一场关于青少年犯罪案例的庭审纪实,让同学们"零距离"体验司法公开,感受法律的庄严,通过旁听促进学生法制意识的提高并帮助他们提高自我保护的意识和能力。活动中,学生通过全程参与未成年人侵害案件的审理,了解了青少年侵害的危害性,体会了未成年人保护法的实际应用。尤其是与法官的互动解决了学生在日常学习生活中有关法律方面的界定与运用。活动受到了初、高中学生及家长的热烈欢迎,并同学们都积极地参与到后期的征文中,现已收到几十篇征文稿件。

六、活动效果测评方法

活动后留言、征文、编写青少年法治剧本。

七、活动反思

东城区天坛青少年活动中心法制教育活动工作室,两年以来开展了多种青少年法制教育活动。参与学生有小学生、初、高中学生,基本上覆盖了东城区所有中、小学校。教育形式丰富多彩、生动活泼,使法制教育体现新颖性、直观性、参与性、系统性,使学生从中树立起应当具备的法律意识。小学生以悟孝、明德为主开展相应的活动,中学生以明德、知法为主开展相应的活动。活动注重以学生为主体,以与学生的互动形式为主开展,学生参与积极性高,基本上能达到活动目的。

课程建设

少年宫儿童绘本创作课程开发：
理念、目标与实施

——《儿童绘本创作DIY》课程开发及实施

无锡市少年宫　尤敏红

一、课程简介

《绘儿童绘本创作DIY》系无锡市少年宫自主研发的艺术表现类普通型课程。适用对象：小学中年级儿童；总课时：96课时。遵循"视觉、愉悦、人文、实践"的美术课程性质，立足该阶段儿童"思考归纳"的能力特征，本课程围绕"交往、文化、环境"等体验内容，通过游戏、欣赏、制作、绘画、表演等形式，引导儿童学会审美、学会创作、学会分享，在生活艺术、学习方法和认知、社会情绪等领域获得发展。

二、开发背景与条件

21世纪是图像的时代，图像世界覆盖了生活的角落。图像时代的儿童需要认识图像、理解图像，学习用图像表达生活和世界、表达自己、被人理解与接纳、促进交往与成长。然而，现实教育对图像阅读、欣赏和创造能力的忽视，导致产生大量的"图盲"，儿童审美素养和图像创造能力不高与社会生活对图像理解、创作的基本要求之间的鸿沟越来越大。近年来，绘本绘画及其创作在国内广泛流行。绘本独特的硬体装帧，多样的绘图手法、丰富的图面造型、趣味的图像表达颠覆了传统的图画概念，产生了强烈的视觉冲击，激发了儿童的认知兴趣。绘本创作融合了语言、绘画、交往，对儿童图像观察力、空间想象力、图像表达能力、美术理解能力的提高发挥着独特的作用。

无锡市少年宫开发儿童绘本创作课程的条件比较成熟。从教育需求看，无锡社会的家庭绘本普及率达到90%以上。绘本藏书3本以上的家庭占四成以上，儿童对绘本创作保持着高昂的热情，许多家长宁愿舍弃其他美术活动的机会也要儿童参加绘本学习，儿童绘本班招生供不应求；从教育机会看，受学业压力和专业的局限，无锡市中小学和幼儿园开设绘本创作课程困难较大；从开发基础看，无锡市少年宫书画部建设有教学设备先进的儿童绘本馆，专兼职教师4人，用于教学的绘本资料500余册，有效满足了绘本创作课程与教学的基本需要。课程开发者开展绘本课程和教学实验3年多，积累了宝贵的课程开发和实施的经验；从课程资源看，无锡有深厚的文化底蕴和开放的文化空间，古迹资源丰富、民俗特点突出、人文景观俯拾皆是。只要合理地筛选运用，这些都可成为儿童绘本创作得天独厚的课程资源。

三、课程价值与目标

与普通绘画相比，绘本创作通过文字和图画的有机结合，叙述连续的画面故事，为儿童描绘生活、记录情绪、表达思想提供了巨大空间。由于自主创作与生活成长的话语高度契合，儿童得以摆脱外在的规则和任务要求，克服私密的创作意图，愿意公开与人分享创作思路和故事情节。因此促进对图像的观察力、想象力、表达力、理解力，在绘本创作课程中集中表现为四个方面：即提高"观察图像动态变化的能力""想象语言与图像构建的能力""连续动态画面与非连续语言的创作能力""原创合作与分享的能力"。

围绕以上四种能力，本课程从知识认知领域艺术生活领域和社会情绪领域设定课程目标，通过实现领域目标达成四项核心能力。

（一）知识认知领域

了解绘本语言的主要表达方式，掌握绘本创作的基本过程，合理选择并使用工具和制作方法；学会基本的绘画、制作、语言、表演等艺术形式，粗略了解各种绘画艺术风格的特点，掌握绘本欣赏和评述的方法。

（二）艺术生活领域

运用美术语言表达思想和情感，通过视觉图像传递个人的情感；运用画面描述表现生活，运用连续的故事情节表现动态思维和动态画面。

（三）社会情绪领域

形成积极的自我与他人观念，对合作团队怀有热情，在课堂上积极快乐地创作；在同伴和更大范围内参与群体活动，乐于与他人分享作品，倾听不同意见和建议。

四、课程内容

课程内容由四个模块构成：模块一是绘本特有元素的知识基础部分；模块二是绘本创作的绘画技法基础部分；模块三是绘本制作形式部分；模块四是绘本综合主题活动。

模块三：《儿童绘本创作DIY》分六个单元，96课时。单元一：手卷书的古老。单元二：四页书的简约。单元三：五格书的变幻。单元四：翻翻书的趣味。单元五：折叠书的惊喜。单元六：新书发布会。每个单元设置"绘本秘密""绘本旅行""绘本语言""绘本舞台"四个主题活动，引导儿童理解绘本之美，尝试创作的乐趣、体验成功的喜悦。

单元一：古老的手卷书

主题1：绘本秘密——认识书的演变与发展。

主题2：绘本旅行——游览无锡惠山泥人博物馆。

主题3：绘本语言——绘制《惠山古街地图手卷》。

主题4：绘本舞台——无锡是个好地方。

单元目标：从最简单的绘本表达形式手卷书开始，通过欣赏阅读手卷书，了解其发展历史，分析表达特点，了解"动线式""全景式""事件记录式"，掌握完成手卷书硬体设计与制作。在生活探究中，拓展思维与想象，创造性地表现构想手卷书，选择最擅长的方法绘制手卷书，自由大胆地抒发情感，大胆自信地讲解展示制作的手卷书。

单元二：四页书的简约

主题1：绘本秘密——变化的惊喜。

主题2：绘本旅行——有趣的电玩。

主题3：绘本语言——绘制《愤怒的小鸟》。

主题4：绘本舞台——愤怒的小鸟之太空大战。

单元目标：通过认识四页书，掌握四页书的结构特点，了解四页书适合表现的主题内容，学习画面"翻页惊喜"设计，学会考虑故事的整体性，根据创作构思表分镜图设计，完成四页书的整体创作。通过社会生活观察和探究，确立创作主题，用绘画表现完整的故事，谋划整体布局，配合故事采取贴切、合理的安排，在集体面前顺利进行展示交流。

单元三：五格书的变幻

主题1：绘本秘密——璀璨的宝石。

主题2：绘本旅行——玩翻"反斗城"。

主题3：绘本语言——绘制《玩具箱》。

主题4：绘本舞台——玩具总动员。

单元目标：了解五格书的结构特点，学习"联想式""镜头式"绘本主题设计，完成构思表设计，学习画面"镜头式"设计，运用五格书由小格翻到大格，画面由近到远，世界由小变大，产生视觉变化和冲击。儿童通过生活观察，总结和归纳适合五格书表现的主题，并确立五格书绘画内容，完成五格书硬体制作与绘画任务，完成封面、封底的制作。

单元四：翻翻书的趣味

主题1：绘本秘密——造型的趣味。

主题2：绘本旅行——野外探险。

主题3：绘本语言——绘制《历险记》。

主题4：绘本舞台——我们的野外生活。

单元目标：通过认识翻翻书，了解翻翻书的构成特点，完成创作构思表的设计填写，学习画面"问答式"设计，运用翻翻书遮蔽性的特点，设计揭秘谜底，描绘故事情节。组织野外写生，学生选择并确定绘本主题内容，自主设计画面造型，完成翻翻书硬体和画面制作，并在集体前大胆展示，积极介绍作品。

单元五：折叠书的惊喜

主题1：绘本秘密——惊喜不断。

主题2：绘本旅行——驾乘无锡地铁1号线。

主题3：绘本语言——绘制《地下长龙》

主题4：绘本舞台——地底下的故事

单元目标：了解折叠书的特性以及适合折叠书呈现的故事情节，参与折叠手绘本的设计，拓展综合创新能力，独立构思，复习巩固画面"动线式""翻页惊喜"设计，巧妙利用折叠书"长长的""前进式"的特点，以及反复折叠后具备的"分镜"格局来描绘连贯的全景画面以及悬念式故事情节，选择绘本"动线式""翻页惊喜""问答式"画面设计手法，运用点、线、面、色构思和表达折叠手绘本特有的画面和故事情节。组织学生乘坐地铁，选择尝试翻页式折叠书的设计和绘制，分享折叠书的趣味。

五、课程实施建议

绘本创作课程着重凸显"儿童性、生活性、活动性"。儿童性，即课程设计站在儿童的立场，不仅把儿童视为绘本创作知识技能的学习者，更视为生活的存在者、社会的交往者和课程权力的主体；活动性，即绘本课程实施与自然、生活、社会紧密结合，将课程主题和内容建立在充分感知、观察、体验的基础上；生活性，包括两个方面：一是课程各环节设计与儿童生活经历密切关联；二是主题内容与儿童生活经验密切关联，最大程度在生活情境中开展绘本创作学习活动。因此，课程实施要注意以下几点。

（一）突出能力本位

根据儿童心理特点和学习实际情况，课程实施围绕"观察图像动态变化""想象图像事物构建相互关系""连续动态画面创作""图像合作与分享"四项能力灵活自主地开发、设计、选择主题内容。尤其是第三模块八个单元96课时内容的安排，"绘本秘密""绘本旅行""绘本语言""绘本舞台"的主题内容围绕核心能力进行组织，营造宽松的学习氛围，设置问题情境，提供原型启发，引导儿童进行观察、想象、表达、理解等活动，鼓励独立思考、发现问题、形成创意，运用绘本语言和多种绘画材料创造性地表达，完成创作。通过这些努力，让儿童学有所得、学有所用，保证活动质量。

（二）合理利用教学资源

除了少年宫绘本馆和教师资源外，重视开发利用儿童资源，培养儿童动手动脑、发现和搜集绘本信息资源的习惯和能力。广泛利用美术馆、博物馆、图书馆、出版社、名师工作室、动物园、植物园、风景区、社区、广场等资源。注重对资源的优化，资源选择与绘本语言和主题内容密切相关，为开展多种形式的绘本活动提供支持。

（三）活动方式多样化

充分尊重儿童的经验和意见，灵活运用图文、影像、游戏、音乐、参观、访问、游览等多种方式激发儿童兴趣，加强生活体验，增进绘本视界与现实生活的联系，调动儿童有效参与。

六、课程实施

（一）引导——教师设计、安排主题情境，提出问题，为儿童提供思考的方法，特别注重聚焦性和扩散性问题的提出，营造思考与问题解决的氛围和机会。

（二）构思——鼓励引导儿童自由联想，帮助扩散思考，给予充分的思考时间，将创意、创新作为该环节的核心目标和价值。

（三）讨论——师生共同讨论绘本的故事情节以及可能发生的各种状况。此环节以学生表达为主，教师倾听并提出建议，共同商讨如何解决问题。

（四）制作——开展各种活动，儿童在做中学，边想边做，寻求解决问题的方法，并付诸于行动。此环节主要流程包括：安排画面主要故事情节——安排画面环境并上色 ——制作封面、设计绘图文字 ——粘贴组合内页与封面。

（五）分享——创作思考由萌芽进入实现阶段。在此阶段，强调师生、生生的相互回馈与尊重，也是创作思考中"延缓判断"的原则表现。

七、课程评价

课程主要采用四种评价方法：档案袋评价、即时评价、表现性评价和结果性评价，具体介绍如下。

（一）档案袋评价

主要由教师实施，儿童和家长配合。儿童入绘本班即建立个人档案，搜集每个年龄阶段能反映儿童绘本学习历程的标志性物品。本课程档案袋内至少包括八件物品：手卷书作品一份、四页书作品一份、五格书作品一份、翻翻书作品一份、折叠书作品一份、结业作品一份、学习体会一份，教师评语一份。学习结束后，少年宫留档，复制品交由儿童保存。

（二）即时评价

由儿童、教师实施。对儿童课堂表现、小组合作、作品呈现当场评价，形式有儿童自评、小组互评、教师评价。评价物包括：口头表扬、贴画、五角星、小奖品（口头表扬4次=1枚贴画；4枚贴画=1颗五角星；4颗五角星=1个小奖品）。每个单元学习结束，教师记录评价结果，结果存入个人档案袋。

（三）表现性评价

分别由教师、家长实施，包括一般表现性评价和特殊表现性评价。教师观察、记录儿童的各单元学习表现，围绕各单元目标，写出描述性意见，并及时反馈给儿童和家长；家长观赏儿童创作绘本和新书发布会活动，对孩子的表现做出描述。

（四）结果性评价

采用星级形式，对课程目标三个领域指标的达成情况做出评价。

综合以上四种评价，档案袋评价、即时评价、结果性评价均采用星级评价方式，表现性评价采用描述的方式，形成《绘随我心——儿童绘本创作DIY》综合评价表。

《儿童绘本创作DIY》综合评价表

评价类别	指标	星级指数
档案袋表现	●材料完整，包含必须的8件学习物品 ●材料基本完整，学习物品不少于7件 ●材料不完整，学习物品少于6件	▲▲▲▲ ▲▲▲ ▲▲
即时表现	●至少获得1件奖品 ●至少获得1颗五角星 ●至少获得1枚贴画	▲▲▲▲ ▲▲▲ ▲▲

续表

评价类别	指标	星级指数
结果表现	● 运用画面表达连续故事情节，表现动态思维 ● 形成积极的审美情趣和初步的美术素养 ● 尊重并与不同生活背景的同学和平共处 ● 独立完成创作，能够与人合作，共同解决难题 ● 演绎、推广、生成新知识的能力得到初步训练 ● 能够用学过的绘画知识、技能解决创作难题 ● 积极参与群体活动 ● 对探索未知图像领域有欲望 ● 对合作团队怀有热情，课堂上积极地创作	▲▲▲▲ ▲▲▲▲ ▲▲▲▲ ▲▲▲▲ ▲▲▲▲ ▲▲▲▲ ▲▲▲▲ ▲▲▲▲
综合评语	（围绕以上三种评价和新书发布会的表现，综合描述） 指导教师签名：　　年　　月　　日	
儿童自评意见	（描述自己在绘本学习中的表现和体会）	
家长评价意见	（从日常表现和新书成果两个方面描述） 家长签名：　　年　　月　　日	
对教师的评价及教学的建议	（对教师以及教学提出意见和建议） 家长签名：　　年　　月　　日	

八、总结反思

实施两年来，儿童绘本创作课程由于目标明确、形式新颖，内容丰富等特点深受家长和儿童的欢迎，初步彰显了校外美术教育的魅力和影响力。然而反思课程开发及其运作过程，发现绘本创作课程在许多层面和领域尚需做进一步的研究和改善。在课程内容方面，需要加强课程资源的选择和内容主题的整合，彰显包括无锡地方文化在内的多元文化特点；在教学组织形式上，需要进一步凸显绘本创作课程的活动性，强化儿童的体验和情感的外显；活动环节上要突破教学模式局限，突出儿童的主体性和创造性；课程评价方面，需要设计出更加科学合理的儿童和课程评价方式，为目标改善提供依据。

我的中国梦　彩绘的海洋梦

——以地域文化为依托的少儿美术综合活动课程

青岛市妇女儿童活动中心　王　欣

一、课程依据

《全日制义务教育美术课程标准》指出，广泛利用校外的各种课程资源，充分利用当地的民族、民间美术资源以及文物资源，开展各种形式的美术教育活动。

《新课标》"综合·探索"这一全新的学习领域，是对美术教育教学观念、教学目标和教学方式的一种突破，从跨学科的角度，拓展学生的知识面，弥补各科课程的不足，加大了教育内容的深度和广度，提高了学生综合运用的能力，并有效地运用各科课程资源，充分发挥美术教育在素质教育中的作用。

《新课标》提出了"为了全体学生的发展，为了学生的全面发展，为了学生的个性发展"的教育理念，多元智能理论对实现"三个发展"，尤其是为个性化教育提供了一个开放的平台。

二、课程背景

习近平总书记提出，实现中华民族伟大复兴的中国梦，就是要实现国家富强、民族振兴、人民幸福。要实现中国梦，必先实现海洋梦。"海兴国强民富，海衰国弱民穷"。面临已经到来的海洋世纪，作为一名校外教育工作者，我们有责任和义务将保护海洋、开发海洋和发展海洋的知识传授给学生，让我们的学生更多地了解海洋，关心海洋，弘扬海洋文化已经刻不容缓。青岛市妇女儿童活动中心就坐落在大海边，学生们天天与海为伴，聆听海的歌唱，欣赏海的舞蹈，浪花就是孩子们心中那朵最美的花！在少儿活动中心周边还有很多校外教育基地，如海洋研究所博物馆、海底世界、水族馆、奥帆基地等等，可以为学生们的学习提供更多的养分，这也是我确立"我的中国梦　彩绘的海洋梦"的活动初衷！

　　海洋文化更富有开放性、兼容性、神秘性、开拓性、原创性，其内容有很多，从哪一方面去入手？用哪一种美术方式去引导学生进行表现？怎样开发利用各种材料进行创作？经过多年的摸索与实践，我认为在课程设置上应注重多元化、综合性，将美术与多学科整合，尝试综合性创作的方法，将海洋主题文化、海洋特色、海洋资源，进行多元化综合开发，发掘海洋特色，传承民族文化和地域文化。

三、课程意义

　　"我的中国梦 彩绘的海洋梦"是以综合性的艺术形式凸显"中国梦海洋梦"主题的活动课程。该活动课程以7-12岁学生为教育对象，充分利用海洋生物为教学媒材，涉及了绘画、陶艺、手工制作、沙塑、剪纸、胶南年画等多种美术形式，结合了画、折、叠、捏、塑、彩绘、立体创作、创意、想象、设计、制作等多样的教学手段，使学生们的艺术想象力和综合创造能力得到充分提升，对海洋文化有更深层次的认识和理解，树立学生保护海洋、热爱海洋、开发海洋的意识，力争做到"兴趣为先、创新实践、综合多元、快乐发展"。在综合探索中培养学生的动手能力、创新能力、思考和团结合作的综合性学习能力，丰富学生们的生活情趣，体验海洋带给他们的自由创作乐趣，形成坚强的海洋品格，从而实现美丽海洋梦想！

四、设计思路

　　（一）创新教育理念及模式，改变单纯以学科知识体系构建课程的思路和方法，从促进学生素质发展入手，从平面到立体，从单一到多元，以综合性和探究性设计课程主题，运用各种海洋资源进行多元化创新设计，激发学生兴趣。将多种学科知识交融，有机联系，发展学生的综合实践能力和探究发现能力。

（二）通过走进海洋、感知海洋和创意海洋，丰富学生的海洋文化知识和环保意识，提高学生动手能力和创新能力，树立学生从小热爱海洋、保护海洋、开发海洋的意识。

（三）注重创新精神，充分发挥每个学生的主体性和创造性，注重对学生个性与创新精神的培养，采取多种方法，独立和分组设置活动项目，将创意转化为综合的表现形式，从而培养学生的相互团结、相互合作能力和综合实践能力。

五、课程设置

活动课程分为三个年龄阶段，每个阶段有各自的主题及学习课题。

（一）7-8岁阶段：彩绘的海洋梦

彩绘鹅卵石、纸杯巧创意、圆盘巧创意、立体的海底世界。

（二）9-10岁阶段：放飞的海洋梦

彩绘马勺、纸鸢海洋梦、许愿漂流瓶、彩绘风帆。

（三）11-12岁阶段：多彩的海洋梦

泥塑的海洋世界、海沙雕塑、彩绘的扇贝墙、贝壳的创意。

六、教学目标

根据低、中、高三个年龄段学生的身心特点，结合三个阶段的主题，设计了相应的教学目标。

（一）7-8岁"彩绘的海洋梦"教学目标

1. 通过青岛民间绘画和传统手工制作的参观、学习，对传统海洋文化有初步的了解。

2. 学会利用纸、光盘、纸杯、纸盘等材料进行自由绘画、剪贴，能简单创作出对于大海的印象。

3. 在学习中培养观察力、想象力，体验彩绘海洋梦的乐趣，提高动手制作的能力。

（二）9-10岁"放飞的海洋梦"教学目标

1. 学会运用水粉颜料在马勺、风筝、风帆、彩纸等不同材料上作画，体验不同材质所呈现的不同绘画效果，感受海洋传统文化的魅力。

2. 通过对海洋知识、海洋民间故事、海洋文化等知识的学习，鼓励学生探究海洋、发现海洋的美，并能大胆表现自己对海洋的认识，在放飞中自由创想。

（三）11-12 岁"多彩的海洋梦"教学目标

1. 学会运用海沙、海泥、纸、橡皮泥、贝壳进行立体海洋内容造型。

2. 感受、发现传统海洋民间艺术的美，能运用多种艺术形式进行创作，大胆表现自己的海洋梦想。

3. 能将自己学会的美术技能，与海洋文化和生活紧密联系，进行艺术创作，体验成功的乐趣。

七、教学对象

7-12 岁学生。

八、总课时

24 课时。

九、教学准备

（一）教师准备：海洋相关的视频资料、海洋生物图片、各种海洋生物标本、民间工艺品、教学用 PPT 课件。

（二）学生准备：绘画工具；手工、泥工制作工具；各种纸张；各种可塑材料。

（三）校外教学基地：海底世界、水族馆、奥帆基地。

十、活动过程

（一）"彩绘的海洋梦"（8 课时）

彩绘的鹅卵石

1. 海边探宝。老师带领学生到海边探宝，发现、寻找形态独特的鹅卵石，仔细观察自己所捡到的鹅卵石像什么？

2. 大胆创意。老师带领孩子们根据石头形状、色彩等特征进行有趣、大胆的创作。蜗牛、乌龟、小鱼、螃蟹，各种各样的鹅卵石小动物塑造出来了。

纸杯巧创意

1. 走进海洋馆。课前老师布置任务，要求学生到海洋馆参观各种海洋生物。上课时，老师利用视频和图片进行导入。种类繁多的海洋生物让学生们大开眼界。课件中简单的海洋生物知识又让学生们对海洋生物的了解更进一步。

2. 创意海洋馆。老师带领学生通过观察、研究，让他们自己总结出用纸杯可以做出鱼类的身体，再用插接的方法做上头部、尾部、鳍，一条生动的鱼儿就诞生了。最后学生们利用扭扭棒、活动眼睛、立体装饰让鱼儿更加形象生动。小虾、螃蟹、各种鱼类，一个创意海洋馆诞生了！

圆盘巧创意

1. 课前探究。课前老师让学生们自己搜集各种海洋生物图片，整理、欣赏、想象。

2. 课上创作。学生们将生活中普通的纸盘采用剪贴、彩绘、拼粘设计制作，创作出自己喜欢、富有特点、丰富多彩的海洋画面。

3. 课后装饰。老师给同学们介绍美术作品的装饰效果，由学生们自己进行装饰。教室里、活动区、家中都留下了学生们的圆盘创作作品。

立体的海底世界

1. 平面的海底世界。学生们在平面的纸上自由画出海底世界的画面。

2. 立体的海底世界。将画好的海底世界平面纸通过剪、折叠的方法制作成立体造型，帮助学生很好地从平面过渡到立体。当立体的海底世界呈现眼前，学生们仿佛置身其中，畅游大海。

（二）"放飞的海洋梦"（8课时）

彩绘马勺

1. 了解、传承。让学生了解马勺脸谱为民间所独有，由中国民间社火脸谱演化而来，表达扶正祛邪，祈福纳祥的美好愿望。同时，让学生认识到，作为年轻的一代，我们有义务、有责任将这一传统的民间艺术和文化传承下去。

2. 继承、创新。将马勺文化与青岛民间胶南海洋年画相结合，配以多层次的色彩、夸张的造型，再用独特的纹样进行线条穿插变化，引导学生们创作出独具特色的社火马勺作品。

许愿漂流瓶

1. 说愿望。老师引导学生大胆表达出自己的愿望。

2. 画愿望。学生将自己的愿望用绘画的方式自由表现在彩卡纸上。

3. 漂流瓶寄托愿望。结合漂流瓶的传说，进行彩纸主体剪贴创意绘画和创意彩绘，将对海洋的美好祝愿装进创意的漂流瓶，进行漂流、传播、交流。

纸鸢海洋梦

1. 看纸鸢。风筝起源于山东潍坊，也是民间文化的一大特色。教师利用视频、实物向学生展示海派风筝的独有特点，让他们了解风筝的制作过程。

2. 画纸鸢。尝试将民间文化与自己的海洋梦想结合，画出一只自己喜欢的风筝。注意图案要多样，有自己的风格。

3. 做纸鸢。老师教授学生简单的风筝做法，造型要独特。

4. 放飞纸鸢。带领学生们到海边沙滩上放飞风筝。放飞的不仅仅是一幅美丽的画面，更是放飞学生们美丽的海洋梦想。

彩绘风帆

1. 帆船之都。青岛是2008北京奥运会帆船比赛主会场。教师带领学生来到奥帆基地，了解帆船的构造和发展历程，将海洋文化与体育精神相结合。

2. 彩绘风帆。蓝天白云，红瓦绿树，湛蓝的海面上点点白帆，金黄的沙滩上留下脚印行行。学生们因这美景感叹！将这美景在船帆上展现。美丽的海洋梦想从此扬帆起航。

（三）多彩的海洋梦（8课时）

泥塑的海洋世界

1. 玩泥巴的孩子。玩泥巴是每个孩子都喜欢的一种活动。教师在玩中教会了学生们捏、揉、搓、压等基本泥塑方法。

2. 会创作的孩子。教师又在最基本的泥塑方法上教学生用手捏成型法、泥条成型法、泥板成型法三者结合进行创作，再用工具加以装饰和塑造，将孩子们喜欢的游戏形式与海洋生物加以结合，带领学生们塑造出一个奇妙的海洋世界。

海沙雕塑

1. 阳光、沙滩、海浪。阳光明媚的日子，孩子们与家长一起来到海边，一起踏浪，一起体验玩儿沙的快乐！

2. 堆沙，扒沙，淘沙。在老师的引导下，学生们与家长投入到沙雕活动中。挖、堆、砌、喷水、淘沙，尝试制作沙雕作品，塑造海洋城堡，提高空间理解能力。

3. 汗水、合作、成功。在一次次的失败中，在一次次的沟通、交流中，汗水浸润的合作和成功，让家长与孩子一起成长！

彩绘的扇贝墙

1. 给墙壁穿花衣。运用剪、折、填充的方法对彩色软纸材料进行创意、彩绘和立体制作，给墙壁穿上扇贝主题的花衣。

2. 让墙壁会说话。通过学生自主制作和集体合作方式创作的扇贝墙，不仅对环境进行了美化和装饰，还对每个人诉说着孩子们的海洋故事和梦想。

贝壳的创意

1. 海边拾贝。老师带领学生们到海边挑选各种漂亮的贝壳，在浪花中洗一洗，透过阳光看一看，那份喜悦已不用多说。

2. 课堂塑贝。运用主题粘贴和彩泥结合的方法指导学生对贝壳色彩、外形进行大胆想象，运用贝壳独特外形和花纹进行平面和立体的交叉设计，一课多种表现形式。

3. 课后说贝。学生们体验、领悟了大自然的给予，用自己的巧思妙想又给了贝壳新的生命，那一刻的幸福是说不完的。

十一、教学总结与反思

"我的中国梦　彩绘海洋梦"是青岛市妇女儿童活动中心美术部2014年度的一个主题活动课程。在各级领导和家长的大力支持下，顺利地完成了各阶段的教学，不仅给学生们带来全新的美术体验，也让我们美术教师改变了传统的教学观点，以更加开放的教育理念丰富自己，不断创新，带领学生们走出课堂，拥抱自然，汲取大自然所给予的养分，自由创作，快乐成长！

　　整套课程设计注重多元信息导入，弱化学科的界限，创新综合教学活动设计。"我的中国梦　彩绘的海洋梦"将梦想与海洋、艺术有机结合，对课程的内容设计进行了大胆创新，不仅各学科的知识互为补充，而且广泛利用、巧妙传承了民间民俗文化，以丰富多彩的教学活动，形成了多元综合型的教学模式。

　　在整个活动课程中，我们有收获也有反思。海洋文化还有待我们更深入地挖掘，寻找出更多适合儿童学习的内容，设计出更多利于儿童全面发展的学习活动，更好地培养儿童保护海洋的意识，从小树立长大开发海洋，让海洋文化为社会作贡献的信心。

　　著名文化学家罗迈德·威廉姆斯说过："文化研究最精彩的片段不再是回溯洞穴的火把，而是照亮未来的光柱。"孩子们每天与海为伴，与海欢歌！大海就像妈妈一样抚慰着每一个孩子的心灵，老师又是照亮孩子们的那盏明灯。让我们一起扬帆吧，乘风破浪，驶向未来的彼岸！

用多彩的表演艺术描绘童年的梦想
——主持表演课程纲要

青岛市妇女儿童活动中心　傅　蓉

所需课时： 16课时/每课时90分钟。

课程类型： 主持表演类。

适应年级： 9－12岁（4－6年级）有主持表演基础的学生。

课程简介：

本着"兴趣为先、快乐发展"的教学理念，科学系统地设计教学内容，通过语音训练、形体训练、朗诵训练、节目主持训练、表演训练等手段，正确引导少年儿童规范化地学习主持表演艺术。启发学生自行设计、编排节目内容，组成三个栏目组：《快乐成长》《童年时光》和《金色童年》。由学生自己动手制作舞台道具，主持、策划栏目的内容和作品，为大家呈现一台精彩的节目内容，实现他们登上舞台成就梦想的心愿。

背景分析：

为促进广大少年儿童健康发展，弘扬民族文化、了解民族语言文化的精髓与内涵，开展少儿主持表演艺术的培训，让孩子们在趣味性学习氛围中准确地、艺术性地全面掌握和表达中华民族语言。把口语和肢体语言的综合艺术表演手法，用不同风格的艺术形式丰富地表现出来，从中感受表演艺术的乐趣与内涵。

少儿语言表演和小主持人的培训能够迅速提高孩子的自信心、语言表达能力、想象力和创造力。组织有主持表演基础和经验的学生组成艺术团，通过学习诗词、诗歌朗诵、寓言故事、节目主持、即兴说话、快板、相声、儿童剧等艺术表现形式，深入浅出地挖掘孩子们的潜能，激发学生学习兴趣，努力提高学生掌握语言表演艺术的技巧和能力，充分培养学生的综合艺术修养。

课程目标：

1. 以寓教于乐的教学形式深入掌握主持表演内容的基本要求。

2. 通过朗诵和主持词的训练，培养情感交流的表现力和理解力。

3. 通过即兴讲话和小品、快板等训练，培养发散思维能力和创造力。

4. 通过分组编排节目，培养开拓创新、团结协作的团队精神。

5. 学会利用废旧物品动手制作舞台道具，增强低碳环保、勤俭节约意识。

课程框架：

单元	课时	教学目标	主要教学内容
第一单元	1	有声语言表达的外部技巧	掌握朗诵中重音、停连、语气、节奏的有声语言表达技巧。（附例文练习）
	2	诗歌、诗词朗读技巧	现代诗朗读练习《再别康桥》
	3	寓言故事朗读基本技巧	例文：《机智的兔子》
	4	散文朗读基本技巧	例文：《母爱的雕像》
第二单元	5	快板书的基本技法	例文：《吹牛》
	6	相声表演的基本技法	例文：《反正话》
第三单元	7	表演艺术应具备的基本技能	表演技能训练：说话、动作、表情、胆量、想象、交流
	8	感觉表演、无实物表演练习	即兴表演《看画展》
	9	儿童哑剧表演练习	儿童哑剧《校园清晨》
第四单元	10	节目主持的语言组织与表达	主持中语言表达的速度、节奏、情感表现等训练
	11	即兴讲话的基本技巧	命题讲话《我的家乡》
	12	现场采访与互动的方法	采访话题《电脑时代，还要练字吗》
	13	节目主持练习	模拟主持《校园迎新联欢会》
第五单元	14	设计儿童栏目的节目内容	评选学生表演的作品
	15	编排儿童栏目主持词	学生设计栏目名称：《快乐成长》《童年时光》《金色童年》。撰写、编排串词
	16	展示栏目内容	分组展示栏目内容，掌握互动环节

课程评价：

本课程的艺术表现形式多元化，学生们通过学习、组织、设计、编排、表演节目内容，得到了全方位的提升。学生们分组表演后，由观众们投票评选，设立各种奖项，颁发"明星花"或者"证书"，让每位学生在收获成功的同时享受着学习带给他们的快乐和荣誉。

附：教学活动方案四例

教学活动方案 1

单 元	第一单元	单元课时	第 3 课时
主 题	寓言故事《机智的兔子》 总课时 16 课时		
背景分析	学生已经学过寓言故事的朗诵方法，选择一篇更有深刻性哲理和语言形象生动的寓言，来训练学生们朗诵技巧和表现力。让学生利用废旧物品自己动手制作各角色的头饰和服装，提高学生动手能力和想象力 重点：声情并地地掌握寓言故事的朗读技巧 难点：不同角色变换时，所运用的声音、形态变化是否恰当		
教学目标	1. 深刻理解寓言本身所寄寓的哲理 2. 通过有声语言形象地、生动地、夸张地将故事不同角色活灵活现的展现出来 3. 通过利用废旧物品动手制作舞台道具，增强低碳环保、勤俭节约意识		
评价设计	1. 由老师为每组的表演打分 2. 由学生们投票评选本节课的"故事大王"		
教学环节	学与教活动设计		备注或反思
一、热身练习（5 分钟）	伴随节奏明快的音乐，做练习操 1. 口腔操：刷牙操、面部肌肉操、眼睛操 2. 发音操：滑音、顿音、哼鸣音 3. 绕口令操：《画凤凰》《白石塔》《打特盗》		1. 学生应注意气息的运用 2. 口齿发音要清晰，节奏配合恰当
二、作品欣赏（10 分钟）	1. 运用多媒体制作关于兔子、狮子、熊、猴子的动画形态 2. 学生观看后，对各种动物进行模仿练习 3. 根据寓言故事中的台词，让学生为动画内容配音 (1) 熊说："我是大野兽，力气大，一只脚就可以把你踩扁！" (2) 猴子说："我是最聪明的，我能在树上跳来跳去！" (3) 狮子说："由于你说谎，我要判你死刑！" (4) 兔子说："尊敬的大王，今天我伤风，闻不出味道。"		1. 模仿练习要求真实、形象、夸张 2. 配音应做到准确、生动

续表

教学环节	学与教活动设计	备注或反思
三、内容分析 （10分钟）	1. 老师将故事内容讲给学生们听，了解本寓言故事暗示的哲理 2. 让学生们逐一分析角色特点 （1）愚蠢、笨拙的熊 （2）傲慢、撒谎、拍马屁的猴子 （3）凶猛、威武的狮子 （4）聪明、机灵的兔子	1. 启发学生了解寓言的拟人化寓意 2. 让学生从声音、形态、表情中区分角色的变换和不同
四、成果展示 （10分钟）	1. 学生用做游戏的方式分成红组、黄组、蓝组、绿组，每组4人分别扮演寓言故事中的角色 （1）每组学生自行分配角色 （2）老师给每组学生指导 （3）准备好自己制作的头饰、服装、道具，分组登台表演寓言故事情节 2. 让学生在卡片上写出寓言故事朗诵的要求，各组选一名代表宣读 （1）要把寓言的深刻寓意用声音、表情、动作充分展示出来 （2）要把寓言中的人物表演得生动、适度 （3）要在真实的基础上，做适度的夸张渲染	1. 充分调动学生的想象力和创造力，根据学生自己的理解进行角色扮演 2. 学生表演后老师分别给红、黄、蓝、绿组评分
五、结果评价 （5分钟）	1. 老师归纳总结寓意故事的朗诵技巧：夸张而不失掉真实，活泼而不流于媚俗，幽默而不显露油滑，讽刺而不毁于尖刻，严肃而不至于呆板 2. 由学生们投票评选本节课的"故事大王" 3. 老师为获奖学生颁发"明星花"	学生们应公平、公正地客观评价同学们的表演，投出自己宝贵的一票
备 注	课后要求学生熟练掌握寓言故事《机智的兔子》并为家长们表演	

教学活动方案2

单 元	第三单元	单元课时	第3课时
主 题	儿童哑剧表演《校园清晨》 总课时 16课时		第9课时
背景分析	学生已经掌握舞台表演的基本技能，选择一篇完整的哑剧作品，通过舞台上的动作、表情来充分展现作品内容，让学生体会不同情节所应表达的情感变化和表情体现 重点：掌握舞台表演的真实性，做到准确、细腻 难点：情节内容表达明确，表情与动作的配合协调、恰当		

续表

单 元	第三单元		单元课时	第3课时
主 题	儿童哑剧表演《校园清晨》	总课时	16课时	第9课时
教学目标	1. 在掌握表演艺术应具备的基本技能之后，能够准确地投入到规定情境中表演 2. 在对剧情编排的过程中，应充分发挥想象力和创造力 3. 学会相互配合，注重团队合作			
评价设计	1. 分组登台进行表演，每组表演结束后，请学生们写出他们表演的优点和缺点 2. 由学生们投票评选出本节课的"璀璨之星"			
教学环节	学与教活动设计			备注或反思
一、表演练习 （5分钟）	1. 表情练习：吃水果（酸、甜、苦、辣、涩） 2. 感觉训练：缝扣子。在缝扣子的过程中不小心扎到手 3. 动作训练：有人敲门。去把门打开，如果那里没有人，就设法了解为什么会有这种误会。如果有人，就让他进来，再把门关上			1. 启发学生用内心情绪来带动外部表演 2. 要有简单的规定情境
二、经典欣赏 （10分钟）	1. 运用PPT制作课件，为学生播放中外经典哑剧片段《照镜子》《候车室》 2. 学生观看后，分别说出哑剧表演和其他舞台剧表演的不同 3. 老师归纳总结哑剧表演的要求（PPT播放） （1）真实、准确地表达剧情 （2）表情夸张、丰富 （3）肢体语言的配合协调、到位			1. 让学生直观了解哑剧表演的特点和要求 2. 训练学生的观察力和理解力
三、内容分析 （10分钟）	1. 给学生们讲述清晨的校园里发生的一件事 （1）清晨高高兴兴地来到教室里，被自己坐位上冒出来的钉子扎到，疼得跳了起来 （2）心里很生气，忽然想到一个解决的办法，就是把自己的椅子换到了后面的座位上，自己若无其事地看书 （3）第二位同学来到教室，被扎后，第一位同学偷笑，第二位同学生气地质问，第一位同学不承认 （4）第二位同学和第三位同学都选择了换椅子的做法，但直到第四位同学被扎后，选择了另一种处理方式，也就是事件的结尾 2. 以上的前三个环节，请同学们按照情节进行表演 3. 让学生发挥想象力，说一说第四位同学是怎样做的			1. 让学生分析事件，引导学生摒弃错误做法，选择正确的道德观，培养学生正确解决问题的能力 2. 调动学生的想象空间，让剧情的内容完整、丰富、幽默

续表

教学环节	学与教活动设计	备注或反思
四、成果展示 （10分钟）	1. 用多媒体循环播放现场学生的照片，大家一起喊"停"随机选出四位小演员为一组，登台进行表演 （1）每组学生协商编排、设计作品的结局部分 （2）每组学生自行分配角色，熟练角色内容 （3）分组登台表演：①播放哑剧的背景音乐。②表演过程中做到注意力集中，投入剧情中，消除杂念。③应注意相互配合与衔接，要有团队合作意识 2. 用摄像机将学生们的表演进行录像，表演结束后，用多媒体大屏幕播放每组学生的表演过程	1. 剧情的编排和演绎要完整、细腻、准确 2. 让学生在编排、表演的过程中体会到团队协作的力量
五、结果评价 （5分钟）	1. 请学生们分别写出演员们表演的优点和缺点，老师给予点评 2. 由学生们投票评选出本节课的"璀璨之星" 3. 老师为获奖学生颁发"明星花"	公平、公正地客观评价同学们的表演
备 注	课后要求学生组织一篇《课程感受》，下节课与大家一起分享表演中的乐趣与经验	

教学活动方案3

单 元	第四单元	单元课时	第4课时
主 题	节目主持词 《校园迎新联欢会》	总课时 16课时	第13课时
背景分析	学生已经基本掌握节目主持技巧，选择一篇儿童节目主持词来训练学生们严密的逻辑思维，清晰、准确、娴熟、富有情感的语言表达 重点：掌握节目主持人的语言组织与表达 难点：在主持词的训练过程中语言、情感表达是否运用恰当		
教学目标	1. 能确定语言表达基调，主持不同形式内容的节目，需采用不同形式和风格的表达方式 2. 能准确掌握语言表达的速度、节奏和情感表现		
评价设计	由学生们投票评选本节课的"金话筒小主持"		

教学环节	学与教活动设计	备注或反思
一、回顾练习 （5分钟）	伴随节奏明快的音乐，做练习操 1. 准备操：气息操、口腔操、发音操 2. 绕口令操：《抱子看报纸》《小牛赔油》《数枣儿》 3. 形体操：《校园 style》	1. 口齿发音要清晰，节奏配合恰当 2. 肢体语言与节奏配合协调

续表

教学环节	学与教活动设计	备注或反思
二、热点欣赏 （10分钟）	1. 运用多媒体播放关于中国各地过新年的一些风俗知识 2. 学生观看后，介绍自己家过新年的风俗习惯 3. 运用多媒体播放不同风格少儿主持人主持的节目 4. 学生观看后，说说自己喜欢的少儿节目主持人 5. 老师归纳几种不同的少儿主持风格 （1）亲切自然型：拉近与观众的距离 （2）诙谐幽默型：轻松愉快，语言风趣幽默 （3）活泼可爱型：充满激情，活力四射	1. 充分调动学生的发散思维能力 2. 语言表达清晰、流畅，表达内容逻辑思维清楚
三、内容分析 （10分钟）	1. 将少儿节目主持的技巧制作成彩色卡片，让学生挑选，并说说选择的理由 2. 每位同学说一段新年的祝福，要求学生用亲切、自然的语言表达方式上台与同学们交流 3. 老师列出《校园迎新联欢会》主持词的结构纲要 （1）开场问候：朴实亲切、热情洋溢、富有鼓动性 （2）新年寄语、祝福或愿望：情感丰富、形式新颖 （3）介绍嘉宾：准确清晰 （4）节目形式、内容的介绍：形式各异，语言简要 （5）结束语：简洁明了，烘托气氛	1. 语言表达要求亲切自然 2. 掌握主持技巧，要与观众有所交流
四、成果展示 （10分钟）	1. 学生用做游戏的方式寻找自己的合作伙伴 2. 两人一组协商合作，设计、组织、编写《校园迎新联欢会》主持词内容 （1）两人共同主持校园迎新联欢会，自行分配主持词 （2）要求设计现场互动或采访环节 （3）老师给予每组学生指导 3. 每组学生的主持人登台表演 4. 请学生们指出主持人和整组编排优点和缺点 5. 老师对每组的主持给予点评	1. 主持词的编写内容要新颖，有吸引力 2. 主持风格要求各异，形式多样化 3. 相互配合要默契，与观众互动环节要有气氛
五、结果评价 （5分钟）	1. 由学生们投票评选本节课的"金话筒小主持" 2. 老师为获奖学生颁发"明星花"	学生们应公平、公正地客观评价同学们的主持，投出自己宝贵的一票
备注	课后要求学生熟练掌握《校园迎新联欢会》主持词并参与自己学校的迎新春联欢会	

教学活动方案4

单 元	第五单元		单元课时	第3课时
主 题	儿童栏目：《快乐成长》《童年时光》《金色童年》	总课时	16课时	第16课时
背景分析	这是一堂教学成果展示课，学生们到容纳100人的有舞台和灯光的多功能厅为家长们做教学汇报。学生们通过学习朗诵、曲艺、即兴表演、主持等课程内容，强化专业水平，提升舞台表现力和组织协调能力，培养综合艺术素质 重点：让学生充分理解主持表演艺术的综合性 难点：主持表演的过程中具有感染力，设计的节目内容观赏性强			
教学目标	1. 设计的栏目内容要有创新力和吸引力 2. 在主持环节中，要遇惊不乱、冷静处理、灵活机动、巧妙机智地应对各种突发事件			
评价设计	1. 将三组栏目内容进行现场录制。学生们表演结束后，直接在大屏幕上播放表演内容 2. 请家长和学生们投票选出自己最喜爱的儿童栏目			
教学环节	学与教活动设计			备注或反思
一、后台准备 （5分钟）	1. 学生们熟悉、掌握表演的环节和内容 2. 各组学生分别登台熟悉场地位置 3. 各组学生准备好音乐、道具、服装等			学生们要熟练掌握每个表演环节
二、《快乐成长》 （10分钟）	1. 两位主持人登台以介绍今天节目的主题内容开场 2. 有请一位同学表演诗朗诵《再别康桥》 3. 主持人与现场观众互动，一起做健身操《校园style》 4. 请两位同学表演快板《吹牛》 5. 主持人带领大家在《明天会更好》的歌声中结束			健身操环节应控制好现场气氛，让观众积极参与
三、《童年时光》 （10分钟）	1. 音乐起，两位主持以诗朗诵《我愿》开场 2. 主持人以现场采访与互动的形式与观众们展开热点话题讨论《电脑时代，还要练字吗》 3. 请4位同学表演儿童哑剧《校园清晨》 4. 请一位同学表演寓言故事《机智的兔子》 5. 主持人带领现场观众做游戏《运气球》，在音乐和游戏中结束			游戏环节主持人应控制好局面，避免混乱

续表

教学环节	学与教活动设计	备注或反思
四、《金色童年》（10分钟）	1. 音乐起，两位主持人以一段街舞开场 2. 请两位同学表演相声《反正话》 3. 主持人教观众们折纸——红灯笼，根据主持人的讲解，观众们将折好的红灯笼，写上祝福的话语相互赠送 4. 请一位同学朗诵散文《母爱的雕像》 5. 主持人邀请家长和学生上台进行亲子比赛《你演我猜》，看在一分钟内谁猜的词组多谁获胜	折纸环节主持人应掌控好时间和节奏，尽量紧凑、明确
五、结果评价（5分钟）	1. 将三组栏目内容进行现场录制。学生们表演结束后，直接在大屏幕上播放表演内容 2. 请三组栏目各派一名代表上台，为自己设计的栏目解说并拉票 3. 请家长和学生们投票选出"最佳编导奖""最佳主持奖""最佳表演奖" 4. 老师为获奖学生颁发证书	观众们应公平、公正的客观评价，投出自己宝贵的一票
备注	灯光、音响、录像的配合要及时、到位	

创意与制作

——机器人活动课程体系探索（基础篇）

青岛市妇女儿童活动中心　梁惠明　高　策　李爱莲

所需课时：共 9 次活动课程，每次两课时，每课时 40 分钟

课程类型：科技活动、素养教育

适应年级：1－2 年级

课程简介：

"创意与制作"机器人活动课程体系是青岛市妇女儿童活动中心科技老师以乐高机器人为教育活动工具，以 6－12 岁少年儿童为教育对象设计开发的科学素养项目。内容涉及机械、感测、编程、通信等技术，教学过程以课题式教育、研究性学习为主，参考乐高 4C 教育理念（联系、构建、反思、延续），在提高少年儿童科学素养的同时提升动手能力、创新能力、思考能力和沟通能力。

课程体系分基础班、中级班和高级班三个阶段，每阶段 9 次活动课程（18 课时），每次两课时。其中基础班通过有趣的课题设计让学生熟悉乐高器材、学习掌握基本搭建、初步学习编程等。

背景分析：

比尔·盖茨曾经预言："机器人即将重复个人电脑崛起的道路，点燃机器人普及的导火索，这场革命必将与个人电脑一样，彻底改变这个时代的生活方式，可以预见不久的将来机器人将进入家庭，成为我们生活的一部分。"目前，在欧美、日本、韩国、俄罗斯等国，甚至东南亚、南美、非洲的很多国家，青少年机器人教育普及程度都很高，参与范围广泛，相比而言，我国机器人教育普及则远远地落在了后面。作为沿海开放城市的

青岛在2008年之前还没有一家正式开展机器人培训的机构和场所。

作为市一级校外教育活动场所，青岛市妇女儿童活动中心安排科技老师梁惠明、高策、李爱莲等成立机器人教学教研组，具体负责课程设计和教育教学工作。经过一段时间的摸索和学习，特别是结合乐高教育教学理念和有关资料，我们针对6－12岁的学龄儿童开发了"创意与制作"机器人初级、中级、高级三个阶段的活动课程，面向社会招生后，立刻受到了广大学员家长的认可和好评。在具体组织教学中，我们又进行不断改进和完善，活动课程体系已基本成熟，完全可以满足校外教育对学龄阶段少年儿童开展机器人基础知识的科普教育活动的需要。

课程目标：

1. 每节活动课程看到课题后，积极进行联想、思考，和小组的其他伙伴热烈讨论，集思广益，研究解决课题的办法。方法可能有一种，也可能有很多种，把这些方法列出来，在小组中开展头脑风暴，选出大家比较认同的办法。通过这些过程，真正体会到研究性学习的乐趣。

2. 开始动手构建，既是实践的过程，也是创新的过程。在构建的过程中会发现和原来设想的不一样，遇到了很多新问题，和小组同学进行反思、改进，通过不断地反复，最终解决问题。反思和改进的过程是解决问题最关键的过程，这个过程掌握的知识和技巧，比老师讲的能掌握得更牢固、更扎实。

3. 把小组构建的作品展示出来、解决课题的思路和班里的其他小组分享出来，既锻炼了语言组织能力、表达能力，同时也学习其他小组好的创意和思路。

4. 和小组的同学共同完成课题。通过互相倾听，彼此交流，甚至争论，协作构建完成课题，提高了沟通能力、集体荣誉感和团队协作精神，由孤立的学习者变为合作的学习者。

5. 活动课程结束后，要对作品进行分拆、整理、归类，锻炼了认真仔细、善始善终的精神。

课程框架：

主题单元	课程内容	进度	课程目标	实施步骤
基础知识 4课时 2周	神奇的机器人	2课时	认识什么是机器人，了解乐高机器人	问答、看视频加深印象，两个块搭建的组合
	有趣的乐高积木	2课时	认识梁、片、块、轴、销、齿轮等积木	做背靠背、面对面项目搭建小鸭子，讨论、发言
趣味搭建 6课时 3周	创意字母搭建	1课时	熟悉乐高积木	搭建各种英文标识、商标，小组点评谁做得多，做得巧
	谁的货架最结实	1课时	学习梁的连接，乐高单位、稳定的汉堡包结构	联系商场货架，看谁搭建的货架最结实，放的东西最多
	千奇百怪的椅子	1课时	学习梁、销的使用	联系家里折叠椅，搭建自己的椅子，看谁最有创意
	五花八门的桌子	1课时	学习四边形、三角形两种结构的稳定性	搭建桌子，谁的桌子承重好，延伸，搭建各类家具
	把你的书收拾好	1课时	稳定的三角形结构的延伸	看谁搭建的书立最有创意，推销自己搭建的书立
	神奇齿轮	1课时	认识齿轮、特性、传动比	进行齿轮组合，要求精确啮合，用齿轮搭建抓手
动力小车 4课时 2周	四轮小车结构	2课时	了解汽车发展史，小车的结构，车轮、车身等	搭建小车，要求新颖、结实、灵活，延续重力势能能量装换
	橡皮筋小车	2课时	了解弹性势能、势能和动能的转换	搭建橡皮筋小车，自己总结能量是如何转换的
编程初步 4课时 2周	乐高机器人的大脑NXT	2课时	认识传感器，熟悉 Try me、View	用光电、超声波、声音传感器分别测光值、距离、分贝值
	双马达小车	2课时	认识马达、NXT Program 界面使用	搭建双马达小车，简易编程实现前进、后退、拐弯等

课程评价：

1. 每三人设一小组，在完成课题过程中从合作、创意、效率、成果等方面进行5分制打分。

2. 发给每个学生一本笔记本，鼓励学生把自己的好思路好点子记下来或者画下来，定期对学生笔记做点评。

3. 根据课题开展竞赛、评比、展示活动，一般放在距离一节课结束十五分钟左右的时间进行，活动过程结合老师评价、讲解和学生自我评价、讲解。

4. 在开展竞赛、评比、展示活动中欢迎家长进入教室观看、互动。

5. 每节活动课程结束后教师填写教学反思记录，对课程进行情况进行评价。

课程硬件：

基本配备

1. 乐高机器人 9797 教育套装 10 套，备件库 10 套。

2. 工作台 6 张（$2m^2 - 3\ m^2$/张），工作台四周包边，边高 2cm。

3. 电脑 8 台、投影、多媒体教学系统。

4. 其他：电子秤、充电电池、白板、积木清洁消毒装置等。

5. 教室面积 $40m^2 - 60\ m^2$，条件允许设教学区和竞赛区。

附：教学活动方案三例

教学活动方案 1

单元	基础知识单元		单元课时	4 课时
主题	认识机器人	总课时 18		第 1 课时
背景分析	\multicolumn{4}{l|}{学生对机器人还没有理性的认识，通过学生喜闻乐见的方式引入课题，逐步认识什么是机器人，机器人的特点和作用 重点：机器人的作用 难点：生活中都有哪些电器可以归属于机器人}			
教学目标	\multicolumn{4}{l|}{切记：叙述主体为学生！ 1. 自我归纳什么是机器人 2. 通过掌握机器人的特征，辨别生活中遇到的机器人 3. 学生自我总结机器人的作用}			
评价设计	\multicolumn{4}{l|}{1. 各小组讨论，小组代表发言，教师记录关键词，其他小组点评进行 2. 看图识别，说明理由，老师评价}			
教学过程	活动名称	活动步骤	互动环节	备注和反思
	1. 引入课题 什么是机器人？ （10 分钟）	1. 老师在幻灯片中放学生喜闻乐见的铁臂阿童木、变形金刚、机器猫等形象 2. 延伸到生活中的机器人和各行各业中的机器人 3. 为总结机器人的特征埋下伏笔	学生举一反三，继续列举电影、动画、生活中的各种机器人，在这个过程中对某些不好界定的组织课堂讨论加深印象	这个环节要控制学生发言的节奏，做好组织讨论和引导工作，多以鼓励和探讨的口气与学生交流，避免学生过于兴奋 开课前可先放一段机器人比赛的录像资料
	2. 归纳机器人的特征有哪些？ （15 分钟）	老师对机器人的特征形地的概述为：身体（具有一定的形态，特定的机械结构）；大脑（接收指令和程序的控制器）；动作（任何机器人都能够完成一定的动作） 2. 做具体讲解 3. 引入下一个环节	在讲解过程中鼓励学生发言、发表不同意见，鼓励学生彼此争论 布置思考题： 1. 机器人一定要类似人形么 2. 未来的机器人是什么样的？并展开讨论	
	3. 归纳机器人的作用（对人类的贡献） （10 分钟）	结合幻灯片从三个方面进行讲解 1. 能够完成人类难以完成的任务 2. 可以代替人们完成一些重复劳动 3. 可以改善人类的生活条件	围绕三个方面的作用让学生自己展开讨论，让学生自己发现机器人对人类还有什么贡献	此环节要多准备学生感兴趣的，和生活学习有关的科技知识作为辅助
	4. 延伸内容 （3 分钟）	延伸讲解机器人三定律	此内容系作为课程外延让学生了解	可为学生推荐一些和机器人有关系的科普小说、作品等
	5. 下次活动预告 （2 分钟）	学生自己查找乐高积木的资料，作为下节课的开始	幻灯片结尾出现乐高标识，与学生互动	很多学生家里有乐高积木，先让他们介绍一下家里的乐高积木可搭建什么
备注	\multicolumn{4}{l|}{时间允许可在本课时对学生进行分组，以三人为一个小组，定组名，选出组长，今后做课题均以小组为单位，也方便进行评比、竞赛}			

教学活动方案 2

单元	趣味搭建单元		单元课时	6 课时
主题	五花八门的桌子	总课时 18		第 8 课时

背景分析	学生已对在课题中搭建用的梁、片、块、销等有了初步认识，也有了自己的搭建风格。这节课首先给出课题，引导学生通过联想自己见过的桌子，如家里的、学校的等等，得出搭建桌子的基本要素，然后由学生自己构建，完成课题的衡量标准首先是承重，通过这一标准引导学生反思如何搭建出结实、能承重的桌子，最后延伸内容是以我爱我家为题让学生搭建其他家具，并向同学们介绍自己温馨的家 重点：三角形的稳定结构；难点：乐高的汉堡包结构
教学目标	1. 总结一下见过的桌子有什么共同点 2. 搭建出有创意的桌子 3. 桌子要结实、能承重（用三角形稳定结构，汉堡包结构） 4. 介绍自己的温馨的家
评价设计	1. 对每位同学搭建的桌子结构的稳固性和承重情况进行评价 2. 对桌子的创意性进行评价 3. 大家对学生介绍自己的家满意吗？愿不愿意去做客

教学过程	活动名称	活动步骤	互动环节	备注和反思
	1. 引入课题：五花八门的桌子 (6 分钟)	1. 上次活动中做了各式各样的椅子，和椅子对应的这节课的课题是什么呢 2. 出示各式各样桌子的幻灯片 3. 引导：大家日常见到的桌子都是什么样子的？有什么共同点	将学生总结归纳的桌子构造的特点和桌子功能写在白板上，以备总结	这个环节是联系环节，主要是引导学生从生活学习中总结出桌子构造特点，如桌腿（三条，四条，两行、圆底支架灯），桌面，再就是结实、承重
	2. 搭建自己创意的桌子 (10 分钟)	1. 引导学生自己动手搭建 2. 第一次评比：准备重物（如书、重积木块）检测桌子的承重能力和是否结实	搭建过程中老师可指出不足，提示改进方案，引导学生思考，但一定是以学生自己搭建为主	这个环节是构建环节，鼓励孩子的创造性和各种奇思妙想
	3. 通过第一次评比做改进，并进行第二次评比。 (12 分钟)	1. 老师结合生活中，学习中存在的实例讲解三角形的稳定型结构，鼓励学生用到构建中去 2. 联系前几节学的内容，讲解乐高的汉堡包稳定结构，这也是今后搭建的小窍门 3. 让学生再次进行搭建，开展第二次评比	让学生自己去发现在教室中有没有存在三角形的稳定结构，汉堡包结构还可以做成什么样子 对第二次搭建进行评比	这个环节是反思环节，反思的主要内容是第一次评比中桌子为什么不结实，承重性为什么不强，怎么改进？改进效果如何？鼓励学生写出改进思路和前后情况的对比
	4. 以我爱我家为题搭建各类家具 (10 分钟)	引导学生举例家里的其他家具，要求搭建其中的三到四样 让学生把自己的搭建讲出来，吸引其他同学来家中做客	可以小组为单位共同构建这一课题	这个环节是延伸环节，可加入学生对温馨的家的表述，其他同学进行评价
	5. 下节课预告 (2 分钟)	同学们都怎么整理自己的书？是自己整理还是家长整理？下节课我们要做一个装置来整理书籍	共同讨论整理书籍都有哪些装置？	进行自立教育，鼓励学生自己的事情自己做

备注	结合桥梁、建筑和教室中现有的物品讲解三角形稳定结构的应用，结合纺织品的经线、纬线讲解汉堡包结构的应用

教学活动方案3

单元	编程初步单元		单元课时	4 课时
主题	乐高机器人的大脑：NXT	总课时 18		第 15 课时
背景分析	主要内容是认识 NXT 编程积木块，认识各类传感器。由于学生对这方面的知识接触少，所以在授课时一定要求深入浅出，直观形象。一是结合人体的机能进行讲解：把 NXT 比喻成人的大脑，把各传感器比喻成人的感觉器官；二是通过生活中的各类传感器让学生了解传感器无处不在，发挥着重要的作用 难点：乐高机器人套装中的 NXT 结构和光电传感器、声音传感器、触动传感器、超声波传感器 重点：学会用 NXT 中 Try Me 了解传感器的功能和作用			
教学目标	1. 认识乐高机器人的大脑：NXT 2. 了解光电传感器、声音传感器、触动传感器、超声波传感器都是用来做什么的 3. 了解各类传感器在生活中的广泛应用 4. 学会用 NXT 中 Try Me 了解传感器的功能和作用			
评价设计	本次活动一是以学生或小组对生活中应用的传感器能举出多少例子作为评价标准，二是以能熟练使用 NXT 中 Try Me 功能为评价标准。最后进行综合			
教学过程	结合具体教学内容和教学方式，按照教学环节，设计学生活动和教师活动			
	活动名称	活动步骤	互动环节	备注和反思
	1. 引入课题：乐高机器人的大脑：NXT（10 分钟）	1. 首先以人体举例，在乐高机器人中和人脑起到相应功能的是 NXT 2. 介绍 NXT 的功能键、输入端口和输出端口，重点先讲输入端口。输入端口就相当于人的感觉器官	这个互动环节需要学生每人一个 NXT，在老师一步步讲解中了解 NXT 的基本情况。此环节重点是分清输入端口和输出端口	要控制好讲解的节奏，要走下来进行指导，保证每位学生都能了解和掌握
	2. 介绍各种传感器（10 分钟）	1. 讲解 NXT 相当于人的大脑，那么各种传感器就相当于人的感觉器官。 2. 触动传感器：四肢；声音传感器：耳朵；超声波传感器、光电传感器：眼镜 3. 生活中的传感器：倒车雷达，马路上测速拍照，街头测分贝值的仪器，冰箱的温度传感器等等	这个环节易老师引导为主，在老师的引导下学生踊跃发言	对学生的错误理解和举例，先不要一律予以否定，通过讲解，让学生自己找到问题
	3. 使用 NXT 中 Try Me 功能（15 分钟）	1. 讲解 Try Me 的具体使用办法 2. 具体对触动、声音、光电、超声波、角度传感器（马达）进行试验	及时了解学生在使用 Try Me 中遇到的问题，确保每个学生都能掌握	这部分内容中有一个默认端口的问题，可以留给学生自己发现、理解，加深印象
	4. 总结（5 分钟）	让学生自己总结使用 Try Me 对各传感器进行实验的情况。通过总结进行补充和评价 引入下节课的内容：用 View 实际测量各传感器的值		允许学生有一个逐步熟悉了解的过程，适当激发学生的兴趣是关键
备注	课后尽量留出时间和学生交流，了解学生还有哪些疑问并进行讲解			

中福会少年宫多元"智乐"课程的开发与实施

中国福利会少年宫　沈文捷

一、"智乐"课程创建背景与理论依据

20世纪80年代末,哈佛大学教授霍华德·加德纳提出了"多元智能理论",认为语言、数理、运动等每种智能在个体智能结构中都处于同等重要的地位,在每一个个体身上都有自己独特的表现形式。加德纳认为"我们不能说哪一种智能重要、哪一种不重要,我们判断一个人聪明与否的标准应该是各种各样的"。多元智能理论为世界范围内的教育教学改革注入了一股强大的新鲜活力,为变革传统教育教学提供了新视角和多元的切入点。

多元智能理论契合中福会少年宫"科学、艺术与人格塑造相统一"的教育追求,也符合少年儿童及其家长因材施教、全面发展的教育期望。尤其对校外幼儿教育而言,通过早期智能开发,发现并发展优势智能,弥补薄弱智能,会对幼儿的健康成长产生重要影响。在这一背景下,中国福利会少年宫"智乐"课程于2007年应运而生。

二、"智乐"课程含义与内容结构

(一)"智乐"的含义

智乐,意即"智中生乐、乐中益智"。它本着"每个孩子都有着无限的潜能,每个孩子都能成为优秀者"的开发理念,采用快乐、愉悦的教学方式,把传授科学知识技能与艺术熏陶作为载体,科学了解幼儿潜质,充分挖掘其优势潜能,在全脑开发训练中实施"因能施教",让每个幼儿的

优势得以拓展,弱势在个别化辅导中得以适当填补。让孩子在快乐中学习、在学习中体验智慧带来的快乐。

(二)"智乐"课程结构

整体构建2-6岁一贯的课程体系,加强课程的启蒙性、整合性、开放性和互动性,以适合不同发展水平儿童的需要。课程包含艺术体验、语言表达、科学启蒙、逻辑思维、健康3Q、体能拓展六大模块教育内容,课程结构示意图如下。

图1

六大模块内容介绍如下。

1. 艺术体验

通过唱歌、音乐游戏、音乐欣赏和乐器演奏,在生活化的方式中幼儿的审美意识和审美情趣得以激发,拥有完整、全面的音乐体验与感受;创设培养创造力的良好环境,幼儿更具创新精神,更会积极、形象地表达自己的情感与思想。在创意绘画、撕纸画、软陶、装置艺术等一系列富有创意、互动式的教学活动中,有效运用个体创作与集体创作相结合的形式,孩子无限的想象力得以充分发挥。在丰富多彩、形式多样的形体律动中,幼儿感受音乐和肢体语言的完美融合,建立自信和自尊,锻炼平衡和灵活性。

2. 语言表达

从"提供宽松的语言运用环境""创设真实而丰富的语言运用情境""培养创造性运用语言的能力"这三方面努力,幼儿通过语言交流理解他人的思想、情感,利用语言表达自己的情感、愿望,生动地阐述自己的见解,积极参与社会交往活动，从而在语言、认知、个性和社会化方面得以发展。

3. 科学启蒙

通过科技小制作、科学小实验等互动式教学活动，将科学元素融入动手实践中，幼儿在学习和生活中更易进行理解和记忆，他们对信息进行联系和比较的能力、敏锐观察的能力和验证能力得以提升。在科学活动中勇于发现问题、分析问题、解决问题。课程涉及动物、植物、自然、结构、机械、能源、环保、宇宙、天文等。

4. 逻辑思维

通过师生的互动游戏，给幼儿创造眼看、耳听、手脑并用的机会，孩子注意力、观察力、思考能力进一步提升，数学逻辑智能、空间智能得以开发与发展。在生动有趣的思维游戏活动中，学会比较、分类、推理、归纳等多种逻辑思维方法和灵活解决问题的方法。

5. 健康3Q

3Q指IQ、EQ、AQ，即智商、情商、挫（折）商/逆（境）商。心理学家把3Q称为人获取成功的三要素。通过幼儿3Q健康拓展课程的一系列主题单元活动，幼儿的注意力、记忆力、逻辑推理能力、情绪管理与控制力、人际交往沟通能力、团队合作能力和心理弹性提升的同时，逐步形成良好的个性心理品质和健全的人格。同时，专业观察员基于幼儿活动表现，不定期反馈给家长，并给予相关家庭教育策略指导，帮助父母们形成正确的教育观念，掌握基本的家庭教育方法，逐渐成为"智慧型父母"。

6. 体能拓展

结合现代社会对孩子综合潜能开发的需求，"智乐"体能拓展活动旨在培养孩子的非智力因素，使孩子在体能拓展活动中锻炼身体、增强体能；增强孩子之间的沟通互动，感悟人与人之间的交往，在交往中获得快乐，享受美好的童年时光。

三、"智乐"课程的实施：理念、取向、原则与策略

（一）课程实施的基本理念和取向

"智乐"课程实施的基本理念为如下。

1. 以皮亚杰、维果茨基相关理论为依托，强调课程低结构、高结构理

念的充分融合。低结构课程以"促进幼儿和谐发展"为目标导向，六大模块的统整、融合注重活动过程，充分体现该课程活动的选择性、生成性；而高结构课程以"儿童获得预期的行为变化"为主要取向，课程目标逐级具体化、特定化；"智乐"课程力求融合两者的合理元素。

2. 强调教育元素的"预设"，同时高度关注教育契机的"把握"，即教学过程中来自师幼、幼幼互动的"生成性"，以实现两者的完美结合。

3. 始终关注从游戏到教学的连续体上找到相应的位置，在六大模块内容中实现游戏活动与教学活动的最优化结合，其终极目标是让幼儿在轻松愉快、潜移默化中得到幸福完整的成长。

4. 任何儿童的任何方面发展都具有极大的差异性，"智乐"课程充分鼓励每个幼儿的体验完全是正向的，六大模块给予他们充分成长的可能机会与空间，以完成幼儿基础性品质的良好奠基。

"智乐"课程的实施取向定位于"创生取向"，将课程的实施过程看成是师生在具体情境中联合创造、生成新的教育经验的过程。在这种"创生"过程中，已设计的课程教案，仅仅是教师和幼儿进行或实现"再造"的材料或情境，是一种课程资源，借助这种资源，教师和幼儿不断变化和发展。随着师生的发展，课程本身也不断进步。

（二）课程实施的基本原则

1. 动态开放原则

课程即活动，课程即经验，以幼儿的兴趣和需要为主线的课程内容是动态的。动态的课程内容体现启蒙性、开放性、综合性和选择性的特点。它能激发幼儿的学习兴趣，发展幼儿的能力，增长实际经验。

2. 幼儿主体原则

充分保证幼儿的主体地位，尊重幼儿丰富多彩的个性，尊重他们各自独特的气质、性格，以适应教育个别化的要求，成就幼儿独特个性发展，有助于幼儿智慧潜能的发挥、兴趣的保持，鼓励他们大胆地想象和创新地尝试。

（三）课程实施策略

1. 让幼儿玩中学

近年来，我们越来越重视游戏对幼儿成长的重要性。"智乐"课程摒弃说教式的传统教学模式，将学龄前儿童科学和艺术的启蒙学习与趣味性较强的游戏相融合，牢牢吸引幼儿的注意力，使幼儿真正享受到游戏的乐趣,享受到天性自由表露的欢畅。玩中学,更能让幼儿的探索积极性、主动性、创造性得到充分发挥的同时,健全自身的人格,增加快乐学习、乐观生活的正能量。例如,在音乐活动中,幼儿会跟随音乐用手指做"小跳蚤"游戏;教师利用音乐的强弱、起止启发孩子们创造不同动作,探索各种不同的身体运动。在大肌肉和小肌肉运动的训练中,幼儿通过调动自身的感官,理解四肢的概念,探索着身体的奥秘,为幼儿能熟练利用各种感官进行各种探索活动打下基石。

2. 让幼儿做中学

鼓励幼儿动手动脑,是发展幼儿科学态度和提高科学素养的重点。只有在做中学的活动中,幼儿才有机会,对各种知识进行假设、实验与验证。在这一系列的探索过程中,他们逐步学会用事实来说话,尊重事实。同样重要的是,幼儿能在做中学的活动中,磨炼自己的意志,锻炼出细致、耐心、专注、坚持不懈等优良的科学探索品质。"智乐"课程的教师在设计、组织各种教学活动时,以此为基本原则,满足孩子的发展需要。例如,在逻辑思维训练活动中,幼儿通过彩色纸片的折折、剪剪,认识各种规范的图形,在不同图形的组合中,创造各种不规则图形,发展思维力与辨别力;幼儿在教师的指导下从自己的家里找纽扣,再进行纽扣排序、配对,最后自己设计纽扣,一系列的操作中,他们的分类能力、推理能力得到提升。

3. 让幼儿想中学

如果说做中学是通过幼儿亲身经历的实验探究活动来获取知识,那么想中学,是让幼儿在激发创造力的环境中,去思考、想象,更会积极、形象地表达自己的情感与思想,更具创新的探索精神。想象是幼儿行动的推动力,想象几乎贯穿幼儿的各种活动,包括幼儿的思维、游戏、行动等等。其中,创造想象是幼儿创造性思维的典型表现。为引导幼儿想象从简单的自由联想向创造想象发展,"智乐"课程充分利用绘画活动、音乐活动、科技活动,鼓励幼儿大胆想象、大胆创造,用自己的思维方式重新组织、加工、重建生活中所见的形象,促进幼儿感知、记忆、想象能力的发展。例如,绘画活动中,教师在引导幼儿观察雨点,学习长线条和短线条绘画技巧后,让幼儿通过想象,画出每人心中美丽的七彩雨;教师还让幼儿画不同的圆,进行圆的联想,并想象圆能变成什么。在儿童创意绘画、撕纸画、富有儿童特色的装置艺术等一系列富有创意的教学活动中，有效运用个体创作与集体创作相结合的形式，激发孩子无限的想象力。因此，想中学，是启迪幼儿心智、培养幼儿创造性思维品质的最佳手段之一。

四、"智乐"课程教学活动评价

"智乐"课程教学评价是"智乐"课程设计、开发和实施中的重要环节，它贯穿于教学的全过程。我们旨在建立促进幼儿和谐发展的评价体系。

（一）评价内容多元化

不停留于将幼儿已经学到的或表现出的行为与课程目标相对照，更注重于评价幼儿的兴趣、态度、情感、交往、学习行为等。既关注幼儿的自我认识、情绪管理、语言与认知、交往合作、探索欲望与操作能力等，也关注幼儿在活动中的投入程度。一般从幼儿在活动中的注意力集中程度、情绪愉悦、活动的持续性、在活动中克服、解决问题的能力等方面进行评价。

（二）评价视角立体化

重视过程性评价，既了解幼儿的现有水平，更要注重他们的成长过程，关注他们的潜在能力与发展方向，理清优势方向。承认并尊重每个幼儿在经验、兴趣、认知等方面的差异，以发展的眼光看待每一个儿童。

（三）评价形式多样化

"智乐"课程教学活动评价通常包括以下三方面。

1. 课堂观察

主要以自然观察和情境性观察为主。观察员根据幼儿在自我认识、情绪管理、语言与认知、交往合作、运动等方面的表现进行实地记录与分析。而后通过家长课堂模块将幼儿的现场表现报告给各位家长，并依据这些模块中幼儿表现出的普遍问题，给予家长针对性的家庭干预策略，帮助幼儿尽早形成良好的行为方式，并为幼儿的行为巩固构建长效保障。

观察记录采用文字描述、表格、录音、录像、摄影等方式。

2. 调查与访谈

根据需要设计问卷，了解幼儿的生活经验和学习经验，广泛收集幼儿发展的信息。在日常活动后，教师积极主动与家长进行交流访谈，反馈幼儿当天在活动中的表现。通过交流以更全面、准确地了解幼儿的发展。

3. 成长分析与建议

通过教学过程的全面考量，教师给予每一位幼儿多方位的评价和建议。

"智乐"课程还注重质性评价与量化评价相结合，在语言、文字描述之外，还设计了量化评价表。以3Q课程为例，课程活动评价表如下表所示。

"智乐"3Q课程活动观察表

类别	分类	内容	姓名： 日期：					备注 （记录变化过程）
			3	2	1	0	得分	
儿童发展水平一	社会适应性表现	自我意识	活动开始时，我就认为自己能完成任务						
			活动过程中，即使遇到困难，我仍认为自己能完成任务						
			活动以（成功/失败）告终，我还是认为自己是一个成功者						
			在活动中，我认为自己所担任的任务很重要						
			在活动中，我认为我是一个聪明、能干的宝宝						
			其他						
		小计（5项，满分15分）					%	
		容纳他人/被他人容纳	我喜欢与许多小伙伴在一起						
			我应该和小伙伴们融洽相处，而不是总想去指挥他们干这干那						
			小伙伴们都喜欢和我一起，我没有被"剩下"						
			小伙伴们愿意听我发言						
			其他						
		小计（4项，满分12分）					%	

图表说明：
3—表示完全能够达到要求
2—表示基本达到要求
1—表示基本不能达到要求
0—表示完全不能达到要求

续表

指标类别		指标内容	参与				抵触				备注（记录变化过程）
			3	2	1	0	得分	-1	-2	-3	得分	

儿童发展水平二	情绪	有适合情境的典型表情反应（哭、笑等）									
		受挫后可以马上振作，并仍保持乐观情绪									
		在被老师表扬后并不骄傲，继续维持或增加积极行为									
		面对活动中出现的事件，始终保持相对稳定的应激情绪（即焦虑情绪产生较少或产生后很快平复）									
		从不担心其他孩子会怎样看我或取笑我									
		与人合作时始终保持积极的情绪反应									
		其他									
	小计（6项，满分18分）						%				%	
	注意	与伙伴交流（包括聆听）时有目光接触									
		活动中始终听从老师的指挥									
		从不受无关事件的干扰									
		集中注意力，直到自己手头的任务完成									
		听觉注意表现稳定									
		视觉注意表现稳定									
		其他									
	小计（6项，满分18分）						%				%	

图表说明	3—表示完全能够达到要求	-1—表示有时出现抵触
	2—表示基本达到要求	-2—表示经常出现抵触
	1—表示基本不能达到要求	-3—表示一直抵触
	0—表示完全不能达到要求	

2-3岁儿童亲子活动课程构建与实施

——以杭州青少年活动中心早期教育项目为例

杭州青少年活动中心　吴丽芳　陈懿

一、研究的缘起

近年来,人们越来越意识到3岁前婴幼儿教育的重要性。2010年国务院审议并通过了《国家中长期改革和发展规划纲要》(2010-2020),明确要求"重视0-3岁婴儿童的教育"。这标志着我国正式把3岁前的婴幼儿教育纳入教育体系中。

(一)一则教学现象的启示

随着早教机构的蓬勃发展,家长也有了更多的选择。家长在选择早教机构时,已经不只是关注环境设施等硬件条件,他们更为关注师资力量和课程内容。在我工作过程中曾发生过以下事情,对我的触动很大。

不被"喜欢"的老师

早期教育的唱唱跳跳项目开班不久,我们陆续接到有一个班家长的投诉,说他们的老师组织的活动太枯燥了,自己的孩子不喜欢,要求换到隔壁老师班里上课。

在我们的眼里这真是一个奇怪的现象。两位老师,其中一位是舞蹈学院毕业的,另一位是幼师毕业的。她们都同样进行儿童律动方面的教学,从律动的角度而言总是舞蹈学院毕业的老师更专业些,可为啥家长却不买账呢?

后来我们去听了课,做了分析比较。原来,最主要的原因是舞蹈学院毕业的老师在课程内容的选择上出了问题。她在教学中选择了大量的基本功训练，幼小的孩子们一方面是受不了苦，另一方面觉得太枯燥了。久而久之，孩子们没有了学习的兴趣，哭着闹着不肯参加活动。而隔壁班的老师呢，她根据2-3岁儿童的心理特点采用音乐游戏的形式进行教学，带着孩子们快乐地跳圆圈舞，学小动物做游戏。孩子们玩得很开心，学习也有了兴趣和积极性。家长一比较，当然更愿意跟着幼师毕业的老师了，于是纷纷投诉要求换班。

从上述案例中我们可以看出，在早教机构中，课程才是根本，是吸引家长和儿童的关键。同时，教师只有认真思考课程的定位、目标、内容、教学手段方法等才能组织好一次优秀的亲子活动。

（二）亲子教育发展趋势

自2011年以来，入托难的问题凸显，大量的2-3岁儿童主要散居在各自家中。但家长教育观念已经更新，认为孩子不仅要"养"，更要"育"。大量的亲子教育机构如雨后春笋般开设起来。根据迪杰特2011年度上半年的数据统计，中国大陆地区有早教机构1.2万多家，其中外资投资占比17.8%。但与早期教育机构的蓬勃发展不同的是，外资机构和大部分本土早教机构的课程也是引自国外，甚至有些机构利用家长的媚外心理，全盘照搬照抄国外一些课程，缺乏本土化研究和适应性。

在我国，由于3岁前的亲子教育是一门新生的领域。因此，之前大部分学前教育的专业院校和教育工作者对3岁前亲子活动课程的研究和探索才刚刚起步。

杭州青少年活动中心早期教育项目自2002年创立，开始进入这一年龄段儿童的教育和研究，其中对亲子活动课程的研究成为我们一直以来的工作重心。我们认为有义务一边实践一边研发改进课程，为教育事业奉献一己之力。

二、亲子课程构建与实施细则

对2-3岁儿童的亲子教育，杭州青少年活动中心早期教育共开设有唱唱跳跳、奇趣色彩、英语唱游、亲亲绘本、手脑智能5项课程。虽分项目设班，但各项目开展活动时注重加强学科的综合性，倡导各类活动和语言、社会、艺术等领域的彼此关联，相互补充。以下将从课程目标、课程内容、课程实施等方面阐述我们在亲子课程构建方面的尝试与探索。

（一）确定课程目标的依据

一方面，目标与课程教学效果有着密切的关系，对整个课程实践具备导向功能。另一方面，一切的课程实施都要紧紧围绕目标来展开，可以说目标控制着一切教学行为。在制定目标时应该准确把握学生的"最近发展区"，符合儿童通过"跳一跳能够摘到桃子"的要求，来激励儿童强烈的渴望。在构建亲子课程的目标时，我们主要从以下几方面因素考量。

1. 儿童身心发展规律和特点的考量

首先以文献为依据，梳理2-3岁儿童身心发展规律；然后结合具体的实际，在对当地或者本班级儿童身心发展情况和家庭养育情况进行调研的基础上，构建课程目标。

2. 各项目特色的考量

从长远的目标来看，教育是培养全面发展的人，2-3岁儿童早期教育的总体目标是发展儿童健康的身体、积极的情感、广泛的认知和粗浅的技能。

我们在构建亲子课程时，结合《纲要》精神，注重领域的倾向性，从不同的领域提出对课程目标的理解和界定，同时又注重领域间关联性和相互渗透，前后联系，浑然一体。

3. 儿童社会生活的需要

我们不仅要关注儿童的情绪情感愉悦，同时还要特别考虑儿童的社会生活需要。针对24个月以上的宝宝，课程设置时首先要满足儿童与同伴交往的需要，帮助儿童习得交往的策略和方法；其次要为儿童将来上幼儿园做好准备。

基于上述三方面的考量，我们制定了表1所示早期教育项目各课程的总体目标。

表 1　早期教育项目各课程目标

课程名称		课程目标
亲子课程	手脑智能	1. 通过图形拼搭、色彩配对、数字感知、比较大小、创意叠高、规律排序，促进认知发展 2. 通过手部精细动作练习，提高手指的协调性和灵活性 3. 通过亲子、同伴、师幼互动，培养合群、乐观、分享的品质
	英语唱游	1. 理解歌曲内容，获得英语语感的培养 2. 对英语感兴趣，喜欢参与英语组织的游戏活动 3. 能积极地与同伴合作互动，体验共同完成游戏的乐趣，增加社会性交往
	亲亲绘本	1. 激发儿童阅读的兴趣，培养儿童对书面语言的敏感性 2. 能通过绘本欣赏、自制小小绘本、故事表演、学念儿歌童谣、古诗说唱等活动，丰富词汇，连贯说句 3. 学会观察图片，理解图片内容，将前后画页联系起来理解的阅读技能
	唱唱跳跳	1. 培养音乐兴趣，发展听觉、培养节奏感及愉快情绪，开发婴幼童的音乐智能 2. 发展儿童听觉能力、音乐感受力、节奏感和愉快情绪 3. 配合游戏，增进儿童肢体协调能力
	奇趣色彩	1. 通过快乐涂鸦、开心玩色、趣味拓印、粘贴游戏等多方面、多角度开发儿童的美术潜能 2. 乐意参与美术活动，喜欢玩色、粘贴、涂鸦活动 3. 提高想象力、观察力；促进儿童感知觉、手部精细动作及情绪、情感的发展

（二）选择合适的课程内容

在课程目标的指引下，结合儿童的兴趣及身心发展水平和社会发展需要来选取合适的内容，遵循科学规律来组织课程内容。

1. 课程内容的选择

整合儿童周围各类资源，选取合适的内容作为早教项目的课程内容。主要从以下几方面入手。

（1）基础性的学科内容

2-3 岁是人生发展的重要时期，也是启蒙的阶段。对儿童进行早期教育时，应该选取这一阶段儿童身心发展最基本的知识、技能及社会行为。对 2-3 岁的儿童而言，主要应注重领域内容的体验，而非专门领域系统知识的掌握。

以唱唱跳跳为例，该项目主要选取的是节奏型简单，反复性强，容易转换成音乐游戏的篇幅短小的歌曲或旋律，主要是让幼儿在"玩"根据节奏或是歌词设计的游戏中获得韵律体验，培养对音乐的兴趣，而不是要他们精准地掌握节奏或完整的曲调。

（2）贴近幼儿生活的内容

2-3岁的幼儿认知仍处于感觉运动阶段，即他们的思维具有直观性的特点。这也决定了我们的课程内容选择主要来自于儿童周边的现实生活。这里的现实生活，既包括自然生活也包括社会生活。大自然中蕴含着丰富的教学素材，例如在奇趣色彩项目活动中就经常会借用大自然的"瑰宝"和幼儿一起玩色：用树叶来拓印，给鹅软石穿上漂亮的衣服……

同样，社会课程资源也是多彩纷呈。例如动手动脑活动中，扣纽扣、晾衣服等也都被教师设计成好玩的游戏；在包"汤圆"、做"圣诞贺卡"的过程中，幼儿对中西方节日有了更感性的认识。亲亲绘本、英语唱游项目更是极力寻找幼儿熟悉与感兴趣的生活场景，以激发幼儿主动使用简单的语言与他人沟通的欲望。

2. 课程内容的组织准则

（1）顺序性：强调后继内容的习得是基于之前经验的掌握

例如，手脑智能课程中的"串珠活动"。一开始让儿童"串珠"时，是一些"孔"较大的珠子，而后换了一批小孔的珠子；接着又把串珠的绳子做了调整，把绳子从较硬的逐步换成越来越软的；再后来要求孩子们按一定的形状、颜色等分类或者排序进行"串珠"，还要求孩子们"串"出各种花色，变成手链、项链等，孩子们乐此不疲，把"串珠"玩得花样百出。纵观整个过程不难发现，后续的挑战都是基于儿童手部精细动作"串"的能力的不断提高。

（2）整合性：突出项目特色的基础上，加强各领域之间的横向联系

如奇趣色彩课程"小小美发师"一活动中，教师把户外色彩游戏作为活动热身，给狮子美发作为活动主体，音乐游戏开火车作为放松活动。这样活动内容有张有弛，有动有静，涉及音乐、绘画、运动等不同领域。

（三）建立有效的实施方法与手段

就目前而言，2-3岁亲子课程体系是一个新生的事物。一方面，一

直以来，国内学者、专家都把大量的精力用在幼儿园课程的研究中，对3岁以下散居儿童亲子活动课程介入甚少。另一方面，目前国内早教市场的亲子课程出现抄袭国外的现象比较严重，缺乏本土化的研究实践。因此我们建立亲子课程后，如何有效地加以实施也是我们所关注的重心之一。

1. 教学形式游戏化

"世界学前教育之父"福禄贝尔最先提出了对儿童进行游戏教育的主张：儿童期蕴含着丰富的发展潜力，这些潜力应可以在游戏中挖掘。因此实施教育的正确途径与方法应该是全面采用游戏化的方法，做到教育活动游戏化和游戏活动教育化。在课程实施过程中，我们鼓励儿童可以顺其自然地跟着老师、家长、伙伴"玩"，鼓励儿童快乐地"游戏"。教师在亲子活动中的角色定位是游戏的引导者而不是知识的传授者；教师应注重帮助孩子如何实现由被动接受向主动参与的转变，从而使儿童真正从教育的客体变为教育的主体。

2. 教学过程操作化

2-3岁儿童思维的特点是直觉行动思维。这一阶段的儿童只有通过感官确切地接触到事物，并进行操作，才能较容易达到对事物的认知理解。因而在组织亲子活动时，我们注重提供丰富多彩的玩具和设计大量的肢体动作，鼓励儿童在"玩""操作"中获得进步。

例如歌曲《你看我跳跳》，如果仅仅是让幼儿听音乐，并不能引起儿童的兴趣，也不能很好地感受旋律的高低变化。但是教师通过设计亲子玩皮球——幼儿变成"蹦蹦跳跳"的小球等肢体运动，则帮助幼儿将自己身体的高低变化与旋律的高低变化联系起来。

3. 教学组织多样化

在教学组织过程中，将个别指导、亲子互动、集体教学的形式相结合，以更好地实现师生、亲子、同伴间的互动。

作为亲子教育机构，我们还特别强调家长在活动中的参与：提供活动所需材料；配合活动环节的指导与展开；实现活动主题的复习与延伸；评价课程实施的成效等。我们也在课程中向家长渗透这样一个意识：在一个积极的环境中，当家长与儿童间存在大量有意义的互动时，儿童会有更多的探索行为和更好的同伴关系。

（四）课程评价关注过程取向

在课程的构建过程中，我们也及时地进行反思总结，对课程进行评价改进，以求教学相长。主要从以下三个方面对课程进行监督评价。

1. 过程评价

要求解放儿童思想——重体验、轻评价，强调"玩"比学更重要。因此在教学过程中，要求每一位教师要及时调整自己的教学具体方案、策略和方法，帮助孩子实现由被动接受向主动参与的转变，从而使儿童真正从教育的客体变为教育的主体。

2. 反思评价

在教学活动结束后，教师要及时反思记录，并对实际教学的实施情况进行笔记整理；然后对照原有计划，思考原因所在，重新计划下一步实施方案。

3. 反馈评价

及时采用各种问卷、调查表等对儿童、家长进行访谈、测试。例如手脑智能课程中，我们采用 Peabody 运动发育量表对学员进行前测和后测，检测课程对儿童个体是否有效。

四、课程实施成效

（一）建立了一套园本课程体系

建立了一套园本课程体系，目前亲亲绘本、唱唱跳跳、奇趣色彩、英语唱游、手脑智能的培训课程已经自成体系。培训招收的是 2-3 岁散居儿童，以亲子活动的形式组织进行。这套课程从 2010 年至今已经顺利完成 6 期的培训。在课程实施的基础上每个项目均研发形成了一本配套教材。

（二）促进了中心亲子项目发展

招生情况：从 2010 年秋季的一个班 12 个学员开始，至 2013 年秋季，已经达到 1871 名学员的人数（见图 1）；从活动中心教学点开始，目前已经在发展中心、城北中心等四地开展教学，为广大婴幼儿家长提供了优质、平价、就近入学的教育机会。

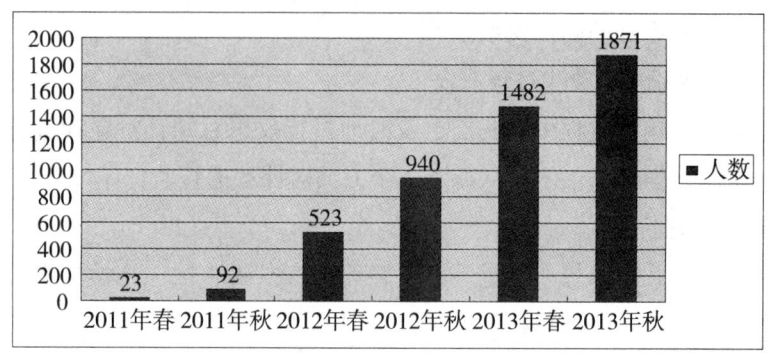

图1 亲子项目招生人数统计图

(三) 提高了专业教师的业务水平

在课题研究实践中,教师也对2-3岁幼儿的教养活动实施有了新的认识,树立了正确的教育理念,以此来指导实践。教育实践中注重儿童身体意识的培养,注重促进儿童自尊、自信、创造力、学习能力、人际交往能力,注重促进儿童个体身心的和谐发展。

课程的构建与实践使得教师的科研能力不断提高。在组织儿童活动时,老师们总会带着一本记录本或者相机,记录孩子的活动情况,及时发现问题、分析问题、解决问题。经过讨论后又重新设计方案,以指导下次实施。在不断地实践——反思——实践的过程中,老师的观察能力、分析能力、实践能力、总结能力有了很大的改善。相关教师的课题、论文也屡屡在省市比赛中获奖。

五、结论

在课程构建过程中始终坚持"玩中学"的理念。在具体的唱唱跳跳、英语唱游、奇趣色彩、亲亲绘本、手脑智能等课程实施的过程中,可以看到孩子们充满兴趣地参与活动,在活动中积极参与各种游戏活动,各方面的能力不断获得进步。

在课程实践中,不仅重视儿童的认知的发展,更重视认知发展与社会性、情感等方面的相辅相成;不仅重视早教中心的教育力量,更重视与家长共育形成合力;力求达成教育与环境关系和谐,把儿童认知、技能的习得融入到日常生活,增进积极的情绪情感与心理健康,帮助儿童的身心获得和谐的"最适发展"。

教育管理

小题大做　推动校外教师快速成长

北京市西城区少年宫　王小慧　马新媛　陈婷琨

一、说小"不小"——小课题的内涵解读

伴随着教师专业化的发展,"教师即研究者"[①]的理念深入人心。推行小课题研究,让老师们回归科研,是当前教育形式对校外教育工作者提出的最新要求。我们进行的小课题研究是以校外教师为主体、以教育教学过程中发生的具体问题为研究对象,以问题解决、经验总结为研究目标,吸纳和利用各种有利于解决问题的经验、知识、方法,改进教育教学工作,提高教育教学水平,促进教师专业发展的课题研究。其研究周期短,针对性和时效性非常明显,可以及时解决教育教学发展中的问题,有效提高教育教学质量,非常适合教师的工作需要。它的特点鲜明,主要体现在以下几点。

(一)本质"小"

"小"是小课题最突出、最本质的特征。"小"的含义就在于紧密结合教育教学实际。通过研究,较好地解决了这些问题,就能够推进实际工作向前发展,这样的课题研究无疑是有价值、有意义的。比如舞蹈教师王梦婷专门针对少年宫舞蹈组学员下肢动态训练开展的藏族踢踏舞训练方法的研究,落点小,解决的是日常教学中的细节问题。要使小课题真正"小"下来,选准切入点是关键。校外教育教学工作涉及多种门类,需要研究的

---

① 20世纪60年代前后,"教师即研究者"运动兴起,当时英美教育界有人提出,没有学校参与特别是教师参与的教育研究,是无法使研究的成果很好地在教育实际中加以运用的。

问题很多，一个小课题若想方方面面都顾及到是不可能的，只有选择研究者最感兴趣、能够把握住的一个点深入进去，才能使研究的问题集中、有效。小课题只有真正"小"下来，从小事、小现象、小问题入手开展研究，以小见大，才能收到实效。

（二）核心"真"

小课题研究的问题都源于真实的教育教学情境。特别是初入职的青年教师，因在课堂管理和教学水平上带有很大的盲目性和偶然性，更要重视像这样直面教育教学实践的真问题的研究。教师可通过对相关因素的考察与分析，寻找改善的良策，使自己的教学技能达到迅速、流畅与变通的水平。虽然小课题研究只解决了某一领域的个别问题，但通过对细节问题的深掘，使教师对一些原点问题有了更为具体的认识，在认识和实践上走出了误区和盲区。况且，小课题研究与大课题研究之间是相互联系的，青年教师正是通过一个个小课题研究的锻炼，积累了经验，为他们以后参与大课题研究夯实了基础。

（三）内涵"新"

创新是科学研究的灵魂，也是小课题研究应当遵循的一条基本原则。小课题研究要求课题本身具有先进性、新颖性，研究成果应当具有独创性和突破性，能有新发现、新观点、新见解；在研究中能采用新手段、新方法、新技术。比如美术老师何源开展的《绘学绘画——中国传统美术》，就是对校外美术教学的一次新突破和新体验。小课题强调灵活运用各种研究方法来解决教育教学的具体问题，且研究成果重在实效。这样的研究可以强调教师的自觉行动，重在发现问题并有效解决问题，擅长处理伴随教育教学活动随时而发的新问题。

二、小材"大用"——小课题的研究模式

（一）发现问题

英国科学家 J.D 贝尔纳指出："课题的形成和选择，无论作为外部的经济技术要求，抑或作为科学本身的要求，都是研究中最复杂的一个阶段。一般来说，提出课题比解决课题更困难，所以选择课题便成为研究战

略的起点。"① 从这个意义上讲,选题对于一项研究来说至关重要。主要从六方面发现问题(见图1),从中选为小课题研究的主题。

例如,群众活动老师阎禾的《四合院中的那些"礼儿"》就是在调研中选的题。侯越老师则在与同事交流中发现要给四合院中的花木上名牌,从而开展了《四合院传统花木的初步研究》。朗诵老师田浩的《在表演教学中实施戏剧教育的实践与研究》则是在已有的获得全国一等奖的研究成果基础上开展的新研究。

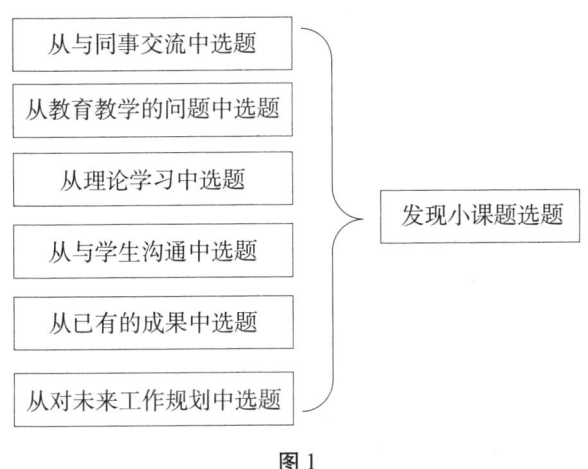

图1

(二) 确定问题

发现问题之后,需要三个标准锁定小课题的研究问题,这就是确定"想做、能做、可做"的问题。

"想做",是指从当前发现的问题中选择自己最想解决同时也是最需要解决的问题,作为小课题进行研究。教师最想解决、最需要解决的问题是什么,他自己更清楚。因为每个教师所处的环境及其自身的条件都不同,因此各人的需求不一样,这就要求教师根据自己的需求慎重选择。

"能做",是针对小课题本身而言,指选择的小课题是个小而明确的教育教学中的具体问题,有个具体明确的切入点,在实践中操作起来相对容易。选题太大、笼统模糊往往只是在表面上兜圈子,解决不了实际问题。

"可做",是针对教师自身的条件而言,指进行小课题研究,必须将教

---

① 江新华:《教育科研选题的标准、路径与策略》,《教学与管理》2002年第4期。

师的经验、能力、时间、精力等因素考虑在内。这些因素往往决定着教师能不能进行研究或能不能将研究进行到底。因此，必须从实际出发，在充分了解自己的基础上，做自己力所能及的事。

最终是周期短、落点实的小课题研究，让青年教师在小问题上想做，让成熟教师在真问题上可做，让骨干教师在新问题上能做。

（三）解决问题

解决问题的关键在于要让教师在充分借鉴别人经验的基础上提出解决问题的方法，这是一个寻找方法的过程，也是一个学习的过程。这是小课题研究最关键的一步。然后通过分析与综合，确定一种准备实施的方法，并用找到的方法去解决问题，将理论付诸实践。在不断调整、不断反复地研究与实践下，问题终将解决（具体过程见图2）。

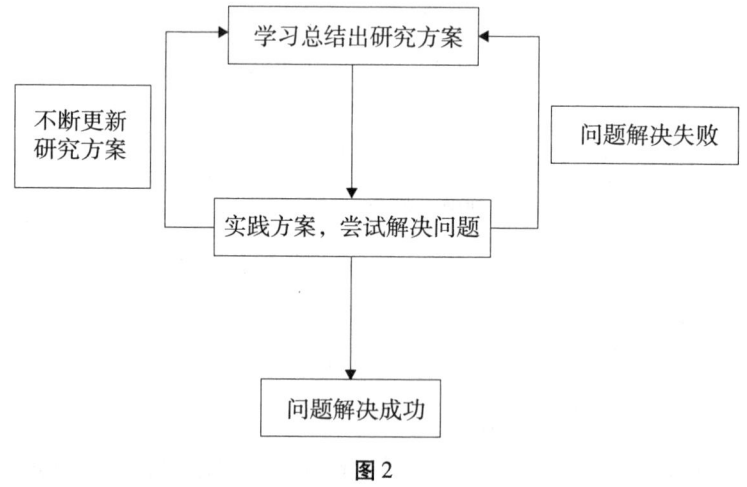

图2

在众多解决问题的方法中最重要的途径就是带"题"工作。

1. 带"题"进"活动"

少年宫的群众活动小组教师围绕宫本特色开展自主策划、组织开展多种教育形式活动。

2. 带"题"进"小组"

如何在日常活动中针对校外教育的多层次教学进行有效性研究，是少年宫专业兴趣小组教师的小课题研究主要方向。

3. 带"题"进"管理"

无论是管理服务岗位上的领导还是老师，课题始终贯穿大家的工作。

由此可见，小课题的研究将"题"带入了日常工作，从而做到了小题"大"做。

（四）总结问题

小课题的研究成果在强调"做得好"的基础上"写得好"，"做得好"表现在实践上的创新和经验的先进性，"写得好"体现在用规范的研究性语言体现所得的研究观念。小课题的研究成果形式区别于传统科研成果形式，最大特点就是不拘一格，除了常规的研究报告外，它还可以是教育叙事、教育随笔、教育案例、课堂教学光盘、课件等等；它可以是一种形式，也可以是多种形式的组合。为了让老师们梳理自己的研究成果，我们用成果结题申请表（见下表）帮助老师总结自己的小课题成果。

西城区少年宫"十二五"教科研个人小课题结题申请表

教师姓名		课题名称	
研究起止时间		成果形式	
研究主要内容			
成果摘要			
结果分析及问题思考			
单位意见	结题是否通过		

1. 与领导、专家互动，提升理论素养

为强化教师科研能力，拓宽教育思路，完善小课题研究成果，西城少年宫不间断邀请专家与老师们互动，提升理论素养。在全区联合开题会上，在日常的科研工作会上，我们都与市区各级领导、专家密切保持良好的互动关系，帮助老师提升课题研究的理论素养。

2. 与名师互动，汲取智慧、灵感

少年宫为落实教师们的小课题成果，还邀请了多位各专业的校内、校外名师与大家互动，汲取智慧、灵感。

3. 师与徒互动，优化组合，丰富实践经验

少年宫在构建青年教师可持续成长机制的同时，通过"三师顾问团"来指导青年教师，通过日常课题研究，努力打造一支"大气、雅气、灵气"的智慧型校外团队。

4. 校外单位互动，资源共享，共同发展

"遇见就会改变"，少年宫本着"资源共享，共同发展"的心态，积极与全国校外单位互动，学习了解对方教科研工作经验。

三、以小"见大"——小课题的研究成效

（一）构建完善"大课题"

为了发挥校外教育普及推广、兴趣培养、体验实践的功能，针对少年儿童的身心特点，西城少年宫大课题组围绕美术、书法、舞蹈、声乐、民乐、西乐、电声乐、主题思想教育活动、社团活动、文体娱乐活动等方面研究校外活动内容创新的途径、方法、模式等，逐步建设数字化少年宫，组织策划和广泛开展参与面广、实践性强的校外活动，使广大少年儿童在形式多样的校外活动中培养兴趣爱好，发挥、发展特长。而这些就需要全单位各专业教师从自己小课题入手，在途径、方法、模式等方面有丰富的实践经验和文本、视频成果，分析研究素质教育的功能及实效调查结果，归纳总结校外教育机构落实素质教育的现有成果、经验，寻找校内外相衔接的契合点。

（二）提升科研"大氛围"

小课题研究是一个由不理想到理想、由不成功到成功的长期渐进的过

程。以西城区少年宫为例,青年教师与老教师以小课题为纽带,充分发挥青蓝结对的作用,每一次小课题的研讨会都是一次教科研思想的碰撞和带动。老师们在合作研究中相互地介入改变了以往教师们自我封闭的状态,改善了教师们的固有思维方式,激发了教师们投入研究的动力。现在的情况是,老师们在小课题研究时能够彼此交流自己的思想、互相合作支持和共享自己的研究成果,从而不断提升自己的研究品质,提升全单位的科研大氛围。

四、因小"得大"——小课题实现教师大梦想

作为校外教育工作者,我们的教育梦很朴实,一步步做好眼前的校外教育工作,让未来的校外教育更加繁荣是我们始终坚持的中国梦。而小课题研究则让我们更进一步走近这一梦想。在33位参加小课题研究的教师中,有11位在35岁以下的青年教师,占总数的33%。11人中还有7人为入职时间不到5年的新入职教师,占青年教师的63%(见图3)。

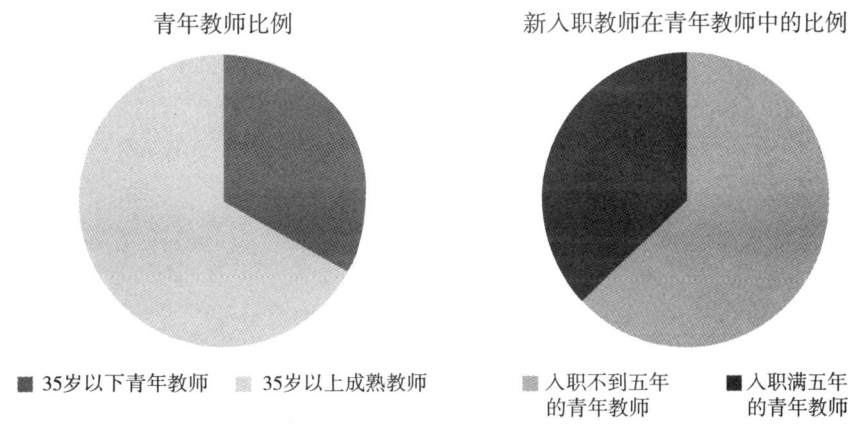

图3

小课题研究帮助这些老师实现了"0"的突破和"1"的发展。最后,33位教师全部按时完成了小课题的结题工作,大部分老师所撰写的开题、结题报告格式规范、内容严谨且层次清晰,研究课题具有实际价值及理论研究意义。还有些老师们的成果极具创新性与发展性,能被广泛应用。老师们最终通过这样周期短、过程全的小课题研究得到了专业化发展。

小课题虽小,但"麻雀虽小,五脏俱全"。它的作用之大,还需要我

们作为科研工作者继续研究下去，去占领科研的前沿，去寻找科研的价值。"成功的道路并不拥挤，因为坚持的人并不多。"西城区少年宫将坚持用小课题引领教师专业化发展，采取"一年一总结，一年一提高"的方式，帮助老师们在学习中提高，在思考中收获；做有思想的行动者，引领教师快速成长！

校外教育科研管理创新的行动研究

天津市和平区青少年宫　任蕴梅

一、课题的提出

（一）研究背景

随着青少年宫教育科研的不断开展和教师专业化发展的不断深入，教育科研工作受到高度关注，教育科研管理创新逐渐成为促进青少年宫发展的灵魂，成为改革发展中的校外教师专业化发展的重要需求。校外教育只有坚持科研管理创新，才能与时俱进。

和平区青少年宫虽然早已经提出了"科研兴宫"战略，建立了一系列教育科研管理体系，并使和平区青少年宫在我市校外教育科研中一直名列前茅，然而仔细审视已有的教育科研管理却存在着一些问题。例如，选题管理不够，这就导致了教师选题较为随意，不能从工作中找问题，在工作中寻对策，从而存在课题研究与实际工作两层皮现象。再如，创新性管理不足。教育科研的生命在于创新。所谓创新就是创造与革新。其中，创造是破旧立新，革新是革故鼎新。因此，校外教育科研管理创新必须重视导向新的教育理念的创造，新的教育策略的创新。换言之，就是看能否拿出一些可操作、可推广的新东西来。因此，开展校外教育科研管理创新行动研究就成了必须与必要的了。

（二）概念界定

教育科研管理就是为了提高校外教育科研的绩效，遵循校外教育科研规律，运用决策、计划、组织、控制等基本管理职能，用科学方法来管理校外教育科研工作，有效地发挥人、财、物、时、信息等要素的效用，以完成校外教育科研任务的活动。

二、国内外研究述评

从在中国知网上对中小学教育科研管理进行搜索的情况看，共有1000多篇文章从不同角度对教育科研管理的内涵、方法、模式、特点和发展趋势，教育科研管理目前存在的问题，以及教育科研课题管理、档案管理、成果管理等方面的改进，作了较为深入的思考和探讨。学者认为，中小学教育科研管理存在的主要问题是教育科研管理指导思想不明确，科研管理体制不完善，常规管理不健全，管理效益不高。这就导致了研究课题选题不够科学，研究过程较随意，研究成果表面化，科研成果的应用和推广较差。

校外教育科研主要有以下几方面：教育科研讲座、集体教科研培训、论文交流活动、课题研究。由于这种教科研模式受众人群专业多样，需求不一，没有较强的针对性。进行课题研究为数不多，在科研成果的推广上更是微乎其微。

三、研究目标

（一）通过科研管理的创新，改进管理方式，挖掘科研创新内涵和本质，促进教师专业能力进一步提高。

（二）通过教科研途径和方法的创新研究，提高校外教育科研工作的针对性与实效性。

（三）通过为教师搭建科研能力平台的研究，促进教师专业化发展。

（四）通过科研课题管理的创新研究，形成科研与工作紧密结合的工作模式。

四、研究依据

（一）《国家中长期教育改革和发展规划纲要（2010 – 2020）年》指出：要建设高素质的教师队伍，完善培养培训体系，提高教师科研创新和教学能力。

（二）学校管理学指出，学校管理要探求学校管理的路径和方法，研究学校工作是如何在满足人的合理需要中顺利运转的。学校管理的目标要追求未来的发展。

（三）现代校外教育理论原则：要求教师具备一定的教育理论知识，把先进的教育思想转化为改造教育的行为，提高教育质量，发展教育理论。

（四）教师专业化发展理论要求：教师应是教育教学的研究者。

五、研究内容

（一）以往校外教育科研工作的调研。

（二）教育科研管理创新制度的研究。

（三）校外教育活动管理创新的研究。

（四）校外教师队伍建设的创新研究。

（五）校外课程建设研究。

（六）科研课题管理的创新。

六、研究方法

（一）文献研究法。

（二）调查研究法。

（三）经验总结法。

（四）行动研究法。

七、研究过程

（一）开题阶段（2011年9月–2012年2月）

1. 开展调研学访，查阅相关文献资料和已有研究成果。

2. 进行问卷访谈，建立课题研究设想。

3. 组建课题组，撰写研究方案和实施计划。

（二）中期阶段（2012年3月–2013年12月）

1. 确立实施科研管理创新的策略和原则

（1）实施科研管理创新的策略

• 教育科研兴宫策略：是指青少年宫在管理中始终将教育科研作为兴

宫、强宫的重大战略，在宫内形成依据科研、依靠科研、依赖科研，科学发展的教育科研氛围。

● 教育科研引领策略：引领是指通过聘请专家指导，引导和带领宫内教师依据教育科研的规律进行教育科研，并保证教育科研始终坚持正确的科研方向，朝着预定目标有序迈进。

● 教育科研组织创新策略：成立教科研部，加强青少年宫的教育科研管理与指导，确保教育科研目标明确，方向对头。

● 教育科研双边策略：是指让教师将工作与研究紧密结合，边工作边研究，在工作中研究，在研究中工作，工作的过程就是科学研究的过程。

● 教育科研展示策略：是指随着教育科研工作的踊跃开展，科研成果的不断涌现，教师迫切需要平台展示自己的教育科研成果。我们安排系列教学展示交流活动，为教师搭建展示交流的平台，以激励教师成长。

● 教育科研教研一体化策略：许多学校存在教研与科研分离的现象。实际上，在一所青少年宫中教研与科研是不可分割的。以教育科研指导教学研究，以教学研究支撑教育科研，将教育科研教研一体化是我宫采取的创新策略之一。

● 教育科研氛围营造策略：营造教育科研的观念氛围、活动氛围。

● 教育科研骨干带动策略：就是通过宫内主导领导带头科研、组建教育科研核心组、表彰教育科研先进个人等，引领宫内教师学习、效仿的一种典型示范、带动形式。

● 教育科研示范带头策略：是指针对教师需求，适时提供受众信息平台，让专家、名师示范引领教师教科研工作的开展。

● 教育科研课题统合策略：即宫内通过总课题统合所有子课题及小课题。实现了宫内有总课题，各个专业有子课题，部分人有小课题，人人参与课题研究；做到了小课题助力子课题，子课题支撑总课题，总课题统领子课题及小课题。通过课题总分策略，拉动教师参与、投身教育科研，并逐渐体验到参与教育科研的好处，从而积极主动地投身至教育科研之中，享受教育科研的快乐。

● 教育科研全程管理创新策略：面对教育科研尤其是课题研究虎头蛇尾的问题，我宫在教育科研管理上特别重视全程管理，管理涉及申报、开题、中期检查、结题、推广全过程。

● 教育科研管理制度创新策略：包括立项制度、检查制度、指导制度、考核制度、经费管理制度、评价制度、展示制度、表彰制度、推广制度。

● 教育科研人才聚焦策略：是指聘请知名校内外教育专家指导教师教育教学科研工作，邀请部分学校的校长、教师参与科研，形成我宫科研三支队伍。

（2）实施科研管理创新的基本原则

● 目的性原则：就是教育科研管理创新必须重视目标管理，明确需要解决的问题，以问题为课题，以问题的解决作为课题结题的标准。

● 系统性原则：系统规划，将总课题与子课题研究紧密结合起来，统筹兼顾，全面安排，立足全局考虑局部，立足总课题考虑子课题研究。

● 群众性原则：是指在科研过程中实施教学与科研相结合，并努力使多数人获得机会，让广大教师参与到科研中来。

● 针对性原则：是指在教育科研活动中，强调工作的针对性，有目的、有计划地组织教科研活动。

● 责任性原则：是指教育科研工作必须重视分工合作，协同创新。因此，在教育科研管理过程中务必将整个科研工作化成若干单元，明确责任人，做到职责清，任务明，问责严，以发挥教育科研的最大效益。

● 实效性原则：是指在教科研工作过程中，要把取得的实际效果作为出发点和归宿点，让教师通过教科研过程获得较大的收获。

2. 规章制度管理创新

制度创新也是科研管理创新的保证，我们在校外教育科研管理创新策略和原则指导下，制定了相关教育科研管理创新的制度，以保障科研管理创新的顺利进行。这些制度主要包括课题申报立项制度、课题研究管理制度、课题研究中期检查制度、课题研究成果交流制度、教师教学博客考评制度等。

3. 活动形式管理创新

（1）开展专题培训，让专业教师及时了解科研动态

在校外教育科研过程中，我们有目的地开展一些专题培训，以不断更新

和拓展教师的教育科研知识，提高专业技能。选择的内容侧重于新知识、新理论、新技术和新方法，强调培训内容的针对性、实效性。注重不同专业、不同层次、不同类型教师的培训需求，体现培训内容和培训方法的创新。

（2）加强专业研修，促进教师间相互交流、合作

在培训和提升教师教学科研能力的过程中，我们加强了教育科研工作的指导性、针对性，有目的、有计划地安排活动。2012 年，我们尝试分专业教研活动，将原有集体教研细化为舞蹈、声乐、器乐、美术、科技、其他不同专业的教研活动，进行专业技能训练及教学方法研究。教师们积极性很高，边训练，边研究，不断强化教学研究成果的积累总结，形成了一些好的合作成果。声乐类、舞蹈类、器乐类、美术类还组成了教师专业团队，活跃在宫内及全区艺术节等专业舞台上。

（3）搭建展示平台，充分展示教学研究成果

2011 – 2014 年，我们连续四年在儿童画、素描、舞蹈、声乐专业开展教学质量分析会，开展学员教学质量测评工作，通过考核检验教师的教学水平。

2007 – 2013 年，美术专业每两年举办一次成果展，通过展览全面展示青少年宫美术教师教学研究的成果，形成了"以展促教"的教学管理模式。小白鸽艺术团每学年都将教学研究成果参加和平区及天津市学校艺术展演赛，参赛作品获市级以上奖励 30 余项，形成了"以演促教"的管理模式。科技专业多年来坚持"以赛促教"，每年通过科技周、科技创新大赛全面展示教育教学成果，成果颇丰。

（4）加强针对性指导，开展"小课题"研究实践

2013 年年初，我们首次尝试在教师中开展"小课题"研究实践活动，即教师根据教学研究，围绕少年宫总课题，及各部门子课题，从自身实际工作中寻找课题，按照课题研究的方式进行立项研究。为使教师科研工作更加务实，高水平立项，高质量研究，我们安排导师团队进行全程跟踪指导。从课题立项、过程研究、中期检查、研究报告撰写，全面提高了教师的研究能力。

4. 队伍管理创新

（1）建立科研群体，壮大课题研究队伍

校外教育水平提高的关键在于教师，建设一支高素质的科研群体队

伍，从而带动青少年宫整体教师队伍的提高，提升和平区校外教育水平。以往的教科研工作没有取得突破性进展，根本原因还是缺乏科学理论的指导和科学方法、程序的规范。我们认识到仅有热情和教师的努力实践是不够的，必须得到专家的指导。为此，特别邀请天津市教育科学研究院王毓珣研究员为我们的研究顾问，指导理论研究与实践。同时，聘请知名校内外教育专家作为我们青年教师的业务导师，组建导师团队。此外，组建宫内教科研核心组，负责单位教学科研的组织管理工作；邀请了部分学校的校长、主任、专业教师参与研究，进一步扩大了研究队伍。

（2）树立精品意识，加速青年教师成长

在"科研兴宫"教育科研发展理念的指导下，为谋求教育科研更大发展，促进教师专业化发展，我们不断加强教师队伍建设。自2007年起，连续7年在青年教师中开展教师基本功考核工作，以考核促发展，促教师成长。

5. 课程建设管理创新

校外教育多年来没有统一的教学大纲，更没有标准的课程可供参考。2012年，我们在校本教研中，率先在教师中开展教学课程设置活动。我们分别在儿童画、素描、书法、舞蹈、器乐、声乐等项目中开展校外课程设置交流活动。课程设置分为幼儿、基础班、中级班、高级班、社团几个阶段，经专家论证，反复修改，初步形成了我宫部分专业的教学课程目标，并根据课程目标研究制定各专业的特色课程。同时，建立起教学汇报、教学成果展、教学质量测评、教学质量分析会、教学博客等多种渠道的评价体系，完善丰富了课程设置。

6. 课题管理创新

（1）科研工作紧密结合，创新课题立项方式

2012年，在宫领导的支持下，课题研究向深度和广度发展。在"十二五"科研课题立项上，与青少年宫的五年发展规划相结合，将科研工作纳入部门及教师岗位职责中，形成了科研与工作紧密结合的良好机制。青少年宫"十二五"期间申请立项的8项区级科研课题都是由各专业部门承担。专业部门围绕市级课题《校外教育品牌公益化推广策略研究》申报立项，课题研究的内容就是部门工作的内容，课题研究者就是部门主任及教

师。边工作,边研究,工作的过程就是科学研究的过程。

(2) 加强过程管理,做实课题研究

针对以往课题研究存在"虎头蛇尾"的问题,我们创新过程管理方式,实施课题全程管理创新策略。课题立项初始,教科研部根据每个课题的研究内容,将研究进程分为几个阶段,帮助制定出每个课题的阶段研究任务。每学期初,教科研部都要认真研究各部门课题的研究进度,规划出学期各个阶段的研究任务,阶段安排课题承担人整理课题资料,让老师熟知教育研究的全过程,并认识到了工作就是研究,研究就是工作的科研理念。

(3) 创新成果推广形式,做大做实科研工作

随着科研成果的不断涌现,我们以一种新的交流平台来深化科研内涵,加大成果推广力度,不断创新成果推广形式。通过积极推动教师论坛、论文评比、教学成果展、教学汇报展示,以不同形式让老师们将自己的研究成果进行交流、推广,并刊印了《科研兴宫——天津市和平区青少年宫教育教学科研成果集》。与此同时,我们把课题推广工作做实做大,结题形式采取成果现场展示与结题会议结合的方式,让与会专家能直观了解课题研究的成果及内容,最大化地将我们的研究成果进行推广宣传。

(三) 结题阶段(2013 年 12 月 – 2014 年 6 月)

进行理论成果和实践成果的概括和总结。

八、研究成果

(一) 理论成果:总结出校外教育科研管理创新的原则和策略。

(二) 形成了教育科研管理的相关制度文本,编印了各专业的校外教育课程目标,编印了《科研兴宫——天津市和平区青少年宫教育教学科研成果集》。

(三) 探索出校外教育科研管理创新的方法和途径。

(四) 形成了青少年宫培训活动管理的模式,形成了教师教育教学、教科研工作的评价体系。

(五) 教师教科研水平逐年提升,形成了一批高质量的科研成果。

(六) 促进了教师专业化发展,使教师业务水平不断提升,形成了具

有专业特色的教学管理模式。

（七）实现了教育科研水平的均衡发展。

九、问题与建议

（一）建立健全"科研与工作紧密结合模式"的管理体制。科研与工作紧密结合，需要单位管理机构与管理职能的相互配合，目前单位的现行体制是教科研工作由教学管理机构负责，而各专业作为中心的部门，只有教学的职能，没有教育科研和教育科研管理的职能，对教师的要求也只有教学的任务而没有科研的任务。这种状况使得"科研与工作紧密结合"失去管理体制上的保证。因此，研究改革现行管理体制，以推动"科研与工作紧密结合"的发展，显得格外重要。

（二）要加强对教师科研方法的培训。

（三）要加强结题研究质量管理。

北京市校外新教师培训状况调研报告

北京市东城区少年宫　齐健敏　王　芳

一、研究背景

当今教育改革特别是中小学课程改革，更加强调学科之间的融通和学生综合素质的培养，特别是为了贯彻党的十八届三中全会精神，北京市教育委员会出台了《关于在义务教育阶段推行中小学生课外活动计划的通知》，这为校外教育发展提供了新的机遇，同时也提出了更多的挑战。这其中的挑战之一就是对校外教师提出了更高的要求。

同时，近年来随着大量新教师进入到校外教育领域，我们发现这些年轻的老师有其自身的特点，而传统的培训性质的新教师入职辅导在某些方面可能达不到理想的效果。作为教师发展的一个关键阶段，这些新教师的真正需求是什么？应采用什么样的策略引导新教师发展？集合什么样的资源支持新教师的发展？如何促进他们尽快发展，成长为合格和优秀的校外教师？这些问题是我们不断思考和探索的。

二、研究目的

本次调查的主要目的就是了解北京市校外新教师的基本情况和北京市校外新教师培训的基本情况，为了我们今后的新教师培训工作能够更好、更有依据地开展下去。同时也为北京市第十四届课外、校外教育理论研讨会提供数据和背景资料。

三、研究过程和方法

本次调研我们采取定量和定性研究相结合的方法，进行了问卷调查和新教师访谈。

我们首先编制了一份《北京市校外新教师培训情况调查问卷》，调查对象为各校外机构主管教科研工作，尤其是新教师培训工作的相关领导。然后进行了问卷发放，发放问卷涵盖全市17个区县、地区的校外教育机构和所有东城区校外教育机构。在这里要特别感谢帮助我们完成问卷的各区县、地区教研室的领导和东城区各校外教育机构主管教科研工作的领导对此项工作的大力支持。发放的方式采取抽样调查和重点调查相结合，数据结果具有普遍意义和典型性。

在访谈时则选取了几组不同类别的新教师，因此访谈内容比较具有代表意义。

四、概念界定

在进行调查之前，我们首先就校外新教师的概念做了一个界定：校外新教师即入职三年以内（包括三年）有教师身份的校外教师。这些新教师既包括应届毕业生，也包括从其他单位新转入校外系统的教师；既包括在教学一线岗位上的教师也包括不在教学一线，但从事相关教育教学活动或管理工作的教师。

五、调查情况分析

（一）问卷调查

本次问卷调查共发放问卷24份，回收问卷24份，有效问卷23份。问卷主要从校外新教师基本情况和校外新教师培训情况两个方面进行。

1. 校外新教师基本情况

问卷的第一部分调查的是"校外新教师基本情况"。共设有6个封闭问题。问题从新教师的入职时间及人数、性别、年龄、学历、专业背景、入职渠道等方面入手，基本情况如下。

（1）23家校外单位3年内除了1家，其他22家均有新教师入职，共计 159 名。其中入职 1 年以内的教师 59 名，占总数的 37.11%；入职 1 年以上、2 年以内的教师 64 名，占总数的 40.25%；入职 2 年以上、3 年以内的教师 36 名，占总数的 22.64%。这说明每年入职的教师数量都比较平均。

（2）男女教师比例，男教师只占教师总数的 22%，将近 8 成的新进教师还是女老师。这和教育界整体的男女教师的现状是相一致的。

（3）校外新教师年龄分布：25 周岁以下 43 名，占总数的 27.04%，26-30 周岁 74 名，占总数的 46.54%，31-35 周岁 16 名，占总数的 10.06%，36 周岁以上 27 名，占的 16.98%。人数最多的竟然集中在 26-30 周岁这个年龄段，这可能和新教师的学历背景有关；36 周以上的教师所占比例也不少，这也和校外教师的进入渠道有关。

（4）校外新教师的学历背景中，大学专科的 11 人，占总数的 6.92%，和，大学本科 103 人，占总数的 64.78%，硕士研究生及以上 35 人，占总数的 22.01%，其他方式取得学历的教师 2 人，占总数的 1.26%。可以看出本科及以上学历的教师占校外新教师的绝大多数，这对于我们进行新教师培训将采取何种内容、何种方式都是重要的参考数据。

（5）各单位新教师的入职渠道：应届毕业生 81 人，占总数的 50.94%；从校内调入教师 56 人，占总人数的 35.22%；从校外系统调入教师 4 人，占总人数的 2.52%；其他渠道进入教师，例如社会招聘 18 人，占总数的 11.32%。可以看出应届毕业生只占新教师的一半，另一半是从其它单位调入的，从校内调入的教师所占比例也很大，反而是校外机构之间的教师流动性并不大，这也是一个很有意思的现象，值得我们深入研究。

（6）在对各机构新教师的专业背景进行调查时，情况就比较复杂了。在这里有一个问题是"所教即所学吗？"也就是教师所学的专业与他们从事的教学工作对口吗？如果是这样，群众活动老师的专业是什么呢？他们要有什么专业背景才算对口呢？可能是问卷设计的问题，也可能是校外教育的特殊性，这道题没有得到理想的数据，但是给我们指出了一个很好的研究方向。

2. 校外新教师培训情况

第二部分调查的是"校外新教师培训情况"。共设 4 个问题，包括新教师的特点有哪些？新教师的困惑和问题有哪些？对新教师培训内容的需求有哪些？采取了哪些措施对新教师进行培训？因为是半开放性的问题，所以问卷的答案比较分散，经过整理和分析，呈现的情况如下。

（1）新教师的特点：大家普遍认为现在的新教师学历高，专业技术强，同时他们有主见，有自己的想法，不容易被左右。也有很多问卷反映新教师对校外教育的特点和特殊性不了解。

（2）校外新教师的困惑，位列第一的答案是教学或工作实践方面的问题。这些问题有和校内新教师共同的问题，例如有的问卷写道："对教育规律、教育学、教育心理学、教育科研了解较少，需要培训与提高。教师在活动中更注重技能教学，对学生的教育引导欠缺。"也有我们校外才会面临的特殊问题，例如"新教师对校外活动没有教材、计划、大纲之类的规范要求会不知所措"。也有的困惑是"如何完成招生任务，招上来的学生又如何留住"。

（3）在对新教师培训的内容方面，除了针对于校外的道德、知识、能力三个方面的培训，大家的需求主要集中在以下三个方面：一是对相关教育政策法规方面的需求；二是新教师的心理健康需要关注；三是新教师的职业认同感和个人发展方向方面的问题。

（4）对新教师的培训方式，大家依次采用的是师徒结对或师带徒，然后是集中培训，入职一年的新教师很多单位选择轮岗，不让他们直接进行教学活动。当然兄弟单位也开展了很多极具特色的新教师培训工作，例如青年教师发展银行、新任教师下校锻炼学习、参与教委组织的青年教师成长沙龙等。

（二）新教师访谈

因为问卷的调查对象是各机构的教科研负责人，以上是基于管理层面对新教师培训问题的看法。为了了解新教师自身对这一问题的看法，我们又抽样选取了几名入职三年以内的新教师进行了访谈。这些被访谈的新教师分为三类：一类是应届毕业生，从事一线教育教学工作；第二类是从校内调入校外的教师，从事一线教育教学工作；第三类是应届毕业生，从事相关教育教学工作，不在一线教学。在这里他们普遍认为刚开始面临的最大困惑是对校外教育的特殊性不太适应，从事教育教学工作的老师们对于如何撰写活动方案、如何在没有大纲以及教材的情况下开展教学有些无所适从。他们希望对校外新教师的培训有更多的针对性，例如系统介绍一些校外教育的发展历史、特点和主要理念，而不是把他们和学校教师的培训混在一起。也有的老师希望培训的形式要更加具有实践意义，边观摩边讲解的方式对他们的帮助最大。

六、研究结果与建议

本次调查研究从校外新教师培训的组织、管理者和新教师群体两条线索同时展开，比较全面和客观地反映了北京市校外新教师的培训情况。而且从这两方面得出的结果也并不冲突，有交叉也有补充。

（一）从管理者角度看

从调查报告可以看出，对于新教师培训工作，众多校外单位主要采取宫本培训、师徒结对和新教师轮岗这三项措施。求变求新固然重要，但是往往简单直接的、大家最多选择的就是最有效的。这些措施之所以能够被长久延续下来，是被证明能够发挥积极作用的，因此还应继续坚持下去。

（二）从新教师角度看

从调查和访谈的结果来看，大部分新教师对目前本单位采取的培训措施是肯定和认可的。他们的关注点主要集中在两个方面：一是由于校外教育的特殊性，他们更想深入而理性地了解校外教育到底是什么。因此，校外教育历史和理念的培训是十分必要的。二是新教师们更喜欢操作性强、有针对性的培训形式，这对培训组织者来说是一个很好的参考意见。

（三）对策与建议

1. 校外新教师培训工作应该更加系统化、制度化，站位要高，要有前瞻性。例如，东城区教委校外教育科、东城区校外教育研究室启动了东城区校外教育机构教职工综合素质培养工程，将少年宫的新教师培训工作纳入到区域层面的教职工队伍建设整体规划当中，就是一次很好的尝试。

2. 把握新教师成长的"关键期"。新教师进入到校外教育领域还很懵懂，很多人都不知道自己要干什么，今后的发展方向又是什么。但新教师阶段也是一位教师能否成长为一名优秀教师的关键时期。在这一时期，笔者认为新教师的归属感和认同感至为关键。不管培训内容多么丰富，培训形式多么重要，归根结底，都要看这个新教师自身是否有发展的意愿，他认可这个团队，认可这份职业，他才能不断学习、不断成长。

3. 将新教师培训工作与教科研相结合，以科研促进工作的开展。新教师培训既是一项工作，又是一个值得深入研究的课题。引入一些新的研究方法，例如叙事研究等将会给工作带来新的思路和视角。

牵手家长 共筑教育合力
——谈北京市宣武少年宫实施校外教育的实践创新

北京市宣武少年宫 杨秀苓 王 平 张 颖

一、为什么要牵手家长

儿童身心的发展离不开家庭教育、学校教育和校外教育，这三类教育虽然不同，但是相互影响，共同作用于儿童。校外教育在引导儿童树立理想信念、锤炼道德品质、养成行为习惯、提高科学素质、发展兴趣爱好、增强创新精神和实践能力等方面具有重要作用。随着时代的发展，校外教育在不断进步，同时校外教育也面临着诸多困惑。当前最为突出的一个困惑是，孩子的学习能力越来越强，但是自理能力、自立能力却越来越弱。例如，在少年宫经常会出现这样的现象，家长在接送孩子参加兴趣小组时，无微不至地照顾孩子，书包家长背，学习用具家长拿，喝水有家长喂，衣服拉链家长拉，换衣服家长给穿……家长对孩子一切事务的包办代替已成为常态，并且家长和孩子都习以为常。

作为校外教育工作者，我们不禁在思考：这样的养育方式是否真的有利于孩子的成长？在这种教育理念的指导下，家长会培养出什么样的孩子？当孩子长大成人之后，能否顺利地适应社会，能否幸福地度过一生？我们开展校外教育，不仅要关注孩子的兴趣启蒙和专业技能，更重要的是要培养完整、健康的"人"，这是校外教育肩负的历史使命和社会责任。校外教育应该和家长紧密合作，形成教育合力，发挥一致的育人作用，孩子的成长才会更加积极健康。

二、如何牵手家长

那么，校外教育如何与家长教育相互结合、紧密配合呢？北京市宣武少年宫近些年进行了一系列的尝试，主要包括两大方面的实践：第一，开办家长课堂，引导家长科学育儿、智慧教子。第二，开设情景剧展示活动，为孩子、家长、教师、少年宫、社区搭建多方参与的交流平台。

（一）开展家长教育

为探讨和解决少年宫遇到的各种家庭教育问题，2012年我们成立了家长教育教研组。教研组首先针对学生家长开展了多次调研，了解家长的需求和期待。孩子来少年宫学习，家长往往要在教室外面等待很长时间，因为无所事事，所以家长们不是玩手机就是一起聊天打发时间。教研组利用这段时间，以讲座的形式开设了"携手同行"家长课堂。自主设计并陆续推出了"输在起跑线上的手——关键期教育攻略""儿童美术教育家长辅导方略"及"如何为孩子选报兴趣小组"等讲座。讲座的效果出乎意料，他的积极性和参与度极高，家长们非常迫切地渴望学习先进的教育理念，以及可操作的教育方法。为了更好地牵手家长，我们还在少年宫宫刊《星星河》上开辟了专栏"携手同行"，发布家长教育的专业指导，收集家长的教子反思、学习心得，以纸质媒介的形式与家长共同探讨培育子女的问题。

来少年宫学习的孩子很多都在附近的社区居住、在周围的学校就读，可以推断在这些社区和学校里，家长们也一定需要这样的家长教育，因此教研组联系周边的社区和学校，为更多的家长送教上门。随着工作的推进，教研组发现家长群体应进一步细分，因为他们的年龄特点和需求是不同的。其中，"80后""90后"是当前家长的主力军，这些年轻的父母特别愿意接受多样化、时代感强的教育理念，对学习方式也有比较独特的要求，他们不喜欢单纯的课堂讲授式的讲座及答疑解惑。为此，教研组确定了"用翻转思维做家庭教育"的工作方向，在系列公益性家长智慧讲座的基础上，为家长提供个性化的指导和长期的追踪帮助。此外，邀请引进专家资源，携手"五个妈妈家庭教育咨询工作坊"，运用脱口秀、相声、戏剧等方式，营造表演情境和幽默氛围，让家长在轻松、愉快的观演过程中收获知识、领悟道理。

由于我国的特殊国情,"隔代抚养"的现象极为常见,祖辈要帮助父辈甚至替代父辈养育孙辈,因此老年人也是家长群体的重要组成部分。然而,老年人与儿女的思想观念差别很大,在养育、教育孩子的问题上,老年人和儿女经常发生分歧和矛盾,不仅影响了对孩子教育的一致性,而且有时还会影响家庭和睦。针对这一情况,教研组举办了"隔代教养能力提升"系列讲座,推出"儿女型教育专家进课堂"的做法,就是让年轻的教育专家以儿女的角色和角度,为老年人讲授教育技巧,让老年人在被爱、被尊重、被信任中一学就会、回家就能用,解决个别老年人只重养不重教的难题。

经过两三年的努力,我们的工作得到了家长、学校和社区的广泛认可,取得了初步的成功。这归功于我们的工作立足家长的实际情况,切实满足了家长的需求。少年宫的教育对象是孩子,但是随着社会的变化,家长也成为少年宫重要的教育对象,家长工作已经不仅仅是加强与家长的沟通,方便家长报名或接送孩子,还包括了对家长的教育和引导。家长教育已经成为少年宫一个新兴的、必需的工作领域,应该长期探索和坚持。

(二) 开设情景剧

引导家长只是手段,校外教育还应和家长牵手,共同助力孩子的健康成长、全面发展。那么少年宫如何与家长携手,实现对孩子的合力教育呢?能否创设一定的方式或情境,将孩子、家长、教师和少年宫等各个主体纳入其中,从而加强彼此的沟通与理解,从多角度激发孩子的自主成长?

1. 何为情景剧

在北京市西城区教委的支持下,宣武少年宫联合名师工作室及其他校外教育机构,在2013年开创了情景剧展示的创新方式。这个情景剧不是简单地教授孩子如何表演情景剧,而是组织艺术、科技等专业教师带领兴趣小组学生,通过舞台表演,再现学生到少年宫参加兴趣小组活动、多种实践活动以及主题活动的情景,展现教师的指导、学生的学习、家长的困惑等情节。出演情景剧的师生们,以前从未受过专业的舞台训练,情景剧都是教师自编、自导、自演的。情景剧中融入了大量的教育理念以及对学生的情感激励，通过角色扮演，引发学生对合作、感恩、自立等主题的认识，唤起学生相应的情感共鸣。

2013年、2014年连续两年，在宣武少年宫剧场，我们的学生、教师和家长通力合作，分别演出了名为《与春天同行》《成长路上》的情景剧。数百名少年宫师生将自己在少年宫学习、生活的场景搬上舞台，用真实的故事和真情的演绎，感染并打动现场观众。

情景剧《与春天同行》表现的是校外教师在指导学生参加歌舞、绘画等兴趣小组时，将自立、感恩、礼仪等德育主题也融入其中。

第一幕"春天里的少年，在家长送子学艺中成长"。家长与孩子们一同上台演出，反映出家长陪伴学生，走进美丽的少年宫，走进人才成长的摇篮，展现家长对学生的关爱、支持与呵护。

第二幕"春天里的少年，在教师指导下快乐成长"。表现的是少年宫各专业教师指导学生学习歌舞、绘画等专业，并引导孩子如何同他人交往、如何与家长沟通、如何养成良好的专业习惯，呈现出校外教育活动的育人特色。

第三幕"春天里的少年，在成长中真情表达感恩"。展现了学生感受到教师、家长的辛勤培育，热情地用歌舞和琴声，表达对父母、对教师的感恩之情，懂得感恩，然后变得自立自强。

情景剧《成长路上》反映的是教师、家长、社会多方支持的合力教育。包括学生到少年宫、科技馆参加各种活动，到博物馆、音乐学院、消防队、交通中队等参与多项实践，也包括家长的支持与合作。该剧贯穿了学生自立成长中的感悟与决心，表达了学生对劳动者的感恩，对教师教导和家长陪伴的感谢。该剧还着重锻炼了学生大胆表达、主动沟通的能力。

第一幕，学生回顾在校外活动中走过的足迹，展现学生对科技、艺术活动的兴趣，引导学生思考在实践活动中的收获与感动。

第二幕，学生感悟社会实践活动带给自己的收获与感动，表演与专业实践有关的节目，表达应当珍惜教师、家长、社会给予自己的关心和帮助。

第三幕，结合声乐、舞蹈、美术、科技、器乐等节目，学生送上自己的新春祝福，感谢所有帮助过自己的人，并表示自己要独立自强，长大后要对社会有所贡献。

情景剧演出十分成功，得到了学生和家长的普遍欢迎，也得到众多家长从排练到一同上台演出的全力支持。舞蹈小组7岁的小同学说："通过这次活动，我觉得我长大了，以后一定要做个懂事的孩子。"美术小组一位10岁孩子的母亲说："这次活动让孩子们学到了很多东西。第一，孩子一下子明白了父母的艰辛。第二，孩子忽然意识到要爱父母、尊敬老师。回家后孩子就对我说，'妈妈，以后我不仅要自己的事情自己做，家里有什么事不能只让您一个人做，应该是我们大家一起做，这样，您就不用那么辛苦了，而且还做得快呢！'听完这些，我顿时觉得这次活动太有效了，胜过我们家长平时说千千万万的话。希望以后能够给孩子们多排一些这样的教育情景剧，这胜过书本上的教育和父母、老师的苦口婆心。"

2. 情景剧的作用

情景剧这一综合型的艺术表现形式，有效发挥了综合性的促进作用。

（1）有助于教师的成长

参与情景剧的教师进步很快。原来这些专业教师只接触教学工作，其他领域的工作没有机会涉及。为了创作节目、组织排练，他们开始学习剪辑音乐、编写台词、制作道具，与家长更为紧密地沟通合作等等。虽然这些工作不是教师的本职工作，但是在设计、排练、演出的过程中，教师的策划能力、组织能力、写作能力和反思能力均有提高。这些能力反过来将进一步促进他们教育教学的开展。

（2）有益于形成多方合作

情景剧为学生、家长、教师、少年宫、相关合作单位提供了交流展示的平台，促进了师师合作、师生合作、教师与家长的合作、少年宫与周边单位的合作。在日常的教学及活动中，参与教育教学的各个主体看似在互动交流，但是这种互动交流往往是短暂的、分散的、表面的。情景剧的排练和演出，为多方主体创造了一个共同的目标和契机，从思想和行动上凝聚起大家的力量。学生、家长、教师、少年宫、相关合作单位，可以同时参与策划、组织和表演，从剧情到舞美，从台词到配乐，每个环节和细节都融入了多方的心血。

在这样的合作中，相互的沟通增多了，彼此的理解加深了。呈现精彩的情景剧其实并不是我们的最终目的，我们希望教育教学的多方主体能够在合作中形成共识，达成一致的教育合力。因为思想认识越一致，教育效果便越明显，学生成长也会越健康。

（3）有利于学生的全面发展

除了共筑教育合力，促进学生的健康成长，情景剧本身有利于学生的全面发展。首先，情景剧是一种综合的艺术表现形式，在展示学生才艺的过程中，能够促使学生以艺养德、以艺养心、以艺养性。其次，情景剧渗透感恩、自立等德育主题，将抽象问题具体化，让学生以角色扮演去教育自己，使学生在不知不觉中引发情感共鸣、转变态度认识，进而改变行为习惯。最后，情景剧作为一种实践活动，给学生动口、动脑、动手、交往、合作的锻炼机会，可以激发他们想学、乐学、能学的决心。

情景剧为教师搭建了新的育人实践平台，为学生搭建了成长与展示的舞台，为家长提供了新的互动育人空间，也为校外教育活动创新打开新的思路。

三、结语

家长教育和情景剧展示是宣武少年宫实施校外教育的实践创新，显示了在素质教育背景下，校外教育和家长教育的关系越来越密切。校外教育要想更好地发挥功效，为孩子开辟更为宽广的成长路径，一方面要经常引导家长，另一方面要携手育人同行。这需要我们多方牵手，注重育人者的言传身教，开展更多有教育影响的社会活动，建立长效机制，形成少年宫、社会、家庭共同合力育人的新理念、新模式，为学生的健康发展创设更好的成长环境。

柔情善念筑平台　双手浇灌幸福花
——河南省妇女儿童活动中心"教子有方"项目的探索与思考
河南省妇女儿童活动中心　邹辉琳　许孔玲　黄春改

家庭教育既是未成年人思想道德建设不可或缺的重要内容，也是妇女儿童活动中心的工作范畴。中国传统文化博大精深，老祖宗为我们留下了极为丰富的宝贵财富。因此以古代经典中教育智慧为基础，吸纳现代教育观念，结合目前的教育现状，河南省妇女儿童活动中心开办了"教子有方"项目，这一项目是我中心家庭教育工作的创新和探索。

一、背景及理念

当前，家庭教育中普遍存在着重智轻德、重知轻能、重养轻教的现象，独生子女教育、隔代教育、单亲教育、单亲重组家庭教育、留守流动儿童教育等，家庭教育面临着比任何时候都更多和更为具体的问题。高速发展的时代和激烈的社会变革让家庭教育变得无助和无奈。很多时候，人们的家教方式方法还停留在原始而矛盾的境地，要么包办代替，要么放任自流，要么简单粗暴，要么溺爱无度。家教话题既熟悉，又陌生，欲罢不能，欲说还休，话题沉重到严重影响亲子关系、家庭和睦、社会稳定、国家与民族的前途和未来。

据全国妇联的一项社会调查统计，当问及儿童"家庭中对你影响最大的人是谁"时，80%以上的儿童都选择了父母。作为孩子第一任老师，也是终生的老师，家长在家庭教育过程中没有选择地发挥着主导作用。家长的一言一行，一举一动就是一本无字的教科书，潜移默化地影响着孩子的成长和变化。要想让孩子健康成长，家长必先成为一个称职的乃至优秀的父母，真正负起第一任教师的责任。因此提高家长的自身素质，增强他们的家教意识，引导他们的教育理念，帮助他们掌握基本的教育方法，成为当务之急。

家庭教育的核心是思想道德养成教育。家庭教育有别于学校教育，应当侧重于孩子的人格形成和个性发展。儿童时期作为人生的起步，既是长身体、学知识的重要阶段，也是人生观、价值观初步奠基的关键时期。这个时期形成的思想道德观念对他们一生怎样做人做事有着决定性的影响。

2013年，中共中央总书记习近平在山东曲阜孔子研究院座谈会上做了关于大力弘扬传统文化的专门讲话。也是2013年，中共中央办公厅印发了《关于培育和践行社会主义价值观的意见》，把富强、民主、文明、和谐、自由、平等、公正、法治、爱国、敬业、诚信、友善作为我党十八大提出的社会主义核心价值观内容，为我们从事未成年人教育工作提供了引导和践行的重要遵循。我们的学习体会是：培养和践行要从小抓起，越早开始，教育的效果越好，"育人为本、道德为先、立德树人"的理念要有贴近性、对象化、接地气，要有合适的方式进课堂、进计划、进活动、进头脑。中华优秀传统文化积淀着中华民族最深沉的精神追求，包含着中华民族最根本的精神基因，是中华民族生生不息，用之不竭的"母乳"，在怡情养志、涵养文明中有着重要作用。如果能创意、创新、探索一个传统文化经典与当今时代内涵相得益彰的家庭教育模式，并且努力沉淀出一定的推广应用价值，无疑是一个"家长教育工程"或"父母素养提升行动"的有益探索。

儿童的健康成长需要学校教育、家庭教育和社会教育共同发挥作用，缺一不可。其中，家庭教育最为根本，但是家庭教育又是最难以掌控的。家长自然而然成为家长，往往没有接受过"如何教育子女"这样的培训，可谓"无证上岗""岗前培训缺位"，这从一定程度上可能会影响儿童的健康成长和全面发展。家长的成长进步有利于孩子的成长进步，家长的改变有利于孩子的改变。做影响和提升家长家教素质的事情，是一项益在当前、利在长远的功德。正是抱有这样的认识和理念，我中心开创了"教子有方"项目（"教子有方"家长公益研修班）。几经选择和思考，我们决定借鉴大连明德书院的经验，尝试运用中华传统家教经典与当前家庭教育实际情况相结合的方式，启动这一项目，以拓宽和丰富我们的工作内容，更好地造福家长、服务社会。

二、内容及做法

该项目在教学内容上以中国传统文化为核心，以《弟子规》内容为基础，分为以下几个专题。

（一）家庭教育的目的和方向。

（二）家庭教育中的现实问题与思路。

（三）家庭教育的核心原理。

（四）家庭教育的主要内容——孝道、感恩、礼敬、勤俭、立志。

（五）家庭教育的根本方法——"四把钥匙"。

（六）经典中的教子智慧等。

中间安排慰问敬老院献的爱心活动、感恩母亲节活动、心灵成长烛光晚会、结业典礼分享学习感受等，以不同形式教给家长正确的人才观、教子观、亲子观，使家长明白构筑孩子一生的幸福才是教育的方向，要教育好孩子首先自己应做个好家长，以及如何做个好家长。整个课程体系脉络清晰明了，由宏观至微观，循序渐进，步步深入。

项目的实施离不开严密的组织管理。我们通过短信、微信、海报等形式广为宣传，招募家长，告知其课程的基本内容及要求，报名的家长需填表申请并登记基本信息，建立档案。所招家长来源广泛，包括很多行业和阶层，有家庭主妇、职业女性、部门领导、企业家等。学历范围由高中到博士，年龄以30－50岁之间的家长居多。

在课程设置上，我们力争严谨周密、科学系统。每周一天，一期十天课，历时两个半月。通过闻思修证的成长模式，每次教学的程序清楚：教师授课、小组讨论、发言分享、布置书面作业，撰写感悟，回家力行实践，下次上课前请家长将一周的力行情况分享汇报。这样设置的目的：一是每周只抽出一天集中学习，有利于家长平衡好工作、家庭和学习的关系。二是时间相对分散、战线较长，便于力行作业的实施和坚持。因为一个习惯的形成需要三个月，待课程结束时，好的习惯已基本形成，避免了社会上常见的短期课程集训班中学员听完很激动，过段时间全忘完的弊端。

第一课要拜至圣先师孔子、拜老师，学习班歌《中华民族》，营造肃穆、庄重的氛围，启发大家尊师重教、立志学习，激发他们自强不息、传承美德的民族责任感和爱国情怀；接着宣读发愿文"为天地立心，为生民立命，为往圣继绝学，为万世开太平，愿天下父母皆能欢心，愿天下儿女皆成栋梁"。引导大家站位高远，胸怀大志，明白学习目的。同时承诺遵守学习纪律、端正学习态度、履行学习职责、保守学员秘密，严格要求自己、转变角色、将自己从家长回归学员位置，放低姿态，放平心态，完成学习力行任务。

在项目实施管理中，我们实行了以下三个制度。

（一）"践诺金"制度

由于是纯公益性质，有些家长报名之后因工作原因或临时事务等，纪律观念薄弱，出勤率较低，严重影响授课效果，也浪费了公用资源，因此我们在第一期之后实行了"践诺金"制度，即每期每人预收300元，如果迟到、旷课、请假扣取相应的金额充当班费，用于班级开支及其公益项目中，若无缺勤情况，则全款返还。同时把出勤率作为是否发结业证书的依据之一，有效杜绝了公益项目无门槛、部分家长只占名额不上课的现象。

（二）自助式管理制度

为更好地发挥家长自身的作用，培养他们的奉献精神，为他们提供锻炼的机会，我们首先根据家长的职业结构、知识水平、年龄特点等将他们编成小组，然后在第一课时以自荐形式选出班长、主编、学习委员、纪律委员、爱心委员、组长，分别负责作业收交、修改上传、编辑出版、班级纪律维护、课堂发言时间控制、出勤统计、教室卫生打扫及好人好事的表扬、爱心款的保管使用、养老院及延展活动的组织联络、家教格言的整理和信息发送等等。在这个过程中，大家各负其责，分工合作，无私奉献，毫无怨言，在工作中成长，在付出中收获，往往为班级付出最多的人也是收获和成长最大的人。

（三）巩固学习成果制度

每周课后，家长要撰写心得及力行感受，在下周上课前将电子版文档传给组长，由组长审阅、统计后上传，经过学习委员和主编的筛选、修改，将记录家长收获与感悟、力行及反思的作业汇集成册，编辑成书——

《家长心语》。另外，每人书写一篇充满孝亲和感恩的文章并汇集成书——《我的母亲》，在课程全部结束时发给大家互相学习，既是对学习成果的总结，也是送给自己和母亲的礼物。

三、效果与评价

整个课程结束后，很多家长发生了巨大的变化。首先是亲子关系和谐了，他们明白了家长和孩子的关系就是"原件"和"复印件"的关系。孩子出了问题首先要从家长身上找原因，家长学会了"反求诸己"，心变柔软了，语言变柔和了，教育有力量了。他们在课程中学到的一些理念和方法后，发现教育孩子其实很简单，也很快乐。温馨和谐的亲子关系代替了粗暴简单的吵闹打骂，亲子共同读经读书代替了看电视、玩电脑，他们更加着眼于教育的方向——构筑孩子一生的幸福，而不是只关注孩子的知识和才艺的培养。很多家长道出了心声："这个课程的学习内容和形式让人耳目一新，令我豁然开朗，给我开启了智慧的金钥匙。""我在学习中试着改变，脾气温和了，对孩子对同事有耐心了，对丈夫理解了，家庭更和谐了，工作也更舒心了。""我以前就像一头牛，使足了劲，可是与孩子的关系始终达不到理想状态，通过学习，我觉得在教子的路上终于找到'组织'了"。在母亲节活动中，很多家长把自己的母亲、婆婆请来，对她们表达感恩之情，在日常生活中，通过点滴小事孝敬她们，关心她们，母女（子）关系更加深厚，婆媳感情亲如母女。大家有一个共同的感受："教子有方"项目为他们打开另一扇门，十几年的学校教育学到的是专业知识，而在"教子有方"项目中学的是做人和育子的智慧。有些观点彻底颠覆了家长心中固有的理念，他们心态更阳光，身上充满了正能量。"教子有方"项目让家长们感受到了老师们的睿智、无私、包容，家长不仅汲取了营养，收获了感动，还找到了一条教子有方的幸福之路。

其次，通过学习，家长们完善了自身，心胸更加宽阔，视野更加开阔。参加"教子有方"项目使部分家长从家庭走入社会，从小圈子进入大舞台，他们积极参与我中心的各项活动，加深了与中心的理解与沟通，更加信任中心这一平台。他们说："把孩子交到中心学习，我们放心。"很多家长还成了志愿者，热衷公益、无私助人。有的家长现身说法，被邀请到社区、学校、幼儿园进行讲座，传播正确的家庭教育理念，用行为温暖、影响更多的人。

课程结束后，家长们回到各自的生活轨道，彼此之间的联系少了，学到的知识也慢慢淡忘了。为了让家长能持续的成长、提升，我们除了请参加过课程的家长经常回来听课、帮助管理班级、担任课堂主持人外，还成立了"读书会"，定期推荐好书。先由老师带领大家学习，定好程序，后期由家长自己推选主持人，每周定时聚在一起共同研修、分享，加强大家的归属感与凝聚力。

四、反思与改进

"教子有方"项目自2013年启动以来，经历两年半时间，举办了五期家长公益研修班培训，我们真切地感受到社会上普遍存在着对家庭教育认识的误区，更感受到家长需要成长与进步以及他们对该类课程的需求与渴望。这更加激励着"教子有方"项目团队用心付出，继续用公益的力量推动该项目不断完善。

在项目运行过程中，我们也发现一些问题：第一，鉴于目前"教子有方"家长研修班只是针对我中心学生的家长，以及通过他们口碑相传的亲朋好友，受益面有很大的局限性。第二，没有向外界大力宣传，了解"教子有方"项目的人十分有限。第三，研修班十天全日制的学习时间，限制了一些有意愿参加学习的人。我们发现问题后，及时讨论，研究对策，初步形成了以下改进思路。

（一）加大宣传力度

利用多种方式宣传介绍"教子有方"项目，把"教子有方"家长研修班学员的自身成长及他们的学习成果向社会展示，让更多的人了解"教子有方"项目，参加"教子有方"研修班学习，早一点受益。

（二）丰富办班形式

鉴于家长脱产学习十天时间较难保证，可以尝试开办长短结合的形式，以满足家长的不同需求。

1. 初级班（半天时间），采用大课形式，广泛宣传"教子有方"项目。帮助家长树立家庭教育的正确理念，普及家庭教育的基本知识，认识家庭教育的重要性。

2. 中级班（每周半天，共18周）。针对有意愿继续学习"教子有方"课程的家长学员进行系统培训，同时也从中发现、培养充实师资团队。

3. 根据家长及社会需要，逐步开展亲子教育、夫妻相处、家庭和谐等主题的课程。

（三）加强师资队伍建设

为使"教子有方"项目长效进行下去，必须加强师资队伍建设。现有老师可以通过自学、外出学习提高专业素质，通过上课锻炼积累教学经验。此外，还要对有潜力的家教志愿者进行重点培养，以充实师资队伍。同时吸引社会上家庭教育专家以及有意愿从事公益活动的人士参与进来，共同学习，共同研修，以保证该项目健康、持续地开展下去。

校外教育家长工作实践探索

北京学生活动管理中心　王春筠

一、研究背景

改革开放30多年来，全国各地青少年宫、青少年活动中心等少年宫场所按照党和国家的教育方针，始终坚持把服务青少年健康成长成才作为校外教育的宗旨，坚持实践育人、文化育人、服务育人，为推进素质教育进程，作出了积极的贡献。但是在校外教育改革的过程中，逐渐出现了一些问题，并没能得到很好的解决。比如，在竞争不断加剧的今天，家长在校外教育过程中所起的作用与十几年前相比，变化就较大。家长自身的受教育水平、教育意识和能力、对校外教育的要求等方面发生了很大的变化，政府政策的变化促使家长观念的变化，这些无疑为校外教育工作者带来了新的挑战。针对这些问题和现象，校外机构如何寻找相关的对策，进而完善校外教育的家长工作，有必要进行深入探讨和交流。

二、当前校外教育中家长存在的主要问题和误区

笔者通过对北京市少年宫学员家长进行调查问卷、座谈，对任课教师家长工作的摸底，结合北京市少年宫现状，并查阅校外教育杂志和参考有关文章介绍，发现北京的家长大同小异地存在着类似的问题。主要表现为以下问题。

（一）家长在校外教育目的、作用等方面的认识有较大差异

有的家长让孩子参加校外教育功利性太强，有的家长参加校外教育的目的是通过特长生或者推优升入重点初中或高中，有的家长希望孩子不要

输在起跑线上。这些都对少年宫的家长工作产生制约。

(二) 家长对校外教师要求高、心态急

家长让孩子参加校外教育，偏重于知识和智力的开发，当孩子有"不尽人意的表现"时，归责于教师。

(三) 家长对校外教育的期望普遍过高

很多家长望子成龙，总对孩子抱有太多的期望和压力，压缩了他们自由成长的心灵空间。我们的调查显示有24.5%的学生认为家长的期望值太高，30.1%认为比较高；40.3%认为适中。但只有7.9%的家长承认对孩子的期望太高，而58%的家长认为适中。这就可以看出，对学生而言，来自家庭的压力依然很大，但遗憾的是有相当一部分家长对此却毫无意识。

(四) 家长认为教师是"权威"，自己无能力参与校外教育工作

家长认为教师是专业教育工作者，精通教育，而家长水平低，不懂教育，没有能力参与校外教育，特别是对于一些文化水平不高的家长来说，他们对教育孩子更加没有自信，只愿意接受教师的教导，在参与家长工作的同时，往往采取了退缩、回避的态度。这对校外教育的家长工作带来挑战。

三、存在问题的原因分析

上述家长这些问题已经成为制约当前我国校外教育家长工作发展的瓶颈问题。存在这些问题固然有其种种复杂情况造成的，但是我们经过调查发现主要有以下几个方面原因。

(一) 家庭教育观念不能适应时代的要求

传统的家庭教育观念受到强烈的冲击，原有的家庭教育观念受到挑战，旧家庭教育模式已经不能适应时代发展的需要。与此同时，学校教育、教学改革持续、深入地开展也对家庭教育产生了极大的影响，旧的教育理念、教育模式、教育方法在不断地变革，新的教育思想、方式还有待进一步探索和完善。新与旧的冲突，传统与现实的碰撞，个性的发展与社会的需求的矛盾等诸多问题的存在，构成了目前家庭教育面对的现实。

(二) 家长和教师沟通不够，关注片面

在沟通问题上，有些教师总感觉到与家长沟通有障碍，家长和教师沟

通时也有所顾忌，因而出现常常有了问题、有了要求，再彼此进行沟通和交流。在教师和家长交谈时，大多谈的也都是一些表面上的话语，没能帮助他们解决实际的问题，在一个又一个问题累积下，隔阂越来越多，相互的不理解也越来越深。

（三）家长和校外教育机构联系不够

虽然部分家长非常重视孩子的教育质量问题，但是由于工作关系，没有时间参与教育或与教师直接沟通。

四、北京市少年宫家长工作的困惑

北京市少年宫作为北京市的市级校外教育机构，一直在努力实践和探索校外教育家长工作的路子和方向。最近几年来，尤其是北京市少年宫由景山校区搬迁到新区，中共中央总书记、国家主席、中央军委主席习近平考察了北京市少年宫之后，家长和学员报名的热情高涨，随之而来的家长工作出现了一些新情况，产生了一些新问题。主要是北京市少年宫的发展不能满足北京市几百万青少年的需求。一是学位的有限不能满足所有家长的期望。二是教育改革取消了各种加分政策，保留了科技、艺术、体育特长生入学，北京市少年宫的关注度越来越高。因为少年宫的学位问题，家长上访频繁发生，这使得中心的家长工作有了前所未有的压力。

五、加强校外教育家长工作的对策措施

形成一套行之有效的校外教育家长工作措施，创新家长工作管理模式，是校外教育事业全面、可持续发展的可靠保证。借鉴国内外的少年宫先进做法，结合本宫多年的探索，我们认为应重点采取以下行之有效的措施与对策。

（一）日常性的家长工作

1. 家宫联系手册

通过家宫联系手册的运用，个别交换意见，互通情况信息，以加强与家长的日常联系。

2. 家长宣传栏、家长园地

通过家长宣传栏，少年宫定期向家长宣传家庭教育信息、指导方法，

结合少年宫开展的各类活动以图文并茂的方式向家长展现。家长园地则主要是针对班级而言，家长园地中的内容也是比较丰富的，如班级教师的照片、简介、教育格言等，班级每月的教育工作计划及工作重点等。

3. 电话、电邮、微信、少年宫网站

有效利用最新的科技手段，全方位构建与家长的沟通渠道。

(二) 阶段性的家长工作

阶段性的家长工作是定期有计划地安排和进行的，具体做法有以下几种。

1. 家长会

开展班级性家长会时，通常一学期会有两次班级性的家长会，时间定为学期初和学期末（当然，也可依据需要和计划召开家长会）。学期初的家长会主要是教师和家长的见面会，在教师的介绍下，让家长了解班级学生整体发展情况、班级教师情况，并向家长介绍班级本学期的工作重点、教育目标及相关要求，同时回答家长普遍关心的问题，并征求家长对少年宫或班级管理的意见和要求，以取得家长的理解和支持；学期末的家长会则是就一学期的教育教学成果向家长做一个汇报，汇报方式有观摩教学活动、亲子互动、作品展览等。通过会议，让家长了解孩子在本次学习中的发展水平及知识经验、能力培养、社会性方面的发展情况等。

2. 家长开放日活动

每学期少年宫会针对班级活动安排，定期有计划地开展家长开放日活动，请家长观看或参加活动。如"六一"儿童节，组织家宫同乐庆六一活动。

(三) 成立家长委员会

为加强家宫共育，使家长工作更具有实效，完善少年宫管理机构，少年宫充分调动家长的积极性，从家长中选派家长代表组成家长委员会，一方面可以向少年宫反映家长的意见和建议，另一方面也可以帮助完善少年宫的管理工作，协调家长与少年宫之间的关系。少年宫每学期都会定期召开家长委员会会议，由各位分管干部和家长委员共同参加。少年宫可就各方面的教育和管理工作向家长作介绍，同时听取家长的意见，或是就某一个需要解决的问题，征求家长的意见，也让家长了解少年宫开展各项工作的不易，以获得互相的理解和支持。

（四）家长学校

家长学校是开展家长工作的主要形式之一。家长学校的开办方式也很多，如按学生年龄分班，有针对性地依次就该年龄段的特征和教育方法开展指导工作；按学生兴趣、爱好分班，针对这方面问题对家长进行相关的指导培训。也可以进行专项培训，感兴趣的家长来参加。

（五）对任课教师加大沟通艺术培训

少年宫应将沟通艺术作为一个课题，组织教师进行相关的学习和研究。笔者认为应从这几方面入手。

1. 建立平等意识，充分尊重家长。

2. 提倡赏识教育，善用幽默，慎用消极批评话语。

3. 教师应对家长一视同仁。

4. 加强与家长的情感沟通和信息交流。

（六）采取"投诉程序"，减少家宫矛盾

为了融洽家宫关系，将"投诉程序"告诉家长，让家长知道依照程序进行投诉。投诉程序是家长安排时间同教师个别交谈。如果对教师的答复不满意，可向主管上诉，一起讨论问题，寻找解决方法。

通过以上家长工作的措施和对策，统一家庭和少年宫的教育理念，凝聚家宫合力，促进学生的健康成长，推动形成校外教育良好的发展局面。

家长的理念是儿童兴趣培养的关键

太原市妇女儿童活动中心 刘志红

望子成龙、望女成凤,是家长普遍的心理需求。儿童的个性发展,是其兴趣爱好的根基。在兴趣培养的众多工作中,让培训机构两难的状况时有发生,源自于家长对孩子较高的期望值与孩子自身能力不足的差距。

一、竞争压力的剧增,使家长不切实地为孩子设计蓝图

我国人口众多的现实,造就了竞争压力的剧增。很多家长在自己的童年时代未能实现有"特长"的夙愿,他们在人生的历程中,目睹了"特长"生的风采和令人艳羡的荣耀。自己在被人冷落的岁月中暗自发誓:一定要在孩子身上圆自己的"特长"梦,品尝"出类拔萃"酿造的甘滋。因而,不顾孩子能否接受,一相情愿、乐此不彼地为孩子设计"蓝图",并在漫长的岁月中,风雨无阻地为孩子"成才"而辛勤付出,恨不能使孩子成为无所不会、无所不能的"全才"。

二、流于形式的"成才"理念,使孩子的"特长"成为泡影

把简单的事做到极致就是成功。任何一项技能或爱好的启发培养,必然有一段枯燥无味的过程陪伴,这个过程就是简单的事情重复做、重复的事情认真做。每当这个枯燥无味的时段来临,家长自然会产生不耐烦的心态。孩子正值懒惰萌生,再与家长的不督促、不鼓励相结合,必然出现"瞌睡来个席梦思"的景象,使当初兴致勃勃的精气神荡然无存。孩子的"不自觉"在家长疏于督促的相辅中,越来越对兴趣小组活动感觉索然无味,直至渐行渐远;有的家长对兴趣技能的训练缺乏认识和理解,总是认

为该上活动课程的时候来上了，就应该"会"了，岂不知任何一门技能的掌握，都伴随着小组活动后的"勤学苦练"和"不在人后受罪，难在人前显贵"的过程。家长在小组活动时要求孩子心领神会，却放松了活动课程后的"磨炼"，每当孩子表现出不理想的状态时，家长首先慌了手脚，轻则指责、摔打，重则埋怨孩子不成器，甚至因此失去信心而中途放弃。

三、家长"观望"的心态，阻碍了孩子成长的脚步

在乐器科目的培训中，有的家长为孩子报名之后，却以将信将疑的想法来观望孩子的成长，不仅疏于基本的陪伴和督促，而且在起码的乐器购买方面相当地"谨慎"。比如，电子琴培训，每周来上2小时的活动课程，回去后，孩子的练"琴"方式，就是在桌面上"比画"，按键的准确度和音效的饱满根本无从知晓。感到孩子越落越远的时候幡然醒悟，该买"真琴"了。殊不知，这样的"谨慎"已经让孩子错过了最好的学习时机。

四、俯下身子与孩子共同学习，是孩子成长的关键

好多家长迫切渴望孩子的成才，却忽视了由于自己的"外行"行为带给孩子的反作用。特长培训的初期环节，特别是年幼的孩子参加培训，是需要家长共同学习，才能完成活动课程后的有效"练习"的。而为数较多的家长认为，交学费、接送孩子往返小组活动场所，是家长的责任，学知识、掌技能则是孩子的任务。所以就没有和孩子共同学习的理念。当孩子回家后，遇到难题时，有的家长就连猜带蒙地给孩子解答，久而久之会造成错误百出的窘境。为此，家长应把对孩子的教育和家长的自我教育结合起来，使教育孩子的过程变为提高自身素质的过程。所以，家长自己要做一个学习型的人。"其身正，不令而行。其身不正，虽令不从。"

五、家长应做孩子成长的"促进者""激励者"

有的家长把孩子送到小组活动场所时，总喜欢说："老师，这孩子全交给你啦，拜托啦！"其潜台词是"孩子的学习与我"无关啦。其实，绝对不是如此就行的。撬动地球的手，就是推动摇篮的手。好的家庭往往伴随着父母与孩子的共同成长，坏的家庭往往带给孩子负面影响。家长只有

让孩子真正意识到学习是他的成长任务，才能真正促进孩子自主学习、主动学习。因此，家长要从做孩子的"督学""书童"转向做孩子成长的"促进者""激励者"，引导孩子养成学习型人格。首先，家长要有上进的行为和好学的精神。因为家长是孩子最直接的"老师"。曾有一位家长苦恼地说："我8岁的儿子很不听话，常常和大人顶嘴。我想让他回家做功课，他到处乱跑。好不容易被我拉回来，他却嚷，'就许你跳舞、打麻将，为什么不许我玩？'孩子这么小就不听话，长大了怎么得了！"像这样的情况，孩子不听话、不回家做功课，与家长的言行是有直接关系的。其次，家长要创设良好的学习环境，激发孩子的学习动机，培养孩子学习的兴趣，肯定其努力，承认其辛苦，调动孩子学习的积极性。再次，家长要指导孩子确立适当的学习目标，并注意了解孩子的学习状态，适时地给予鼓励。心理学、教育学的研究表明：儿童的年龄越小，越需要外界的鼓励，尤其是遇到挫折时，更需要鼓励。对孩子细微的进步给予赏识并由衷赞美，可使孩子充满自信，他会更加积极上进。最后，家长应经常性地与孩子沟通交流。管理教育孩子，首先要理解孩子，即做到"情通"；管理管到点子上，教育才能说到点子上，即做到"理达"。对孩子要有爱心、耐心，多用孩子的眼睛和头脑去感知、思维、体验，了解他们的兴趣爱好、忧愁烦恼、需求愿望，然后理智地分析孩子的行为并对症下药。

总之，在校外教育的百花园中，百花吐艳离不开园丁爱的奉献；在金秋的硕果园里，硕果累累，更离不开家长的潜心浇灌。园丁培育和采撷的艳丽花朵，更源自于家长的激励、唤醒和鼓舞。家长与孩子的共同进步是孩子翱翔的基础，正确的理念支撑是孩子特长成才的捷径。意大利著名教育家蒙台梭利曾说："强制的学习导致了恐惧、厌倦和神经衰竭。孩子会变得毫无信心，因为忧伤而失去了自然的欢乐。"可见，为了让孩子在校外教育的小组活动中收取一份心仪的硕果，家长的理念是何等的重要。

自主、诚信、便捷、高效

——谈杭州市青少年发展中心健身·游泳馆综合管理模式

杭州青少年活动中心 张伟峰

近年来,创新地方政府公共文化服务是推动建设"服务型政府"的重要举措,也提高了地方政府公共文化服务能力,满足了人民的精神文化需求,为广大人民群众提供了高品质、高效率的公共文化服务,有着重要的意义。原杭州市委书记王国平曾经说过:"我们打造'生活品质之城',特别强调四句话:'建设为人民,建设靠人民,建设的成果为人民共享,建设的成效由人民检验。'"人们身体健康自然是品质生活的前提条件,因此很多人对健康投资的意识日益加强,导致体育场馆需求量与日俱增。目前社会上的诸多体育场馆主要以经营性或公益性为主,特别是游泳馆的发展,关键在于管理的安全性、科学性和有效性。据了解,很多场馆在经营管理上主要呈现出管理理念陈旧、形式单一、利用率低和能耗庞大等现状,体育场馆更快更好地发展首先要做到的是场馆安全与服务问题,其次是社会效益和经济效益。作为生活品质之城建设中的一个缩影,杭州市青少年发展中心健身·游泳馆自2009年开放以来,通过全体职工的辛勤付出和实践摸索,在过去的五个年头里,走出了一条以"自主、诚信、便捷、高效"为特征的场馆管理新模式。

一、启用自助式管理模式,彰显主体自由与责任感——自主

(一)尝试自助式出入管理,创新出入管理模式

根据调查得知,北京、上海和杭州等城市多家健身、游泳馆健身者出入场馆要凭健身(游泳)卡、身份证、家用(汽车)钥匙和100元纸币等形式

来换取更衣柜钥匙,以及人工检票进出,而且分时段开放等现状。管理者总结后认为此举欠妥。第一,出入程序复杂,很大程度上限制了健身者的自主性和自由度。第二,"以物换钥匙"增加了场馆安全风险和人工投入,人员开支会增加。第三,分时段开放,浪费场馆资源,健身者时间上受约束。

综合上述问题,场馆的进出管理优势显著,进出程序简单,采用"零门槛"——自助式刷卡进出模式通行;不在前台更换钥匙,而是自主从诚信钥匙框内索取"诚信钥匙";不分时段开放,营业时间均可进出,进一步提高了场馆的利用率。同比其他场馆,在前台服务人员经费开支上有了大幅度降低。如其他场馆需配备 6 名工作人员,以 3.5 万元开支一年就需要支出 21 万,而目前场馆配置为 2 名工作人员,节省开支 14 万元。

(二)引用自助式薪酬管理,创新薪酬管理模式

自助式薪酬管理方案是由美国约翰·鲁特普曼首次提出交互式薪酬管理模式,它是由企业和员工共同决定企业个人的薪酬模式,企业根据员工的需要制定一揽子薪酬支付方式。由员工自由选择自己的薪酬组合模式。鲁特普曼提出的整体薪酬方案参考模型共为为 10 个类别,划分为 5 组:整体薪酬 =(基本工资 + 附加工资 + 福利工资)+(工作用品补贴 + 额外津贴)+(晋升机会 + 发展机会)+(心理收入 + 生活质量)+ 私人因素。自助式薪酬管理方式是一个投资和奖励组合,员工可以在企业规定的范围内调整出不同类型的薪酬组合,有助于吸引、留住和激励员工,将员工的薪酬与企业取得的成就相结合。

根据此模式,结合场馆的实际情况,在 2011 年年底制定了一级主管岗位、二级主管岗位、岗位组长和普通岗位等,同时根据部长对场馆下达的经济指标和员工去年总休收入进行核算,拟定了薪酬预算,从而为各岗位制定了整体薪酬,并于 2012 年年初进行各岗位竞聘,与员工进行沟通学习,从 3 月开始正式实施,正处日益完善中。对主管都制定了岗位责任书,同时要求主管对组员建立责任制度。

在薪酬分配中,强调了分级考核制。主要形式为 100 制绩效考核形式为部长考核馆长、馆长考核主管、主管考核组员等形式,来进一步细化管理。如张三:月奖金为 1000 × 0.9(90 分)= 900 元。

(三)自助式组班游泳培训,开创培训新模式

随着场馆社会影响力增大,很多健身者和家长都慕名而来,让"自

己"学会一项健身技能。为适应部分群体需求,彰显场馆高效利用,让健身者自助找 1-5 名同伴即可开班。该模式主要是游泳和健身操培训为主。

客户群体	运动时间	运动要求	营销对策
白领阶层	平日中午或晚上	1. 掌握一种健身技能 2. 5 人内小班化或 1 对 1 教学	自助组班 专门教师辅导 减肥训练营、体能训练营等
家长	周末	1. 要求与孩子在同时段上课 2. 修身、运动量中等	特定时段自助组班 游泳、瑜伽、肚皮舞等
孩子	周末	1. 快速掌握游泳技能 2. 更为安全、细心、时间等	自助组班 专门教师辅导

班级特点:自助性强、收费较高、技能掌握快。

二、彰显阵地教育意义,让大人与孩子接受诚信教育——诚信

一把"诚信钥匙"——自助换取出入场馆更衣钥匙。"零门槛"——自助式刷卡进出模式,健身者只要自助刷卡入场后在闸机处自助领取更衣柜钥匙,出去前自助还回即可,结算时按小时计费,减少出现长时间待在水中泡澡和慢悠悠的洗澡方式。此举通过 3 年多的验证效果显著,不仅方便了大家,而且让孩子从小养成了一个自助、低碳和诚实守信的好习惯。

二个"安全承诺"——确保身体健康,确保水质安全。作为游泳馆,安全始终摆在第一位。健身者游泳前要填健康申报后方可领取健康承诺卡,员工每年做健康服务证。确保游泳水质安全,以免爆发大规模因水质引起的传染病等。每次卫生监督所监测结果均合格,并由杭州电视台新闻现场直播水质监测过程。

三处"失物招领"——普通物品、学员卡和贵重物品。根据观察发现,场馆里几乎每天都会有健身者落下物品,种类繁多,贵重的有手机、钱包,日常的有衣物等。为进一步体现场馆的诚信管理,场馆设立了失物招领处,并以物品的贵重程度予以分类领取。如"普通物品"失物招领处,办理流程只需口头核实,登记健身者签名和留下联系方式即可。

四种"温馨告知"——电子屏、短信、微博(微信)和网站。为了让健身者在第一时间得知场馆信息,场馆及时的将活动、停馆、停的课通知

和健身常识以电子屏、短信、微博和网站等方式来告知。

五大"爱心服务"——泳圈、浮板、泳帽、沐浴液、纸巾。如何让场馆更为人性化,更有利于培养人的诚信?场馆内设置了免费使用的泳圈、浮板、泳帽、沐浴液、纸巾等用品。三年来,随着场馆服务的升级,减轻了健身者大包小包的游泳装备的负担,共享公共资源,健身者间的相互监督,故意取走以上用品离开场馆的现象越来越少,从而进一步体现了诚信教育。

三、系民之所想而为之,扫除运动健身的"障碍物"——便捷

场馆均采用一卡通消费——减少现金交易。一卡通不仅有电子钱包的功能,而且可以申请加入健身馆或游泳馆成为会员,从而享受更为低价和便捷的服务等。该卡的使用,很大程度上节约了出入场的时间,确保了会员的身份,减少了现金交易的环节等。

场馆开放时间不分时段——健身者不受时间限制。社会上很多场馆都是规定时段开放,健身者自由度不大,不能很好支配自己的时间来运动。场馆为杭城首家推出的不间断开放,方便了健身者随时前来锻炼身体。开放时间周一至周五10:00-21:00,周末08:30-21:00,人性化时间设置,能够让市民更好地安排运动时间。

提供多项免费服务措施——运动背包变轻了。作为公益性服务型场馆,始终考虑如何能够为市民提供更好服务。具体做法有:

1. 杭城游泳健身收费最低。

2. 提供免费使用的沐浴用品,如经常会看到游泳者大包小包前来锻炼,为改变这种现象,馆内提供免费使用的沐浴用品和游泳辅助用品,不仅方便了家长,更是方便了孩子。

3. 提供免费使用的运动辅助器具,如场馆的壁球拍与球、乒乓球拍与球、台球杆与球、游泳浮板和泳圈均无常使用。

四、管理模式的变更与完善,使得场馆更为高效运作——高效

(一)实施等级制人员管理,创新人员管理模式

由单一性管理向多元化管理发展。起初场馆采用的是在部长领导下,由馆长具体负责的两级管理模式,呈现的效果为馆长能够较好了解一线岗

位的工作情况,并能及时做出决策,但是一年后发现这样的管理模式只适合场馆开始阶段。后来在 2011 年尝试了多级管理模式,根据员工的综合表现情况,由部门任命了一批主管(场馆常务主管、前台主管、场务主管、教务主管等),成效体现在一方面为年轻人提供了更好的锻炼平台,让他们不仅学会了教学、服务,还学会了管理等。到 2012 年年初,场馆对岗位进行重新调整,分出了一级主管和二级主管。从而为场馆的人员管理进一步理清了思路。各主管总结了过去一年的经验,在新的一年里成效更为显著。

	2011 年前	2012 - 2013 年
成效	1. 馆长了解各岗位工作情况,并及时有效地做出奖惩 2. 为推出绩效考核,罗列了岗位责任书打下基础,从而规范场馆人员管理 3. 体验一线员工生活,拉近了与员工的距离	1. 100 制绩效考核得以更好落实,奖惩更有效及时 2. 锻炼了年轻人的管理能力和场馆主人翁意识 3. 建立干部库(干字当头,懂得部署),有利于人才的发掘和提拔 4. 建立团队合作意识
不足	1. 管理模式单一,馆长管理面过广难免有疏漏 2. 其他年轻人发挥不了更大优势	1. 疏远了一线员工 2. 新主管缺乏管理经验,需要时间锻炼

(二)尝试"潮汐"场馆管理,创新场馆管理模式

健身、游泳场馆具有很强的"潮汐性",其受天气、地域、软硬件和消费标准的影响,从而出现旺季(暑假和周末)和淡季的"潮汐"现象。如何让旺季更旺,淡季也旺?

首先,场馆降低全年人均支出标准从而创造更大的效益,在人员上进行科学管理,旺季招聘更多兼职和零时工,通过培训统一上岗。为确保安全有效的场馆开放和培训,员工最多时为 68 人。具体形式主要是与部分院校签订实践基地(以杭州师范大学和江干职高为主),还有中心哥哥姐姐志愿者服务队。

其次,为进一步巩固会员群体,在一年中 3 月和 8 月推出优惠充值套餐,从而吸引更多健身爱好者参与到全年运动中来。场馆淡季会员占总人数的 45%,保持在每月 5000 人次,成为淡季运动主力军。

第三,以活动的形式来进一步宣传场馆,2 月新春运动游园会,6 月

小学生游泳挑战赛,8月小学生乒乓达人比赛,12月大众健身比赛等。将12月份定为"全民健身月",用短信、微博和比赛来吸引更多人参与运动,让发展中心健身·游泳场馆成为市民运动首选之处。

五、成效与结论

作为一个年轻的场馆,拥有一流的硬件设施,结合创新管理模式,在过去的几年时间里,场馆服务面越来越广,受益群体与日俱增。通过市场调研分析,中心场馆服务量在同行业名列前茅,并能与老牌场馆相抗衡。主要从数据的角度,呈现场馆创新管理模式的成效,具体详见表1。

表1 2010-2013年健身·游泳馆对外服务业绩表

年份	2010	2011	2012	2013
总接待量（人次）	11万	24万	32万	40万
兴趣项目（个）	2（游泳、乒乓球）	4（新增：体能训练营、健身街舞）	6（新增：成人瑜伽、肚皮舞）	8（新增：成人拉丁舞、跆拳道）
兴趣培训人数（人）	2415	3241	4149	4387

自2012起完善综合管理模式,随着几项特色管理制度的落实,如《100分制考核制度》与《主管岗位自主竞聘制度》等,有效地提升了内部管理的规范性和有效性;对外主要以赴多地调研、多类活动、网络宣传和电视报纸等媒体的参与,以及场馆良好口碑的树立使得场馆人流量与培训人数同比前两年增长显著（见表1）。

表2 2013年全市代表性健身馆综合指标对比一览表

	金适堡	一兆韦德	文体中心健身馆	红枫健身馆	舒适堡	发展中心健身馆
健身区面积（平方米）	2000	1800	1600	1500	1800	3000
年收费（元）	4000	2500	1800	1800	3000	1000
日均接待量（人次）	300	180	150	80	260	300

以场馆地域、品牌、口碑等综合性考虑选取了杭城6家代表性健身馆进行对比（见表2），结果显示场馆公益性显著，平民化消费专业化享受，设施齐全、场地与空间大，最年轻的场馆树立同行新标杆等优势。

表3　2013年全市代表性游泳馆综合对比一览表

	杭州游泳馆	文体中心游泳馆	陈经纶游泳馆	定安游泳馆	浙工大游泳馆	发展中心游泳馆
员工（人）	40	22	43	25	30	16
水域面积（平方米）	1500	1300	2300	1400	1300	950
年卡收费（元）	3000	3000	无	2500	2200	1000
全年人数（人次）	60万	35万	60万	30万	50万	29万
淡季日流量（人次）	1000	260	600	300	350	400

以综合性考虑，同样选取杭城6家游泳馆进行综合对比分析（见表3），结果显示本场馆公益性显著，不分场次，平民化消费专业化享受，人员配置最精简，水域面积最小，但是平均接待量高，场馆利用率高，最年轻的场馆树立同行新标杆等优势。

表4　2012-2013年场馆荣誉一览表

	数量（次）	获奖内容
集体荣誉	6	杭州市游泳场所先进单位、杭州市青年文明号、杭州市卫生A级单位、杭州市"学习型"班组等、浙江省体育行业职业技能竞赛"优秀组织奖"、中心创新工作"二等奖"
个人荣誉	28	15人次撰写的论文荣获校外教育省市乃至国家级奖项 5人次荣校外教育获省市青年教育教学比武大赛奖项 8人次获得杭州市救生技能大赛奖项

根据表4可知，该场馆对全体职工综合素质要求高，主要体现为技能过硬、善于学习研究、岗位服务意识强等，整个团队呈现团结有爱、积极向上、年轻肯干的工作氛围。

在打造"生活品质之城"的过程中，公共文化设施建设与服务的创新是政府转型的重要举措。杭州市青少年发展中心的健身馆、游泳馆近五年的管理成效显著，以"自主、诚信、便捷、高效"的特点，在杭城树立了运动场馆的新标杆。该场馆虽然仅仅是政府转型重要举措中一个很小的缩影，但是如果能让国家的场馆更好地为民所用、为民服务，那我们的社会将向"和谐、稳定、幸福"迈进了又一步。相信我们政府会让更多公共文化设施建设与服务与时俱进，这将是今后不懈努力的方向。

第三届"双新会"征文分析

中国儿童中心 王 芳

2014年9月,第三届全国未成年人校外教育兴趣小组活动"新理念新模式"研讨活动(以下简称"双新会")在中国儿童中心成功召开。本届"双新会"共收到来自全国21个省市自治区52家教育单位提交的282篇文章。相比之前两届,此次征文不仅数量翻番,再创新高,而且文章质量普遍不俗,整体水平大幅提升。

本文将对这282篇文章进行深度分析,从一系列征文数据的背后,探寻当前我国校外教育的现状及发展趋势。当然这些征文不能代表校外教育的全部,然而无论从研讨级别、征文范围,还是影响效果,本次征文具备相当的权威性和可信度,因此可以从一个侧面反映目前全国校外教育的实际情况,为接下来"双新会"的研讨工作,为推动各地校外教育单位在教育、教学、活动、管理上的进步,提供有力的支持与有效的参考。

一、征文数据剖析

(一) 地域分布

根据所掌握的通信地址,第三届"双新会"通知寄往了全国163家校外教育单位,遍及内地32个省、市、自治区,每个省份至少有一家校外教育单位接到过征文邀请,随后来自21个省、市、自治区的投稿纷至沓来,即将近70%的省份有教育单位积极响应了本届"双新会"的征文活动。由此可以推断,在前两届"双新会"顺利举办的基础上,"双新会"这一品牌正在被越来越多地区的校外教育单位所认可,影响力不断扩大。表1是各省份投稿数量的排序，21个省、市、自治区按照投稿数量降序排列，从中可发现两个现象。

表1 各省份投稿数量排序表

序 号	省 份	文章数量（篇）	投稿单位数量（家）
1	北 京	149	14
2	天 津	29	8
3	山 东	18	2
4	辽 宁	16	3
5	河 南	14	2
6	黑龙江	14	3
7	浙 江	13	1
8	广 西	5	2
9	甘 肃	3	2
10	江 苏	3	2
11	宁 夏	3	1
12	上 海	3	1
13	广 东	3	3
14	吉 林	2	1
15	安 徽	1	1
16	福 建	1	1
17	湖 南	1	1
18	江 西	1	1
19	内蒙古	1	1
20	山 西	1	1
21	云 南	1	1

第一，各省份投稿数量差异很大，基本呈现出"近多远少"的状况。北京地区的投稿数量最多，已经超过了征文总数的一半。这大多是因为中国儿童中心地处京城，中心与北京各校外教育单位联系密切，而本届"双新会"又是在北京举办，因此，本次征文活动得到了北京地区很多校外教育单位的大力支持。连续多年的校外教师基本功展示和继续教育，使北京校外教育单位有一定教研基础，所以也有能力提供大量的征文。其他省份的文章数量及投稿单位数量，则随距离的加大，而相应减少。这从一个方面说明由于地域所限，交往联系不多，"双新会"还未被所有省份的校外教育同人认可。

第二，投稿数量和质量呈现地域不平衡性，东部地区明显优于中部及西部地区。21 个省份主要集中在东北、华北和华东，东部地区的投稿数量占到 90%。不仅如此，东部地区投稿的整体质量高，例如来自上海、浙江等省市的征文，得到专家的一致好评，获奖及收录于文集的比例很高。相比而言，中部及西部地区，投稿数量少，令人印象深刻的文章也不多。这一现象实际上与我国经济发展不均衡有关，东部地区经济实力强，社会对教育的投入巨大，人们的思想观念开放，教师的教育理念先进，这些都会促进校外教育在管理及研究上不断进步。相反，中西部地区不具备这样的条件，必然限制当地校外教育的发展。

（二）单位分析

52 家投稿单位中，有 11 家投稿超过 10 篇，占到投稿单位总数的 1/5（详见表 2）。这些校外教育单位为什么能一下子拿出这么多文章呢？通过查阅文章内容，不难发现，这些文章并不是临时抱佛脚拼凑而来，或者是为了投稿而撰写。它们是日常教育教学活动的记录、总结和提升，是教师们在平时一点一滴积累而成。由此可以判断，这些单位对教研工作十分重视，教研管理比较到位，有着良好的教研传统。当然，这并不意味着其他投稿单位教研工作做得不好，只是这 11 家单位的教研工作更加突出。

表 2 征文超过 10 篇的投稿单位

序 号	投稿单位	文章数量（篇）
1	北京市东城区少年宫	33
2	北京市门头沟区少年宫	22
3	青岛市妇女儿童活动中心	17
4	杭州青少年活动中心	13
5	北京市大兴区少年宫	12
6	北京市海淀区青少年活动管理中心	12
7	北京学生活动管理中心（北京市少年宫）	12
8	黑龙江省儿童中心	12
9	北京市石景山区青少年活动中心	11
10	北京市西城区少年宫	10
11	沈阳儿童活动中心	10

（三）征文类型

第三届"双新会"的征文要求：体现对校外教育兴趣小组活动和管理的新理念、新模式的探索，能反映未成年人校外教育兴趣小组活动的"健康人格"育人目标、"实践性"活动原则和"综合性"发展趋势的理论研究和实践成果。范围包括：优秀管理案例、兴趣小组活动典型案例、优秀社团活动案例、特色课程体系、品牌项目建设、教师队伍建设和兴趣小组活动教研论文或科研报告。

根据上述要求，本次征文活动，各地所递交的材料，从文字组织结构上可以分成三类：活动案例类、课程建设类和论文总结类。

1. 活动案例类

这一类指的是记述一次或者一系列教育教学活动的文章，其中教育教学活动可以是旨在培养某种兴趣、循序渐进的教学，即兴趣小组活动，也可以是主题教育、社会实践等种类的活动。这类文章通常包括活动依据、时间地点人物、活动过程、活动评价及反思等几个部分。

2. 课程建设类

这一类是指描述整套课程如何实施的文章或纲目，这些课程包括兴趣培养课程、学前多元课程、亲子课程等校外教育单位自主研发的完整课程体系。这类征文通常详细说明了研发背景、课程理念、课程目标、适用对象、课时分配、教学内容、教学步骤、教学评价等指导性内容，有的还附上了阶段性教学计划和部分教案。这类征文的出现，表明兴趣小组活动从教学随意、零散的初级形态，进入培养目标明确、内容相对固定、注重学习质量的成熟阶段。

3. 论文总结类

这一类是阐述观点、总结经验、思考对策的一类文章，可能是针对某一教育现象，也可能是关于某种教学方法，它们没有特别的体例，而是根据所述主题分层次、分步骤展开。

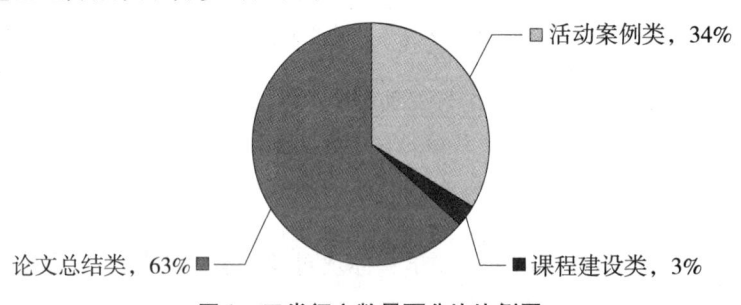

图1　三类征文数量百分比比例图

三种类型的征文，论文总结类最多，其次是活动案例类，课程建设类最少（见图1）。论文总结类偏重于理论层面，通过归纳、总结从而提炼出有价值的信息指导实践；活动案例类和课程建设类，则属于实践成果，展示了教学、活动如何实施，通过具体、详细的"例子"给人以启发。

（四）主题分类

"双新会"的征文主题以兴趣小组活动为核心，并包括了与之相关的特色课程、社团活动、教师管理等，征文范围较为宽泛。那么，在众多投稿中，到底包含了哪些主题？

通过反复辨析，全部征文可以分为八个主题：兴趣培养、教育活动、社团建设、全面管理、教师管理、场馆运营、家长服务和宫校联合。

1. 兴趣培养

兴趣培养就是关于兴趣小组活动的教学案例、课程建设以及研究。这一主题的征文有一个明显的特征，即都与某个专业或者某类专业的教学息息相关，或是描述教学的实施，或是揭示教学中的规律。这一主题的投稿是征文的绝对"主力"，基本占到总数的一半。

2. 教育活动

这个主题包括了专业实践活动、社会实践活动、主题教育活动、群众文化活动、阵地娱乐活动等多种活动。活动是校外教育发挥育人功能的重要途径。校外教育在我国发展的几十年间，活动的定义、名称、组织形式也在发生变化，一方面根据受众群体、目的和方式的不同，活动进一步细化，出现了以上多种活动类型；而另一方面，活动设计多方内容结合，活动组织多个环节相连，使得许多活动融合了不同活动类型的特点，往往难以严格将其归类，因此本文将之统称为教育活动。

相比兴趣小组活动，教育活动通常不是系统性地教授某些专业知识，但是它们具有明确的教育目的，能够发挥不可或缺的教育作用。此外，教育活动与兴趣小组活动也在交叉渗透，前者作为后者的拓展，在系统教学中所占比例逐步增加，教学与活动一体化设计正在被越来越多的校外教师采用。

这个主题的文章，涉及活动案例以及活动研究，数量占到征文总数的1/3，位居第二。

3. 社团建设

社团是校外教育又一个重要的教育教学组织形式，是兴趣小组活动的高级阶段。这一主题的文章探讨了社团的教育作用、组织训练、规范发展等，文章数量偏少。究其原因，不是每个校外教育单位都有能力组建正规的社团，社团的建设和发展需要从师资、场地、器材等方面进行长期的投入，绝非易事。

4. 全面管理

这个主题指的是对某一校外教育单位的管理进行全方位梳理和总结。投稿数量很少。在传统校外教育领域，各单位的组织结构与管理方式大同小异，实现治理结构上的突破也非一朝一夕，因而这一主题常常不在研究之列。

5. 教师管理

这个主题是指对校外教师管理的研究，投稿涉及角色定位、能力构成、教师培训、教研管理、专业发展等内容。这一主题的投稿数量虽然也不是很多，但是在八个主题中排名第三，可见目前校外教育界对教师的重视程度不低，毕竟无论是教学效果还是活动成败，教师的综合素质与教育水平能够起到决定性的作用。然而，这一主题的文章大多借鉴了学校教师专业发展的理论，如何进一步探讨具有校外特色的教师管理模式及培养途径，仍然是今后努力的方向。

6. 场馆运营

阵地娱乐活动是校外活动的重要类型，那么阵地指的是什么？阵地实际上是为儿童休闲、娱乐而营造的特定活动场地，是开展校外儿童娱乐活动的载体，包括图书馆、展览室、游艺室、游乐场、画廊、剧场等等。对这些场地的管理是校外教育单位的日常工作，也是开展阵地娱乐活动的基础。随着时代的发展，新型的娱乐场馆，例如体验馆、绘本馆等悄然而生，它们有着儿童化的装潢设计，有着高科技的设施装备，更重要的是这些场馆融入了儿童为本、儿童参与的理念，能够以之为依托开展丰富的教育活动。如何运营、维护这些新型的活动阵地，使之更好地服务儿童，更有效地带动校外活动，已经成为当前校外教育关注的新热点。尽管这一主题的投稿不多，但是这类文章的出现带给我们更多的思考：兴趣培养、教育活动、活动阵地应相互借力,铸造校外教育的综合实力,育人效果才会事半功倍。

7. 家长服务

少年儿童是校外教育服务的对象,家长同样也是。尤其当代,无论是在兴趣培养还是教育活动中,如何与家长沟通、引导好家长,使校外教育与家庭教育合作共赢,是校外教育面临的一大课题。这一主题虽与征文要求有一定距离,但是家长服务作为校外教育单位的职责之一,对这项工作的思考与创新,有利于推动校外教育教学活动的顺利开展。

8. 宫校联合

宫校联合是对校内外教育衔接进行的经验回顾与理论探索。指派校外教师去学校教学,组织学校学生外出开展活动,是校外教育单位与学校合作,也就是校内外教育衔接的两种基本方式。学生是学校和校外教育单位共同教育并服务的对象,立足我国教育的未来走向,校外教育不应仅仅是学校教育的补充或延伸,二者也不应发展为竞争关系。相反,二者可以互通有无、紧密联合。校外教育单位一定不能忽视开发学校这样丰厚的资源,学校有现成的生源却存在课程的空白,有必备的设施却难掩师资的短缺。学校是校外教育的生长点。这一主题的投稿虽然不多,竟也占据了第四名的位置,足以说明宫校联合有一定的发展空间。

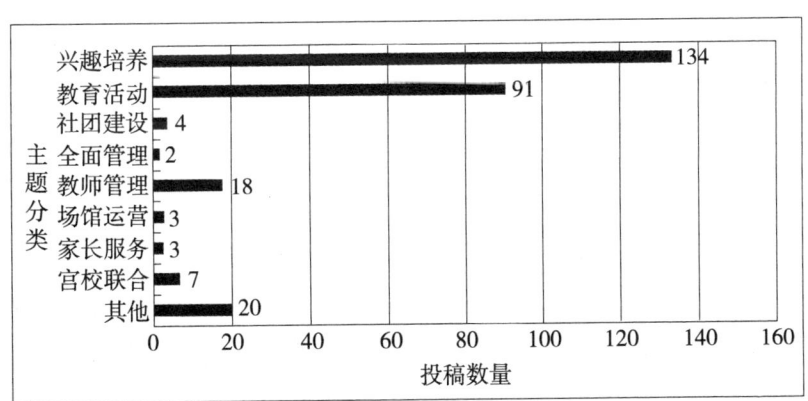

图2 不同主题投稿数量条形图

其余的稿件,有的属于某专业的学术研究,有的单纯论述青少年心理健康或者家庭教育,和校外教育甚至教育都没有必然联系,与本次征文的要求相去甚远。积极的投稿从某种意义上反映了校外教师有热情、有意愿参与"双新会"的研讨。今后，应该为广大校外教师搭建更多不同主题的交流研讨平台，让教师在学术引领下实现自身的专业发展。

（五）专业类别

艺术、科技、体育并称为校外兴趣培养工作的三大传统门类。从兴趣培养、教育活动、社团建设三个主题的征文来看，这三大门类依然是校外教育的主要教学领域。其中，艺术门类的文章数量最多，科技门类和体育门类的文章数量依次减少，而且数量相差巨大（见图3）。这表明，投稿单位普遍开办了艺术门类的专业，而科技门类与体育门类的专业，从规模到影响力都比较有限。由此推断，在校外教育中，艺术门类的教育教学活动占据绝对的优先地位，非其他门类可以比及。造成这一现象的原因众多，与国民对艺术、科技、体育的重视程度有关，与三个门类自身的特性亦有关，例如科技门类的专业必须置办特定的设备器材，而体育门类的专业则对场地条件有较高要求，这些都从某些程度上限制了二者的发展。

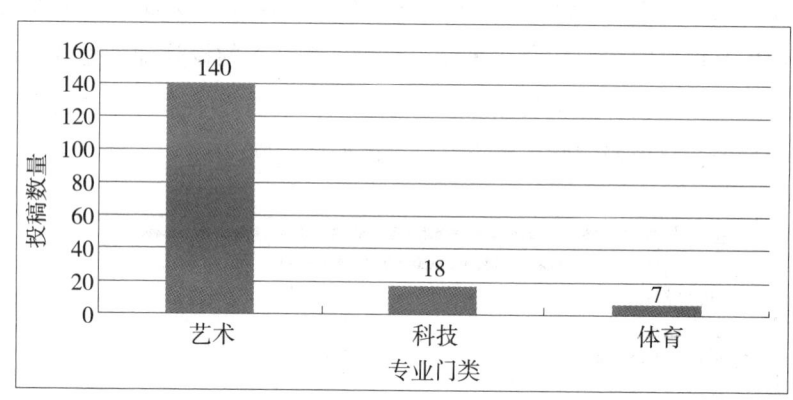

图3　三大传统门类投稿数量柱状图

从投稿数量进一步细分艺术门类的专业种类，排在前五位的分别是美术、器乐、舞蹈、声乐和书法（见图4）。其中，美术专业的投稿数量不仅最多，而且整体质量最高。探究背后的原因，首先，作为视觉艺术、造型艺术，美术表现手段或者方式极为多样，这就令美术教育教学活动能够不断地细化并延展。与地方民俗相结合的面塑、与传统文化相结合的皮影、与时尚元素相结合动漫等等，这些无不显示出美术强大的生存及变异特性。其次，校外美术教学与研究起步早，校内外美术教师学术交流密切，因此美术专业投稿的水平是水涨船高，在艺术门类其他专业还在空泛地讨论本专业的教学作用时，校外美术研究已经上升至美术综合课程研发的高度，并且各地呈现出百花齐放的局面。相比之下，器乐、舞蹈、声乐等其他专业，从本次征文来看，无论是教学还是研究，都比较浅显、零散，鲜见体系完整、特色鲜明的成果。这不能不说是一种遗憾。

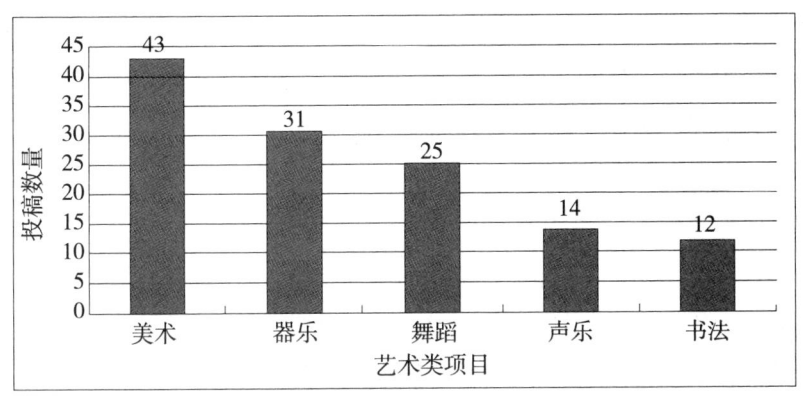

图4　艺术类五大项目投稿数量柱状图

除了传统的三大门类，征文中还出现了其他专业，例如学校教育中的语文、数学、英语，也就是所谓的"学科类""知识类"专业，例如茶艺、古典文学等传统文化类专业，再如财经、法律等现代社科类专业。这些专业的出现不是偶然现象，而是反映了当前社会的发展和市场的需求。这些非传统专业无法归入原先的三大门类之中，那么校外教育应该从更广阔的视角开发校外教育的专业，并重新规划专业归属。

第一，从科学总体中需找思路。社会科学、自然科学、思维科学几乎囊括了目前所有的科学，其中很多内容可以提供给孩子学习，传统的三大门类也来源于此。当今热门的生态、环保属于自然科学，上面提及的财经、法律属于社会科学，这些跟人们的日常生活息息相关，孩子们应该从小就开始接触，这样有利于孩子成长为合格的公民。当然我们不可能系统地向孩子传授所有高深的专业知识，但是我们可以选择基本的、必备的、通俗易懂的内容加以普及。

第二，打破校内外对立的思维。长期以来，对于专业或者课程，校内、校外划分得十分清晰，学校的主课似乎不能在校外开设，不然就是没有校外特色，校外的兴趣课程，好像不能受到学校的重视，否则就是喧宾夺主。其实，专业本身并不带有这样的属性，校内还是校外都是人为的划分。任何一种有益的课程，校内外都可以开展，关键是如何实施。作为校外教育单位，我们没必要重复或者强化学校已经实施的教育教学内容，校外教育的出路在于以活动为载体的跨专业融合。如何融合？重要的是，寻找本身具有拓展性的专业，以此为基础综合相关专业，就像茶艺，它涉及了植物学、地理学、中国历史、礼仪习俗、饮食习惯、茶艺表演等多种相关内容，无论通过活动开展教学还是单纯组织活动，都能巧妙地将不同领域的内容串联起来，起到复合性的教育作用。

二、启示

"双新会"是校外兴趣培养工作的交流平台。通过对本届征文的分析，以一斑窥全豹，不难发现，兴趣培养工作是校外教育的重要工作之一，得到校外教育单位的普遍重视，但是兴趣培养工作在不同地域上、在不同专业间发展不平衡。

为此，作为"双新会"的发起者和主办方，今后中国儿童中心要加大对"双新会"的宣传力度，加强与外省，尤其是边远地区校外教育单位，在兴趣培养工作上的沟通合作，更加全面地掌握一手资料，以便带动中西部地区校外兴趣培养工作的发展。此外，中心还应协同全国各校外教育单位，针对不同专业开展分层分类研究，为全国校外兴趣培养工作规划转型升级战略。

编后记

  全国未成年人校外教育兴趣小组活动"新理念　新模式"研讨会（简称"双新会"）由中国儿童中心自 2010 年发起，每两年组织举办一次，旨在发现、提炼和推广少儿校外兴趣培养工作中，富有创新价值的教育理念、教育思想、教学模式与教学实践，为全国校外教师搭建展示的舞台和交流的平台。

  举办"双新会"不是目的，也不是终点。每届"双新会"，我们都邀请相关专家从全国提交的材料中遴选出具有代表性的理论或实践成果，作为典型案例在研讨会上进行主题展示交流，并在会后将所有材料进一步筛选、分类、评奖，汇编成册，以文集的形式为每届"双新会"画上圆满的句号。第一届"双新会"是一个良好的开端，第二届"双新会"有了新的提升，第三届"双新会"可以说是一次质的飞跃，研讨规模之大，会议质量之高，都是新的突破。这是全国校外教育同行对我们的认可，也得益于各地兄弟单位的鼎力相助。

  第三届"双新会"共收到来自全国 21 个省、市、自治区 52 家教育单位提交的将近 300 篇征文，相比之前两届，投稿数量翻倍，文章质量整体较高。本届"双新会"文集不仅含金量颇高，并且真实地反映了我国当前校外教育的发展状况以及研究水平。

  为了能够公正、公平地评选征文，我们专门成立了由校外教育专家组成的评审小组，从本届"双新会"主题、专业教学水准及全国校外教育研究视角这三个维度，对所有征文进行了评定。经过反复比较和讨论，评审小组最终确定 83 篇征文入选，其中一等奖 11 篇、二等奖 32 篇、三等奖 40 篇。在此，诚挚地对评审小组表示感谢，是你们的严肃与认真，使文集成为集学术性和实践性于一体的成果，值得阅读推广。

最后，还要感谢学苑出版社的工作人员，尤其是责任编辑任彦霞老师。第二届"双新会"文集的出版让我们感受到了这家出版社的工作作风，从前期的整体设计到后来的三审三校，无不严谨、负责和周到。因此，本届文集，我们依然选择了他们作为我们的合作伙伴，为大家呈现一部更加精彩的文集。

希望我们的努力能带给更多的校外教师以全新的视野，引导他们突破常规思维去重新发现校外教育，激发他们调动潜能全心全意投入到教育教学之中，成就自己梦想的同时，助力我国校外教育事业不断前行。由于学识、水平所限，文集在编辑、制作之中肯定会有不足之处，敬请大家谅解。

中国儿童中心副主任　寇虎平

2015 年 6 月